S TERRARVM
BVS HVMANIS, CVI AETERNITAS
A SIT MAGNITVDO. CICERO:
IS NONDVM COGNITA
ASIA
Tartaria
EVROPA
AFRICA
Mongol
Cathaio
China
India orientalis
Turchestan
Corasan
Persia
Arabia
Aegyptus
Natolia
Guzarate
Nubia
Abissini
Manicongo
OCEANVS AETHIOPICVS
MAR DI INDIA
Lantchidol mare
Plittacorum regio

Rainer Wieland

Das Buch des Reisens

Rainer Wieland

Das Buch des Reisens

Von den Seefahrern der Antike zu den Abenteurern unserer Zeit

Propyläen

Der Herausgeber

Rainer Wieland, geboren 1968 in Weißenburg/Bayern, studierte Literaturwissenschaften, Geschichte und Publizistik. Unter der Herausgeberschaft von Hans Magnus Enzensberger arbeitete er viele Jahre als Lektor der renommierten Anderen Bibliothek, in der auch seine Auswahl aus »Diderots Enzyklopädie« erschien (mit Anette Selg, Neuausgabe 2013). Heute lebt er als freiberuflicher Lektor, Herausgeber und Autor in Berlin.
Weitere Buchveröffentlichungen (Auswahl): »Das Buch der Tagebücher«; »Schöner Leiden« (mit Ulf Geyersbach); »Liebesbriefe großer Männer« sowie »Liebesbriefe berühmter Frauen« (mit Petra Müller).
Mehr unter: www.rainer-wieland.com

Inhalt

Anhang

Von reisenden Helden und Abenteurern

Einleitung

—

In Afrika begann es. Von dort aus machten sich vor rund 1,2 Millionen Jahren die ersten modernen Menschen, ausgestattet mit einem Faustkeil, auf den Weg, um in die Ferne zu ziehen. Von Afrika in den Nahen und Mittleren Osten, nach Europa und Asien; über das Meer nach Australien; später, als sich während der letzten Eiszeit vor rund 20 000 Jahren eine Landbrücke zwischen Sibirien und Alaska bildete, folgten sie den Bisons und Rentieren und zogen weiter nach Amerika. Seit es uns Menschen gibt, sind wir unterwegs. Und auch heute, wo der letzte Winkel der Erde erforscht und besiedelt ist, sind wir in Bewegung – mehr als jemals zuvor. »Es wirkt so, als seien wir gar nicht sesshaft«, schreibt der vielgereiste englische Journalist Michael Palin. »Ständig ist der Mensch auf der Suche nach einem anderen Ort, an dem irgendetwas besser ist – wo es wärmer oder schöner ist.« Daran hat sich über Jahrtausende hinweg nichts geändert.

—

»Ja, Reisende waren wir auf diesem Erdball. Das war unsere irdische Spezialität.«
Heinrich Heine an Fürst Pückler-Muskau, 1858

—

Über die ersten Reisen der Menschheit geben archäologische Funde Auskunft: Faustkeile, Speerspitzen, Spuren von Feuer, Tonscherben und Wandmalereien. Anhand ihrer lassen sich die frühen Völkerwanderungen rekonstruieren. Was aber waren und sind die Beweggründe für die Reisenden von einst und heute, ihren angestammten Ort zu verlassen und sich aufzumachen ins Unbekannte? Erst mit der Entwicklung der Schriftkultur vor rund 5000 Jahren, mit den ersten schriftlichen Aufzeichnungen und Berichten, erhalten wir darüber Auskunft aus erster Hand.

Vom Reisen erzählen bereits die frühesten Texte. Das *Gilgamesch-Epos*, entstanden im 3. Jahrtausend v. Chr., schildert die abenteuerliche Reise Gilgameschs zu seinem Ahn Utnapischtim, dem es gelungen war, der Sintflut zu entkommen. Auf seinem Weg durchquert der Weltreisende die Wüste, dringt ins Gebirge vor und fährt über das »Wasser des Todes«, bis er die »Insel der Seligen« erreicht. Die Handlung des *Gilgamesch-Epos* mag fiktiv sein; aber sie beweist die

Sehnsucht des Menschen nach fernen Welten. Ganz im Zeichen des Reisens steht das zusammen mit der *Ilias* älteste Werk der abendländischen Dichtung: Homers *Odyssee*, niedergeschrieben an der Wende vom 8. zum 7. Jahrhundert v. Chr. Zehn Jahre irrte Odysseus umher, bevor er den Rauch von Ithakas heimischen Hügeln wiedersah. Er, »welcher so weit geirrt, vieler Menschen Städte gesehen und Sitte gelernt hat, und auf dem Meer so viel unnennbare Leiden erduldet«, wurde zum mythischen Inbegriff der späteren Reisenden.

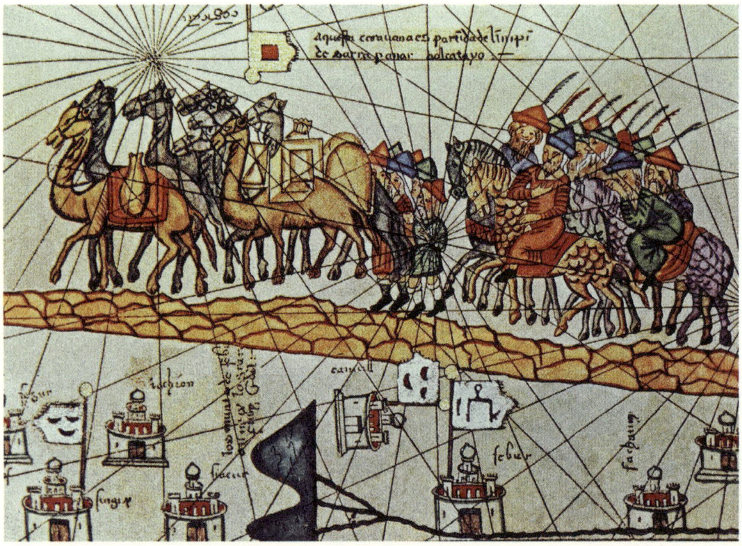

Karawane auf der Seidenstraße
Ausschnitt aus dem »Atlas Catalán« von Abraham und Jehuda Cresques, 1375

Der erste überlieferte Bericht einer historisch verbürgten Reise – verfasst im 5. Jahrhundert v. Chr. von dem karthagischen Seefahrer Hanno über seine Erkundungsfahrt in Westafrika – wurde in eine Steintafel in einem Tempel in Karthago gemeißelt. Wie alle Reiseberichte der Frühzeit ist auch er nüchtern und knapp. Wenig erfährt man darin über die Reisenden selbst. Kein Wunder: Oft waren die Berichte für jene geschrieben, die die Reise in Auftrag gaben – Könige, Fürsten und Potentaten. Für Persönliches war da kein Platz. Das Kopieren – sprich: Abschreiben – war ein mühsames und teures Geschäft, also fasste man sich kurz. Nur wenige Reisebeschreibungen der Antike und des Mittelalters haben sich bis in unsere Tage erhalten. Wie viele wagemutige Reisen wurden unternommen, ohne dass die Nachwelt von ihnen Notiz nehmen konnte? Erst in der Neuzeit bildete sich nach und nach eine Tradition des Reisens heraus. Und die Reisenden begannen nun auch über ihre Motive zu schreiben, ihre Hoffnungen und Ängste.

Das BUCH DES REISENS versammelt Berichte von Reisen in aller Welt über einen Zeitraum von mehr als 2500 Jahren. Es spannt den Bogen von den frühen Aufzeichnungen der antiken Seefahrer über die großen Entdeckungsreisenden der frühen Neuzeit bis hin zu den Reisenden unserer Zeit. Es soll das Reisen in seiner ganzen Bandbreite zeigen – vom Eroberungszug über den Kreuzzug, die Pilgerfahrt und die Handelsreise, über die Entdeckungsfahrt und die Forschungsexpedition, die »Kavalierstour« und klassische Bildungsreise, die ersten Reisen mit der Eisenbahn, dem Automobil und dem Flugzeug bis hin zu den Vergnügungsreisen von heute. Und es will die Reisenden selbst zum Sprechen bringen. Was waren ihre Motive? Wie waren sie unterwegs, welchen Strapazen mussten sie sich unterziehen, mit welchen Erfahrungen kehrten sie zurück?

Wir begleiten die Adelsfrau Egeria, eine der ersten christlichen Pilgerinnen, auf ihrer Wallfahrt nach Jerusalem und den berühmten chinesischen Mönch Hsüan Tsang, der sich im 7. Jahrhundert auf den Spuren Buddhas nach Indien aufmachte. Wir reisen mit Herodot nach Ägypten, folgen Alexander dem Großen auf seinem Eroberungszug und Friedrich Barbarossa auf seinem Kreuzzug ins Heilige Land. Wir begleiten die beiden größten Reisenden des Mittelalters, Marco Polo und Ibn Battuta – den einen nach China an den Hof des Mongolenherrschers Kublai Khan, den anderen auf Entdeckungsfahrt in Ceylon. Wir folgen Christoph Kolumbus auf seiner berühmten Seereise, bei der er durch Zufall Amerika entdeckte, dem italienischen Entdeckungsreisenden Pigafetta, der mit Magellan als Erster die Welt umsegelte, und dem spanischen Konquistador Hernán Cortés, der als erster Europäer in die Hauptstadt der Azteken vordrang (und sie dem Erdboden gleichmachte). Wir reisen mit Lady Mary Montagu ins Frauenbad von Sophia; mit Goethe nach Rom und mit Flaubert auf dem Nil; mit Heinrich Heine an die Nordsee und mit Gertrude Bell durch die Wüsten Syriens. Wir begeben uns mit Martha Gellhorn auf Safari in der Serengeti und betreten mit Neil Armstrong den Mond.

Römischer Reisewagen
Relief,
1. Jahrhundert n. Chr.

Von jeher trieb die Reisenden die Lust, ins Unbekannte vorzustoßen und die weißen Flecken auf den Landkarten der Erde zu tilgen. Die Euphorie, in die sie dabei versetzt wurden, fasste der schwedische Abenteurer Sven Hedin in Worte: »Mir machte es Vergnügen, so zu reisen und zu wissen, dass ich überall der erste Europäer war, der über diese Berge wanderte, auf denen es keine anderen Pfade als die von wilden Tieren getretenen gibt und man im Boden keine anderen Spuren sieht als die Fährten von Yaks, Kulanen und Antilopen. Flüsse, Seen und Berge haben keinen Namen, alles gehört mir, es ist für ein paar Monate mein eigenes Land.« Wie viele andere vor und nach ihm wurde auch Hedin inspiriert durch die Berichte der großen Weltreisenden, die er in seiner Jugend verschlang. Der Genueser Christoph Kolumbus studierte das Reisewerk seines Landsmannes Marco Polo; Alexander von Humboldt las und bewunderte Georg Forsters *Reise um die Welt*, und in Charles Darwin erwachte die Entdeckerlust, als er die Reiseberichte Humboldts las. In einer

Zeit, in der es noch keine Photographie und kein Fernsehen gab, öffneten die Beschreibungen der Reisenden den Menschen zu Hause den Blick auf jene fremden Welten, die ihnen selbst verschlossen blieben. Die Augenzeugenberichte der Entdecker, Abenteurer und Weltreisenden – oft angereichert mit Zeichnungen von unbekannten Landschaften, Pflanzen und Tieren – wurden begierig verschlungen. Die Reisebeschreibung entwickelte sich zu einem eigenen Genre, der »Reiseschriftsteller« trat in die Welt.

Über Jahrhunderte hinweg war das Reisen eine höchst unsichere, strapaziöse Angelegenheit – egal ob man zu Fuß unterwegs war oder auf dem Rücken eines Pferdes, Maultiers oder Kamels, mit der Kutsche oder einem Segelschiff. Wie strapaziös die winterliche Überquerung der Alpen im Mittelalter für einen König war, davon erzählt der Chronist Lampert von Hersfeld. Von den Fährnissen des Reisens auf hoher See, von Seekrankheit, Flauten und Stürmen, berichten Iwan Gontscharow und Charles Darwin, von mühseligen Fahrten mit der Postkutsche Charles Dickens. Auch Pass- und Zollbehörden waren ein ständiges Ärgernis, wie nicht nur der Englandreisende Karl Philipp Moritz bezeugt; Johann Gottfried Seume wurde auf seinem Spaziergang nach Syrakus auf dem Konsulat in Wien festgesetzt. Unterwegs lief man Gefahr, sich mit Krankheiten anzustecken oder Räubern zu begegnen, die es auf das Hab und Gut, wenn nicht gar das Leben des Reisenden abgesehen hatten. Und auch die Unterkünfte, die den Reisenden zur Verfügung standen, waren in aller Regel wenig komfortabel. Da es in seinem Bett von Wanzen wimmelte, berichtet Montaigne aus Florenz, habe er lieber auf dem Tisch im Speisezimmer geschlafen.

Allegorische Verherrlichung der Weltumseglung Magellans, 1520–1522 Kupferstich, koloriert, nach Stradanus, 16. Jahrhundert

Mag sein, dass der ein oder andere Reisende bei seinen Schilderungen erlittener Unbill zu Übertreibungen neigt. *Travellers lie by authority*, lautet ein englisches Sprichwort: Alle Reisenden lügen. Je größer die Gefahren, die der Reisende zu bestehen hat, desto strahlender geht er als Held daraus hervor. Noch im Stocherkahn, auf den Kanälen des Spreewaldes umherirrend, kann man sich wie Theodor Fontane als ein Kolumbus fühlen auf dem Weg durch eine Terra incognita.

Nicht selten gibt der Reisende auch eine komische Figur ab – orientierungslos in der Fremde, unpassend gekleidet, der Sprache nicht mächtig und mit den örtlichen Sitten nicht vertraut. In seinem *Bummel durch Europa* beschreibt Mark Twain, in welchem Aufzug er und seine Begleiter am Ufer des Neckars nach Heilbronn wanderten: in blauem Militärhemd und blauer Latzhose; auf dem Kopf ein breitkrempiger Schlapphut gegen die Sonne, umwickelt mit einem weißen Musselinschal; auf dem Rücken ein blauer Ranzen und ein Opernglas um den Hals gehängt; in der einen Hand einen »Alpenstock«, in der anderen einen Regenschirm; und obendrein ausgestattet mit einem »Pedometer«, mit dessen Hilfe die Wanderer ihre Schritte zählten. »Alle Leute blieben auf der Straße stehen, um unsere Tracht zu bewundern«, schreibt Mark Twain, »und uns mit munterem Zuruf einen angenehmen Marsch zu wünschen.« Sicherlich gehören die Reisebeschreibungen derer, die wie Mark Twain und Theodor Fontane über Humor und die Gabe der Selbstironie verfügen, zu den reizvollsten und schönsten des Genres.

Englische Reisende
im Kölner Dom
Zeichnung, London 1854

Twain und Fontane gehören zu jener Sorte von Reisenden, die vor allem um des Vergnügens und der Zerstreuung willen unterwegs sind. Gemeinhin hält man sie für ein Produkt des 19. und 20. Jahrhunderts; dabei gab es sie auch schon im alten Rom, dessen Bürgern eine ausgefeilte touristische Infrastruktur zur Verfügung stand, wie der Reisende Seneca es im 1. Jahrhundert n. Chr. bezeugt. Am Golf von Neapel reihten sich luxuriöse Villen, Hotels und Bäder, in die die Römer im Sommer strömten; und schon damals beliebt waren Erholungsreisen nach Griechenland und Kleinasien. Aber auch im Römischen Reich war das Reisen ein Privileg der Wenigen (und der Männer). Das änderte sich erst im Laufe des 19. Jahrhunderts. Anhand der Reiseberichte lässt sich jener große Umbruch nachvollziehen, den das Reisen seitdem erfuhr. Die neuen Verkehrsmittel, das

Dampfschiff, die Eisenbahn, das Automobil und das Flugzeug revolutionierten das Reisen, jedes auf seine Weise. Hans Christian Andersen beschreibt die Euphorie seiner ersten Reise mit der Eisenbahn, Marcel Proust schwärmt von den ersten Fahrten im Automobil und Amelia Earhart von ihrem ersten Flug über den Atlantik. Ein solches erstes Mal gibt es für uns heute nicht mehr, aber in ihren Texten lässt sich die Faszination von einst nachvollziehen.

Auf dem Deck eines Rheindampfers Holzstich nach einer Zeichnung von Knut Ekwall, 1871

Dem Rausch der Geschwindigkeit huldigten auch Reisende wie Nellie Bly, die 1889/90 eine Reise um die Welt in der Rekordzeit von 72 Tagen absolvierte. Tempi passati. Heute lässt sich die Erde mit dem Flugzeug in kaum mehr als einer Tagesreise umrunden. Und nahezu jeder Ort auf der Erde, mag er auch noch so abgelegen sein, ist innerhalb von ein, zwei Tagen erreichbar. Die Zahl derer, die auf Reisen gehen, hat sich vervielfacht, und um ihre Bedürfnisse zu befriedigen, ist eine Industrie entstanden. Manchen gefällt es, immer wieder aufs Neue an denselben Ort zu reisen, sie suchen in der Fremde das Bekannte. Andere sehen den Sinn des Reisens darin, in möglichst kurzer Zeit möglichst viele Orte zu durcheilen und dabei so wenig wie möglich dem Zufall zu überlassen. Dabei wusste schon Seneca: »Dein jetziges Treiben ist kein Reisen, nein, es ist ein Umherirren, ein Sichumhertreiben und Wechseln des Ortes, während das, wonach du suchst, ein lobenswertes Leben, an jedem Orte zu finden ist.«

Nie, so scheint es, war das Reisen so einfach wie heute – und nie so kompliziert. Für fast jede Region der Welt stehen Dutzende Reiseführer zur Verfügung, die uns sämtliche örtlichen Sehenswürdigkeiten auflisten, Unterkünfte und Restaurants je nach Budget und Bedarf – und vor Fettnäpfchen warnen, in die der unwissende Reisende tappt. Von jedem Ort der Welt hat sich bereits ein Bild in unserem Kopf festgesetzt. Auch an feuilletonistischen und philosophischen Ratgebern herrscht kein Mangel, die das Reisen zur Kunst- und Existenzform erheben – und wenn sie selbst keine Regeln mehr aufstellen wollen, dann doch zumindest diese: Meide die Sehenswürdigkeiten! Vergiss alle Reiseführer! Mit dem aufgeklärten Reisenden von heute reist auch die Melancholie und das schlechte Gewissen. Er möchte ein Reisender und Kosmopolit sein und keinesfalls ein Tourist – wie all die anderen, denen er unterwegs begegnet. Aber er weiß: Wohin er auch kommt, wird er doch niemals der Erste sein – immer schon waren andere vor ihm da. Ihm ist bewusst, dass er, wenn er die ausgetretenen Pfade verlässt auf der Suche nach dem Einmaligen, Unverwechselbaren, im Begriff ist, das zu zerstören, um dessentwillen er sich auf den Weg gemacht hat.

Touristen auf Kamelen vor den Pyramiden von Gizeh und der Sphinx
Photographie um 1900

Wenn aus den hier versammelten Reiseberichten aus 2500 Jahren eine Erkenntnis spricht, dann vielleicht diese: Alles Wesentliche im Leben wächst aus Mühe und Widerstand. Das Unbequeme, Lästige, Ärgerliche gehört zu einer echten Reise dazu, mehr noch: Ohne sie sind jene magischen Momente der Erfüllung nicht zu haben, an denen uns die Reisenden in diesem Buch teilhaben lassen. »Ich war in dem Zustand der Gnade«, erklärt Martha Gellhorn, unterwegs in Afrika, »den man zu Recht Glück nennen kann – Körper und Geist in heiterem Einklang. Das geschieht einem als himmlische Überraschung beim Reisen, und darum werde ich auch nie aufhören zu reisen.«

Eine jede Reise ist auch eine Reise zu sich selbst. Sie bedeutet einen Ausbruch aus der Routine des Alltags und Abschied von alten Gewissheiten. Wir erkennen, dass der Ort, an dem wir unsere Zelte aufgeschlagen haben, nicht der Nabel der Welt ist. Unser Geist kommt in Bewegung, und wir spüren, dass wir lebendig sind. »Wir sind keine Helden wie die großen Reisenden, aber wohl gerade deshalb sind wir Amateure ein ziemlich zäher Menschenschlag«, so Martha Gellhorn. So werden wir uns immer wieder aufs Neue aufmachen zu den Orten, wo es anders und womöglich auch schöner ist als zu Hause. Zumindest für ein paar Tage, Wochen oder Monate. Manch einer von uns reisenden Amateuren wird dabei vielleicht seine große Liebe finden wie Fürst Pückler in Ägypten oder den Ort seiner Träume wie Patrick Leigh Fermor auf der griechischen Halbinsel Mani – oder zumindest einen Augenblick des Glücks. Bis es so weit ist, halten wir uns an Montaigne: »Ich unternehme meine Reisen weder um zurückzukehren noch um ans Ziel zu kommen. Ich unternehme sie allein um der Bewegung willen, solange mir die Bewegung gefällt. Ich bin unterwegs, um unterwegs zu sein.«

Rainer Wieland, Berlin im August 2015

Um 470 v. Chr.

Hanno der Seefahrer

Unterwegs in Westafrika

Es ist der älteste authentische Bericht einer Reise, der sich – zumindest in einer griechischen Übersetzung – erhalten hat: die Aufzeichnung des karthagischen Admirals Hanno (um 500 v. Chr.) über seine Seefahrt »von Karthago zu den jenseits der Säulen des Herakles gelegenen libyschen Teilen der Erde«. Wann genau Hanno in See stach, ist darin nicht vermerkt. Die Karthager waren damals die führende Seemacht der Region, vom Hafen ihrer Hauptstadt Karthago aus hatten sie das ganze westliche Mittelmeer unter ihre Kontrolle gebracht. Nun brachen sie mit einer riesigen Flotte von 60 Schiffen und – wenn man den Angaben Glauben schenken darf – 30 000 Männern und Frauen an Bord zu neuen unbekannten Ufern auf. Hannos Expedition war mithin nicht nur eine Entdeckungsfahrt, er hatte den Auftrag, für Karthago neue Gebiete zu besiedeln.*

Phönikische Silbermünze mit Darstellung eines phönikischen Schiffes und eines Hippokamps, um 350 v. Chr.

Die Fahrt führte sie durch die Straße von Gibraltar (»die Säulen des Herakles«) und dann weiter die Küste entlang nach Süden. Acht Kolonien entstanden an der marokkanischen Küste, an der die Siedlergruppen abgesetzt wurden. Mit dem Rest der Besatzung setzte Hanno die Reise fort, einen breiten Strom entlang (vermutlich der Senegal bei Kap Verde). Bei einem Landgang sahen sie »Feuer allenthalben in die Höhe aufsteigen«. Vielleicht wurden sie Zeugen eines Vulkanausbruchs im Kamerungebirge, vielleicht waren es aber auch nur Buschfeuer. Dass Hanno das Kap der Guten Hoffnung umrundete und ganz Afrika umfuhr, wie gelegentlich vermutet wurde, ist unwahrscheinlich.

Nach seiner Rückkehr ließ Hanno in Karthago im Tempel des Baal-Hammon eine Steintafel mit dem Bericht seiner Reise aufstellen. Bemerkenswert ist, dass bereits dieses erste Schriftzeugnis einer Entdeckungsreise von einem Zusammenstoß zwischen Entdeckern und Entdeckten erzählt. Ob es sich bei den beschriebenen behaarten »wilden Menschen«, von denen Hanno drei abgezogene Häute als Trophäe nach Hause brachte, wirklich um Menschen handelte oder um Menschenaffen – darüber wird bis heute gerätselt.

Die Karthager fassten den Beschluss, Hanno solle seefahren außerhalb der Säulen des Herakles und solle Städte gründen der Libyphönizier.

Und er fuhr, und er führte sechzig Schiffe, jegliches mit fünfzig Ruderknechten, und eine Menge, Mann und Weib, an die dreißigtausend an der Zahl, und Korn und alle sonstige Zurüstung.

Da wir aber abgefahren waren und die Säulen hinter uns brachten und draußen eine Fahrt zweier Tage fuhren, gründeten wir die erste Stadt, welchselbige wir Thymiaterion nannten. War aber landeinwärts von ihr ein großes Blachfeld.

Und darauf westwärts fahrend gelangten wir nach Soloeis, einem libyschen Kap dicht mit Bäumen. Daselbst errichteten wir ein Heiligtum des Poseidon und wendeten uns dann wieder gen Sonnenaufgang, eines Tages Hälfte lang, bis wir zu einem Sumpfsee kamen nicht weitab vom Meere gelegen, voller Röhricht viel und groß. Waren aber auch Elefanten darin und auch ander wild Getier weidete da mannigfach.

Indem wir diesen Sumpf hinter uns ließen eine Tagreise weit, besiedelten wir Städte am Meeresstrand und hießen sie Karikon Teichos und Gytte und Akra und Melitta und Arambys.

Und von da stachen wir wieder in See und kamen zu einem großen Fluss, Lixos, von Libyen her fließend. An dessen Ufern weidete ein Volk von Wanderhirten, die Lixiten, ihre Herden, bei welchen wir eine Weile blieben, da wir mit ihnen gut Freund geworden waren.

Oberhalb derselben hausten ungastliche Mohren, hatten ein wildes Land inne, zerklüftet mit großen Bergen, aus welchen, sagen sie, der Lixos fließt; um die Berge jedoch seien wunderlich gestaltete Menschen ansässig, die Troglodyten, welche schneller seien als Pferde im Laufe, erzählten die Lixiten.

Von ihnen nun ließen wir uns Dolmetscher geben, und fuhren die Wüste entlang gen Mittag, zwei Tage, daraufhin jedoch wiederum gen Sonnenaufgang, eines Tages Strecke weit.

Da fanden wir im Winkel einer Bucht eine kleine Insel, die einen Kreis von fünf Stadien Umfang ausmachte, welche wir besiedelten, indem wir ihr den Namen Kerne gaben.

Und wir rechneten auf Grund unserer bisherigen Fahrt uns aus, sie müsse gerade gegenüber von Karthago liegen, denn die Fahrt von Karthago zu den Säulen war genau gleich derjenigen von dort nach Kerne.

Von dort aus kamen wir in einen See, indem wir einen großen Fluss durchfuhren, des Name war Chretes. Aber der See hatte drei Inseln, größer als Kerne, von denen aus wir, eine eintägige Fahrt vollendend, in den innersten Winkel des Sees kamen, über den sich gar hohe Berge erhoben, voll wilder Menschen, die hatten Tierfelle angetan, und, indem sie Felsbrocken nach uns warfen, verscheuchten sie uns und hinderten die Landung.

Von dort kamen wir auf der Fahrt zu einem anderen Fluss, groß und breit, der wimmelte von Krokodilen und Flusspferden, von wannen daher wieder umdrehend wir zurück nach Kerne kehrten.

Phönikisches Handelsschiff, Relief, 4. Jahrhundert v. Chr.

Von dort fuhren wir gen Mittag zwölf Tage, indem wir uns ständig an die Landküste hielten, die war ganz und gar von lauter Mohren besiedelt, die vor uns davonliefen und nicht standhielten; und sie kauderwelschten Unverständliches auch für die Lixiten bei uns.

Am letzten der zwölf Tage nun gingen wir an einem großen, dichtbewaldeten Gebirg vor Anker. Das Holz der Bäume aber war wohlriechend und mannigfaltig.

Indem wir nun um dieses Gebirge herumfuhren zwei Tage lang, gerieten wir an eine unermesslich klaffende Fläche des Meeres, auf deren anderer Seite landwärts eine Ebene war, von wo aus wir des Nachts Feuer allenthalben in die Höhe aufsteigen sahen, in Abständen bald mehr, bald weniger.

Nachdem wir Wasser an Bord genommen, fuhren wir von dort weiter vorwärts fünf Tage lang, immer längs der Küste, bis wir kamen in eine große Bucht, von der die Dolmetscher sagten, sie sei »das Abendhorn« geheißen.

Darinnen jedoch war eine große Insel, und in der Insel ein See mit Salzwasser, in diesem aber wieder eine Insel, welche betretend wir des Tags zwar nichts sahen denn eitel Wald, in der Nacht jedoch viele brennende Feuer und den Klang von Schalmeien hörten und von Zimbeln und das Dröhnen von Pauken und schauerliches Schreien. Da nun packte uns das Grausen, und auch die Wahrsager hießen uns die Insel verlassen.

Indem wir schleunigst wieder herausfuhren, legten wir eine Fahrt zurück vorbei an einem ganz mit Feuer durchsetzten und von Rauchschwaden erfüllten Lande, von dem aus ergossen sich feurige Gießbäche ins Meer, der Boden aber war vor lauter Hitze unbetretbar. Rasch nun fuhren wir von dort, voller Schrecken, wieder weg.

Vier Tage lang weitertreibend sahen wir des Nachts das Land voll von Flammenlohe, inmitten aber war besonders ein steiles Feuer, größer als die anderen, das, so schien es, die Sterne versengte. Dies aber erschien des Tages als ein Berg, gar hoch, und ist »der Götterwagen« geheißen.

Dreitägig von dort aus an feurigen Bergbächen vorbeifahrend kamen wir an einen Sund, der war Südwindhorn genannt. Im Winkel aber war eine Insel, der ersten gleichend, denn auch sie hatte einen See, und in dem war eine andre Insel, voll von wilden Menschen.

Bei weitem die mehreren von ihnen aber waren Weiber, dicht behaart an den Leibern, welche die Dolmetscher »Gorillas« nannten.

Da wir sie nun verfolgten, vermochten wir zwar Männer nicht zu fassen, vielmehr alle entkamen, denn sie waren gute Felsenkletterer und schützten sich durch das Gestein; wohl aber drei von den Weibern, welche beißend und kratzend sich nicht wollten wegführen lassen. So schlugen wir sie tot, zogen ihnen den Balg ab und nahmen ihre Felle mit zurück nach Karthago.

Denn weiter fuhren wir dann nicht mehr, da das Korn uns auszugehen begann.

Um 450 v. Chr.

Herodot

Bei den Ägyptern

Der »Vater der Geschichtsschreibung«, ist auch der »Vater des Reisens«. Von seiner Geburtsstadt Halikarnassos, dem heutigen Bodrum, in Kleinasien aus zog Herodot (um 485 v. Chr.; † um 424 v. Chr.) hinaus in die Welt: zunächst nach Samos und nach Athen; von dort nach Mesopotamien und Babylonien; zu den Skythen an der Nordgrenze Europas; ins Reich der Ägypter den Nil hinauf; nach Unteritalien an den Golf von Tarent. Niemand zu seiner Zeit unternahm so viele Reisen wie er, und was das Besondere ist: Als einer der ersten Reisenden schrieb er auf, was er sah – in seinen insgesamt neun Bände umfassenden* Historien.

Es waren unruhige Zeiten, in die Herodot hineingeboren wurde, die Epoche der Perserkriege. Sein Blick auf die Welt ist bestimmt vom Wissen um die Unbeständigkeit allen menschlichen Tuns: »Denn viele Städte, die vormals groß waren, sind klein geworden, und viele zu meiner Zeit große waren früher klein. Da ich weiß, wie bald die Herrlichkeit der Welt vergeht, werde ich beider gedenken.« Voller Neugier studierte er die Lebensgewohnheiten und Bräuche der Menschen, denen er auf seinen Reisen begegnete. Dabei verließ er sich, wie er schreibt, auf eigene Anschauung ebenso wie auf die Zeugnisse von Gewährsmännern und Augenzeugen. »Ich muss alles anführen, was man erzählt, brauche aber darum doch nicht alles zu glauben«, so seine Maxime. Mithin enthalten Herodots Historien *auch eine Vielzahl von Fabeln und Legenden, und bis heute sind die Gelehrten verzweifelt bemüht, die verbürgten Tatsachen von dem zu scheiden, was dem Reich der Phantasie entsprang. Das mindert aber nicht im Geringsten das Vergnügen beim Lesen seines großen Werks.*

Herodot
Fragment einer Bronzestatuette aus Alexandria, ptolemäische Zeit

Ägypten liegt dem Berglande von Kilikien beinah gerade gegenüber. Von da nach Sinope am Pontos Euxeinos braucht ein guter Fußgänger auf dem nächsten Wege fünf Tage, Sinope aber liegt der Mündung des Istros gegenüber.

Bei Ägypten aber werde ich noch länger verweilen, weil es ein gar zu wunderbares Land ist und mehr Merkwürdigkeiten enthält als irgendein anderes Land. Deshalb will ich noch weiter davon reden. Wie der Himmel in Ägypten anders aussieht als anderswo und der Fluss dort anders beschaffen ist als andere Flüsse, so haben die Ägypter auch ganz andere Sitten und Gewohnheiten als andere Menschen.

So gehen bei ihnen die Weiber auf den Markt und treiben Kramhandel, während die Männer zu Hause bleiben und weben. Anderswo webt man den Einschlag von oben ein, in Ägypten von unten. Lasten tragen die Männer auf dem Kopf, die Weiber auf den Schultern. Die Weiber schlagen das Wasser im Stehen ab, die Männer im Sitzen. Die Notdurft verrichten sie im Haus und essen auf der Straße; denn nach ihrer Meinung muss man das Unanständige, wenn man es nötig hat, im Verborgenen tun, das Anständige aber vor aller Augen. Weiber versehen niemals Priesterdienste, weder bei Göttern noch bei Göttinnen. Männer dagegen bei allen beiden. Söhne brauchen ihre Eltern nicht zu ernähren, wenn sie es nicht wollen, Töchter aber müssen es, auch wenn sie es nicht wollen.

Anderswo tragen die Priester der Götter langes Haar, in Ägypten schneiden sie es ab. In anderen Ländern ist es Sitte, dass sich die Leidtragenden bei einem Trauerfall das Haar abschneiden, in Ägypten aber lassen sie es bei einem Todesfall auf dem Kopfe und am Kinn wachsen, wenn sie es bis dahin geschoren hatten. Andere Leute leben nicht mit ihrem Vieh zusammen, die Ägypter leben mit ihm unter einem Dache. Anderswo isst man Weizen- und Gerstenbrot, einem Ägypter würde es übel anstehen, wenn er das täte, sondern man bereitet das Brot aus Einkorn, das sonst auch Dinkel genannt wird. Sie kneten den Teig mit den Füßen und den Lehm mit den Händen – und fassen damit auch den Mist an. Die Geschlechtsteile lassen andere so, wie sie von Natur beschaffen sind, die Ägypter aber und solche, die es ihnen nachmachen, beschneiden sie. Jeder Mann hat zwei Kleider, die Frau aber nur eins. Die Segelringe und die Segeltaue bindet man sonst inwendig, in Ägypten aber von außen an. Die Griechen schreiben und rechnen von links nach rechts, die Ägypter dagegen von rechts nach links, und trotzdem sagen sie, sie schreiben nach rechts und die Griechen nach links. Es gibt bei ihnen zweierlei Schrift, von denen die eine die hieratische, die andere die demotische heißt.

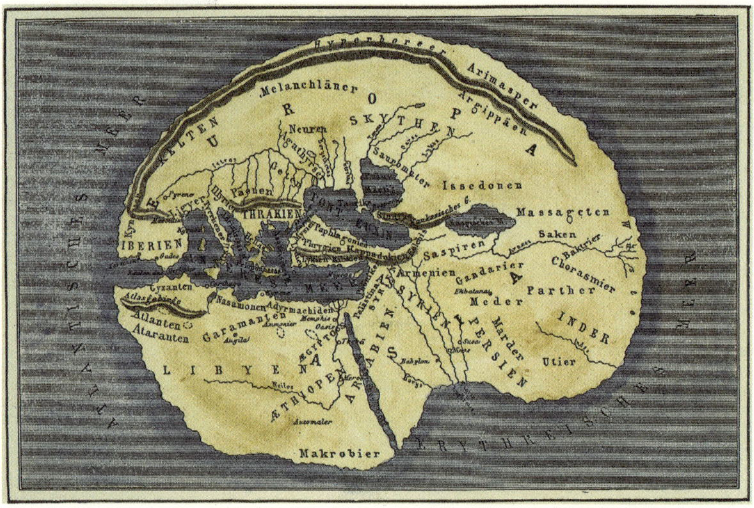

Die Erde nach Herodot
Holzstich, koloriert

Die Ägypter sind das religiöseste unter allen Völkern und haben folgende Sitten. Sie trinken aus ehernen Bechern, die sie täglich

Schifffahrt in Ägypten
Wandmalerei,
aus dem Grabmal
des Sennefer, Theben,
14. Jahrhundert v. Chr.

aufwaschen, und zwar alle und nicht nur dieser und jener. Sie tragen leinene, immer frisch gewaschene Kleider, womit sie es sehr genau nehmen. Die Geschlechtsteile beschneiden sie der Reinlichkeit wegen, indem sie mehr Wert auf Reinlichkeit als auf die Schicklichkeit legen. Die Priester scheren sich alle drei Tage den ganzen Leib, damit sie beim Gottesdienst nicht von Läusen und anderem Ungeziefer befallen werden. Die Priester tragen auch nur ein einziges leinenes Kleid und Schuhe von Byblos. Andere Kleider und andere Schuhe dürfen sie nicht anziehen. Sie waschen sich zweimal am Tage und zweimal des Nachts mit kaltem Wasser und haben außerdem, ich möchte sagen, noch tausend andere religiöse Bräuche, die sie befolgen müssen. Dafür haben sie dann auch wieder große Vorteile. Denn ihr Haushalt kostet ihnen nichts, da ihnen Brot auf Tempelkosten gebacken und jedem täglich Rind- und Gänsefleisch in Menge geliefert wird und Wein dazu. Fisch aber dürfen sie nicht essen. Bohnen werden in Ägypten überhaupt nicht gebaut, und auch wo sie wild wachsen, werden sie weder roh gekaut noch gekocht gegessen. Die Priester aber dürfen sie gar nicht sehen; denn sie gelten für eine unreine Frucht. Jeder Gott hat nicht nur *einen*, sondern viele Priester, von denen einer der Oberpriester ist, und wenn er stirbt, wird sein Sohn sein Nachfolger.

—

»Den heiligen Vogel Phönix selbst habe ich freilich nicht gesehen, sondern nur sein Bild. Denn wie die Leute in Heliupolis sagen, kommt er selten, alle 500 Jahre einmal zu ihnen, und zwar nur, wenn sein Vater gestorben ist.«

Herodot
in Ägypten

—

Fast alle Götternamen sind ja aus Ägypten nach Griechenland gekommen. Denn dass sie aus der Fremde gekommen sind, davon haben mich meine Nachforschungen überzeugt, und ich glaube, gerade aus Ägypten. Denn abgesehen von Poseidon und den Dioskuren, von Hera, Histia, Themis, den Chariten und Nereïden sind die Namen aller übrigen Götter in Ägypten altheimisch. Ich sage, was die Ägypter selbst sagen. Die übrigen Götter aber, deren Namen, wie sie sagen, bei ihnen nicht bekannt sind, haben die Griechen, glaube ich, von den Pelasgern, bis auf Poseidon, den sie von den Libyern angenommen haben. Denn ursprünglich kommt der Name Poseidon nur bei den Libyern vor, die diesen Gott von jeher verehrt haben. Heroen aber werden in Ägypten überhaupt nicht verehrt.

Das und noch manches andere, worauf ich noch kommen werde, haben die Griechen von den Ägyptern angenommen. Aber wenn sie Hermes mit stehendem Geschlechtsteil abbilden, so haben sie das nicht von den Ägyptern gelernt, sondern von den Pelasgern, und zwar zuerst die Athener, und von diesen auch die übrigen.

Auch Festversammlungen, Aufzüge und Wallfahrten sind zuerst in Ägypten aufgekommen, und die Griechen haben sie erst von den Ägyptern gelernt. Ein Beweis dafür ist mir, dass sie in Ägypten offenbar schon seit langer Zeit üblich gewesen, in Griechenland aber erst neuerdings aufgekommen sind.

Eine Dienerin schmückt drei Damen; Damen mit Alraunwurzel und Lotosblüte Ausschnitt aus dem »Schönen Fest vom Wüstental« (Talfest) Wandmalerei im Grab des Nacht, Theben, 14. Jahrhundert v. Chr.

Solche Festversammlungen halten die Ägypter nicht nur einmal im Jahre, sondern bei jeder Gelegenheit, besonders aber und mit Vorliebe in der Stadt Bubastis zu Ehren der Artemis, aber auch in Busiris zu Ehren der Isis; denn in dieser Stadt, die mitten im Delta liegt, ist der größte Tempel der Isis. Isis aber ist auf Griechisch Demeter. Drittens halten sie solch ein Fest in Saïs zu Ehren der Athene, viertens in Heliupolis zu Ehren des Helios, fünftens in Buto zu Ehren der Leto, sechstens in Papremis zu Ehren des Ares.

Wenn sie dazu nach Bubastis fahren, so befinden sich in jedem Kahne eine Menge Menschen, Männer und Weiber. Manche unter den Weibern haben Klappern, mit denen sie klappern, Männer spielen unermüdlich auf der Flöte, die übrigen Weiber und Männer aber singen und klatschen in die Hände. Kommen sie unterwegs an einer anderen Stadt vorbei, so fahren sie nah ans Land und treiben allerlei Unfug. Jene Weiber klappern immerzu, andere aber schreien und verhöhnen die Frauen in der Stadt, wieder andere tanzen oder stehen auf und heben die Röcke in die Höhe. So machen sie es bei jeder Stadt am Flusse. Wenn sie in Bubastis angekommen sind, feiern sie das Fest und bringen große Opfer, wobei mehr Wein getrunken wird als im ganzen Jahre. Gegen siebenhunderttausend Menschen, bloß die Männer und Weiber ohne die Kinder, sollen dabei zusammenkommen, wie die Leute dort sagen.

So geht es in Bubastis her. Wie das Fest der Isis in Busiris gefeiert wird, habe ich schon erwähnt. Nach dem Opfer nämlich schlagen sich dort alle an die Brust, viele tausend Menschen, Männer und Weiber. Warum sie sich aber schlagen, darf ich nicht sagen. Karer, die in Ägypten leben, treiben es noch toller, indem sie sich die Stirn mit Messern zerfetzen, und daran erkennt man, dass sie Fremde und keine Ägypter sind.

Auch mit einem Weibe in einem Tempel den Beischlaf zu vollziehen oder nach einem Beischlaf ungewaschen einen Tempel zu betreten, haben zuerst die Ägypter für sündhaft gehalten. Denn fast alle anderen Völker außer den Ägyptern und den Griechen vollziehen den Beischlaf unbedenklich auch in einem Tempel und gehen, wenn sie bei einem Weibe gelegen, ungewaschen hinein. Sie meinen aber, die Menschen seien wie die Tiere, und man sehe ja, wie sich die Tiere und die Vögel in den Tempeln und den heiligen Hainen der Götter begatteten. Wenn das dem Gotte nicht lieb wäre, so würden es die Tiere wohl auch nicht tun. Darauf berufen sie sich, aber nach meinem Geschmack ist es nicht.

In einigen Gegenden von Ägypten gelten die Krokodile für heilig, in anderen aber nicht, und man verfolgt sie als gefährliche Tiere. Bei Theben und am Moiris-See gelten sie für besonders heilig. Hier wie dort aber hält man sich *ein* Krokodil, welches so weit gezähmt ist, dass es sich anfassen lässt. Man hängt ihm Ohrringe an von Schmelz und Gold, und Spangen um die Vorderfüße, füttert es aus den Vorräten des Tempels mit Leckerbissen und pflegt es sein Leben lang aufs Beste. Stirbt es, so wird es einbalsamiert und in einem heiligen Sarge begraben. Bei Elephantine aber isst man die Krokodile und hält sie nicht für heilig. Sie heißen [in Ägypten] auch nicht Krokodile, sondern Champsai. Krokodile aber nennen die Ionier sie wegen der Ähnlichkeit mit den Eidechsen im Dorngestrüpp.

Reise des Sonnengottes
durch die Unterwelt
Ausschnitt aus dem Amduat
(Unterweltsbuch)
14. Jahrhundert v. Chr.

Man fängt es auf mancherlei Weise; ich beschreibe nur eine, die mir besonders erwähnenswert scheint. Man steckt einen Schweinsrücken auf einen Angelhaken und lässt ihn in den Fluss hinunter, stellt sich dann selbst mit einem lebendigen Schweine ans Ufer und schlägt es. Wenn das Krokodil es quieken hört, geht es dem Klange nach, gerät dabei an den Schweinsrücken und verschlingt ihn. Nun zieht man es heraus, und wenn es ans Land gezogen ist, muss ihm der Jäger zuerst die Augen mit Schlamm verkleben; dann hat er leichtes Spiel, sonst aber noch seine liebe Not mit ihm.

—

»Herodot lernt mit der Begeisterung und Energie eines Kindes seine Welt kennen. Seine wichtigste Entdeckung: Es gibt der Welten viele. Und jede ist anders. Jede ist wichtig.«
RYSZARD KAPUŚCIŃSKI, »MEINE REISEN MIT HERODOT«

—

Nun aber von den Ägyptern selbst. Die, welche im oberen Ägypten wohnen, haben ein gutes Gedächtnis und wissen in der Geschichte ihres Landes besser Bescheid als alle anderen Völker, die ich kennengelernt habe. Was ihre Lebensweise betrifft, so nehmen sie alle Monate drei Tage nacheinander ein Abführmittel ein und sorgen durch Brechmittel und Klistiere für ihre Gesundheit, weil sie glauben, alle Krankheiten kämen vom Essen. Überhaupt sind die Ägypter nach den Libyern die gesündesten Menschen, und das verdanken sie, glaube ich, hauptsächlich ihrem gleichmäßigen Klima. Denn die meisten Krankheiten rühren von der Veränderlichkeit des Wetters her, besonders von den Wetterwechseln, welche die Jahreszeiten mit sich bringen. Ihr Brot, das sie Kyllestis nennen, bereiten sie aus Einkorn, Wein aber aus Gerste, denn der Weinstock gedeiht dortzulande nicht. Fische essen sie dort zum Teil ungekocht, bloß an der Luft getrocknet, andere auch nur in Lake gesalzen. Auch von den Vögeln essen sie Wachteln, Enten und kleine Singvögel ungekocht, nachdem sie sie vorher eingesalzen. Alle übrigen Fische und Vögel aber, die sie haben und nicht für heilig halten, essen sie gebraten oder gekocht.

Die Heilkunde wird bei ihnen von Spezialärzten versehen. Jeder Arzt behandelt nur eine Krankheit und nicht mehrere. Ärzte aber gibt es überall in Menge; es gibt Augenärzte, Ohrenärzte, Zahnärzte, Magenärzte und Ärzte für innere Krankheiten.

Gegen die Mücken, die es dort massenweise gibt, schützen sie sich auf folgende Weise: Im Oberlande schläft man auf Türmen, wo man von den Mücken nicht zu leiden hat; denn so hoch können die Mücken des Windes wegen nicht fliegen. In der Marsch hat man solche Türme nicht, weiß sich aber folgendermaßen zu helfen. Jeder hat ein Netz, mit dem er am Tage Fische fängt und mit dem er sich des Nachts ein Dach über sein Bett macht, unter das er kriecht und unter dem er schläft. Wenn er sich im Bette in eine Decke oder ein Laken wickelte, so würden die Mücken da durchstechen, durch das Netz zu stechen aber versuchen sie gar nicht.

Ihre Lastschiffe machen sie aus einem Dorn, der beinahe so aussieht wie der Lotos in Kyrene. Aus diesem Dorn schneiden sie etwa zwei Ellen lange Bretter und fügen sie wie Ziegel aneinander. Die Schiffe aber stellen sie her, indem sie diese Bretter an starken langen Latten befestigen und dann Querbalken darüber anbringen. Abteilungen hat das Schiff nicht. Inwendig verstopfen sie die Fugen mit Papyros. Das Schiff hat nur ein Steuerruder, das durch ein Loch in der Schiffswand gesteckt wird. Auch den Mast machen sie aus Dorn, die Segel aber von Papyros. Stromaufwärts können diese Schiffe nur bei frischem Winde fahren; sonst müssen sie an der Leine gezogen werden.

Steuermann eines Papyrusbootes auf dem Nil
Relief aus dem Grab des Kagemni (Ausschnitt), Sakkara, um 2300 v. Chr.

Wenn der Nil das Land überschwemmt, sieht man nur die Städte aus dem Wasser hervorragen, beinahe wie die Inseln im Aigaiischen Meere, und bis auf die Städte ist dann ganz Ägypten eine weite Wasserfläche. Auch fährt man zu der Zeit nicht mehr im Flussbett, sondern querfeldein. So kommt man dann auch auf der Fahrt von Naukratis nach Memphis hinauf dicht an den Pyramiden vorbei, während der Weg eigentlich an der Spitze des Deltas und der Stadt Kerkasoros vorüberführt. Fährt man von Kanobos an der See durchs Land nach Naukratis, so kommt man an den Städten Anthylla und Archandrupolis vorbei.

Die eine, Anthylla, ist eine ansehnliche Stadt, die, seit Ägypten persisch geworden, der Gemahlin des jeweiligen Königs für Schuhwerk überwiesen wird. Die andere hat ihren Namen wohl von dem Eidam des Danaos, Archandros, dem Sohn des Phthios. Vielleicht aber ist es auch ein anderer Archandros; jedenfalls ist der Name nicht ägyptisch.

Die Ägypter sind auch die ersten, welche sich zu der Ansicht bekannt haben, dass die Seele des Menschen unsterblich sei und beim Tode des Leibes in ein anderes, in dem Augenblick entstehendes Geschöpf übergehe, dann aber, nachdem sie durch alle Land- und Seetiere und alle Vögel hindurchgegangen, wieder in den Leib eines gerade jetzt geborenen Menschen eingehe, und dass dieser Kreislauf dreitausend Jahre währe. Dieser Ansicht haben sich auch einige Griechen, teils früher, teils später, angeschlossen und sie für sich in Anspruch genommen. Ich kenne auch ihre Namen, nenne sie aber nicht.

—

401/400 v. Chr.

Xenophon

Der Zug der Zehntausend durch Armenien

—

Xenophon
Kupferstich,
London, 17. Jahrhundert

Nicht immer aus freien Stücken begeben sich Menschen auf die Reise. Nach dem Ende des Peloponnesischen Kriegs im Jahre 404 v. Chr. gab es in Griechenland Tausende Heimatloser, Entwurzelter und Vertriebener. Viele von ihnen ließen sich als Söldner anwerben, nicht selten unter persischem oder thrakischem Kommando. Zu diesen Entwurzelten gehörte auch der knapp dreißigjährige Athener Xenophon (um 430 v. Chr.; † um 355 v. Chr.). Er schloss sich 402 dem Söldnerheer des persischen Prinzen Kyros an, der als Statthalter von Lydien in Sardes residierte. Offiziell ging es gegen einen aufsässigen Stamm, in Wahrheit wollte Kyros seinen Bruder Artaxerxes II. vom Thron stürzen. Über 11 000 Mann umfasste schließlich das Heer, das im März 401 von Sardes aus aufbrach. Im September lieferte es sich bei Kunaxa in der Nähe von Babylon eine Schlacht mit der Armee des Großkönigs. Kyros fiel im Kampf, die persischen Soldaten wechselten die Seite, und die griechischen Söldner standen ohne Schutz da. Zusammen mit dem Spartaner Cheirisophos übernahm nun Xenophon das Kommando über das Heer, und man beschloss auf seinen Rat hin den geordneten Rückzug. In einem strapaziösen Marsch schlug sich der Zug der Zehntausend zu den griechischen Kolonien am Schwarzen Meer durch. Die Soldaten wurden dabei nicht nur von den Truppen des persischen Großkönigs bedrängt, sondern auch von den mit den Persern verfeindeten Karduchen. In Armenien machte ihnen plötzlich einsetzender Schneefall zu schaffen. Im Januar 400 erreichten sie Trapezunt, von den zehntausend waren noch 8600 übrig geblieben. Zehn Monate später kamen sie in Byzanz an; hinter ihnen lag eine Strecke von über 6300 Kilometern.*

Von dem großen Marsch erzählt Xenophon in seiner Anabasis *(»Zug ins Landesinnere«; erschienen um 370 v. Chr.). Um dem Ganzen mehr Glaubwürdigkeit zu verleihen, wählte er für die Veröffentlichung ein Pseudonym und berichtete von sich in der dritten Person. Xenophons* Anabasis *ist nicht nur ein packender Reisebericht, sondern auch eine der ersten Kriegsreportagen der Geschichte.*

—

Sie packten sogleich auf und marschierten durch tiefen Schnee mit vielen Führern. Und nachdem sie am gleichen Tage den Pass, auf dem [der persische Statthalter] Tiribazos angreifen sollte, überschritten hatten, bezogen sie ein Lager. Von da marschierten sie drei Tage durch einsames Land, 15 Parasangen weit, bis zum Euphrat. Als sie ihn durchschritten, reichte ihnen das Wasser nur bis zum Nabel; Es hieß auch, die Quellen seien nicht fern. Von da marschierten sie drei Tage lang durch ebenes Land in tiefem Schnee, 15 Parasangen weit. Der dritte Tag wurde beschwerlich, Nordwind wehte ihnen entgegen, der alles durch und durch gefrieren und die Menschen erstarren ließ. Da sagte einer der Seher, man möge dem Wind opfern, und so taten sie. Und gleich schien allen die Härte des Windes merkbar nachzulassen. Die ganze Nacht durch unterhielten sie Feuer; Holz gab es am Lagerplatz reichlich. Die zu spät Nachkommenden hatten aber kein Holz. Die, welche schon vorher da waren und Feuer unterhielten, ließen die Verspäteten nicht ans Feuer heran, wenn sie ihnen nicht Weizen, oder was sie sonst Essbares hatten, gaben. Da teilten sie untereinander, was jeder hatte. Wo das Feuer brannte, schmolz der Schnee, so dass tiefe Gruben entstanden, die bis auf den Grund reichten; hier konnte man dann die Tiefe des Schnees messen. Von da marschierten sie den ganzen Tag durch Schnee, und viele litten an heftigem Hunger. Xenophon, der die Nachhut führte und die Zusammenbrechenden aufnahm, wusste nicht, was es für ein Leiden sei. Als ihm ein Kundiger sagte, sie litten offensichtlich unter dem Hunger und würden wieder auf die Beine kommen, wenn sie etwas gegessen hätten, ging er bei den Lasttieren herum, und wo er etwas Essbares sah, verteilte er es und sandte diejenigen, die noch laufen konnten, zu den Hungernden, um es ihnen zu geben. Sobald sie etwas zu sich genommen hatten, erhoben sie sich und marschierten weiter.

Griechische Infanterie
Detail aus dem Nereiden-monument von Xanthos, 4. Jahrhundert v. Chr.

Auf diesem Marsch kam Cheirisophos beim Eindunkeln zu einem Dorf und traf vor der Befestigung Frauen und Mädchen aus dem Dorf, die an der Quelle Wasser holten. Diese fragten, wer sie seien. Der Dolmetscher sagte auf Persisch, sie seien auf dem Wege vom Großkönig zum Satrapen. Jene antworteten, er sei nicht hier, sondern ungefähr einen Parasangen weit. Da es spät war, gingen sie mit den Wasserträgerinnen zusammen in die Befestigung hinein zum Dorfvorsteher. Cheirisophos und alle, denen es möglich war, nahmen dort Quartier; wer aber von den übrigen Soldaten den Weg nicht mehr zurücklegen konnte, nächtigte im Freien, ohne Speise und ohne Feuer. Auch da kamen einige Soldaten um.

Einige Feinde, die sich vereinigt hatten, folgten ihnen und raubten die entkräfteten Lasttiere und stritten miteinander darum. Von den Soldaten waren diejenigen zurückgeblieben, welche schneeblind waren oder erfrorene Zehen hatten. Wenn man auf dem Marsch etwas Schwarzes vor den Augen trug, konnte man sich gegen Schneeblindheit schützen; den Füßen half es, wenn man sich bewegte, nie ruhte und über Nacht die Schuhe löste. Wenn man in den Schuhen schlief, drangen die Riemen in die Füße, und das Schuhwerk gefror. Denn sie trugen, seit die alten Schuhe fehlten, nur noch Bauernschuhe, die aus frischgeschundenen Rindshäuten verfertigt waren. Wegen solcher Beschwerden waren einige Soldaten zurückgeblieben. Und als sie eine dunkle Stelle sahen, wo kein Schnee lag, nahmen sie an, er sei geschmolzen. Tatsächlich war er geschmolzen wegen einer Quelle, die in der Nähe in einem Talgrunde dampfte. Da verließen sie den Weg, setzten sich nieder und weigerten sich weiterzumarschieren. Als Xenophon, der Leute von der Nachhut bei sich hatte, sie bemerkte, drang er mit allen Künsten auf jede Weise in sie, nicht zurückzubleiben, indem er ihnen sagte, es folgten viele Feinde in einem Haufen; zuletzt wurde er zornig. Sie aber forderten ihn auf, sie niederzuhauen; sie könnten ja nicht mehr weiter. Da schien es das Wirksamste zu sein, die nachfolgenden Feinde zu verscheuchen, wenn es möglich sein sollte, damit sie die Erschöpften nicht angriffen. Es war schon dunkel, jene aber näherten sich, mit lautem Lärm sich um ihre Beute streitend. Da erhoben sich die Soldaten der Nachhut, die ja noch bei Kräften waren, und liefen gegen die Feinde an. Die Kranken aber schrien so laut wie möglich und schlugen Schilde und Speere zusammen. Die Feinde gerieten in Furcht und stürzten sich über den Schnee hinunter in den Talgrund, und nirgends gab mehr einer Laut. Xenophon und seine Leute sagten den Kranken, am folgenden Tag würden welche zu ihnen kommen, marschierten weiter und trafen, bevor sie vier Stadien zurückgelegt hatten, auf Soldaten, die am Weg dicht eingehüllt im Schnee ausruhten, ohne dass eine einzige Wache aufgestellt war. Die wollten sie aufjagen. Sie aber sagten, die Vorderleute rückten nicht vor. Er ging auf der Seite nach vorn, sandte auch die Kräftigsten unter den Leichtbewaffneten vor mit dem Auftrag, zu erkunden, was da für ein Hindernis sei. Sie meldeten, das ganze Heer ruhe so aus. Da nächtigte auch Xenophon mit seinen Leuten am selben Orte, ohne Feuer und Essen, nachdem sie Wachen aufgestellt hatten, so gut es ging. Gegen Morgen sandte Xenophon die Jüngsten zu den Kranken mit dem Befehl, sie auf die Beine zu bringen und zum Weitergehen zu zwingen.

Der Zug der Zehntausend
Gemälde von
Adrien Guignet,
19. Jahrhundert

Währenddessen schickte Cheirisophos Leute aus dem Dorfe, die sich erkundigen sollten, wie es um die Nachzügler stehe. Diese sahen sie mit Freude kommen, übergaben ihnen die Kranken, um sie zum Lager zu bringen, und setzten sich selbst in Marsch, und bevor sie zwanzig Stadien zurückgelegt hatten, waren sie bei dem Dorf, wo Cheirisophos genächtigt hatte. Als sie zusammentraten, schien ihnen die Lage sicher genug zu sein, die Abteilungen getrennt in die einzelnen Dörfer zu verlegen. Cheirisophos blieb, wo er war, die andern losten um die Dörfer, die sie sahen, und führten ihre Leute hin. Da verlangte Polykrates, ein Hauptmann aus Athen, man möge ihn gehen lassen. Er lief mit den Behendesten in das Dorf, das Xenophon zugefallen war, und nahm alle Dorfbewohner und den Dorfvorsteher dort fest, dazu siebzehn Füllen, die als Tribut für den Großkönig aufgezogen wurden, ferner die Tochter des Dorfvorstehers, die seit acht Tagen verheiratet war. Ihr Mann war auf der Hasenjagd abwesend und entging der Gefangennahme im Dorf. Die Wohnungen waren unterirdisch, unten geräumig, während der Zugang der Öffnung einer Zisterne glich. Für die Zugtiere waren Eingänge ausgehoben; die Menschen stiegen auf einer Leiter hinunter. In diesen Häusern befanden sich Ziegen, Schafe, Rinder, Geflügel mitsamt ihren Jungen. Das Vieh wurde ohne Ausnahme drinnen mit Heu gefüttert. Ferner fanden sich da Weizen, Gerste, Hülsenfrüchte und Gerstenbier in Gefäßen. Die Gerstenkörner schwammen noch in den randvollen Gefäßen, in welchen auch längere und kürzere knotenfreie Rohre staken. Wer Durst hatte, musste sie in den Mund nehmen und saugen. Das Getränk war sehr stark, sofern man nicht Wasser dazugoss; wer sich daran gewöhnt hatte, fand es ganz angenehm. Xenophon lud den Vorsteher dieses Dorfes zu Tische und ermutigte ihn mit den Worten, man werde ihm seine Kinder nicht rauben, vielmehr sein Haus beim

Abzug zum Entgelt mit Lebensmitteln füllen, wenn er sich dem Heer als ein guter Führer erweise, bis sie zu einem andern Volk gelangten. Er versprach es und zeigte ihnen als Beweis seiner Freundschaft, wo das Bier vergraben war. Diese Nacht schliefen alle Soldaten in der genannten Verteilung mitten im Überfluss. Den Dorfvorsteher hielten sie unter ihren Augen im Gewahrsam und seine Kinder mit ihm.

Am nächsten Tag zog Xenophon mit dem Dorfvorsteher zu Cheirisophos. Wo er an einem Dorf vorbeikam, suchte er diejenigen, die dort waren, auf und fand sie überall beim Schmausen und in fröhlicher Stimmung, und nirgends entließen sie sie, ohne ihnen ein Mahl vorgesetzt zu haben. Überall trugen sie auf demselben Tisch auf: Fleisch vom Lamm, Zicklein, Ferkel, Kalb, Geflügel, zusammen mit viel Brot, teils aus Weizen, teils aus Gerste. Sooft einer einem andern in Freundschaft zutrinken wollte, zog er ihn zum Kessel, wo er, zum Trinken gebückt, wie ein Ochse schlürfen musste. Dem Dorfvorsteher gestatteten sie mitzunehmen, was er wünschte. Er aber nahm sonst nichts; nur wo er einen seiner Verwandten sah, holte er ihn zu sich. Als sie zu Cheirisophos kamen, trafen sie auch jene im Quartier an; sie waren mit Kränzen aus Heu bekränzt, während armenische Knaben in der einheimischen Tracht sie bedienten. Diesen Knaben bedeuteten sie wie Taubstummen, was sie zu tun hätten. Nachdem Cheirisophos und Xenophon einander in Freundschaft begrüßt hatten, fragten sie gemeinsam durch den persisch sprechenden Dolmetscher den Dorfvorsteher aus, was dies für ein Land sei. Er antwortete: Armenien. Wieder fragten sie, für wen die Pferde aufgezogen würden. Er sagte: als Tribut für den Großkönig. Das nächste Land, sagte er, gehöre den Chalybern, und er wies ihnen den Weg dorthin. Darauf führte ihn Xenophon zu seiner Familie zurück und schenkte ihm ein älteres Pferd, das er erbeutet hatte: damit er es auffüttere und dann opfere, weil er gehört hatte, es sei dem Helios heilig; er fürchtete, es könnte ihm eingehen, da es vom Marsch mitgenommen war. Er selber nahm eines von den Füllen und gab jedem der anderen Feldherrn und Hauptleute eines. Die Pferde dieses Landes waren kleiner als die persischen, aber viel feuriger. Da erklärte ihnen auch der Dorfvorsteher, dass sie die Hufe der Pferde und Lasttiere beim Marsch durch Schnee mit Säcken umhüllen müssten. Denn ohne diese Säcke sanken sie bis zum Bauche ein.

—

»Doch alsbald hörten sie, wie die Soldaten riefen: ›Thálatta, thálatta, das Meer, das Meer!‹ und wie einer dem anderen den Ruf weitergab. Als alle den Gipfel erreicht hatten, da fielen sie einander in die Arme, auch die Obersten und Hauptleute, und Tränen liefen ihnen die Wangen hinunter.«

XENOPHON, BEI DER ANKUNFT IN TRAPEZUNT

—

325/324 v. Chr.

Nearchos

Im Gefolge Alexanders des Grossen nach Indien

—

Am Ende seines Lebens erstreckte sich das Reich, das Alexander der Große (356–323 v. Chr.) in seinem Feldzug eroberte, vom Balkan bis nach Indien. Dabei war der Alexanderzug viel mehr als ein militärisches Unternehmen. Im Tross des Makedonen reisten auch zahlreiche Ingenieure und Baumeister, Geographen und Bematisten (Schrittzähler), Biologen und Mediziner; ihre Aufgabe war es, alle möglichen Kenntnisse über die eroberten Gebiete zu sammeln. Nach dem Sieg über Persien richtete sich der Blick Alexanders auf Indien: Das Indusgebiet sollte zur Drehscheibe für den Handel von Gütern werden, die aus dem Fernen Osten und dem Orient kamen.

Alexander als Herakles
Silberne Drachme,
um 300 v. Chr.

Aber erst einmal galt es, die Meere und Küsten zu erforschen. Zu diesem Zweck sandte Alexander im Herbst 325 seinen Feldherrn Nearchos (360 v. Chr.–nach 312 v. Chr.) zu einer Expedition aus. Mit einer Flotte von 150 Schiffen und rund 5000 Mann Besatzung sollte er den Seeweg von Indien bis zur Mündung von Euphrat und Tigris erkunden, während Alexander mit seinem Heer den Landweg nahm. In der persischen Residenzstadt Susa sollten sie später wieder zusammentreffen. Es war eine Fahrt ins Ungewisse, der Persische Golf war damals noch unerforscht. Unterwegs stießen Nearchos und seine Begleiter nicht nur auf Einheimische, die sich allein von Fischen ernährten, sondern auch auf riesige unbekannte Meeresbewohner, die ihnen einen gehörigen Schrecken einjagten: Zum ersten Mal in ihrem Leben sahen sie Wale.

Nach 130 Tagen trafen sie im Frühjahr 324 in Susa ein, und Nearchos wurde zum Dank »mit Kränzen und Blüten« überschüttet. Bald wurde der Admiral zu neuen Aufgaben bestimmt: Als Nächstes sollte er Arabien umsegeln. Doch der überraschende Tod Alexanders im Juni 323 machte diesen Plan zunichte. Nearchos' Bericht seiner Indienfahrt ist verlorengegangen, aber Arrianus von Nikomedia hat ihn für sein Werk Indiká *(Indische Nachrichten) herangezogen und ausführlich daraus zitiert.*

—

Bei den Oriten. Den schmalen Küstenstreifen bewohnten Menschen in stickigen Hütten. Und diese, als sie die Schiffe heranfahren sahen, entsetzten sie sich, schwärmten längs des Strandes aus und ordneten sich, um die Anlandenden abzuwehren. Lanzen trugen sie, plump, an die sechs Ellen lang, war jedoch keine Eisenspitze dran, sondern sie waren nur oben behauen und im Feuer hart gemacht, und das tat denselben Dienst. Es war eine Menge von ungefähr sechshundert Mann.

Wie nun Nearch sie so wartend und kampfbereit stehen sah, ließ er die Schiffe in Bogenschussweite haltmachen, so dass ihre Pfeile das Land erreichen konnten. Denn die Spieße der Barbaren schienen zwar wirksam beim Nahkampf, aber harmlos beim Wurf. Er selbst nun gab denjenigen seiner Soldaten, die an sich schon die behendesten, dazu am leichtesten bewaffnet und überdies des Schwimmens am besten kundig waren: diesen also gab er Weisung, auf ein vereinbartes Zeichen hin herauszuschwimmen. Ferner war ihnen aufgetragen, dass, sowie einer beim Herausschwimmen im Wasser stehen könne, er auf seinen Nebenmann warten und nicht eher gegen die Barbaren vorgehen solle, bis eine drei Mann tiefe Schlachtreihe aufgestellt sei; dann erst sollten sie im Laufschritt und mit lautem Feldgeschrei losstürmen.

Alexander der Große
Detail aus dem Mosaik
»Alexanderschlacht«,
Pompeji,
ca. 150–100 v. Chr.

So stürzten sich also die dazu Bestimmten alle auf einmal aus den Schiffen ins Meer, und sie schwammen scharf, und stellten sich in Ordnung auf, und bildeten die Schlachtreihe, und sie selber erhoben Kriegsruf und Feldgeschrei, und die auf den Schiffen Verbliebenen schrien mit, und Pfeile flogen dabei und Kugeln von den Wurfmaschinen in die Reihen der Barbaren. Diese aber, bestürzt durch das Schimmern der Waffen und durch die Raschheit des Angriffes, dazu von Pfeilen und sonstigen Geschossen getroffen, zumal sie halbnackt waren, versuchten nicht die mindeste Gegenwehr und rissen aus.

Und etwelche von ihnen kamen auf der Flucht ums Leben, etliche auch wurden gefangen, es gab aber auch solche, die ins Gebirg entkamen. Es waren aber die Gefangenen am ganzen Körper und vornehmlich am ganzen Kopf dicht behaart, und hatten Klauen wie Raubtiere; denn ihrer Krallen, so sagte man uns, bedienten sie sich wie des Eisens:

Wenn sie Fische zerlegen wollten, dann schlitzten sie diese mit den Fingernägeln auf, ja sogar weichere Holzarten bearbeiteten sie so, härteres Holz aber spalteten sie mit scharfen Steinen, denn Eisen hatten sie überhaupt keines. Als Kleidung trugen sie Tierhäute, etliche auch die Schuppenbälge großer Fische.

Hier nun zogen sie die Schiffe an Land und machten diejenigen, die Schaden genommen hatten, wieder flott. Am sechsten Tage aber stachen sie wieder in See, und nach einer Fahrt von rund dreihundert Stadien kamen sie an einen Platz, der der äußerste war des Oritenlandes. Malaria hieß der Ort.

Die Oriten, welche vom Meere ab im Binnenlande wohnen, sind zwar gekleidet wie die Inder, auch für den Krieg gleichermaßen ausstaffiert; jedoch haben sie eine andere Sprache und auch andere Bräuche.

Die Länge der Fahrt längs des Arabitenlandes betrug nahezu tausend Stadien vom Ausgangspunkte an, längs des Oritenlandes aber eintausendundsechshundert Stadien.

Bei den Ichthyophagen. Weiter hinab von den Gedrosiern, am Meere selbst, hausen die sogenannten Fischfresser. Deren Land fuhren sie nun entlang. Am ersten Tage brachen sie um die zweite Nachtwache auf und legten dann in Bagisara an, eine Fahrtstrecke von sechshundert Stadien. Daselbst war ein Hafen, gut zum Anlegen, und ein Dorf Pasira, sechzig Stadien vom Meere abgelegen, und die Anwohner des Dorfes hießen Pasireer.

Für den folgenden Tag setzten sie den Aufbruch früher an, bevor die Flut käme, und umfuhren ein Vorgebirge, das weithin ins Meer hinausragte, gar hochragend und aus jähem Felsengestein. Sie gruben dort Brunnen und schöpften daraus Wasser, viel zwar, aber es war verdorben. An diesem Tage blieben sie dann vor Anker liegen, weil am Strande ununterbrochen Brandung war.

Am nächsten Tage brachen sie auf nach Kolta, wobei sie zweihundert Stadien zurücklegten. Von da fuhren sie vom Frührot an sechshundert Stadien weit, und ankerten bei Kalama: War ein Dorf am Strande, ringsum ein paar spärliche Palmen, da waren zwar Datteln drauf, aber sie waren noch grün; auch eine Insel, an die hundert Stadien von der Küste entfernt, namens Karnine.

Hier brachten die Leute aus dem Dorfe dem Nearch Gastgeschenke: Schafe und Fische. Und das Fleisch der Schafe, sagt er, habe nach Fisch geschmeckt, wie das von Meeresvögeln, weil nämlich auch sie Fische fraßen, denn Gras habe es in der Gegend keines gegeben.

Aber am Tage darauf, nachdem sie an die zweihundert Stadien gefahren waren, legten sie an einem Strande an bei einem Dorf, das gegen dreißig Stadien vom Meere ablag. Das Dorf zwar wurde Kysa geheißen, der Strand selbst hatte den Namen Karbis. Da fanden sie kleine Boote vor, so wie sie Fischer haben mögen, die durchaus nicht im Wohlstand leben, sie selbst aber trafen sie nicht an, denn sie flohen davon, als sie die Schiffe anlanden sahen.

Getreide gab es hier gar keines, dabei war es dem Heere schon größtenteils ausgegangen. Da nahmen sie wenigstens Geißen an Bord, und so fuhren sie weiter. Und umfuhren ein Vorgebirg, das war gar hoch und erstreckte sich hundertundfünfzig Stadien weit ins Meer, und kamen zu einem Hafen ohne Seegang. Auch gab es Wasser dort und wohnten Fischer. Mosarna war der Name des Hafens.

Von da an sei, so sagt Nearch, ein Lotse bei der Fahrt mit ihnen gefahren, ein Gedrosier namens Hydrakes; dieser Hydrakes machte sich anheischig, sie bis nach Karmanien zu geleiten. Von da an würde es dann nicht mehr so schwierig sein, das sei dann schon ein bisschen besser bekannt, bis hin zum Persischen Golf.

Meister der Metopen: »Der Fischesser«, Modena, Kathedrale, um 1100

HUNGER. Und sie ankerten bei einem Vorgebirge, das die Landesbewohner für ein Sonnenheiligtum hielten. Das Vorgebirge aber hatte den Namen Bageia.

Von da brachen sie um Mitternacht auf und fuhren gegen tausend Stadien weit nach Talmena, einem sehr günstigen Hafen, von da drauf nach Kanasis, einer verödeten Stadt, gegen vierhundert Stadien weit, wo sie auf eine gegrabene Zisterne trafen, und wuchsen dort wilde Palmen. Von denen schlugen sie die Herzen der Blattsprossen heraus und aßen sie, denn der Proviant war dem Heere zu Ende gegangen, und es stand schon recht schlimm um sie wegen des Hungers, und so fuhren sie den Tag und die Nacht hindurch und legten an einer einsamen Küste an. Nearch aber hatte Angst, wenn sie an Land kämen, würden sie die Schiffe im Stiche lassen aus Verzagtheit, und um das zu verhüten, ließ er die Schiffe nur auf See ankern.

Von da abfahrend legten sie in Kanate an, nachdem sie eine Strecke von siebenhundertundfünfzig Stadien zurückgelegt hatten. Daselbst ist ein Flachstrand und seichte Priele.

Von da achthundert Stadien weiterfahrend landeten sie bei den Taern: Da lagen an der Küste kleine und elende Dörfer. Die Leute ließen ihre Hütten im Stich, jedoch sie selbst fanden ein bisschen Getreide, auch Datteln von den Palmen; auch waren sieben Kamele zurückgelassen worden, die schlachteten sie und verzehrten von denen das Fleisch.

Ums Morgenrot brachen sie wiederum auf, fuhren dreihundert Stadien und gingen bei Dagasira vor Anker. Da hausten ein paar Hirtenmenschen.

Wieder fuhren sie ab, die Nacht und den Tag hindurch ohne zu rasten. Und indem sie dabei eintausendundeinhundert Stadien zurücklegten, brachten sie das Land der Fischfresser, wo sie so viel Schlimmes erduldet hatten aus Mangel am Notwendigen, endlich hinter sich.

Sie legten aber nicht an Land an, denn da war eine weithin sich erstreckende Brandung, sondern blieben auf hoher See vor Anker. Die Länge der Küstenfahrt längs des Ichthyophagenlandes betrug etwas mehr als zehntausend Stadien.

Walfische. Es leben aber große Walfische in diesem äußeren Meer, und Fische, die viel größer sind als hier im Binnenmeere. Und Nearch erzählt: Als sie von Kuiza aus die Küste entlangfuhren, da sei gegen Morgen zu sehen gewesen, wie Wasser vom Meere aus hoch nach oben geblasen wurde, so als würde es von einem Taifun gewaltsam hochgerissen. Entsetzt hätten sie ihre Lotsen gefragt, was denn da vor sich gehe und woher das komme.

Alexander der Große erkundet die Tiefen des Meeres
Holzstich nach einer französischen Buchmalerei aus der »Histoire du bon roi Alexandre«, um 1320

Die aber hätten geantwortet, dass dort Walfische durchs Meer zögen, und die bliesen das Wasser nach oben. Und die Matrosen hätten sich darüber so entsetzt, dass ihnen die Ruder aus den Händen fielen.

Er selbst aber sei zu ihnen gegangen, und habe ihnen gut zugeredet, und habe ihnen Mut gemacht; und diejenigen, die er im Vorbeifahren habe erreichen können, habe er aufgefordert, sie sollten die Schiffe frontal darauf losrichten wie zu einer Seeschlacht, und sie sollten alle auf einmal das Feldgeschrei erheben zusammen mit dem Wogenschwall, und sie sollten heftig und mit vielem Lärm die Ruder bewegen.

So hätten sie wieder Mut gefasst, und sie seien alle zugleich losgefahren nach Verabredung. Und als sie bereits den Untieren nahe waren, da hätten sie den Kampfruf geschrien, bis ihnen schier die

—

»Es gibt keine anderen Welten mehr zu erobern!«
DIE LETZTEN WORTE ALEXANDERS DES GROSSEN, 10. JUNI 323 V. CHR.

—

Köpfe platzten, und die Trompeter hätten geblasen, und sei ein Lärmen mit den Rudern gewesen weithin.

Und da seien wirklich die Walfische, die schon dicht vor dem Bug der Schiffe zu sehen waren, erschreckt in die Tiefe getaucht, und nicht lange darnach seien sie achtern aufgetaucht und hätten herausgeragt und hätten wiederum das Meerwasser hochgeblasen weit empor.

Da nun habe sich bei den Matrosen ein Beifallsklatschen erhoben über diese unglaubliche Errettung, und sei ein einzig Loblied auf Nearch gewesen um seines Wagemutes und seiner Weisheit willen.

Von diesen Walfischen also wird oft der eine oder andere an Land angetrieben, etwa wenn die Ebbe sie überkommt, während sie in den seichten Tümpeln weilen; andre würden auch von starken Stürmen ans Festland herausgeworfen, und da gingen sie dann zugrunde und verfaulten, und das Fleisch schmölze von ihnen ab und übrig blieben die Knochen, den Leuten zum Gebrauch für ihre Häuser. Es seien aber ihre Rippenknochen, soweit sie groß seien, die Hausbalken, die kleineren aber die Dachsparren; die Knochen in ihren Kinnladen seien die Türflügel, zumal viele Exemplare eine Größe bis zu fünfundzwanzig Klafter erreichten.

—

Um 320 v. Chr.

Pytheas von Marseille

Über das Weltmeer in den hohen Norden

—

Die Berichte von den Feldzügen Alexanders und der Erschließung neuer Handelsrouten machten die Menschen neugierig. Von der griechischen Kolonialstadt Massilia (Marseille) aus stach um 320 v. Chr. eine Flotte in See, um unbekannte Welten zu erkunden. Sie stand unter dem Kommando des griechischen Kartographen und Astronomen Pytheas (um 380–310 v. Chr.). Die Expedition, die vermutlich von der Regierung der wohlhabenden Kolonie finanziert wurde, sollte Massilia vor allem neue Zinnquellen erschließen. Pytheas' Flotte bestand aus sogenannten Triremen – Kriegsschiffen mit drei übereinanderliegenden Reihen von Ruderern. Mit den rund 50 Meter langen und 500 Tonnen schweren Schiffen, angetrieben von insgesamt 174 Ruderern, konnte man rund 90 Kilometer (oder nach dem damals gängigen griechischen Längenmaß 500 Stadien) täglich zurücklegen. Pytheas überwand die Blockade der Karthager an der Straße von Gibraltar und segelte die spanische und französische Küste entlang in Richtung Norden. Er erreichte die Zinnminen von Land's End in Cornwall und beobachtete dort, wie Zinn geschürft und zu Barren gegossen wurde.

Damit war seine Mission im Grunde erfüllt, aber Pytheas dachte gar nicht daran, umzukehren. Er segelte längs der britischen Westküste weiter nach Norden und entdeckte jene geheimnisvolle Insel, »wo die Sonne schlafen geht«, der er den Namen »Thule« gab. Bis heute rätseln die Forscher, was sich hinter »Thule« verbarg – Shetland, die Faröer Inseln, Island oder doch die norwegische Küste? Wie auch immer: Jahrhundertelang beschäftigte Thule die Phantasie der Menschen, bald wurde es mit dem äußersten Ende der Welt gleichgesetzt. In der Überzeugung, den nördlichsten Punkt der Erde erreicht zu haben, kehrte Pytheas wieder nach Britannien zurück. Im weiteren Verlauf der Reise stieß »der Humboldt des Altertums«, wie er später genannt wurde, an einer nördlichen Küste auf eine »Bernsteininsel«, bei der es sich um Helgoland handeln könnte. Über das Weltmeer *betitelte Pytheas seinen Reisebericht – er hat sich nur in Fragmenten erhalten.*

—

Das Dreieck Britannien. Die Inseln des Nordens insgesamt begreift man unter dem Namen Britannien; die wichtigste Insel heißt Albion. Ich habe sie selbst wie ein Landmesser abgeschritten. Britannien ist dreieckig wie Sizilien. Kap Kantion liegt etwa 100 Stadien [18 Kilometer] vom Festland entfernt, das sogenannte Kap Belerion

Trireme, gerudertes Kriegsschiff, wie es Pytheas für seine Expedition über das Weltmeer benutzte Illustration aus dem 19. Jahrhundert

vier Tagesfahrten; das letzte erstreckt sich in den Ozean; es heißt Orkan. Von den Seiten ist die kürzeste 7500 Stadien [1400 Kilometer] lang und erstreckt sich längs Europa; die zweite von der Meerenge bis zur Spitze ist 15 000 Stadien, die letzte 20 000 Stadien lang. Außerhalb dieses Dreiecks liegen noch Ierne, Kalidonia und Tyle [Thule].

—

»Einst wird der Mensch in seinem Wagemut auch noch Länder jenseits von Thule erreichen.«

AUS SENECAS »MEDEA«. DER VERS STEHT HEUTE AUF DEM KOLUMBUS-DENKMAL IN MADRID.

—

TYLE, WO DIE SONNE SCHLÄFT. Die nördlichste aller britannischen Inseln heißt Tyle; seine Breite liegt in der Nähe des Geronnenen Meeres und sechs Tagereisen nördlich von Albion. In Tyle liegt der ganze Wendekreis der Sonne über der Erde und fällt mit dem um den Himmelspol durch das Sternbild des Bären, dem Arktischen, zusammen. Die Barbaren zeigten uns dort die Gegend, wo sich die Sonne schlafen legt. Sie sei gleichsam immer bei ihnen. Es stellte sich auch tatsächlich heraus, dass in dieser Gegend die Nacht ganz kurz wird, an einigen Stellen zwei, an anderen drei Stunden dauert, so dass die Sonne nach ihrem Untergang nach ganz kurzer Unterbrechung gleich wieder aufgeht. Dort laufen im Sommer die Tage und umgekehrt im Winter die Nächte durch, und es muss Gebiete geben, in denen nur einmal im Jahre Tag und einmal Nacht ist.

VON KALIDONIA NACH TYLE. Von Kap Kalidonia braucht man auf der Fahrt nach Tyle zunächst zwei Tage, dann kommt man zu den Ebuden, fünf Inseln, deren Bewohner keine Feldfrüchte kennen und nur von Fisch und Fleisch leben. Den zweiten Haltepunkt gewähren den Reisenden die Orkaden, die von den Ebuden sieben Tage- und Nachtreisen entfernt liegen. Sie sind unbewohnt, haben keine Wälder und starren nur von Binsen; das Übrige sind nackte Sandstrecken und Felsen. Von den Orkaden dauert die Fahrt fünf Tage und Nächte. Tyle ist ein weites Land und an Obst ertragreich. Seine Bewohner leben zu Beginn des Frühjahrs unter dem Vieh von Pflanzen, dann von Milch; für den Winter sammeln sie Feldfrüchte. Die Frauen haben sie gemeinsam; keiner lebt in dauernder Ehe.

Die Insel Thule (Tyle) auf der »Carta Marina« von Olaus Magnus, 1539

Pflanzen und Tiere der nördlichen gemässigten Zone. In den der kalten Zone benachbarten Gegenden werden überhaupt Kulturpflanzen und Haustiere sehr selten, oder sie fehlen ganz. Dort ernährt man sich von Hirse, von Gemüse, Früchten und Wurzeln. Wo noch Getreide angebaut und Honig gewonnen wird, erzeugt man daraus ein Getränk. Das Getreide wird wegen des Mangels an Sonnenschein und wegen der Regengüsse in Scheunen gedroschen, großen Gebäuden, in die man die Ähren bringt.

Gezeiten und Meerlunge. Nördlich von Britannien steigt die Flut achtzig Ellen hoch. Andererseits hören die Gezeiten am Kap Hiberon auf und wird die Fahrt in Richtung auf das Keltenland leichter als umgekehrt in Richtung auf den Ozean. Flut und Ebbe sind eine Folge des Zu- und Abnehmens des Mondes. Ich habe auch selbst ein merkwürdiges Gemisch, einer Meerlunge ähnlich, gesehen. Dort besteht nämlich nicht das Land für sich, auch nicht das Meer und die Luft, sondern ein der Meerlunge ähnliches Gemisch aus diesem allem, in dem Land und Meer und alle Dinge schweben, und dies soll gleichsam ein Band des Alls sein, weder begehbar noch befahrbar. Umgekehrt soll unter den Aiolos-Inseln Lipara und Strongyle im Mittelmeer Hephaistos wohnen und Getöse von Feuer und Schall der Hämmer zu hören sein und das Meer in ihrer Nähe kochen. Leute, die unbearbeitetes Eisen dorthin brachten, konnten angeblich am nächsten Tage ein Schwert oder was sie sonst haben wollten, gegen Bezahlung abholen.

Skandinavien und die Zinninsel. Bei Tyle liegen die skandischen Inseln Dumna, Vergos und Berrike. Dumna liegt Kap Orkan gegenüber; Berrike ist die größte von allen; von ihr pflegt man nach Tyle zu fahren. Sechs Tagereisen von Albion wird auf der Insel Viktis im Binnenland Zinn gewonnen. Die äußerste Insel, Vexisame, liegt drei Tagereisen von Kap Kantion. Zur Zinninsel fahren die Ostideer aus dem Oestrymnischen Nebenmeer und von den Oestrymnischen

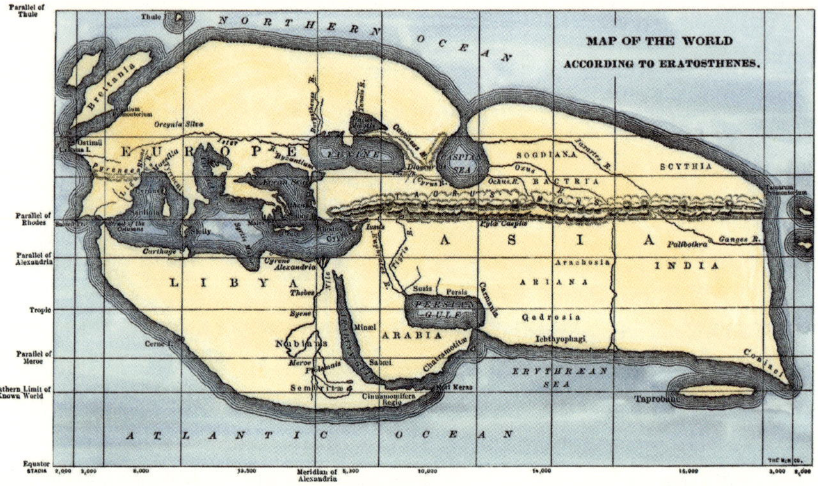

Erdkarte nach Eratosthenes (* um 285 v. Chr.; † um 195 v. Chr) mit Längen- und Breitengraden und Klimazonen Eratosthenes nahm in seine Karte die durch Alexander, Nearchos und Pytheas erforschten Regionen auf.

Inseln. Dieses Nebenmeer beginnt südlich eines Landes mit einem Felsengebirge. Von dort kommt man in zwei Tagereisen zur Heiligen Bernsteininsel, die bei Albion liegt. Die Ostideer sind betriebsame Seefahrer. Sie benutzen jedoch keine Holzschiffe, nur aus Ruten geflochtene Boote, die mit zusammengebundenen Fellen und dickem Leder bezogen sind.

DIE HEILIGE BERNSTEININSEL ABALUS. Die Heilige Bernsteininsel Abalus, die »Königsinsel« Basileia, liegt vor der Mündung des Bernsteinstromes Eridanos. Dieser Strom hat sieben Mündungen, die beim »Silberberg«, dem Argyrion-Felsen, aus einem Mündungshaff austreten. Der Fluss heißt auch Rhodanos oder nach einem Volk der Tartesische. In das Haff fließt noch der Panisosa-Strom. Eine der Mündungen tritt in den Ozean, eine ins Jonische, eine ins Sardonische Meer. Im Hinterland sitzen Kelten und Lygier. Vom Haff erreicht man in einer Tagereise die Heilige Bernsteininsel Abalus. Im Frühjahr wirft dort das »Feste Meer« Bernstein ans Ufer. Die lygischen Ostideer verbrennen ihn auf ihren Altären oder verkaufen ihn den benachbarten Hiberern. Die Kette der Haffs und damit die Bernsteinküste hat eine Länge von 6000 Stadien. Das habe ich festgestellt, als ich, von Tyle zurückgekehrt, noch einmal die ganze Küste von Gadir bis zum Tanais abgefahren habe. Diese Tanaismündung scheint auf demselben Meridian wie Alexandria und der Nil einerseits und Tyle andererseits zu liegen.

DER SILBERBERG, GADIR UND ERYTHEIA. Der Argyrion-Felsen heißt nach seinem Aussehen »Silberberg«, denn er erglänzt an allen Seiten wie von Metall, und besonders erstrahlt er, wenn die Sonnenstrahlen auf ihn treffen. Zwei Tagereisen flussaufwärts liegt das Stadtgebiet von Gadir, auch Tartessus genannt. Gadir bedeutet in der Sprache der Eingeborenen »Garten«. Früher war es eine große und angesehene, jetzt ist es eine dürftige, kleine, verlassene Siedlung, ein Trümmerhaufen. Die Bewohner des ganzen Gebietes wurden durch Kelten des Hinterlandes in unwegsame Gegenden vertrieben. Gadir und den Lygiern unterstand früher auch das wichtigste Inselheiligtum Erytheia. Vom Festland ist es fünf Stadien entfernt und liegt westlich von der Burg des Ältesten auf der Bernsteininsel. Es ist der schaumgeborenen Aphrodite geweiht und besitzt einen Aphroditetempel, eine geheime Höhle und ein Orakel. Nach ihm wird der Bernsteinstrom auch »Fluss von Erytheia«, Eridanos genannt. Dieser entspringt im Gebiet der Tylangier und fließt dann durch das Gebiet der Daliterner. Er ist von seinem Anfang an schiffbar. Vor der Mündung ergießt er sich in das Haff von Albion, wo er den Panisos aufnimmt, und dann tritt er in drei Mündungen im Osten und zweimal zwei im Westen zwischen Inseln ins Meer. Er trennt Europa vom Lygierland.

»Die Barbaren zeigten uns die Gegend, wo sich die Sonne schlafenlegt. Es stellte sich auch tatsächlich heraus, dass in dieser Gegend die Nacht ganz kurz wird, an einigen Stellen zwei, an anderen drei Stunden dauert, so dass die Sonne nach ihrem Untergang nach ganz kurzer Unterbrechung gleich wieder aufgeht.«
Pytheas,
Über das Weltmeer

Die nördliche Säule. Zwei von diesen Inseln liegen dreißig Stadien auseinander. Auf ihnen stehen sieben Säulen, die dem Herakles geweiht sind, und Tempel und Altäre. Die Einwohner sagen, fremde Schiffer führen zu ihnen, brächten ihr Opfer dar und verließen sofort wieder die Inseln, denn es gelte als Gottesfrevel, dort zu verweilen. Die Gewässer um die Inseln seien so flach, dass man die Schiffe erleichtern müsse, um zu ihnen zu gelangen. Dort gebe es auch eine lange Kette von Klippen und Sänden, die das dahinterliegende Land und Wasser schützten, man nenne sie »Heraklesweg«.

Um 200 v. Chr.

Philon von Byzanz

Zu den sieben Weltwundern

—

Man darf ihn als Ahnherrn der Gattung des Reiseführers bezeichnen: Philon von Byzanz (im 3. Jahrhundert v. Chr.). Unter dem Titel* Theámeta *beschrieb er erstmals ausführlich die »sieben Weltwunder« der damals bekannten Welt, von Menschenhand geschaffen. Er zählte zu ihnen die Pyramiden in Memphis, die hängenden Gärten und die Stadtmauer von Babylon, den Tempel der Artemis von Ephesos, die Statue des Zeus von Olympia, das Mausoleum von Halikarnass und den Koloss des Sonnengottes Helios von Rhodos. Wer diese Sehenswürdigkeiten der Antike tatsächlich mit eigenen Augen sehen wollte, musste neben Griechenland und Kleinasien auch Mesopotamien und Ägypten bereisen. Wer aber nahm damals die Strapazen einer solchen einige Jahre umfassenden Tour auf sich? Die meisten hellenistischen Reisenden werden wohl nur nach Ephesos und Olympia gekommen sein.*

Für alle Daheimgebliebenen, die neugierig waren auf die Welt, gab es nun Philons »Reiseführer«. Ob Philon selbst alle sieben von ihm beschriebenen Bauwerke besucht hat oder sich nicht doch im ein oder andern Falle aufs Hörensagen verlassen hat, ist nicht gewiss – zu wenig ist über ihn bekannt. Aber die Liste der »sieben Weltwunder« wurde schnell populär, viele Autoren der Antike griffen sie auf. Die Besetzung veränderte sich im Laufe der Zeit: Die Stadtmauern von Babylon mussten bald dem Leuchtturm von Pharos weichen; im christlichen Zeitalter kamen neue Wunder hinzu und verdrängten andere von der Liste. Denn an der magischen Zahl Sieben, die für Vollkommenheit steht, wollten sie alle festhalten.

—

Von den sieben Weltwundern ist ein jedes allen dem Hörensagen nach bekannt, doch nur wenigen aus eigener Anschauung. Man muss ja auch nach Persien reisen, über den Euphrat setzen, nach Ägypten fahren, sich bei den Eleiern in Griechenland aufhalten, nach Halikarnass in Karien gehen, Rhodos anfahren und in Ionien Ephesos besichtigen. Und wer so um die Welt herumgeirrt ist und durch die Mühsal der Reise erschöpft ist, wird erst dann das Begehren stillen können, wenn auch seine Lebenszeit durch die Jahre vorübergegangen ist.

Deshalb ist Bildung etwas Erstaunliches und eine große Gabe, weil sie den Menschen von der Notwendigkeit befreit, sich auf den

Weg zu machen, und ihm zu Hause die schönen Dinge zeigt, indem sie seiner Seele Augen gibt. Und das Wundervolle ist: Der eine ist zu den Orten gekommen, hat sie einmal gesehen, ist abgereist und hat sie schon vergessen; die Details der Werke sind nämlich verborgen, und bezüglich der Einzelheiten verflüchtigen sich die Erinnerungen. Der andere jedoch erforscht das Staunenswerte und die jeweilige Qualität seiner Ausführung durch meine Rede, betrachtet das ganze Kunstwerk wie in einem Spiegel und bewahrt so die jeweiligen Merkmale dieser Bilder unauslöschlich; mit der Seele nämlich hat er die Wunder geschaut.

Die Pyramiden in Memphis. Die Pyramiden in Memphis zu errichten scheint unmöglich, sie zu erforschen wundersam. Berge sind nämlich auf Berge gebaut, und die Größe der würfelförmigen Quader macht ihren Aufbau unvorstellbar, da niemand zu fassen vermag, mit welchen Kräften die so schweren Werkstücke hochgewuchtet werden konnten.

Die Pyramiden von Ägypten Kupferstich nach Maarten van Heemskerck, 1572

Von der quadratischen Basis, die zugrunde liegt, haben die unterirdischen Steine als Fundament die gleiche Größe wie die oberirdischen Höhen jeder Anlage, und allmählich verjüngt sich das ganze Werk zu einer Pyramide und zur Figur eines Winkelmaßes.

Die Höhe beträgt dabei dreihundert Ellen, der Umfang (der Basis) sechs Stadien (= 2400 Ellen, also 2 × 300 Ellen pro Seitenlinie). Das ganze Bauwerk ist so zusammengefügt und geglättet, dass es scheint, als bestehe es aus einem einzigen zusammengewachsenen Fels. Verschiedene (und purpurne) Arten von Stein sind aufeinandergebaut, und einerseits ist der Fels weißer Marmor, andererseits schwarzer Stein aus Aithiopien, ferner der sogenannte Hämatit, dann ein bunter und grünschimmernder Stein, der, wie es heißt, aus Arabien gebracht wird.

Von einigen sind die Farben, die eine dunkelschimmernde Natur haben, glasgrün, und nach diesen gibt es eine Färbung, die gleichsam apfelfarben ist, von anderen wiederum eine, die purpurn scheint; sie gleichen damit jenen, die durch die (Purpur-)Schnecken meeresgefärbt sind. Zum Überraschenden kommt also das Erfreuliche, zum Wunderbaren das Kunstvolle, zum Reichen das Großartige.

Der lange Aufstieg macht die Mühe einer ganzen Reise; steht man auf dem Gipfel, wird einem dunkel vor Augen, wenn man in die Tiefe hinabschaut. Mit der Anmut des Anblicks der Farben hat der königliche Reichtum die Vielfalt der Ausstattung verwoben. Gepriesen sei das Glück, das glaubt, durch solche außerordentliche Aufwendungen selbst die Sterne zu berühren, denn entweder steigen die Menschen durch solche Werke zu den Göttern empor oder die Götter zu den Menschen herab.

ZEUS VON OLYMPIA. Des Zeus' Vater ist im Himmel Kronos, in Elis jedoch Pheidias; ersteren Zeus hat die unsterbliche Natur hervorgebracht, letzteren die Hände des Pheidias, die allein Götter zu schaffen vermögen – der Glückliche, der selbst als Einziger den König der Welt gesehen hat und dann anderen diesen Herrn des Donners zu zeigen vermag.

Man mag sich scheuen, von Zeus als Sohn des Pheidias zu sprechen, doch ist jedenfalls die Mutter seines Bildes die Kunst geworden. Deshalb nämlich brachte die Natur Elefanten hervor, dass Pheidias die Zähne der Tiere abschneiden und so auch das Material für die Verfertigung bereitstellen konnte. (An Elefantenherden wird Afrika immer einen Überfluss haben.)

Daher also bestaunen wir die anderen der Sieben Weltwunder nur, dieses aber beten wir sogar an: als Werk der Kunst ist es wundervoll, als Abbild des Zeus heilig. So findet die Arbeit ihren Lobpreis, die Unsterblichkeit ihre Verehrung.

O große Zeit von Hellas, die du reich warst an Schmuck für die Götter wie keine mehr später, die du einen Künstler als Schöpfer der Unsterblichkeit hattest, wie ihn das spätere Leben nicht mehr hervorgebracht hat, und die du den Menschen Abbilder der Götter zu zeigen vermochtest, wie sie keiner, der sie bei dir gesehen hat, bei anderen hätte sehen können. Ja, den Olymp hat Pheidias längst übertroffen, um so viel, wie die Klarheit besser als die Vermutung, die Erforschung als der bloße Verdacht, die Anschauung als das Hörensagen ist.

DIE MAUER VON BABYLON. Semiramis hatte außer ihrem königlichen Sinn auch Reichtum. Daher also hinterließ sie, als sie starb, einen Schatz von Weltwunder: Sie hatte Babylon ummauert, wofür sie ein Fundament von dreihundertsechzig Stadien Länge legte, so dass eine Umwanderung der Stadt einen mühsamen Tagesmarsch

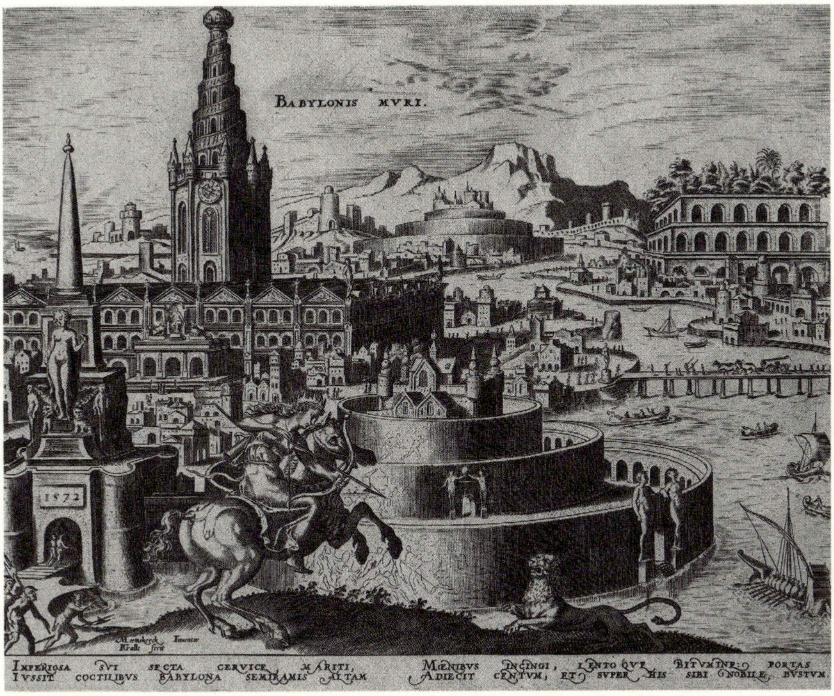

Die Mauern von Babylon
Kupferstich nach
Maarten van Heemskerck,
1572

erfordert. Doch nicht allein in der Größe besteht das Erstaunliche, sondern auch in der Sicherheit der Bauweise und im Ausmaß des Gebiets im Inneren; die Mauer ist nämlich aus gebranntem Ziegel errichtet.

Die Höhe der Mauer beträgt mehr als fünfzig Ellen, die Breite der Wehrgänge lässt vier vierspännige Wagen zur selben Zeit verkehren. Dicht stehend und zusammenhängend sind die Türme, die auf ihren Ebenen ein ganzes Heer aufnehmen können. Daher also ist die Stadt das Bollwerk der Persis und hat gleichsam in sich die ganze bewohnte Welt eingeschlossen.

So viele Zehntausende von Menschen wohnen in ihrem ganzen Mauerring. Wie viel Land man anderswo mühsam landwirtschaftlich bebaut, so viel hat Babylon an bewohntem Gebiet, ja nur dort können die Bewohner innerhalb der Mauer auf Reisen gehen.

59/60

Paulus von Tarsus

Schiffbruch im Mittelmeer

—

Eine der berühmtesten Reisen der Antike ist die Überfahrt des Apostel Paulus (um 5; † um 64) nach Rom. Um das Wort Christi zu verbreiten, hatte der aus der römischen Provinz Kilikien (in der heutigen Südtürkei) stammende Paulus bereits zahlreiche Reisen unternommen – nach Zypern, Galatien, Korinth, Antiocha, Ephesos und Jerusalem. Doch diesmal war er nicht als Missionar unterwegs, sondern als Gefangener. In Jerusalem war er der »Ketzerei« beschuldigt und verhaftet worden; nun wollte er von seinem Recht als römischer Bürger Gebrauch machen, seine Sache in Rom vor den Kaiser zu bringen. In Myra an der Südwestküste Kleinasiens bestieg Paulus im Oktober 59 ein Schiff aus Alexandrien, das nach Italien unterwegs war. Bewacht wurde er von einer römischen Militäreskorte, angeführt von dem Hauptmann Julius. Der Evangelist Lukas begleitete Paulus auf der Überfahrt; in der Apostelgeschichte erstattet er darüber ausführlich Bericht.*

Die Jahreszeit war nicht günstig für eine solche Reise; von November bis März ruhte üblicherweise die Schifffahrt auf dem Meer. Bald geriet das Schiff in einen heftigen Sturm. 14 Tage trieb es ziellos umher, bevor es auf eine Sandbank auflief. Schwimmend und auf Planken erreichten die Schiffbrüchigen die Insel Malta, wo sie überwinterten. Nach drei Monaten ging es von Malta aus mit einem alexandrinischen Schiff weiter nach Italien, wo sie den Hafen von Puteoli erreichten. In Rom angekommen, stand Paulus zwar offiziell unter Bewachung, empfing aber Besucher und predigte das Evangelium. Sein weiteres Schicksal ist ungewiss. Vielleicht starb er in Rom den Märtyrertod, vielleicht wurde er freigelassen und reiste weiter nach Spanien. Aber unbestritten ist, dass der Apostel Paulus einer der großen Reisenden der Antike war.

—

Paulus auf der Fahrt nach Rom. Da es aber beschlossen war, dass wir nach Italien schiffen sollten, übergaben sie Paulus und etliche andere Gefangene dem Unterhauptmann mit Namen Julius, von der »kaiserlichen« Schar. Da wir aber in ein adramyttisches Schiff traten, dass wir an Asien hin schiffen sollten, fuhren wir vom Lande; und mit uns war Aristarchus aus Mazedonien, von Thessalonich. Und des andern Tages kamen wir an zu Sidon; und Julius hielt sich freundlich gegen Paulus, erlaubte ihm, zu seinen guten Freunden zu gehen und sich zu pflegen. Und von da stießen wir ab und schifften

Östlicher Mittelmeerraum mit Illustrationen zu den Reisen des Apostel Paulus Karte von Abraham Ortelius, 1587

unter Zypern hin, darum dass uns die Winde entgegen waren, und schifften durch das Meer bei Zilizien und Pamphylien und kamen gen Myra in Lyzien. Und daselbst fand der Unterhauptmann ein Schiff von Alexandrien, das schiffte nach Italien, und ließ uns darauf übersteigen. Da wir aber langsam schifften und in vielen Tagen kaum gegen Knidus kamen (denn der Wind wehrte uns), schifften wir unter Kreta hin bei Salmone und zogen mit Mühe vorüber; da kamen wir an eine Stätte, die heißt Gutfurt, dabei war nahe die Stadt Lasäa.

Da nun viel Zeit vergangen war und nunmehr gefährlich war zu schiffen, darum dass auch das Fasten schon vorüber war, vermahnte sie Paulus und sprach zu ihnen: Liebe Männer, ich sehe, dass die Schifffahrt will mit Leid und großem Schaden ergehen, nicht allein der Last und des Schiffes, sondern auch unsers Lebens. Aber der Unterhauptmann glaubte dem Steuermann und dem Schiffsherrn mehr denn dem, was Paulus sagte. Und da die Anfurt ungelegen war, zu überwintern, bestanden ihrer das mehrere Teil auf dem Rat, von dannen zu fahren, ob sie könnten kommen gen Phönix, zu überwintern, welches ist eine Anfurt an Kreta gegen Südwest und Nordwest.

SEESTURM UND SCHIFFBRUCH. Da aber der Südwind wehte und sie meinten, sie hätten nun ihr Vornehmen, erhoben sie sich und fuhren näher an Kreta hin. Nicht lange aber darnach erhob sich wider ihr Vornehmen eine Windsbraut, die man nennt Nordost. Und da das Schiff ergriffen ward und konnte sich nicht wider den Wind richten, gaben wir's dahin und schwebten also.

—

»Nun ermahne ich euch, dass ihr unverzagt seid; denn keines Leben aus uns wird umkommen, nur das Schiff. Denn diese Nacht ist bei mir gestanden der Engel Gottes und sprach: Fürchte dich nicht, Paulus!«
APOSTELGESCHICHTE 27, 21–22

—

Wir kamen aber an eine Insel, die heißt Klauda; da konnten wir kaum den Kahn ergreifen. Den hoben wir auf und brauchten die Hilfe und unterbanden das Schiff; denn wir fürchteten, es möchte in die Syrte fallen, und ließen die Segel herunter und fuhren also. Und da wir großes Ungewitter erlitten, taten sie des nächsten Tages einen Auswurf. Und am dritten Tage warfen wir mit unseren Händen aus die Gerätschaft im Schiffe. Da aber an vielen Tagen weder Sonne noch Gestirn erschien und ein nicht kleines Ungewitter uns drängte, war alle Hoffnung unsres Lebens dahin.

Und da man lange nicht gegessen hatte, trat Paulus mitten unter sie und sprach: Liebe Männer, man solltet mir gehorcht haben und nicht von Kreta aufgebrochen sein, und uns dieses Leides und Schadens überhoben haben. Und nun ermahne ich euch, dass ihr unverzagt seid; denn keines Leben aus uns wird umkommen, nur das Schiff. Denn diese Nacht ist bei mir gestanden der Engel Gottes, des ich bin und dem ich diene, und sprach: Fürchte dich nicht, Paulus! Du musst vor den Kaiser gestellt werden; und siehe, Gott hat dir geschenkt alle, die mit dir schiffen. Darum, liebe Männer, seid unverzagt; denn ich glaube Gott, es wird also geschehen, wie mir gesagt ist. Wir müssen aber anfahren an eine Insel.

Da aber die vierzehnte Nacht kam, dass wir im Adria-Meer fuhren, um die Mitternacht, wähnten die Schiffsleute, sie kämen etwa an ein Land. Und sie senkten den Bleiwurf ein und fanden zwanzig Klafter tief; und über ein wenig davon senkten sie abermals und fanden fünfzehn Klafter. Da fürchteten sie sich, sie würden an harte Orte anstoßen, und warfen hinten vom Schiffe vier Anker und wünschten, dass es Tag würde. Da aber die Schiffsleute die Flucht suchten aus dem Schiffe und den Kahn niederließen in das Meer und gaben vor, sie wollten die Anker vorn aus dem Schiffe lassen, sprach Paulus zu dem Unterhauptmann und zu den Kriegsknechten: Wenn diese nicht im Schiffe bleiben, so könnt ihr nicht am Leben bleiben. Da hieben die Kriegsknechte die Stricke ab von dem Kahn und ließen ihn fallen.

Und da es anfing, licht zu werden, ermahnte sie Paulus alle, dass sie Speise nähmen, und sprach: Es ist heute der vierzehnte Tag, dass ihr wartet und ungegessen geblieben seid und habt nichts zu euch genommen. Darum ermahne ich euch, Speise zu nehmen, euch zu laben; denn es wird euer keinem ein Haar von dem Haupt entfallen. Und da er das gesagt, nahm er das Brot, dankte Gott vor ihnen allen und brach's und fing an zu essen. Da wurden sie alle gutes Muts und nahmen auch Speise. Unser waren aber alle zusammen im Schiff zweihundert und sechsundsiebzig Seelen. Und da sie satt geworden, erleichterten sie das Schiff und warfen das Getreide in das Meer.

Da es aber Tag ward, kannten sie das Land nicht; einer Anfurt aber wurden sie gewahr, die hatte ein Ufer; dahinan wollten sie das Schiff treiben, wo es möglich wäre. Und sie hieben die Anker ab und ließen sie dem Meer, lösten zugleich die Bande der Steuerruder auf und richteten das Segel nach dem Winde und trachteten nach dem Ufer. Und da wir fuhren an einen Ort, der auf beiden Seiten Meer hatte, stieß sich das Schiff an, und das Vorderteil blieb fest stehen unbeweglich; aber das Hinterteil zerbrach von der Gewalt der Wellen.

Die Kriegsknechte aber hatten einen Rat, die Gefangenen zu töten, dass nicht jemand, so er ausschwömme, entflöhe. Aber der Unterhauptmann wollte Paulus erhalten und wehrte ihrem Vornehmen und hieß, die da schwimmen könnten, sich zuerst in das Meer lassen und entrinnen an das Land, die andern aber etliche auf Brettern, etliche auf dem, das vom Schiff war. Und also geschah es, dass sie alle gerettet zu Lande kamen.

Auf der Insel Malta. Und da wir gerettet waren, erfuhren wir, dass die Insel Melite hieß. Die Leutlein aber erzeigten uns nicht geringe Freundschaft, zündeten ein Feuer an und nahmen uns alle auf um des Regens, der über uns gekommen war, und um der Kälte willen.

Der gefangene Paulus auf der Reise nach Rom: Die Ottern beißen Paulus, aber er bleibt gesund. Kupferstich von Matthäus Merian d. Ä., 1625

Da aber Paulus einen Haufen Reiser zusammenraffte, und legte sie aufs Feuer, kam eine Otter von der Hitze hervor und fuhr Paulus an seine Hand. Da aber die Leutlein sahen das Tier an seiner Hand hangen, sprachen sie untereinander: Dieser Mensch muss ein Mörder sein, den die Rache nicht leben lässt, ob er gleich dem Meer entgangen ist. Er aber schlenkerte das Tier ins Feuer, und ihm widerfuhr nicht Übles. Sie aber warteten, wann er schwellen würde oder tot niederfallen. Da sie aber lange warteten und sahen, dass ihm nichts Ungeheures widerfuhr, wurden sie anderes Sinnes und sprachen, er wäre ein Gott.

An diesen Örtern aber hatte der Oberste der Insel, mit Namen Publius, ein Vorwerk; der nahm uns auf und herbergte uns drei Tage freundlich. Es geschah aber, dass der Vater des Publius am Fieber und an der Ruhr lag. Zu dem ging Paulus hinein und betete und legte die Hand auf ihn und machte ihn gesund. Da das geschah, kamen auch die andern auf der Insel herzu, die Krankheiten hatten, und ließen sich gesund machen. Und sie taten uns große Ehre; und da wir auszogen, luden sie auf, was uns not war.

VON MALTA NACH ROM. Nach drei Monaten aber fuhren wir aus in einem Schiffe von Alexandrien, welches bei der Insel überwintert hatte und hatte ein Panier der Zwillinge. Und da wir gen Syrakus kamen, blieben wir drei Tage da. Und da wir umschifften, kamen wir gen Rhegion; und nach einem Tage, da der Südwind sich erhob, kamen wir des andern Tages gen Puteoli. Da fanden wir Brüder und wurden von ihnen gebeten, dass wir sieben Tage dablieben. Und also kamen wir gen Rom. Und von dort, da die Brüder von uns hörten, gingen sie aus, uns entgegen, bis gen Appifor und Tretabern. Da die Paulus sah, dankte er Gott und gewann eine Zuversicht.

Schiffe im Hafen von Puteoli oder Stabiae
Römische Wandmalerei, 1. Jahrhundert

Da wir aber gen Rom kamen, überantwortete der Unterhauptmann die Gefangenen dem obersten Hauptmann. Aber Paulus ward erlaubt zu bleiben, wo er wollte, mit einem Kriegsknechte, der ihn hütete.

PAULUS IN ROM. Es geschah aber nach drei Tagen, dass Paulus zusammenrief die Vornehmsten der Juden. Da sie zusammenkamen, sprach er zu ihnen: Ihr Männer, liebe Brüder, ich habe nichts getan wider unser Volk noch wider väterliche Sitten, und bin doch gefangen aus Jerusalem übergeben in der Römer Hände. Diese, da sie mich verhört hatten, wollten sie mich losgeben, dieweil keine Ursache des Todes an mir war. Da aber die Juden dawiderredeten, ward ich genötigt, mich auf den Kaiser zu berufen; nicht, als hätte ich mein Volk um etwas zu verklagen. Um der Ursache willen habe ich euch gebeten, dass ich euch sehen und ansprechen möchte; denn um der Hoffnung willen Israels bin ich mit dieser Kette umgeben.

Sie aber sprachen zu ihm: Wir haben weder Schrift empfangen aus Judäa deinethalben, noch ist ein Bruder gekommen, der von dir etwas Arges verkündigt oder gesagt habe. Doch wollen wir von dir hören, was du hältst; denn von dieser Sekte ist uns kund, dass ihr wird an allen Enden widersprochen. Und da sie ihm einen Tag bestimmt hatten, kamen viele zu ihm in die Herberge, welchen er auslegte und bezeugte das Reich Gottes; und er predigte ihnen von Jesus aus dem Gesetz Moses und aus den Propheten von frühmorgens an bis an den Abend. Und etliche fielen dem zu, was er sagte; etliche aber glaubten nicht.

Da sie aber untereinander misshellig waren, gingen sie weg, als Paulus das eine Wort redete: Wohl hat der Heilige Geist gesagt durch den Propheten Jesaja zu unsern Vätern und gesprochen: »Gehe hin zu diesem Volk und sprich: Mit den Ohren werdet ihr's hören, und nicht verstehen; und mit den Augen werdet ihr's sehen, und nicht erkennen. Denn das Herz dieses Volks ist verstockt, und sie hören schwer mit den Ohren und schlummern mit ihren Augen, auf dass sie nicht dermaleinst sehen und mit den Augen und hören mit den Ohren und verständig werden im Herzen und sich bekehren, dass ich ihnen hülfe.« So sei es euch kundgetan, dass den Heiden gesandt ist dies Heil Gottes; und sie werden's hören. Und da er solches redete, gingen die Juden hin und hatten viel Fragens unter sich selbst.

Paulus aber blieb zwei Jahre in seinem eigenen Gedinge und nahm auf alle, die zu ihm kamen, predigte das Reich Gottes und lehrte von dem HERRN Jesus mit aller Freudigkeit unverboten.

Seneca

Baiae – eine Warnung

Darstellung eines Eroten
Stuckrelief im Tepidarium,
Forumsthermen, Pompeji,
1. Jh. v. Chr.

Kein Meerbusen auf der Welt überstrahlt das liebliche Baiae.« Mit solchen Worten wurde im alten Rom der Kur- und Badeort am Golf von Neapel angepriesen. Wer etwas auf sich hielt, verbrachte die Sommerferien in Baiae; Feldherren wie Pompeius und Cäsar hatten sich hier Ferienvillen erbaut und Kaiser Claudius sich einen imposanten Palast errichtet. Die einen kamen um ihrer Gesundheit willen und nutzten die Heilbäder, andere mehr zum Vergnügen. Zu Beginn der Kaiserzeit entwickelte sich Baiae zu einem boomenden Tourismusressort, wo Masseure, Haarausreißer, Garköche und Kuchenbäcker lautstark ihre Dienste und Waren anpriesen. Dies rief bald auch die ersten Tourismuskritiker auf den Plan.

Ihr prominentester Vertreter war der Redner, Philosoph und Staatsmann Lucius Annaeus Seneca (um 4 v. Chr. – 65 n. Chr.). Fünf Jahre lang wirkte er als Prinzenerzieher des Thronfolgers Nero; als dieser im Alter von 17 Jahren den Thron bestieg, diente er ihm als Berater und führte zeitweilig die Regierungsgeschäfte. Doch einen Kaiser vom Naturell eines Nero zu den Tugenden der Stoa zu bekehren, erwies sich als hoffnungsloser Fall. Im Jahr 62 zog sich Seneca aus dem öffentlichen Leben zurück. In dieser Zeit entstanden seine Briefe an Lucilius *– ein Plädoyer für die Philosophie als Lebenskunst. »Der Natur gemäß leben«, lautete die Maxime, und das hieß, seine Gemüts- und Seelenruhe zu finden. Dies vertrug sich schlecht mit den Vergnügungen, dem Rummel und dem zur Schau gestellten Luxus in den Bädern von Baiae. Ein Aufenthalt in einer solchen »Herberge der Laster« konnte dem Philosophen Seneca allenfalls noch zur Schulung in Askese dienen.*

Wie ein jeder kann, mein Lucilius! Du hast dort den Ätna, diesen hochberühmten Berg Siziliens. Warum ihn Messala oder Valgius – denn ich las es bei beiden – den Einzigen nennen, ist mir nicht erfindlich; denn es gibt zahlreiche Stellen mit Feuerausbrüchen, nicht nur hochgelegene (wie meistens, weil das Feuer so hoch wie möglich steigt), sondern auch in flachem Gelände: wir sind, soweit es eben gehen will, mit Baiae zufrieden, das ich übrigens am Tage nach meiner Ankunft wieder verließ. Denn es ist dies ein Ort, den die Natur zwar mit reichen Vorzügen ausgestattet hat, den aber die Üppigkeit sich auserkoren hat, um dort ihre Feste zu feiern.

Diokletiansthermen in Rom. Aquarell von Edmond Paulin, 1890

Wie also? Soll man irgendeinem Orte Hass ankündigen? Nein, durchaus nicht. Aber wie einem weisen und ehrsamen Mann das eine Kleid besser ansteht als ein anderes, und wie er nicht irgendwelche Farbe hasst, aber doch die eine oder andere für weniger passend erachtet für einen Mann von ausgesprochen nüchterner Denkungsart, so gibt es auch Gegenden, die der Weise oder der nach Weisheit Strebende meidet als unverträglich mit strenger Sittlichkeit. Darum wird, wer an seinen Rückzug aus dem öffentlichen Leben denkt, niemals Canopus [Küstenstadt bei Alexandria] wählen, obschon Canopus niemandem verbietet, ein ehrsames Leben zu führen, ja selbst Baiae nicht, diese Herberge der Laster, zu der sich dieser Ort zu entwickeln begonnen hat. Dort erlaubt sich die Üppigkeit das Undenklichste, dort lässt sie sich mehr als irgendwo sonst gehen, als wäre man der Örtlichkeit besondere Ausgelassenheit schuldig. Bei der Wahl eines Ortes sollen wir nicht nur das Wohl unseres Körpers, sondern auch das Heil unserer Seele im Auge haben. So wenig ich mir die Gesellschaft von Folterknechten wünschen möchte, so wenig auch den Dunstkreis der Garküchen. Was frommt es, Betrunkene zu sehen, wie sie am Gestade umhertaumeln, oder üppige Gesellschaften auf Lustfahrten durch die Seen begriffen unter Gesang mit Musikbegleitung und wer weiß was alles sonst noch, als wäre hier die Üppigkeit nicht nur aller Gesetze ledig, sondern hätte den Beruf, sich öffentlich zur Schau zu stellen? All unser Sinnen und Trachten soll darauf gerichtet sein, den Lockungen der Laster so weit wie möglich aus dem Wege zu gehen. Wir müssen uns innerlich stählen und den Verführungen der Genusssucht schon aus der Ferne ausweichen. Ein Winter reichte aus, Hannibals Kraft zu brechen; die üppige Weichlichkeit Kampaniens entnervte den Mann, dem die Schneemassen und die Kälte der Alpen nichts hatten anhaben können. Die Waffen gaben ihm den Sieg, das Lasterleben machte ihn zum Überwundenen. Auch wir müssen Kriegsdienste leisten, und zwar Kriegsdienste eigener Art, die keiner Ruhe, keiner Rast Raum geben. Vor allem gilt es, die Lustbegierden zu bekämpfen, die, wie du siehst, auch harte Gemüter in ihren Bannkreis gerissen haben. Hat sich einer die Größe der Aufgabe, die er sich gestellt hat, klar vor Augen gehalten, dann wird er wissen, dass man nichts mit zarter und weichlicher Hand anfassen darf.

Was sollen mir jene Wasserbecken mit gewärmtem Wasser? Was sollen mir jene Schwitzräume, in denen trockene Hitze den überfüllten Körper wieder entlasten soll? Arbeit soll es sein und nichts anderes, wodurch wir den abführenden Schweiß erzeugen. Wollten wir tun, was Hannibal tat, wollten wir den Tatenlauf unterbrechen und die Waffen ruhen lassen, um allen Ernstes nur unserem leiblichen Wohlbehagen zu dienen, so würde jedermann diesen unzeitigen Müßiggang tadeln als eine Gefahr selbst für den, der schon den Sieg errungen hat, geschweige denn für den, der erst noch um den Sieg ringt. Wir aber dürfen uns noch weniger herausnehmen als jene, die der punischen Fahne folgten: größere Gefahr harret unser, wenn wir weichen, härtere Arbeit, auch wenn wir ausharren. Das Schicksal führt Krieg mit mir: ich bin nicht gewillt, mich seinen Befehlen zu fügen. Ich lasse mir das Joch nicht gefallen, nein, ich schüttele es ab, und dazu gehört noch größere Tapferkeit. Meine Seelenkraft darf nicht erschlaffen. Lasse ich den Lustreiz über mich Herr werden, so mache ich auch den Schmerz, die Mühsal, die Armut zu Herren über mich, und den nämlichen Herrschaftsanspruch machen dann auch Ehrgeiz und Zorn an mich. So viele Leidenschaften werden mich zerreißen, oder richtiger gesagt, werden mich zerstückeln. Die Freiheit ist es, der der Kampf gilt; um diesen Preis wird gerungen. Und die Freiheit, worin besteht sie? So fragst du. Darin, dass man keinem Zwang, keinem Zufall die Herrschaft über sich einräumt und das Schicksal sich nicht über den Kopf wachsen lässt. Von dem Tage ab, wo ich merke, dass ich ihm überlegen bin, wird es mit seiner Macht vorbei sein. Ich sollte mir seine Macht gefallen lassen, der ich den Tod in meiner Gewalt habe?

—

»Die Bäder, die Weine, die Liebe: Sie ruinieren unseren Körper. Aber sie machen das Leben aus: die Bäder, die Weine, die Liebe.«

ANTIKE RÖMISCHE INSCHRIFT

—

Trägt man sich ernstlich mit solchen Gedanken, so kann man nicht anders als sich für einen ernsten und ehrwürdigen Ort entscheiden. Eine allzu reizvolle Gegend hat etwas Verweichlichendes an sich und übt zweifellos einen nachteiligen Einfluss auf unsere Tatkraft aus. Die Zugtiere nehmen es mit jedem Wege auf, denn der raue Boden hat ihre Hufe hart gemacht, während das auf weichem und durchfeuchtetem Weidegelände gemästete Vieh sich schnell die Hufe abläuft. So ist auch der Soldat, der vom Lande herstammt, von strammerer Art als der Städter und der verwöhnte Haussklave. Keine Anstrengung scheut der Arm, der den Pflug mit der Waffe vertauscht, schon beim ersten Waffengang dagegen fällt jener salbenduftende Weichling ab. Der strengere Ordnungssinn mancher Landschaft stärkt den Geist und macht ihn großen Aufgaben gewachsen. Es stand dem Scipio besser an, sich Liternum zum Verbannungsort zu wählen als Baiae. Sein Sturz verträgt sich nicht mit einem so weichlichen Unterkommen. Und selbst jene Männer, in deren Hand das Schicksal des römischen Volkes die gesamte öffentliche Macht legte, ein C. Marius, ein Cn. Pompeius, ein Caesar, ließen sich zwar Villen bauen in der Umgebung von Baiae, doch wählten sie als Baustätte für sie die höchsten Bergesgipfel aus. Ihrem kriegerischen Geist entsprach es mehr, von hoher Warte aus auf die ringsum zu ihren Füßen weit sich ausbreitende Umgebung herabzuschauen. Wirf einen Blick auf die Lage, welche sie für Errichtung ihrer Gebäude wählten, und auf die Bauart derselben, und du wirst dir sagen, dass es nicht Landhäuser sind, sondern Burgen. Meinst du etwa, Cato würde jemals ein zierliches Landhaus bezogen haben, um die vorüberfahrenden Dirnen zu zählen und das bunte Gewirr der in den verschiedensten Farben prangenden Gondeln zu durchmustern und die rings im See schwimmenden Rosen zu betrachten und die Schmählieder nächtlicher Sänger zu hören? Würde er nicht lieber am Hange des Walles geweilt haben, den er für eine einzige Nacht eigenhändig mit aufgeführt hätte? Wer sich als Mann fühlt, wird sich der nicht lieber durch das Trompetensignal als durch Chorgesang wecken lassen?

Statue des Hermes
Archäologischer Park von Baiae

Doch genug nun des Haders mit Baiae, wenn auch jemals genug des Haders gegen die Laster, die ich dich, Lucilius, mit endlosem und maßlosem Hass zu verfolgen bitte; denn auch sie kennen weder Ende noch Maß. Wirf von dir, was dein Herz zerfleischt, und könnte es nicht auf andere Weise entfernt werden, so müsste das Herz selbst mit ihm herausgerissen werden. Vor allem treibe die Lustbegierden hinaus und sieh in ihnen deine ärgsten Feinde. Denn wie jene Räuber, welche die Ägypter Phileten (Betrüger) nennen, umarmen sie uns, um uns zu erwürgen.

Das geräuschvolle Leben zu Baiae, das der Weise ertragen, aber für die Dauer nicht wählen wird. Zum Henker mit mir, wenn wirklich für den in Studien Vertieften die Stille der Umgebung so unentbehrlich ist, wie man gemeinhin meint. Umrauscht mich doch hier der mannigfachste Lärm von allen Seiten. Meine Wohnung ist gerade über dem Bade. Nun stelle dir das bunte Stimmengewirr vor, das einen dazu bringen könnte, die eigenen Ohren zu verfluchen. Wenn Leute kräftigeren Schlages ihre Übungen anstellen und ihre mit Blei beschwerten Hände nach allen Richtungen hin in Bewegung setzen, wenn sie sich anstrengen, sei es wirklich oder bloß dem Anschein nach, dann vernehme ich allerhand Stöhnen, und wenn sie den angehaltenen Atem wieder von sich geben, mancherlei Zischen unter schwerem Aufatmen. Gerate ich in die Nähe eines energielosen Menschen von der Sorte derjenigen, die sich auf die übliche Einsalberei beschränken, dann vernehme ich ein Klatschen der auf die Schultern aufprallenden Hände, das seine Tonart wechselt, je nachdem die Hand entweder flach oder hohl auffällt. Kommt nun noch ein Ballspieler hinzu, der seine Bälle zählt, dann gute Nacht! Dazu noch all das Gezänk, der Lärm bei Ergreifung eines Diebes und die Stimmproben der gesangessüchtigen Badenden. Dazu das tosende Aufspritzen des Wassers beim Sprunge der sich mit gewaltigem Schwung in das Bassin stürzenden Badenden. Neben allen diesen, die doch wenigstens mit unverstellter Stimme sich bemerklich machen, denke dir einen dienstbeflissenen Haarzupfer, der, um sich nach Möglichkeit bemerkbar zu machen, immer wieder seine dünne und schrille Stimme vernehmen lässt und seinen Mund nur dann hält, wenn er Haare ausrupft und einen anderen für sich schreien lässt. Dazu nimm nun noch das Stimmengewirr der Kuchenbäcker, der Wursthändler, der Süßigkeitskrämer und aller der im Dienste der Garküchen stehenden Krämer, die ihre Ware, ein jeder in seiner besonderen Tonart, feilbieten.

Bankettszene
Wandmalerei in Pompeji,
ca. 30 v. Chr.

»Du hast eine eiserne Natur«, wirst du sagen, »oder bist taub, wenn du unter derartigem Gelärm und Stimmengewirr deine fünf Sinne noch beisammenhalten kannst.« Doch ich versichere dich: mich kümmert dies Getöse ebenso wenig wie ein Wogengebrause oder ein Wasserfall, obschon mir nicht unbekannt ist, dass ein großes Volk seine Stadt aus keinem anderen Grunde verlegte, als weil es das Tosen des Nilfalles nicht ertragen konnte. Was Ablenkung anlangt, so scheint mir die Stimme gefährlicher zu sein als bloßes Geräusch. Denn die Stimme wirkt immer auf die Seele, während ein Geräusch nur an unser Ohr schlägt und es füllt. Zu den Dingen, die mich umrauschen, ohne mich zu stören, rechne ich einen vorüberfahrenden Wagen, einen im Hause oder in der Nachbarschaft arbeitenden

Handwerker oder einen mit Sägen Beschäftigten oder den Mann, der an der Brunnensäule (Meta sudans) seine Trompeten und Flöten probiert und es nicht auf Musik, sondern nur auf Reklame abgesehen hat. Ferner ist mir ein Schall, der zuweilen unterbrochen wird, lästiger als ein anhaltender. Doch bin ich gegen all dergleichen bereits so abgehärtet, dass ich selbst den Rudermeister anhören kann, der mit grellster Stimme den Ruderknechten den Takt angibt. Ich zwinge nämlich meinen Geist, nur auf sich gerichtet zu sein und sich nicht nach außen hin ablenken zu lassen. Mag immerhin draußen alles von Lärm erfüllt sein: wenn nur im Innern kein Aufruhr tobt, wenn nur Begierde und Furcht nicht miteinander ringen, wenn nur Habsucht und üppige Begehrlichkeit nicht miteinander im Streite liegen und eine der anderen übel mitzuspielen trachtet. Denn was nützt die Grabesstille der ganzen Umgebung, wenn die Leidenschaften tosen?

Alles deckte die Nacht mit dem Schleier friedlicher Ruhe.

Das ist nicht richtig. Es gibt keine friedliche Ruhe außer der, die eine Wirkung der Vernunft ist. Die Nacht bringt Verdruss, räumt nicht auf damit, sie ändert nur unsere Sorgen. Denn für die Schlafenden sind die Träume nicht minder wirrnisreich als die Tage. Nur das ist wahre Ruhe, die sich als Wirkung edler Gesinnung erweist.

Lass dir also gesagt sein: Erst dann bist du ein Mensch, wie er sein soll, wenn du gleichgültig bist gegen jeden Lärm, wenn keine Stimme dich aus der gewohnten Fassung bringt, gleichviel, ob sie schmeichelt, ob sie droht oder mit leerem Schall dich umtönt. »Wie also? Ist es nicht ratsamer, endlich einmal allem Geschrei aus dem Wege zu gehen?« Allerdings. Eben deshalb werde ich diesen Ort verlassen. Ich habe mich üben und auf die Probe stellen wollen. Was hat man nötig, sich länger zu quälen, während es dem Ulixes so leicht gelang, für seine Gefährten ein Mittel selbst gegen die Sirenen zu finden?

—

—

»Was sollen mir jene Wasserbecken mit gewärmtem Wasser? Was sollen mir jene Schwitzräume, in denen trockene Hitze den überfüllten Körper wieder entlasten soll? Arbeit soll es sein und nichts anderes, wodurch wir den abführenden Schweiß erzeugen.«

Seneca

—

Um 200

Pausanias

Unterwegs in Griechenland

Läuferin aus Sparta
Bronzeplastik,
um 500 v. Chr.

Was in späteren Zeiten die Grand Tour nach Italien war, war im alten Rom die Reise nach Griechenland. Hellas war die Antike Roms, und für einen aufstrebenden Mann der römischen Oberschicht war eine Bildungstour dorthin obligatorisch. Zu den Orten, die römische Besucher anlockten, gehörten insbesondere Athen, Delphi, Olympia und Korinth. An den bekanntesten Orten standen ihnen Fremdenführer (»Exegeten«) zur Verfügung, abseits davon war man auf sich gestellt. Angesichts der opulenten Fülle von Sehenswürdigkeiten war man gut beraten, sich mit einem kompetenten Reiseführer auszustatten. Ihn schuf der aus Kleinasien stammende Autor Pausanias (um 115; † um 180), der »griechische Baedeker«, mit seiner zehnbändigen* Beschreibung Griechenlands. *15 Jahre bereiste Pausanias die Landstriche Griechenlands – von Athen und Salamis nach Korinth und Epidauros, von Sparta und Messenien nach Olympia, von Arkadien über Böotien bis nach Delphi. Kein noch so abgelegenes Städtchen und kein noch so kleiner Tempel, kein sehenswertes Gebäude und keine Siegerstatue, kein Schatzhaus und keine Wettkampfstätte entgingen seinem Blick. Dabei reichert Pausanias seine Beschreibung mit einer Fülle von historischen Erzählungen, Legenden und Anekdoten an. Kein Zweifel, jeder Quadratzentimeter und jede Zeile hier ist getränkt von Mythos und Geschichte.*

Lakonien. Nach den Hermen ist dann bereits lakonisches Land gegen Westen. Geht man von den Hermen aus weiter, so ist das ganze Gelände voll von Eichen. Den Namen Skotitas (»der Dunkle«) hat der Platz aber nicht von der zusammenhängenden Bewaldung, sondern von dem Zeus mit dem Beinamen Skotitas. Und links vom Weg etwa zehn Stadien abseits befindet sich ein Heiligtum des Zeus Skotitas. Geht man von hier auf den Weg zurück, ein wenig weiter und wieder links ab, so steht da eine Statue des Herakles und ein Siegesmal. Dieses soll Herakles aufgerichtet haben, als er Hippokoon und seine Söhne getötet hatte. Eine dritte Abzweigung vom geraden Wege nach rechts führt nach Karyai und zu dem Heiligtum der Artemis. Denn der Ort Karyai gehört Artemis und den Nymphen, und es steht dort im Freien eine Statue der karyatischen Artemis. Hier stellen die spartanischen Mädchen jährlich Chöre, und ihr Tanz ist ein einheimischer. Kehrt man zurück und geht die Hauptstraße weiter, so trifft man auf die Trümmer von Sellasia; dieses unterwarfen sich die Achaier, als sie die Spartiaten und König Kleomenes, den Sohn des Leonidas, in einer Schlacht besiegt hatten. In Thornax, denn dahin kommt man dann weiter, befindet sich eine Statue des Apollon Pythaeus.

Nach Thornax kommt dann die Stadt, die ursprünglich Sparta hieß, mit der Zeit aber auch den Namen Lakedaimon dazu annahm; so lange war das der Name des Landes gewesen. Was mir in meinem Buch über Attika von Vorteil war, nicht alles der Reihe nach, sondern nur das Bemerkenswerteste davon in Auswahl berichtet zu haben, das will ich auch vor meiner Darstellung von Sparta betonen. Mein Bericht will von Anfang an von vielen und nicht immer erzählenswerten Dingen, die alle von ihren einheimischen Sachen erzählen, das Wichtigste aussondern. Da ich mir das gut überlegt habe, werde ich nicht davon abweichen.

Die Lakedaimonier in Sparta haben einen sehenswerten Markt, und das Rathaus der Gerousie und die Amtsgebäude der Ephoren und der Nomophylakes und der sogenannten Bidiaier befinden sich am Markt. Die Gerousie ist der wichtigste Staatsrat der Spartaner, die Übrigen sind Beamte. Die Ephoren und Bidiaier sind beide fünf an Zahl, Aufgabe der Letzteren ist es, diejenigen am Platanistas und andere Wettkämpfe der Epheben zu veranstalten, die Ephoren verwalten die wichtigsten Staatsgeschäfte und stellen auch den Beamten, der dem Jahr den Namen gibt, wie auch in Athen von den sogenannten neun Archonten einer der namengebende ist. Das Hauptbauwerk auf dem Markt ist die Halle, die sie die persische nennen, da sie aus der Beute der Perserkriege gebaut ist; im Laufe der Zeit haben sie sie zur jetzigen Größe und Ausstattung umgebaut. Auf den Säulen stehen Perser aus Marmor und darunter Mardonios, der Sohn des Gobryas. Auch Artemisia ist dargestellt, die Tochter des Lygdamis und Königin von Halikarnass. Sie soll sich freiwillig am Feldzug des Xerxes gegen Griechenland beteiligt und in der Seeschlacht bei Salamis große Taten vollbracht haben.

Markt von Sparta
Holzstich, 19. Jahrhundert

An Tempeln stehen auf dem Markt einer Caesars, der zuerst in Rom nach der Alleinherrschaft strebte und zuerst die jetzige Kaiserwürde errang. Der andere ist für Augustus gebaut, seinen Sohn, der die Herrschaft weiter festigte und zu höherem Ruhm und Macht gelangte als der Vater, so dass er den Namen Augustus erhielt, was auf Griechisch »Der Erhabene« bedeutet.

Die Spartiaten haben auf dem Markt Standbilder des Apollon Pythaeus und der Artemis und der Leto. Dieser ganze Platz heißt Tanzplatz, weil bei den Gymnopaidien, das ist ein Fest, das den Spartiaten besonders wichtig ist, die Epheben dem Apollon hier Chöre aufstellen. Nicht weit davon ist ein Heiligtum der Ge und des Zeus Agoraios, dann der Athena Agoraia und des Poseidon, und wiederum des Apollon und der Hera. Auch ein Heiligtum der Moiren haben die Spartiaten und dabei ein Grab des Orestes, des Sohnes des Agamemnon; hier haben sie nämlich die nach einem Orakel aus Tegea geholten Gebeine des Orest begraben. Neben dem Grab des Orestes steht ein Standbild des Polydoros, des Sohnes des Alkamenes, den sie von den Königen so bevorzugt ehren, dass die Beamten alles, was sie siegeln müssen, mit dem Bild des Polydoros siegeln.

An der Straße vom Staatsmarkt, die sie Aphetaïs nennen, liegen die sogenannten Booneta [wörtlich: für Rinder gekauft], einstmals das Haus des Königs Polydoros. Nach dem Tode des Polydoros kauften sie es von der Frau gegen Rinder. Denn damals gab es noch kein Silber- noch Goldgeld, sondern man gab in alter Weise noch Rinder und Sklaven und unbearbeitetes Silber und Gold. Auch die nach Indien Fahrenden sagen, dass die Inder für die griechischen Waren andere Gegenstände eintauschen, aber Geld nicht kennen, obwohl sie reichlich Gold und Kupfer haben.

—

» Hier hängt ein Ei von der Decke herab, mit Bändern umwickelt. Das soll das Ei sein, das Leda geboren haben soll. «

PAUSANIAS IN SPARTA

—

Vom Markt aus gen Westen ist der Kenotaph des Brasidas, des Sohnes des Tellis, gebaut. Nicht weit von dem Grab entfernt liegt das sehenswerte Theater aus Marmor. Gegenüber dem Grab steht das Grabmal des Pausanias, des Führers bei Plataiai, und das andere des Leonidas, und jedes Jahr halten sie Reden auf sie und veranstalten einen Wettkampf, an dem nur Spartiaten teilnehmen dürfen. Die Gebeine des Leonidas liegen hier, seit sie Pausanias vierzig Jahre nachher von den Termopylen holte; es steht da auch eine Tafel, die die Namen derer mit ihren Vaternamen enthält, die an den Termopylen gegen die Perser kämpften.

Dromos (»Laufbahn«) nennen die Spartaner den Platz, wo noch zu meiner Zeit die jüngeren Männer sich im Laufen übten. Geht man zu diesem Dromos von dem Grab der Agiaden aus, so hat man links ein Grabmal des Eumedes, der auch ein Sohn des Hippokoon war. Dann steht da eine alte Statue des Herakles, dem die Sphaireer opfern; das sind die, die nach ihren Ephebenjahren anfangen, zu den Männern zu gehören. Auf dem Dromos sind auch Gymnasien gebaut, von denen das eine eine Stiftung des Spartaners Eurykles ist. Am Anfang des Dromos stehen die »die Läufer entsendenden« Dioskuren und etwas weiter ein Heroon des Alkon.

»Dromos« in Sparta
Holzstich, koloriert, 19. Jahrhundert

Auch einen Platz Platanistas gibt es nach den Platanen, die hoch und zusammenhängend um ihn herum wachsen. Diesen Platz, wo die Epheben ihre Kämpfe abhalten, umgibt ringsum ein Wassergraben, ebenso wie das Meer eine Insel umfließt, und die Eingänge gehen über Brücken. Auf beiden Brücken stehen Statuen, auf der einen des Herakles und auf der anderen des Lykourgos, denn Lykourgos hat außer den Gesetzen des Staates sonst auch die für den Kampf der Epheben gegeben. Auch Folgendes tun die Epheben noch: Sie opfern vor dem Kampf im Phoibaion; das Phoibaion liegt außerhalb der Stadt, nicht weit von Therapne entfernt. Dort opfert jede Abteilung der Epheben dem Enyalios einen jungen Hund, da sie glauben, dass dem wehrhaftesten Gott von Opfertieren auch das wehrhafteste Haustier genehm sei. Ich weiß, dass sonst keine Griechen junge Hunde zu opfern für recht halten außer den Kolophoniern. Denn auch die Kolophonier opfern der Enodia einen schwarzen Hund. Das Opfer der Kolophonier geht ebenso bei Nacht vor sich wie das der Epheben in Sparta. Bei dem Opfer bringen die Epheben abgerichtete Eber zum Kampf zusammen, und wessen Eber dabei siegt, die gewinnen dann auch auf dem Platanistas meistens die Oberhand. Das tun sie also im Phoibaion, und am folgenden Tag kurz vor Mittag gehen sie über die Brücken auf den genannten Platz. Den Eingang, durch den jede der beiden Abteilungen hier hineinkommen soll, hat ihnen in der Nacht das Los vorherbestimmt. Sie kämpfen dann mit den Händen und mit den Füßen tretend, und beißen und kratzen sich die Augen aus. Auf diese Weise kämpfen sie Mann gegen Mann und stürzen mit Gewalt zusammen aufeinander los und suchen sich gegenseitig ins Wasser zu stoßen.

Am Platanistas ist auch ein Heroon der Kyniska, der Tochter des spartanischen Königs Archidamos; sie trieb als erste Frau Pferdezucht und errang in Olympia als Erste einen Wagensieg.

Etwas weiter [vom Theater] ist ein nicht großer Hügel und darauf ein alter Tempel und ein Holzbild einer bewaffneten Aphrodite. Von allen Tempeln, die ich gesehen habe, ist nur diesem noch ein oberes Geschoss aufgebaut, das der Morpho heilig ist. Morpho ist ein Beiname der Aphrodite, sie sitzt mit einem Schleier und mit Fesseln an den Füßen. Die Fesseln soll ihr Tyndareos angelegt haben, um mit den Fesseln die eheliche Treue der Frauen anzudeuten. Denn die andere Erzählung, dass Tyndareos die Göttin mit den Fesseln strafen wollte, da er glaubte, die Schande für seine Töchter komme von Aphrodite, lasse ich durchaus nicht gelten. Es wäre ja wahrhaft töricht, ein Bild aus Wacholderholz zu machen, es Aphrodite zu nennen und zu glauben, man könne sich damit an der Göttin rächen.

—

»Von dort weitergehend kommt man zum sogenannten ›geteilten Weg‹; an diesem Weg vollbrachte Ödipus den Vatermord …«

PAUSANIAS IN PHOKIS

—

In der Nähe ist ein Heiligtum der Hilaeira und Phoibe. Der Kypriendichter erklärt sie für Töchter des Apollon. Ihre Priesterinnen sind jungfräuliche Mädchen, die ebenso wie die Göttinnen Leukippiden heißen. Das eine der Kultbilder hat eine den Göttinnen als Priesterin dienende Leukippide ausgeschmückt, indem sie an Stelle des alten ein Gesicht in moderner Art einsetzen ließ. Das andere ebenso auszustatten, verbot ihr ein Traum. Hier hängt ein Ei von der Decke herab, mit Bändern umwickelt. Das soll das Ei sein, das Leda geboren haben soll. Jedes Jahr weben die Frauen dem Apollon in Amyklai einen Chiton, und das Gebäude, wo sie weben, heißt auch Chiton. In der Nähe davon ist ein Wohnhaus gebaut; das sollen ursprünglich die Söhne des Tyndareos bewohnt haben, später erwarb es der Spartaner Phormion. Zu ihm kamen die Dioskuren in Gestalt von Fremden. Sie berichteten, sie kämen aus Kyrene, und baten ihn, bei ihm wohnen zu dürfen, und baten um den Raum, den sie am meisten liebten, als sie noch unter den Lebenden weilten. Er sagte ihnen, sie könnten in dem ganzen Haus sonst wohnen, wo sie wollten, aber diesen Raum werde er ihnen nicht geben; denn in diesem Raum lebte seine jungfräuliche Tochter. Am nächsten Tage war jenes Mädchen mitsamt der ganzen Ausrüstung für das Kind verschwunden, und in dem Raum fand man Statuen der Dioskuren und einen Tisch mit [einer] Silphion[-Pflanze] darauf. So soll das gewesen sein.

381–384

Egeria

Pilgerreise ins Heilige Land

—

Mit dem Toleranzedikt des römischen Kaisers Konstantin endete im Jahr 313 für die Christen die Zeit der Verfolgung. Damit begann auch die Tradition der christlichen Wallfahrten ins Heilige Land. Eine der ersten Pilgerinnen war die fromme Kaiserinmutter Helena, die sich 326 im Alter von 76 Jahren nach Jerusalem aufmachte. Bald taten es ihr unzählige christliche Gläubige nach, die nach Palästina und in die Heilige Stadt strömten. Besonders der Kalvarienberg, die Stätte der Kreuzigung Jesu, und das Heilige Grab zogen die Pilger an. In Jerusalem entstanden zahlreiche Kapellen und Basiliken, in denen die Gläubigen zusammenkamen.

Um die heiligen Stätten des Alten und Neuen Testaments mit eigenen Augen zu sehen, nahmen die christlichen Wallfahrer der Antike und des Mittelalters weite und beschwerliche Wege auf sich. So auch die Adelsdame Egeria – auch Aetheria genannt –, vermutlich aus Galicien (Nordspanien) stammend, die in den Jahren 381 bis 384 ins Heilige Land pilgerte. Wahrscheinlich benutzte sie die kaiserliche Post, die bisweilen auch Privatreisenden zur Verfügung stand. Auf dem Landweg reiste sie nach Konstantinopel und von dort nach Palästina und nach Ägypten; sie besuchte die Sinai-Halbinsel und das syrische Mesopotamien. Vier Jahre war sie, getrieben von heiliger Neugier und Begeisterung, unterwegs – mit dem Pferd, mit dem Esel, mit Kamelen und auch zu Fuß. Der Bericht ihrer Reise, abgefasst auf Lateinisch an »meine Damen Schwestern« in der Heimat, wurde erst 1884 in einer Bibliothek in Arezzo entdeckt. Einer der Höhepunkte darin ist die Beschreibung ihres Aufstiegs auf den Gipfel des 2285 Meter hohen Dschebel Musa (Mosesberg) auf dem Sinai, wo Moses dem Buch Exodus zufolge die Gesetzestafeln erhielt.

Die heilige Magnentia
als Pilgerin
Kirche Sainte-Magnance,
Burgund

—

Indem wir weiterwanderten, kamen wir zu einem Ort, wo sich eben die Berge, zwischen denen wir dahinzogen, öffneten und ein Tal bildeten, ein unermessliches, völlig ebenes und überaus schönes, und jenseits des Tales, da zeigte sich uns der heilige Berg des Herrn, Sinai.

Dieses Tal aber ist ganz gewaltig, es liegt am Fuße des Berges Gottes und hat, soweit wir mit unseren Augen schätzen konnten und sie selber uns sagten, der Länge nach vielleicht 16 Meilen, der Breite nach, sagten sie, seien es 4 Meilen. Dieses Tal also hatten wir zu durchqueren, um den Berg besteigen zu können.

Das ist also das ungeheure und ganz ebene Tal, in dem die Söhne Israels verweilt haben in jenen Tagen, da der heilige Moses auf den Berg des Herrn gestiegen, und er war dort 40 Tage und 40 Nächte. Hier ist auch das Tal, in dem das Kalb gemacht worden ist, ein Platz, der noch heute gezeigt wird: denn ein großer Stein steht dort festgerammt an diesem Ort. Dieses Tal also ist es, an dessen Ende jener Ort liegt, wo der heilige Moses, da er die Tiere seines Schwiegervaters weidete – da sprach wieder mit ihm Gott aus dem Dornbusch im Feuer.

Als wir also von dorther kamen, wo wir auf dem Marsch von Pharan unser Gebet gesprochen hatten, war unser Weg so, dass wir mitten durch den Talschluss querten und uns so dem Berg des Herrn näherten.

BESCHREIBUNG DES SINAI. Der Berg scheint ringsum zwar nur ein einziger zu sein; trittst du aber näher, sind es mehrere, aber alles heißt Berg Gottes; aber jener besondere, auf dessen Gipfelhöhe jener Ort ist, da herabstieg die Herrlichkeit Gottes, wie es geschrieben steht, liegt in aller Mitte.

Sinai-Gebirge
Gemälde von Edward Lear, 1853

Und obwohl hier alle Berge ringsum so hoch sind, wie ich sie noch nie gesehen zu haben glaube, so ist doch jener Berg in der Mitte, auf den herabstieg die Herrlichkeit Gottes, so viel höher als alle jene, dass, da wir ihn erstiegen hatten, alle jene Berge, die wir als so hoch erblickt hatten, so tief unter uns lagen, als wären sie ganz kleine Hügelchen. Das ist doch sicherlich sehr wunderbar und nicht, glaube ich, ohne die Gnade Gottes so, dass jener Mittelberg, der eigentlich Sinai heißt, das ist der, auf den herabstieg die Herrlichkeit Gottes, obwohl er höher ist als alle, doch nur gesehen werden kann, wenn du an seinen Fuß kommst, ehe du ihn ersteigst; doch wenn du nach erfüllter Sehnsucht von ihm herabgestiegen bist, dann siehst du ihn von gegenüber; was man vor dem Aufstieg nicht machen kann. Das aber hatte ich schon, bevor wir zum

Berg Gottes kamen, aus den Berichten der Brüder erfahren, und als ich dorthin kam, erkannte ich klar, dass es so sei.

Der Aufstieg. Wir stiegen also Samstag abends in die Berge ein, und da wir zu Einsiedeleien kamen, nahmen uns dort die Mönche, die dort wohnten, sehr freundlich auf und boten uns alle Gastfreundschaft; dort ist auch eine Kirche mit einem Priester. Dort blieben wir in dieser Nacht, und dann frühmorgens am Sonntag begannen wir mit dem Priester und den Mönchen, die dort wohnten, die einzelnen Gipfel zu besteigen. Diese Gipfel besteigt man mit unermesslicher Mühe; weil du sie nicht mählich und mählich im Kreis oder wie wir sagen im Wendelgang, sondern ganz direkt besteigst wie eine Mauer, und ebenso musst du sie ganz direkt herabsteigen alle diese Berge, bis du an den eigentlichen Fuß jenes Berges in der Mitte kommst, der der eigentliche Sina ist.

—

»Ich habe niemals so hohe Berge gesehen wie den Berg Sinai … Ich habe ein unglaubliches Glück gehabt, alle Mönche Mesopotamiens zu treffen!«

Egeria

—

Und so nun, dem Befehl gemäß unseres Herrn Christus, und unterstützt von den Gebeten der Heiligen, die mich begleiteten, und unter großer Mühe – weil ich zu Fuß bergan gehen musste (weil man schon gar nicht auf einem Sattel bergan steigen konnte; und doch wurde diese Mühe gar nicht gefühlt, deshalb aber wurde diese Mühe nicht gefühlt, weil ich die Sehnsucht, die ich über den Befehl Gottes spürte, erfüllt sah): Um die vierte Stunde also (10 Uhr) kamen wir auf die Gipfelhöhe des heiligen Berges Gottes Sina, wo das Gesetz gegeben worden ist, das ist an jenem Ort, da herabgestiegen ist die Herrlichkeit Gottes an jenem Tag, an dem der Berg rauchte.

Auf dem Gipfel. Dort nun steht eine Kirche, nicht sehr groß, weil auch der Platz selber, das ist die Gipfelhöhe, nicht sehr groß ist. doch hat die Kirche an sich viel Anmut.

Als wir also im Auftrage Gottes diese Gipfelhöhe erstiegen hatten und zum Tor dieser Kirche gekommen waren, siehe, da begegnet uns ein Priester, der aus seiner Einsiedelei kam, der dieser Kirche zugewiesen war, ein rüstiger Greis und Mönch von jung auf und ein Asket, wie man dort sagt; kurz, er war würdig, an jenem Ort zu leben. Es kamen uns auch noch andere Priester entgegen, alle auch Mönche, die dort in der Nähe des Gipfels wohnten, das heißt die durch Alter oder Schwäche nicht behindert waren.

Aber auf der Gipfelhöhe jenes mittleren Berges selbst wohnt niemand; dort ist nichts als die Kirche und die Höhle, wo der heilige Moses war.

Als nun die ganze Stelle aus dem Buch des Moses vorgelesen, das Opfer ordnungsgemäß dargebracht war und wir kommuniziert hatten und nunmehr aus der Kirche gingen, da gaben uns die Priester dieses Ortes Eulogien (Gaben), das heißt von den Früchten, die auf diesem Berg wachsen. Obwohl nämlich der eigentliche heilige Berg Sinai ganz felsig ist, so dass er keinen Strauch trägt, ist doch unten, nahe dem Fuß dieser Berge, das heißt am Fuß des mittleren und jener, die ringsum liegen, ein wenig Erdreich; sofort legen die Mönche ihrem Fleiß entsprechend kleine Obstkulturen und Obstgärten und Äcker an und daneben für sich Wohnstätten, als ob sie aus der Erde des Berges selbst etliche Früchte erhielten, die sie jedoch mit eigenen Händen sich erarbeitet haben.

»Zieh deine Sandalen von deinen Füßen, denn die Stätte, auf der du stehst, ist heiliger Boden!« Moses auf dem Berg Sinai mit dem brennenden Dornbusch Mosaik, Basilika San Vitale, Ravenna

Nachdem wir also kommuniziert und jene Heiligen uns die Eulogien gegeben hatten und wir vor das Tor der Kirche getreten waren, da begann ich sie zu bitten, uns die einzelnen Örtlichkeiten zu zeigen. Da geruhten jene Heiligen sofort, uns die einzelnen Orte zu zeigen. Sie zeigten uns jene Höhle, wo der heilige Moses gewesen war, als er zum zweiten Mal auf den Berg Gottes stieg, um von neuem die Gesetzestafeln zu empfangen, nachdem er die ersten über den Sünden des Volkes zerbrochen hatte, dann alle andern Orte, die wir wünschten oder die sie selbst besser kannten, geruhten sie uns zu zeigen.

DER RUNDBLICK. Das aber will ich euch, ehrwürdige Frauen, meine Schwestern, wissen lassen, dass von dem Ort, da wir standen, das heißt rings um die Mauern der Kirche, das heißt auf der Gipfelhöhe des mittleren Berges, uns jene Berge, die wir zuerst nur mit Mühe erstiegen hatten, gegenüber dem mittleren Berg, auf dem wir standen, so unter uns zu liegen schienen, als wenn sie nur kleine Hügelchen wären, während sie doch unendlich hoch waren, so dass ich nie höhere gesehen zu haben glaubte – mit Ausnahme des einen hier in ihrer Mitte, der sie weit überragte. Ägypten aber und Palästina, das Rote Meer und das Parthenische Meer, das gegen Alexandria reicht, und auch die unermesslichen Gebiete der Sarazenen sahen wir von dort unter uns liegen, so dass man es kaum glauben konnte; und doch zeigten uns dies jene Heiligen in allen Einzelheiten.

629

Hsüan Tsang

Von China nach Indien

—

Zweieinhalb Jahrhunderte nach der Adelsfrau Egeria machte sich ein Pilger auf den Weg, der als berühmtester Reisender Chinas in die Geschichte eingehen sollte: der buddhistische Mönch Hsüan Tsang (602–664) aus Henan. Im China des 7. Jahrhunderts verlor der Konfuzianismus an Einfluss, und es breitete sich langsam der Buddhismus aus. Hsüan Tsang fühlte sich früh berufen, das »Licht der Religion Buddhas« zu verbreiten. Im Alter von elf Jahren wurde er als Novize in das Elite-Kloster »Reines Land« in Luoyang aufgenommen, und mit zwanzig hatte er einen Großteil der in China verfügbaren buddhistischen Schriften studiert. Die chinesischen Übersetzungen erschienen ihm lückenhaft und unzureichend. So reifte in Hsüan Tsang der Plan, nach Indien ins Ursprungsland des Buddhismus zu reisen, um die heiligen Schriften im Original zu studieren. Im China der anbrechenden Tang-Dynastie, das sich gerade im Krieg mit dem Nachbarreich der Göktürken befand, waren Reisen ins Ausland strikt verboten. Aber Hsüan Tsang war fest entschlossen. Nachdem eine Petition an den Kaiser ohne Gehör blieb, stahl sich der inzwischen 26-Jährige mit seinem Pferd heimlich davon.

Aus Angst vor Entdeckung reiste er, solange er auf chinesischem Gebiet war, nur nachts, tagsüber versteckte er sich. Über Liangzhou und Quinghai erreichte er die Wüste Gobi, von dort ging es auf der nördlichen Seidenstraße nach Samarkand. Er zog durch Afghanistan und sah dort die berühmten Buddha-Statuen von Bamiyan. Im Jahr 630 erreichte er Indien. Die darauffolgenden Jahre verbrachte er als Studienreisender. Er besuchte Buddhas Geburtsort Lumbini und die heilige Stätte Bodhgaya, wo Buddha die Erleuchtung erlangte. 15 Jahre später kam er, beladen mit Schriftrollen buddhistischer Texte und Reliquien, wieder in China an und wurde begeistert gefeiert. Der Kaiser bot ihm einen Posten als Minister an, aber er lehnte ab. Der Rest seines Lebens sollte der Übersetzung der mitgebrachten heiligen Schriften vom Sanskrit ins Chinesische gewidmet sein. Daneben hinterließ Hsüan Tsang auch eine Beschreibung seiner großen Reise in den Westen.

—

Poh-luh-kia [Baluku oder Aksu]. Das Königreich von Poh-luh-kia misst ungefähr 600 li von Ost nach West und etwa 300 li [chinesische Meilen] von Nord nach Süd. Die Hauptstadt hat einen Umfang von 5 oder 6 li. Was den Boden, das Klima und das Wesen der Menschen, die Sitten und die Schrift betrifft, gleichen sie denen im Lande K'iu-chi. Die [gesprochene] Sprache hingegen weicht etwas ab. Es wird dort feine Baumwolle hergestellt und Haartuch, das beides von den umgebenden Ländern sehr geschätzt wird.

Es gibt hier um die zehn Sangharama [Tempel]; die Anzahl der Priester [und ihrer Anhänger] beträgt ungefähr tausend. Sie folgen dem Weg des »Kleinen Fahrzeugs« [Theravada-Buddhismus] und gehören zur Schule des Sarwastivada.

Geht man etwa 300 li nach Nordwesten in diesem Land und überquert eine steinige Wüste, kommt man nach Ling-shan [Berg aus Eis]. Tatsächlich ist es das nördliche Plateau des Tsung-ling-Gebirges, und von diesem Ort aus fließen die Wasser meist in Richtung Osten. Die Hügel ebenso wie die Täler sind von Schnee überhäuft, es herrscht Frost auch im Frühling und Sommer; wenn es einmal für eine kurze Zeit taut, bildet sich bald wieder Eis. Die Pfade sind steil und gefährlich, der Wind ist kalt und sehr beißend, und häufig setzen wilde Drachen mit ihren Belästigungen den Reisenden zu. Wer auf diesem Weg geht, sollte kein rotes Gewand tragen und auch keine laut klappernden Kalebassen. Die kleinste Unachtsamkeit hinsichtlich dieser Vorkehrungen hat ein Unglück zur Folge. Unvermittelt erhebt sich ein gewaltiger Wind mit Stürmen von herumfliegenden Sand und Kiesel; diejenigen, die ihnen ausgesetzt sind und vor Erschöpfung niedergestreckt werden, sind fast sicher dem Tode geweiht.

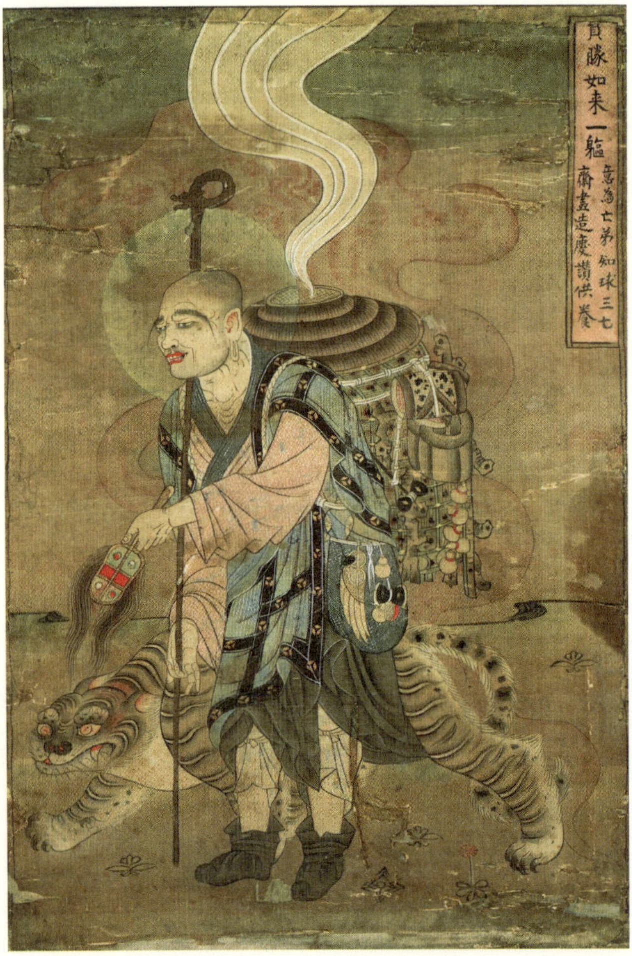

Hsüan Tsang mit Tiger auf der Seidenstraße Seidenmalerei, Dunhuang, 9. Jahrhundert

Geht man etwa 400 li weiter, gelangt man zum großen Tsing-See. Der See ist etwa 1000 li im Umfang, langgestreckt von Ost nach West und schmal von Nord nach Süd. Er ist von allen Seiten von Bergen eingeschlossen, und mehrere Flüsse ergießen und verlieren sich in ihm. Die Wellen auf diesem See rollen stürmisch heran, bevor sie sich [an den Küsten] erschöpfen. Drachen und Fische bevölkern ihn gemeinsam. Zu bestimmten Gelegenheiten steigen schuppige Ungeheuer an die Oberfläche empor; vorbeiziehende Reisende richten ihre Gebete für ein günstiges Geschick an sie. Obgleich es sehr viele Wassertiere gibt, wagt es doch niemand, ihnen durch Fischfang nachzustellen.

Po-Ho [Balch]. Dieses Land misst ungefähr 800 li von Ost nach West und 400 li von Nord nach Süd; im Norden grenzt es an den Oxus. Die Hauptstadt hat einen Umfang von ungefähr 20 li. Man nennt sie das kleine Rajagriha. Diese Stadt hat starke Mauern, ist aber nur dünn besiedelt. Die Früchte des Bodens sind höchst vielfältig, und die Blumen, auf dem Land wie auf dem Wasser, lassen sich kaum alle benennen. Es gibt etwa 100 Klöster und 3000 Mönche, die sämtlich die Lehre des »Kleinen Fahrzeugs« studieren.

Außerhalb der Stadt, in Richtung Südwesten, gibt es ein Kloster namens Navasangharama [Nava Vhara], das von einem früheren König dieses Landes erbaut wurde. Die Meister [des Buddhismus], die in Richtung Norden der großen Schneeberge [des Hindukusch] wohnen und Verfasser von Shastra [Anweisungen] sind, besitzen das Kloster für sich allein und setzen dort ihre höchst beachtlichen Arbeiten fort. Es gibt hier ein Statue des Buddha, von prächtigen Edelsteinen strahlend, und die Halle, in der sie steht, ist ebenso mit prächtigen kostbaren Stoffen geschmückt. Dies ist der Grund dafür, dass sie schon oft von Fürsten aus den benachbarten Ländern, begierig auf Gewinn, geplündert worden ist.

Dieses Kloster enthält auch eine Statue von Pi-sha-men [Bishamon oder Vaiśravana] Deva, durch dessen geistigen Einfluss den Vorstehern des Klosters in unerwarteter Weise Beistand gewährt wird. Erst kürzlich lehnte sich der Sohn des Khans Yeh-hu auf, der zu den Türken gehört; er brach sein Lager ab und zog an der Spitze seiner Horde auf einen Raubzug gegen das Kloster. Sein Ziel war es, die Juwelen und wertvollen Gegenstände, die das Kloster schmücken, an sich zu bringen. Unweit des Klosters schlug er auf offenem Feld sein Lager auf, und in der Nacht hatte er einen Traum. Er sah Vaiśravana Deva, der das Wort an ihn richtete: »Über welche Macht verfügst Du, dass Du es wagst, dieses Kloster zu Fall zu bringen?« Darauf schleuderte er seine Lanze gegen den Sohn des Khans und durchbohrte ihn. Der erwachte vor Schreck. Sein Herz war erfüllt von Sorge, und er erzählte den Traum seinen Anhängern. Sodann eilte er zum Kloster, um seine Missetat zu sühnen, und bat um die Erlaubnis, den Priestern sein Verbrechen zu beichten; aber bevor er noch eine Antwort erhielt, war er gestorben.

Im Kloster selbst, in der südlichen Halle des Buddha, findet sich das Waschbecken, das Buddha benutzte. Es umfasst ungefähr ein Viertelscheffel und leuchtet in den verschiedensten Farben, die das Auge blenden. Es fällt schwer, [all] das Gold und die Steine abzuschätzen, aus denen es gefertigt ist. Auch gibt es hier einen Zahn Buddhas, etwa einen Zoll in der Länge und ein Neuntel oder ein Zehntel Zoll in der Breite. Seine Farbe ist gelblich-weiß; er ist rein und strahlend. Auch gibt es hier einen Kehrbesen Buddhas, angefertigt aus einer Pflanze namens Ka-she *(kasa)*. Er ist etwa zwei Fuß lang und etwa sieben Zoll breit. Der Griff ist mit verschiedenen Edelsteinen geschmückt. Diese drei Reliquien werden zusammen mit Opfergaben an jedem der sechs Fastentage den versammelten Laien und Ordensbrüdern gezeigt. Diejenigen, welche in der Anbetung den stärksten Glauben haben, werden Zeuge des Abglanzes ihrer Herrlichkeit.

Buddha-Statue im Tal von Bamiyan
Photographie, 1931
Die von Hsüan Tsang bewunderten, 53 und 38 Meter hohen Statuen wurden im März 2001 von den Taliban zerstört.

VON KIE-CHI [GACHI] NACH FAN-YEN-NA [BAMIYAN]. Im Südosten besteigen wir die Schneeberge. Die Berge sind hoch, die Täler tief; die Klippen und Spalten sind äußerst gefährlich. Der Wind und der Schnee sind ohne Unterlass; das Eis bleibt den ganzen Sommer über; die Schneewehen kommen in die Täler und versperren die Wege. Die wütenden Geister und Dämonen bringen alle Arten von Unheil. Räuber kreuzen den Pfad der Reisenden und töten sie. Unter Schwierigkeiten legen wir etwa 600 li zurück, verlassen das Land Tukhara und erreichen das Königreich Fan-yen-na [Bamiyan].

FAN-YEN-NA [BAMIYAN]. Das Königreich misst etwa 2000 li von Ost nach West, und 300 li von Nord nach Süd. Es liegt mitten im Schneegebirge. Die Menschen bewohnen, je nach der Lage, Städte im Gebirge und in den Tälern. Die Hauptstadt lehnt sich an die Steilwand des Berges und erstreckt sich entlang des Tales; sie misst sechs bis sieben li an Länge. Im Norden schmiegt sich die Stadt an den schroff aufragenden Felsen. Das Land bringt Winterweizen hervor und kaum Blumen und Früchte. Es eignet sich für die Viehzucht und bietet Gras für eine Vielzahl von Schafen und Pferden. Das Klima ist winterlich, und es herrschen harte, urwüchsige Sitten. Die Kleidung ist hauptsächlich aus Fell und Wolle, was am besten für diese Gegend geeignet ist. Diese Menschen zeichnen sich unter all ihren Nachbarn durch ihre Liebe zum Glauben aus. Von der höchsten Form der Anbetung der drei Juwelen [Buddha, Dharma und Sangha] bis hinunter zur Anbetung der hundert Geister herrscht bei ihnen die innigste Hingabe des Herzens und lässt die Ernsthaftigkeit nicht auch nur im Geringsten nach. Die Kaufleute achten bei ihren Geschäften auf die Zeichen der Götter und himmlischen Geister; sind die Vorzeichen günstig, handeln sie entsprechend; sind sie schlecht, suchen sie die Mächte [durch ihre Gebete] günstig zu stimmen. Es gibt zehn Klöster und etwa tausend Priester. Sie folgen dem Weg des »Kleinen Fahrzeugs« und gehören der Schule der Lokottaravada an.

Nordöstlich der Königsstadt gibt es einen Berg, in dessen Steilwand eine Steinfigur des Buddha errichtet ist, mit einer Höhe von 140 oder 150 Fuß. Sie funkelt von allen Seiten in goldenen Tönen, und der prachtvolle Schmuck blendet das Auge mit seinem Glanz.

—

Lampert von Hersfeld

Der Zug Heinrichs IV. über die Alpen nach Canossa

Als »Gang nach Canossa« sprichwörtlich geworden ist der Italienzug Heinrichs IV. (1050–1106) im Winter 1076/77. Ein Jahr zuvor hatte der König zusammen mit den deutschen Bischöfen auf der Reichssynode in Worms Papst Gregor VII. für abgesetzt erklärt. Der Papst hatte den König daraufhin exkommuniziert. Nun suchte der König seine Handlungsfähigkeit wiederzuerlangen und wollte noch innerhalb der vorgeschriebenen Frist von einem Jahr um die Lösung vom Kirchenbann bitten. Der Weg über die Alpen mitten im Winter war allerdings äußerst beschwerlich – selbst für einen König. Die südlichen Herzöge versperrten Heinrich die üblichen Pässe, so dass er den Umweg über Burgund und den über 2000 Meter hohen Mont Centis nehmen musste. Der Geschichtsschreiber Lampert von Hersfeld (um 1028; † um 1082) beschreibt in seinen* Annalen *(1078/79) die Strapazen, denen der König und seine Gemahlin bei der Überquerung des Gebirges ausgesetzt waren.*

Gregor VII. war, als er von der Ankunft des Königs in Italien erfuhr, gerade auf dem Weg nach Augsburg, wohin ihn die gegen Heinrich opponierenden Fürsten eingeladen hatten. Im Zweifel darüber, ob sich Heinrich in friedlicher Absicht näherte, suchte Gregor Zuflucht auf der Burg der papsttreuen Markgräfin Mathilde. Dort wurde der König schließlich am 28. Januar 1077 vom Bann gelöst. Lampert war ein Parteigänger des Papstes, so dass an seiner Schilderung des mehrtägigen Ausharrens Heinrichs im Büßergewand vor der Burg Canossa durchaus Zweifel angebracht sind. Aber die dramatische Reise des Königspaares über die Alpen dürfte sich tatsächlich so abgespielt haben, wie von ihm beschrieben.

Heinrich IV. bittet Mathilde und seinen Taufpaten Abt Hugo von Cluny um Vermittlung
Buchmalerei, vor 1114

Der König wusste ganz genau, dass es Rettung für ihn nur gebe, wenn er sich vor dem Jahrestag vom Bann [des Papstes] löste, und es schien ihm nicht in seinem Interesse zu liegen, die Ankunft des Papstes in Gallien abzuwarten und die Untersuchung seiner Sache einem so feindseligen Richter, so hartnäckigen Anklägern zu überlassen; deshalb hielt er es bei dem gegenwärtigen Stand seiner Angelegenheit für das Beste, dem Papst auf seiner Reise nach Gallien noch innerhalb Italiens entgegenzugehen und auf jede nur mögliche Weise zu versuchen, die Lossprechung von dem Fluch zu erreichen; habe er diese erwirkt, würden die übrigen Schwierigkeiten leicht zu beheben sein, da dann kein religiöses Bedenken mehr dagegen bestünde, dass er sich mit den Fürsten unterrede und berate und im Unglück die Freunde um Erfüllung ihrer Treuepflicht anflehe. Daher verließ er wenige Tage vor Weihnachten Speyer und machte sich mit seiner Gemahlin und seinem kleinen Sohn auf den Weg.

Über die Alpen. Der Winter war äußerst streng, und die sich ungeheuer weit hinziehenden und mit ihren Gipfeln fast bis in die Wolken ragenden Berge, über die der Weg führte, starrten so von ungeheuren Schneemassen und Eis, dass beim Abstieg auf den glatten, steilen Hängen weder Reiter noch Fußgänger ohne Gefahr einen Schritt so tun konnte. Aber die Nähe des Jahrestages, an dem der König in den Bann getan worden war, duldete keine Verzögerung der Reise, denn er kannte ja den gemeinsamen Beschluss der Fürsten, dass er, wenn er bis zu diesem Tage nicht vom Bann losgesprochen war, verurteilt werde und den Thron ohne jede Möglichkeit einer künftigen Wiedereinsetzung verloren habe. Daher mietete er um Lohn einige ortskundige, mit den schroffen Alpengipfeln vertraute Eingeborene, die vor seinem Gefolge über das steile Gebirge und die Schneemassen hergehen und den Nachfolgenden auf jede mögliche Weise die Unebenheiten des Weges glätten sollten. Als sie unter deren Führung mit größter Schwierigkeit bis auf die Scheitelhöhe des Berges vorgedrungen waren, da gab es keine Möglichkeit, weiterzukommen, denn der schroffe Abhang des Berges war, wie gesagt, durch die eisige Kälte so glatt geworden, dass ein Abstieg hier völlig unmöglich schien. Da versuchten die Männer, alle Gefahren durch ihre Körperkraft zu überwinden: sie krochen bald auf Händen und Füßen vorwärts, bald stützten sie sich auf die Schultern ihrer Führer, manchmal auch, wenn ihr Fuß auf dem glatten Boden ausglitt, fielen sie hin und rutschten ein ganzes Stück hinunter, schließlich aber langten sie doch unter großer Lebensgefahr endlich an der Ebene an. Die Königin und die andren Frauen ihres Gefolges setzte man auf Rinderhäute, und die dem Zug vorausgehenden Führer zogen sie darauf hinab. Die Pferde ließen sie teils mit Hilfe gewisser Vorrichtungen hinunter, teils schleiften sie sie mit zusammengebundenen Beinen hinab, von diesen aber

Heinrich IV. und seine Gemahlin übersteigen im Büßergewand die Alpen auf dem Weg nach Canossa
Zeichnung von 1873

krepierten viele beim Hinunterschleifen, viele wurden schwer verletzt, und nur ganz wenige konnten heil und unverletzt der Gefahr entrinnen.

—

»Sie krochen bald auf Händen und Füßen vorwärts, bald stützten sie sich auf die Schultern ihrer Führer, manchmal auch, wenn ihr Fuß auf dem glatten Boden ausglitt, fielen sie hin und rutschten ein ganzes Stück hinunter, schließlich aber langten sie doch unter großer Lebensgefahr endlich an der Ebene an.«

LAMPERT VON HERSFELD, »ANNALEN«

—

IN ITALIEN. Als sich in Italien die Kunde verbreitete, der König sei gekommen und stehe nach dem Übergang über das wilde Gebirge bereits auf dem Boden Italiens, da strömten alle Bischöfe und Grafen Italiens um die Wette zu ihm, empfingen ihn, wie es sich für die königliche Würde geziemt, mit höchsten Ehren, und innerhalb weniger Tage scharte sich ein unermesslich großes Heer um ihn. Sie hatten nämlich schon von Anbeginn seiner Regierung sein Erscheinen in Italien herbeigesehnt, weil das Land ständig durch Kriege, Aufstände, Raubzüge und mannigfaltige private Fehden beunruhigt wurde, und weil sie hofften, alles, was sich ruchlose Menschen wider Gesetze und Recht der Vorfahren herausnahmen, werde durch das Einschreiten der königlichen Amtsgewalt abgestellt werden. Weil sich außerdem das Gerücht verbreitet hatte, er eile voll Zorn herbei, um den Papst abzusetzen, freuten sie sich außerordentlich, dass ihnen Gelegenheit geboten werde, sich an dem, der sie schon vor langer Zeit aus der Kirchengemeinschaft ausgeschlossen hatte, für ihre Entehrung gebührend zu rächen.

Inzwischen war dem Papst durch einen Brief der in Oppenheim versammelten deutschen Fürsten die Bitte übermittelt worden, am Tage der Reinigung der hl. Maria zur Verhandlung über die Sache des Königs nach Augsburg zu kommen, und er hatte daraufhin wider den Willen der römischen Fürsten, die wegen des ungewissen Ausgangs der Reise abrieten, Rom verlassen; er beschleunigte die Reise, sosehr er konnte, und setzte alles daran, an dem festgesetzten Tag anwesend zu sein.

Burg der Markgrafen von Canossa
Holzstich nach Friedrich Preller, 19. Jahrhundert

CANOSSA. Als nun der Papst auf seiner eiligen Reise nach Gallien unerwartet hörte, dass der König schon in Italien war, ging er auf Mathildes Rat auf die sehr stark befestigte Burg Canossa, um hier zu warten, bis er über den Zweck seines Erscheinens Genaueres erkundet habe, ob er nämlich käme, um Verzeihung für sein Vergehen zu erbitten, oder um sich voller Zorn mit bewaffneter Hand für die Schmach seiner Exkommunikation zu rächen.

Da kam der König, wie ihm befohlen war, und da die Burg von drei Mauern umgeben war, wurde er in den zweiten Mauerring aufgenommen, während sein ganzes Gefolge draußen blieb, und hier stand er nach Ablegung der königlichen Gewänder ohne alle Abzeichen der königlichen Würde, ohne die geringste Pracht zur Schau zu stellen, barfuß und nüchtern vom Morgen bis zum Abend, das Urteil des Papstes erwartend. So verhielt er sich am zweiten, so am dritten Tage. Endlich am vierten Tag wurde er zu ihm vorgelassen, und nach vielen Reden und Gegenreden wurde er schließlich unter folgenden Bedingungen vom Bann losgesprochen: er solle an einem vom Papst zu bestimmenden Tag und Ort auf einer allgemeinen Versammlung, zu der die deutschen Fürsten berufen werden würden, erscheinen und auf die Anklagen, die man vorbringen werde, Bescheid geben; der Papst solle, wenn er es für vorteilhaft halte, selbst als Richter die Entscheidung treffen, und er solle auf seinen Urteilsspruch hin entweder die Krone behalten, wenn er sich von den Vorwürfen reinige, oder ohne Unmut verlieren, wenn seine Vergehen erwiesen seien und er nach den kirchlichen Gesetzen für die Zukunft der königlichen Würde für unwürdig erklärt werde; er solle, ob er nun die Krone behielte oder verlöre, für diese Demütigung in alle Zukunft an niemandem Rache nehmen. Bis zu dem Tage aber, an dem seine Sache nach einer förmlichen Untersuchung entschieden werde, dürfe er keinerlei königlichen Schmuck tragen, keine Abzeichen der königlichen Würde anlegen, keine staatlichen Verwaltungsmaßnahmen wie sonst gewöhnlich aus eigner Machtvollkommenheit vollziehen und keine rechtskräftige Entscheidung treffen; endlich dürfe er außer der Einforderung der königlichen Gefälle, die zu seinem und seiner Leute Lebensunterhalt nötig seien, kein königliches, kein staatliches Gut in Anspruch nehmen; auch sollten alle, die ihm eidlich Treue zugesagt hätten, einstweilen von der Bindung an diesen Eid und der Treupflicht gegen ihn vor Gott und Menschen frei und entbunden sein; der Bischof Robert von Bamberg, Udalrich von Godesheim und die Übrigen, auf deren Rat hin er sich und das Reich ins Unglück gestürzt habe, müsse er für immer von seinem vertrauten Umgang ausschließen. Falls er nach Widerlegung der Anschuldigungen mächtig und erstarkt auf dem Thron bleibe, solle er dem Papst immer untertan und gehorsam sein und ihm bei der Abstellung aller schlimmen Gewohnheiten wider die

Kaiser Heinrich IV.
in Canossa
Gemälde von
Eduard Schwoiser, 1862

kirchlichen Gesetze, die in seinem Reich eingerissen seien, in voller Einigkeit mit ihm nach Kräften helfen. Endlich, wenn er einem dieser Punkte zuwiderhandle, solle die jetzt so heiß von ihm ersehnte Lösung vom Bann ungültig sein, ja, er werde dann schon für überführt und geständig angesehen werden, nie mehr Gehör finden zum Erweis seiner Schuldlosigkeit, und die Reichsfürsten würden, jeder Verpflichtung zu weiterer Untersuchung, jeder Bindung an ihren Eid ledig, einen andern König wählen, auf den sie sich einigen würden.

Der König nahm die Bedingungen mit Freuden an und versprach mit den heiligsten Beteuerungen, sie alle einhalten zu wollen. Doch man schenkte seinen Versicherungen nicht ohne weiteres Glauben. Da verpfändete der Abt von Cluny, der mit Rücksicht auf sein Mönchsgelübde einen Eid verweigerte, vor den Augen des alles sehenden Gottes sein Wort. Auch der Bischof von Zeitz, der Bischof von Vercelli, Markgraf Azzo und andre Fürsten, die diese Vereinbarung vermittelt hatten, verbürgten sich durch einen Eid auf die Gebeine der Heiligen, die man herbeigebracht hatte, dafür, dass er tun werde, was er versprochen hatte, und dass er sich durch keine Widrigkeit und keinen etwa eintretenden Umschwung der Verhältnisse von seinem Entschluss abbringen lassen würde.

1189/1190

Ansbert von Österreich

Auf dem Kreuzzug mit Friedrich Barbarossa

Deus lo vult« – Gott will es! Mit diesem Ruf zogen die europäischen Kreuzfahrer ins Heilige Land, um gegen die Vorherrschaft der »Heiden« zu kämpfen. Von Ende des 11. bis Ende des 13. Jahrhunderts mobilisierten die Kreuzzüge Millionen von Menschen. 1187 rief Papst Gregor VIII. »die Gläubigen aller Länder« zum dritten Kreuzzug auf, nachdem das christliche Königreich Jerusalem in die Hände des Sultans Saladin gefallen war. Kaiser Friedrich Barbarossa (1122–1190) war entschlossen, das »Kreuz aufzunehmen«. Doch bedurfte es eineinhalb Jahre der Organisation und diplomatischen Vorbereitung, bis sich am 11. Mai 1189 von Regensburg aus ein Heer unter Führung des Kaisers in Richtung Jerusalem aufmachte. Es umfasste wohl 15 000 Mann, darunter auch etliche Bischöfe, Markgrafen und der Sohn des Kaisers, Friedrich Herzog von Schwaben. Sich selbst sahen die Kreuzfahrer dabei nicht als Krieger, sondern als Büßer; Barbarossa reiste mit »Ranzen und Stab«, den Insignien eines einfachen Pilgers. Denen, die mit ihm zogen, war die Vergebung aller Sünden versprochen.

Der Kreuzzug des betagten, fast siebzigjährigen Stauferkaisers sollte die Krönung seines Kaisertums sein, doch er geriet zum Fiasko. Auf seinem Marsch durch das byzantinische Reich war der Zug ständigen Angriffen ausgesetzt, während die »Ritter Christi« bei der Beschaffung von Nahrung und Gütern rücksichtslos gegen die Bevölkerung vorgingen. Nach der Überquerung des Hellespont verstrickte sich das Heer in Kleinasien in verlustreiche Kämpfe mit seldschukischen Truppen. Nach einem 13-monatigen Marsch ertrank Friedrich Barbarossa am 10. Juni 1190 in dem Gebirgsfluss Saleph in Westkilikien, als er den Fluss durchschwimmen oder mit seinem Pferd überqueren wollte (hier widersprechen sich die Quellen). Sein Sohn Herzog Friedrich übernahm das Kommando über die Kreuzfahrer, die durch den unerwarteten Tod ihres Kaisers traumatisiert waren. Es drohte weiteres Ungemach: Eine Ruhrepidemie überfiel das Heer, Herzog Friedrich erkrankte an Malaria und starb schließlich daran. Der traurige Rest des Barbarossa-Heeres, der am 7. Oktober 1190 in Akkon eintraf, umfasste kaum noch 1000 Mann – »ausgegrabene Leichname«, wie ein islamischer Chronist notierte. Das ausführlichste Zeugnis über den Zug Barbarossas stammt von einem wahrscheinlich österreichischen Teilnehmer namens Ansbert: ein packender, tagebuchartiger »Frontbericht« einer Reise ins Verderben.

»Kaiser Friedrich möge das Volk Saladins aus dem Lande des Herrn verjagen!«
Friedrich Barbarossa als Kreuzritter, Buchmalerei, 1188/89

—

»Jetzt ist sie da, die Zeit der Gnade, jetzt ist er da, der Tag der Rettung, wo endlich Christi Ritter die Werke der Finsternis ablegen und sich ohne Zögern rüsten, die Waffen des Lichts, die Rüstung des Glaubens und den Helm des Heils aufzunehmen.«

DER PÄPSTLICHE LEGAT HEINRICH VON CLAIRVAUX AN DIE DEUTSCHEN FÜRSTEN, 1187

—

DURCH DAS ANATOLISCHE HOCHLAND NACH IKONIUM. Am 27. April [1190] marschierten wir durch eine der unwirtlichsten Landschaften der Türkei und kamen bei einem Salzsee hinab in das Land des Schreckens und der Salzwüste, das jeden natürlichen Grüns entbehrt und allem menschlichen Wohlbefinden feindlich ist. Hier fanden wir Herden von Schafen, Ziegen, Lämmern und Böcken, Rindern, Pferden, Kamelen und Eseln, gut an die 5000; sie gehörten türkischen Bauern, die bei unserem Anmarsch ihre Zelte und Filzhütten verlassen und sich hoch in die Berge geflüchtet hatten. Aber weil wir davon ausgingen, dass sie sich uns gegenüber friedlich verhalten würden, rührten wir nichts von dem an, was uns auf dem Weg an erwünschten und durchaus brauchbaren Dingen zugefallen war. In jener Nacht fanden wir am Westufer des Sees kein Gras, keinen Halm, kein Blatt, so dass sehr viele Tiere eingingen. Am Morgen und an den folgenden Tagen, das heißt vom 28. April bis zum 18. Mai, hatten wir zwanzig Tage lang mit noch nie dagewesenen Widerwärtigkeiten zu kämpfen. Wir hatten gehofft, bei den Türken vor Strapazen und Misshandlungen gewissermaßen sicher zu sein, weil wir wie Freunde freundlich einmarschiert waren, und besonders da die kaiserlichen Legaten innerhalb von zwei Tagen schon dreimal zu ihnen gesandt worden waren und gemeinsam mit deren Gesandten überaus wohlwollende und eindeutige Antwort bezüglich des Geleitschutzes und der Bereitstellung eines Marktes mitgebracht hatten. Aber entgegen dieser vertraulichen Abmachung empfingen uns türkische Reiter und Fußtruppen, wie von ihren Herren, dem Sultan und seinem Sohn, dem Malik, veranlasst worden war, ganz unerwartet nicht wie Freunde, sondern im Gegenteil wie die erbittertsten Feinde mit Dauerbeschuss und ständigen Angriffen und verhinderten, dass unsere Leute aus der Deckung gehen konnten, um Futter zu sammeln. Gezwungenermaßen marschierten wir alle, wer von uns eine Rüstung hatte, in diesen zwanzig Tagen ununterbrochen in voller Rüstung und leisteten den Feinden tapfer Widerstand. Inzwischen aber sah Gott die Trübsal seines Volkes und ließ ein wenig von seiner Entrüstung nach, die wegen unserer Sünden mächtig über uns entflammt war, weil er wollte, dass sein Volk aufatmen konnte. Als am 30. April die Türken morgens zu unserem Lager kamen, das wir verlassen hatten, um sich zu nehmen, was der Tross infolge der Erschöpfung nicht tragen konnte, befahl der Kaiser, gezielt Rauch zu erzeugen. Sie waren wie blind und wurden von uns im Handstreich überwältigt, fast dreihundert von ihnen lagen tot am Boden, entweder am Lagerplatz oder auf dem nahen, steilen Berghang. Die anderen beobachteten uns und folgten uns auf der überaus mühsamen Straße bis nach Sozopolis.

Am 2. Mai aber töteten die Feinde des Kreuzes Christi im Kampf an die dreihundert, und wir litten unter größter Erschöpfung und Hunger. In diesem Kampf wie auch in den vorhergehenden Gefechten glänzten durch besondere Ausdauer und Tapferkeit der Herzog von Schwaben und der Herzog von Meranien, der Graf von Kiburg, der an einem einzigen Tag siebzehn Gegner tötete, der Graf von Öttingen und der Vogt Friedrich von Berg; auch die Böhmen stachen in diesen gefährlichen Kämpfen gegen die gemeinsamen Feinde durch einzigartige Tapferkeit hervor.

Barbarossa auf dem dritten Kreuzzug
Italienische Buchmalerei, 15. Jahrhundert

Sechs von ihnen zogen Knechtskleidung über ihre Rüstungen und verließen die Deckung, als ob sie Gras mähen wollten. Sechs Türken stürzten sich auf sie wie tollwütige Hunde; da taten sie zuerst so, als fürchteten sie sich, zogen dann plötzlich ihre Schwerter und schlugen beherzt auf die Gegner ein. Sie töteten alle sechs und führten ihre Pferde fröhlich zurück ins Lager. Einer unserer Fußkämpfer hatte, als alle Lebensmittel aufgebraucht waren, nur noch ein einziges Brot als letzte Ration bei sich. Ihn griff einer der Türken ganz plötzlich mit Pfeilen an und verletzte ihn leicht mit einem Pfeilschuss durch das Brot und die darüber gestülpte Schüssel hindurch. Der Fußsoldat fand sofort die Geistesgegenwart wieder, spannte seinen Bogen, den er außerdem bei sich trug, und jagte einen Pfeil dem Feind mitten ins Herz. Als dieser leblos zu Boden gesunken war, nahm er ihm – dank göttlicher Vorsehung, wie man glaubt – neun Brote ab und verschaffte sich so Proviant für zehn Tage.

Am 14. Mai marschierten wir mit neurekrutierten Knechten weiter. Sogleich ließen die Söhne des Sultans, die 300 000 Reiter zusammengezogen hatten, ihre Heere zur Schlacht gegen uns antreten. Der Herr Kaiser gab den Befehl, dass die erste Abteilung – unter dem Kommando des kaiserlichen Marschalls – gefechtsbereit gegen sie vorrücken sollte. So geschah es, und alle wandten sich zur Flucht. Einem frommen Laienbruder namens Ludwig erschien ein Mann, schneeweiß gekleidet und auf einem Schimmel reitend, der uns zu Hilfe kam; er glaubte, es sei der heilige Georg, andere aber hielten ihn für einen Engel Gottes, der mit seiner Lanze auf wunderbare

Weise auf die türkischen Truppen einstach. Auf dem Rückzug von dem Berge, wo wir das erste Heer in die Flucht geschlagen haben, warf die Abteilung des Herrn Kaisers gut hundert besonders tüchtige Türken nieder. Einen anderen Berg, den die beiden Söhne des Sultans mit einem starken türkischen Heer und mit dem königlichen Signalhorn besetzt hielten, hatte der Herr Kaiser überraschend selbst gestürmt, so dass jene fluchend die Flucht ergriffen, während der Herzog von Schwaben sie sofort verfolgte und auch die Fußtruppen kräftig nachsetzten. Dabei wurde der große Malik von einem Ritter vom Pferd gehauen, und einem seiner Barone wurde die rechte Hand samt dem Handschuh der Rüstung mit einem Schwertstreich abgeschlagen.

Zweikampf zwischen einem Kreuzritter (Richard Löwenherz) und einem Muselmanen (Sultan Saladin) Englische Buchmalerei, um 1340

Weil wir Gott keinen Hymnus gesungen haben auf den Sieg, der uns zugefallen war, haben wir die verdiente Strafe bezahlt: Denn nach der großen Hitze und Anstrengung wurde das Heer nach Sonnenuntergang wie in einer Sandwüste in einen Nebel aus Staub getaucht und irrte wie eine blökende Schafherde, von den Feinden im Kreis herumgetrieben, hin und her. Endlich fanden wir doch die Feldzeichen wieder und schlugen das Lager an einem Platz ohne Wasser und Gras auf. Viele Tiere krepierten unter unvorstellbaren Qualen, und auch die Menschen litten ungeheueren Durst. Am folgenden Morgen gingen wir wie wandelnde Leichname in jämmerlichem Zustand weiter, manche tranken ihren eigenen Urin, manche Pferdeblut, einige kauten Pferdemist wegen der Feuchtigkeit, die meisten aßen Graswurzeln; endlich gelangten wir in ein Sumpfgelände mit Wasser. Aber weil wir kein Holz oder Schilf oder dürres Gras finden konnten, um Pferdefleisch zu kochen, machten die meisten Feuer aus Sätteln und verschiedenen Stoffen von Zelten, Hemden und Tuniken. Also konnten sich in diesem Sumpfgebiet am 15. Mai unsere Pferde für kurze Zeit erholen. Auch am folgenden Tag, dem 16. Mai, blieben wir noch dort und verloren fast sechzig Futterknechte bei einem Überfall der Türken.

ÜBER DAS TAURUSGEBIRGE – DER TOD DES KAISERS. Am 26. Mai brachen wir auf. Durch sehr weites, ebenes Gelände kamen wir zu dem Ort Vierzig Quellen. Am nächsten Tag gelangten wir an einen großen Fluss mit trinkbarem Waser. Hier erklärte der Herr Kaiser den Geiseln, weil die türkischen Landbewohner bisher keineswegs davon abließen, uns zu bedrängen: »Wenn eure Türken die Angriffe nicht einstellen und dem Heer keinen Markt bieten gemäß der Vereinbarung, dann werdet ihr unweigerlich mit dem Tode bestraft werden.« Danach erfuhren wir nur noch wenige Störungen von ihrer Seite. Wir marschierten weiter durch ein großes Dorf, wo wir viel Weinbau fanden und wenig Wasser. Auf mühsamer Route erreichten wir ein anderes Dorf namens Pyrgos, wo wir einen guten Markt antrafen und einen Rasttag einlegten. Am nächsten Morgen, dem 30. Mai, kamen wir in die blühende Stadt Laranda. Sie liegt an der Grenze zwischen Kilikien, also Armenien, und Lykaonien; Ikonium ist nämlich die Hauptstadt von Lykaonien.

Wie viele Bedrückungen und Verfolgungen, wie viel Hunger und Durst, Verrat und Betrug, Missfallen und Verhöhnung das Heer Tag und Nacht ohne Unterbrechung im Namen Christi und zur Ehre des lebendigen Kreuzes im Türkenland ertragen hat, geduldig und mit heiterer Miene und ohne Murren – wenn ich versuchte, dies vollständig zu schildern, selbst wenn ich in den Sprachen der Menschen und der Engel redete, meine Mühe wäre doch vergebens, weil der Brunnen tief ist und ich dafür kein Schöpfgefäß habe. Ich glaube, wenn sie so große Mühsal angemessen und vollständig beschreiben sollten, würden auch andere, selbst wenn sie uns bis hierher überlegen gewesen wären, wie stumm den Finger an den Mund legen, der berühmte Homer, der beredte Lukan, ja sogar der Dichter aus Mantua [Vergil].

Als das Heer des lebendigen Kreuzes von Laranda aufgebrochen war, wo es wieder etwas zu Kräften gekommen war, kamen wir in ein armenisches Dorf. Hier fanden wir Kreuze auf den Feldern, die von Christen aufgestellt waren, und darüber erfüllte große Freude und Rührung unsere Herzen. Denn lange Zeit hatten wir nichts von dem, was zum äußeren Schmuck des christlichen Glaubens gehört, gesehen oder vernommen. Wir marschierten in bergigem Gelände aufwärts, das selbst für Bergziegen kaum zugänglich war, und überwanden es mit äußerster Anstrengung. Hier ließen wir das Gebiet der heimtückischen Türken hinter uns. Sogleich verlangten die Geiseln des Sultans und seines Sohnes, man sollte sie in ihre Heimat zurückschicken; sie wiesen darauf hin, dass sie an dieser Stelle vereinbarungsgemäß zu entlassen wären. Aber für ihre Forderungen vergeudeten die Fürsten weder Zeit noch Aufmerksamkeit, vielmehr ordneten sie an, sie unter strengere Bewachung zu stellen. Als wir schließlich den Gipfel des höchsten Berges mit größter Mühe erreicht hatten, erschien [Osin] der Fürst von Sibilia vor dem Herrn Kaiser, ein mächtiger und ehrenwerter Mann, der ihn mit aller Ergebenheit empfing und dem Heer nach bestem Vermögen einen Markt bereitstellen ließ. Sibilia ist eine stark befestigte Burg, durch die das christliche Grenzland gegen die häufigen Einfälle der Türken geschützt wird. Beim Abstieg von diesem Berg schlugen die Söhne der Hand des Höchsten nahe einem breiten, unpassierbaren Fluss ihr Lager auf. Hier konnten sich unsere Pferde auf guter Weide stärken. Dann gelangten wir in eine weite Ebene, wo es viel Gras gab und wir zwei Tage rasteten. Hier fing die Masse der Leute an, unter Mangel an Nahrungsmitteln zu leiden, so sehr, dass bei manchen wieder einmal Pferdefleisch als Nahrung diente. Jedenfalls mussten sich die Fürsten und Vornehmen durch das schroffe Gebirge hindurch öfter mit einer kargen Tafel begnügen.

Die Welt als Scheibe mit Jerusalem als Mittelpunkt, beschirmt von Christus und zwei Engeln
Buchmalerei um 1250

Wir zogen an dem genannten Fluss, der Saleph heißt, entlang abwärts und schlugen bei einer Steinbrücke das Lager auf, wo am 7. Juni vornehme Gesandte des Herrn Leo de Montanis den Herrn Kaiser aufsuchten; im Auftrag ihres Herrn boten sie ihm mit liebenswürdiger Freundlichkeit, wie es die Art dieses Volkes ist, jede Möglichkeit an, über Land und Leute zu bestimmen und zu verfügen. Der Herr Kaiser behielt sie gleichsam als Experten bei sich und organisierte mit ihrem Rat den Vormarsch des Heeres. Von ihnen erfuhr er, dass wir eine sehr schwierige und gefährliche Wegstrecke zu bewältigen haben würden. Doch der gütigste Kaiser, der wie ein Vater mit allen seinen Pilgern fühlte, ließ diese Auskunft unterdrücken, damit das Heer nicht, wenn es etwa hörte, welche Strapazen ihm bevorstünden, durch die Mühsal des Weges und den Mangel am Notwendigen entmutigt würde. Von Tag zu Tag versprach man uns nämlich herrliche und angenehme Dinge und reiche Versorgung durch einen guten Markt. Aber dies alles verkehrte sich ins Gegenteil.

Denn am nächsten Tag, dem 9. Juni, erreichten wir das Quartier nur unter äußerster Anstrengung. Wegen der unglaublichen

Beschwernis des Weges konnte das Heer die festgelegte Route nicht einhalten und nicht auf die Feldzeichen der Fürsten und ihrer Abteilungen warten, und jeder versuchte auf eigene Faust, so gut er konnte, am anderen vorbeizukommen. In dieser Nacht überquerte der größere Teil des Heeres einen sehr hohen Berg, der sich am Ufer des genannten Flusses entlangzog. Die Dunkelheit der Nacht verhinderte nämlich, dass sie die vielen gefährlichen Stellen des abschüssigen Pfades sahen, welche denen von uns, die bei Tag marschierten, große Angst einjagten; später erfuhren wir in ihrem Bericht, dass sie sich in höchster Not befunden hatten. Wer wäre auch so hartherzig und so abgestumpft, dass er nicht gänzlich zu Tränen gerührt würde, wenn er sieht, wie Bischöfe und vornehmste Ritter, die nach langer Krankheit zu schwach waren, auf Pferdetragen hinuntergeschleift wurden. Auf dem viel zu engen steinigen Pfad brachte das vordere Pferd, manchmal auch das hintere, seinen Herrn, den es trug, und sich selbst in Todesgefahr, wenn es unglücklich stürzte. Hier sah man, wie lobenswert und höchst belohnenswert der Einsatz derer war, die man Schildträger nennt, die ihre schwachen Herren im Schweiße ihres Angesichtes über diesen Berg trugen. Am Fuß des Berges fanden wir Gras im Überfluss, nahmen ein Frühstück ein und ruhten dort eine Weile aus. Der Herr Kaiser aber und einige, die bei ihm waren, wollten auf den Rat von ortskundigen Eingeborenen hin die gefährliche Bergroute umgehen, die sie vor sich sahen, als das Morgenlicht seine ersten Strahlen aussandte. Sie kletterten zum Flussufer hinunter und hatten nicht weniger Probleme als jene, die sich über die Bergkämme abwärts tasteten. Denn, wie es hieß, mussten einige Bischöfe und andere hochrangige Fürsten an manchen Stellen von den Pferden absteigen – rechts kam ihnen der Fluss lebensgefährlich nahe, links die steil herabfallende Bergwand – und wie Vierbeiner auf Händen und Füßen kriechen. Und doch erschien ihnen dies alles lieblich und angenehm, aus Liebe zu dem, der die Schritte der Menschen lenkt, und aus Sehnsucht nach dem himmlischen Vaterland, nach dem sie schmachteten. Das Heer, das vorausmarschiert war, schlug an diesem Tag, dem 10. Juni, in der Ebene von Seleukeia das Lager auf.

Während aber das gesamte Heer des Heiligen Kreuzes, die Armen wie die Reichen, die Schwachen und diejenigen, die noch kräftig genug schienen, auf beschwerlichem Weg und über Felsklippen, die selbst Bergziegen und Vögeln kaum zugänglich waren, dazu noch in der Glut der Sommersonne, sich unbeirrt bis hierher durchkämpften, versuchte der Kaiser, von allen Gefahren unbeeindruckt, über den reißenden Saleph hinüberzuschwimmen, um dadurch die maßlose Hitze zu mildern und die Gebirgshöhen zu umgehen. Aber obgleich der Weise spricht: »Du sollst dich nicht der Strömung

Friedrich Barbarossa ertrinkt im Saleph, ein Engel trägt seine Seele zum Himmel. Petrus von Eboli, Buchmalerei, 1195/1196

entgegenstellen«, so setzte der Weise selbst, in manchen Dingen ganz unweise, seine Kräfte gegen die Strömung und Gewalt des Flusses: Obwohl alle ihn zurückzuhalten versuchten, stieg er ins Wasser, versank in einem Strudel – er, der oftmals aus höchster Gefahr entkommen war! – und ging auf elende Weise unter. Wir vertrauen uns Gottes verborgenem Ratschluss an, den niemand fragen darf, warum handelst du so, was beabsichtigt er mit dem Tod eines solchen Menschen, eines so großen Mannes! Er war doch ein Ritter Christi, stand in seinem ritterlichen Dienst und war in dem rühmlichen Vorhaben begriffen, des Herrn Land und Kreuz zurückzugewinnen – dass er, wenn auch plötzlich dahingerafft, in das Heil eingegangen ist, darauf vertrauen wir ohne Zweifel. Alle vornehmen Herren um ihn herum eilten ihm zu Hilfe, aber zu spät; sie zogen ihn aus dem Wasser ans Ufer.

Von seinem Tod waren alle tief erschüttert und vor Schmerz so niedergeschmettert, dass manche, zwischen Furcht und Hoffnung schwankend, ihrem Leben mit ihm zusammen ein Ende machten. Andere aber verzweifelten, weil es ihnen so vorkam, als ob Gott nicht für sie sorgen würde; sie gaben den christlichen Glauben auf und pflegten gemeinsame Bräuche mit den Heiden. Trauer und unermesslicher Schmerz ergriff mit vollem Recht die Herzen aller angesichts des Todes eines so berühmten Fürsten. So mussten sie zu Recht mit dem Propheten weinen und riefen: »Die Krone ist uns vom Haupte gefallen; weh uns, dass wir gesündigt haben! Deshalb ist krank unser Herz.«

Der Herzog von Schwaben, der erlauchteste Fürst und vornehmste Erbe des Vaters, wurde von allen auch zum Führer des Heeres Christi erkoren und mit großer Zustimmung ausgerufen. Er nahm den Leichnam seines Vaters auf und brachte ihn in die Stadt Tarsus in Kilikien, wo er die Eingeweide mit großer Ehrfurcht zur Ruhe bettete. Dort teilte sich das Heer des Herrn: Ein Kontingent nahm Kurs auf Tripolis, das unter christlicher Herrschaft stand, ein zweites Kontingent marschierte unter dem Kommando des Herzogs von Schwaben nach Antiocha. In der Kathedralkirche des Apostelfürsten Petrus wurden unter untröstlicher Trauer die leiblichen Überreste beigesetzt.

Als sie sich nach so großen Mühen, so großem Hunger und solchen Durstqualen erholen und schonen wollten, brach unter den Fürsten das große Sterben und Pestleiden aus. Der Tod raffte ohne Unterschied Vornehme und Arme, Alte und Junge hin, so dass weder Alter noch Stand jemanden schützte und kaum einer entkam. Der kluge und ehrwürdige Bischof Gottfried von Würzburg, von dessen Tüchtigkeit das ganze Heer des Herrn sich anführen ließ, starb mit anderen Bischöfen und Fürsten, die aufzuzählen zu lange wäre, und wurde ebendort bestattet. Seinen Gefolgsleuten, die bei seinem Tod zugegen waren, trug er im Sterben auf, nach seinem Tode sollten sie seine rechte Hand abtrennen und nach Würzburg bringen, damit sein Gedächtnis dort nicht verlorenginge, sondern in der Kirche stets fortlebe, wie er mit dieser Hand zum Lob des göttlichen Namens gewirkt hatte; aber sie kam den Trägern unterwegs abhanden. Die anderen, welche die Katastrophe überstanden hatten, fuhren mit dem Herzog von Schwaben, der mit derselben Tatkraft wie der Vater die Kommandogewalt über die Ritter des Herrn übernommen hatte, zu Schiff nach Ptolemaïs, das auch Akkon genannt wird, wo das ganze Heer des Kreuzes Christi vereint wurde. Sowohl diejenigen, die schon früher mit der Belagerung der Stadt begonnen hatten – die Türken hatten sie befestigt und verteidigten sie erbittert –, als auch die, welche später kamen, gingen dort elend zugrunde.

Wer das große Sterben miterlebte, hätte glauben können, damals wäre die irdische Welt an ihrem Ende angelangt.

—

»Die Krone ist uns vom Haupte gefallen; weh uns, dass wir gesündigt haben! Deshalb ist krank unser Herz.«

Klagelieder Jeremias, zitiert von Ansbert nach dem Tod Friedrich Barbarossas im Saleph

—

1275

Marco Polo

In Peking am Hof von Kublai Khan

Mongolischer Bogenschütze Seidenmalerei von Liu Kuan-tao (Ausschnitt), 1280

Im Jahr 1271 machten sich die venezianischen Kaufleute Niccolò und Maffeo Polo auf den Weg nach China an den Hof des Kaisers Kublai Khan. Sie hatten bereits zuvor eine Reise nach Asien unternommen und in Canbaluc (Peking) die Sympathie des mongolischen Kaisers Kublai Khan gewonnen. Diesmal nahmen sie auch den Sohn von Niccolò, den 17-jährigen Marco Polo (1254–1324), mit. Ihre Route führte die drei über Georgien und die Westküste des Kaspischen Meers bis nach Hormus am Persischen Golf. Da sie dort im Hafen kein geeignetes Schiff fanden, entschieden sie sich dafür, auf dem Landweg weiterzureisen. Sie durchquerten die Salzwüste Dascht-e Lut und zogen über Herat und Balch, dann durch das Pamirgebirge und die Südliche Seidenstraße entlang. 1275, vier Jahre nach ihrer Abfahrt von Venedig, erreichten sie den Hof von Kublai Khan. Dort zeigte sich Marco Polo begeistert von der Pracht und den zivilisatorischen Errungenschaften im Reich des Mongolenkaisers, das ihm Europa in vielerlei Hinsicht überlegen schien. Kublai Khan wiederum fand Gefallen an dem inzwischen 21-Jährigen und nahm ihn in seine Dienste auf. Als Diplomat und Vertrauter des Mongolenherrschers bereiste Marco Polo in den darauffolgenden 17 Jahren Tibet, die Täler des Jangtse und Mekong und gelangte nach Birma sowie auf das Gebiet der heutigen Staaten Vietnam und Thailand.

1292 stachen die Polos vom Hafen Quanzhou aus wieder in See Richtung Heimat. Als sie drei Jahre später wieder in Venedig ankamen, wurden sie zunächst nicht erkannt – sie waren längst für tot erklärt worden. Den Bericht über seine wundersame Reise, Il Milione, *diktierte Marco Polo dem Schriftsteller Rustichello – im Gefängnis in Genua, wo die beiden infolge des Krieges zwischen Venedig und Genua einsaßen. Marco Polo beschreibt in seinem Buch auch Einhörner mit Eberköpfen und stachligen Zungen auf Klein-Java und einen Vogel Greif auf Madagaskar, der in der Lage sei, mit seinen Krallen Elefanten zu packen. Über die Chinesische Mauer dagegen verliert er kein Wort. Dies führten zweifelnde Forscher als Indiz für ihre These an, Marco Polo habe China in Wahrheit nie selbst bereist. Dies blieb eine Außenseitermeinung. Aber zweifellos verließ sich auch der große Weltreisende Marco Polo bei seinen Schilderungen mitunter auf Hörensagen.*

Marco Polos Abfahrt aus Venedig, 1271
Buchmalerei, 15. Jahrhundert

Der Palast des Grosskhans. Ihr müsst wissen, während drei Monaten, jeweils im Dezember, Januar und Februar, wohnt der Großkhan in Canbaluc [Peking], der Hauptstadt von Catai [China]. Hier steht sein Palast, den will ich euch beschreiben.

Die Palastanlage ist von einer quadratischen Mauer umgeben mit Seitenlängen von je einer Meile, im Ganzen sind es also ungefähr vier Meilen. Die Mauer ist außerordentlich dick und gute zehn Schritt hoch; sie ist aus weißem Stein und mit einem Zinnenkranz gekrönt. In jeder Mauerecke steht ein schönes, reichverziertes Gebäude, wo die Kampfausrüstung des Großkhans aufbewahrt wird; das sind Bogen, Köcher, Sättel und Zaumzeug, Bogensehnen, alles Notwendige zur Kriegführung. Zwischen diesen Eckgebäuden gibt es noch je ein Magazin, im gesamten Mauerumgang sind also acht zu zählen, und alle acht Gebäude sind voll von Ausrüstungsmaterial für den Obersten Herrscher. Ihr müsst aber wissen: in jedem Magazin wird nur eine Art Gegenstände gestapelt; also hier ausschließlich Bogen, dort nur Sättel und nichts anderes, und so weiter; für alles ein besonderes Gebäude.

In der Südfront der Mauer gibt es fünf Tore. Das große Tor in der Mitte wird nur geöffnet, wenn der Khan ausreitet und wenn er zurückkehrt. Links und rechts davon befinden sich zwei kleinere Tore, hier gehen die Leute ein und aus. Nahe den Mauerecken öffnet sich noch je ein großes Tor, das die Leute ebenfalls benutzen.

Innerhalb der quadratischen Mauer erstreckt sich eine rechteckige Mauerumfassung, gleicherweise mit acht Gebäuden zusammengebaut, wo wiederum Ausrüstungsgegenstände des Großkhans aufbewahrt werden. Man sieht auch hier in der Südfront dieselbe Anordnung von fünf Toren. Alle übrigen Seiten der Innen- und der Außenmauer haben nur ein Tor.

—

»Seit Adam gab es keinen Christen, keinen Heiden, weder einen Tataren noch einen Inder, keinen einzigen Menschen irgendwelcher Herkunft, der so viel wusste und erforschte wie Marco Polo allein.«

RUSTICHELLO DA PISA

—

In der Mitte dieser Mauern erhebt sich der Kaiserpalast; davon sollt ihr jetzt hören. Etwas Prächtigeres kann man sich nicht ausdenken. Das Palastfundament ist zehn Spannen höher als die Umgebung; ein Obergeschoß gibt es nicht. Das Dach ist sehr hoch. Die Wände der Säle und Kammern sind mit Gold und Silber ausgekleidet. Drachen sind dargestellt, Tiere, Vögel, Reiter und noch vieles andere. Und oben an den Decken erblickt man lauter Gold und herrliche Malereien. Der Hauptsaal ist so groß, dass ohne weiteres mehr als sechstausend Menschen drin speisen können. Räume gibt es hier, man kommt aus dem Staunen nicht heraus. Der riesige Palast ist ein Meisterwerk. Kein Potentat der Welt wäre imstande, sich einen schöneren auszudenken und bauen zu lassen. Das Dach spielt in allen Farben, in Rot und Grün, in Blau und Gelb; wie Kristall leuchten die kräftigen Lackfarben, so dass man schon von weitem den Palast glänzen sieht. Das Dach ist solid und hält jahrelang dicht.

Zwischen den zwei oben erwähnten Mauern liegen Wiesen und wachsen schattige Bäume. Alle möglichen Tiere werden hier gehalten: weiße Hirsche, Moschustiere, Rehe, Damhirsche und Eichhörnchen und noch viele andere schöne Tiere. Außer auf den Wegen, die für die Menschen angelegt sind, weiden und lagern die Tiere überall auf den Matten zwischen den Mauern.

CANBALUC, DIE MENSCHENREICHE, LEBHAFTE STADT. In Canbaluc hat es unvorstellbar viele Menschen und Häuser, es ist unmöglich, sie zu zählen; denn auch die Vorstädte sind dicht besiedelt. Außerhalb eines jeden der zwölf Stadttore wurden neue Wohngebiete gebaut, und hier haben sich im Gesamten mehr Leute niedergelassen als in der Stadt selbst. In den Vororten steigen die Kaufleute ab, und Reisende, die in der Stadt etwas zu besorgen haben oder die beim Kaiser vorsprechen möchten. In den Herbergen ist ständig ein lebhafter Betrieb, da die Stadt ein Forum ist sowohl für den Handel als für andere Geschäfte. Die Häuser und Villen außerhalb der Mauern sind mindestens so schön und prächtig wie jene innerhalb; ausgenommen natürlich die kaiserlichen Gebäude. Und nun vernehmt: Wenn jemand stirbt in der Stadt, darf er nicht dort begraben werden.

Ein toter Heide wird aus Stadt und Vorstadt hinausgetragen zur Feuerstätte, wo sein Leichnam verbrannt wird. Die Bewohner, unabhängig von ihrer Religionszugehörigkeit, halten sich an diese Sitte. Und noch etwas: In der Stadt dürfen keine sündigen Weiber leben, keine, die sich ihre Liebesdienste bezahlen lassen. Sie wohnen daher in den Vororten, und zwar unglaublich viele. Es sind sicher zwanzigtausend Freudenmädchen, und alle finden ihre Kunden, denn täglich kommen und gehen unzählige Händler und Fremde. Anhand der außergewöhnlich vielen käuflichen Weiber mögt ihr euch die Größe der Stadtbevölkerung ausrechnen.

Porträt Kublai Khans (1215–1294) Zeitgenössische Seidenmalerei

Nirgends auf der Welt werden dermaßen viele seltene, erlesene Waren gehandelt wie in Canbaluc. Ich werde euch einige nennen. Aus Indien stammen die teuersten Dinge, Edelsteine, Perlen und andere Kostbarkeiten. Das Wertvollste, das es in Catai und in den übrigen Provinzen gibt, wird nach Canbaluc gebracht. Alles findet Absatz; denn hier residiert der Oberste Herrscher, hier wohnen die reichen Frauen, die Fürsten und viele andere Menschen; hier halten sich Gäste auf, hierher reisen Unzählige, wenn der Kaiser Hof hält. Aus diesen Gründen ist Canbaluc so großartig und mit keiner andern Stadt zu vergleichen. Stellt euch bloß vor: jeden Tag kommen mehr als tausend Wagen an, voll beladen mit Seide. In diesen Gegenden werden Stoffe aus Gold und Seide gewoben. Zum Einzugsgebiet der Stadt gehören etwa zweihundert Städte. Von dort her reisen die Menschen in die Kapitale, bringen ihre Ware und besorgen sich, was sie selber benötigen.

Nun versteht ihr, warum hier solch ein außerordentlich reger Verkehr herrscht.

Der Grosskhan lässt Papiergeld herstellen. In Canbaluc befindet sich die kaiserliche Münzstätte. Wenn man sieht, wie sie eingerichtet ist, könnte man sagen, der Kaiser kenne die letzten Geheimnisse der Alchimie. Nun schildere ich euch die Geldfabrikation. Der Khan ordnet die Beschaffung von Rinde an, und zwar von den Maulbeerbäumen, deren Blätter bekanntlich den Seidenraupen als Nahrung dienen. Der Bast zwischen Rinde und Holz ist sehr fein, daraus lässt er schwarzes papierähnliches Material herstellen. Es sind Blätter, die folgendermaßen aufgeteilt werden: Der kleinste Schein ist einen halben Groschen wert, der nächstgrößere einen ganzen. Dann gibt es größere Scheine, die einen halben Silbergroschen, und noch größere, die einen ganzen Silbergroschen gelten, diese entsprechen einem venezianischen Silbergroschen. Es werden auch Scheine zu zwei, fünf und zehn Groschen herausgegeben; und noch wertvollere zu einem, zu drei bis zu zehn Byzantiner-Dukaten. Alle Geldscheine werden mit dem Siegel des Großkhans versehen. Er lässt davon eine solche Menge herstellen, dass man alle Schätze der Welt kaufen könnte. Mit diesem Geld, das fabriziert wird, wie ich eben geschildert habe, wird alles bezahlt; in sämtlichen Provinzen, in jedem Königreich, im ganzen kaiserlichen Machtbereich ist es das einzige Zahlungsmittel. Sollte sich jemand weigern, es anzunehmen, droht ihm die Todesstrafe. Doch ich kann euch sagen, jeder Einzelne, alle Völker des Reiches empfangen das Papiergeld gerne, denn wohin sie auch immer gehen, die Scheine gelten überall; die Leute erstehen damit ihre Waren, Perlen, Edelsteine und Gold und Silber. Alles und jedes können sie kaufen, die Scheine haben ihren Wert. Aber stellt euch vor: ein Zehner-Byzantiner-Schein ist nicht einmal so schwer wie ein einziger Byzantiner-Dukaten.

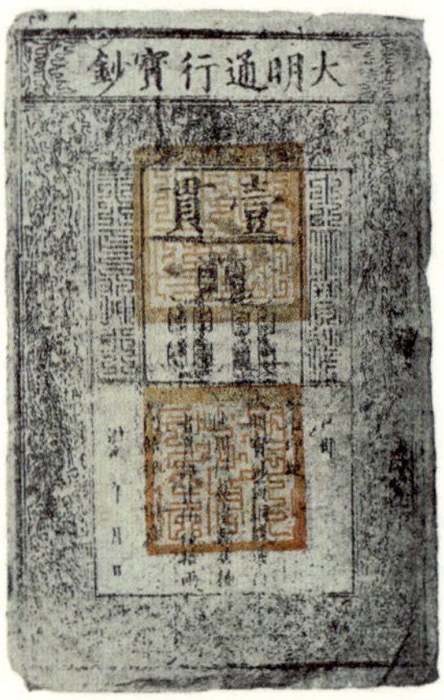

Chinesisches Papiergeld aus dem 14. Jahrhundert

Oft im Jahr kommen die Händler gruppenweise nach Canbaluc und bringen dem Kaiser Perlen, Edelsteine, Gold und Silber und andere wertvolle Sachen wie Gold und Seidenstoffe. Der Großkhan ruft die zwölf Beamten zu sich. Diese sind für das Amt gewählt worden, die Waren der Kaufleute zu begutachten, einzuschätzen und den entsprechenden Wert in Papiergeld auszuzahlen. Die zwölf Kundigen untersuchen alles nach ihrem Gutdünken, setzen den Preis fest und entrichten ihn in Papierwährung. Die Kaufherren freuen sich über die Scheine, denn damit können sie kaufen, was ihnen beliebt und gefällt im großen Tatarenreich. Es ist die pure Wahrheit: Mehrere Male im Jahr liefert die Kaufmannschaft Waren im Wert von ungefähr vierhunderttausend Byzantinern; der Kaiser vergütet alles in Papiergeld.

Und noch etwas Wichtiges will ich mitteilen: Nach einer gewissen Zeit nutzt sich das Papiergeld ab oder zerreißt; dann bringt man es zur Münzstätte und tauscht es gegen neue Scheine; drei Prozent werden dabei abgezogen. Und noch etwas: Will sich jemand Gold oder Silber erstehen, etwa um kostspieliges Geschirr, Prunkgürtel oder sonst etwas Wertvolles anzufertigen, so kauft er mit Papiergeld die Edelmetalle in der kaiserlichen Münzstätte.

Nun versteht ihr, warum in keinem Schatzhaus der Welt solch ein Reichtum anwachsen kann wie im Tatarenreich. Ich übertreibe nicht, wenn ich behaupte, alle Mächtigen unseres Jahrhunderts besitzen nicht so viel wie der Khan.

Viele Strassen führen nach Canbaluc. Von Canbaluc aus führen viele Straßen nach den verschiedenen Provinzen, die eine nach dieser, die andere nach jener und so fort. Die Straßen sind nach den zugehörigen Provinzen benannt; das ist eine sehr kluge Einrichtung. Wenn ein Gesandter des Kaisers Canbaluc verlässt und fünfundzwanzig Meilen auf einer Provinzstraße reitet, gelangt er zu einem Posten, genannt Janb, was zu Deutsch Pferdestation bedeutet. Hier findet er ein stattliches Haus, wo alle kaiserlichen Botschafter absteigen. In diesem Gasthaus gibt es breite, schöne Betten mit weichen seidenen Laken; den hohen Beamten wird jede Annehmlichkeit geboten. Und wenn ein König hier vorbeikäme, er wäre aufs beste aufgehoben. Der Khan hat angeordnet, es seien vierhundert Pferde auf den Stationen zu halten, damit immer völlig ausgeruhte und gut gerüstete Tiere für seine durchreisenden Gesandten zur Verfügung stehen. Für alle Hauptprovinzstraßen gilt dasselbe: Im Abstand von fünfundzwanzig oder auch dreißig Meilen befindet sich eine Station, wo für kaiserliche Abgesandte zwischen dreihundert und vierhundert Pferde gewartet werden und wo diese selbst fürstlich übernachten und sich verpflegen können. Im ganzen Tatarenreich gibt es keine Provinz, kein Königreich ohne Pferdestationen.

—

»Ich habe noch nicht einmal die Hälfte dessen niedergeschrieben, was ich gesehen habe.«

Marco Polo
1324
auf dem Sterbebett
über »Il Milione«,
die »Wunder der Welt«

—

Da die Botschafter auch durch wegloses Gebiet reisen müssen, wo man weder Häuser noch Wohnstätten antrifft, hat der Großkhan befohlen, im öden Lande ebenfalls Posten zu errichten, und zwar gleich stattliche Häuser wie anderswo, und für Pferde und Ausrüstung zu sorgen wie anderswo. Die Entfernungen sind allerdings größer, sie betragen fünfunddreißig, ja sogar vierzig Meilen.

Wohin auch immer die Gesandten reiten, Unterkunft und gesattelte Pferde stehen für jede Tagereise zur Verfügung. So viel Macht und Größe hat noch nie ein Kaiser oder König oder Landbesitzer zeigen können. Denn dies ist die Wahrheit: Mehr als zweihunderttausend Pferde werden auf den Stationen gehalten, stets einsatzbereit für die Durchreisenden. Wohleingerichtete und reichausgestattete Häuser gibt es mehr als zehntausend. Alles ist prächtig und wertvoll, man findet kaum die passenden Worte, darüber zu reden oder zu schreiben.

Eben fällt mir etwas ein, das ich vergessen habe. Ich will es nachtragen, denn es gehört zu unserer Geschichte. Zwischen den Hauptstationen wird alle drei Meilen ein Weiler gebaut mit ungefähr vierzig Häusern; dort wohnen die kaiserlichen Läufer. Die Fußpost ist folgenderweise eingerichtet: jeder Läufer trägt einen Gürtel voller Glöckchen, damit man ihn beim Rennen schon von weitem hört. Schnell wie der Wind eilt er über die Dreimeilenstrecke. Im nächsten Weiler hört man ihn kommen, ein neuer Läufer macht sich bereit.

Sobald jener eintrifft, übernimmt der zweite die Post, und vom Schreiber erhält er dazu einen Zettel. Danach beginnt er zu rennen, nach drei Meilen trifft er den dritten Läufer, und wieder findet die Übergabe statt genau wie vorher. Ich kann euch sagen, diese Eilboten melden dem Khan zehn Tagereisen entfernte Neuigkeiten innerhalb eines Tages und einer Nacht. Stellt euch vor: In einer Nacht und einem Tag legen die Läufer eine Zehn-Tage-Reisestrecke zurück, und in zwei vollen Tagen bringen sie Nachrichten aus einer Distanz von zwanzig Tagereisen. Demnach hätte man in zehn Tagen Berichte aus einem Ort, der hundert Tagereisen weit weg ist. Oft bringen die Läufer dem Kaiser in einem Tag Früchte aus einer Gegend, wohin die Reise zehn Tage dauert. Der Großkhan verlangt von diesen Männern keine Steuern; er entschädigt sie aus seiner eigenen Kasse.

Das Nachrichtenwesen im Reich des Kublai Khan: Entsendung und Ankunft von Läufern und berittenen Boten Französische Buchmalerei, um 1412

Berittene Eilboten werden eingesetzt, sobald irgendwo ein Aufstand ausbricht oder ein Statthalter sich auflehnt oder falls sonst etwas Dringendes dem Kaiser zu melden ist. Die Eilboten legen zweihundert bis zweihundertfünfzig Meilen am Tag zurück. Wie ist das möglich? Der Bote, der in kürzester Zeit so viel Meilen bewältigen will, wie ich soeben gesagt habe, der hat ein Täfelchen mit dem Falken bei sich, und das bedeutet, er wolle mit höchster Geschwindigkeit vorwärtskommen. Sind die Boten zu zweit, verlassen sie ihren Aufenthaltsort auf zwei kräftigen Rennern. Sie bandagieren ihre Körper, binden ihren Kopf ein, und dann reiten sie los in gestrecktem Galopp und reiten und reiten über fünfundzwanzig Meilen bis zum ersten Posten, dort erhalten sie zwei frischgesattelte Pferde. Unverzüglich schwingen sie sich auf die Gäule und rennen los – von Ausruhen keine Spur –, holen aus den Tieren heraus, was sie vermögen, und setzen nicht ab bis zum nächsten Posten. Dort finden sie wieder startbereite Tiere, sie werfen sich in die Sättel und jagen davon. Und so bis zum Abend. Um dem Kaiser die neuesten Nachrichten zu melden, legen berittene Eilboten zweihundertfünfzig Meilen am Tag zurück, und sollte es besonders dringend sein, sogar dreihundert Meilen. Diese Männer werden sehr hoch geschätzt.

1333

Francesco Petrarca

Bei den »Barbaren« in Köln am Rhein

—

Sein ganzes Leben, stellte der italienische Humanist Francesco Petrarca (1304–1374) im Rückblick fest, habe er auf Wanderschaft verbracht. Im Alter von sieben Monaten, erinnerte er sich, trug man ihn von seinem Geburtsort Arezzo, in ein Leinentuch gewickelt und an einem Knotenstock hängend, durch die Toskana nach Pisa. Als er sieben Jahre alt war, siedelte die Familie nach Südfrankreich über. Auf dem Schiff von Pisa nach Marseille, so Petrarca, wäre er beinahe in einem Seesturm ums Leben gekommen. Mit dreißig reiste Petrarca durch Frankreich nach Deutschland – in das »Barbarenland«, wie er selbst es nannte. In Aachen stattete er den heißen Bädern einen Besuch ab, und in Köln war er von der Anmut der sich ihm darbietenden Frauen überrascht. Seine Reiseeindrücke schilderte er im August 1333 in einem Brief an den befreundeten Kardinal Giovanni Colonna in Avignon.

Drei Jahre später, am 26. April 1336, brach Petrarca zu einer weiteren Reise auf, die Berühmtheit erlangte. Zusammen mit seinem Bruder bestieg er in der Provence den Mont Ventoux – ohne besonderen Anlass, allein aus Neugier und um des Vergnügens willen. Von den Nachgeborenen wurde (und wird) er daher als Begründer der ästhetischen Naturbetrachtung angesehen, von manchen gar als Vater des Alpinismus.

»Von einem schweren Schiffbruch«
Holzschnitt zu Petrarcas »Von der Artzney bayder Glueck« über die Geschicke und Missgeschicke des Menschen
Augsburg 1592

—

An den Kardinal Colonna in Avignon. Ich hatte Aachen verlassen, zuvor aber noch in den wie zu Baiae heißen Quellen gebadet, von denen die Stadt, wie man glaubt, ihren Namen hat, und Köln nahm mich auf, die agrippinische Kolonie, die am linken Rheinufer gelegen ist, ein Ort berühmt durch seine Lage und seinen Strom, berühmt auch durch seine Bevölkerung. Erstaunlich, wie groß im Barbarenlande die Gesittung, wie schön der Anblick der Stadt, wie gesetzt die Haltung der Männer, wie schmuck das Gebaren der Frauen! Zufällig war gerade Johannisabend, als ich dort anlangte, und die Sonne neigte sich schon gen Westen. Sogleich bringt mich das Zureden der Freunde – denn auch hier hatte mir der Ruhm früher Freunde erworben als das Verdienst – von der Herberge zum Fluss, ein herrliches Schauspiel zu sehen. Und ich ward nicht enttäuscht. Das ganze Flussufer war nämlich bedeckt von einer riesengroßen, glänzenden Schar von Frauen. Ich stutzte ... Gute Götter! Was für Gestalten, was für Gesichter, welch eine Haltung! In Liebe hätte entbrennen können, wer nur ein nicht schon gebundenes Herz mitgebracht hätte.

Ich hatte mich an einem etwas erhöhten Fleck aufgestellt, von dort auf das, was sich abspielte, zu schauen. Es war ein unglaublicher Zulauf ohne Gedränge. Manche waren mit duftenden Kräutern umwunden und hatten die Ärmel über die Ellenbogen zurückgestreift. So wuschen sie in fröhlichem Durcheinander die weißen Hände und Arme im reißenden Strom, und mit fremdländischen Murmellauten sagten sie dabei zueinander irgendetwas Reizendes. Kaum irgendwo habe ich noch so klar verstanden, was dem Cicero zu sagen beliebt und was auch ein altes Sprichwort zu sagen pflegt, dass Menschen, wenn sie unbekannte Sprachen hören, gewissermaßen taub und stumm sind. Der einzige Trost war für mich: Es fehlte mir nicht an gar liebenswürdigen Dolmetschern. Denn auch das unter dem allen wirst du bestaunen, dass jener Himmelsstrich den Musen ergebene Geister auferzogen hat. Wenn also Juvenal sich wundert, dass *Gallien bildet beredt die prozessierenden Briten,* könnte er sich ebenso gut wundern, dass *das gebildete Deutschland geistvolle Dichter genähret*. Damit du aber durch mich als Gewährsmann keiner Täuschung unterliegest, so wisse: einen Maro [Vergil] gibt es dort nicht, Nasonen [Ovid] gar viele, so dass man sagen könnte, es sei eine wahre Prophezeiung gewesen, die der Dichter am Ende seiner Metamorphosen niedergelegt hat, in starkem Vertrauen auf der Nachfahren Dank oder auf seinen eigenen Genius. Soweit jedenfalls die römische Macht – oder mehr der Wahrheit gemäß: der Römername auf dem unterworfenen Erdkreis sich ausbreitet, wird dieser Dichter jetzt von allem Volke gelesen, und alle sind sie ihm in lobenswerter Weise gewogen. Derartige Begleiter habe ich, wo immer etwas zu hören oder zu antworten erforderlich war, statt der Zunge und statt der Ohren gebraucht.

Köln, Ansicht der Rheinseite
Detail aus »Martyrium der Hl. Ursula«, Meister der Kleinen Passionen, um 1411
Die älteste, topographisch genaue Ansicht Kölns zeigt den legendären Schauplatz des Martyriums der heiligen Ursula und ihrer 11 000 Gefährtinnen.

Als ich also einen aus jener Zahl bewundernd und unkundig des Sachverhalts mit folgendem Virgilsprüchlein fragte:

Was will der Zulauf zum Strome?
Was erstrebt ihr Gemüt?

empfing ich die Antwort: es sei ein uralter Landesbrauch und besonders das Weibervolk bilde sich fest ein, jedwedes für das ganze

Jahr etwa drohende Unheil werde reinigend weggespült durch die Waschung im Strome an diesem Tage und im Verfolge werde nur Erfreuliches eintreffen; daher denn diese Läuterung alljährlich mit stets unerschöpflichem Eifer begangen werde und auch zu begehen sei.

Dazu sagte ich lächelnd: O überglücklich seid ihr, ihr Anwohner des Rheins, wenn dieser euch euer Elend abwäscht; das unsere abzuwaschen hat weder der Po je vermocht noch der Tiber. Ihr sendet euer Leid den Britanniern mit dem Fährmann Rhein hinüber, wir würden das unsre gern den Afrern und Illyrern schicken. Aber wir haben, wie leicht zu erkennen ist, trägere Flüsse.

Da erhob sich ein Gelächter. Es war spät geworden, und wir gingen heim. An einigen der nächstfolgenden Tage wanderte ich von früh bis abends mit den gleichen Führern in der Stadt umher, eine nicht unangenehme Aufgabe, nicht einmal so sehr wegen all dessen, was einem noch vor Augen stand, als in der Erinnerung an unsere Vorfahren, die so fern vom Vaterlande solch herrliche Denkmäler römischer Größe hinterlassen haben. In erster Linie drängte sich mir da Marcus Agrippa auf, der Gründer dieser Kolonie, der zwar des Hochberühmten viel daheim, viel auch in der Fremde erbaut hat, der aber diese Stadt vor allem würdig erachtete, ihr seinen Namen beizulegen; er, ein als Bau- und Kriegsherr hervorragender Mann und von Augustus allein auf dem ganzen Erdkreis für würdig gehalten, sein Schwiegersohn zu werden, als Gemahl einer Tochter, die, wie sie auch immer sein mochte, doch sein geliebtes, doch sein einziges Kind, doch eine Kaisertochter war.

—

»Ich bin bis nach Germanien gelangt und an die Ufer des Rheins, wobei ich aufmerksam die Gebräuche der Bewohner beobachtet habe, fasziniert, ein unbekanntes Land zu sehen und alle Dinge mit den unseren zu vergleichen.«

Petrarca an Giovanni Colonna, 1333

—

Ich sah die vielen Tausend gleichzeitig verstümmelter Körper heiliger Jungfrauen und die Erde, die ihren hochedlen Reliquien geweiht ist und die, wie man sagt, die unedlen Leichen ausgetrieben hat. Ich sah das Kapitol, das Abbild des unsrigen – nur dass statt des Senats, der bei uns über Krieg und Frieden Rat hält, dort schöne Jünglinge und Mädchen gemischt in ewiger Eintracht nächtliche Lobeshymnen singen. Zu Rom tönt der Räder und Waffen, Gelärm und das Seufzen der Gefangenen, dort aber herrscht Ruhe und Freude, dort erklingen Stimmen von Scherzenden, zu Rom schreitet im Triumph der Kriegsfürst herein, dort der Friedensfürst. Ich sah inmitten der Stadt die überherrliche, obschon unvollendete Domkirche, die man nicht ohne guten Grund die allerhöchste nennt. Anbetend betrachtete ich dort der Magierkönige Leichname, die von Morgen gen Abend in dreimaligem Sprunge herübergeschafft worden waren, der Könige, von denen wir lesen, dass sie einstens dem Himmelskönig, da er wimmernd in der Krippe lag, Geschenke und Verehrung darbrachten.

Eine frühe Stadtansicht Kölns
Anton Woensams Stadtprospekt von 1531

Hier scheint mir nun, bester Vater, dass ich die mir von der Ehrfurcht gesetzten Schranken überschritten und mehr zusammengetragen habe, als Bedarf gewesen wäre. Dies beides gestehe ich ein. Aber nichts ist mir so sehr Bedürfnis, als deinem Befehl gehorsam zu sein. War doch unter dem vielen, was du mir beim Abschied auftrugst, gerade dies das Letzte: ich sollte über die Länder, in die ich reiste, und über jede Einzelheit, die ich zu sehen oder zu hören bekäme, dich schriftlich genauso unterrichten, wie ich es von Mund zu Mund zu tun gewohnt bin; ich sollte die Feder nicht schonen, noch eigens nach Kürze oder Schmuck des Ausdrucks streben, nicht erst die schönsten Blumen herauspflücken, sondern gleich alles zusammenraffen. Am Schluss sagtest du noch mit einer ciceronischen Wendung: »Schreibe nur, was dir gerade auf die Zunge kommt.« Dies versprach ich zu tun. Mir scheint, mit den vielen Briefchen von meinem Reiseweg habe ich mein Versprechen erfüllt. Hättest du befohlen, ich sollte von Höherem reden, ich hätte es versucht. Nun aber halte ich es für die Aufgabe eines Briefes, nicht den Schreiber zu adeln, sondern dem Leser Nachricht zu geben. Denn wenn wir eben gesehen sein wollen, dann lasst uns in Büchern uns zeigen – in Briefen wollen wir Zwiesprache halten.

Ich fahre fort: Am 29. Juni reist ich ab von Köln, bei so starkem Sonnenbrand und Staub, dass ich oft *Alpenschnee und Eisesstarre des Rheines* vom Virgil mir ausbat. Daran anschließend durchzog ich allein den mir durch das Zeugnis von Schriftstellern schon bekannten, aber beim Anblick dunklen und schreckenerregenden Ardennerwald, und dies – worüber du mehr noch staunen wirst – zur Kriegszeit. Den Sorglosen aber, so sagt man, steht Gott bei.

Ich will aber den langen, zu Pferd kaum bewältigten Reiseweg mit der Feder nicht nochmals durchmessen. Nachdem ich durch viele

Länder gezogen, bin ich am heutigen Tage nach Lyon gekommen. Es ist auch diese Stadt eine vornehme Römerkolonie, ein wenig nur älter als Agrippina. Hier vereinigen sich zwei bekannte, zu unserm Meere strömende Flüsse, die Rhône und die Araris, oder die Saône, wie sie die Einheimischen nennen. Aber ich sage nichts weiter von ihnen: vereint nämlich eilen sie zu dir, der eine einem Bezwinger ähnlich, der andere einem Bezwungenen, und sie bespülen mit vermischten Gewässern Avignon, wo jetzt dich und das Menschengeschlecht der römische Pontifex hinhält.

Als ich hier in der Frühe angelangt war und beim Eintritt mir dieser dein Diener in den Weg lief, bestürmte ich ihn, wie man es bei der Rückkehr von einer weiten Reise tut, mit tausend kleinen Fragen. Er aber hatte zu allem anderen nichts zu sagen, erzählte jedoch, dein hochberühmter Bruder, zu dem ich vor allem hineilte, habe sich ohne mich nach Rom aufgemacht. Da ich dies gehört, flaute die Begierde, zu fragen und heimzukehren, ab. So habe ich nun vor, hier abzuwarten, bis die Sommerhitze ebenfalls abgeflaut ist, die ich bisher nicht gefühlt habe, und bis mich die Ruhe wieder frisch macht. Denn erst, da er dies gesagt, habe ich gemerkt, wie müde ich bin. Keine Ermüdung ist größer als die des Geistes. Wenn mich daher ein Überdruss vor weiterer Wanderung überkommen sollte, so soll mir die Rhône zur Fähre werden. Damit du aber inzwischen weißt, wo ich bin, hat es mich nicht gereut, dir dies mit diesem eilenden Boten zuzusenden.

Über deinen Bruder, der mir einst Führer war, jetzt aber – vergib dem Schmerze – mir fahnenflüchtig geworden ist, glaubte ich nirgend anderwärts Klage erheben zu sollen als bei ihm selbst. Veranlasse doch bitte, dass diese Klage ihm so schnell wie möglich zukommt. Lebe wohl, unser eingedenk, du Leuchte des Vaterlandes, unsere Zier.

Zu Lyon, am 9. August [1333]

Um 1345

Ibn Battuta

Zum Adam's Peak auf Ceylon

—

Einer der größten Reisenden des Mittelalters war der aus Tanger gebürtige Ibn Battuta (1304–1377). Im Jahr 1325 brach der 21-jährige gläubige Moslem zu einer Pilgerreise nach Mekka auf. Unterwegs packte ihn das Reisefieber. Statt nach Hause zurückzukehren, ging er auf große Fahrt. Seine Neugier führte ihn in die entlegensten Regionen der damals bekannten Welt. Er bereiste den Vorderen Orient, den Mittelmeerraum, Indien und China, die südostasiatische Inselwelt, und anschließend zog er quer durch die Sahara nach Mali und Timbuktu. Sieben Jahre hielt er sich am Hof von Delhi auf, der Sultan nahm ihn als Richter in seine Dienste. In Damaskus entging er nur knapp der Pest, die in ganz Arabien wütete. Auf Ceylon bestieg er den Adam's Peak, der als Pilgerstätte von Buddhisten, Hindus, Moslems und Christen verehrt wird. 27 Jahre war er unterwegs, dabei legte er 120 000 Kilometer zurück, dreimal so viel wie Marco Polo.

Zurück in Marokko, diktierte er seine Erlebnisse dem Schreiber Ibn Jusayy. Außerhalb des arabischen Sprachraums wurde man erst im 19. Jahrhundert auf Ibn Battuta aufmerksam, als ein Schweizer in Kairo auf seinen Reisebericht Rihla *(Reise) stieß. Der Titel lautet vollständig: »Ein Geschenk an diejenigen, die über die Wunder der Städte und des Reisens nachdenken«. Bald wurde der Bericht in mehrere europäische Sprachen übersetzt. So erfuhr die Welt von dem großen Reisenden, der mehr von der Welt gesehen hatte als irgendein Mensch vor ihm.*

—

Vom Meer aus erblickten wir den Berg Serendib [Adam's Peak], der wie eine Rauchsäule zum Himmel steigt. Als wir uns der Insel näherten, sagten die Matrosen: »Der Hafen liegt nicht im Land eines Sultans, dessen Gebiet die Kaufleute in Sicherheit betreten können, sondern befindet sich im Herrschaftsbereich des Sultans Airi Schakarvati, der ein übermütiger Verbrecher ist und seine Schiffe Seeräuberei betreiben lässt.« So fürchteten wir uns, diesen Hafen anzulaufen.

Da kam aber ein Sturm auf, so dass wir fürchten mussten, Schiffbruch zu erleiden. Deshalb erklärte ich dem Kapitän: »Setze mich an der Küste ab, und ich werde dir ein sicheres Geleit bei diesem Sultan erwirken.« Dies tat er auch. Die Ungläubigen näherten sich uns und fragten, wer wir seien. Ich erklärte ihnen, dass ich der Schwager des

Sultans von Mabar und sein Freund sei, dass ich ihn besuchen käme und dass wir für ihn ein Geschenk an Bord hätten. Die Leute gingen zu ihrem Sultan und berichteten ihm von unserer Ankunft, worauf er mich holen ließ. Ich begab mich also in die Stadt Battala [Puttelam], seine Residenz, eine kleine hübsche Stadt die von Holzmauern und Holztürmen umgeben ist.

Arabisches Handelsschiff im Indischen Ozean Arabische Buchmalerei, 1237

Die ganzen Küsten des Landes sind mit Stämmen der Zimtbäume bedeckt, die von den Bergflüssen herabgeschwemmt werden und sich zu Hügeln auftürmen. Die Bewohner tragen dieses Holz davon, ohne dafür etwas zahlen zu müssen. Allerdings beschenken sie dafür den Sultan als Ausgleich mit Kleiderstoffen. Zwischen dem Land Mabar und der Insel Ceylon liegt eine Entfernung von einem Tag und einer Nacht. Auf Ceylon wächst auch viel Brasilienholz, dazu indische Aloe, die unter dem Namen el-Kalachi bekannt ist.

Sultan Airi Schakarvati ist ein mächtiger Beherrscher der See. Als ich mich noch in Mabar befand, sah ich dort im Hafen allein hundert Schiffe, die ihm gehörten. Wie ich nun vor ihm erschien, stand er auf, ging mir entgegen, wies mir einen Platz an seiner Seite zu und sagte: »Deine Gefährten mögen in Frieden an Land gehen und meine Gäste sein, bis sie abreisen; denn zwischen dem Sultan von Mabar und mir herrscht Freundschaft.« Dann befahl er, mir eine Wohnung anzuweisen.

Ich blieb bei ihm drei Tage lang und fand eine äußerst gastliche Aufnahme. Er verstand die persische Sprache und hörte gerne zu, wenn ich ihm über Herrscher und Länder erzählte. Eines Tages kam ich zu ihm, während vor ihm eine Menge Perlen lag, die ihm als Ertrag der Perlenfischerei gebracht worden war. Seine Leute hatten die kostbaren Perlen von den weniger wertvollen getrennt. Da fragte mich der Sultan: »Hast du Perlenfischerei in den Ländern gesehen, aus denen du gekommen bist?« – »Ja«, antwortete ich, »ich habe sie auf der Insel Kais gesehen, die dem Ibn as-Sawameli gehört.« – »Auch ich habe davon gehört«, meinte er und nahm einige Perlen aus der Menge. »Gibt es auf jener Insel solche wie diese hier?« – »Nein«, erklärte ich, »dort habe ich nur welche von geringerem Wert gesehen.« Diese Antwort gefiel ihm, und er sprach: »Sie gehören dir. Geniere dich nicht und verlange von mir, was du willst.« – Ich meinte: »Ich habe keinen anderen Wunsch, seit ich auf diese Insel gekommen bin, als den ehrwürdigen Adamsfuß zu besuchen.« – »Das ist sehr einfach«, sagte er, »wir werden jemanden mit dir schicken, der dich führen soll.« – »Das wünsche ich mir«, fuhr ich fort, »das Schiff, mit dem ich gekommen bin, wird bei freiem Geleit nach Mabar reisen können, und, wenn ich zurückgekommen bin, wirst du mich auf deinen Schiffen wegfahren lassen.« – Er sagte mir dies zu.

Ceylon
Landkarte von
Nicolaes Visscher,
1682

Als ich dies dem Kapitän mitteilte, meinte er: »Ich werde nicht absegeln, bevor du gekommen bist, und wenn ich ein ganzes Jahr warten sollte.« Als ich dies dem Sultan überbrachte, stellte er fest: »Der Kapitän wird bis zu deiner Rückkehr mein Gast sein.« Er stellte mir eine Sänfte zur Verfügung, die von seinen Sklaven auf den Schultern getragen wurde, und schickte vier Jogis mit mir, die alljährlich die Reise zum Adamsfuß durchführen. Außerdem erhielt ich drei Brahmanen, zehn weitere Leute und 15 Mariner, die den Reiseproviant zu tragen hatten. Um Wasser brauchten wir uns nicht zu sorgen, da es unterwegs genügend davon gibt.

An diesem Tag lagerten wir an einem Fluss, den wir dann auf einem Floß aus Bambusrohr überquerten. Von dort zogen wir nach Menar Mendeli [Minnera Mandel], einer schönen Stadt an der äußersten Grenze des Herrschaftsbereichs des Sultans. Die Bewohner gaben uns ein schönes Gastmahl aus Fleisch von Büffelkälbern, die sie in einem Dschungel erlegt hatten. Außerdem bewirteten sie uns mit Reis, Butterschmalz, Fisch, Hühnern und Milch. In dieser Stadt trafen wir keinen Muslim, außer einem Mann aus Chorasan, der einer Krankheit wegen seine Reise unterbrochen hatte und sich nun uns anschloss. Nachdem wir das Städtchen Salawat [Chilaw] passiert hatten, zogen wir durch eine schwer gangbare, wasserreiche Gegend. Dort gibt es zahlreiche Elefanten, die aber weder den Pilgern noch den Fremden gefährlich sind. Dass man diesen Weg überhaupt gehen kann und von den Elefanten nicht belästigt wird, ist allein der Gnade des Scheichs Abu Abdallah Ibn Chafif zu verdanken, der als Erster diesen Weg zum »Fuß« zugänglich machte. Zuvor hinderten nämlich die Heiden die Muslim daran, fügten ihnen Schaden zu, aßen nicht mit ihnen und verkauften ihnen nichts. Als aber die Gefährten des Scheichs von Elefanten getötet worden waren, während ihn selbst ein Elefant auf seinem Rücken heil davontrug, begannen die Heiden mit der Verehrung der Muslim, erlaubten ihnen den Zutritt zu ihren Häusern, mit ihnen zu speisen und ihnen Vertrauen zu schenken. Bis jetzt genießt der Scheich höchste Verehrung und wird der »große Scheich« genannt.

Wir erreichten die Stadt Konakar [Gampola oder Kurunaigalla], die Residenz des Groß-Sultans. Sie liegt in einem schluchtartigen Tal zwischen zwei Bergen an einer großen Flussschleife, die die Rubinbucht heißt, nachdem dort dieser Edelstein gefunden wird. Vor der Stadt liegt die Moschee des Scheichs Otman esch-Schirazi, gewöhnlich Scha'usch genannt. Der Sultan und die Einwohner der Stadt pilgern zu ihm und verehren ihn; denn er war der Führer zum »Adamsfuß«. Als ihm aber eine Hand und ein Fuß abgehauen worden waren, übernahmen seine Söhne und seine Sklaven die Führeraufgabe. Der Grund für diese Bestrafung war, dass er eine Kuh schlachtete. Nach dem Gesetz der heidnischen Inder wird jeder, der eine Kuh tötet, ebenso wie sie umgebracht oder in ihre Haut gesteckt und verbrannt. Da Scheich Otman dort jedoch sehr angesehen war, wurden ihm nur eine Hand und ein Fuß abgeschnitten. Dafür erhielt er – sozusagen als Entschädigung – den Steuerertrag eines Basars.

Gemälde im »Zahntempel« Sri Dalada Maligawa in Kandy, Ceylon

Sultan Kunar hält an seinem Hof einen weißen Elefanten. Auf der ganzen Welt sah ich sonst kein solches Tier in weißer Farbe. Der Herrscher reitet ihn an Festtagen, wozu die Stirn des Elefanten mit großen Rubinen geschmückt wird.

Der Berg Serendib [Adam's Peak] ist einer der höchsten der Welt. Wir erblickten ihn bereits vom Meer aus, obwohl zwischen ihm und uns noch eine Entfernung von neun Tagen lag. Als wir ihn bestiegen, sahen wir die Wolken unter uns, so dass wir bisweilen nicht in die Tiefe schauen konnten. Auf ihm gibt es eine Menge Bäume, die ihre Blätter nicht verlieren, vielfarbige Blumen und eine rote Rosenart von der Größe einer Hand. Es wird behauptet, dass sich auf dieser Rose eine Schrift zeigt, aus der der Name des allerhöchsten Gottes und seiner Propheten herausgelesen werden kann. Auf dem Berg gibt es zwei Wege zum »Fuß«, den Weg des »Baba« und den der »Marna«, worunter die Eingeborenen Adam und Eva verstehen. Der Weg der »Marna« ist recht leicht, so dass ihn die Pilger für ihren Abstieg benutzen. Wer ihn aber zum Aufstieg begehen würde, hätte kein großes Ansehen über seine Pilgerfahrt zu erwarten. Der Weg des »Baba« hingegen ist beschwerlich. Die Alten haben in den Berg so etwas wie Stufen geschlagen, Eisenpfähle in die Felsen getrieben und an ihnen Ketten befestigt, an denen sich der Kletterer halten kann. Insgesamt gibt es am Berg zehn Ketten: zwei am Fuß des Serendib, wo sich die Sultanspforte befindet, dann sieben hintereinander und schließlich die zehnte, die »Kette des Glaubensbekenntnisses«, weil der Pilger, wenn er sie erreicht hat und in die Tiefe schaut, so von Schwindel erfasst wird, dass er aus Furcht vor einem Sturz das Glaubensbekenntnis hersagt: »Es ist kein Gott außer Gott und Mohammed ist sein Prophet.« Ist man an diesen Ketten vorbei, so kommt man auf einen etwas vernachlässigten Pfad. Von der zehnten Kette bis zur Chidr-Grotte sind es noch sieben Meilen. Dort befindet sich eine Quelle, die auch nach Chidr benannt und voll von Fischen ist, die aber niemand fängt. In der Nähe der Grotte befinden sich beiderseits des Weges zwei Zisternen, die in die Felsen eingemeißelt sind. Bei der Chidr-Grotte lassen die Pilger ihre Habseligkeiten zurück und ersteigen über zwei Meilen hinweg den Gipfel des Berges, auf dem sich der »Fuß« befindet.

Die Spur des verehrungswürdigen Fußes unseres Vaters Adam liegt auf einem schwarzen, hohen Felsen. Der Fuß drang in den Felsen ein, so dass die Stelle vertieft blieb. Seine Länge beträgt elf Spannen. In früherer Zeit kamen Leute aus China dorthin. Sie brachen aus dem Felsen das Stück der großen Zehe heraus und legten es in einen Tempel von Zaitun, der ebenfalls zu einem vielbesuchten Wallfahrtsort für große Teile Chinas wurde.

—

»Ein leidenschaftliches Verlangen, die hehren Heiligtümer zu sehen, wohnte in meiner Brust. So beschloss ich denn, mich von meinen Lieben zu trennen, und verließ meine Heimat, wie der Vogel sein Nest verlässt.«
IBN BATTUTA

—

In den Felsen des Fußes sind neun Löcher gemeißelt, in die von den heidnischen Pilgern Gold, Edelsteine und Perlen gelegt werden. Es ist recht seltsam anzuschauen, wie die Fakire, wenn sie an der Chidr-Grotte angelangt sind, auf dem letzten Stück des Weges versuchen, einander zu überholen, um zuerst zu den Löchern zu kommen und sich deren Inhalt zu nehmen. Außer ein paar kleinen Edelsteinen und ein wenig Gold, das wir dem Führer gaben, fanden wir nichts vor. Es ist üblich, dass sich die Pilger drei Tage lang in der Chidr-Grotte aufhalten und in dieser Zeit morgens und abends den »Fuß« besuchen. Dies taten auch wir.

Als die drei Tage vorüber waren, kehrten wir auf dem Weg der »Marna« zurück und lagerten an der Grotte des Scheim, des Seth, des Sohnes Adams. Von da ging es am Fischteich vorbei zu den Dörfern Kurmula, Jabarkawan, Dil-Dinawa und At-Kalanja, wo Scheich Abu Abdallah den Winter über zu bleiben pflegte. Diese Dörfer und

Stationen liegen alle am Berg. An seinem Ende steht der *Direcht rewan,* der »wandelnde Baum«, ein uraltes Exemplar, von dem kein Laub abfällt. Ich habe niemanden getroffen, der jemals dort am Boden ein Blatt gefunden hätte. Am Fuß des Berges erblickte ich eine ganze Anzahl von Jogis, die den Platz nicht verließen, weil sie auf ein fallendes Blatt warteten. Der Baum selbst steht an einem völlig unzugänglichen Ort. Bei den Bewohnern des Landes wird ein Märchen verbreitet, in dem es heißt, dass derjenige, der von den Blättern isst, wieder seine Jugend erhält, auch wenn er ein Greis sei. Dies ist aber ein dummes Geschwätz. Unterhalb des Berges Serendib liegt ein großer Teich, aus dem Edelsteine gewonnen werden. Er hat ein außerordentlich blaues Wasser.

Adam's Peak, Ceylon
Photographie, um 1885

Von hier aus reisten wir zwei Tage weiter und kamen nach Dinawer [Dewandera], eine große Stadt, die hauptsächlich von Kaufleuten bewohnt wird. Den gleichen Namen trägt ein sich dort befindendes Götzenbild, das in einem herrlichen Tempel steht, in dem etwa 1000 Brahmanen und Jogis und etwa 500 Hindumädchen leben, die Nacht für Nacht vor dem Götzenbild singen und tanzen. Das Götzenbild ist aus Gold in der Größe eines Menschen. Anstelle der beiden Augen trägt es zwei große Edelsteine. Sie sollen nachts wie zwei Lampen leuchten.

Sechs Parasangen von Dinawer entfernt, erreichten wir die Stadt Kali [Galle, Point de Galle]. Der Reeder Ibrahim, der dort zu Hause ist, bewirtete uns in seiner Wohnung. Wir reisten weiter nach Kalambu [Colombo], einer der größten und schönsten Städte von Ceylon, in der der Wesir und »Gouverneur des Meeres« Jalasti residiert, der allein 500 Äthiopier unter seinen Truppen hat. Drei Tage später besuchten wir den Sultan in Battala. Wir trafen dort den Reeder Ibrahim, der bereits auf mich gewartet hatte, und reisten mit Bestimmung Mabar ab.

1492

Christoph Kolumbus

Die (Wieder)Entdeckung Amerikas

—

Aufbruch der Flotte des Kolumbus, 3. August 1492
Das spanische Königspaar verabschiedet den Seefahrer. Kupferstich, 1621

Sieben Jahre hatte der Genueser Seefahrer Christoph Kolumbus (1451–1506) am spanischen Hof um seine Expedition gekämpft, bis er einen offiziellen Auftrag der Krone erhielt. Sein Ziel war es, die Westroute nach China und Indien zu finden, wo Gold, Seide, seltene Gewürze und andere Reichtümer lockten. Schließlich schloss er mit dem Hof einen Vertrag, der ihn zum »Admiral der Weltmeere« erklärte und darüber hinaus zum Vizekönig und Gouverneur aller Länder, die er im Namen der spanischen Krone entdecken sollte. Ihm wurden zehn Prozent aller Einnahmen garantiert, die aus diesen Entdeckungen resultierten. Am 3. August 1492 stachen vom andalusischen Palos aus die drei Segelschiffe »Santa Maria«, »Pinta« und »Niña« unter seinem Kommando in See, die Besatzung umfasste gerade einmal 90 Mann. Das erste Ziel waren die Kanaren, von dort ging es westwärts ins Unbekannte, tage- und wochenlang. Als am 11. Oktober endlich Land in Sicht kam, war Kolumbus der festen Überzeugung, Asien vor sich zu haben. In Wahrheit betraten er und seine Männer die Bahamas-Insel Guanahani. In seinem Bordbuch *hielt Kolumbus das Geschehen fest. Er ließ am Ufer ein hölzernes Kreuz errichten und taufte die Insel »San Salvador« (Heiliger Erlöser); die Ureinwohner, auf die er bald stieß, nannte er »Indios«. Auf der Suche nach dem asiatischen Festland erreichte Kolumbus am 28. Oktober Kuba, und kurz darauf »La Española« (Hispaniola), wo er die erste Kolonie des spanischen Königreichs in der Neuen Welt errichtete. Als er mit Gold, Bernstein und einer Delegation von »Indianern« zurückkehrte, wurde er in einem Triumphzug durch Spanien geführt.*

Bekanntlich war Kolumbus nicht der erste Europäer, der Amerika »entdeckte« – bereits 500 Jahre vor ihm war es von den Isländern unter Leif Eriksson angesteuert worden. Der Traum des Genuesen, als »Admiral der Weltmeere« zu Reichtum und Ruhm zu gelangen, erfüllte sich nicht, obwohl er noch drei weitere Expeditionen nach Amerika unternahm. Als sich auf Hispaniola gegen den Gouverneur der Insel ein Aufstand erhob, ließ Kolumbus diesen brutal niederschlagen. Daraufhin wurde er von der spanischen Regierung inhaftiert und in Ketten nach Spanien zurückgeführt. 1506 starb er, verarmt und verbittert, im Alter von 55 Jahren in Valladolid – immer noch im Glauben, er sei in Asien gewesen. Erst nach seinem Tod wurde die wahre Bedeutung seiner Reise erkannt, die heute als Beginn der Neuzeit betrachtet wird.

—

FREITAG, DEN 21. SEPTEMBER 1492. Den ganzen Tag über herrschte Windstille, erst später kam etwas Wind auf. Wir legten auf unserer Kursrichtung und zum Teil außerhalb ihrer an die 52 Seemeilen zurück. Im frühen Morgengrauen erblickten wir so große Mengen Gras, welches, aus Westen kommend, das Meer so dicht bedeckte, dass es den Anschein erweckte, als wäre das Meer eine einzige, ins Stocken geratene grüne Masse. Ein Pelikan wurde gesichtet. Das Meer war spiegelglatt wie ein ruhiger Strom und die Luft weich und mild. Wir erspähten einen Walfisch, was wieder auf Landnähe hindeutete, denn diese Tiere halten sich stets in der Nähe des Landes auf.

—

»Der Ruhm des Kolumbus bestand nicht darin, dass er angekommen ist, sondern dass er abgefahren ist.«
JULES VERNE

—

MITTWOCH, DEN 10. OKTOBER. Ich blieb weiterhin auf westsüdwestlichem Kurs. Wir fuhren mit einer Stundengeschwindigkeit von 10 Seemeilen, stellenweise mit 12, dann wieder mit nur 7 Seemeilen. In Tag- und Nachtfahrt legten wir 236 Seemeilen zurück, allein ich verrechnete nur 176 Seemeilen.

Zu diesem Zeitpunkt beklagten sich meine Leute über die lange Reisedauer, die ihnen unerträglich zu sein schien. Ich wusste sie jedoch aufzumuntern, so gut ich eben konnte, und stellte ihnen den Verdienst, den sie sich auf diese Weise verschaffen konnten, in nahe Aussicht. Dem fügte ich hinzu, dass es zwecklos wäre, darüber in Streit zu geraten, da ich nun einmal entschlossen sei, nach Indien zu gelangen und die Reise so lange fortzusetzen, bis ich mit Gottes Hilfe dahin gelangt sein werde.

DONNERSTAG/FREITAG, DEN 11./12. OKTOBER. Ich blieb weiterhin auf westsüdwestlichem Kurs. Wir hatten stark unter hohem Seegang zu leiden, mehr als jemals auf unserer ganzen Fahrt. Wir erblickten einige Sturmvögel und ein grünes Schilfrohr, das an der Bordwand des Schiffes vorbeistrich.

Die Leute der Karavelle »Pinta« erspähten ein Rohr und einen Stock, fischten dann noch einen zweiten Stock heraus, der anscheinend mit einem scharfen Eisen bearbeitet worden war; sie griffen noch ein Rohrstück auf und sahen ein kleines Brett und eine Grasart, die von der üblichen verschieden war und auf dem Land wuchs. Auch die Mannschaft der »Niña« sichtete Anzeichen nahen Landes und den Ast eines Dornbusches, der rote Früchte trug. Diese Vorboten versetzten alle in gehobene, freudvolle Stimmung. An diesem Tag legten wir bis zum Sonnenuntergang 108 Seemeilen zurück.

Nach Sonnenuntergang kehrte ich wieder zur Westrichtung zurück. Wir kamen mit einer Stundengeschwindigkeit von 12 Seemeilen vorwärts, und bis 2 Uhr morgens hatten wir 90 Seemeilen

Die Ankunft des Kolumbus in Amerika, 12. Oktober 1492 Kupferstich von Theodor de Bry, 1594

durchlaufen. Da die Karavelle »Pinta« schneller war als die anderen beiden Schiffe und mir vorgefahren war, so entdeckte man an Bord der »Pinta« zuerst das Land und gab auch die angeordneten Signale.

Als Erster erspähte dieses Land ein Matrose, der Rodrigo da Triana hieß, wiewohl ich um 10 Uhr nachts vom Aufbau des Hinterschiffes aus ein Licht bemerkt hatte. Obzwar das schimmernde Licht so undeutlich war, dass ich es nicht wagte, es als Land zu bezeichnen, so rief ich dennoch Pedro Gutiérrez, den Truchsess des Königs, um ihm zu sagen, dass ich ein Licht zu sehen glaubte, und bat ihn, es sich anzusehen, was jener auch tat und es tatsächlich auch sah. Desgleichen benachrichtigte ich Rodrigo Sánchez de Segovia, den der König und die Königin als Beobachter der Armada zugeteilt hatten. Dieser vermochte aber nichts zu erblicken, da er von seinem Standpunkt aus nichts sehen konnte. Nachdem ich meine Beobachtung gemeldet hatte, sah man das Licht ein, zwei Mal aufscheinen; es sah so aus, als würde man eine kleine Wachskerze auf und nieder bewegen, was wohl in den Augen der wenigsten als Anzeichen nahen Landes gegolten hätte – allein ich war fest davon überzeugt, mich in der Nähe des Landes zu befinden.

Als dann die ganze Mannschaft das »Salve Regina« betete, das alle Seeleute auf ihre Art und Weise zu singen pflegen, und dann schweigend verharrte, gab ich meinen Leuten den guten Rat, auf dem Vorschiff gut Wache zu halten und auf das Insichtkommen des Landes wohl achtzugeben. Derjenige unter ihnen, der als Erster melden würde, Land zu sehen, bekäme sofort eine seidene Jacke zum Geschenk, außer all den Belohnungen, die das Herrscherpaar versprochen hatte, nämlich die Auszahlung eines lebenslänglichen Ruhegehaltes von 10 000 Maravedís.

Um zwei Uhr morgens kam das Land in Sicht, von dem wir etwa 8 Seemeilen entfernt waren. Wir holten alle Segel ein und fuhren nur mit einem Großsegel, ohne Nebensegel. Dann lagen wir bei und warteten bis zum Anbruch des Tages, der ein Freitag war, an welchem wir zu einer Insel gelangten, die in der Indianersprache »Guanahani« hieß.

Dort erblickten wir sogleich nackte Eingeborene. Ich begab mich, begleitet von Martín Alonso Pinzón und dessen Bruder Vicente Yáñez, dem Kapitän der »Niña«, an Bord eines mit Waffen versehenen Bootes an Land. Dort entfaltete ich die königliche Flagge, während die beiden Schiffskapitäne zwei Fahnen mit einem grünen Kreuz im Felde schwangen, das an Bord aller Schiffe geführt wurde und welches rechts und links von den je mit einer Krone verzierten Buchstaben F und Y umgeben war. Unseren Blicken bot sich eine Landschaft dar, die mit grün leuchtenden Bäumen bepflanzt und reich an Gewässer und allerhand Früchten war.

—

»Der Amerikaner, der den Kolumbus zuerst entdeckte, machte eine böse Entdeckung.«

Georg Christoph Lichtenberg

—

Ich rief die beiden Kapitäne und auch all die anderen, die an Land gegangen waren, ferner Rodrigo d'Escobedo, den Notar der Armada, und Rodrigo Sánchez von Segovia zu mir und sagte ihnen, durch ihre persönliche Gegenwart als Augenzeugen davon Kenntnis zu nehmen, dass ich im Namen des Königs und der Königin, meiner Herren, von der genannten Insel Besitz ergreife, und die rechtlichen Unterlagen zu schaffen, wie es sich aus den Urkunden ergibt, die dort schriftlich niedergelegt wurden.

Sofort sammelten sich an jener Stelle zahlreiche Eingeborene der Insel an. In der Erkenntnis, dass es sich um Leute handle, die man weit besser durch Liebe als mit dem Schwert retten und zu unserem Heiligen Glauben bekehren könne, gedachte ich sie mir zu Freunden zu machen und schenkte also einigen unter ihnen rote Kappen und Halsketten aus Glas und noch andere Kleinigkeiten von geringem Wert, worüber sie sich ungemein erfreut zeigten. Sie wurden so gute Freunde, dass es eine helle Freude war. Sie erreichten schwimmend unsere Schiffe und brachten uns Papageien, Knäuel von Baumwollfaden, lange Wurfspieße und viele andere Dinge noch, die sie mit dem eintauschten, was wir ihnen gaben, wie Glasperlen und Glöckchen. Sie gaben und nahmen alles von Herzen gern – allein mir schien es, als litten sie Mangel an allen Dingen.

Sie gehen nackend umher, so wie Gott sie erschaffen hat, Männer wie Frauen, von denen eine noch sehr jung war. Alle jene, die ich erblickte, waren jung an Jahren, denn ich sah niemand, der mehr als 30 Jahre alt war. Dabei sind sie alle sehr gut gewachsen, haben einen schön geformten Körper und gewinnende Gesichtszüge. Sie haben dichtes, struppiges Haar, das fast Pferdeschweifen gleicht, das über der Stirne kurz geschnitten ist, bis auf einige Haarsträhnen, die sie nach hinten werfen und in voller Länge tragen, ohne sie jemals zu kürzen. Einige von ihnen bemalen sich mit grauer Farbe (sie gleichen den Bewohnern der Kanarischen Inseln, die weder eine schwarze noch eine weiße Hautfarbe haben), andere wiederum mit roter, weißer oder einer anderen Farbe; einige bestreichen damit nur ihr Gesicht oder nur die Augengegend oder die Nase, noch andere bemalen ihren ganzen Körper.

Sie führen keine Waffen mit sich, die ihnen nicht einmal bekannt sind; ich zeigte ihnen die Schwerter, und da sie sie aus Unkenntnis bei der Schneide anfassten, so schnitten sie sich. Sie besitzen keine Art Eisen. Ihre Spieße sind eine Art Stäbe ohne Eisen, die an der Spitze mit einem Fischzahn oder einem anderen harten Gegenstand versehen sind. Im Allgemeinen haben sie einen schönen Wuchs und anmutige Bewegungen.

Rauchende Indianer auf Kuba
Illustration zu »Epistola Christofori Colom«, Rom 1493

Manche von ihnen hatten Wundmale an ihren Körpern. Als ich sie unter Zuhilfenahme der Gebärdensprache fragte, was diese zu bedeuten hätten, gaben sie mir zu verstehen, dass ihr Land von den Bewohnern der umliegenden Inseln heimgesucht werde, die sie einfangen wollten und gegen die sie sich zur Wehr setzten. Ich war und bin auch heute noch der Ansicht, dass es Einwohner des Festlandes waren, die herkamen, um sie in die Sklaverei zu verschleppen. Sie müssen gewiss treue und kluge Diener sein, da ich die Erfahrung machte, dass sie in Kürze alles, was ich sagte, zu wiederholen verstanden; überdies glaube ich, dass sie leicht zum Christentum übertreten können, da sie allem Anschein nach keiner Sekte angehören. Wenn es dem Allmächtigen gefällt, werde ich bei meiner Rückfahrt sechs dieser Männer mit mir nehmen, um sie Euren Hoheiten vorzuführen, damit sie die Sprache [Kastiliens] erlernen. Auf dieser Insel traf ich keine Tiere an, bis auf Papageien.

SAMSTAG, DEN 13. OKTOBER. Als der Tag anbrach, wimmelte es am Strand von diesen Männern, die, wie ich sagte, alle jung und von schönem Körperbau waren. Ihr Haar ist nicht kraus, sondern glatt und dicht wie eine Pferdemähne. Ihre Stirn- und ihre Kopfform sind breit, viel breiter als bei allen Rassen, die ich bisher gesehen habe, ihre Augen sind sehr schön und groß; keiner von ihnen hat eine dunkle Hautfarbe, vielmehr gleicht sie jener der Bewohner der Kanarischen Inseln, was ja auch verständlich ist, da diese Insel sich im Westen befindet, und zwar auf demselben Breitengrad wie die Insel Ferro. Ihre Beine sind gerade gewachsen, ihr Bauch nicht dick und wohlgeformt. Sie erreichten mein Schiff auf Booten, die für die Verhältnisse des Landes äußerst kunstgerecht aus einem einzigen Baumstamm verfertigt und von denen einige so groß waren, dass darin 40 und auch 45 Leute Platz fanden, während andere so klein waren, dass sie nur einen einzigen Mann aufnahmen. Sie trieben die Boote mit Rudern an, die Ofenschaufeln glichen, und kamen so schnell damit vorwärts, dass es erstaunlich war. Kippt ein Boot um, so schwimmen alle auf dem Wasser, kehren das Boot wieder nach oben, und mit hohlen Kürbissen, die sie mit sich führen, entleeren sie die Boote vom Wasser, das eingedrungen war. Sie brachten Knäuel gesponnener Baumwolle, Papageien, Spieße und andere Dinge mit sich, die alle aufzählen zu wollen zu weitläufig wäre, und tauschten sie gegen jeden noch so geringfügigen Gegenstand aus, den man ihnen anbot.

Ich beachtete alles mit größter Aufmerksamkeit und trachtete, herauszubekommen, ob in dieser Gegend Gold vorkomme. Dabei bemerkte ich, dass einige von diesen Männern die Nase durchlöchert und durch die Öffnung ein Stück Gold geschoben hatten. Mithilfe der Zeichensprache erfuhr ich, dass man gegen Süden fahren müsse, um zu einem König zu gelangen, der große, goldene Gefäße und viele Goldstücke besaß. Ich versuchte nun, sie zu bewegen, mich dahin zu geleiten, doch musste ich späterhin einsehen, dass sie sich weigerten, dies zu tun.

Sonntag, den 21. Oktober. Um 10 Uhr gelangte ich zum Kap der kleinen Insel und legte mein Schiff Seite an Seite zu den beiden Karavellen. Nach Tisch ging ich an Land. Ich fand keine Siedlung vor, sondern nur eine alleinstehende Behausung, die öde und verlassen dalag; wahrscheinlich hatten deren Bewohner aus Furcht vor unserem Herannahen die Flucht ergriffen, wobei sie all ihr Hausgerät liegen- und stehengelassen hatten. Ich untersagte es meinen Leuten, an irgendetwas Hand zu legen, und begleitet von meinen Kapitänen und einigen meiner Leute, machte ich mich auf, die Insel zu erforschen. Wenn die anderen von mir aufgesuchten Inseln wundervoll grün und fruchtbar gewesen waren, so musste ich bekennen, dass diese noch weit schöner war mit ihren weithin ausgedehnten, grün schimmernden Wäldern und breiten Lagunen, an deren Rändern und in deren Mitte wundervolle Haine lagen. Hier, wie auch in den übrigen Teilen der Insel, sind die Bäume frisch und dicht nebeneinander, das Gras so grün wie im Monat April in Andalusien und der Vogelsang dem Ohr so wohlklingend, dass man für immer hierbleiben möchte. Papageien fliegen in so dichten Schwärmen, dass sie die Sonne verfinstern, und die großen und kleinen Vögel sind in zahlreichen, von unseren heimatlichen Vögeln verschiedenen Arten vertreten. Auch die Bäume sind von vielerlei Art und fruchttragend und verbreiten einen wohligen Duft. Ich bedauere es ungemein, sie nicht zu kennen, bin aber gewiss, dass sie alle nutzbringenden Wert haben. Von ihnen, wie von den Pflanzen, werde ich Musterstücke mitnehmen.

Die erste Karte der Welt mit dem neuen, nach Amerigo Vespucci benannten Kontinent »America« von Martin Waldseemüller, 1507

Auf der Suche nach Trinkwasser gelangten wir zu einer Siedlung, die sich ganz in der Nähe von hier, ungefähr zwei Seemeilen von dem Punkt entfernt befand, wo wir vor Anker gegangen waren. Als deren Einwohner uns erblickten, machten sie sich alle davon und verbargen sich mit ihrem Hab und Gut im Gebirge. Ich duldete es nicht, dass man ihnen irgendetwas wegnehme, und hätte es auch nur den Wert einer Nadel. Später kamen einige Eingeborene zu uns heran. Einer von ihnen fasste sogar einiges Zutrauen, so dass ich ihm einige Glöckchen und Glasperlen gab, worüber er eine kindliche Freude an den Tag legte. Um unsere freundschaftlichen Beziehungen zu vertiefen und sie zu etwas Nützlichem zu verwenden, ließ ich von den Eingeborenen Wasser verlangen. Die Inselbewohner erschienen denn auch, als ich auf mein Schiff zurückgekehrt war, mit ihren mit Wasser gefüllten Kürbissen am Ufer und bekundeten ihre ersichtliche Freude, uns Wasser zu geben. Zum Dank dafür ließ ich ihnen noch eine Glasperlenschnur aushändigen, worauf sie erklärten, dass sie am nächsten Morgen wiederkehren wollten.

Detail aus der Weltkarte

Mein Plan war, an diesem Ort alle Fässer unserer Schiffe mit Wasser zu füllen, um bei günstiger Witterung jederzeit abfahren zu können, und die ganze Insel so lange zu durchforschen, bis es mir gelungen sein würde, mit ihrem König zusammenzutreffen und ihn dazu zu veranlassen, mir das Gold zu geben, in dessen Besitz er sich befinden soll.

Montag, den 22. Oktober. Die ganze vergangene Nacht und den heutigen Tag habe ich hier gewartet, dass der König oder andere Leute dieser Insel mir Gold oder andere Wertgegenstände brächten. Zahlreiche Indianer fanden sich ein, die jenen der anderen Inseln gleichen, nackt und in den verschiedensten Farben bemalt sind. Sie brachten Spieße und Baumwollknäuel zu Tauschgeschäften mit sich, die sie mit einigen Matrosen um Glasstücke, Scherben zerbrochener Tassen und irdener Schüsseln tätigten. Einige dieser Indianer trugen an ihrer Nase befestigte Goldstücke, die sie bereitwilligst für eine jener kleinen Schellen oder für Glasperlen hergaben; allein es handelte sich um so geringfügige Mengen, dass es nicht der Rede wert war. Alle zeigten großes Erstaunen über unseren Anblick und meinten, dass wir vom Himmel gekommen seien.

—

1519

Bernal Díaz del Castillo

Im Reich der Azteken

Viele, die in der Nachfolge von Kolumbus von Europa nach Amerika kamen, suchten in der »Neuen Welt« das Altbekannte: Gewürze und wertvolle Güter, mit denen sich Handel treiben ließ; billige Arbeitskräfte, die sich ausbeuten und Willige, die sich zum Christentum bekehren ließen – und vor allem anderen Gold, das in der Heimat Reichtum versprach. Mit den bekannten Folgen: Den Feuerwaffen und »Zauberhirschen« (Pferden) der Konquistadoren hatten die Einwohner nichts entgegenzusetzen. Innerhalb von wenigen Jahrzehnten nach Ankunft der Spanier waren mehr als 90 Prozent der Bevölkerung dahingerafft worden – der größte Teil durch eingeschleppte Infektionskrankheiten, gegen die die Einheimischen keine Abwehrkräfte besaßen. Einige Handvoll Abenteurer genügten, um die Hochkulturen der Inkas und Azteken zu Fall zu bringen. Das Reich der Inkas wurde von dem Konquistador Francisco Pizarro bezwungen, das der Azteken von Hernán Cortés (1485–1547).

Cortés war bereits 1511 an der Eroberung von Kuba beteiligt. Am 16. August 1519 zog er mit 500 Fußsoldaten und 15 Reitern von dem neugegründeten Küstenort Veracruz aus ins mexikanische Hochland zur Hauptstadt des Aztekenreiches. Unterwegs schmiedete er Allianzen mit Volksstämmen, die den Azteken tributpflichtig waren. Als Beraterin und Dolmetscherin diente ihm dabei die Indianerin Doña Marina, die später auch seine Geliebte wurde. Als die Konquistadoren schließlich Tenochtitlán (das heutige Mexiko-Stadt) erreichten, kamen sie aus dem Staunen nicht mehr heraus: Die prächtige Hauptstadt des Aztekenreichs, errichtet auf einer Insel im Texcocosee, war mit rund 200 000 Einwohnern eine der größten Städte der Welt, und sie stand den damaligen europäischen Metropolen in nichts nach. Ihr Herrscher, Moctezuma II., versuchte sein Schicksal noch abzuwenden und überhäufte die Besucher aus der Fremde mit kostbaren Schätzen – vergeblich: Wenige Monate später war Moctezuma tot, und Tenochtitlán wurde von den Spaniern in Schutt und Asche gelegt. Einer der Offiziere Cortés', Bernal Díaz del Castillo (1498–1582), hinterließ einen Augenzeugenbericht des Eroberungszugs.

Aztekische Türkismosaik-Statuette, 15. Jahrhundert Sie befand sich vermutlich unter den Geschenken, die von Moctezuma an Cortés überreicht wurden.

Wir waren nun schon vier Tage in Tenochtitlán, und niemand von uns hatte bis jetzt das Quartier verlassen. Cortés wollte aber den großen Marktplatz der Stadt und den Haupttempel besichtigen. Er schickte deshalb seine Dolmetscher, die Donna Marina und Aguilar und einen seiner Pagen, den Ortega, der schon etwas Mexikanisch gelernt hatte, zu Moctezuma, und ließ ihn um sein Einverständnis bitten. Der Fürst antwortete zwar, dass wir überall willkommen seien, hatte aber doch Sorge, dass wir seine Götzen in irgendeiner Form beleidigen könnten, und begleitete uns daher, zusammen mit vielen seiner Großen. Es war ein prachtvoller Aufzug. Auf halbem Weg stieg er aus der Sänfte; denn er hielt es für unehrerbietig, sich den Götzen anders als zu Fuß zu nahen. Die ersten Männer seines Hofes führten ihn unter den Armen; andere gingen vor ihm her und trugen zwei Stöcke, die wie Szepter aussahen und die Nähe des Fürsten ankündigten. In der Sänfte trug er immer einen kleinen Stab, halb Gold, halb Holz, der wie ein Richterstab aussah. Er bestieg den Tempel in Begleitung von vielen Papas und brachte dem Huitzilopochtli, dem Kriegsgott, Rauchopfer dar. Unser Generalkapitän aber und wir anderen Berittenen waren wie üblich bewaffnet. Wir ritten, begleitet von zahlreichen Kaziken, über den großen Marktplatz von Tlatelolco.

Hernán Cortés wird von aztekischen Würdenträgern beschenkt. Illustration aus Diego Duráns »Historia de las Indias«, 1547

Dort fanden wir eine unerwartet große Menge Menschen, zahlreiche Verkaufsstände und eine ausgezeichnete Ordnungspolizei. Die Kaziken machten uns auf alle Besonderheiten aufmerksam. Jede Warengattung hatte ihre Plätze. Da gab es Gold- und Silberarbeiten, Juwelen, Stoffe aller Art, Federn, Baumwolle und Sklaven. Der Sklavenmarkt war hier genauso groß wie der Negermarkt der Portugiesen in Guinea. Damit sie nicht fliehen konnten, waren sie mit Halsbändern an lange Stangen geschnallt. Nur wenige durften frei herumgehen.

Dann kamen die Stände mit einfacheren Waren, mit grobem Zeug, mit Zwirn und Kakao zum Beispiel. Ganz Neuspanien bot hier seine Erzeugnisse an. Ich kam mir vor wie auf der großen Messe zu Hause, in meinem Geburtsort Medina del Campo, wo auch jede Ware ihre eigene Straße hat. Da gab es Sisalstoffe, Seile und Strickschuhe. Dort wurden gekochte süße Yucawurzeln und andere aus dieser Pflanze gewonnene Produkte angeboten. Es gab rohe und gegerbte Häute von Tigern, Löwen, Schakalen, Fischottern, Rotwild, wilden Katzen und anderen Raubtieren. Wir fanden aber auch Stände, an denen Bohnen, Salbei und vielerlei andere Gemüse und Gewürze verkauft wurden. Es gab einen besonderen Geflügel- und Wildbretmarkt, einen für die Kuchenbäcker und einen für die Wursthändler. In den Ständen der Töpfer fanden wir von großen Gefäßen bis zum kleinsten Nachttopf alles. Wir gingen an Verkäufern von Honig, Honigkuchen und anderen Leckereien vorbei, an Möbel-, Holz- und Kohlenhändlern. Ganze Kähne mit menschlichen Fäkalien lagen am

—

»Fürwahr, ich glaube nicht, dass vor unserer Zeit schönere Länder entdeckt worden sind. Heute ist von alldem nichts mehr zu sehen … Kein Stein dieser schönen Stadt steht mehr auf dem anderen.«

BERNAL DÍAZ DEL CASTILLO

—

Ufer. Die Mexikaner brauchten sie zum Gerben. Ich finde kein Ende mit dieser Aufzählung, und doch habe ich das Papier, die Röhren mit dem flüssigen Eukalyptusöl und mit dem Tabak, die wohlriechenden Salben und die Hallen mit den Sämereien noch gar nicht genannt, ganz zu schweigen von den Heilkräutern. Und nun hätte ich doch fast die Handwerker vergessen, welche die Feuersteinmesser machen, das Salz, den Fischmarkt und die Brote, die aus getrocknetem Schlamm gemacht werden, den man in den Seen fischt. Sie schmecken wie Käse. Schließlich gab es noch Instrumente aus Messing, Kupfer und Zinn, handgemalte Tassen und Krüge aus Holz, kurz, so vielerlei Waren, dass mein Papier nicht ausreicht, sie alle zu nennen. Es gab übrigens auch eine Art Marktgericht mit drei Richtern und mehreren Gehilfen, die für die Warenschau verantwortlich waren.

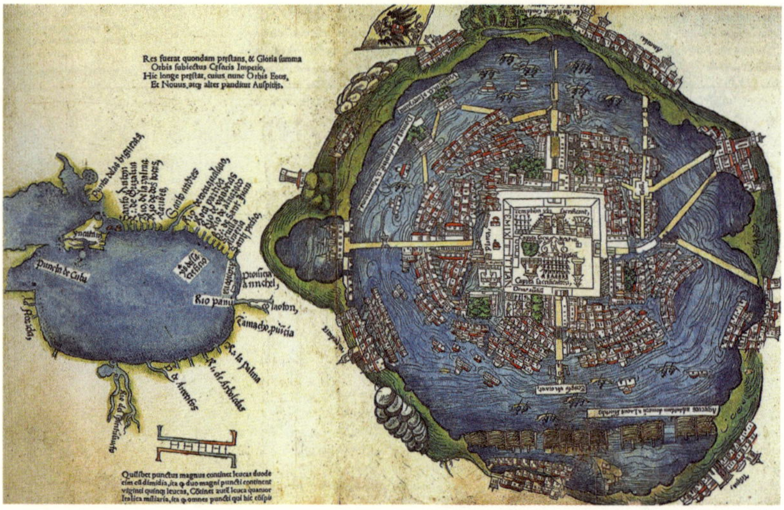

Plan von Tenochtitlán, vermutlich für Cortés angefertigt
Holzschnitt, koloriert, 1524

Wir wollten aber den großen Cue [Tempel] besteigen. Als wir auf dem Weg dorthin an den Vorhöfen des Marktes vorbeikamen, sahen wir noch Kaufleute, welche die Goldkörner aus den Bergwerken verkauften. Sie schütteten ihre wertvolle Ware in große Gänseknochen, deren Wände sie so lange bearbeiteten, bis das Gold durchschien. Je nach der Länge und Dicke dieser Röhren konnte man dafür soundso viele Packen Zeug oder Kakaobohnen (die heute noch als kleine Münze verwendet werden) oder Sklaven oder andere Waren eintauschen.

Vom Markt aus kamen wir bald in die großen Höfe, die den Haupttempel der Hauptstadt Mexiko umgaben. Sie waren größer als der Marktplatz von Salamanca. Um den riesigen Hof lief eine doppelte Mauer aus Kalk und Stein. Er war durchweg mit weißen, sehr glatten Platten gepflastert, die in einem bestimmten Wechsel von einem bräunlichen Estrich unterbrochen wurden. Alles war so sauber, dass man nirgends einen Strohhalm oder ein Stäubchen sah.

Moctezuma war bei seinen Opferzeremonien hoch oben auf dem Tempel. Er schickte uns über die vielen Stufen sechs Papas und zwei vornehme Staatsbeamte entgegen, die Cortés hinaufführen sollten. Es waren einhundertundvierzehn hohe Stufen. Die Mexikaner fürchteten, dass der Aufstieg unserem Cortés ebenso schwerfallen werde wie ihrem Moctezuma. Sie wollten ihm deshalb den Arm reichen. Er lehnte aber jede Hilfe ab. Die stumpfe Spitze des Cue war eine breite Plattform mit großen Steinen, auf welche die armen Opfer gelegt wurden. Darüber stand ein großes Götzenbild, ein Drache, umgeben von anderen abscheulichen Figuren. Überall sahen wir Spuren von frischem Menschenblut. Moctezuma trat mit zwei Papas aus einer Art Kapelle, in der seine verfluchten Götzen standen, und empfing Cortés mit großer Höflichkeit. Er sagte: »Der Aufstieg wird dich wohl ermüdet haben, Malinche?« Cortés antwortete, dass uns nichts ermüden könne. Daraufhin nahm der Fürst ihn an der Hand und forderte ihn auf, von hier oben aus seine Hauptstadt, die anderen in den See gebauten Städte und die zahlreichen Ortschaften ringsherum zu betrachten, nicht zuletzt auch den großen Marktplatz, den man von hier aus besonders gut übersehen konnte.

Moctezuma II., Herrscher über das Reich der Azteken Gemälde nach einem Kupferstich, 1699

Dieser Teufelstempel beherrschte wirklich die ganze Gegend. Wir sahen die drei Dammstraßen, die nach Mexiko führten: die von Iztapalapa, über die wir eingezogen waren, die von Tacubag, über die wir acht Monate später unter großen Verlusten fliehen mussten, und die von Tepeaquilla. Wir sahen die große Wasserleitung, die von Chapultepec kommt und die ganze Stadt mit süßem Wasser versorgt, und die langen hölzernen Brücken, von denen die Dammstraßen unterbrochen waren, um die Verbindung zwischen den vielen Teilen des Sees zu ermöglichen. Auf dem wimmelte es von Fahrzeugen, die Waren und Lebensmittel aller Art geladen hatten. Wir stellten einwandfrei fest, dass man Mexiko nur über die Zugbrücken oder in Kähnen erreichen konnte. Aus allen Orten ragten die weißen Opfertempel wie Burgen über die Häuser mit ihren Söllern, über kleinere kapellenartige Bauten und über die Befestigungstürme hinaus. Es war ein einmaliger Blick.

Lange staunten wir dieses herrliche Gebäude unter uns an. Dann besahen wir uns von hier oben aus noch einmal den Marktplatz mit seinem Gewimmel von Menschen, die einen Lärm machten, den man über eine Stunde weit hören konnte. Leute, die Konstantinopel und Rom gesehen hatten, erzählten, dass sie noch nirgendwo einen so großen und volkreichen Marktplatz gefunden hätten.

Bei dieser Gelegenheit fragte Cortés den Pater Bartolome, ob er nicht auch finde, dass man jetzt den Moctezuma um die Erlaubnis zum Bau einer Kirche bitten solle. Der Pater meinte, es sei wohl jetzt noch etwas zu früh, so schön dieser Plan wäre. Er glaubte nicht, dass der Fürst darauf eingehen werde. Daraufhin sagte Cortés zu Moctezuma: »Ihr seid fürwahr ein großer Monarch, und es käme Euch zu, ein noch größerer zu sein! Es war für uns eine ganz besondere Freude, all Eure Städte von hier oben aus betrachten zu dürfen. Nachdem wir nun schon einmal hier sind, habe ich aber noch eine Bitte: zeigt uns auch Eure Götter und Teules [gottähnliche Wesen]!« Der Fürst besprach sich erst mit seinen Papas. Dann führte er uns in einen Turm. Dort war ein großer Saal mit zwei altarähnlichen Postamenten und einer reichgeschmückten Decke. Auf diesen Postamenten standen zwei riesige, dicke Figuren. Die eine stellte den Kriegsgott dar, den Huitzilopochtli. Das Götzenbild zeigte ein breites Gesicht, missgestaltete grausige Augen und war über und über mit Edelsteinen, Gold und Perlen bedeckt, die mit einem Kleister befestigt waren, den die Indianer aus einer besonderen Wurzel gewinnen. Riesige goldene, juwelengeschmückte Schlangen wanden sich um den Leib des Ungeheuers, das in der einen Hand einen Bogen, in der anderen Pfeile trug. Ein kleiner Götze stand neben ihm und trug ihm einen kurzen Spieß und einen goldenen, mit Edelsteinen besetzten Schild. Mit blauen Steinen verzierte Masken und Herzen aus Gold und Silber hingen dem Kriegsgott um den Hals. Vor ihm standen mehrere Kohlenbecken mit Kopal, dem uns schon bekannten Weihrauch des Landes, und mit drei Herzen von Indianern, die an diesem Tag für ihn geschlachtet worden waren und nun hier als Opfer verbrannt wurden. Die Wände und der Boden waren schwarz von Menschenblut. Es stank abscheulich in diesem Tempelraum.

—

»Gefräßig wurden sie in ihrem Hunger nach Gold, sie wühlten wie hungrige Schweine nach Gold.«

AZTEKISCHER AUGENZEUGENBERICHT, »CODEX FLORENTINUS«, 1585

—

Auf dem anderen Postament stand der Gott der Hölle mit einem Bärengesicht und mit leuchtenden Augen, die aus einem Spiegelglas gemacht waren, das sie in Mexiko Tezcat nennen. Auch dieser Huichilobos war über und über mit Juwelen bedeckt. Um seinen Leib wand sich ein Kreis von Figuren, die wie Teufel aussahen und lange nackte Schwänze hatten. Dem Ungeheuer waren an diesem Tag schon fünf Menschenherzen geopfert worden. Auf der höchsten Spitze des Opfertempels stand wieder ein kapellenartiger Bau aus Holz, der ganz besonders schön und kostbar war. Er war der Fruchtbarkeitsgöttin gewidmet. Auch sie saß erhaben da, halb Mensch, halb Eidechse. Die untere Hälfte mit den Samen aller Pflanzen der Erde war vor den Augen der Besucher verhüllt. In dem Raum war ein Gestank, schlimmer wie in jedem schlechtgelüfteten Schlachthaus. Wir konnten es kaum erwarten, wieder an die frische Luft zu kommen. Dort stand auch die Höllenpauke, eine ungeheure Trommel, die einen sehr schwermütigen Ton von sich gab, den man zwei Stunden weit hörte. Das Trommelfell war aus der Haut einer Riesenschlange. Es gab dort oben auf der Plattform noch mehr Hölleninstrumente: große und kleine Höllentrompeten, riesige Schlachtmesser und die Reste von verbrannten Menschenherzen. Unser Generalkapitän sagte lächelnd zu Moctezuma: »In der Tat, ich kann nicht begreifen, wie ein so großer und weiser Herrscher wie Ihr an diese Götzen glauben kann, die doch keine Gottheiten sein können, sondern böse Geister, Teufel. Erlaubt uns, auf die Spitze dieses Tempels ein Kreuz und in einem Raum neben Eurem Kriegs- und Höllengott ein Muttergottesbild zu setzen. Ihr und Eure Papas, Ihr werdet sehr bald sehen, welche Angst diese Götzen ergreifen wird.«

Die Entscheidungsschlacht von Tenochtitlán, August 1521
Mexikanische Bilderhandschrift, 16. Jahrhundert

Moctezuma kannte das Madonnenbild. Er antwortete Cortés in Gegenwart von zwei Papas, die sehr böse dreinblickten, mit nur schlecht verhaltenem Zorn: »Malinche! Hätte ich gewusst, welche Schmähreden du hier halten würdest, ich hätte dir meine Götter keineswegs gezeigt! In unseren Augen sind es gute Götter. Sie schenken uns Leben und Gedeihen, Wasser und gute Ernten, gesundes und fruchtbares Wetter, und wenn wir sie darum bitten, auch Siege. Deshalb beten wir zu ihnen, und deshalb opfern wir ihnen. Ich muss dich bitten, kein unehrerbietiges Wort gegen sie zu sagen!« Cortés hörte die zornigen Worte und sah die Erregung, in der sie gesprochen wurden. Darum erwiderte er nichts, sondern sagte nur: »Ich glaube, es ist für uns Zeit zu gehen.«

Moctezuma antwortete, dass er ihn nicht länger aufhalten wolle. Er müsse nun hierbleiben und seine Götter wieder versöhnen; denn er habe uns auf den Tempel geführt und sei mit schuld an diesen Beleidigungen. Cortés erwiderte: »Wenn es so steht, dann bitte ich um Verzeihung.« Dann stiegen wir die einhundertvierzehn Stufen wieder hinunter, was einigen unserer Leute sehr schwerfiel, denn sie hatten geschwollene Leistendrüsen [Syphilis].

1520

Albrecht Dürer

Reise in die Niederlande

—

Wenn Künstler auf Reisen gehen, dann vor allem, um neue Inspiration zu erhalten. Zu diesem Zweck ging Albrecht Dürer (1471–1528) in jungen Jahren auf Wanderschaft und reiste zweimal nach Italien. Anders verhält es sich mit der Reise, zu der er – inzwischen fast fünfzig und weithin anerkannt – im Sommer 1520 aufbrach: Für sie gab es einen handfesten ökonomischen Grund. Kaiser Maximilian, der Dürer durch die Stadt Nürnberg eine Leibrente zukommen ließ, war im Jahr zuvor verstorben. Die Zuwendung wollte der Maler nun durch Maximilians Nachfolger – König Karl von Spanien –, der im Oktober in Aachen zum Kaiser gewählt werden sollte, persönlich bestätigen lassen.

Am 12. Juli brach Dürer zusammen mit seiner Frau Agnes und der Magd Susanna in Nürnberg auf. Die Route führte über Bamberg, Frankfurt und Mainz nach Köln, wo sie ein Schiff nach Antwerpen bestiegen. Dort wurde Dürer wie eine Berühmtheit empfangen. Man veranstaltete ihm zu Ehren Bankette, die Künstler scharten sich um ihn, und er wurde mit kostbaren Geschenken bedacht. Im Oktober reiste Dürer zur Krönung Karls V. nach Aachen, wo der Kaiser ihm seine Leibrente bestätigte; danach kehrte er nach Antwerpen zurück. Denn Dürer war auch und vor allem als Verkäufer in eigener Sache unterwegs – mit Hunderten von Holz- und Kupferstichen im Gepäck, die er verkaufte oder gegen andere Kunstwerke eintauschte. Jede dieser Transaktionen verzeichnete er penibel in seinem Tagebuch der Reise, ebenso wie die Ausgaben für Transport, Kost und Logis, Zoll- und Trinkgelder.

Ende Juli 1521, nach einem Jahr auf Reisen, war Dürer wieder in Nürnberg und zog Bilanz. 405 rheinische Gulden hatte ihn die Reise gekostet – das entsprach etwa neun Jahresgehältern eines Handwerksmeisters; demgegenüber standen 220 Gulden Einnahmen aus dem Verkauf seiner Werke. »Ich hab in allen meinen Machen, Zehrungen, Verkäufen und andrer Handlung Nachteil gehabt im Niederland, in all mein Sachen, gegen großen und niedern Ständen«, so Dürers Fazit. Aber immerhin: Die von Kaiser Karl V. gewährte Rente war ihm auf Lebenszeit gesichert.

—

Erster Aufenthalt in Antwerpen, August 1520. Darnach fuhren wir gen Antorff [Antwerpen]. Do kam ich in die Herberg zum Jobst Planckfelt, und denselben Abend lud mich der Focker Factor mit Namen Bernhart Stecher, gab uns ein köstlich Mahl, aber mein

Der Hafen von Antwerpen beim Scheidetor
Zeichnung von Albrecht Dürer, 1520

Weib aß in der Herberg. Und dem Fuhrmann hab ich für unser drei Person [Dürer mit seiner Frau und der Magd Susanna] zu führen geben 3 Gulden an Gold und den Staber hab ich geben von Gütern zu fahren. Item am Samstag nach St. Peters Kettenfeuer führt mich mein Wirt in des Burgermeisters Haus zu Antorff, neugebauet, über die Maß groß und fast [sehr] wohlgeordnet, mit überschwencklichen schönen großen Kammern, und der viel, ein köstlich gezierten Turm, ein übergroßen Garten, in summa ein solch herrlich Haus, dergleichen ich in allen teutschen Landen nie gesehen hab. Auch ist ein ganze neue Gassen, fast [sehr] lang, dardurch man von beeden Orten zu seinem Haus gehet, das ihm zu Lieb, auch durch sein Steuer, gemacht ist. Item dem Boten hab ich 3 Stüber [Münzwert] geben. 2 Pfennig um Brot, 3 Pfennig für Tinten.

Und am Sonntag, was auf Sanct Oswaldt-Tag [5. August], da luden mich die Maler auf ihr Stuben [Gildehaus] mit meinem Weib und Magd und hätten alle Ding mit Silbergescherr und andern köstlichen Gezier und überköstlich Essen. Es waren auch ihre Weiber alle do. Und do ich zu Tisch geführet ward, do stund das Volk auf beeden Seuten, als führet man einen großen Herren. Es waren auch unter ihnen gar trefflich Personen von Namen, die sich all mit tiefen Neigen auf das Allerdemütigste gegen mir erzeugten. Uns sie sagten, sie wollten alles das tun, als viel möglich, was sie weßten, das mir lieb wäre. Und als ich also bei verehret saß, da kam der Herrn von Antorff Ratsbot mit zweien Knechten und schenket mir von der Herren von Antorff wegen 4 Kannen Wein, und ließen mir sagen, ich soll hiemit von ihnen verehret sein und ihren guten Willen haben. Des sagte ich ihnen untertänigen Dank und erbot mein untertänige Dienst. Darnach kam Meister Peter, der Stadt Zimmermann, und schenket mir 2 Kannen Wein mit Erbietung seiner willigen Dienst. Also do wir lang fröhlich bei einander waren, und spat in die Nacht, da beleuten sie uns mit Windlichtern gar ehrlich heim und baten mich, ich soll ihren guten Willen haben und annehmen und sollt machen, was ich wollt, darzu wollen sie mir all behülflich sein. Also dankte ich ihnen und legt mich schlafen.

Auch bin ich gewest ins Meister Quintines [Quentin Massys] Haus. Aber bin ich gewesen auf ihren großen drei Schüßplätzen. Ich hab gessen ein köstlich Mahl mit dem Staiber. Aber ein ander Mahl mit dem Factor von Portugal, den hab ich mit dem Kohln conterfeit. Mehr hab ich meinem Wirt conterfeit. Item Jobst Planckfelt, der hat mir geschenkt ein Zinken weiß Korelln [Korallen].

—

»Und do ich zu Tisch geführet ward, do stund das Volk auf beeden Seuten, als führet man einen großen Herren.«

DÜRER IN ANTWERPEN, AUGUST 1520

—

Item mein Wirt hat mich geführt in der Maler Werkstätt zu Antorff, im Zeughaus, do sie den Triumph zurichten, dardurch man den König Karl sollt einführen. Dasselbige Werk ist lang 400 Bögen, und ein jeglicher 40 Schuh lang, und wird auf beeden Seiten der Gassen aufgemacht, hübsch geordnet, zweier Gaden [Stockwerke] hoch, darauf wird man die Kammerspiel [Schauspielaufführungen] machen. Und dies kost zu machen, von Schreinern und Malern, 4000 Gulden. Auch wird man das Alls voll darzu brämen, und dies Ding ist alles überköstlich gemacht.

Item hab abermal mit den Portugales gessen. Auch hab ich einmal mit den Alexander Imhoff gessen. Item Sebaldt Fischer hat mir zu Andorff abkauft 16 kleiner Passion [die kleine Holzschnittpassion] pro 4 Gulden. Mehr 32 großer Bücher [Buchausgaben der Apokalypse, der großen Passion und des Marienlebens] pro 8 Gulden. Mehr 6 gestochene Passion pro drei Gulden. Mehr 20 halb Bogen aller Gattung gleich durcheinander pro 1 Gulden, der hat er für 3 Gulden genommen. Item meinem Wirt hab ich zu kaufen geben auf ein Tüchlein ein gemalt Marienbild um zwei Gulden rheinisch. Item zum andern Mal hab ich den Felix, Lautenschlager, conterfeit. 1 Stüber um Birn und Brod. 2 Stüber den Bader. Mehr hab ich 14 Stüber für drei Täfelein geben. Mehr 4 Stüber zu weißen, darvon zu bereiten [Grundieren der Tafeln mit Leim und Kreide]. Mehr hab ich einmal gessen mit Alexander, Goldschmied. Mehr einmal mit dem Felix. Einmal hat Meister Joachim [der Maler Joachim Patenier] mit mir gessen. Mehr sein Knecht einmal. Ich hab ein Visierung [Federzeichnung] mit halben Farben den Malern gemacht. Mehr hab ich 1 Gulden zu Zehrung genommen. So oft hab ich mit dem Tomasin gessen:

IIIIIIIIIIII [12-mal]. Mir hat der Rentmeister geschenkt ein leinen Kindsköpfel. Mehr ein calacutisch hülzen Wehr [Holzschild] und der röhrichten Hölzer [Bambusrohr] eines. Auch hat mir der Tomasin geschenkt ein geflochten Hut von Holderkernen [Holunderbast]. Mehr hat mir Herr Erasmus [Erasmus von Rotterdam] geschenkt ein spaniolenes Mäntele und drei conterfettisch Mann [Männerbildnisse]. Mehr hat mir des Tomasins Bruder geschenkt für 3 Gulden gestochener Kunst ein Paar Handschuh. Aber einmal hab ich conterfeit Vicentium, Tomasinus Bruder. Auch hab ich den Wahlen mit der krummen Nasen conterfeit mit Namen Opitius. Item mein Weib und mein Mägdlein haben einen Tag in Herr Tomasins Haus gessen. Das sind vier Mal.

Teil der großen Fronleichnamsprozession in Antwerpen
Zeichnung von Albrecht Dürer, 1521

Item unser Frauen Kirchen zu Antorff ist übergroß, also dass man viel Amt auf einmal darinnen singt, dass keins das ander irrt. Und haben Altar[e] köstlich[er] Stiftung, do sind bestellt die besten Musici, die man haben mag. Die Kirch hat viel andächtiges Gottesdienst und Steinwerk und sonderlich einen hübschen Turm. Auch bin ich gewesen in der reichen Abtei zu St. Michael, die haben von Steinmaßwerk die kostlichste Porkirchen [Empore], als ich je gesehen habe, auch ein köstlich Gestühl in ihrem Chor. Und zu Antorff sparen sie kein Kostung in solchen Dingen, dann do ist Gelds genug.

Ich hab conterfeit Herren Nicolaum, ein Astronomus, der wohnet bei dem König von Engeland, der mir in viel Dingen fast [sehr] förderlich und nutzlich ist gewesen. Er ist ein Teutscher, von München bürtig. Mehr hab ich conterfeit des Tomasins Tochter, Jungfrau Suten genannt. Item der Hans Pfaffroth hat mir ein Philippsgulden geben, darum dass ich ihn mit dem Kohln conterfeit hab. Aber hab ich mit dem Tomasin einmal gessen. Einmal hat mich geladen meines Wirts Schwäher, auch mein Weib. Mehr hab ich zween schlecht Gulden gewechselt um 24 Stüber zu Zehrung. Mehr hab ich ausgeben 1 Stüber zu Trinkgeld, dass man mich ein Tafel hat lassen sehen.

Item ich hab gesehen am Sonntag nach unser lieben Frauen Tag Himmelfahrt den großen Umgang [Prozession] von unser Frauen Kirchen zu Antorff, do die ganze Stadt versammlet was von allen Handwerken und Ständen, ein Jeglicher nach sein Stand auf das

Köstlichs bekleidet. Es hätt auch ein jeglicher Stand und Zunft ihr Zeichen, darbei man sie kennen möcht. Da waren auch in den Unterschieden [Zwischenräumen] getragen groß köstlich Stangenkerzen und ihr altfränkisch lang silbern Posaunen. Do waren auch auf teutsch viel Pfeifer und Trummelschlager. Das ward Alls hart geblasen und rumorisch gebraucht. Also sahe ich in der Gassen zeilweis weit von einander gehen, also dass ein große Breiten darzwischen war, aber nahend aufeinander: die Goldschmied, Maler, Steinmetzen, Seidensticker, Bildhauer, Schreiner, Zimmerleut, Schiffer, Fischer, Mezger, Ledrer, Tuchmacher, Bäcker, Schneider, Schuster und allerlei Handwerker und mancher Handarbeiter und Händler zu der Nahrung dienstlich. Desgleichen waren do die Krämer, Kaufleut und aller Sorten ihrer Helfer. Darnach kamen die Schützen der Büchsen, Bogen und Armbrüster, desgleichen die Reisigen und Fußgänger. Dornach kam eine große Schar der Herren Amtleut. Darnach ging ein ganze Rott sehr tapferer Leute, herrlich und köstlich bekleidet. Aber vor ihnen gingen alle Orden und eidlich Stift in ihren Unterschieden, gar andächtig. Es war auch in dieser Process[ion] gar ein große Schar der Witwen, die sich mit ihrer Hand nähren und ein besonder Regel halten [Beginen], all mit weißen leinen Tüchern, darzu gemacht, von dem Haupt bis auf die Erd bedeckt, gar sehnlich [rührend] zu sehen. Darunter sahe ich gar tapfere Personen. Und die Domherren von unser Frauen Kirchen mit aller Priesterschaft, Schulern und Köstlichkeit gingen zu hinterst. Do trugen 20 Personen die Jungfrau Maria mit dem Herren Jesu auf das Köstlichst geziert, zu Ehren Gott dem Herren. Und in diesen Umgang war gar viel freudenreiche Dings gemacht und gar köstlich zugericht. Dann do führet man viel Wagen, Spiel auf [fahrbaren] Schiffen und andern Bollwerk. Darunter was der Propheten Schar und Ordnung, darnach das neu Testament, als: der englisch Gruß [Verkündigung Mariä], die heiligen drei König auf großen Kameeltieren und auf andern seltsamen Wundern reitend, gar artig zugerichtt, auch wie unser Frau in Egypten fleucht, fast [sehr] andächtig, und viel ander Ding, hie um Kurz willen unterlassen. Auf die Letzt kam ein großer Drach, den führet St. Margareth mit ihren Jungfrauen an einer Gürtel, die was forder [außerordentlich] hübsch. Der folget nach St. Georg mit seinen Knechten, gar ein hubscher Kürisser. Auch ritten in dieser Schar, gar zierlich und auf das köstlichs bekleidet, Knaben und Mägdlein auf mancherlei Landsitten zugerichtt, anstatt mancherlei Heiligen. Dieser Umgang von Anfang bis ans End, ehe er für unser Haus ging, währet mehr dann zwo Stunde. Also war des Dings so viel, dass ichs in ein Buch nit kunnte beschreiben, und lass es also hierbei verbleiben.

—

»Am St. Mertenstag hat man zu Antorff in unser Frauenkirchen meinem Weib ein Beutel abgeschnitten, darin ist gewesen 2 Gulden, und etlich Schlüssel waren auch darin.«

DÜRER IN ANTWERPEN, NOVEMBER 1520

—

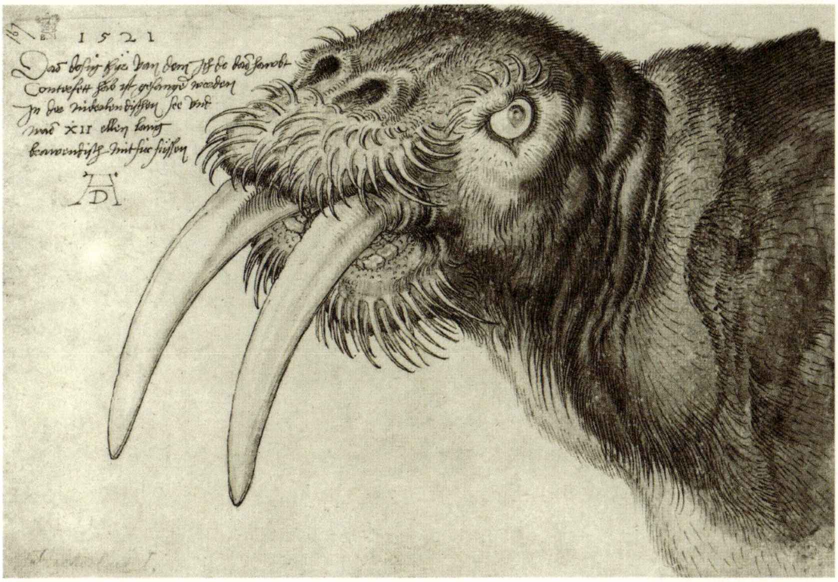

»Das dosig thyr van dem ich do das hawbt conterfett hab, ist gefange worden in der niderlendischen see und was XII ellen brawendisch mit füssen.« Kopf eines Walrosses Zeichnung von Albrecht Dürer, 1521

Item ich bin zu Antorff ins Fockern [Fugger] Haus gewest, das er neu gar köstlich mit eim sondern Turm, weit und groß, mit ein schönen Garten gebauet hat, und hab seine hübsche Hengst gesehen. Item der Tomasin hat meinem Weib geschenkt 14 Elln guten dicken Harass [Gewebe aus Seide, Wolle und leinenem Garn] zu einer Höcken [Mantel] und dritthalb Ellen halben Atlas zu unterfüttern. Ich hab den Goldschmieden eine Visierung gerissen von Frauenkopfbündlein [bandartiger Kopfschmuck]. Item der Factor von Portugal hat mir den Wein in die Herberg geschenkt, portugalisch und französisch. Item der Signor Ruderigo von Portugal hat mir geschenkt ein Fasslein voll eingemachten Zucker, allerlei Sorten, darinnen mehr ein Zuckerkanden-Schachtel, mehr zwo groß Schüssel voll Zuckerpenet [Honigstangen], Marzipan und allerlei anders Zuckers und etlich Zuckerrohr, wie sie wachsen. Dargegen hab ich sein Knecht 1 Gulden zu Trinkgeld geben. Mehr hab ich zu Zehrung gewechselt ein schlechten Gulden um 12 Stüber. Item die Säulen zu Sanct Michael im Kloster an der Parrkirchen in Antorff sind all von einem Stuck des schwarzen schönen Goldsteins [Marmor] gemacht. Ich hab von Antorff aus geschickt und geschenkt bei Herr Gillgen, König Carls Türhüter, den guten Bildschnitzer mit Namen Meister Conrad [Konrad Meit], desgleichen ich kein gesehen hab, der dienet des Kaisers Tochter, Frau Margareth: St. Hieronymus im Gehais, die Melancholie, die drei neuen Marien, den Antonium und die Veronicam. Und ich hab Meister Gilgen geschenkt ein Eustachium und ein Nemesin [grafische Blätter Dürers]. Item ich bin schuldig meinem Wirt 7 Gulden 20 Stüber 1 Heller, was am Sonntag vor Bartholemaei. Item vor Stuben und Kammer und Bettgewand soll ich ihm ein Monat geben 11 Gulden. Auf ein Neues bin ich mit meinem Wirt eines worden am 20. Tag im Augusto, ist gewesen am Montag vor Bartholomaei, dass ich mit ihn ess und über das Mahl 2 Stüber geb, und das Trinken sonderlich zahlete. Aber mein Weib und Magd mögen heroben in der oberen Kuch essen. Ich hab dem Factor von Portugal geschenkt ein kleines geschnittenes Kindlein. Mehr hab ich ihm geschenkt ein Adam und Eva, den Hieronymum im Gehais, den Herculem, den Eustachium, die Melancholie, die Nemesin. Darnach auf den halben Bogen drei neue Marienbild, die Veronicam, den Antonium, die Weihnachten und das Kreuz. Darnach die besten aus den Viertelbogen, der sind 8 Stucklein. Darnach die drei Bücher: unser lieben Frauen Leben, Apocalypsin und dem großen Passion, darnach den klein Passion und den Passion in Kupfer, das ist alles wert 5 Gulden. Ebenso viel hab ich auch geschenkt Signor Ruderigo, den andern Portiales [Portugiesen]. Der Ruderigo hat meinem Weib geschenkt ein klein grünen Papagei.

1521

Antonio Pigafetta

Mit Magellan um die Erde

Zu Beginn des 16. Jahrhunderts waren Spanien und Portugal die beiden führenden Seemächte, die um die Vorherrschaft konkurrierten. Auf die als Gewürzinseln bekannten Molukken erhoben sie beide Anspruch, denn Europa lechzte nach Pfeffer, Muskat, Nelken, Zimt und anderen exotischen Gewürzen. Am 20. September 1519 stach Fernando Magellan (1480–1521) im Auftrag der spanischen Krone von Sanlúcar aus in See, um einen westlichen Seeweg zu den Gewürzinseln zu finden. Seine Flotte umfasste fünf Schiffe mit einer Besatzung von insgesamt 237 Männern. Einer von ihnen war der Italiener Antonio Pigafetta (um 1480; † nach 1534), der seine Erlebnisse auf der Reise festhielt.*

Die Flotte segelte die südamerikanische Küste entlang und erreichte am 21. Oktober 1520 die schmale Meerenge zwischen dem südamerikanischen Festland und Feuerland, die heute Magellans Namen trägt. Einen Monat später sahen sie das von Magellan so genannte Mar Pacífico vor sich. Doch die Überfahrt über den Pazifik wurde zur Tortur. Wasser und Nahrung gingen zur Neige, die Seemänner begannen Ratten, Sägespäne und Leder zu essen, und viele gingen am Skorbut zugrunde. Am 6. März 1521, nach über drei Monaten auf See, erreichten die Schiffe die Marianen, die sie Islas de los Ladrones (Diebesinseln) tauften, und wenig später die Philippinen. Gegenüber der einheimischen Bevölkerung dort zeigten sich Magellan und seine Männer nicht weniger rücksichtslos als die meisten europäischen Seefahrer in der Neuen Welt vor und nach ihnen. Am 27. April 1521 starben Magellan und etliche seiner Seeleute in einem Gefecht mit Eingeborenen. Der Rest der Besatzung setzte die Reise mit zwei verbliebenen Schiffen fort. Im November 1521 gelangten sie auf die ersehnten Gewürzinseln.

Nur ein Schiff, die »Victoria«, kehrte schließlich am 6. Oktober 1522 in den Heimathafen Sanlúcar zurück. An Bord befanden sich noch 18 Seemänner, darunter auch Pigafetta. Mit ihrer dreijährigen Expedition hatten sie das portugiesische Gewürzmonopol gebrochen. Aber was viel mehr zählte: Sie hatten als Erste die Welt umrundet.

Fernando Magellan
Kupferstich,
Amsterdam 1673

Februar 1521. Würden uns Gott und seine heilige Mutter nicht eine so glückliche Schifffahrt geschenkt haben, wären wir alle auf diesem weiten, endlosen Meer vor Hunger umgekommen. Ich bin überzeugt, dass eine solche Fahrt nie wieder unternommen werden wird.

6. März 1521. Nachdem wir weitere 70 Legua [spanische Meilen] in westsüdwestlicher Richtung zurückgelegt hatten, entdeckten wir am 6. März unter 12° nördlicher Breite und 146° Länge im Nordwesten eine kleine Insel und im Südwesten zwei andere [die Marianen]. Eine dieser Inseln war größer und höher als die beiden anderen. An ihr wollte der Generalkapitän landen, um sich mit Trinkwasser und frischer Nahrung zu versorgen. Aber das war unmöglich, da sich die Bewohner über unsere Schiffe ergossen und bald diesen, bald jenen Gegenstand entwendeten, ohne dass wir imstande gewesen wären, sie daran zu hindern. Sie versuchten auch uns dazu zu bewegen, die Segel einzuziehen und an Land zu gehen, ja sie waren so geschickt, das Boot zu stehlen, das am Heck unseres Schiffes befestigt war.

»Ysole de li ladroni« – »Diebesinseln« Illustration zu Pigafettas »Reise um die Welt«, 16. Jahrhundert

Der Generalkapitän ging selbst mit vierzig Bewaffneten an Land, verbrannte mindestens fünfzig Hütten und ließ mehrere Kanoes zerstören. Dabei kamen sieben Eingeborene ums Leben. Aber nur so war es uns möglich, wieder in den Besitz des Bootes zu gelangen.

Nach diesen Feindseligkeiten hielt es Magaglianes nicht für ratsam, auf der Insel zu bleiben. Wir setzten daher unseren Weg in derselben Richtung fort, nachdem wir uns mit Nahrungsmitteln versorgt hatten.

Medizin. Als wir an Land gingen, um die Insulaner zu bestrafen, baten uns unsere Kranken, wir möchten ihnen, falls einer der Eingeborenen getötet werden sollte, dessen Eingeweide bringen, da sie ihre Gesundheit wiedererlangen würden, wenn sie diese Eingeweide verzehrten. Wenn unsere Matrosen die Insulaner mit Pfeilen durchbohrten, so versuchten diese Unglücklichen, den Pfeil bald am einen, bald am anderen Ende herauszuziehen. Gelang ihnen das, betrachteten sie den Pfeil mit Erstaunen. Oft starben sie an der Wunde. Obwohl sie uns bestohlen hatten, taten sie uns leid.

Operation. Bei dem Kampf mit den Eingeborenen wurde einem unserer Matrosen oberhalb des Knies der Schenkel mit einer Lanze durchbohrt. Die Wunde bekam schon nach wenigen Tagen schwarze Ränder, und da der Kranke auch fieberte, befahl der Generalkapitän, den Schenkel abzutrennen. Zwei Männer knieten sich auf die

Brust des Matrosen, zwei andere hielten das Bein am unteren Ende fest. Dann sägte ein Bootsmann das Bein durch, wobei der Matrose vor Schmerzen brüllte und sich immer wieder zu befreien suchte. Da der Bootsmann sehr geschickt war, gelang es ihm auch, das Blut, das aus der Wunde troff, zu stillen. Aber obwohl er heilende Kräuter auf die Wunde legte, fieberte der Kranke bald nicht mehr. Er starb zehn Tage, nachdem wir die Diebsinseln hinter uns gelassen hatten.

VERFOLGUNG. Nachdem wir den Inseln den Rücken gekehrt hatten, verfolgten uns die Insulaner in mehr als hundert Kanoes über eine Legua weit und boten uns, um uns zu täuschen, Fische zum Verkauf an. Ließen wir sie aber an unsere Schiffe herankommen, bewarfen sie uns mit Steinen und ergriffen dann die Flucht. Wir fuhren mit vollen Segeln mitten durch ihre Flottille, konnten ihnen aber nichts anhaben, da sie es mit viel Geschicklichkeit verstanden, unseren Schiffen auszuweichen. In ihren Kanoes sahen wir Weiber, die weinten und sich die Haare ausrissen. Wahrscheinlich trauerten sie, weil wir ihre Männer getötet hatten.

KLEIDUNG. Die Bewohner dieser Inseln kennen kein Gesetz und handeln, wie es ihnen gut dünkt. Sie gehorchen weder einem König noch einem anderen Oberhaupt, beten nichts an und gehen nackt. Manche von ihnen haben lange Bärte und lange schwarze Haare, die auf der Stirn in einen Knoten geknüpft sind. Oft tragen sie auch Hüte, die sie aus Palmblättern verfertigen. Sie sind groß und wohlgestaltet. Ihre Gesichtsfarbe nähert sich einem dunklen Grün, aber man erzählte uns, dass sie weiß das Licht der Welt erblicken und ihr Körper erst braun wird, wenn sie alt geworden sind. Sie verstehen es, die Zähne rot und auch schwarz zu färben, und je bunter sie einer gefärbt hat, desto größer ist sein Ansehen.

—

»Als wir uns ein Stück von der Küste entfernt hatten, sahen wir, dass das Kreuz, das wir auf einem Hügel errichtet hatten, von den Insulanern in Stücke geschlagen war. Auf den Schiffen herrschte große Niedergeschlagenheit, nicht nur wegen des Todes des Generalkapitäns, sondern auch, weil unsere Zahl nicht mehr ausreichte, um die Schiffe richtig zu bedienen und zu navigieren.«

PIGAFETTA NACH DEM TOD MAGELLANS, 1. MAI 1521

—

KNABEN. Die Knaben werden, wenn sie mannbar geworden sind, in eine abseits gelegene Hütte gebracht. Dort bereiten sie sich auf die Vereinigung mit dem für sie bestimmten Mädchen nur dadurch vor, dass sie zehn Tage lang fasten. Die Vereinigung erfolgt dann ohne irgendeine Zeremonie in einer anderen Palmfaserhütte. Man erzählte uns, dass manche Insulaner fünf und mehr Frauen haben. Auch die Zahl der Kinder ist sehr groß.

FRAUEN. Die Frauen sind erfreulich anzusehen, von schönem Wuchs und weniger braun als die Männer. Ihre Haare sind sehr schwarz und lang, oft so lang, dass sie ihnen bis zu den Knien reichen. Ihre Lenden bedecken sie mit einer Rinde, die wie Papier ist.

Sie arbeiten einzig und allein in den Hütten und verfertigen Decken und Körbe aus Palmblättern oder verrichten andere häusliche Arbeiten. Alle salben sie sich die Haare und den ganzen Körper ein, manchmal mit Kokosöl, manchmal mit Sesamöl, oft auch mit beidem.

Die »Victoria«, das einzige der fünf Schiffe der Expedition Magellans, das nach Spanien zurückkehrte Kupferstich, koloriert, 16. Jahrhundert

BEHAUSUNGEN. Diese Völker nähren sich von Vögeln, fliegenden Fischen, Pataten [Bananen], einer Art Feigen, die einen halben Fuß lang sind, Zuckerrohr und ähnlichen Früchten. Ihre Häuser erbauen sie aus Holz, die Dächer bestehen aus Brettern und den vier Fuß langen Blättern ihrer Feigenbäume. Als wir eines dieser Häuser betraten, sahen wir zu unserer Verwunderung, dass es im Inneren rein war und Balken und Fenster besaß. Auch Betten mit Decken aus Palmblättern, die über weiches Stroh ausgebreitet waren, erblickten wir.

WAFFEN. Ihre einzigen Waffen sind Lanzen, deren Spitze aus einem geschärften Fischknochen besteht. Sie sind alle arm, aber sehr gewandt und vorzügliche, geschickte Diebe. Wir benannten daher die Inseln Islas de los Ladrones.

GONDELN. Es macht ihnen Spaß, mit ihren Weibern in Kanoes spazieren zu fahren, welche den Gondeln von Fusine bei Venedig ähneln, nur nicht so breit sind. Manche sind schwarz, andere weiß und die meisten rot bemalt. Das Segel, das die Form eines lateinischen besitzt, besteht aus zusammengefügten Palmblättern. Es wird an der einen Schiffsseite angebracht, auf der anderen befindet sich, um dem Segel das Gleichgewicht zu geben und das Boot zu stützen, ein großer, zugespitzter Balken, an dem querliegende Stangen befestigt sind. Auf diese Weise birgt das Segeln keine Gefahr. Ihre Steuerruder sehen ganz wie die Rührschaufeln unserer Bäcker aus, sie bestehen aus einer Stange, an deren Ende ein Brett quer befestigt ist. Der vordere und der hintere Teil der Boote sind gleich gebaut und mit einem Steuerruder versehen. Die Insulaner sind gute Schwimmer und wagen sich weit auf die hohe See hinaus.

Dass wir sie besuchten, versetzte sie in großes Erstaunen. Daraus schlossen wir, dass sie, bevor sie uns gesehen hatten, der Meinung gewesen sein mussten, sie wären die einzigen Menschen auf der Erde.

Weltkarte der 12 Winde mit der Reiseroute Magellans Aus dem Besitz Karls V., 1545

Stockhiebe. Ein Bootsmann von der »Trinidad« machte den Vorschlag, wir sollten ein paar Insulanerinnen an Bord nehmen und später, wenn wir ihrer überdrüssig würden, sie auf einer anderen Insel an Land setzen. Aber der Generalkapitän verbot dies, wahrscheinlich deshalb, weil er befürchtete, die Zucht könnte darunter leiden. Gleichwohl gelang es den Leuten von der »Trinidad«, drei Frauen auf das Schiff zu bringen. Als der Generalkapitän davon erfuhr, ließ er den Rädelsführer auf unser Schiff bringen und verurteilte ihn zu 25 Stockhieben. Die Frauen wurden ins Meer geworfen und schwammen zu ihren Inseln zurück. Von diesem Tag an musste die »Trinidad« immer hinter uns fahren. Magaglianes befürchtete, sie könnte im Schutze der Nacht zu den Diebsinseln zurückkehren.

Zamal, 16. März 1521. Nachdem wir uns 300 Legua von den Diebsinseln entfernt hatten, entdeckten wir am 16. März knapp nach Sonnenaufgang ein hochliegendes, unbewohntes Land. Dieses Land war die Insel Zamal [die Philippen-Insel Samar].

Hier fühlte sich der Generalkapitän sicher. Er befahl zu landen, um die Schiffe mit Wasser zu versehen und der Mannschaft nach einer so langen, beschwerlichen Fahrt Ruhe zu gönnen. Für die Kranken wurden zwei Zelte aufgeschlagen, ein Schwein wurde für sie geschlachtet.

Die Eingeborenen nennen diese Insel Humunu. Im Süden sahen wir noch viele andere kleine Inseln.

—

»Wahrlich, die achtzehn nach Spanien zurückgekehrten Seeleute wären ewigen Ruhmes würdiger als die Argonauten, und ihr Schiff, die ›Victoria‹, verdiente es eher als die Argo, unter die Sterne versetzt zu werden.«
MAXIMILIANUS TRANSYLVANUS AN DEN ERZBISCHOF VON SALZBURG

—

INSEL HUMUNU. Die unbewohnte Insel, auf der wir gelandet waren, wird von den Insulanern Humunu genannt. Wir gaben ihr den Namen Acquada da li buoni Segnialli [Wasserplatz vom guten Zeichen], weil wir auf ihr zwei Quellen und die ersten Spuren von Gold entdeckt hatten. Man findet auf dieser Insel auch weiße Korallen, ferner Bäume, deren Früchte, kleiner als unsere Mandeln, den Nüssen der Pinien ähneln, und schließlich verschiedene Palmenarten, von welchen die einen sehr wohlschmeckende Früchte, die anderen jedoch gar nichts hervorbringen.

DER VERFASSER IN GEFAHR, 25. MÄRZ 1521. Am Montag, dem 25. März, in der Karwoche, geriet ich in größte Gefahr. Kurz bevor wir in See stachen, wollte ich fischen. Dabei glitt ich auf einer Segelstange sehr unglücklich aus und stürzte, ohne dass irgendjemand diesen Vorfall bemerkt hätte, ins Meer. Zu meinem Glück bekam ich das Seil eines Segels zu fassen, das ins Wasser hing. Nun schrie ich aus Leibeskräften und wurde endlich gehört. Ein Boot rettete mich. Dass ich mit dem Leben davonkam, ist nicht mein Verdienst. Ich habe dies einzig und allein der Barmherzigkeit der Allerheiligsten Jungfrau zuzuschreiben.

—

1580/1581

Michel de Montaigne

Durch die Schweiz, Deutschland und Italien

—

»Mein Geist rührt sich nicht, wenn die Beine ihn nicht bewegen«, heißt es in den Essais *von Montaigne (1533–1592). Das menschliche Leben war für den französischen Philosophen ein ständiges Unterwegssein. Nachdem er die neunjährige Arbeit an seinem Hauptwerk beendet hatte, brach er im Oktober 1580 zu einer großen Reise durch die Schweiz, Deutschland und Italien auf. In seinem Gefolge waren sein Bruder, einige weitere Adelige, mehrere Diener und ein Maultiertreiber. Die Adeligen reisten zu Pferd, aber mit den beladenen Eseln ging es nur im Schritttempo vorwärts. In Rom gewährte der Papst Montaigne eine Audienz. Ein weiteres Ziel waren die Bäder von Lucca, wo sich der an Nierenkoliken Leidende behandeln ließ. Nach 14 Monaten kehrte die Reisegruppe wieder nach Schloss Montaigne im Périgord zurück – früher als geplant, denn unterwegs erhielt Montaigne die Nachricht, dass er in seiner Abwesenheit zum Bürgermeister von Bordeaux gewählt worden war.*

Montaigne als Bürgermeister von Bordeaux
Gemälde, 1582

Seine Reiseeindrücke diktierte Montaigne zunächst seinem Sekretär in einem Tagebuch, später führte er die Notizen von eigener Hand. Montaignes Neugier erstreckte sich nicht nur auf die Landschaften und Menschen, denen er begegnete, sondern auch auf das Gast- und Hotelgewerbe: die Einrichtung und den Komfort der Gasthäuser und die angebotenen Speisen. Dies macht sein Tagebuch zu einem außergewöhnlichen Zeugnis über das Reisen in der frühen Neuzeit.

»Wie ein starker, feiner, zartgesinnter, sich selbst beobachtender, neugieriger, mit einer gewissen anmutigen Eitelkeit behafteter französischer Edelmann in fremden Ländern hervortritt«, schrieb Goethe nach der Lektüre, »ist wohl auf keine andere Weise zu schauen und zu erfahren.«

—

Lindau. Wir wohnten in der *Krone*, einem hübschen Gasthaus.

Hier gibt es eine Fülle von Kohlköpfen, die man mit einem besonderen Gerät zerkleinert. Davon werden große Mengen in Fässern eingesalzen und dann den ganzen Winter über als Topfgerichte verwendet.

Der Herr de Montaigne probierte auch ein Federbett aus, womit man sich dort zuzudecken pflegt, und er war darüber des Lobes voll, da er es zugleich warm und leicht fand. Anspruchsvolle Männer könnten sich seines Erachtens nur über das Bett im Ganzen beklagen; wenn sie jedoch in ihrem Gepäck eine Matratze (die dortzulande unbekannt ist) und einen Vorhang mitführten, würde es ihnen im Übrigen an nichts fehlen.

Was nämlich die Bewirtung angeht, tischen die Deutschen einem Topfgerichte, Soßen und Salate in uns ungewohnter Fülle und Reichhaltigkeit auf. So hat man uns Gerichte aus Quitten vorgesetzt, ferner mit eingemachten Apfelringen bedeckte Suppen, dazu Salate aus Weißkraut. Auch bietet man Brühen verschiedener Art ohne Brot an, zum Beispiel aus Reis, in denen alle gemeinsam herumfischen – Einzelgedecke hierfür gibt es nicht.

All das ist in den guten Gasthäusern von einem solchen Wohlgeschmack, dass die Küche des französischen Adels, sagte der Herr de Montaigne, kaum damit zu vergleichen sei. Auch fände man dort selten derart schön ausgestattete Speisesäle.

Der Herr de Montaigne bedauerte auf seiner Reise dreierlei. Erstens, dass er keinen Koch mitgenommen hatte, der sich mit den örtlichen Zubereitungsarten hätte vertraut machen und diese später bei ihm erproben können. Zweitens, dass er nicht einen deutschen Diener angeheuert oder die Gesellschaft eines einheimischen Adligen gesucht hatte, denn er fand es äußerst lästig, den Launen irgendeines Schafskopfs von Fremdenführer ausgeliefert zu sein. Drittens, dass er vor Antritt der Reise keins der Bücher konsultiert hatte, die ihn auf die besondren Sehenswürdigkeiten jedes Orts hätten aufmerksam machen können, oder dass er nicht wenigstens einen *Münster* oder irgendeinen andern Kosmographen in seinem Gepäck mitführte. Natürlich floss in sein positives Urteil über dieses Land auch ein wenig die leidenschaftliche Verachtung seines eignen ein, das ihm aus anderen Gründen zuwider und verhasst war. Doch unabhängig davon zog er die hiesigen Annehmlichkeiten der französischen Lebensweise entschieden vor, und er passte sich ihnen gar so weit an, dass er den Wein ohne Wasser trank. Wenn es freilich darum ging, um die Wette zu trinken, wurde er lediglich aus Höflichkeit dazu eingeladen, denn man hatte bemerkt, dass er niemals mitmachte.

Der Wein wird in Gemäßen aufgetragen, die unsren großen Krügen gleichen, und es gilt als Verbrechen, einen leeren Becher nicht sofort daraus nachzufüllen – doch nie mit Wasser, selbst wenn man es verlangt (es sei denn, man genießt ein besonderes Ansehn). Die Deutschen haben die gute Eigenschaft, vom ersten Wort an zu sagen, welchen Preis sie verlangen: Handeln hat da wenig Zweck. Sie sind zwar Prahlhänse, Choleriker und Trunkenbolde, aber, sagte der Herr de Montaigne, weder Betrüger noch Spitzbuben.

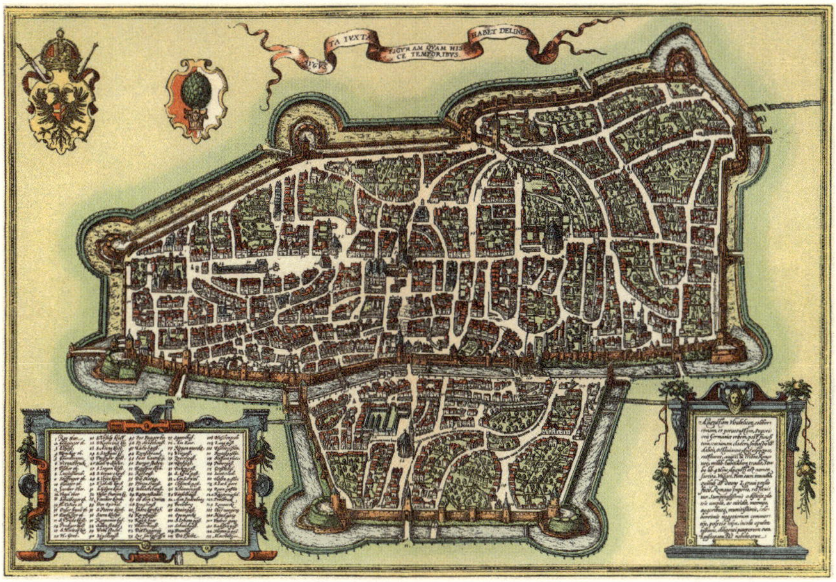

Stadtansicht von Augsburg
1588

PFRONTEN. Kleiner Ort, wie die ganze dem Erzherzog von Österreich gehörende Gegend katholisch.

Dortzulande ist der Brauch völlig unbekannt, vorm Schlafengehen das Bettzeug und vorm Aufstehn die Kleider zu wärmen – und die Wirte nehmen es übel, wenn man zu dem Zweck in der Küche Feuer anmacht oder das gerade brennende hierfür benutzt. Das war eine der größten Streitigkeiten, die wir in den Gasthöfen hatten. Selbst an diesem Ort, inmitten von Bergen und Wäldern, wo zehntausend Fuß Tannenholz kaum fünfzig Sous kosten, wollte man uns nicht gestatten, Feuer zu machen.

AUGSBURG. Bei unserer Ankunft fiel uns als Erstes auf, dass man hier einen ungewöhnlichen Wert auf Reinlichkeit legt, denn wir konnten die Stufen der Wendeltreppe zu unsren Zimmern nur über die Stoffmatten beschreiten, mit denen sie abgedeckt waren, damit sie nicht beschmutzt würden – hatte man sie doch eben erst (wie alle Samstage) gewaschen und blank gescheuert! Auch haben wir in den Gasthäusern niemals Spinnweben oder irgendwelchen Schmutz bemerkt.

Die Deutschen sind große Liebhaber von Wappen, denn eine Unzahl hiervon hinterlassen die durchreisenden Edelleute des Landes an den Wänden aller Gasthäuser, auch sämtliche Fensterscheiben sind damit übersät.

Wir sahen keine einzige schöne Frau. Die Kleider der Frauen heben sich stark voneinander ab. Bei den Männern hingegen fällt es sogar schwer, die Adligen zu erkennen, da alle, ganz gleich aus welcher

Schicht, einen Degen an der Seite tragen, und auf dem Kopf eine Samtmütze.

Während die Herren sich bis Kempten des denkbar schönsten Wetters erfreuten, begann es von dort an kalt zu werden, was ihnen arg zusetzte. Als der Herr de Montaigne auf seinem Rundgang nun die Liebfrauenkirche besuchte, herrschte darin eine derart grimmige Kälte, dass er sich unwillkürlich das Taschentuch vor die Nase hielt – glaubte er doch, dass man ihn ohne Gefolge und in schlichtester Kleidung überhaupt nicht beachten würde. Nachdem er mit den Augsburgern aber in engeren Kontakt gekommen war, sagten sie ihm, die Kirchgänger hätten ihn durch sein Verhalten sehr wohl sofort als Fremden erkannt. So ereilte ihn schließlich gerade *das* Übel, dem er am meisten zu entfliehen suchte: bei den Einheimischen durch ein von ihren Sitten und Gebräuchen abweichendes Benehmen Auffallen zu erregen – pflegt er sich doch nach besten Kräften stets der ortsüblichen Lebensweise anzupassen und einzufügen. In Augsburg trug er zum Beispiel jedes Mal, wenn er ausging, eine Pelzmütze.

—

»Die Deutschen haben die gute Eigenschaft, vom ersten Wort an zu sagen, welchen Preis sie verlangen: Handeln hat da wenig Zweck. Sie sind zwar Prahlhänse, Choleriker und Trunkenbolde, aber weder Betrüger noch Spitzbuben.«
Michel de Montaigne

—

Nach Aussage der Augsburger gibt es in der Stadt zwar Mäuse, aber keine Ratten, von denen das übrige Deutschland heimgesucht wird. Darüber erzählen sie zahlreiche Wunder. So schreiben sie ihre Bevorzugung einem dort beigesetzten Bischof zu; und von der Erde seines Grabes, die sie in haselnusskleinen Klümpchen verkaufen, behaupten sie, dass sie überall, wo man sie ausstreue, das Ungeziefer vertreibe.

Am Montag wohnten wir in der Liebfrauenkirche der prunkvollen Hochzeit eines reichen, doch hässlichen Bürgermädchens mit einem venezianischen Verwalter der Fugger bei. Überhaupt sahen wir dort keine einzige schöne Frau.

Rovereto. Die Stadt gehört dem Erzherzog. Im Gasthof trafen wir nun wieder auf das von daheim Gewohnte, so dass wir nicht nur der Sauberkeit der deutschen Zimmer und Einrichtungen samt Glasscheiben nachtrauerten, sondern auch den Kachelöfen, die der Herr de Montaigne weitaus behaglicher gefunden hatte als unsre Kamine. Und bei den Speisen vermissten wir die Krebse, deren Fehlen der Herr de Montaigne höchst erstaunlich nannte, wo sie uns doch ab Plombieres auf der nahezu zweihundert Meilen langen Strecke zu allen Mahlzeiten serviert worden waren.

Die Betten hatten zwar breitgestreifte Vorhänge aus Leinen oder grobem Wollstoff, die girlandenartig aufgehängt waren – zu dem aber, was der Herr de Montaigne von jetzt ab vermisste, gehörten die deutschen Oberbetten: ganz anders als die unsren mit zartesten Daunen gefüllter rein weißer Barchent, jedenfalls in den guten Gasthöfen. Selbst in Deutschland gilt das freilich nicht für die Unterbetten, denn sie sind höchst unbequem.

Ich glaube wirklich: Hätte er allein seine Leute bei sich gehabt, wäre er lieber nach Krakau oder Richtung Griechenland gereist, statt mit dieser Gesellschaft die Tour nach Italien zu unternehmen – konnte er doch keinem darunter die Freude vermitteln, die er beim Besuch der fremden Länder empfand: eine derart herzerwärmende Freude, dass er hierüber die Hinfälligkeit seines Alters und seiner Gesundheit vergaß. Von den andern wollte jeder nur so schnell wie möglich ans Ziel; er hingegen pflegte zu sagen, er stehe, wenn er sich nach einer unruhig verbrachten Nacht am Morgen erinnre, dass eine neue Stadt oder neue Gegend ihn erwarte, jedes Mal heitersten Sinnes und voller Neugier auf. Nie erlebte ich ihn weniger abgeschlagen, nie weniger über seine Schmerzen klagend, als wenn sein Geist im Gasthaus oder unterwegs auf das Kommende gespannt war und darauf, welche (stets eifrig gesuchte) Gelegenheiten zu Unterhaltungen mit den Fremden es ihm böte. Ebendies, glaube ich, lenkte ihn von seinem Leiden ab.

Beschwerte man sich bei ihm, dass er die Reisegesellschaft oft kreuz und quer herumführe, so dass man nicht selten fast wieder beim Ausgangspunkt anlange (was er tatsächlich tat, wenn er von einer bestimmten Sehenswürdigkeit hörte oder wegen sonstiger Gelegenheiten seine Meinung änderte), erwiderte er, dass er, was ihn betreffe, kein anderes Ziel habe als ebendie Stelle, wo er sich grade befinde, und es für ihn folglich weder Irr- noch Umwege gebe, da er ja allein darauf aus sei, zwischen unbekannten Orten herumzustreifen; und solang er nicht dieselbe Strecke zweimal zurücklege oder denselben Ort zweimal besuche, werde er also seinem Vorhaben nicht im Geringsten untreu.

Und Rom, einziges Ziel seiner Reisebegleiter, ziehe er den anderen Städten umso weniger vor, als jedermann schon dort gewesen sei – wie ja auch aus Florenz oder Ferrara der simpelste Lakai das Neueste berichten könne.

Weiterhin sagte er, ihm ergehe es hier wohl wie jenen, die eine höchst packende Erzählung lesen und nun fürchten, sie könnte zu schnell ans Ende kommen; das widerfahre einem ja mit jedem guten Buch. Genauso bereite ihm das Reisen ein derartiges Vergnügen, dass er sich nur widerwillig dem Ort nähere, an dem er zu rasten gezwungen sei. Wäre es ihm vergönnt, allein zu reisen, würde er daher für jede Route mehrere Alternativen ins Auge fassen.

Lojano (Toskana). Hier gibt es nur zwei Gasthöfe, die in ganz Italien wegen der Tricksereien berüchtigt sind, mit denen man die

Reisenden reinlegt: Ehe sie aus dem Sattel steigen, wird ihnen in blumigsten Worten jeder erdenkliche Komfort versprochen. Sobald die Wirte sie jedoch in den Fängen haben, machen sie sich über die Gutgläubigkeit ihrer Gäste lustig. Hierüber sind sogar Sprichwörter im Umlauf.

SCARPERIA (TOSKANA). Dem Herrn de Montaigne bereitete es größtes Vergnügen, auf das Spiel der Wirte einzugehn. Bei ihnen ist es nämlich Brauch, ihre Boten den Fremden sieben, acht Meilen weit entgegenzuschicken, damit sie diese überreden, bei ihnen abzusteigen; manchmal kommt auch der Wirt selber angeritten. Zudem versuchen an den verschiedensten Stellen gut gekleidete Männer die Reisenden abzufangen. Um diese Leute nun gegeneinander auszuspieln, ließ sich der Herr de Montaigne während des ganzen Wegs spaßeshalber ihre Angebote machen, und jeder hatte ein andres – gibt es doch nichts, was sie einem nicht versprächen: Selbst Mädchen und Knaben offerieren sie! Einer wollte ihm sogar einen Hasen geben, rein als Geschenk, wenn er nur mitkäme, sich das Logis anzusehen.

Ist jedoch das Stadttor erreicht, hören all die lautstarken Ausstechereien auf, und keiner wagt noch ein Wort.

—

»Ich unternehme meine Reisen weder um zurückzukehren noch um ans Ziel zu kommen. Ich unternehme sie allein um der Bewegung willen, solange mir die Bewegung gefällt. Ich bin unterwegs, um unterwegs zu sein.«

MICHEL DE MONTAIGNE

—

Schon in Bologna hatten wir vereinbart, wie viel wir für welche Dienste in Lojano bezahlen sollten. Auf dringendes Anraten der Leute unsres dortigen Wirts (und andrer) schickte der Herr de Montaigne hernach stets einen von uns in den jeweiligen Ort mit dem Auftrag voraus, sich alle Gasthöfe anzusehn und die Bedingungen für Unterkunft und Verpflegung samt Wein zu erkunden – die beste akzeptierte er dann, noch ehe er aus dem Sattel stieg. Gleichwohl kann man mit den Wirten keine Abmachung so hieb- und stichfest aushandeln, dass man ihren Betrügereien entgeht: Entweder wird einem das Holz oder das Licht zusätzlich berechnet, oder die Bettwäsche oder das Heu – nur weil man vergessen hat, sie getrennt aufzuführn.

FLORENZ. Der Herr de Montaigne sagte, bisher keinem Volk begegnet zu sein, wo man schöne Frauen so selten zu Gesicht bekäme wie in Italien. Zudem fand er die Gasthäuser viel ungastlicher als in Frankreich und Deutschland: Es wird weniger üppig getafelt, die Portionen sind nur halb so groß wie in Deutschland und die Speisen nicht so gut zubereitet. In beiden Ländern verzichtet man darauf, den Braten zu spicken, in Deutschland ist er jedoch besser gewürzt und mit Soßen und Gemüsen angereichert. Die Einrichtungen der Gasthöfe in Italien auch weitaus schlechter: keine Esssäle, die Fenster groß und völlig offen, von hohen Holzläden abgesehn, die einem, wenn man sich vor Sonne oder Wind schützen will, zugleich das

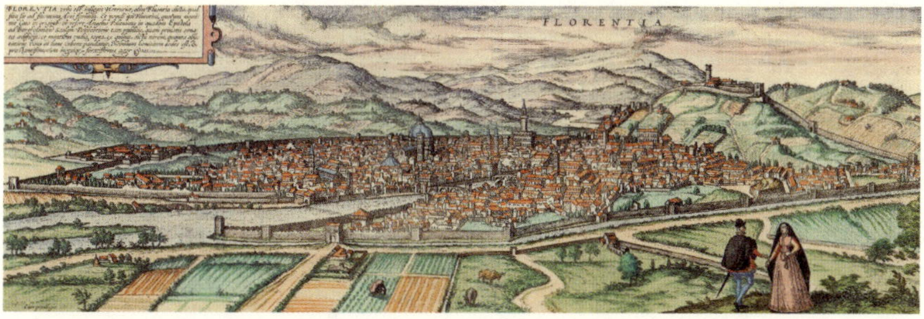

Stadtansicht von Florenz
1588

Tageslicht rauben – was der Herr de Montaigne viel unerträglicher fand als das Fehlen der Bettvorhänge in Deutschland, weil nichts dagegen zu machen war. Zudem gibt es in den Schlafzimmern nur einen einzigen Alkoven; unter dessen Bett mit schäbigem Himmel steht noch ein Rollbett zum Hervorziehn – wer nicht gerne hart schläft, ist da schlimm dran. Deutschland gegenüber gleicher oder noch größrer Mangel an Bettwäsche. Die Weine meist mieser und für jeden, der fade Süße verabscheut, in dieser Jahreszeit ungenießbar.

Die Hitze schien mir an diesem Tag nicht heftiger als in Frankreich. Um ihr gleichwohl in den Zimmern des Gasthofs zu entgehn, sah ich mich gezwungen, nachts auf dem Tisch des Speisesaals zu schlafen, den ich mit Matratze und Betttüchern versehen ließ. (Ich hatte leider keine angenehmere Unterkunft finden können, denn der Fremde ist in dieser Stadt schlecht dran.) Auch wollte ich mich auf diese Weise vor den Wanzen retten, von denen die Betten wimmeln.

—

1608

Thomas Coryate

Venedig

—

Im 17. Jahrhundert kam unter den Adligen Europas die sogenannte Grand Tour in Mode. Eine ausgedehnte Bildungsreise nach Frankreich und Italien galt als krönender Abschluss einer gelungenen Erziehung, sie sollte den Söhnen aus vornehmem Hause den letzten Schliff geben. »Niemand kann Cäsar oder Livius so verstehen wie derjenige, der die gesamte Grand Tour durch Frankreich und die Rundreise durch Italien unternommen hat«, erklärte der englische Reisende Richard Lassels 1770. Die Briten waren die Pioniere der Grand Tour, und als ihr eigentlicher Vater gilt Thomas Coryate (1577–1617). Er war der Sohn eines Geistlichen in Somerset. Nach seinem Studium in Oxford stand er mehrere Jahre in Diensten Prinz Henrys von Wales. An dessen Hof wurde seine Neugier für das Reisen geweckt. Im Mai 1608 bestieg er in Dover das Schiff und bereiste Frankreich, Savoyen, Italien, die Schweiz, Deutschland und die Niederlande – mehr als die Hälfte der Strecke zu Fuß.

Titelseite von »Coryat's Crudities« von 1611, mit dem Porträt des Autors und szenischen Episoden seiner Reise

Seine Erinnerungen Coryat's Crudities hastily gobbled up in Five Months Travels in France, Italy &c. *(Coryates Brocken, hastig aufgeschnappt in fünf Monaten auf Reisen in Frankreich, Italien etc., 1611) wurden in England rasch populär. Bald gehörte das Buch zum unverzichtbaren Reisegepäck des britischen Grand-Touristen, nicht zuletzt wegen der zahlreichen praktischen Tipps, die Coryate für seine Leser bereithielt. In Italien lernte er den in Europa weithin unbekannten Gebrauch der Gabel beim Essen kennen; ihm wird auch deren Einführung in England zugeschrieben. Seine Wanderschuhe vermachte Coryate nach seiner Rückkehr der Pfarrkirche seiner Heimatstadt Odcombe, wo sie als Votivgabe aufgehängt wurden.*

—

Ruhm und Lage der Stadt Venedig. Die unvergleichliche und lautere Majestät dieser Stadt verdient einen weitaus feineren Pinsel als den meinigen, um in ihren wahren Farben gemalt zu werden. Ich bekenne unbefangen meine Unzulänglichkeit und gestehe ein, unter Zehntausenden der Unwürdigste zu sein, eine so schöne, berühmte und herrliche Jungfrau (das ist der Titel, mit dem die Welt sie belehnt hat) zu beschreiben. Meine stumpfe und ungeübte Feder mag am Ende die funkelnden Strahlen ihres Glanzes trüben und schwächen, anstatt ihnen mehr Leuchtkraft zu verleihen. Doch da ich den dürftigen und nackten Bericht über meine im Laufe von fünf Mo-

Vogelschau von Venedig
Gemälde von
Joseph Heintz d. J., 1640

naten in fremden Ländern angestellten Betrachtungen bis zu diesem Punkt fortgesetzt habe, sollte auch diese edle Stadt es fordern können, wenigstens wie alle die anderen Städte auf meinem Reiseweg beschrieben zu werden; denn sie gewährte mir für sechs Wochen, die, muss ich gestehen, die köstlichsten meines Lebens waren, die liebenswerteste und aufrichtigste Gastfreundschaft, und sie enthüllte mir eine solche Mannigfaltigkeit an bemerkenswerten und köstlichen Dingen, wie sie meine Augen noch nie erschaut hatten, noch je in einer anderen Stadt erblicken werden, sollte ich auch wie Sir John Mandeville, unser englischer Odysseus, dreißig Jahre lang alle Orte der Christenheit und der heidnischen Welt durchstreifen.

Die Besonderheit der Lage Venedigs erstaunt alle Fremden und reißt sie zur Bewunderung hin, denn es liegt vollkommen auf dem Wasser, nur drei Meilen vom offenen Meer entfernt, von dem es durch den *litto maggior,* eine Riesensandbank, getrennt ist. Diese ist für den Schutz der Stadt so wichtig wie eine starke Mauer, da sie das Ungestüm der Meereswogen bricht und sie zurückwirft, denn läge sie nicht wie ein Bollwerk zwischen Stadt und Meer, könnten die Fluten die Stadt in einem Augenblick zerstören und überwältigen.

Canal Grande und Rialto. Die Stadt wird von einer breiten Wasserstraße, die man den Canal Grande nennt, in zwei Hälften geteilt. An beiden Ufern gereichen ihm viele köstliche Paläste, die unmittelbar am Wasser stehen, zum Schmuck. Jeder Palast von Bedeutung besitzt vor dem Haus über dem Wasser eine offene Plattform, die von Pfeilern mit runden Knäufen begrenzt wird, und etwa in der halben Höhe der Hausfront oder, wie ich ebenfalls beobachtete, fast unter dem Dach vor den Fenstern einen gefälligen, vorspringenden Balkon, der von einer Balustrade aus gewundenen Säulen aus Marmor oder Stein, auf die man sich lehnen kann, eingefasst ist. Diese Balkone verleihen dem ganzen Gebäude eine besondere Anmut und dienen nur dem Vergnügen, da sie es den Bewohnern ermöglichen, an kühlen Abenden die Aussicht auf die Stadt rund um sich her zu genießen.

Es gibt nur eine Brücke, die die beiden Ufer des Canal Grande verbindet und die allgemein die Rialtobrücke heißt. Es erregte meine Bewunderung, eine Brücke von dieser Länge von zweihundert Fuß zu sehen, die in einem großen Bogen gespannt ist. Sie war ursprünglich aus Holz, doch da dies der Großartigkeit der Bauten in anderen Teilen der Stadt nicht mehr entsprach, riss man sie ab und baute diese kostspielige Brücke aus weißen Steinquadern und auf ihr zwei Reihen sauberer kleiner Häuser für die Handwerker der Stadt, die jedoch nur Läden und keine Wohnungen enthalten.

Es gibt dreizehn Fähren in Venedig, *traghetti*, von deren Anlegestellen Passagiere in einer Gondel an jeden beliebigen Punkt der Stadt transportiert werden können. Eine dieser Stationen befindet sich unter dieser Rialtobrücke. Doch sind die Bootsmänner hier die bösartigsten und liederlichsten Schufte in der ganzen Stadt. Denn wenn ein Fremder, der sich nicht auskennt, eine ihrer Gondeln besteigt, bringen sie ihn nach eigenem Ermessen unverzüglich zu einem – wahrhaftigen Gottes! – frommen Haus, wo er unbarmherzig gerupft wird und Federn lassen muss, ehe er sich wieder entfernen darf. Ich rate daher allen meinen Landsleuten, Gentlemen und anderen, sich vor dem Becher der Circe und den Melodien der Sirenen zu hüten, womit ich natürlich diese Lockspitzel bei der Rialtobrücke meine, damit sie nicht, wenn es zu spät ist, *peccavi* rufen müssen. Ganz nebenbei werden sie herausfinden, dass die Spitzbüberei dieser gottlosen Missetäter so weit geht, dass sie nicht von ihrem Bestreben ablassen, selbst wenn ein Fahrgast verlangt, an einen bestimmten Ort gebracht zu werden, wo er dringliche und redliche Geschäfte zu erledigen hat. Sie werden ihn an einem verrufenen Haus abladen und ihn dort zumindest den teuflischsten Verlockungen aussetzen.

Gondoliere in Venedig
Nach einem Kupferstich
von Giacomo Franco, 1614

Der Rialto liegt, wenn man vom Markusplatz kommt, auf der anderen Seite der Brücke, er ist die Börse, wo die Herren und Kaufleute von Venedig sich zweimal am Tage, zwischen elf und zwölf am Morgen und zwischen fünf und sechs am Nachmittag, treffen.

Die vielen anderen Kanäle, auf Latein *euripi* oder *aestuaria,* sind kleine Meeresarme, in denen man alle sechs Stunden Ebbe und Flut spürt. Sie gereichen der Stadt, durch die sie sich wie die Adern im Körper des Menschen verzweigen, sehr zur Zierde. Sie ergießen sich alle in den Canal Grande. Es ist ein Segen für die Stadt, dass sie allen Abfall und allen Schmutz, der in sie hineinfällt, abführen, wenn die Ebbe das Wasser aus ihnen saugt. Nur macht sie es nicht gründlich genug, und die Venezianer müssen sich noch sehr plagen, um sie zu reinigen. Sie dienen als Straßen, auf denen man sich freier bewegen kann als zu Lande, und zwar in kleinen Booten, den Gondeln, den schönsten Fahrzeugen, die man sich denken kann. Sie sind nicht offen zum Himmel, ein Gefüge von runden Hölzern spannt sich in einem Bogen von einer Seite der Gondel zur anderen, ein kleines Gewölbe bildend. Auf diesem liegt ein schwarzes Gewebe, das an beiden Seiten aufgerollt ist und das der Fahrgast, wenn er nicht gesehen werden will, herunterlassen kann. Die Sitze sind mit feinem schwarzem Leder bezogen und unterhalb und auf den Seiten mit Leinen ausgeschlagen, das an den Rändern mit Borten verziert ist. Jedes Ende der Gondel ist kunstvoll wie der Schwanz eines Delphins geschwungen und wie es scheint mit Metall überzogen. Die Bootsleute sitzen nie, wie unsere in London es zu tun pflegen, sondern sie stehen, wenn sie die Gondel fortbewegen, an der äußersten Spitze, zuweilen einer, oft zwei. Es soll zehntausend Gondeln in Venedig geben, von denen sechstausend privat, Herren von Stand und ihresgleichen zur Verfügung stehen, und viertausend für Lohn zu dingen sind und von Männern gerudert werden, die sich so ihren Lebensunterhalt verdienen.

MARKUSPLATZ UND CAMPANILE. Als ich den Markusplatz, auf Latein Forum oder Plataea Di. Marci, zuerst betrat, benahm seine Größe und Herrlichkeit mir den Atem. Großartiger als auf jedem anderen Platz unter der Sonne entfaltet sich hier der Glanz der Baukunst. Hier kann man alle Manieren modischer Kleidung betrachten und alle Sprachen der Welt hören, wie sie von christlichen und heidnischen Völkern gesprochen werden. Dies ist der Marktplatz der Welt, ORBIS eher als URBIS FORUM, wie ein geistreicher Autor sich ausgedrückt hat. Auf dem gefeierten Corso, dem Teil, der sich zwischen der Merceria und den beiden großen Marmorsäulen am Ufer des Adriatischen Meerbusens erstreckt, ist das Gewühl der Menge zweimal am Tage, morgens von sechs bis elf und gegen Abend von fünf bis acht, besonders groß. Neben den Angehörigen der verschiedensten Nationen versammeln sich dann Gruppen von Venezianern in ihren langen Talaren. Keiner von ihnen im Rang eines Patriziers erschiene hier anders als in seinem schwarzen Gewand mit dem schmalen, hochstehenden Halsband. Hier sieht man Polen und Slawonier, Perser, Griechen und Türken, Juden und Christen von den fernsten Enden der Erde, und jede Nation unterscheidet sich von der andern durch ihr eigentümliches und besonderes Gebaren.

Höchst bemerkenswert ist der Turm von San Marco. Er ist ganz aus Ziegeln und steht etwa achtzig Fuß von der Kirche entfernt. Er hat so tiefe Fundamente, dass manche Leute glauben, diese seien ebenso kostspielig gewesen wie der Turm selbst. Er ist quadratisch, und jede Seite ist vierzig Fuß breit. Er ist mit vergoldeten Ziegeln gedeckt, und wegen seiner erstaunlichen Höhe kann man ihn bei klarem Wetter über das Meer hinweg von Istrien und Kroatien aus sehen. Die Stufen, die zur Spitze führen, sind so eigentümlich angelegt, dass nicht nur ein Mann, eine Frau oder ein Kind, sondern sogar ein Pferd mühelos auf ihnen hinaufsteigen kann, erzählt man sich in der Stadt, doch ich muss gestehen, dass ich kein Pferd auf der Treppe sah. Diese Stufen sind nicht so steil wie bei gewöhnlichen Treppen, wo man vom Anfang bis zum Ende Schritt für Schritt von Stufe zu Stufe wenigstens einen Fuß ansteigt, sondern sie sind flach und weit voneinander entfernt, so dass man die Steigung gemächlich überwindet und weder ermüdet noch sonst irgendwelche Schwierigkeiten verspürt. Wenn man nahezu am Ziel angelangt ist, hören die Treppen auf, und man betritt einen leeren Dachboden, von dem aus eine kurze Leiter auf eine kleine, viereckige Galerie führt, die wie ein Balkon vorkragt und von vier runden Marmorpfeilern unterstützt wird. Von dieser Galerie genießt man auf jeder Seite die schönste Sicht (so glaube ich) in aller Welt. Von hier aus kann man *sub uno intuito* Gestalt und Anlage der Stadt erfassen, ihre prächtigen, säulengeschmückten Paläste, den Markusdom, der zum Greifen nahe ist, und den stattlichen Palast des Dogen, der sich eng an ihn anschmiegt. Man sieht zu seinen Füßen ihre Kirchen und Klöster, ihre Straßen und Marktplätze und alle die übrigen öffentlichen Gebäude, die von so seltener Großartigkeit sind, und endlich die vielen herrlichen Gärten, voll von wohlschmeckenden Früchten verschiedenster Art, Orangen und Zitronen, Aprikosen und Melonen und Paradiesäpfeln und Gott weiß was für Sorten. Man sieht am Rande der Stadt die vielen kleinen Inseln, bald fünfzig an der Zahl, voll von Menschen, die ihren Geschäften nachgehen, und noch weiter entfernt die Alpen, über die zwei Wege nach Deutschland führen, über Trient und über Graubünden, und auch der Weg nach Frankreich durch Savoyen. Man sieht die Apenninen, eine kleine Welt voll genussreichster Dinge. Deshalb rate ich dir, wer immer du auch sein magst und der du Venedig sehen möchtest, ver-

—

»Fast während der ganzen Zeit, die ich in Venedig verbrachte, war die Hitze so unerträglich, dass ich gezwungen war, nachts ohne irgendwelche Bedeckung splitternackt auf meinem Bett zu liegen.«

THOMAS CORYATE, »CORYAT'S CRUDITIES«

—

giss nicht den Markusturm zu besteigen, ehe du die Stadt wieder verlässt, es wird dich nicht mehr als ein Gazet kosten, was nicht einmal dem Wert eines englischen Pennys entspricht.

Die Mercerie und Geschichten vom Markusplatz. Die schönste Straße in Venedig, vom Markusplatz abgesehen, ist die Mercerie, die so heißt, weil hier die Seidenwarenhändler wohnen, doch gibt es hier auch viele Buchläden und viele Handwerker. Sie ist von beträchtlicher Länge, doch nicht sehr breit, es können immerhin sechs Menschen auf ihr nebeneinander hergehen. Sie ist mit Ziegeln gepflastert, und wo sie vom Rialto kommend auf den Markusplatz mündet, befindet sich ein schönes, reich mit Marmor verkleidetes Tor, auf dem man zwei wunderliche Ideen verwirklicht hat. Ganz obenauf stehen neben einer Uhr die sehr kunstvoll und naturgetreu ausgeführten Bronzefiguren von zwei Wilden. Bei dieser Uhr ereignete sich am 25. Juli, einem Montag, um etwa neun Uhr morgens, ein sehr tragischer und beklagenswerter Unfall. Ein Mann, dem die Sorge für diese Uhr oblag, war mit der Glocke beschäftigt, um seiner täglichen Gewohnheit zufolge das, was fehlerhaft sein sollte, in Ordnung zu bringen. Da traf ihn plötzlich einer der beiden wilden Männer, die jede Viertelstunde ausholen, um die große Glocke anzuschlagen, mit seinem bronzenen Hammer so heftig auf den Kopf, dass er auf den Platz hinunterfiel und tot liegen blieb und keinen Laut mehr von sich gab. Ich kann mich nicht dafür verbürgen, dass dies die lautere Wahrheit ist, da ich den Vorfall nicht mit eigenen Augen gesehen habe. Ich befand mich um diese Zeit im Dogenpalast und war mit der Betrachtung anderer Dinge beschäftigt, doch sobald ich heraustrat, schilderten mir einige meiner Landsleute, was geschehen war und was sie mit angesehen hatten. Sie gaben mir den Rat, diese Ereignisse in meinem Reisetagebuch als einen höchst bejammernswerten Unfall zu erwähnen.

Venedig, Stadtzentrum mit Piazza S. Marco Gemälde von G. Barzenti, 17. Jahrhundert

An der südlichen Ecke des Markusdoms, wenn man vom Dogenpalast kommt, ist etwas sehr Beachtenswertes zu sehen, ein Stein aus Porphyr, der anderthalb oder zwei Ellen hoch und von so beträchtlichem Umfang ist, dass ein Mann ihn mit beiden Armen nicht umspannen kann. Auf diesen Stein legt man die Köpfe der Widersacher und Verräter des Staates oder sonstiger ruchloser Verbrecher, die außerhalb der Stadt von Männern, die vom Senat eigens zu diesem Zweck gedungen werden, gefangen genommen und ohne Verzug umgebracht worden sind. Die Köpfe verbleiben hier drei Tage und drei Nächte, selbst wenn der üble Geruch, der von ihnen ausgeht, zu einer ekelhaften und pestilenzartigen Plage wird. Es ist schon lange Brauch bei den Venezianern, dass jemand, dem es gelingt, den Kopf eines berüchtigten Übeltäters, der aus der Stadt entflohen ist, um sich in Sicherheit zu bringen, auf diesen Stein zu legen, mit einer großen Summe Geldes belohnt wird. Ja, ich habe gehört, dass einem Mann, der den Kopf eines Verräters hierherbrachte, zwanzigtausend Dukaten ausbezahlt wurden.

—

Die wichtigsten Vorteile der Grand Tour: »Sprachen zu lernen und die Gesetze und Sitten, die Interessen und die Regierungen anderer Nationen zu verstehen, damit man Weltgewandtheit und Sicherheit im Benehmen erwirbt und den Geist zur Geschmeidigkeit bei Konversation und menschlichem Umgang erzieht – und wir endlich der Gesellschaft unserer Tanten und Großmütter entwöhnt werden …«
LAURENCE STERNE,
»THE PRODIGAL SON«

—

Nicht weit von diesem Stein steht ein wunderbar prächtiger Galgen aus Marmor, dessen Pfeiler mit schönen Ornamenten verziert sind. Er dient einzig und allein dazu, den Dogen aufzuhängen, sollte er Verrat gegen den Staat begehen. Man hat ihn wohl genau vor dem Tor seines Palastes aufgestellt, damit er ständig an die Pflichten, die er auf sich genommen hat, erinnert wird, und an die Strafe, die ihn erwartet, falls er sie vergessen sollte.

Während der sechs Wochen, die ich in Venedig zubrachte, sah ich nur einen kleinen, braunen Klepper, der auf dem Kirchhof von Santi Giovanni e Paolo graste. Dies kam mir nicht weiter verwunderlich vor; denn was sollen sie schon mit einem Pferd in einer Stadt anfangen, die kaum Gebrauch von ihm machen kann. So wusste ich nun aus eigener Erfahrung, dass das Geschwätz eines gewissen englischen Gentleman, der wegen seiner Kenntnisse von Italien sehr geschätzt wird und mit dem ich mich vor Antritt meiner Reise unterhielt, nicht der Wahrheit entsprach. Als ich ihn fragte, was ich in Venedig besonders beachten solle, erwiderte er mir, dass er nur sehr wenig von der Stadt gesehen habe, weil er per Eilpost durchgeritten sei. Dies ist eine so plumpe und fühlbare Fälschung der Tatsachen, wie man sie sich nur denken kann.

1717

Lady Mary Wortley Montagu

Im Frauenbad von Sophia

—

Bereits als junges Mädchen interessierte sich Mary Pierrepont (1689–1762) aus Nottingham für Literatur und Geschichte, ein Hauslehrer brachte ihr Latein und Französisch bei. Im Jahre 1712 heiratete die 23-Jährige Edward Wortley Montagu, den Bruder einer verstorbenen Brieffreundin. Lord Montagu war ein Mann mit politischen Ambitionen: 1715 wurde er Mitglied des Unterhauses, kurz darauf zum Schatzkanzler gewählt und 1716 als Botschafter an den osmanischen Hof gesandt. Ziel seiner Mission war es, die anhaltenden Spannungen zwischen der Türkei und Österreich im Sinne Großbritanniens zu beeinflussen. Entgegen den damaligen Gepflogenheiten begleitete Lady Mary ihren Gatten auf die Reise zu seinem neuen Wirkungsort. Im März 1717 trafen sie in Konstantinopel ein. Offenbar bewies Lord Montagu wenig diplomatisches Geschick – sechs Monate nach Amtsantritt wurde er wieder abberufen. Im Oktober 1718 waren die Montagus wieder in London.

In jenen beiden Jahren schrieb Lady Mary mehrere Dutzend Briefe nach London, die bald am Hof Georgs I. und in den Salons der englischen Hauptstadt zirkulierten. Sie offenbaren ihr besonderes Interesse für das Leben der Frauen in der Türkei – eine Welt, die in den üblichen Reiseberichten der (männlichen) Kaufleute und Gesandten aus Europa nicht vorkam, da sie ihnen verschlossen blieb. Noch auf einem anderen Feld erwies sich Lady Mary als Aufklärerin: In Adrianopel sah sie, wie Kinder gegen die »Blattern« geimpft wurden. Sie ließ ihre Kinder ebenfalls impfen und wurde zur Vorkämpferin der Pockenschutzimpfung in England. Später lebte sie, getrennt von ihrem Mann, in Frankreich und Italien. Ihre gesammelten Briefe aus dem Orient *erschienen 1763 kurz nach ihrem Tod – sie starb im Alter von 73 Jahren.*

—

An Lady Rich, Adrianopel, den 1. April 1717. Ich bin jetzt in eine neue Welt getreten, wo alles, was ich sehe, mir wie eine Veränderung des Schauplatzes vorkommt. Und jetzt schreibe ich Ihnen mit einem gewissen Grade von Zufriedenheit, weil ich zum Wenigsten hoffe, dass Sie den Reiz der Neuheit in meinen Briefen finden und mir nicht mehr vorwerfen werden, dass ich Ihnen nichts Außerordentliches erzähle. Ich will Ihnen nicht mit der Beschreibung unserer mühseligen und langweiligen Reise beschwerlich fallen, aber das darf ich nicht übergehen, was ich Merkwürdiges zu Sophia, einer der schönsten Städte des türkischen Reiches, sah, das wegen seiner heißen Bäder, die sowohl zur Belustigung als zur Gesundheit besucht werden, berühmt ist. Ich hielt mich hier einen Tag auf, bloß in der Absicht, diese Bäder zu sehen, und weil ich inkognito hingehen wollte, mietete ich eine türkische Kutsche. Dieses Fuhrwerk hat nicht die geringste Ähnlichkeit mit den unsrigen, ist aber für dieses Land viel bequemer, weil die große Hitze die Glasscheiben sehr beschwerlich machen würde. Die Kutschen sind meistenteils wie die holländischen Postwagen gebaut, haben hölzerne, bemalte und vergoldete Gitter. Das Innere ist gleichfalls mit Blumenkörben und Sträußen bemalt, unter die gewöhnlich kleine poetische Mottos eingestreut sind. Sie sind ganz mit Scharlachtuch bedeckt, das mit Seide gefüttert und oft reich bestickt und mit Fransen behangen ist. Diese Decke verbirgt die darin sitzenden Personen ganz, kann aber nach Gefallen zurückgeschlagen werden, so dass das Frauenzimmer die Freiheit hat, durch das Gitter zu gucken. Vier Personen können darin bequem auf Kissen sitzen, aber nicht stehen.

Lady Montagu im türkischen Gewand mit Turban und Dolch

In einem von diesen bedeckten Wagen fuhr ich um 10 Uhr ins Bad; es war schon voller Frauenzimmer. Es ist aus Stein, nach Art eines Doms, ohne Fenster, außer einem an der Decke, das Licht genug gibt. Fünf dieser Kuppelbauten sind aneinandergefügt, der äußerste ist der kleinste und dient nur als Halle, wo die Pförtnerinnen vor der Tür stehen. Vornehme geben gewöhnlich dieser Frau eine Krone oder zehn Schillinge, welches Zeremoniell ich auch nicht vergaß. Der nächste Raum ist sehr groß, mit Marmor gepflastert und hat rund herum an der Mauer zwei erhöhte marmorne Sofas, eins über dem anderen. In diesem Raum waren vier Brunnen mit kaltem Wasser, das zuerst in marmorne Becken fiel und dann auf den Boden in kleine, dafür gemachte Rinnen floss, die den Strom in den nächsten Raum führten. Dieser war kleiner, hatte dieselbe Art Sofa, war aber so heiß von den Schwefeldämpfen, die aus den anstoßenden Bädern steigen, dass man es unmöglich in Kleidern darin aushalten konnte. Die zwei anderen Kuppelbauten sind die heißen Bäder; in eines davon läuft kaltes Wasser, womit die Badenden durch Öffnen eines Hahns die Wärme nach Belieben mäßigen können.

Ich war in meinem Reisekleid, welches ein Reitkleid ist und den Frauen gewiss höchst wunderlich vorkam. Doch war nicht eine einzige da, die die geringste Verwunderung oder unverschämte Neugierde blicken ließ, sondern jede empfing mich mit der verbindlichsten Höflichkeit. Ich kenne keinen europäischen Hof, wo die Damen sich gegen eine solche Fremde so höflich und gesittet betragen haben würden. Ich glaube, es waren in allem zweihundert Frauenzimmer, und doch sah ich nichts von jenem höhnischen Lächeln und durchhechelnden Geflüster, das in unseren Gesellschaften nie ausbleibt, wenn jemand erscheint, der nicht genau nach der Mode gekleidet ist. Sie wiederholten ein über das andere Mal mir gegenüber: guzél, pek guzél, das nichts heißt als: reizend, sehr reizend. Die niedrigen Sofas waren mit Kissen und reichen Teppichen bedeckt, auf welchen die Damen saßen. Die erhöhten Sofas hinter ihnen sind für ihre Sklavinnen, doch alle ohne Unterschied des Ranges in ihrer Kleidung, alle waren im Stande der Natur, das heißt in klaren Worten mutternackend, keine Schönheit, keine Ungestalt verdeckt. Und doch sah ich nicht das geringste üppige Lächeln oder eine ungesittete Stellung. Sie bewegten sich, sie wandelten mit eben der majestätischen Anmut, die Milton unser aller Stammmutter beilegt. Viele waren mit solchem Ebenmaß gebaut, wie je eine Göttin durch den Pinsel eines Guido [Reni] oder Tizian gemalt worden ist. Die meisten mit blendend weißer Haut, von nichts als schönen Haaren geziert, die in viele Zöpfe zerteilt über ihre Schultern herunterhingen und entweder mit Perlen oder mit Bändern durchflochten waren, vollkommene Bilder der Grazien.

Hamam
Türkische Miniatur, 1732

Hier ward ich von der Wahrheit einer Beobachtung überzeugt, die ich oft gemacht habe: dass, wenn es Mode wäre, nackend zu gehen, man schwerlich auf das Gesicht achten würde. Ich bemerkte, dass die Damen mit der zartesten Haut und schönsten Leibesgestalt auch den größten Anteil an meiner Bewunderung hatten, obschon ihre Gesichter bisweilen weniger schön waren als die ihrer Gesellschafterinnen. Um Ihnen die Wahrheit zu gestehen, war ich boshaft genug, im Geheimen zu wünschen, dass Mr. Jervas hier unsichtbar zugegen sein könnte. Es würde, bilde ich mir ein, seiner Kunst sehr förderlich gewesen sein, so viele schöne nackte Weibsbilder in verschiedenen Stellungen zu sehen, einige im Gespräch, einige bei der Arbeit, wieder andere Kaffee oder Sorbet trinkend und viele nachlässig auf Kissen hingestreckt, während ihre Sklavinnen (im Allgemeinen reizende Mädchen von siebzehn oder achtzehn Jahren) sich beschäftigen, ihre Haare phantasiereich und zierlich zu flechten. Kurz, dies ist der Frauenzimmer Kaffeehaus, wo alle Stadtneuigkeiten erzählt, Verleumdungen ersonnen werden usf. Sie machen sich diesen Zeitvertreib gewöhnlich einmal in der Woche und bleiben zum Wenigsten vier oder fünf Stunden beisammen, ohne sich zu erkälten, wenn sie plötzlich aus dem heißen Bad in den kühlen Raum treten, was mich in Erstaunen setzte.

—

»Ich schreibe in diesem Augenblick in einem Hause, das am Ufer des Hebrus liegt, der unter meinem Fenster vorbeifließt. Mein Garten ist voll hoher Zypressen, auf deren Zweigen manches Paar getreuer Turteltauben sich vom Morgen bis in die Nacht zärtliche Dinge sagen.«

LADY MONTAGU AN ALEXANDER POPE, ADRIANOPEL, 1. APRIL 1717

—

Die Dame, die mir die vornehmste schien, forderte mich auf, mich neben sie zu setzen, und hätte mich gerne zum Baden entkleidet. Es fiel mir schwer, mich zur entschuldigen, denn ihr Zureden war so ernsthaft, dass ich mich endlich gezwungen sah, mein Kleid zu öffnen und ihnen meine Schnürbrust zu zeigen, womit sie vollkommen zufrieden waren. Ich bemerkte, sie glaubten, dass ich in diese Maschine eingeschlossen wäre und es nicht in meiner Gewalt hatte, sie zu öffnen, welche listige Erfindung sie meinem Gemahl zuschrieben. Ihre Höflichkeit und Schönheit hatten mich ganz bezaubert, und ich würde mit Freuden länger bei ihnen geblieben sein, allein Herr Wortley war entschlossen, seine Reise früh fortzusetzen. Ich eilte also, noch die Trümmer von Justinians Kirche zu sehen, die mir keinen so angenehmen Anblick verschaffte wie den, welchen ich verlassen hatte, denn sie ist wenig mehr als ein Steinhaufen.

Leben Sie wohl, Madame. Jetzt habe ich Sie sicherlich mit einem Gegenstand unterhalten, den Sie in Ihrem Leben nicht gesehen haben und wovon Sie keine Reisebeschreibung unterrichten kann, weil der Tod darauf steht, wenn eine Mannsperson sich an einem solchen Ort antreffen lässt.

—

1773

Georg Forster

Mit Captain Cook um die Welt

Die Vorstellung von der »Terra Australis«, einem riesigen, noch unentdeckten Kontinent im Süden, lockte seit dem 16. Jahrhundert die europäischen Entdecker in die Südsee. Unter ihnen auch James Cook (1728–1779), der ihn für Großbritannien in Besitz nehmen sollte. Auf seiner ersten Expedition in den Jahren 1768 bis 1771 fand er ihn nicht; also rüstete er im Jahr darauf zu einer zweiten Fahrt. Wie schon zuvor wurde er begleitet von einer Gruppe von Wissenschaftlern und Künstlern, deren Aufgabe es war, die unbekannte Welt zu erkunden und festzuhalten – in Wort und Bild. Zu ihnen gehörten auch zwei Deutsche – der Naturforscher Johann Reinhold Forster und sein Sohn Georg (1754–1794), der beim Auslaufen der beiden Schiffe »Resolution« und »Adventure« im Juli 1772 gerade einmal 17 Jahre zählte. Sie umsegelten das Kap der Guten Hoffnung und erreichten Neuseeland und Tahiti. Von dort aus unternahmen sie jeweils im antarktischen Sommer Vorstöße nach Süden – bis sie vom Packeis gestoppt wurden. In der Zwischenzeit erkundeten die Männer die Inselwelt Polynesiens und studierten die Lebensweise ihrer Bewohner.

Dem jungen Georg Forster offenbarte sich eine unbekannte, wunderbare Welt. Im Sommer 1775, nach drei Jahren auf See, war er wieder in Deutschland. Das Buch, das er sogleich über die aufsehenerregende Reise zu verfassen begann und zwei Jahre später – noch vor der offiziellen Beschreibung von James Cook – veröffentlichte, machte ihn schlagartig berühmt. Zu Recht – denn Forsters Reise um die Welt *ist nicht nur in geschliffener Prosa geschrieben; es ist auch das Werk eines Aufklärers, getragen von Empathie, der das Verhalten der Ankömmlinge aus Europa reflektiert und in Frage stellt. Und nach einigen hundert Seiten, ungefähr in der Mitte des Buches, stößt der Leser auf die Erkenntnis: »Wahrlich! Wenn die Wissenschaft und Gelehrsamkeit einzelner Menschen auf Kosten der Glückseligkeit ganzer Nationen erkauft werden muss; so wär' es, für die Entdecker und Entdeckten, besser, dass die Südsee den unruhigen Europäern ewig unbekannt geblieben wäre.«*

Johann Reinhold und Georg Forster als Begleiter des Weltumseglers James Cook
Holzstich, koloriert

Neu-Seeland, Mai 1773. Am 23sten des Morgens kamen zwei kleine Canots und in denselben fünf Indianer auf uns zu, welches die ersten waren, die sich seit unsrer Ankunft sehen ließen. Sie waren ohngefähr von eben der Art als die Leute in Dusky-Bay, jedoch mit dem Unterschied, dass diese gleich von Anfang weniger misstrauisch und besorgt gegen uns taten als jene. Wir kauften ihnen Fische ab und machten ihnen auch einige Geschenke. Sowenig sie Bedenken trugen, aufs Schiff zu kommen, ebenso wenig Umstände machten sie auch, uns in die Kajüte zu folgen, und da wir uns gerade zu Tisch setzten, so aßen sie ganz getrost mit von unsern Speisen; im Trinken hingegen wollten sie uns nicht Gesellschaft leisten, wenn es auf Wein oder Branntewein ankam, sondern für beides bezeugten sie einen unüberwindlichen Abscheu und tranken nichts als Wasser. Sie waren so unstet, dass sie von unserm Tische nach den Steuer-Raum hinabliefen und auch da, bei den Offizieren, von neuem wieder tüchtig mit speisten, imgleichen eine Menge Wasser soffen, die ihnen mit Zucker süß gemacht wurde, weil man wusste, dass sie darnach ungemein lüstern waren. Was sie sahen oder erreichen konnten, stand ihnen an; sobald man ihnen aber nur im mindesten bedeutete, dass wir es nicht missen könnten oder wollten, so legten sie es willig wiederum hin. Glas-Bouteillen, welche sie *Tahali* nannten, mussten ihnen besonders schätzbar sein, denn wo sie dergleichen nur ansichtig wurden, da zeigten sie auch darauf, und sagten *mokh*, indem sie die Hand auf die Brust legten, welches allemal bedeutete, dass sie etwas zu haben wünschten. Aus Korallen, Bändern, weißem Papier und andern solchen Kleinigkeiten machten sie sich nichts; aber Eisen, Nägel und Beile waren ihnen sehr angenehm, ein Beweis, dass sie den inneren Wert dieser Waren nunmehro durch die Erfahrung hatten kennen und schätzen lernen, und dass die Gleichgültigkeit, welche sie bei Capitain Cooks voriger Reise dagegen blicken ließen, bloß daher rührte, dass sie von der Nutzbarkeit und Dauerhaftigkeit des Eisenwerks damals noch gar keinen Begriff hatten.

Maori beim Tauschhandel, 1769
Aquarell von Tupaya aus Polynesien

Einige von unsern Leuten waren so frei gewesen, sich nach Tische ihrer Canots zu bedienen, um damit ans Land zu fahren; allein die Indianer, denen mit einer solchen Vertraulichkeit eben nicht gedient sein mochte, kamen gleich in die Kajüte, um sich beim Capitain darüber zu beschweren. Man sah folglich, dass sie begriffen haben mussten, der Capitain habe den Leuten zu befehlen; und da er ihnen auch sogleich Gerechtigkeit widerfahren und die Canots wiedergeben ließ, so kehrten sie alle höchst vergnügt ans Land zurück.

Am folgenden Morgen kamen sie schon bei Anbruch des Tages wieder und brachten noch vier andre Leute mit sich, worunter auch ein Weib nebst verschiednen Kindern war. Sie schienen des Handels wegen gekommen zu sein, worin wir sie auch nicht stören wollten, sondern gleich nach dem Frühstück mit den Capitains der beiden Schiffe nach einem sehr breiten See-Arm ausruderten, der an der Nord-Seite des Sundes gelegen und auf der vorigen Reise *West-Bay* genannt worden war. Unterwegens begegneten wir einem doppelten Canot, welches mit dreizehn Mann besetzt, zu uns herankam. Diese Leute schienen sich des Capitain Cooks zu erinnern, denn sie wandten sich an ihn und fragten nach Tupaya, dem Indianer von O-Taheitti, welchen er auf seiner vorigen Reise bei sich gehabt, und der bei des Schiffes Anwesenheit in Neu-Seeland noch am Leben gewesen war. Als sie hörten, dass er tot sei, schienen sie ganz betrübt darüber und sagten einige Wörter in einem klagenden Tone her. Wir machten ihnen Zeichen, dass sie an Bord des Schiffs nach Ship-Cove gehen mögten; als sie aber sahen, dass wir nach einer andern Gegend hinruderten, kehrten auch sie nach der Bucht zurück, aus welcher sie gekommen waren.

—

»Der gute Kerl zitterte über und über … Da er dem Capitain [Cook] jetzt recht nahe war, ergriff ihn dieser bei der Hand und umarmte ihn, wobei er des Wilden Nase mit der seinigen berührte, wie es ihre Art ist, einander zu begrüßen.«

Georg Forster, 1773, in Neuseeland

—

Wir fanden die Berge in dieser Gegend des Landes nicht völlig so steil als sie an dem südlichen Ende von Neu-Seeland zu sein pflegten, besonders waren sie an der Küste hier alle niedriger als dort, aber fast durchgängig mit Waldung bewachsen, und diese war eben so dick und undurchdringlich als in Dusky-Bay. Dagegen gab es hier ungleich mehr Tauben, Papageien und kleine Vögel, die zum Teil jene kalte Gegenden im Winter verlassen haben und nach diesem wärmern Teile gezogen sein mochten. Austerfänger oder See-Elstern und verschiedne Seeraben-Arten machten es an den Küsten lebhaft; aber Enten waren selten. Übrigens gibt es in West-Bay eine Menge schöner Buchten, die alle guten Ankergrund haben. Rundumher steigen die Berge in sanften Anhöhen empor und sind mit Buschwerk und Bäumen bewachsen, doch findet man auch einige, die an der Spitze ohne Holz sind, und stattdessen nur eine Art von gemeinen Farnkraut hervorbringen. Nachdem wir eine Menge neuer Pflanzen eingesammelt, worunter auch eine Pfeffer-Art war, die fast wie Ingwer schmeckte, imgleichen allerhand Vögel geschossen hatten, so kehrten wir des Abends spät an Bord zurück. In unsrer Abwesenheit war, aus Norden her, ein großes Canot mit zwölf Indianern an Bord gekommen, die eine Menge von ihren Kleidungsstücken, einige steinerne Streit-Äxte, Keulen, Speere, ja sogar ihre Ruder verhandelt hatten.

Am folgenden Morgen spazierten wir rund an dem Ufer der Bucht umher, um Pflanzen und Vögel aufzusuchen; und Nachmittags gingen wir nach der felsichten Küste von Point Jackson, um Meer-Raben *(Shags)* zu schießen, die wir nun statt wilder Enten zu essen gelernt hatten. In der Zwischenzeit bekamen wir einen zweiten Besuch von der indianischen Familie, welche am 23. schon bei uns gewesen war,

Wasserfall in Dusky Bay, 1776 Gemälde von William Hodges

doch schien es diesmal bloß aufs Mitessen angesehen zu sein, denn zum Vertauschen hatten sie nichts mitgebracht. Wir fragten nach ihren Namen; es währte aber eine lange Zeit, ehe sie unsre Meinung verstehen konnten. Endlich erfuhren wir, dass der älteste unter ihnen *Towaahangha,* die andern aber *Kotughäa, Koghoää, Khoää, Kolläkh* und *Taywaherua* hießen. Dieser Letztbenannte war ein Knabe von ohngefähr vierzehn Jahren, der etwas sehr Gefälliges an sich hatte, auch der lebhafteste und verständigste von allen zu sein schien. Wir nahmen ihn mit uns in die Kajüte und behielten ihn zu Tische, wo er sichs tapfer schmecken ließ: Unter andern verzehrte oder verschlang er vielmehr, mit recht gefräßigem Appetit, ein Stück von einer See-Raben-Pastete *(Shag-pye),* und wider alle Erwartung war ihm der Teig davon lieber als das Fleisch. Der Capitain schenkte ihm Madera-Wein ein, wovon er etwas mehr als ein Glas trank, anfänglich aber viel saure und schiefe Gesichter dabei machte. Als hierauf eine Flasche von ganz süßem Cap-Wein auf den Tisch kam, so ward ihm auch davon ein Glas vorgesetzt; dieser schmeckte ihm so gut, dass er die Lippen ohne Aufhören darnach leckte, und bald noch ein zweites Glas verlangte, welches ihm auch gegeben ward. Nunmehro fing er an, überaus lebhaft und gesprächig zu werden. Er tanzte in der Kajüte herum und verfiel mit einem Mal darauf, des Capitains Boot-Mantel zu haben, der auf einem Stuhle lag. Als er eine abschlägige Antwort hierauf bekam, ward er sehr verdrüßlich. Es währte nicht lange, so forderte er eine ledige Bouteille, und da ihm auch diese versagt ward, so lief er im größten Zorn zur Kajüte hinaus. Auf dem Verdeck fand er einige unsrer Bedienten, die Leinenzeug zusammenlegten, welches sie getrocknet hatten. Von diesem hatte er in einem Augenblick ein Tischtuch weggehascht; man nahm es ihm aber gleich wieder ab. Nun wusste er sich gar nicht mehr zu bändigen, er stampfte mit den Füßen, drohte, brummte oder grunzte vielmehr etwas zwischen den Zähnen her, und ward zuletzt so tückisch, dass er kein Wort mehr sprechen wollte. Die empfindliche, leicht zu beleidigende Gemütsart dieses Volks zeigte sich nirgends deutlicher als in dieses Knaben Betragen; und wir sahen bei dieser Gelegenheit, welch ein Glück es für sie ist, dass sie von berauschenden Getränken nichts wissen, denn dergleichen würde sie ohnfehlbar noch wilder und unbändiger machen.

Am folgenden Morgen hatten wir verschiedne Canots um uns her, in denen zusammengenommen etwa dreißig Indianer sein mochten. Sie brachten allerhand Werkzeuge und Waffen zu Markte und bekamen eine Menge andrer Sachen dagegen, weil unsre Leute so eifrig aufs Eintauschen waren, dass einer den andern immer überbot. Es befanden sich auch einige Weiber unter ihnen; diese hatten sich die Backen mit Rotstein und Öl geschminkt, die Lippen hingegen sahen, vom Punktieren oder Tätowieren, welches hierzulande sehr Mode ist, ganz schwärzlich blau aus. Wir fanden, dass sie fast durchgängig, gleich den Leuten in Dusky-Bay, dünne krumme Beine, mit dicken Knieen hatten. Dies muss ohne Zweifel davon herrühren, dass sie solche wenig gebrauchen, indem sie einesteils am Lande die mehreste Zeit untätig liegen mögen, andernteils aber in den Canots stets mit untergeschlagnen Füßen zu sitzen pflegen. Übrigens waren sie von ziemlich heller Farbe, die ohngefähr zwischen Oliven- und Mahoganybraun das Mittel halten mochte; dabei hatten sie pechschwarzes Haar, runde Gesichter, und vielmehr dicke als platte Nasen und Lippen. Auch hatten sie schwarze Augen, die oft lebhaft und nicht ohne Ausdruck, so wie der ganze Oberteil des Körpers wohlgebildet und ihre Gestalt überhaupt gar nicht widrig war. Unsre Matrosen hatten seit der Abreise vom Cap mit keinen Frauenspersonen Umgang gehabt; sie waren also sehr eifrig hinter diesen her, und aus der Art, wie ihre Anträge aufgenommen wurden, sah man wohl, dass es hierzulande mit der Keuschheit so genau nicht genommen würde, und dass die Eroberungen eben nicht schwer sein müssten. Doch hingen die Gunstbezeigungen dieser Schönen nicht bloß von ihrer Neigung ab, sondern die Männer mussten, als unumschränkte Herren, zuerst darum befragt werden. War deren Einwilligung durch einen großen Nagel, ein Hemd oder etwas dergleichen erkauft, so hatten die Frauenspersonen Freiheit, mit ihren Liebhabern vorzunehmen, was sie wollten, und konnten alsdenn zusehen, noch ein Geschenk für sich selbst zu erbitten. Ich muss indessen gestehen, dass einige derselben sich nicht anders als mit dem äußersten Widerwillen zu

Maori, Neuseeland, 1769
Zeichnung von Sydney Parkinson

Die »Resolution« und die »Adventure« in der Matavi-Bucht von Tahiti, 1773
Gemälde von William Hodges

einem so schändlichen Gewerbe gebrauchen ließen, und die Männer mussten oft ihre ganze Autorität, ja sogar Drohungen anwenden, ehe sie zu bewegen waren, sich den Begierden von Kerlen preiszugeben, die ohne Empfindung ihre Tränen sehen und ihr Wehklagen hören konnten. Ob unsre Leute, die zu einem gesitteten Volk gehören wollten und doch so viehisch sein konnten, oder jene Barbaren, die ihre eignen Weibsleute zu solcher Schande zwangen, den größten Abscheu verdienen, ist eine Frage, die ich nicht beantworten mag. Da die Neu-Seeländer fanden, dass sie nicht wohlfeiler und leichter zu eisernem Geräte kommen konnten als vermittelst dieses niederträchtigen Gewerbes, so liefen sie bald genug im ganzen Schiffe herum und boten ihre Töchter und Schwestern ohne Unterschied feil. Den *verheirateten* Weibern aber verstatteten sie, soviel wir sehen konnten, nie die Erlaubnis, sich auf ähnliche Weise mit unsern Matrosen abzugeben. Ihre Begriffe von weiblicher Keuschheit sind in diesem Betracht so sehr von den unsrigen verschieden, dass ein unverheiratetes Mädchen viele Liebhaber begünstigen kann, ohne dadurch im mindesten an ihrer Ehre zu leiden. Sobald sie aber heiraten, wird die unverbrüchlichste Beobachtung der ehelichen Treue von ihnen verlangt. Da sie sich solchergestalt aus der Enthaltsamkeit unverheirateter Frauenspersonen nichts machen; so wird man vielleicht denken, dass die Bekanntschaft mit ausschweifenden Europäern den moralischen Charakter dieses Volks eben nicht verschlimmert haben könne: Allein wir haben alle Ursache zu vermuten, dass sich die Neu-Seeländer zu einem dergleichen schändlichen Mädchen-Handel nur seitdem erst erniedrigt hatten, seitdem vermittelst des Eisengerätes neue

Bedürfnisse unter ihnen waren veranlasst worden. Nun diese einmal stattfanden, nunmehro erst verfielen sie, zu Befriedigung derselben, auf Handlungen, an die sie zuvor nie gedacht haben mochten und die nach unsern Begriffen auch nicht einmal mit einem Schatten von Ehre und Empfindsamkeit bestehen können.

Es ist Unglücks genug, dass alle unsre Entdeckungen so viel unschuldigen Menschen haben das Leben kosten müssen. So hart das für die kleinen, ungesitteten Völkerschaften sein mag, welche von Europäern aufgesucht worden sind, so ist's doch wahrlich nur eine Kleinigkeit in Vergleich mit dem unersetzlichen Schaden, den ihnen diese durch den Umsturz ihrer sittlichen Grundsätze zugefügt haben. Wäre dies Übel gewissermaßen dadurch wieder gutgemacht, dass man sie wahrhaft nützliche Dinge gelehret oder irgendeine unmoralische und verderbliche Gewohnheit unter ihnen ausgerottet hätte; so könnten wir uns wenigstens mit dem Gedanken trösten, dass sie auf einer Seite wiedergewonnen hätten, was sie auf der andern verloren haben mögten. So aber besorge ich leider, dass unsre Bekanntschaft den Einwohnern der Süd-See *durchaus* nachteilig gewesen ist; und ich bin der Meinung, dass gerade diejenigen Völkerschaften am besten weggekommen sind, die sich immer von uns entfernt gehalten und aus Besorgnis und Misstrauen unserem Seevolk nie erlaubt haben, zu bekannt und zu vertraut mit ihnen zu werden. Hätten sie doch durchgängig und jeder Zeit in den Mienen und Gesichtszügen derselben den Leichtsinn lesen und sich vor der Liederlichkeit fürchten mögen, welche den Seeleuten überhaupt und mit Recht zur Last gelegt wird!

—

—

»Dem Eindruck ganz überlassen, den dieser Anblick auf mich machte, sank ich gleichsam unwillkürlich in mich selbst zurück, und das Bild jener drei Jahre, die ich auf dem Ozean zubrachte und die mein ganzes Schicksal bestimmten, stand vor meiner Seele.«

Georg Forster, 1791, am Ufer des Meeres in Antwerpen

—

1782

Karl Philipp Moritz

Reise nach England

In seinem autobiographisch gefärbten Roman Anton Reiser *schickt Karl Philipp Moritz (1756–1793) seinen Helden hinaus ins Freie: »Dies wäre gutes Wetter, davonzugehen – so reisemäßig, der Himmel so dicht auf der Erde liegend, die Gegenstände umher so dunkel, gleichsam als sollte die Aufmerksamkeit nur auf die Straße, die man wandern wollte, hingeheftet werden.« In die Welt hinaus zog es auch Moritz, Pädagoge und Konrektor am Berlinischen Gymnasium zum Grauen Kloster, und das am liebsten zu Fuß.*

Das Honorar für seine populäre Deutsche Sprachlehre für die Damen *ermöglichte es ihm, dem »abscheulichen Schulkerker« für eine Weile zu entfliehen. Mit seinem Schulfreund Friedrich Gedike brach er Anfang Mai 1782 zu einer Wanderung von Berlin nach Hamburg auf. Von dort aus schiffte er sich nach London ein, die Überfahrt war strapaziös und dauerte 14 Tage. Drei Wochen hielt er sich in der englischen Hauptstadt auf, danach durchwanderte er die Insel – über Windsor nach Oxford, von Birmingham nach Darby und von Nottingham bis Leicester. Von seiner Reise schrieb er seinem Freund Gedike Briefe, die im Jahr darauf als Buch erschienen. Er schwärmt darin von der englischen Landschaft und erzählt vom Leben in der englischen Hauptstadt. Im Vergleich dazu nahm sich die preußische Residenzstadt Berlin recht provinziell aus.*

Eine weitere Reise – in den Jahren 1786 bis 1788 nach Italien – sollte dem Leben von Moritz eine grundlegende Wendung bringen. In Rom freundete er sich mit Goethe an, und nicht zuletzt auf dessen Vermittlung wurde Moritz 1789 als Professor an die Königlich Preußische Akademie der Künste berufen. Bereits vier Jahre darauf verstarb er an seinem chronischen Lungenleiden, noch keine 37 Jahre alt.

London, den 5ten Juni. Endlich, liebster Gedike, bin ich einmal wieder in Ruhe, da ich meinen Koffer und meine Sachen vom Schiffe habe, das erst gestern Morgen angekommen ist. Weil ich meinen Koffer nicht erst wollte nach dem Kustom- oder Zollhause bringen lassen, welches sehr viele Umstände macht, so musste ich an die Gerichtsdiener und Visitatoren, welche auf das Schiff kamen, bezahlen. Als ich aber den einen mit zwei Schillingen befriediget hatte, so protestierte der andre wieder gegen die Verabfolgung des Koffers, bis ich ihm ebenso viel gegeben hatte, und so auch der dritte, dass es mir

Ansicht von London
an der Themse
Kupferstich, koloriert

sechs Schillinge kostete, die ich auch gern gab, weil es mir auf dem Kustomhouse noch mehr würde gekostet haben.

Gleich am Ufer der Themse befanden sich verschiedne Träger, wovon einer den großen und schweren Koffer mit erstaunlicher Leichtigkeit auf die Schulter nahm, und ihn für zwei Schillinge so weit trug, bis wir eine Mietkutsche trafen, in welche wir ihn absetzten, und ich zugleich selbst mitfuhr, ohne weiter für den Koffer besonders zu bezahlen. Dies ist ein großer Vorteil bei den Englischen Mietkutschen, dass es einem nicht verwehrt ist, mit sich zu nehmen, was man will: man erspart dabei doppelt so viel, als man einem Träger bezahlen müsste, und fährt selber mit. Die Antworten und Ausdrücke der gemeinen Leute sind mir hier wegen ihrer Kürze und Präzision oft schon sehr aufgefallen. Als ich mit dem Kutscher zu Hause kam, warnte ihn meine Wirtin, mir nicht zu viel abzufordern, weil ich ein Fremder sei: und wenn er auch kein Fremder wäre, antwortete er, so würde ich ihm nicht zu viel abfordern!

—

»Endlich befinde ich mich zwischen den glücklichen Ufern des Landes, das zu sehen schon jahrelang mein sehnlichster Wunsch war und wohin ich mich so oft in Gedanken geträumt habe.«

K. P. Moritz
auf der Themse,
31. Mai 1782

—

Meine Empfehlungsschreiben an einen hiesigen Kaufmann, die ich wegen der eiligen Abreise von Hamburg nicht mitnehmen konnte, sind nun auch angekommen, und haben mir viele Besorgnisse wegen der Umwechselung meines Goldes erspart, ich kann dies nun wieder mit nach Deutschland nehmen, und dort an den Korrespondenten des hiesigen Kaufmanns die Summe wiedergeben, die mir derselbe hier im Englischen Gelde auszahlt. Sonst hätte ich meine Preußischen Friedrichsd'or nach dem Gewicht verkaufen müssen. Für einige holländische Dukaten, die ich während der Zeit ausgeben musste, bekam ich nicht mehr wie acht Schillinge.

Von dem Matrosenpressen hat hier ein Ausländer nicht das Mindeste zu befürchten, vollends wenn er sich an keinen verdächtigen

Orten finden lässt. Eine sonderbare Erfindung zu diesem Endzweck ist ein Schiff, das nicht weit vom Tower auf Towerhill auf dem Lande steht und mit Masten und Zubehör versehen ist. Einfältigen Leuten, die etwa vom Lande kommen und hier stehenbleiben, um es anzugaffen, verspricht man, es für eine Kleinigkeit zu zeigen, und sobald sie darin sind, werden sie wie in einer Falle festgehalten, und entweder nach Befinden der Umstände wieder losgelassen oder zu Matrosen weggenommen.

Custom House, das Zollhaus am Londoner Hafen. Kupferstich, koloriert, um 1750

Gar bequem deucht einem Fremden der mit breiten Steinen gepflasterte Weg an beiden Seiten der Straßen, wo man vor der entsetzlichen Menge von Wagen und Kutschen auf den Straßen so sicher ist wie in seiner Stube; denn kein Rad darf nur um einen Fingerbreit hinüberkommen. Indes erfordert es die Höflichkeit, eine Dame oder jemand, den man ehren will, nicht etwa wie bei uns immer zur Rechten, sondern an der Seite der Häuser (Wall-side), es sei nun übrigens die rechte oder die linke, gehen zu lassen, weil diese die bequemste und sicherste ist. Mitten auf der Straße wird man in London nicht leicht einen vernünftigen Menschen gehen sehen, ausgenommen, wenn man querüber muss, welches bei Charingkross, und andern Plätzen, wo sich verschiedne Straßen durchkreuzen, wirklich gefährlich ist.

Sehr auffallend ist es, wenn man, besonders auf dem Strande, wo ein Kaufmannsgewölbe an das andere stößt, und oft Leute von sehr verschiednem Gewerbe in einem Hause wohnen, die Häuser oft von unten bis oben mit großen, an aufgehängte Tafeln gemalten Buchstaben beschrieben sieht. Alles, was in dem Hause lebt und webt, prangt auch mit einem Schilde vor der Türe, und da ist in der Tat kein Schuhflicker, dessen Namen und Gewerbe nicht mit großer goldner Schrift von jedermann zu lesen ist. Es ist hier gar nichts Ungewöhnliches, hintereinander an den Türen zu lesen: hier werden Kinder erzogen, hier Schuh geflickt, hier fremde Liqueurs verkauft, und hier Begräbnisse veranstaltet. *Dealer in Foreign Spirituous Liquors*, oder *hier sind fremde Liqueure zu verkaufen* ist unter allen die häufigste Inschrift, die ich gefunden habe. Auch soll die Begierde zum Branntweintrinken, besonders bei den gemeinen Engländern, außerordentlich weit gehen, und es ist eine Englische Phrases, dass man von jemanden sagt, *he is in liquor* (er ist in Branntewein), wenn man bezeichnen will, dass er betrunken ist. Auch sind bei dem letzten großen Aufruhre, der noch jetzt immer der zweite oder dritte Gegenstand ist, worauf sich die gewöhnlichen Konversationen zu lenken pflegen, mehr Menschen bei den ausgeleerten Branntweinsfässern auf den Straßen als durch die Musketenkugeln der eingerückten Regimenter tot gefunden worden.

Soweit ich diese paar Tage über London durchstrichen bin, habe ich, im Ganzen genommen, nicht so schöne Häuser und Straßen, aber allenthalben mehr und schönere Menschen, als in Berlin, gesehen. Es macht mir ein wahres Vergnügen, sooft ich von Charingkross, den Strand hinauf, und so weiter, vor der Paulskirche vorbei, nach der Königlichen Börse gehe, wenn mir vom höchsten bis zum niedrigsten Stande fast lauter wohlgestaltete, reinlich gekleidete Leute, im dicksten Gedränge begegnen, wo ich keinen Karrenschieber ohne weiße Wäsche sehe und kaum einen Bettler erblicke, der unter seinen zerlumpten Kleidern nicht wenigstens ein reines Hemde trüge.

Straßenszene in London. Gemälde von John Collet, 1770

Ein sonderbarer Anblick ist es, unter diesem Gewühl von Menschen, wo jeder mit schnellen Schritten seinem Gewerbe oder Vergnügen nachgeht, und sich allenthalben durchdrängen und stoßen muss, einen Leichenzug zu sehen. Die Englischen Särge sind sehr ökonomisch gerade nach dem Zuschnitt des Körpers eingerichtet; sie sind platt, oben breit, in der Mitte eingebogen, und unten nach den Füßen zu laufen sie spitz zusammen, ohngefähr wie ein Violinkasten. Einige schmutzige Träger suchen sich mit dem Sarge, so gut sie können, durchzudrängen, und einige Trauerleute folgen. Übrigens bekümmert man sich so wenig darum, als ob ein Heuwagen vorbeiführe. Bei den Begräbnissen der Vornehmen mag dies vielleicht anders sein.

Übrigens kömmt mir ein solcher Leichenzug in einer großen, volkreichen Stadt immer desto schrecklicher vor, je größer die Gleichgültigkeit der Zuschauer und je geringer ihre Teilnehmung dabei ist. Der Mensch wird fortgetragen, als ob er gar nicht zu den Übrigen gehört hätte. In einer kleinen Stadt oder Dorfe kennt ihn ein jeder, und sein Name wird wenigstens genannt.

Die Influenza, welche ich in Berlin verließ, habe ich hier wieder angetroffen, und es sterben viele Menschen daran. Noch immer ist es für die Jahrszeit ungewöhnlich kalt, so dass ich mir noch täglich muss Kaminfeuer machen lassen. Ich muss gestehen, dass mir die Wärme von den Steinkohlen im Kamine weit sanfter und milder vorkommt als die von unsern Öfen. Auch tut der Anblick des Feuers selbst eine sehr angenehme Wirkung. Nur muss man sich hüten, gerade und anhaltend hineinzusehen; denn daher kommen wohl mit die vielen jungen Greise in England, welche mit Brillen auf der Nase auf öffentlichen Straßen gehen und reiten; und sich also schon in ihrer blühenden Jugend der *Wohltat für das Greisenalter* bedienen, denn unter diesem Namen (the Blessings of old Age) werden die Brillen in den Läden verkauft.

—

»Eine Frau nahm meine Partei und sagte: I dare say, he is a well bred Gentleman (ich glaube, er ist ein Mensch von gutem Stande); eine andere widerlegte sie damit, dass ich zu Fuße ginge, und sagte: he is a poor travelling Creature! (er ist ein armes herumwanderndes Geschöpf).«
K. P. MORITZ,
NORTHAMPTON,
5. JULI 1782

—

Ich esse jetzt beständig zu Hause und muss gestehen, dass meine Mahlzeiten ziemlich frugal eingerichtet sind. Mein gewöhnliches Gericht des Abends ist eingemachter Lachs (Pickle Salmon) den man mit Öl und Essig aus der Brühe isset, eine sehr erfrischende und wohlschmeckende Speise.

Wer in England Kaffee trinken will, dem rate ich allemal vorher zu sagen, wie viel Tassen man ihm von einem Lot machen soll, sonst wird er eine ungeheure Menge braunes Wasser erhalten, welches ich mit aller Erinnerung noch nicht habe vermeiden können. Das schöne Weizenbrot nebst Butter und Chesterkäse halten mich für die spärlichen Mittagsmahlzeiten schadlos. Denn diese bestehen gemeiniglich aus einem Stück halbgekochten oder gebratnen Fleische und einigen aus dem bloßen Wasser gekochten grünen Kohlblättern, worauf eine Brühe von Mehl und Butter gegossen wird; das ist wirklich die gewöhnliche Art, in England die Gemüse zuzurichten.

Die Butterscheiben, welche zum Tee gegeben werden, sind so dünne wie Mohnblätter. Aber es gibt eine Art, Butterscheiben am Kaminfeuer zu rösten, welche unvergleichlich ist. Es wird nämlich eine Scheibe nach der andern so lange mit einer Gabel ans Feuer gesteckt, bis die Butter eingezogen ist, alsdann wird immer die folgende draufgelegt, so dass die Butter eine ganze Lage solcher Scheiben allmählich durchzieht: man nennt dies einen *Toast*.

Vorzüglich gefällt mir die Art, ohne Deckbette zu schlafen. Man liegt zwischen zwei Bettlaken, wovon das obere die Unterlage einer leichten wollenen Decke ist, die ohne zu drücken, hinlänglich erwärmt. Das Schuhputzen geschiehet nicht im Hause, sondern durch eine benachbarte Person, deren Gewerbe dies ist und die alle Morgen die Schuh aus dem Hause abholet und gereinigt wiederbringt, wofür sie wöchentlich ein Gewisses erhält. Wenn die Magd unzufrieden mit mir ist, so höre ich zuweilen, dass sie mich draußen *the German*, den Deutschen nennt, sonst heiße ich im Hause *the Gentleman*, oder *der Herr*.

Das Fahren habe ich ziemlich eingestellt, ob es gleich lange nicht so viel kostet wie in Berlin, indem ich hier für einen Schilling über eine Englische Meile hin und her fahren kann, wofür ich dort wenigstens einen Gulden bezahlen müsste. Demohngeachtet aber erspart man sehr viel, wenn man zu Fuße geht und sich mit Fragen zu behelfen weiß. Von meiner Wohnung in Adelphi bis an die Königliche Börse ist wohl so weit wie von einem Ende Berlins zum andern, und bis an den Tower und St. Catharins, wo die Schiffe auf der Themse ankommen, ist wohl noch einmal so weit, und diesen Weg habe ich wegen meines Koffers, der noch auf dem Schiffe war, schon zweimal zu Fuße gemacht.

Als ich den ersten Abend, wie es dunkel ward, zurückkam, erstaunte ich über die herrliche Erleuchtung der Straßen, wogegen die unsrige in Berlin äußerst armselig ist. Die Lampen werden schon angesteckt, wenn es noch beinahe Tag ist, und die Laternen sind so dicht nebeneinander, dass diese gewöhnliche Erleuchtung einer feierlichen Illumination ähnlich sieht, wofür sie auch ein deutscher Prinz hielt, der zum ersten Mal nach London kam und im Ernst glaubte, dass sie seinetwegen veranstaltet sei.

—

1786

Johann Wolfgang von Goethe

In Rom

Von Italien träumte Johann Wolfgang Goethe (1749–1832) bereits als Kind. Zu Hause am Frankfurter Römerberg hing im Zimmer seines Vaters eine Landkarte mit der Route der Italienreise, die Johann Caspar Goethe selbst im Jahr 1740 unternommen hatte, und im Vorsaal dazu eine »Reihe römischer Prospekte«. »Hier sah ich täglich«, schreibt Goethe in Dichtung und Wahrheit, *»die Plaza del Popolo, das Coliseo, den Petersplatz, die Peterskirche von innen und außen, die Engelsburg und so manches andere.«*

Es dauerte lange, bis er selbst auf dem Petersplatz stand. Auf seiner ersten Reise in die Schweiz 1775 machte er am Gotthard Halt – ein sehnsüchtiger Blick auf das »Land, wo die Zitronen blühn« musste genügen. Erst im Alter von 37, nach zehn Jahren als Minister in Weimar, erfüllte sich Goethe seinen Traum. Dabei glich der Aufbruch am 3. September 1786 eher einer Flucht. Goethe reiste mit einem falschen Pass, und kaum einer seiner Freunde war in das Vorhaben eingeweiht. »Die Hauptabsicht war«, gestand Goethe später Herzog Carl August, »mich von den phisisch moralischen Übeln zu heilen, die mich in Deutschland quälten und mich zuletzt unbrauchbar machten.« Der Herzog nahm es seinem Geheimrat nicht übel und zahlte ihm während dessen Abwesenheit sein Gehalt weiter.

Goethes Reisekutsche in seinem Wohnhaus am Frauenplan, Weimar

Rom war das eigentliche Ziel Goethes, es konnte ihm gar nicht schnell genug gehen, dorthin zu kommen. Als er nach acht Wochen Eilfahrt mit der Postchaise die »ewige Stadt« vor sich sah, war der Enthusiasmus schier grenzenlos: »Ich zähle einen zweyten Geburtstag, eine wahre Wiedergeburt von dem Tage, da ich Rom betrat.« Fast zwei Jahre war Goethe in Italien unterwegs; am 18. Juni 1788 kehrte er nach Weimar zurück – »umgeboren und erneuert«, wie er selbst es sah. In den Worten des Goethe-Biographen Friedrich Gundolf: »Sein Auge war ein Gefäß, das erst in Italien bis zum Rand mit Welt gefüllt werden konnte.«

Goethes Aufzeichnung seiner Reise, die sie zu einer klassischen machte, erfolgte erst Jahrzehnte später. 1816/17 erschien der erste Teil der Italienischen Reise, *der zweite 1829. Bei der Niederschrift stützte sich Goethe auf sein Reisetagebuch von damals und auf die Briefe, die er aus Italien an Charlotte von Stein und andere geschrieben hatte.*

Rom, den 1. November 1786. Endlich kann ich den Mund auftun und meine Freunde mit Frohsinn begrüßen. Verziehen sei mir das Geheimnis und die gleichsam unterirdische Reise hierher. Kaum wagte ich mir selbst zu sagen, wohin ich ging, selbst unterwegs fürchtete ich noch, und nur unter der Porta del Popolo war ich mir gewiss, Rom zu haben.

Und lasst mich nun auch sagen, dass ich tausendmal, ja beständig eurer gedenke in der Nähe der Gegenstände, die ich allein zu sehen niemals glaubte. Nur da ich jedermann mit Leib und Seele in Norden gefesselt, alle Anmutung nach diesen Gegenden verschwunden sah, konnte ich mich entschließen, einen langen, einsamen Weg zu machen und den Mittelpunkt zu suchen, nach dem mich ein unwiderstehliches Bedürfnis hinzog. Ja, die letzten Jahre wurde es eine Art von Krankheit, von der mich nur der Anblick und die Gegenwart heilen konnte. Jetzt darf ich es gestehen; zuletzt durft' ich kein lateinisch Buch mehr ansehen, keine Zeichnung einer italienischen Gegend. Die Begierde, dieses Land zu sehen, war überreif: da sie befriedigt ist, werden mir Freunde und Vaterland erst wieder recht aus dem Grunde lieb und die Rückkehr wünschenswert, ja um desto wünschenswerter, da ich mit Sicherheit empfinde, dass ich so viele Schätze nicht zu eignem Besitz und Privatgebrauch mitbringe, sondern dass sie mir und andern durchs ganze Leben zur Leitung und Fördernis dienen sollen.

Goethe am Fenster der römischen Wohnung am Corso
Zeichnung von Johann Heinrich Wilhelm Tischbein, 1787

1. November 1786. Ja, ich bin endlich in dieser Hauptstadt der Welt angelangt! Wenn ich sie in guter Begleitung, angeführt von einem recht verständigen Manne, vor fünfzehn Jahren gesehen hätte, wollte ich mich glücklich preisen. Sollte ich sie aber allein, mit eignen Augen sehen und besuchen, so ist es gut, dass mir diese Freude so spät zuteil ward.

Über das Tiroler Gebirg bin ich gleichsam weggeflogen. Verona, Vicenz, Padua, Venedig habe ich gut, Ferrara, Cento, Bologna flüchtig und Florenz kaum gesehen. Die Begierde, nach Rom zu kommen, war so groß, wuchs so sehr mit jedem Augenblicke, dass kein Bleiben mehr war, und ich mich nur drei Stunden in Florenz aufhielt. Nun bin ich hier und ruhig und, wie es scheint, auf mein ganzes Leben beruhigt. Denn es geht, man darf wohl sagen, ein neues Leben an, wenn man das Ganze mit Augen sieht, das man teilweise in- und auswendig kennt. Alle Träume meiner Jugend seh ich nun lebendig;

die ersten Kupferbilder, deren ich mich erinnere (mein Vater hatte die Prospekte von Rom auf einem Vorsaale aufgehängt), seh ich nun in Wahrheit, und alles, was ich in Gemälden und Zeichnungen, Kupfern und Holzschnitten, in Gips und Kork schon lange gekannt, steht nun beisammen vor mir; wohin ich gehe, finde ich eine Bekanntschaft in einer neuen Welt; es ist alles, wie ich mir's dachte, und alles neu. Ebenso kann ich von meinen Beobachtungen, von meinen Ideen sagen. Ich habe keinen ganz neuen Gedanken gehabt, nichts ganz fremd gefunden, aber die alten sind so bestimmt, so lebendig, so zusammenhängend geworden, dass sie für neu gelten können.

—
»Ich tue nur die Augen auf und seh und geh und komme wieder, denn man kann sich nur in Rom auf Rom vorbereiten …«
GOETHE IN ROM, 7. NOVEMBER 1786
—

Da Pygmalions Elise, die er sich ganz nach seinen Wünschen geformt und ihr so viel Wahrheit und Dasein gegeben hatte, als der Künstler vermag, endlich auf ihn zukam und sagte: »Ich bin's!«, wie anders war die Lebendige als der gebildete Stein!

Wie moralisch heilsam ist mir es dann auch, unter einem ganz sinnlichen Volke zu leben, über das so viel Redens und Schreibens ist, das jeder Fremde nach dem Maßstabe beurteilt, den er mitbringt. Ich verzeihe jedem, der sie tadelt und schilt; sie stehn zu weit von uns ab, und als Fremder mit ihnen zu verkehren, ist beschwerlich und kostspielig.

7. NOVEMBER. Nun bin ich sieben Tage hier, und nach und nach tritt in meiner Seele der allgemeine Begriff dieser Stadt hervor. Wir gehn fleißig hin und wider, ich mache mir die Plane des alten und neuen Roms bekannt, betrachte die Ruinen, die Gebäude, besuche ein und die andere Villa, die größten Merkwürdigkeiten werden ganz langsam behandelt, ich tue nur die Augen auf und seh und geh und komme wieder, denn man kann sich nur in Rom auf Rom vorbereiten.

Gestehen wir jedoch, es ist ein saures und trauriges Geschäft, das alte Rom aus dem neuen herauszuklauben, aber man muss es denn doch tun und zuletzt eine unschätzbare Befriedigung hoffen. Man trifft Spuren einer Herrlichkeit und einer Zerstörung, die beide über unsere Begriffe gehen. Was die Barbaren stehen ließen, haben die Baumeister des neuen Roms verwüstet.

Wenn man so eine Existenz ansieht, die zweitausend Jahre und darüber alt ist, durch den Wechsel der Zeiten so mannigfaltig und vom Grund aus verändert und doch noch derselbe Boden, derselbe Berg, ja oft dieselbe Säule und Mauer, und im Volke noch die Spuren des alten Charakters, so wird man ein Mitgenosse der großen Ratschlüsse des Schicksals, und so wird es dem Betrachter von Anfang schwer, zu entwickeln, wie Rom auf Rom folgt, und nicht allein das neue auf das alte, sondern die verschiedenen Epochen des alten und neuen selbst aufeinander. Ich suche nur erst selbst die halbverdeckten Punkte herauszufühlen, dann lassen sich erst die schönen Vorarbeiten recht vollständig nutzen; denn seit dem fünfzehnten Jahrhundert bis auf unsere Tage haben sich treffliche Künstler und Gelehrte mit diesen Gegenständen ihr ganzes Leben durch beschäftigt.

Und dieses Ungeheure wirkt ganz ruhig auf uns ein, wenn wir in Rom hin und her eilen, um zu den höchsten Gegenständen zu gelangen. Anderer Orten muss man das Bedeutende aufsuchen, hier werden wir davon überdrängt und überfüllt. Wie man geht und steht, zeigt sich ein landschaftliches Bild aller Art und Weise, Paläste und Ruinen, Gärten und Wildnis, Fernen und Engen, Häuschen, Ställe, Triumphbögen und Säulen, oft alles zusammen so nah, dass es auf ein Blatt gebracht werden könnte. Man müsste mit tausend Griffeln schreiben, was soll hier eine Feder! und dann ist man abends müde und erschöpft vom Schauen und Staunen.

Den 9. November. Manchmal stehe ich wie einen Augenblick still und überschaue die höchsten Gipfel des schon Gewonnenen. Sehr gerne blicke ich nach Venedig zurück, auf jenes große Dasein, dem Schoße des Meeres wie Pallas aus dem Haupte Jupiters entsprossen. Hier hat mich die Rotonda, so die äußere wie die innere, zu einer freudigen Verehrung ihrer Großheit bewogen. In St. Peter habe ich begreifen lernen, wie die Kunst sowohl als die Natur alle Maßvergleichung aufheben kann. Und so hat mich Apoll von Belvedere aus der Wirklichkeit hinausgerückt. Denn wie von jenen Gebäuden die richtigsten Zeichnungen keinen Begriff geben, so ist es hier mit dem Original von Marmor gegen die Gipsabgüsse, deren ich doch sehr schöne früher gekannt habe.

Den 10. November 1786. Ich lebe nun hier mit einer Klarheit und Ruhe, von der ich lange kein Gefühl hatte. Meine Übung, alle Dinge, wie sie sind, zu sehen und abzulesen, meine Treue, das Auge licht sein zu lassen, meine völlige Entäußerung von aller Prätention kommen mir einmal wieder recht zustatten und machen mich im Stillen höchst glücklich. Alle Tage ein neuer merkwürdiger Gegenstand, täglich frische, große, seltsame Bilder und ein Ganzes, das man sich lange denkt und träumt, nie mit der Einbildungskraft erreicht.

Heute war ich bei der Pyramide des Cestius und abends auf dem Palatin, oben auf den Ruinen der Kaiserpaläste, die wie Felsenwände dastehn. Hievon lässt sich nun freilich nichts überliefern! Wahrlich, es gibt hier nichts Kleines, wenn auch wohl hier und da etwas Scheltenswertes und Abgeschmacktes; doch auch ein solches hat teil an der allgemeinen Großheit genommen.

Pyramide des Cestius im Vollmondlicht
Eine von über 800 Zeichnungen, die Goethe auf seiner Reise anfertigte.

Kehr ich nun in mich selbst zurück, wie man doch so gern tut bei jeder Gelegenheit, so entdecke ich ein Gefühl, das mich unendlich freut, ja, das ich sogar auszusprechen wage. Wer sich mit Ernst hier umsieht und Augen hat zu sehen, muss solid werden, er muss einen Begriff von Solidität fassen, der ihm nie so lebendig ward.

Der Geist wird zur Tüchtigkeit gestempelt, gelangt zu einem Ernst ohne Trockenheit, zu einem gesetzten Wesen mit Freude. Mir wenigstens ist es, als wenn ich die Dinge dieser Welt nie so richtig geschätzt hätte als hier. Ich freue mich der gesegneten Folgen auf mein ganzes Leben.

Und so lasst mich aufraffen, wie es kommen will, die Ordnung wird sich geben. Ich bin nicht hier, um nach meiner Art zu genießen; befleißigen will ich mich der großen Gegenstände, lernen und mich ausbilden, ehe ich vierzig Jahre alt werde.

DEN 22. NOVEMBER 1786, AM CÄCILIENFESTE. Das Andenken dieses glücklichen Tages muss ich durch einige Zeilen lebhaft erhalten und, was ich genossen, wenigstens historisch mitteilen. Es war das schönste, ruhigste Wetter, ein ganz heiterer Himmel und warme Sonne. Ich ging mit Tischbein nach dem Petersplatze, wo wir erst auf und ab gehend und, wenn es uns zu warm wurde, im Schatten des großen Obelisks, der eben für zwei breit genug geworfen wird, spazierten und Trauben verzehrten, die wir in der Nähe gekauft hatten. Dann gingen wir in die Sixtinische Kapelle, die wir auch hell und heiter, die Gemälde wohlerleuchtet fanden. Das »Jüngste Gericht« und die mannigfaltigen Gemälde der Decke, von Michelangelo, teilten unsere Bewunderung. Ich konnte nur sehen und anstaunen. Die innere Sicherheit und Männlichkeit des Meisters, seine Großheit geht über allen Ausdruck. Nachdem wir alles wieder und wieder gesehen, verließen wir dieses Heiligtum und gingen nach der Peterskirche, die von dem heitern Himmel das schönste Licht empfing und in allen Teilen hell und klar erschien. Wir ergötzten uns als genießende Menschen an der Größe und der Pracht, ohne durch allzu eklen und zu verständigen Geschmack uns diesmal irremachen zu lassen, und unterdrückten jedes schärfere Urteil. Wir erfreuten uns des Erfreulichen.

Endlich bestiegen wir das Dach der Kirche, wo man das Bild einer wohlgebauten Stadt im Kleinen findet. Häuser und Magazine, Brunnen, (dem Ansehn nach) Kirchen und einen großen Tempel, alles in der Luft, und schöne Spaziergänge dazwischen. Wir bestiegen die Kuppel und besahen die hell-heitere Gegend der Apenninen, den Berg Soracte, nach Tivoli die vulkanischen Hügel, Frascati, Castel Gandolfo und die Plaine und weiter das Meer. Nahe vor uns die ganze Stadt Rom in ihrer Breite und Weite, mit ihren Bergpalästen, Kuppeln etc. Es rührte sich keine Luft, und in dem kupfernen Knopf war es heiß wie in einem Treibhause. Nachdem wir das alles beherzigt hatten, stiegen wir herab und ließen uns die Türen zu den Gesimsen der Kuppel, des Tambours und des Schiffs aufschließen; man kann um selbe herumgehen und diese Teile und die Kirche von oben betrachten. Als wir auf dem Gesimse des Tambours standen, ging der Papst unten in der Tiefe vorbei, seine Nachmittagsandacht zu halten. Es fehlte uns also nichts zur Peterskirche. Wir stiegen völlig wieder herab, nahmen in einem benachbarten Gasthofe ein fröhliches, frugales Mahl und setzten unsern Weg nach der Cäcilienkirche fort.

Den 2. Dezember 1786. Das schöne, warme, ruhige Wetter, das nur manchmal von einigen Regentagen unterbrochen wird, ist mir zu Ende Novembers ganz was Neues. Wir gebrauchen die gute Zeit in freier Luft, die böse im Zimmer, überall findet sich etwas zum Freuen, Lernen und Tun.

Am 28. November kehrten wir zur Sixtinischen Kapelle zurück, ließen die Galerie aufschließen, wo man den Plafond näher sehen kann; man drängt sich zwar, da sie sehr eng ist, mit einiger Beschwerlichkeit und mit anscheinender Gefahr an den eisernen Stäbenweg, deswegen auch die Schwindligen zurückbleiben: alles wird aber durch den Anblick des größten Meisterstücks ersetzt. Und ich bin in dem Augenblicke so für Michelangelo eingenommen, dass mir nicht einmal die Natur auf ihn schmeckt, da ich sie doch nicht mit so großen Augen wie er sehen kann. Wäre nur ein Mittel, sich solche Bilder in der Seele recht zu fixieren! Wenigstens was ich von Kupfern und Zeichnungen nach ihm erobern kann, bring ich mit.

Wir gingen von da auf die Logen Raffaels, und kaum darf ich sagen, dass man diese nicht ansehen durfte. Das Auge war von jenen großen Formen und der herrlichen Vollendung aller Teile so ausgeweitet und verwöhnt, dass man die geistreichen Spielereien der

—

»Ja, ich kann sagen, dass ich nur in Rom empfunden habe, was eigentlich ein Mensch sei. Zu dieser Höhe, zu diesem Glück der Empfindung bin ich später nie wieder gekommen; ich bin, mit meinem Zustande in Rom verglichen, eigentlich nachher nie wieder froh geworden.«

Goethe im Gespräch mit Eckermann, 9. Oktober 1828

—

Arabesken nicht ansehen mochte, und die biblischen Geschichten, so schön sie sind, hielten auf jene nicht Stich. Diese Werke nun öfter gegeneinander zu sehen, mit mehr Muße und ohne Vorurteil zu vergleichen, muss eine große Freude gewähren; denn anfangs ist doch alle Teilnahme nur einseitig.

Von da schlichen wir, fast bei zu warmem Sonnenschein, auf die Villa Pamfili, wo sehr schöne Gartenpartien sind, und blieben bis an den Abend. Eine große, mit immergrünen Eichen und hohen Pinien eingefasste flache Wiese war ganz mit Maßlieben übersäet, die ihre Köpfchen alle nach der Sonne wendeten; nun gingen meine botanischen Spekulationen an, denen ich den andern Tag auf einem Spaziergange nach dem Monte Mario, der Villa Melini und Villa Madama weiter nachhing. Es ist gar interessant, zu bemerken, wie eine lebhaft fortgesetzte und durch starke Kälte nicht unterbrochene Vegetation wirkt; hier gibt's keine Knospen, und man lernt erst begreifen, was eine Knospe sei. Der Erdbeerbaum blüht jetzt wieder, indem seine letzten Früchte reif werden, und so zeigt sich der Orangenbaum mit Blüten, halb und ganz reifen Früchten (doch werden letztere Bäume, wenn sie nicht zwischen Gebäuden stehen, nun bedeckt). Über die Zypresse, den respektabelsten Baum, wenn er recht alt und wohl gewachsen ist, gibt's genug zu denken. Ehstens werd ich den botanischen Garten besuchen und hoffe, da manches zu erfahren. Überhaupt ist mit dem neuen Leben, das einem nachdenkenden Menschen die Betrachtung eines neuen Landes gewährt, nichts zu vergleichen. Ob ich gleich noch immer derselbe bin, so mein ich, bis aufs innerste Knochenmark verändert zu sein.

Blick auf die Peterskirche von der Villa Pamfili aus Zeichnung von Johann Wolfgang Goethe, 1787

Für diesmal schließ ich und werde das nächste Blatt einmal ganz von Unheil, Mord, Erdbeben und Unglück anfüllen, dass doch auch Schatten in meine Gemälde komme.

1800

Alexander von Humboldt

Fahrt auf dem Orinoco

—

Alexander von Humboldt
in Urwaldlandschaft
Gemälde von
Friedrich Georg Weitsch,
1806

Am 5. Juni 1799 brach Alexander von Humboldt (1769–1859) vom spanischen Hafen La Coruña in die Neue Welt auf. Jahrelang hatte sich der Naturforscher auf seine große Reise nach Südamerika vorbereitet. Anders als die großen Forschungsreisenden vor ihm reiste Humboldt nicht im Auftrag einer Regierung, sondern auf eigene Faust. Das Familienerbe, das er nach dem Tod seiner Mutter angetreten hatte, ermöglichte ihm die Erfüllung seines Lebenstraums. Mit ihm an Bord war sein Freund und Gefährte, der französische Botaniker Aimé Bonpland. In den darauffolgenden fünf Jahren bereisten die beiden das Gebiet der heutigen Staaten Venezuela, Kolumbien, Ecuador, Peru, Kuba und Mexiko. Fast überall, wo die beiden Forscher aus Europa hinkamen, waren sie die Ersten. Humboldt maß die Temperaturen des später nach ihm benannten Humboldtstroms und bestieg, in Halbschuhen und Gehrock, den Chimborazo, der damals mit 6310 Metern als der höchste Berg der Welt galt. Seine Neugier war grenzenlos, sie galt der Geographie und der Astronomie ebenso wie den unbekannten Pflanzen und Tieren, aber auch den Sprachen, der Kultur und den Lebensbedingungen der Menschen, die er in der unbekannten Welt vorfand.

Eine der abenteuerlichsten Etappen der Reise war die Fahrt in das unbekannte Gebiet des Orinoco ab März 1800, deren Stationen Humboldt in seinem Tagebuch festhielt. In ihrer Piroge legten Bonpland und Humboldt, begleitet von indianischen Ruderern, in 75 Tagen über 2000 Kilometer zurück. Regengüsse und Tropenhitze setzten ihnen zu, dazu kamen Piranhas, Tiger und Krokodile und die ständige Plage der Moskitos. Ungeachtet aller Strapazen, widmeten sie sich der Erforschung des Amazonas. Als Humboldt im August 1804 nach Europa zurückkehrte, wurde er als der »wahre Entdecker Amerikas« gefeiert.

—

31. März 1800. Der Fluss wird allmählich breiter. Das eine Ufer ist meist dürr und sandig infolge von Überschwemmungen; das andere ist höher und mit hochstämmigen Bäumen bewachsen. Hin und wieder ist der Fluss zu beiden Seiten bewaldet und bildet einen geraden, 150 Toisen breiten Kanal. Die Stellung der Bäume ist sehr merkwürdig. Vorne sieht man Büsche von *Sauso,* die gleichsam eine vier Fuß hohe Hecke bilden, und es ist, als wäre diese künstlich beschnitten. Die großen Vierfüßer dieses Landstrichs, die Tiger, Tapire und Pecarischweine, haben Durchgänge in die *Sauso*hecke gebrochen, durch

die diese wilden Tiere zum Trinken an den Strom gehen. Da sie sich nicht viel daraus machen, wenn ein Kanu herbeikommt, hat man den Genuss, sie langsam am Ufer hinstreichen zu sehen, bis sie durch eine der schmalen Lücken im Gebüsch im Walde verschwinden. Ich gestehe, diese Auftritte, so oft sie vorkamen, behielten immer großen Reiz für mich. Die Lust, die man empfindet, beruht nicht allein auf dem Interesse des Naturforschers, sondern daneben auf einer Empfindung, die allen im Schoße der Zivilisation aufgewachsenen Menschen gemein ist. Man sieht sich einer neuen Welt, einer wilden, ungezähmten Natur gegenüber. Bald zeigt sich am Gestade der Jaguar, der schöne amerikanische Panther; bald wandelt der Hocco mit schwarzem Gefieder und dem Federbusch langsam an der Uferhecke hin. Tiere der verschiedensten Klassen lösen einander ab. *»Es como en el Paraíso«* (es ist wie im Paradies), sagte unser Steuermann, ein alter Indianer aus den Missionen. Und wirklich, alles erinnert hier an den Urzustand der Welt, dessen Unschuld und Glück uralte ehrwürdige Überlieferungen allen Völkern vor Augen stellen; beobachtet man aber das gegenseitige Verhalten der Tiere genau, so zeigt es sich, dass sie einander fürchten und meiden. Das goldene Zeitalter ist vorbei, und in diesem Paradies der amerikanischen Wälder, wie aller Orten, hat lange traurige Erfahrung alle Geschöpfe gelehrt, dass Sanftmut und Stärke selten beisammen sind.

—
»Der Augenblick, wo man zum ersten Mal von Europa scheidet, hat etwas Ergreifendes.«
HUMBOLDT, REISETAGEBUCH
—

Wo das Gestade eine bedeutende Breite hat, bleibt die Reihe von *Sauso*büschen weiter vom Strome entfernt. Auf diesem Zwischengebiet sieht man Krokodile, oft ihrer acht und zehn, auf dem Sande liegen. Regungslos, die Kinnladen unter rechtem Winkel aufgesperrt, ruhen sie nebeneinander, ohne irgendein Zeichen von Zuneigung, wie man sie sonst bei gesellig lebenden Tieren bemerkt. Der Trupp geht auseinander, sobald er vom Ufer aufbricht. Diese gewaltigen Reptilien sind so zahlreich geworden, dass auf dem ganzen Stromlauf fast jeden Augenblick ihrer fünf oder sechs zu sehen waren, und doch fing der Apure, unmerklich noch, erst zu steigen an, und Hunderte von Krokodilen lagen also noch im Schlamme der Savannen begraben.

Die Indianer sagten uns, in San Fernando vergehe nicht leicht ein Jahr, wo nicht zwei, drei erwachsene Menschen, namentlich Frauen beim Wasserschöpfen am Fluss, von diesen fleischfressenden Echsen zerrissen würden. Man erzählte uns die Geschichte eines jungen Mädchens aus Uritucu, das sich durch ungewöhnliche Unerschrockenheit und Geistesgegenwart aus dem Rachen eines Krokodils gerettet. Sobald sie sich gepackt fühlte, griff sie nach den Augen des Tiers und stieß ihre Finger mit solcher Gewalt hinein, dass das Krokodil vor Schmerz sie fahren ließ, nachdem es ihr den linken Vorderarm abgerissen. Trotz des ungeheuren Blutverlusts gelangte die

Indianerin, mit der übriggebliebenen Hand schwimmend, glücklich ans Ufer. In diesen Einöden, wo der Mensch in beständigem Kampfe mit der Natur liegt, unterhält man sich täglich über Kunstgriffe, um einem Tiger, einer Boa oder Boa Constrictor, einem Krokodil zu entgehen; jeder rüstet sich gleichsam für die bevorstehende Gefahr. »Ich wusste«, sagte das junge Mädchen in Uritucu gelassen, »dass der Kaiman ablässt, wenn man ihm die Finger in die Augen stößt.«

1. April. An einer Stelle, wo sich der Fluss ein neues Bett gegraben hatte, übernachteten wir auf einem trockenen, sehr breiten Gestade. In den dichten Wald war nicht zu kommen, und so brachten wir nur mit Mühe trockenes Holz zusammen, um Feuer anmachen zu können, an dem man, wie die Indianer glauben, vor dem nächtlichen Angriff des Tigers sicher ist.

Die Nacht war still und heiter, und der Mond schien herrlich. Die Krokodile lagen am Ufer; sie hatten sich so gelegt, dass sie das Feuer sehen konnten. Wir glauben bemerkt zu haben, dass der Glanz desselben sie anlockt, wie die Fische, die Krebse und andere Wassertiere. Die Indianer zeigten uns im Sand die Fährten dreier Tiger, darunter zweier ganz junger. Ohne Zweifel hatte hier ein Weibchen seine Jungen zum Trinken an den Fluss geführt. Da wir am Ufer keinen Baum fanden, steckten wir die Ruder in den Boden und befestigten unsere Hängematten daran. Alles blieb ziemlich ruhig bis um elf Uhr nachts; da aber erhob sich im benachbarten Wald ein so furchtbarer Lärm, dass man fast kein Auge schließen konnte. Unter den vielen Stimmen wilder Tiere, die zusammen schrieen, erkannten unsere Indianer nur diejenigen, die sich auch einzeln hören ließen, namentlich die leisen Flötentöne der Sapajous, die Seufzer der Alouatos, das Brüllen des Tigers und des Cuguars, d. h. des amerikanischen Löwen ohne Mähne, das Geschrei des Bisamschweins, des Faultiers, des Hocco, des Parraqua und einiger anderer hühnerartiger Vögel. Wenn sich die Jaguare dem Waldrande näherten, so fing unser Hund, der bis dahin fortwährend gebellt hatte, an zu heulen und suchte Schutz unter den Hängematten. Zuweilen erscholl nach langem Schweigen das Brüllen der Tiger von den Bäumen herunter, und dann folgte darauf das anhaltende schrille Pfeifen der Affen, die sich wohl bei der drohenden Gefahr auf und davon machten.

—

»Wir kommen von Sinnen, wenn die Wunder nicht bald aufhören.«

Humboldt an seinen Bruder Wilhelm, Cumaná, Juli 1799

—

Ich schildere Zug für Zug diese nächtlichen Szenen, weil wir zu Anfang unserer Fahrt auf dem Apure noch nicht daran gewöhnt waren. Monatelang, aller Orten, wo der Wald nahe an die Flussufer rückt, konnten wir sie erleben. Die Sorglosigkeit der Indianer macht dabei auch dem Reisenden Mut. Man redet sich mit ihnen ein, die Tiger fürchteten alle das Feuer und griffen niemals einen Menschen in seiner Hängematte an. Solche Angriffe kommen in der Tat sehr selten vor, und bei meinem langen Aufenthalt in Südamerika erinnere ich mich nur eines einzigen Falls, wo, den Achaguas-Inseln gegenüber, ein *Llanero* in seiner Hängematte zerfleischt aufgefunden wurde.

Humboldts Zeichnung eines Cacajao-Äffchens Humboldt kaufte das Tier am Casiquare. Als es während des Transportes starb, fertigte er diese Bleistiftzeichnung an, die dem Maler Nicolas Huet als Vorlage diente.

Befragt man die Indianer, warum die Tiere des Waldes zu gewissen Stunden einen so furchtbaren Lärm erheben, so geben sie die fröhliche Antwort: »Sie feiern den Vollmond.« Ich glaube, die Unruhe rührt meist daher, dass im Waldesinnern sich irgendwo ein Kampf entsponnen hat. Die Jaguare zum Beispiel machen Jagd auf die Bisamschweine und Tapirs, die nur Schutz finden, wenn sie beisammenbleiben, und in gedrängten Rudeln fliehend das Gebüsch, das ihnen in den Weg kommt, niedertrampeln. Die Affen, scheu und furchtsam, erschrecken ob dieser Jagd und beantworten von den Bäumen herab das Geschrei der großen Tiere. Sie wecken die gesellig lebenden Vögel auf, und nicht lange, so ist die ganze Menagerie in Aufruhr. »Der Himmel verleihe ihnen eine geruhsame Nacht, wie auch uns!«, sprach der Mönch, der uns an den Rio Negro begleitete, wenn er, todmüde von den Mühen des Tages, unser Nachtlager einrichten half. Es war allerdings seltsam, dass man mitten im einsamen Wald sollte keine Ruhe finden können. In den spanischen Herbergen fürchtet man sich vor den schrillen Klängen der Gitarren im Nebenzimmer; in denen am Orinoco, das heißt auf offenem Gestade oder unter einem einzeln stehenden Baum, fürchtet man, durch Stimmen aus dem Walde im Schlaf gestört zu werden.

Cacajao-Äffchen Kolorierter Kupferstich nach einem Aquarell von Nicolas Huet

6. April. Nachdem wir uns vom Missionar von Uruana, der uns sehr herzlich aufgenommen, verabschiedet hatten, gingen wir gegen vier Uhr abends unter Segel. Der Wind blies frisch und in Böen. Seit wir uns im bergigen Teil des Landes befanden, hatten wir die Beobachtung gemacht, dass unsere Piroge ein sehr schlechtes Segelwerk führe; aber der *Patrón* wollte den Indianern, die am Ufer beisammen standen, zeigen, dass er, wenn er sich dicht am Wind halte, mit einem Schlage mitten in den Strom kommen könne. Aber eben, als er seine Geschicklichkeit und die Kühnheit seines Manövers pries, fuhr der Wind so heftig in das Segel, dass wir beinahe gesunken wären. Ein Schiffsbord kam unter Wasser, und dasselbe stürzte mit solcher Gewalt herein, dass wir bis zu den Knien darin standen. Es lief über ein Tischchen weg, an dem ich im Heck des Fahrzeugs eben schrieb. Kaum rettete ich mein Tagebuch, und im nächsten Augenblick sahen wir unsere Bücher, Papiere und getrockneten Pflanzen umherschwimmen. Bonpland schlief mitten auf der Piroge. Vom eindringenden Wasser und dem Geschrei der Indianer aufgeschreckt, übersah er unsere Lage sogleich mit der Kaltblütigkeit, die ihm selbst unter widrigsten Umständen treu geblieben ist. Das unter Wasser stehende Bord hob sich während der Windstöße von Zeit zu Zeit wieder, und so gab er das Fahrzeug nicht verloren. Sollte man es auch verlassen müssen, so konnte man sich, glaubte er, durch Schwimmen retten, da sich kein Krokodil blicken ließ. Während wir so ängstlich gespannt waren, riss auf einmal das Tauwerk des Segels. Derselbe Windstoß, der uns auf die Seite geworfen, half uns jetzt aufrichten. Man machte sich alsbald daran, das Wasser mit den Früchten der Crescentia Cujete auszuschöpfen; das Segel wurde ausgebessert, und in weniger als einer halben Stunde konnten wir wieder weiterfahren. Der Wind hatte sich etwas gelegt. Wir waren wie durch ein Wunder gerettet worden.

Der Steuermann verschanzte sich hinter seinem indianischen Phlegma, als man ihm heftige Vorwürfe machte, dass er sich zu nahe am Wind gehalten. Er äußerte kühl, »es werde hier herum den weißen Leuten nicht an Sonne fehlen, um *ihre Papiere* zu trocknen«. Wir hatten nur ein einziges Buch eingebüßt, und zwar den ersten Band von Schrebers *Genera plantarum,* der ins Wasser gefallen war. Dergleichen Verluste tun weh, wenn man auf so wenige wissenschaftliche Werke beschränkt ist.

Verlauf des Orinoco, Seite aus dem Reisetagebuch Humboldts

Bei Einbruch der Nacht schlugen wir unser Nachtlager auf einer kahlen Insel mitten im Strome in der Nähe der Mission Uruana auf. Bei herrlichem Mondschein, auf großen Schildkrötenpanzern sitzend, die am Ufer lagen, nahmen wir unser Abendessen ein. Wie herzlich freuten wir uns, dass wir alle beisammen waren! Wir stellten uns vor, wie es einem ergangen wäre, der sich beim Schiffbruch allein gerettet hätte, wie er am öden Ufer auf und ab irrte, wie er jeden Augenblick an andere Flüsse kam, die in den Orinoco münden und wegen der vielen Krokodile und Karibenfische nur unter Lebensgefahr durchschwommen werden können. Und wir stellten uns vor, dieser Mann mit gefühlvollem Herzen wüsste nicht, was aus seinen Unglücksgefährten geworden war, und ihr Los bekümmerte ihn mehr als das seine!

Gerne überlässt man sich solchen wehmütigen Vorstellungen, weil einen nach einer überstandenen Gefahr unwillkürlich von neuem nach starken Eindrücken verlangt. Jeder von uns war innerlich mit dem beschäftigt, was sich eben vor unseren Augen zugetragen hatte. Es gibt Momente im Leben, wo einem, ohne dass man gerade verzagte, vor der Zukunft banger ist als sonst.

10. April. Wir konnten erst um zehn Uhr morgens unter Segel gehen. Nur schwer gewöhnten wir uns an die neue Piroge, die uns wie ein neues Gefängnis erschien. Um an Breite zu gewinnen, hatte man am Heck des Fahrzeugs aus Baumzweigen eine Art Gitter angebracht, das auf beiden Seiten über den Schiffsrumpf hinausreichte. Leider war das Blätterdach *(el toldo)* darüber so niedrig, dass man gebückt sitzen oder ausgestreckt liegen musste, wo man dann nichts sah. Da man die Pirogen durch die Stromschnellen, ja von einem Fluss zum andern schleppen muss, und weil man dem Wind zu viel Fläche böte, wenn man den *toldo* höher machte, so kann auf den kleinen Booten, die zum Rio Negro hinaufgehen, die Sache nicht anders eingerichtet werden. Das Dach war für vier Personen bestimmt, die auf dem Verdeck oder dem Gitter aus Baumzweigen lagen; aber die Beine reichen weit über das Gitter hinaus, und wenn es regnet, wird man am halben Leib nass. Dabei liegt man auf Ochsenhäuten oder Tigerfellen, und die Baumzweige darunter drücken einen durch die dünne Decke gewaltig. Das Vorderteil des Fahrzeugs nahmen die indianischen Ruderer ein, die drei Fuß lange, löffelförmige Paddel führen. Sie sind ganz nackt, sitzen paarweise und rudern im Takt, den sie merkwürdig genau einhalten. Ihr Gesang ist trübselig, eintönig. Die kleinen Käfige mit unseren Vögeln und Affen, deren immer mehr wurden, je weiter wir kamen, waren teils am *Toldo,* teils am Bug aufgehängt. Es war unsere *Reisemenagerie*. Obgleich viele der kleinen Tiere durch Unfälle, meist aber am Sonnenstich zugrunde gingen, hatten wir ihrer bei der Rückkehr vom Casiquiare noch vierzehn.

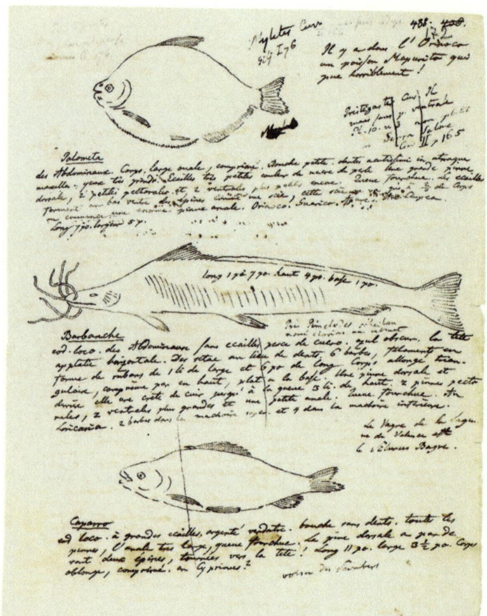

Fische vom Orinoco, Seite aus dem Reisetagebuch Humboldts

Wenn wir unser Nachtlager aufschlugen, befanden sich die *Menagerie* und die Instrumente immer in der Mitte; ringsum kamen zunächst unsere Hängematten, dann die der Indianer, und zu äußerst die Feuer, die man für unentbehrlich hielt, um den Jaguar ferne zu halten. Um Sonnenaufgang stimmten unsere Affen in das Geschrei der Affen im Walde ein. Dieser Verkehr zwischen Tieren derselben Art, die einander zugetan sind, ohne sich zu sehen, von denen die einen der Freiheit genießen, nach der die andern sich sehnen, hat etwas Wehmütiges, Rührendes.

Auf der überfüllten, keine drei Fuß breiten Piroge blieb für die getrockneten Pflanzen, die Koffer, einen Sextanten, den Inklinationskompass und die meteorologischen Instrumente kein anderer Platz als der Raum unter dem Gitter aus Zweigen, auf dem wir den größten Teil des Tags ausgestreckt liegen mussten. Wollte man irgendetwas aus einem Koffer holen oder ein Instrument gebrauchen, musste man ans Ufer fahren und aussteigen. Zu diesen Unbequemlichkeiten kam noch die Plage der Moskitos, die unter einem so niedrigen Dache in Scharen hausen, und die Hitze hinzu, welche die Palmblätter ausstrahlen, deren Oberseite beständig der Sonnenglut ausgesetzt ist. Jeden Augenblick suchten wir uns unsere Lage erträglicher zu machen, und immer vergeblich. Während der eine sich unter ein Tuch steckte, um sich vor den Insekten zu schützen, verlangte der andere, man solle grünes Holz unter dem *Toldo* anzünden, um die Mücken durch den Rauch zu vertreiben. Wegen des Brennens der Augen und der Steigerung der ohnehin erstickenden Hitze war das eine Mittel so wenig anwendbar wie das andere. Aber mit etwas Frohsinn, bei gegenseitiger Herzlichkeit, bei offenem Sinn und Auge für die großartige Natur dieser weiten Stromtäler fällt es den Reisenden nicht schwer, Beschwerden zu ertragen, die zur Gewohnheit werden.

6. MAI. Wir schifften uns bei Sonnenaufgang ein, nachdem wir den Boden unserer Piroge genau untersucht hatten. Er war beim »Tragen« wohl dünner geworden, aber nicht gesprungen. Wir dachten, das Fahrzeug könne die dreihundert Meilen, die wir den Rio Negro hinab, den Casiquiare hinauf und den Orinoco wieder hinab bis Angostura noch zu machen hatten, wohl aushalten. Nachdem wir 4½ Stunden lang den Krümmungen des schmalen Fahrwassers gefolgt waren, liefen wir endlich in den Rio Negro ein.

Der Morgen war kühl und schön. Sechsunddreißig Tage waren wir nun schon in einem schmalen Kanu eingesperrt, das so unsicher war, dass es bei einem unvorsichtigen Aufstehen, also ohne den Ruderern am anderen Bord zuzurufen, sich überzulehnen und das Gleichgewicht herzustellen, gekentert wäre. Wir hatten unter den Insektenstichen furchtbar gelitten, aber das ungesunde Klima hatte uns nichts angehabt; wir waren, ohne zu kentern, über eine ganze Menge Wasserfälle und Flussdämme gekommen, welche die Stromfahrt sehr beschwerlich und oft gefährlicher machen als lange Seereisen. Jene unbewohnten, mit Wald bedeckten, geschichtslosen Ufer des Casiquiare beschäftigten damals meine Einbildungskraft wie die in der Geschichte der Kulturvölker hochberühmten Ufer des Euphrat und des Oxus dies heute tun. Hier, im Innern des Neuen Kontinents, gewöhnt man sich beinahe daran, den Menschen als etwas zu be-

—

»Vier Monate hindurch schliefen wir in Wäldern, umgeben von Krokodilen, Boas und Tigern, nichts genießend als Reis, Ameisen, Maniok, Pisang, Orinocowasser und bisweilen Affen ...«

HUMBOLDT AN C. L. WILDENOW, FEBRUAR 1801

—

trachten, das für die Ordnung der Natur nicht von Notwendigkeit ist. Der Boden ist dicht bedeckt mit Gewächsen, und ihre freie Entwicklung findet nirgends ein Hemmnis. Eine mächtige Schicht Mutterboden weist darauf hin, dass die organischen Kräfte hier ohne Unterbrechung fort und fort gewaltet haben. Krokodile und Boas sind die Herren des Stroms; der Jaguar, der Pecari, der Tapir und die Affen streifen durch den Wald, ohne Furcht und ohne Gefahr; sie hausen hier wie auf ihrem angestammten Erbe. Dieser Anblick der lebendigen Natur, in der der Mensch nichts ist, hat etwas Befremdendes und Tristes. Selbst auf dem Ozean und im Sande Afrikas gewöhnt man sich nur schwer daran, wenn einem auch da, wo nichts an unsere Felder, unsere Wälder und Bäche erinnert, die weite Einöde, durch die man sich bewegt, nicht so stark auffällt. Hier, in einem fruchtbaren Lande, geschmückt mit unvergänglichem Grün, sieht man sich umsonst nach Spuren der Macht des Menschen um; man glaubt sich in eine andere Welt versetzt, als die uns geboren. Diese Eindrücke sind umso stärker, je länger sie andauern. Ein Soldat, der sein ganzes Leben in den Missionen am oberen Orinoco zugebracht hatte, war einmal mit uns am Strome gelagert. Es war ein gescheiter Mensch, und in der ruhigen, heißen Nacht richtete er an mich Frage um Frage über die Größe der Sterne, über die Mondbewohner, über tausend Dinge, von denen ich so viel wusste wie er. Meine Antworten konnten seine Neugier nicht befriedigen, und so sagte er in zuversichtlichem Tone: »Was die Menschen anlangt, so glaube ich, es gibt da oben nicht mehr, als ihr angetroffen hättet, wenn ihr über Land von Javita an den Casiquiare gegangen wäret. In den Sternen, meine ich, ist eben wie hier weite Ebene mit hohem Gras und ein Wald, durch den ein Strom fließt.«

Humboldt und Bonpland am Orinoco
Gemälde von Eduard Ender, 1856

1802

Johann Gottfried Seume

Spaziergang nach Syrakus

—

Von modernen Beförderungsmitteln wie Kutschen hielt der Reisende Johann Gottfried Seume (1763–1810) nicht viel: »Sowie man im Wagen sitzt, hat man sich sogleich einige Grade von der ursprünglichen Humanität entfernt. Man kann niemand mehr fest und rein ins Angesicht sehen, wie man soll.« Und weiter: »Ich bin der Meinung, dass alles besser gehen würde, wenn man mehr ginge.« Also hängte er im Dezember 1801 seinen Beruf als Korrektor bei dem Verleger Göschen in Grimma an den Nagel, nahm seinen Knotenstock in die Hand und machte sich auf seinen »Spaziergang nach Syrakus«. Sein Gepäck bestand aus nicht viel mehr als dem, was er am Leib trug: ein blauer Frack, zwei Westen, zwei Paar Hosen, zwei Paar Strümpfe, vier Hals- und zwei Schnupftücher, ein Paar Schuhe mit Schnallen, ein Paar Pantoffeln, Flickbeutel und Rasierzeug. In seinem Tornister aus Seehundsfell bewahrte er außerdem noch zwei »Schmiralienbücher«, in denen er seine Eindrücke festhielt, und eine kleine Bibliothek antiker Autoren, darunter Horaz, Vergil, Tacitus und Terenz.

»Ich schnallte in Grimma meinen Tornister und wir gingen …«
Frontispiz der Erstausgabe des »Spaziergangs nach Syrakus«, 1803

Für »Kunstsachen« hatte er – anders als Goethe 15 Jahre zuvor – nach eigenem Bekunden »selten eine empfängliche Stimmung«. Umso mehr interessierte er sich für die sozialen und politischen Verhältnisse in den Gegenden, die er durchwanderte. Nach knapp vier Monaten, Anfang April 1802, war er in Syrakus, dem Ziel seiner Reise, angelangt. Zurück nahm Seume den Weg über die Schweiz und machte einen Abstecher ins napoleonische Paris. Im September 1802 war er wieder zu Hause in Grimma.

Alles geht besser, wenn man mehr ginge: Auf Seume und seinen 1803 publizierten Spaziergang nach Syrakus *beriefen sich später viele Reisende, die in der Ära der Eisenbahn und des Flugzeugs die Langsamkeit zu Fuß wiederentdeckten – der Weg ist das Ziel.*

—

Auf dem italienischen Konsulat in Wien. Ich darf rühmen, dass ich in Wien überall mit einer Bonhommie und Gefälligkeit behandelt worden bin, die man vielleicht in Residenzen nicht so gewöhnlich findet. Selbst die schnakische Visitation an der Barriere wurde, was die Art betrifft, mit Höflichkeit gemacht. Den einzigen böotischen, aber auch echt böotischen, Auftritt hatte ich den letzten Tag auf der italienischen Kanzlei. Hierher wurde ich mit meinem alten Passe von der Polizei um einen neuen gewiesen. Im Vorzimmer war man artig genug und meldete mich, da ich Eile zeigte, sogleich dem Präsidenten, der eine Art von Minister ist, den ich weiter nicht kenne. Er hatte meinen Pass von Dresden schon vor sich in der Hand, als ich eintrat.

»Währ üß Ähr?«, fragte er mich mit einem stier glotzenden Molochsgesicht in dem dicksten Wiener Bratwurstdialekt. Ich ehre das Idiom jeder Provinz, so lange es das Organ der Humanität ist; und die braven Wiener mit ihrer Gutmütigkeit haben in mir nur selten das Gefühl rege gemacht, dass ihre Aussprache etwas besser sein sollte. Ich tat ein kurzes Stoßgebetchen an die heilige Humanität, dass sie mir etwas Geduld gäbe, und sagte meinen Namen, indem ich auf den Pass zeigte.

Wien, vom Belvedere aus gesehen
Gemälde von Canaletto, 1759

»Wu will Ähr hünn?«

Steht im Passe: nach Italien.

»Italien üß gruhß.«

Vor der Hand nach Venedig, und sodann weiter.

»Slähftr holtr sähr füehl sulch lüederlüchches Gesüendel härümmer.«

Nun, Freund, was war hier zu tun? Dem Menschen zu antworten, wie er es verdiente? Er hätte leicht Mittel und Wege gefunden, mich wenigstens acht Tage aufzuhalten, wenn er mich nicht gar zurückgeschickt hätte; denn er war ja ein Stück von Minister. Ich suchte also eine alte militärische Aufwallung mit Gewalt zu unterdrücken. Der Graf Metternich in Dresden muss wohl wissen, was er tut, und wem er seine Pässe gibt: er ist verantwortlich dafür!, sagte ich so bestimmt, als mir der Ton folgte. Der Mensch belugte mich von dem verschnittenen Haarschädel den polnischen Rock herab bis auf die Schariwari [Überhose], die um ein Paar derbe rindslederne Stiefeln geknöpft waren.

»Wu wüll Ähr weiter hünn?«

Vorzüglich nach Sizilien.

Er glotzte von neuem und fragte: »Waß wüll Ähr da machchen?«

Hätte ich ihm nun die reine platte Wahrheit gesagt, dass ich bloß spazierengehen wollte, um mir das Zwerchfell auseinanderzuwandeln, das ich mir über dem Druck von Klopstocks Oden etwas zusammengesessen hatte, so hätte der Mann höchstwahrscheinlich gar keinen Begriff davon gehabt, und geglaubt, ich sei irgendeinem Bedlam [Irrenhaus] entlaufen.

Ich will den Theokrit dort studieren, sagte ich.

Weiß der Himmel, was er denken mochte; er sah mich an, und sah auf den Pass und sah mich wieder an, und schrieb sodann etwas auf den Pass, welches, wie ich nachher sah, der Befehl zur Ausfertigung eines andern war.

»Abber Ähr dörf süchch nücht ünn Venedig uffhalten.«

Ich bin es nicht willens, antwortete ich mit dem ganzen Murrsinn der düstern Laune, und bekomme hier auch nicht Lust dazu. Er beglotzte mich noch einmal, gab mir den Pass, und ich ging.

Man hat mir den Namen des Mannes genannt und gesagt, dass dieses durchaus sein Charakter sei, und dass er bei dem Kaiser in gar großem Vertrauen und hoch in Gnaden stehe. Desto schlimmer für den Kaiser und für ihn und die Wiener und alle, die mit ihm zu tun haben. Sein Gesicht hatte das Gepräge seiner Seele, das konnte ich beim ersten Anblick sehen, ohne jemals eine Stunde bei Gall [dem Begründer der Schädellehre] gehört zu haben. Seinen Namen habe ich geflissentlich vergessen, erinnere mich aber noch so viel, dass er, eben nicht zur Ehre unserer Nation, ein Deutscher, obgleich Präsident der italienischen Kanzlei war. Ist das der Vorschmack von Italien?, dachte ich; das fängt erbaulich an.

Am Golf von Neapel. Wir gingen auf dem Rücken des Posilipo nach Neapel. Diese Promenade musst Du durchaus machen, wenn Du einmal hierherkommst; sie ist eine der schönsten, die man in der herrlichen Gegend suchen kann. Lange Zeit hat man die beiden Meerbusen von Neapel und Baiae rechts und links im Gesicht, genießt sodann die schöne Übersicht auf die Partie jenseits des Berges nach Puzzuoli, welche die Neapolitaner mit ihrer verkehrten Zunge nur Kianura oder die Ebene nennen. Man kommt nach ungefähr vier Millien des herrlichsten Weges in der Gegend von Vergils Grabe wieder herunter auf die Straße. Der Spaziergang ist freilich etwas wild, aber desto schöner.

Bekanntlich wird das Fort Sankt Elmo mit der darunterliegenden Kartause für die schönste Partie gehalten; und sie ist es auch für alle, die sich nicht weiter auf den Vesuv oder zu den Kamaldulensern bemühen wollen. Es ist ein ziemlicher Spaziergang auf die Kartause, den unser schlesischer Landsmann, Herr Benkowitz, schon für eine große Unternehmung hält, auf welche er sich den Tag vorher vorbereitet. Ich Tornisterträger steckte die Tasche voll Orangen und Kastanien und wandelte damit zum Morgenbrote sehr leicht hinauf. In das Fort zu kommen hat jetzt bei den Zeitumständen einige Schwierigkeit, und man muss vorher dazu die Erlaubnis haben. Man sieht in der Kartause fast ebenso viel, nur hat man nicht das Vergnügen, zehen

Aussicht vom Kamaldulenserkloster bei Neapel
Gemälde von Ernst Ferdinand Oehme, 1836

oder zwanzig Klafter höher zu stehen. Die Kartause hat der König ausgeräumt und sich die meisten Schätze zugeeignet. Es ist jetzt nur noch ein einziger Mönch da, der den Ort in Aufsicht hat.

Um die schönste Aussicht zu haben, musst Du zu den Kamaldulensern steigen. Die Herren sind in der Revolution etwas dezimiert worden, haben aber den Verlust nicht schwer empfunden. Man geht durch die Vorstadt Frascati und einige Dörfer immer bergauf und verliert sich in etwas wilde Gegenden. Weil man nicht hinauffahren kann, wird die Partie nicht von sehr vielen gemacht. Wir verirrten uns, mein Genuese und ich, in den Feigengärten und Kastanienwäldern, und ich musste dem alten Kerl noch mit meiner Topographie im Orientieren helfen. Das ärgerte mich gar nicht; denn wir trafen in der wilden Gegend einige recht hübsche Partien nach allen Seiten. Es gab Stellen, wo man bis nach Cajeta hinübersehen konnte. Da wir uns verspätet hatten, mussten wir in einem Dorfe am Abhange des Berges zum Frühstück einkehren und einen zweiten Boten mitnehmen. Dieser brachte uns auf einem der schönsten Wege an dem Berge über dem Agnano hin in das Kloster. Es ist dort nichts zu genießen als die Aussicht; die Kirche hat nichts Merkwürdiges. Ein Laienbruder führte mich mit vieler Höflichkeit durch alle ihre Herrlichkeiten und endlich an eine ausspringende Felsenspitze des Gartens unter einige perennierende [immergrüne] Eichen, die vielleicht der schönste Punkt in ganz Italien ist. Von Neapel sieht man zwar nicht viel, weil es fast ganz hinter dem Posilipo liegt; nur der hohe Teil von Elmo, Belvedere und einige andere Stückchen sind sichtbar. Aber rundumher liegt das ganze schöne magische klassische Land unter Einem Blick. Portici, das auf der Lava der Stadt des Herkules steht, der sich emportürmende Vesuv mit dem Somma, Torre del Greco, Pompeji, Stabiä, Sorrent, Massa, Capri, der ganze Posilipo, Nisida, Ischia, Procida, der ganze Meerbusen von Baiae mit den Trümmern der Gegend, Misene, die Thermen des Nero, der Lukriner See und hinter ihm versteckt der Avernus, die Solfatara, bei heiterm Wetter die Berge von Cumä, der Gaurus und weiterhin die beschneiten Apenninen; unten der Agnano mit der Hundsgrotte, deren Eingang nur ein hervorspringender Hügel bedeckt; der neue Berg hinter der Solfatara; alte und neue Berge, ausgebrannte und brennende Vulkane, alte und neue Städte, Elysium und die Hölle: – alles dieses fassest Du mit Deinem Auge, ehe Du hier eine Zeile liesest. Tief, tief in der Ferne sieht man noch Ponza und einige kleinere Inseln. Da haben die Mönche wieder das Beste gewählt. Freund, wenn Du einmal hörst, dass ich unbegreiflich verschwunden bin, so bringe mitunter Deine Mutmaßungen, dass ich vielleicht der schönsten Natur zu Ehren die größte Sottise gemacht habe, und hier unter den Anachoreten hause. Hier den Homer und Vergil, den Thukydides und etwas von der attischen Biene [Xenophon], abwechselnd mit Aristophanes, Lucian und Juvenal; so könnte man wohl in den Kastanienwäldern leben und das bißchen Vernunft bei sich behalten: denn diese wird jetzt doch überall wieder konterband. Also gehe zu den Kamaldulensern, wenn Du auch nicht in Versuchung bist, bei ihnen oben zu bleiben.

—

»Ich will mir bloß kosmisch das Zwerchfell etwas auseinanderwandeln, ohne einen anderen näheren Zweck; aber Sizilien kann ich nicht missen, das ist nun mal meine Grille.«

Seume an Karl August Böttiger, Oktober 1801

—

Auf Sizilien. Überall warnte man mich vor bösen Wegen und vorzüglich hier in Alikata, wo man sagte, dass die achtzehn Millien von hier nach Terra Nuova die schlimmsten in der ganzen Insel wären. *Sono cattive gente,* hieß es; und *cattive* war der ewige Euphemismus, wenn sie zur Ehre ihres Landes nicht Räuber und Banditen sagen wollten. Hier hat mich wahrscheinlich nur meine armselige Figur gerettet. Ich wandelte gutes Mutes am Strande hin, las Muscheln und murmelte ein Liedchen von Anakreon, machte mit meinen Gedanken tausend Circumherumschweife und blieb bei der schönen Idee stehen, dass ich hier nun vermutlich in die geloischen Felder käme: da sah ich von weitem drei Reiter und zwar zu Pferde auf mich zu trottieren. Die Erscheinung eines Maulesels oder Esels ist mir in Sizilien immer lieber als eines Pferdes. Mir ward etwas unreimisch, und ich nahm mir vor, so ernsthaft als möglich vor ihnen vorbeizugehen. Das litten sie aber nicht, ob sie es gleich auch mit ziemlichem Ernst taten. Sie waren alle drei mit Flinten bewaffnet; der Dolch versteht sich von selbst. Ich grüßte nicht ganz ohne Argwohn. Man rief mir Halt!, und da ich tat, als ob ich es nicht gleich verstanden hätte, ritt einer mit Vehemenz auf mich zu, fasste mich beim Kragen und riss mich so heftig herum, dass das Schisma noch an meinem Rocke zu sehen ist. Wer seid Ihr? Ein Reisender. – Wo wollt Ihr hin? – Nach Syrakus. – Warum reitet Ihr nicht? – Es ist mir zu teuer; ich habe nicht Geld genug dazu. – Einer meiner Freunde in Rom hat mich in dem barocken Aufzuge gezeichnet, den ich damals machte, damit ich, wie er mir sagte, doch sagen könnte, ich habe mich in Rom malen lassen. Ich schicke Dir die Zeichnung zur Erbauung, und Du wirst hier wenigstens meine Eitelkeit nicht beschuldigen, dass sie sich ins beste Licht gesetzt hat. Man riss meinen Sack auf und fand darin freilich keine Herrlichkeiten, ein Hemde, zwei Bücher, ein Stück hartes Brot, ein Stückchen noch härteren Käse und einige Orangen. Man besah mich aufmerksam von der Ferse bis zum Scheitel. – Ihr habt also kein Geld zum Reiten? – Ich kann so viel nicht bezahlen. – Meine Figur und der Inhalt meines Sackes schienen ihnen hierüber ein gleichlautendes Dokument zu sein. Man nahm das weiße Buch, in welches ich einige Bemerkungen geschrieben hatte, um die Reminiszenzen zu erhalten; man fragte, was es wäre, und durchblätterte es neugierig, und einer, der etwas Ansehen über die beiden andern zu haben schien, machte Miene, es einzustecken. Ich sagte etwas betroffen: Aber das ist mein Tagebuch mit einigen Reisebemerkungen für meine Freunde. Der Mensch betrachtete mich in meiner Verlegenheit, besann sich einige Augenblicke, gab mir das Buch zurück und sagte zu dem andern: Gib ihm Wein! Dieses hielt ich, und wohl mit Recht, für das Zeichen der Hospitalität und der Sicherheit. Ob ich gleich nicht lange vorher reichlich aus einem kleinen Felsenbache getrunken hatte, so machte ich doch keine Umstände, der ehrenvollen Gesellschaft Bescheid zu tun, so gut ich konnte, und trank aus der dargereichten engen Flasche. Diese Flaschen mit sehr engen Mündungen sind, wie Du vielleicht schon weißt, hier für das warme Klima sehr diätetisch eingerichtet. Man ist durchaus genötigt, sehr langsam zu trinken, weil man doch nicht mehr schlucken kann, als herausläuft. Nun fragte man mich dieses und jenes, worauf ich so unbefangen als möglich antwortete. – An wen seid Ihr in Syrakus empfohlen? – An den Ritter Landolina. – Den kenne ich; sagte einer. – Ihr seid also arm und wollt den Giro [Rundreise] machen, und geht zu Fuße? Ich bejahte das. Nun fragte

Seume auf dem Spaziergang nach Syrakus
Holzstich, 1863

man mich: Versteht Ihr das Spiel? Ich hatte die Frage nicht einmal recht verstanden: da ich aber, außer ein wenig Schach, durchaus gar kein Spiel verstehe, konnte ich mit gutem Gewissen Nein antworten. Diese Frage ist mir vorher und nachher in Sizilien oft getan worden, und die Erkundigung ist, ob man etwas vom Lotto verstehe, welches auch hier, Dank sei es der schlechten Regierung, eine allgemeine Seuche ist. Das gemeine Volk steht hier noch oft in dem Wahn, der Fremde als ein gescheiter Kerl müsse sogleich ausrechnen oder auszaubern können, welche Nummern gewinnen werden. Man wünschte mir gute Reise und ritt fort. Was war nun von den Leuten zu halten? Aus gewöhnlicher Vorsicht hatte ich die Uhr tief gesteckt; sie war also nicht zu sehen: mein Taschenbuch, in welchem ungefähr noch siebenundzwanzig Unzen in Gold liegen mochten, war inwendig in einer Tasche hoch unter dem linken Arm und wurde also nicht bemerkt. Die Leute hatten keine Uniform und durchaus keine Zeichen als Polizeireiter: übrigens waren sie für Sizilien sehr anständig gekleidet. Gewehr und Dolche trägt in Unteritalien zur Schande der Justiz und Polizei jedermann. Wenn sie ehrlich waren, so taten sie wenigstens alles Mögliche, es nicht zu scheinen: und das ist an der südlichen Küste von Sizilien fast ebenso schlecht, als wenn bei uns in feiner Gesellschaft ein abgefeimter Schurke gerade das Gegenteil tut. Ich denke immer, meine anscheinende Armseligkeit hat mich gerettet, und die Uhr und die Unzen hätten mir den Hals brechen können.

Agrigent. Den Morgen darauf gingen wir durch die Jumarren, einen heillosen Weg, unter sehr schlechtem Wetter. Nie habe ich eine solche Armut gesehen, und nie habe ich mir sie nur so entsetzlich denken können. Die Insel sieht im Innern furchtbar aus. Hier und da sind einige Stellen bebaut; aber das Ganze ist eine Wüste, die ich in Amerika kaum so schrecklich gesehen habe. Zu Mittage war im Wirtshause durchaus kein Stückchen Brot zu haben. Die Bettler kamen in den jämmerlichsten Erscheinungen, gegen welche die römischen auf der Treppe des *spanischen* Platzes noch Wohlhabenheit sind: sie bettelten nicht, sondern standen mit der ganzen Schau ihres Elends nur mit Blicken flehend in stummer Erwartung an der Türe. Erst küsste man das Brot, das ich gab, und dann meine Hand. Ich blickte fluchend rund um mich her über den reichen Boden, und hätte in diesem Augenblicke alle sizilische Barone und Äbte mit den Ministern an ihrer Spitze ohne Barmherzigkeit vor die Kartätsche stellen können. Es ist heillos. Den Abend blieb ich in Fontana Fredda, wo ich, nach dem Namen zu urteilen, recht schönes Wasser zu trinken hoffte. Aber die Quelle ist so vernachlässiget, dass mir der Wein sehr

Syrakus
Stahlstich um 1850

willkommen war. Ich musste hier für ein Paar junge Tauben, das Einzige, was man finden konnte, acht Karlin, ungefähr einen Taler nach unserm Gelde, bezahlen; da ich doch mit den ewigen Makkaronen mir den Magen nicht ganz verkleistern wollte. Das Beste war hier ein großer, schöner, herrlicher Orangengarten, wo ich aussuchen und pflücken konnte, soviel ich Lust hatte, ohne dass es die Rechnung vermehrt hätte, und wo ich die köstlichsten, hochglühenden Früchte von der Größe einer kleinen Melone fand. Gegenüber hängt das alte Sutera traurig an einem Felsen, und Campo Franco von der andern Seite. Das Tal ist ein wahrer Hesperidengarten, und die Segensgegend wimmelt von elenden Bettlern, vor denen ich keinen Fuß vor die Tür setzen konnte: denn ich kann doch nicht helfen, wenn ich auch alle Taschen leerte und mich ihnen gleichmachte.

SYRAKUS. Wir waren schon weit umhergestiegen und setzten uns hier auf eine der höchsten Stellen der alten Festung nieder, um rund um uns her zu schauen. Ich halte dieses halbe Stündchen für eines der schönsten, die ich genossen habe, wenn ich nur die Melancholie herauswischen könnte, die für die Menschheit darin war. Von dieser Spitze übersah man die ganze große ungeheuere Fläche der ehemaligen Stadt, die nun halb als Ruine und halb als Wildnis daliegt. Rechts hinunter zog sich die alte Mauer nach Neapolis, dem Syraka und dem Hafen; links hinab ging bis ans Meer die gegen vier Millien lange berühmte neuere Mauer, welche Dionysius in so kurzer Zeit gegen die Karthager aufführen ließ. Von beiden sieht man noch den Gang durch die Trümmern, und hier und da noch mächtige Werkstücke aufgefügt. Tief hinunter nach der Insel, die jetzt das Städtchen ausmacht, liegen die Szenen der Größe des ehemaligen Syrakus, die nunmehr kaum das Auge auffindet. Rechts kommt der Anapus in dem Tale zwischen den Bergen hervor, und weiter hin jenseits zieht sich eine lange Kette des Hybla rund um die Erdspitze herum. Hinter uns lag der *mons crinitus,* wo die Athenienser bei der unglücklichen Unternehmung gegen Sizilien standen ... Weiter hinab lag Thapsus, und in der Ferne Augusta, jenseits eines andern Meerbusens. Hier hätte ich tagelang sitzen mögen, mit dem Thukydides und Diodor in der Hand.

Jetzt sitze ich hier und lese den Theokrit in seiner Vaterstadt. Ich wollte, Du wärst bei mir und wir könnten das Vergnügen teilen, so würde es größer werden. Mein eigenes Exemplar hatte ich, um ganz leicht zu sein, aus Unachtsamkeit mit in Palermo gelassen, bat mir ihn also von Landolina aus. Dieser gab mir mit vieler Artigkeit die Ausgabe eines Deutschen, von unserm Stroth; und dieses nämliche Exemplar war ein Geschenk von Stroth an Münter, und von Münter an Landolina, und ich las nun darin an der Arethuse. Der Ideengang hat etwas Magisches. Sei nur ruhig; ich habe jetzt zu viel Vergnügen dabei, und meine Stiefelsohlen sind noch ganz; Du sollst hier mit keiner Übersetzung geplagt werden.

—

—

»Zum Lobe meines Schuhmachers muss ich Dir sagen, dass ich in den nämlichen Stiefeln ausgegangen und zurückgekommen bin, ohne neue Schuhe ansetzen zu lassen, und dass diese noch das Ansehen haben, in baulichem Wesen noch eine solche Wanderung mitzumachen.«

J. G. Seume,
zurück in Grimma

—

1826

Heinrich Heine

An der Nordsee

—

»Wem Gott will rechte Gunst erweisen, den schickt er in die weite Welt ...« Der Bewegung der Romantiker des frühen 19. Jahrhunderts galt Sesshaftigkeit als verachtenswert; wer zu Hause in seiner Stube hockte, war ein hoffnungsloser Philister. Die Gedichte, Romane und Schriften der Romantik sind bevölkert von sehnsüchtigen Welterneuerern und Taugenichtsen auf ewiger Wanderschaft, hin- und hergerissen zwischen Fern- und Heimweh. Auch Heinrich Heine (1797–1856) zog es hinaus in die Welt, aber seine Reiseberichte unterscheiden sich von denen seiner Vorgänger. Er nutzte das populäre Genre für Zeit- und Gesellschaftskritik, so bereits in seiner Harzreise (1824/26) – eine ätzende Abrechnung des Göttinger Studenten mit den »glatten Herren und Frauen« der Gesellschaft der Universitätsstadt. 1828 reiste Heine nach Italien und hielt sich mehrere Wochen in den Bädern von Lucca zur Kur auf. Nach Rom und Neapel freilich zog es ihn nicht, Heines Italienreise endete in der Toskana.

Das bevorzugte Reiseziel Heines in den 1820er Jahren war die Nordsee, wo er sich fast jeden Sommer aufhielt – in den Seebädern von Cuxhaven, auf Norderney, Wangerooge und dem damals britischen Helgoland. Das Badeleben auf den Inseln war noch eine recht exklusive Angelegenheit, erst allmählich kamen die Badereisen in Mode. Dafür gab es »Wellengeräusch, schöne Frauen, gutes Essen und göttliche Ruhe«. Hier konnten die Gedanken frei hin und her schweifen, wie die Wellen des Meeres ans Ufer schwappen: »Denn das Meer ist meine Seele«, so Heine.

Während der Badekur an der Nordsee erreichte ihn 1830 die Nachricht von der Julirevolution in Frankreich. In Paris hatte der Hahn gekräht. Den darauffolgenden Sommer verbrachte Heine dann nicht mehr auf Helgoland oder Norderney, sondern in der französischen Hauptstadt.

—

Die Eingeborenen sind meistens blutarm und leben vom Fischfang, der erst im nächsten Monat, im Oktober, bei stürmischem Wetter, seinen Anfang nimmt. Viele dieser Insulaner dienen auch als Matrosen auf fremden Kauffahrteischiffen und bleiben jahrelang vom Hause entfernt, ohne ihren Angehörigen irgendeine Nachricht von sich zukommen zu lassen. Nicht selten finden sie den Tod auf dem Wasser. Ich habe einige arme Weiber auf der Insel gefunden, deren ganze männliche Familie solcherweise umgekommen; was sich leicht

Herren-Badestrand auf Norderney
Stahlstich von Johann Georg Serz, um 1860

ereignet, da der Vater mit seinen Söhnen gewöhnlich auf demselben Schiffe zur See fährt.

Das Seefahren hat für diese Menschen einen großen Reiz; und dennoch, glaube ich, daheim ist ihnen allen am wohlsten zumute. Sind sie auch auf ihren Schiffen sogar nach jenen südlichen Ländern gekommen, wo die Sonne blühender und der Mond romantischer leuchtet, so können doch alle Blumen dort nicht den Leck ihres Herzens stopfen, und mitten in der duftigen Heimat des Frühlings sehnen sie sich wieder zurück nach ihrer Sandinsel, nach ihren kleinen Hütten, nach dem flackernden Herde, wo die Ihrigen, wohlverwahrt in wollenen Jacken, herumkauern, und einen Tee trinken, der sich von gekochtem Seewasser nur durch den Namen unterscheidet, und eine Sprache schwatzen, wovon kaum begreiflich scheint, wie es ihnen selber möglich ist, sie zu verstehen.

Was diese Menschen so fest und genügsam zusammenhält, ist nicht so sehr das innig mystische Gefühl der Liebe, als vielmehr die Gewohnheit, das naturgemäße Ineinander-Hinüberleben, die gemeinschaftliche Unmittelbarkeit. Gleiche Geisteshöhe, oder, besser gesagt, Geistesniedrigkeit, daher gleiche Bedürfnisse und gleiches Streben; gleiche Erfahrungen und Gesinnungen, daher leichtes Verständnis untereinander; und sie sitzen verträglich am Feuer in den kleinen Hütten, rücken zusammen, wenn es kalt wird, an den Augen sehen sie sich ab, was sie denken, die Worte lesen sie sich von den Lippen, ehe sie gesprochen worden, alle gemeinsamen Lebensbeziehungen sind ihnen im Gedächtnisse, und durch einen einzigen Laut, eine einzige Miene, eine einzige stumme Bewegung erregen sie untereinander so viel Lachen, oder Weinen, oder Andacht, wie wir bei unseresgleichen erst durch lange Expositionen, Expektorationen und Deklamationen hervorbringen können. Denn wir leben im Grunde geistig einsam, durch eine besondere Erziehungsmethode oder zufällig gewählte, besondere Lektüre hat jeder von uns eine verschiedene Charakterrichtung empfangen, jeder von uns, geistig verlarvt, denkt, fühlt und strebt anders als die andern, und des Missverständnisses wird so viel, und selbst in weiten Häusern wird das Zusammenleben so schwer, und wir sind überall beengt, überall fremd, und überall in der Fremde.

—

»Das Meer war so wild, dass ich oft zu versaufen glaubte. Aber dies wahlverwandte Element tut mir nichts Schlimmes. Es weiß recht gut, dass ich noch toller sein kann.«

HEINRICH HEINE AN JULIUS CAMPE, JULI 1826

—

In jenem Zustande der Gedanken- und Gefühlsgleichheit, wie wir ihn bei den Insulanern sehen, lebten oft ganze Völker und haben oft ganze Zeitalter gelebt ...

Auf einem gewissen Standpunkte ist alles gleich groß und gleich klein, und an die großen europäischen Zeitverwandlungen werde ich erinnert, indem ich den kleinen Zustand unserer armen Insulaner betrachte. Auch diese stehen an der Grenze einer solchen neuen Zeit, und ihre alte Sinneseinheit und Einfalt wird gestört durch das Gedeihen des hiesigen Seebades, indem sie dessen Gästen täglich etwas Neues ablauschen, was sie nicht mit ihrer altherkömmlichen Lebensweise zu vereinen wissen. Stehen sie des Abends vor den erleuchteten Fenstern des Konversationshauses und betrachten dort die Verhandlungen der Herren und Damen, die verständlichen Blicke, die begehrlichen Grimassen, das lüsterne Tanzen, das vergnügte Schmausen, das habsüchtige Spielen usw., so bleibt das für diese Menschen nicht ohne schlimme Folgen, die von dem Geldgewinn, der ihnen durch die Badeanstalt zufließt, nimmermehr aufgewogen werden. Dieses Geld reicht nicht hin für die eindringenden, neuen Bedürfnisse; daher innere Lebensstörung, schlimmer Anreiz, großer Schmerz. Als ich ein Knabe war, fühlte ich immer eine brennende Sehnsucht, wenn schöngebackene Torten, wovon ich nichts bekommen sollte, duftig-offen, bei mir vorübergetragen wurden; späterhin stachelte mich dasselbe Gefühl, wenn ich modisch entblößte, schöne Damen vorbeispazieren sah; und ich denke jetzt, die armen Insulaner, die noch in einem Kindheitszustande leben, haben hier oft Gelegenheit zu ähnlichen Empfindungen, und es wäre gut, wenn die Eigentümer der schönen Torten und Frauen solche etwas mehr verdeckten. Diese vielen unbedeckten Delikatessen, woran jene Leute nur die Augen weiden können, müssen ihren Appetit sehr stark wecken, und wenn die armen Insulanerinnen, in ihrer Schwangerschaft, allerlei süßgebackene Gelüste bekommen, und am Ende sogar Kinder zur Welt bringen, die den Badegästen ähnlich sehen, so ist das leicht zu erklären. Ich will hier durchaus auf kein unsittliches Verhältnis anspielen. Die Tugend der Insulanerinnen wird durch ihre Hässlichkeit, und gar besonders durch ihren Fischgeruch, der mir wenigstens unerträglich war, vorderhand geschützt. Ich würde, wenn ihre Kinder mit badegästlichen Gesichtern zur Welt kommen, vielmehr ein psychologisches Phänomen erkennen, und mir solches durch jene materialistisch-mystischen Gesetze erklären, die Goethe in den Wahlverwandtschaften so schön entwickelt …

Es geht ein starker Nordwind, und die Hexen haben wieder viel Unheil im Sinne. Man hegt hier nämlich wunderliche Sagen von Hexen, die den Sturm zu beschwören wissen; wie es denn überhaupt auf allen nordischen Meeren viel Aberglauben gibt.

Ich gehe hier oft am Strande spazieren und gedenke solcher seemännischen Wundersagen. Die anziehendste derselben ist wohl die Geschichte vom Fliegenden Holländer, den man im Sturm mit aufgespannten Segeln vorbeifahren sieht, und der zuweilen ein Boot aussetzt, um den begegnenden Schiffern allerlei Briefe mitzugeben, die man nachher nicht zu besorgen weiß, da sie an längst verstorbene Personen adressiert sind. Manchmal gedenke ich auch des alten, lieben Märchens von dem Fischerknaben, der am Strande den nächtlichen Reigen der Meernixen belauscht hatte, und nachher mit seiner Geige die ganze Welt durchzog, und alle Menschen zauberhaft entzückte, wenn er ihnen die Melodie des Nixenwalzers vorspielte. Diese Sage erzählte mir einst ein lieber Freund, als wir, im Konzerte zu Berlin, solch einen wundermächtigen Knaben, den Felix Mendelssohn-Bartholdy, spielen hörten.

Helgoland
Dünenlandschaft um 1850

Einen eigentümlichen Reiz gewährt das Kreuzen um die Insel. Das Wetter muss aber schön sein, die Wolken müssen sich ungewöhnlich gestalten, und man muss rücklings auf dem Verdecke liegen, und in den Himmel sehen, und allenfalls auch ein Stückchen Himmel im Herzen haben. Die Wellen murmeln alsdann allerlei wunderliches Zeug, allerlei Worte, woran liebe Erinnerungen flattern, allerlei Namen, die, wie süße Ahnung, in der Seele widerklingen – »Evelina!« Dann kommen auch Schiffe vorbeigefahren, und man grüßt, als ob man sich alle Tage wiedersehen könnte. Nur des Nachts hat das Begegnen fremder Schiffe auf dem Meere etwas Unheimliches; man will sich dann einbilden, die besten Freunde, die wir seit Jahren nicht gesehen, führen schweigend vorbei, und man verlöre sie auf immer.

Ich liebe das Meer, wie meine Seele.

Oft wird mir sogar zumute, als sei das Meer eigentlich meine Seele selbst; und wie es im Meere verborgene Wasserpflanzen gibt, die nur im Augenblick des Aufblühens an dessen Oberfläche heraufschwimmen, und im Augenblick des Verblühens wieder hinabtauchen: so kommen zuweilen auch wunderbare Blumenbilder heraufgeschwommen aus der Tiefe meiner Seele, und duften und leuchten und verschwinden wieder – »Evelina!«

Man sagt, unfern dieser Insel, wo jetzt nichts als Wasser ist, hätten einst die schönsten Dörfer und Städte gestanden, das Meer habe sie plötzlich alle überschwemmt, und bei klarem Wetter sähen die Schiffer noch die leuchtenden Spitzen der versunkenen Kirchtürme, und mancher habe dort, in der Sonntagsfrühe, sogar ein frommes Glockengeläute gehört. Die Geschichte ist wahr; denn das Meer ist meine Seele –

»Eine schöne Welt ist da versunken,
Ihre Trümmer blieben unten stehn,
Lassen sich als goldne Himmelsfunken
Oft im Spiegel meiner Träume sehn.«
(W. Müller.)

Erwachend höre ich dann ein verhallendes Glockengeläute und Gesang heiliger Stimmen – »Evelina!«

Geht man am Strande spazieren, so gewähren die vorbeifahrenden Schiffe einen schönen Anblick. Haben sie die blendend weißen Segel aufgespannt, so sehen sie aus wie vorbeiziehende, große Schwäne. Gar besonders schön ist dieser Anblick, wenn die Sonne hinter dem vorbeisegelnden Schiffe untergeht, und dieses, wie von einer riesigen Glorie, umstrahlt wird.

Gar besonders wunderbar wird mir zumute, wenn ich allein in der Dämmerung am Strande wandle – hinter mir flache Dünen, vor mir das wogende, unermessliche Meer, über mir der Himmel wie eine riesige Kristallkuppel – ich erscheine mir dann selbst sehr ameisenklein, und dennoch dehnt sich meine Seele so weltenweit. Die hohe Einfachheit der Natur, wie sie mich hier umgibt, zähmt und erhebt mich zu gleicher Zeit, und zwar in stärkerem Grade als jemals eine andere erhabene Umgebung. Nie war mir ein Dom groß genug; meine Seele mit ihrem alten Titanengebet strebte immer höher als die gotischen Pfeiler, und wollte immer hinausbrechen durch das

Dach. Auf der Spitze der Roßtrappe haben mir, beim ersten Anblick, die kolossalen Felsen, in ihren kühnen Gruppierungen, ziemlich imponiert; aber dieser Eindruck dauerte nicht lange, meine Seele war nur überrascht, nicht überwältigt, und jene ungeheure Steinmassen wurden in meinen Augen allmählich kleiner, und am Ende erschienen sie mir nur wie geringe Trümmer eines zerschlagenen Riesenpalastes, worin sich meine Seele vielleicht komfortabel befunden hätte.

Ansicht Helgolands von der Düne aus
Kolorierte Lithographie von Cornelius Suhr

Mag es immerhin lächerlich klingen, ich kann es dennoch nicht verhehlen, das Missverhältnis zwischen Körper und Seele quält mich einigermaßen, und hier am Meere, in großartiger Naturumgebung, wird es mir zuweilen recht deutlich, und die Metempsychose ist oft der Gegenstand meines Nachdenkens. Wer kennt die große Gottesironie, die allerlei Widersprüche zwischen Seele und Körper hervorzubringen pflegt. Wer kann wissen, in welchem Schneider jetzt die Seele eines Platos, und in welchem Schulmeister die Seele eines Cäsars wohnt! Wer weiß, ob die Seele Gregors VII. nicht in dem Leibe des Großtürken sitzt, und sich unter tausend hätschelnden Weiberhändchen behaglicher fühlt als einst in ihrer purpurnen Zölibatskutte. Hingegen wie viele Seelen treuer Moslemim aus Alis Zeiten mögen sich jetzt in unseren antihellenischen Kabinettern befinden! Die Seelen der beiden Schächer, die zur Seite des Heilands gekreuzigt worden, sitzen vielleicht jetzt in dicken Konsistorialbäuchen und glühen für den orthodoxen Lehrbegriff. Die Seele Dschingis-Khans wohnt vielleicht jetzt in einem Rezensenten, der täglich, ohne es zu wissen, die Seelen seiner treuesten Baschkiren und Kalmücken in einem kritischen Journale niedersäbelt. Wer weiß! wer weiß! die Seele des Pythagoras ist vielleicht in einen armen Kandidaten gefahren, der durch das Examen fällt, weil er den pythagoreischen Lehrsatz nicht beweisen konnte, während in seinen Herren Examinatoren die Seelen jener Ochsen wohnen, die einst Pythagoras, aus Freude über die Entdeckung seines Satzes, den ewigen Göttern geopfert hatte. Die Hindus sind so dumm nicht, wie unsere Missionäre glauben, sie ehren die Tiere wegen der menschlichen Seele, die sie in ihnen vermuten, und wenn sie Lazarette für invalide Affen stiften, in der Art unserer Akademien, so kann es wohl möglich sein, das in jenen Affen die Seelen großer Gelehrten wohnen, da es hingegen bei uns ganz sichtbar ist, dass in einigen großen Gelehrten nur Affenseelen stecken.

—

»Gar besonders wunderbar wird mir zumute, wenn ich allein in der Dämmerung am Strande wandle – hinter mir flache Dünen, vor mir das wogende, unermessliche Meer, über mir der Himmel wie eine riesige Kristallkuppel – ich erscheine mir dann selbst sehr ameisenklein, und dennoch dehnt sich meine Seele so weltenweit.«

HEINRICH HEINE

—

Wer doch mit der Allwissenheit des Vergangenen auf das Treiben der Menschen von oben herabsehen könnte! Wenn ich des Nachts am Meere wandelnd, den Wellengesang höre, und allerlei Ahnung und Erinnerung in mir erwacht, so ist mir, als habe ich einst solchermaßen von oben herabgesehen und sei vor schwindelndem Schrecken zur Erde heruntergefallen; es ist mir dann auch, als seien meine Augen so teleskopisch scharf gewesen, dass ich die Sterne in Lebensgröße am Himmel wandeln gesehen, und durch all den wirbelnden Glanz geblendet worden; – wie aus der Tiefe eines Jahrtausends kommen mir dann allerlei Gedanken in den Sinn, Gedanken uralter Weisheit, aber sie sind so neblicht, dass ich nicht erkenne, was sie wollen. Nur so viel weiß ich, dass all unser kluges Wissen, Streben und Hervorbringen irgendeinem höheren Geiste ebenso klein und nichtig erscheinen muss, wie mir jene Spinne erschien, die ich in der Göttinger Bibliothek so oft betrachtete. Auf den Folianten der Weltgeschichte saß sie emsig webend, und sie blickte so philosophisch sicher auf ihre Umgebung, und hatte ganz den Göttingischen Gelahrtheitsdünkel, und schien stolz zu sein auf ihre mathematischen Kenntnisse, auf ihre Kunstleistungen, auf ihr einsames Nachdenken – und doch wusste sie nichts von all den Wundern, die in dem Buche stehen, worauf sie geboren worden, worauf sie ihr ganzes Leben verbracht hatte, und worauf sie auch sterben wird, wenn der schleichende Dr. L. sie nicht verjagt. Und wer ist der schleichende Dr. L.? Seine Seele wohnte vielleicht einst in eben einer solchen Spinne, und jetzt hütet er die Folianten, worauf er einst saß – und wenn er sie auch liest, er erfährt doch nicht ihren wahren Inhalt.

Was mag auf dem Boden einst geschehen sein, wo ich jetzt wandle? Ein Konrektor, der hier badete, wollte behaupten, hier sei einst der Dienst der Hertha, oder, besser gesagt, Forsete, begangen worden, wovon Tacitus so geheimnisvoll spricht. Wenn nur die Berichterstatter, denen Tacitus nacherzählt, sich nicht geirrt, und eine Badekutsche für den heiligen Wagen der Göttin angesehen haben!

—

1831–1836

Charles Darwin

Weltreise auf der »Beagle«

Über seinen Lebensweg war sich der junge Charles Darwin (1809–1882) lange Zeit unschlüssig. Er hatte bereits einige Semester Medizin und Theologie studiert, als der 22-Jährige im August 1831 von einem befreundeten Professor erfährt, dass Kapitän Robert FitzRoy einen Freiwilligen suche, der ihn – »ohne Bezahlung« – als Naturforscher auf seiner geplanten Südamerika-Expedition begleitet. Darwin beschloss, sich zu bewerben. Beinahe wäre er abgelehnt worden, schreibt er rückblickend in seiner Autobiographie, »und zwar wegen der Form meiner Nase«. FitzRoy war ein Anhänger der Physiognomie-Lehre Lavaters, derzufolge sich der Charakter eines Menschen an seinen Gesichtszügen ablesen ließe: »Er bezweifelte es, ob irgendjemand mit meiner Nase hinreichende Energie und Entschlossenheit für diese Reise besitzen konnte.«

Auf der fünfjährigen Weltumseglung mit der »HMS Beagle« konnte Darwin seine Energie und Entschlossenheit als Naturforscher unter Beweis stellen. Ziel der Expedition war die Erforschung und Kartierung von Patagonien und Feuerland, der Küsten von Chile und Peru sowie der Galapagos- und einiger Südseeinseln. Auf seinen zahlreichen Exkursionen stellte Darwin geologische Beobachtungen an und sammelte unermüdlich Fossilien und biologische Präparate. Anhand ihrer entwickelte er nach seiner Rückkehr seine die Welt des Wissens umstürzende Theorie der Evolution. Zurückgezogen von der Öffentlichkeit, in Downe in Kent, schrieb er über zwanzig Jahre seine »gefährlichen Gedanken« nieder. 1859 trat er mit seinem bahnbrechenden Werk On the Origin of Species *(Über die Entstehung der Arten) an die Öffentlichkeit.*

Das Journal seiner Reise mit der »Beagle« (erschienen 1839) verfasste Darwin auf der Grundlage seiner Notizbücher. Diese wiederum, erst 1933 publiziert, geben einen unmittelbareren und lebendigeren Eindruck von seinen Erlebnissen. Darwin beschreibt darin auch das raue Matrosenleben an Bord seines »schwimmenden Gefängnisses« und seinen fortwährenden Kampf gegen die Seekrankheit.

Charles Darwin
Aquarell von
George Richmond, 1840

---

21. November 1831, Devonport. Brachte all meine Bücher & Instrumente an Bord der Beagle. – Gegen sechs Uhr ist ein betrunkener Matrose auf dem Weg vom Schiffsrumpf zu einem anderen Schiff von Bord gefallen & ward nicht mehr gesehen. Seine Leiche ist nicht gefunden worden.

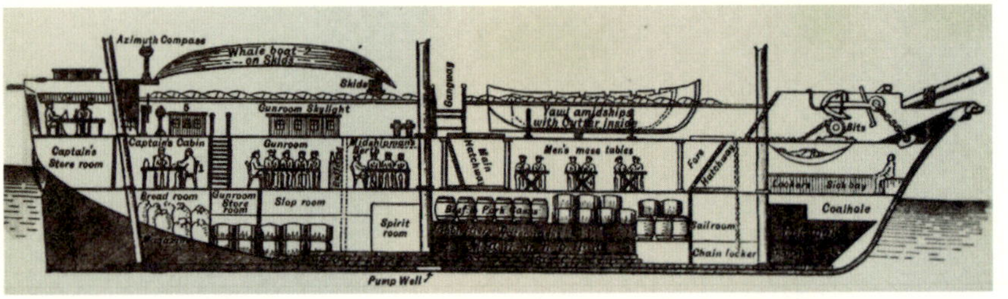

Querschnitt der »Beagle«

23. NOVEMBER 1831. In den Annalen der Beagle ist heute ein wichtiger Tag; um ein Uhr wurde sie vom Ankerplatz losgemacht & segelte ungefähr eine Meile bis nach Barnett Pool. Hier wird sie bis zu dem Tag bleiben, an dem wir lossegeln. Die kurze Fahrt war für mich sehr interessant, alles war so neu & andersartig von allem, was ich bisher gesehen hatte: Die Pfiffe des Steuermanns, die Besetzung der Rahen durch die Mannschaft, die Männer, die an den Trossen arbeiteten, alles unter dem Geräusch der Schiffspfeife; doch nichts ist so beeindruckend wie die Schnelligkeit & Entschiedenheit der Befehle & wie flink sie befolgt werden. – Es bleibt nicht mehr viel zu tun, bis wir lossegeln können. Alle Lagerräume sind voll, & gestern wurden fünf- bis sechstausend Dosen Fleisch verstaut. – Kein Zoll Boden wird verschenkt; man könnte kaum noch einen Beutel Brot unterbringen. Mein Eindruck vom Innern des Schiffes war ungefähr so verschwommen wie die Vorstellung mancher Menschen, wie es im Innern ihres Körpers aussieht: Eine große Höhle, die Luft, Wasser & Lebensmittel enthält, alles hoffnungslos durcheinander.

4. DEZEMBER 1831. Ich schreibe heute zum ersten Mal an Bord. Es ist jetzt ein Uhr & ich werde mich gleich in meine Hängematte begeben. – Als ich dies gestern Abend unternahm, hatte ich die lächerlichsten Schwierigkeiten, hineinzugelangen: Als Reiter beging ich den Fehler & versuchte zuerst, die Beine hineinzusetzen. Da die Hängematte ja frei schwebt, stieß ich sie auf diese Weise nur fort, ohne dass ich meinen Körper weiter hineinbugsieren konnte. – Die richtige Methode ist, wenn man sich genau in die Mitte setzt. Dann gibt man seinem Körper eine gekonnte Drehung, & Kopf & Füße gelangen so an die für sie vorgesehenen Stellen. – Nach einer kurzen Zeit, meine ich, werde ich es genauso bequem finden wie die andern.

Heute Morgen rollte das Schiff beträchtlich, doch ich fühlte mich dabei nicht unwohl. Dies verleiht mir große Hoffnung, dass ich der Seekrankheit entgehe. – Ich kenne noch andere, die sich an die gleiche Hoffnung klammern. Mögen wir nicht enttäuscht werden.

26. DEZEMBER 1831. Ein wunderschöner Tag & ausgezeichnet zum Segeln. Die Gelegenheit wurde jedoch verpasst, da fast die gesamte Mannschaft entweder betrunken oder abwesend war. – Das Schiff war den ganzen Tag über in einem Zustand der Anarchie. Ein einziger Urlaubstag hat diese Misshelligkeit heraufbeschworen; solch ein Vorkommnis beweist, wie absolut notwendig strikte Disziplin bei solch gedankenlosen Burschen wie Seeleuten ist. Einige haben wegen Frechheit eine Strafe auferlegt bekommen; sie mussten acht oder neun Stunden in schweren Ketten verbringen. – In diesem Zustand benahmen sie sich wie Kinder, beschuldigten jeden & alles, nur nicht sich selbst, um im nächsten Moment fast zu weinen. – Es ist ein unglückseliger Anfang, wenn man bereits so früh viele der Besten derart bestrafen muss, jedoch gab es keine andere Wahl. Habe in der Fähnrichsmesse gespeist & einen angenehmen Abend verbracht.

—

» Oh, ein Schiff ist ein Inferno & die Männer, die über meinem Kopf hämmern, sind wahre Teufel.«
CHARLES DARWIN,
AN BORD DER »BEAGLE«,
13. FEBRUAR 1832

—

29. DEZEMBER 1831. Gegen Mittag waren wir 380 Meilen von Plymouth entfernt. Die Strecke bis Madeira beträgt noch 800 Seemeilen. – Wir befinden uns im Golf von Biscaya, & die See ist ziemlich rau. – Einige Male habe ich heute eine gehörige Übelkeit verspürt. – Es gibt einen großen Unterschied zwischen meiner früheren Seekrankheit & der gegenwärtigen: Ich fühle mich nicht schwindlig. Es ist nicht unangenehm, meine Augen zu gebrauchen. Es ist sogar recht unterhaltsam, den Mond & die Sterne ihre kleinen Revolutionen in den neuen heraufziehenden Erdkreisen veranstalten zu sehen, während ich in meiner Hängematte liege.

Ich werde nun meine teuer erkaufte Erfahrung bezüglich der Seekrankheit schildern: Zunächst fühlt man sich unbeschreiblich elend, & es geht weit darüber hinaus, was sich eine Person, die niemals länger als ein paar Tage auf See gewesen ist, vorstellen kann. – Die einzige Erleichterung fand ich in der Horizontalen, doch man darf niemals vergessen: je mehr man den Feind bekämpft, desto schneller wird er nachgeben. Ich entdeckte, dass die einzigen Dinge, die mein Magen ertragen konnte, Kekse & Rosinen waren, doch dessen wurde ich schnell müde, je erschöpfter ich wurde, & dann ist die vornehmlichste Kur Sago mit Wein & Gewürzen, was man stark erhitzt. – Doch das Sicherste ist, sich hinzulegen, & wenn es in eine Hängematte ist, umso besser.

30. DEZEMBER 1831. Gegen Mittag bis Breitengrad 43, südlich von Kap Finisterre & jenseits der berühmten Biscaya-Bucht. Entsetzliche Stimmung & sehr seekrank. – Ich habe oftmals vor Antritt der Fahrt gesagt, dass ich das Unternehmen wohl häufig bereuen würde. Nur vage dachte ich damals, wie sehr ich dies tun würde. – Ich kann mir

kaum einen elenderen Zustand vorstellen, wenn mich so düstere & traurige Gedanken heimsuchen wie heute.

Ein paar Minuten stolperte ich an Deck & war durch den Anblick des Meeres sehr beeindruckt. Das tiefe Wasser unterscheidet sich so sehr von den Küstengewässern wie ein See von einem Teich. – Es ist nicht nur die dunkle Blaufärbung, sondern die Leuchtkraft dieser Farbe, wenn sie sich gegen die weißen Schaumkronen abhebt, was eine einzigartige Schönheit ausmacht. – Ich habe Gemälde gesehen, die einen zuverlässigen Eindruck davon vermitteln.

13. FEBRUAR 1832, AUF DEM WEG ZUM ÄQUATOR. Heute war der erste Tag, an dem uns die Hitze lästig wurde, & alle haben entsprechend die köstliche Kühle des mondbeschienenen Abends genossen. Als ich jedoch im Bett lag, war ich sicher, dass man sich so in sehr warmer schmelzender Butter fühlt. – Heute Morgen treibt uns ein wunderbarer frischer Passatwind weiter. Ich nenne ihn wunderbar, weil alle anderen dies ebenfalls tun; es ist jedoch eine bittere Grausamkeit, etwas wunderbar zu nennen, das meinem Magen so viel Unwohlsein verursacht. – Oh, ein Schiff ist ein Inferno & die Männer, die über meinem Kopf hämmern, sind wahre Teufel.

»Das ganze Schiff war ein Duschbad«. Rituelle Wassertaufe an Bord der »Beagle« bei der Überquerung des Äquators, 17. Februar 1832 Stich von Augustus Earle, einem der Zeichner der Expedition der »Beagle«

17. FEBRUAR 1832. Wir haben den Äquator überquert, & ich habe mich der unangenehmen Prozedur des Rasierens unterzogen. Etwa gegen neun Uhr heute Morgen versammelte man uns arme »Grünschnäbel«, insgesamt 32, auf dem unteren Deck. – Die Ladeluken waren heruntergelassen, so dass wir uns im Dunkeln & in großer Hitze befanden. – Sogleich kamen vier von Neptuns Wachen & führten uns nacheinander auf Deck. Ich war der Erste & kam glimpflich davon. Dennoch fand ich diese Wassertaufe reichlich unangenehm. – Bevor ich hinaufkam, hatte mir der Wachmann die Augen verbunden, & ich wurde herumgeführt, während das Wasser eimerweise auf mich niederprasselte. Danach setzte man mich auf ein Brett, das man leicht zu einem großen Wasserzuber hin umkippen konnte. – Dann schäumten sie mir Gesicht & Mund mit Pech & Farbe ein & schabten

es mit einem aufgerauten Eisenring ab. Auf ein Signal hin kippte ich kopfüber ins Wasser, wo mich zwei Männer erwarteten & untertauchten. – Glücklicherweise konnte ich schließlich entkommen; die meisten anderen wurden viel schlechter behandelt. Man stopfte ihnen schmutzige Mixturen in den Mund & rieb ihnen das Gesicht damit ein. – Das ganze Schiff war ein Duschbad, & überall floss Wasser. Natürlich entging nicht eine einzige Person, auch nicht der Kapitän, der völligen Durchnässung.

*

7. SEPTEMBER 1835. Die Beagle segelt auf die Galapagos-Inseln zu.

17. SEPTEMBER 1835, CHATHAM-INSEL. Die Beagle wurde in den Hafen von St. Stephens bewegt. – Die Küste wimmelte von Tieren; Fische, Haie & Schildkröten streckten überall ihre Köpfe hervor. Die Angelleinen wurden bald über Bord geworfen & eine große Anzahl Fische, mit einer Länge von 2 & sogar 3 Fuß, wurden gefangen. Dieser Zeitvertreib macht alle sehr fröhlich; von allen Seiten kann man lautes Gelächter & das Klatschen der Fische hören. – Nach dem Abendessen ging eine Gruppe an Land & wollte Schildkröten fangen, sie waren aber erfolglos. – Diese Inseln scheinen das Paradies für die gesamte Familie der Reptilien. Neben drei Arten von Meeresschildkröten gibt es Landschildkröten in so großem Überfluss, dass eine einzige Schiffsmannschaft in kurzer Zeit 500 bis 800 fing. – Die schwarzen Lavafelsen auf dem Strand werden von großen (2 bis 3 Fuß), ausnehmend hässlichen schwerfälligen Echsen aufgesucht. Sie sind ebenso schwarz wie die porösen Felsen, über die sie kriechen, & sie suchen im Meer nach Beute. – Jemand hat sie »Kobolde der Dunkelheit« genannt. – Dem Land, das sie bewohnen, stehen sie sicher gut.

Als ich an der Küste war, botanisierte ich weiter & sammelte 10 verschiedene Blüten; aber derart unscheinbare, hässliche kleine Blüten, dass sie besser zu einem arktischen als zu einem tropischen Land passen würden. – Die kleinen Vögel kennen den Menschen nicht & halten ihn für so unschuldig wie ihre Landsleute, die großen Schildkröten. Kleine Vögel, in einer Nähe von 3 & 4 Fuß, hüpften ruhig über die Büsche & fürchteten sich nicht einmal vor Steinen, die man nach ihnen warf. Mr. King tötete einen mit seinem Hut & ich schubste einen großen Falken mit meinem Gewehrende von einem Ast.

21. SEPTEMBER 1835. Mein Diener & ich wurden einige Meilen im Nordosten an Land gebracht, damit ich das Gebiet untersuchen

Die »Beagle« im Feuerland-Archipel
Aquarell von Conrad Martens, einem der Zeichner der Expedition der »Beagle«

konnte, das einem Schornstein ähnelt. Der Vergleich wäre genauer gewesen, hätte ich gesagt, es ähnelt den Eisenschmelzöfen nahe Wolverhampton. – Von einem Punkt aus zählte ich 60 dieser gestutzten kleinen Kegel, die sich nicht mehr als 50 bis 100 Fuß über die Lavaebene erheben. – Das Alter der verschiedenen Ströme ist deutlich durch die An- & Abwesenheit von Vegetation gekennzeichnet; was die letzteren & neuzeitlicheren betrifft, kann man sich nichts Raueres & Abscheulicheres vorstellen. Eine solche Oberfläche lässt sich ganz zutreffend mit einem Meer vergleichen, das in seinen wildesten Momenten versteinert wurde. Kein Meer allerdings weist derartige unregelmäßige Wellenbewegungen auf – & auch nicht derart tiefe & lange Spalten. Die Krater sind alle vollständig inaktiv; tatsächlich bestehen sie aus nichts weiter als einem Ring aus Asche. – Die Landschaft war für mich neu & sehr interessant; es ist immer ein Vergnügen, etwas zu sehen, das einem vertraut ist, wenn auch nur aus Beschreibungen. – Auf meinem Weg traf ich auch zwei sehr große Schildkröten (Durchmesser des Panzers etwa 7 Fuß). Eine aß gerade einen Kaktus & schlich dann ganz ruhig fort. – Die andere gab ein tiefes & lautes Zischen von sich & zog dann ihren Kopf ein. – Sie waren so schwer, dass ich sie kaum vom Boden heben konnte. – Umgeben von der schwarzen Lava, den blattlosen Sträuchern & großen Kakteen erschienen sie wie höchst altertümliche, vorsintflutliche Tiere; oder eher noch Bewohner eines anderen Planeten.

22. SEPTEMBER 1835. Wir schliefen auf dem Sandstrand, & nachdem ich viele neue Pflanzen, Vögel, Muscheln & Insekten gesammelt

hatte, kehrten wir am Abend an Bord zurück. – Dieser Tag war glühend heiß, & zum ersten Mal spürte man die Nähe zum Äquator.

23. & 24. SEPTEMBER 1835. Wir setzten über & warfen vor der Charles-Insel Anker. Hier gibt es eine Ansiedlung, die erst seit 6 Jahren besteht. Ein Engländer namens Lawson ist ihr Gouverneur.

25. SEPTEMBER 1835, CHARLES-INSEL. Die Einwohner sind 200 bis 300 an Zahl; fast alle sind Farbige & vom Staat Ekuador (Quito, Guayaquil etc.), zu dem der Archipelago gehört, wegen politischer Verbrechen verbannt. – Es hat den Anschein, dass die Menschen alles andere als zufrieden sind; sie beklagen sich über Mangel an Geld; ich vermute, es gibt ein noch grundlegenderes Bedürfnis als das nach schierem Geld; namentlich das Bedürfnis, ihre Produkte zu verkaufen. – Das freilich wird sich nach und nach verbessern. – Schon jetzt kommen im Jahr 60 bis 70 Walfänger, die nach Versorgung & Erfrischung verlangen. – Die Einwohner führen eine Art Robinson-Crusoe-Dasein; die Häuser sind sehr schlicht, auf Pfählen gebaut & mit Gras bedeckt. – Einen Teil ihrer Zeit verbringen sie damit, wilde Schweine & Ziegen zu jagen, von denen es in den Wäldern wimmelt; aufgrund des Klimas wird nur wenig Landwirtschaft betrieben. – Hauptspeise an tierischer Nahrung ist die Schildkröte. Es gibt sie in so großen Mengen, dass man damit rechnet, auf zwei Jagdtagen in der Woche ausreichend Nahrung für die fünf restlichen Tage zu erhalten. – Natürlich ist die Anzahl stark zurückgegangen; es ist noch nicht lange her, dass die Schiffsmannschaft einer Fregatte an einem Tag mehr als 200 zum Strand fortschaffte – dort, wo jetzt die Siedlung ist, um die Quellen herum, wimmelte es früher nur so von ihnen. – Mr. Lawson glaubt, dass es für die nächsten 20 Jahre noch genügend gibt; trotzdem hat er eine Gruppe zur Jame-Insel geschickt, um das Fleisch einzusalzen (dort gibt es eine Salzmine). – Einige der Tiere sind so groß, dass man von einem einzigen bis zu 200 Pfund Fleisch erhalten kann. Mr. Lawson erinnert sich, eine Schildkröte gesehen zu haben, die sechs Männer kaum hochheben & zwei Männer gemeinsam nicht auf ihren Rücken drehen konnten. Diese riesigen Kreaturen müssen sehr alt sein, eine wurde im Jahre 1830 gefangen (es waren sechs Männer erforderlich, um sie ins Boot zu hieven), bei der mehrere Jahreszahlen im Panzer

Karte der Galapagos-Inseln mit handschriftlichen Zeilen von Robert FitzRoy, Kapitän der »Beagle«.

eingeritzt waren; eine davon war 1786. – Der einzige Grund, warum sie damals nicht gefangen wurde, muss der gewesen sein, dass sie zu groß war, als dass zwei Männer sie hätten tragen können. – Die Walfänger schicken ihre Männer immer in Zweiergruppen auf die Jagd.

26. & 27. SEPTEMBER 1835. Ich habe alle Tiere, Pflanzen, Insekten & Reptilien dieser Insel gewerbsmäßig gesammelt. – Es wird sehr interessant sein, aus späteren Vergleichen zu erfahren, welchem Gebiet oder »Zentrum der Schöpfung« die höher organisierten Wesen dieses Archipelago zugeordnet werden müssen.

9. OKTOBER 1835, JAME-INSEL. Mit einem Führer an unserer Seite drangen wir in die inneren höhergelegenen Regionen der Insel vor, wo eine kleine Gesellschaft mit der Jagd auf Schildkröten beschäftigt war. – Die Landschildkröte trinkt große Mengen Wasser, sofern vorhanden. – Daher wimmelt es in der Nähe von Quellen von diesen Tieren. – Die durchschnittliche Größe eines erwachsenen Tiers ist, nach der Länge ihres Rückenpanzers, fast ein Yard [91,5 Zentimeter]. Sie sind so stark, dass sie mich ohne weiteres tragen könnten, & zu schwer, um sie vom Boden aufzuheben. Auf ihren Pfaden reisen sie in großer Zahl zum Wasser, während die anderen, nachdem sie sich vollgetrunken haben, wieder zurückkehren. Es ist sehr komisch, zu beobachten, wie diese riesigen Geschöpfe mit ausgestrecktem Hals bedächtlich voranschreiten. – Ich glaube, sie marschieren mit einer Geschwindigkeit von etwa 360 Yard [330 Meter] pro Stunde – Wenn sie an der Quelle ankommen, vergraben sie ihren Kopf bis *über die Augen* im schlammigen Wasser & saugen es mit gierigen Schlucken auf – *ganz ohne Rücksicht* auf irgendwelche Zuschauer.

Galapagos-Schildkröte
Illustration zu »The Voyage of the Beagle«, 1890

Wo immer es Wasser gibt, führen von allen Seiten Pfade dorthin, die sich über viele Kilometer erstrecken. – Auf diese Weise wurden die Wasserstellen von den Fischern entdeckt. – In dem niedrig gelegenen, trockenen Gebiet gibt es nur wenige Schildkröten: Sie werden abgelöst von unendlich vielen großen gelben Echsen. – Die Löcher dieser Tiere sind so zahlreich, dass wir Schwierigkeiten hatten, einen

Platz für unser Zelt zu finden. – Diese Echsen leben ausschließlich von pflanzlicher Nahrung: von Beeren & Blättern; für Letztere krabbeln sie häufig die Bäume hinauf, besonders Mimosen; niemals trinken sie Wasser, sie mögen den sukkulenten Kaktus & für ein Stück davon zanken sie sich wie Hunde. Ihre Verwandten, die »Kobolde der Dunkelheit«, leben dagegen ausschließlich von Seetang. – Ich vermute, solche Gewohnheiten sind unter den Echsen wohl einzigartig.

Während unseres zweitägigen Aufenthalts bei den Hovels lebten wir von Schildkrötenfleisch, gebraten in durchsichtigem Öl, das aus ihrem Fett hergestellt wurde. – Der Brustpanzer mit dem anhängenden Fleisch wird, wie es die Gauchos mit ihrem »Carne con cuero« tun, geröstet. Es ist dann sehr gut. – Aus jungen Schildkröten lässt sich eine großartige Suppe kochen – andernfalls gibt das Fleisch für meinen Geschmack eine langweilige Mahlzeit ab.

—

»Wir scheinen hier, sowohl im Raum als in der Zeit, jener großen Tatsache – jenem Geheimnis aller Geheimnisse –, dem ersten Erscheinen neuer lebendiger Wesen auf der Erde, nähergebracht zu werden.«
Charles Darwin,
29. September 1835, auf den Galapagos-Inseln

—

1833

John Ruskin
Mit der Familienkutsche in die Schweiz

—

John Ruskin
Gemälde von
John Everett Millais

Es gibt Reisende, die sind begierig auf das Neue und Unbekannte; andere dagegen sind auf der fortwährenden Suche nach der Vergangenheit. Ein solcher Reisender war der Schriftsteller, Maler und Kunsthistoriker John Ruskin (1819–1900). Ruskins Reisen, schrieb sein Biograph Wolfgang Kemp, sind Heimkehren. Immer wieder suchte er seine Lieblingsplätze auf, und sein ganzes Leben lang erinnerte er sich an die prägenden Reisen seiner Kindheit – »in the olden days of travelling«. Ruskins Vater, von Beruf Sherry- und Wein-Importeur, nahm die Familie oft auf Geschäftsreisen mit. Man reiste luxuriös in einer eigenen Kutsche – mit Kindermädchen, Postillon und einem sogenannten Avant-Kurier, der sich um den Wechsel der Pferde und passende Unterkünfte kümmerte und die Reisegesellschaft vor allfälligen »kleinen Verdrießlichkeiten« bewahrte. Unterwegs nahm man sich Zeit für die Besichtigung von Kathedralen, Kunstgalerien, Landhäusern, Ruinen und Parks.

Unvergessen blieb Ruskin insbesondere eine Familienreise in die Schweiz, die er als 14-Jähriger unternahm. Diesmal war auch seine Kusine Mary dabei, mit der zusammen er aufwuchs. Die Strecke führte den Rhein entlang, durch den Schwarzwald nach Schaffhausen, wo sich dem jungen Ruskin das Panorama der Alpen auftat – ein Erweckungserlebnis, wie er in seinem Erinnerungsbuch Praeterita *(1885–89) bekannte.*

Reisebeschreibungen finden sich in vielen von Ruskins großen Werken – von Modern Painters *(1843–60) über* The Stones of Venice *(1851–53) bis hin zu* The Bible of Amiens *(1880–85). Der Gewohnheit, in einer eigenen Kutsche zu reisen, blieb er auch im Zeitalter der Eisenbahn treu. In den 1870er Jahren ließ er sich eigens eine große Reisekutsche anfertigen; auf den Luxus und die Unabhängigkeit, die ihm ein eigenes Verkehrsmittel ermöglichten, wollte er nicht verzichten. Eisenbahn und Dampfmaschine lehnte Ruskin ab, auch darin war er ein Kind der Vergangenheit: »Mit der Eisenbahn fahren sehe ich überhaupt nicht als Reisen an; das ist einfach an einen anderen Ort verschickt werden – wie ein Paket.«*

—

Ich sagte schon, dass uns Mr. Telford für unsere Touren in England gewöhnlich seinen Wagen lieh. Für unsere Schweizerreisen aber bedurften wir jetzt, wo wir Mary mitnahmen, stärkerer Räder und brauchten mehr Platz, und so fing denn die diesmalige sowie alle späteren Touren ins Ausland damit an – und das war zugleich der Anfang unserer Reisefreude –, dass wir uns einen Wagen nach unserem Geschmack aus dem vermietbaren Bestand von Mr. Hopkinson in Long Acre aussuchten.

Den armen modernen Sklaven und Einfaltspinseln, die sich wie das liebe Vieh oder gefällte Baumstämme durch die Länder schleifen lassen, die zu besuchen sie sich einbilden, fehlt jede Vorstellung von den mannigfachen Freuden und ingeniösen Zukunftsträumen, die sich in alten Zeiten mit der Auswahl und rechten Ausstaffierung der Reisekutsche verbanden. Vorab die mechanischen Fragen: der Stärke, des leichten Dahinrollens, des ruhigen und sicheren Gleichgewichts von Personen und Gepäck; der würdige Eindruck des Ganzen, darauf berechnet, plebejische Beschauer mit dem Gefühl ihres Nichts zu durchdringen; der sinnreiche Entwurf und die Verteilung von Vorratsräumen unter den Sitzen, geheimen Schubfächern unter den Vorderfenstern, unsichtbaren Taschen unter dem wattierten Sitzfutter, die geschützt vor allem Staub und nur durch ganz hinterlistig angebrachte Schlitze zugänglich waren, oder durch Zauberklappen, die an Aladins Falltür erinnerten; das Festmachen der Kissen, so dass sie nicht rutschen konnten, das Abrunden der Ecken zu noch ausgesuchterem Behagen, die höchst verständig erdachte Befestigung der Jalousien, die ausgezeichnete Einfügung der Fenster, von der in einem Reisewagen in der Tat die halbe Bequemlichkeit abhängt, und die Anpassung all dieser Fülle von Luxus an die voraussichtlichen Bedürfnisse des einen oder des anderen, der da oder dort in dem kleinen Gemach unterzubringen sein wird, das in der vollen Bedeutung des Worts fünf oder sechs Monate hindurch unser Heim vorstellen sollte – all das war schon an sich eine Reise in der Phantasie mit allen Freuden und ohne alle kleinen Verdrießlichkeiten des wirklichen Reisens.

—

»Ich glaube, dass nur die ersten sechs Wochen einer Reise erfreulich sind, wenn jedes Gefühl noch ganz frisch ist und wenn die Gefahr, dass wir verlieren werden, was wir lieben, im Rausch des Besitzergreifens untergeht.«

John Ruskin,
Tagebuch 1841

—

Bei der feierlichen Gelegenheit unserer ersten Reise nach dem Kontinent – sie sollte ein halbes Jahr dauern – wählte man einen Wagen mit einem äußeren Vordersitz für meinen Vater und Mary (vielleicht auch wurden diese Sitze erst später angebracht), mit einem ungewöhnlich geräumigen Bedientensitz hinten am Wagen (»dickey«) für Anne und den Kurier, sowie vier Innensitzen. Die vorderen Innensitze waren allerdings sehr schmal, boten aber doch die Möglichkeit, Papa und Mary bei schlechtem Wetter mit hineinzunehmen.

Eine Familienkutsche von so solider Konstruktion mit ihrem Gepäck und ihrer Last von sechs oder mehr Personen bedurfte natürlich eines Viererzuges, um schnell genug voranzukommen, und ein halbes Dutzend solcher Gespanne wurden in jedem Posthof gehalten. Die Pferde in Frankreich und mehr oder weniger auf allen

Rheinfall von Schaffhausen
Aquarell von John Ruskin,
1842

großen europäischen Reiserouten waren recht eigentlich wohlgenährte, trottende Lastpferde, ihrer Arbeit spielend gewachsen, ungestutzt, langgeschweift, gutmütig ausgelassen, einander zuwiehernd und miteinander Possen treibend, wenn sie Gelegenheit dazu hatten, weise ausdauernd bei ihrem Tagewerk, fast immer der Stimme gehorchend, dem Zügel nur zu größerer Nachdrücklichkeit, nie von der Peitsche berührt, die dem Kutscher nur dazu diente, seine eigene überschwengliche Zufriedenheit mit sich selbst und mit ihnen auszudrücken. Zur Warnung ferner für die etwa vor uns herfahrenden, den Weg versperrenden Gefährte, sowie auch, um allen Bewohnern der Dörfer und Städte, die wir auf unseren Tagestouren passieren mussten, gebührend zu melden, dass Personen von Distinktion sie mit ihrer ephemeren Gegenwart beehrten. War alles, wie es sein sollte, so wurden die vier Pferde von einem Postillion gelenkt, der auf dem Deichselpferde saß; waren aber die Pferde jung oder der Kutscher ungeübt, dann hatten auch die Leitpferde ihren Postillion. Gewöhnlich hatten wir vier solide Pferde und einen guten Kutscher, selten einen betrunkenen; oft aber war der Kutscher sehr jung, denn Leute von stärkerem Körperbau konnten sich bei anderer Arbeit nützlich machen. Hierzu aber eignete sich jeder gewandte junge Mensch, der mit den wohldisziplinierten lebensmutigen Tieren umzugehen wusste, wozu noch kam, dass er keine so große Last für sie war. Das halbe Gewicht des Reiters lag in solchem Fall in seinen Stiefeln, die häufig, an den Sattel geknüpft, wie zwei Eimer herabhingen. Der Postillion ging, nachdem die Pferde angeschirrt waren, neben der Deichselstange her und schwang sich in die Stiefel hinein.

Kaum weniger unerlässlich als die Postillione war für einen vornehmen Reisewagen der Kurier, richtiger gesagt Avant-Kurier, dessen erste Aufgabe darin bestand, in gestrecktem Galopp voranzureiten und in jedem Posthof die Pferde anspannen und zum Warten fertig machen zu lassen, damit auf den Stationen keine Zeit verlorengehe. Zu seinen höheren Obliegenheiten gehörte es, alle Geschäfte abzuwickeln, alle Rechnungen zu bezahlen und auf diese Weise der Familie ihrer unwürdige Sorgen und niedrige Kümmernisse zu ersparen, ganz abgesehen von der Plage und Schmach des Versuchs, Französisch oder irgendeine andere fremde Sprache sprechen zu müssen. Er kannte ferner alle guten Gasthöfe und in jedem guten Gasthof alle guten Zimmer, so dass er die für seine Familie passenden im Voraus bestellen konnte. Auch war er, falls intelligent und ersten Ranges in seinem Fach, wohlvertraut mit den Hauptsehenswürdigkeiten jeder Stadt und mit all den geheimen Mitteln und Wegen, zu Dingen zu gelangen, die dem gemeinen Haufen nicht zugänglich sind. Ein Murray [populärer Reiseführer], wie nicht vergessen werden darf, existierte damals noch nicht; der Kurier war ein Privat-Murray, der als gescheiter Kopf nicht allein wusste, welche Dinge überhaupt zu sehen waren, sondern auch, was du gerade am liebsten sehen möchtest, und der demgemäß deinem *valet-de-place* die erforderlichen Instruktionen gab, im Falle von Schwierigkeiten aber, die nur durch Geld oder Takt zu überwinden waren, selbst als höhere Macht dazwischentrat. Er begleitete selbstverständlich die Damen bei ihren Einkäufen, führte sie in elegante Läden und setzte die Preise der Artikel nach seinem Gutdünken fest. Endlich kannte er natürlich alle anderen Kuriere erster Klasse unterwegs und nannte auf Wunsch die Namen aller distinguierten Personen, mit denen einen der Zufall im Gasthaus zusammenführte.

Nicht aus Ostentation, sondern aus wirklicher Freude daran und im Gegensatz zu seiner Lebensführung in der Vorstadt liebte mein Vater geräumige Zimmer. Meine Mutter aber wünschte, ihrer täglichen, ihr unentbehrlichen Gewohnheit folgend, saubere Zimmer zu haben: sauber und geräumig, das bedeutet einen guten Gasthof und einen ersten Stock. Auch hatte mein Vater gern eine hübsche Aussicht von seinen Fenstern und sagte ganz mit Recht: »Weshalb sollen wir reisen und nicht so viel sehen, als wir irgend können?« Das hieß erster Stock – Vorderseite. Ferner legte mein Vater Wert auf sorgfältige Küche, gerade weil sein Appetit so gering war und er unter den Speisen wählen musste; meine Mutter aber wollte gutes Fleisch haben. Das bedeutete Mittagessen mit unbeschränktem Preise, natürlich innerhalb vernünftiger Grenzen. Auch schätzte mein Vater, eben weil er nie in Gesellschaft ging, es umso höher, einen ehrfürchtigen

Blick auf *fashionable* Leute werfen zu dürfen – Leute von Rang, meine ich, denn bloße Modeberühmtheiten verachtete er – und es war ihm nichts Geringes um das Bewusstsein, Lord und Lady ... wohnten auf der gegenüberliegenden Seite des Flurs und er könne sie jeden Augenblick treffen und auf der Treppe an ihnen vorübergehen. Salvador, der hiervon gebührend unterrichtet oder scharfsichtig genug war, diese Neigungen meines Vaters zu erkennen, erfreulich und durchaus löblich, wie sie dem Kuriergemüt erscheinen mussten, hatte *carte blanche* in allen Verwaltungsgeschäften und derlei Abmachungen. Wir fanden unsere netten Räume immer parat, unsere guten Pferde immer zur Stelle, jedermann nahm den Hut ab, wenn wir ankamen oder abreisten, Salvador präsentierte allwöchentlich seine Rechnung, und sie wurde ihm ohne alles Zögern bezahlt.

Kann sich der moderne dampfgetriebene Tourist zu all diesen Voraussetzungen des Behagens und der Glückseligkeit auch noch den alles bestimmenden und krönenden Umstand hinzudenken, dass wir niemals eilig waren? Und kann er auch die mit all diesem in Wechselwirkung stehende Möglichkeit fassen, immer zu beliebiger Stunde aufzubrechen und die Pferde warten zu lassen, wenn wir nicht fertig waren? Gewöhnlich frühstückten wir zu unserer häuslichen Zeit – acht Uhr; gegen neun Uhr stampften und wieherten die Pferde vor der Tür (unter dem Torweg, hätte ich sagen sollen), zwischen neun und drei Uhr – wenn ich als Mindestmaß sieben Meilen die Stunde annehme, Unterbrechungen mit eingeschlossen – hatten wir unsere vierzig bis fünfzig Meilen zurückgelegt, setzten uns um vier Uhr zu Tisch. An längeren Reisetagen brachen wir um sechs Uhr auf und legten zwanzig Meilen vor dem Frühstück zurück, so dass wir, wie gewöhnlich, zum Vieruhr-Mittagessen an Ort und Stelle eintrafen. Bei ganz großen Touren machten wir eine zweite Rast, aßen in irgendeinem netten Dorfwirtshaus zu Mittag und nahmen noch einen ganz späten Tee, nachdem wir unsere achtzig oder neunzig Meilen geschafft hatten. Aber diese Kraftanstrengung wurde selten gemacht, nur wenn es sich darum handelte, zum Sonntag in irgendeine Stadt mit schöner Kathedrale oder in ein liebliches Alpendorf zu gelangen. Des Sonntags reisten wir nie; mein Vater und ich, wir gingen fast immer – als Philosophen – des Morgens in die Messe, und meine Mutter schloss sich nur uns zu Gefallen (ich habe fast nie einen Zug weiblicher Neugierde an ihr beobachtet) nachmittags irgendeiner unserer profanen Unternehmungen, wie einer Fahrt auf dem Corso oder dergleichen, an. Alle aber zogen wir, auch mein Vater, einen Spaziergang in den Feldern vor, die nachbarlich an die Hütten eines Alpendorfes grenzten.

—

»Meine größte Wonne war es, zu beobachten, ohne selbst bemerkt zu werden — hätte ich mich unsichtbar machen können, umso besser. Die Menschen und ihr Tun interessierten mich gerade, wie mich Murmeltiere, Gemsen, Meisen und Forellen interessierten.«

JOHN RUSKIN, »PRAETERITA«

—

Schweizer Gebirgslandschaft Aquarell von John Ruskin, 1854

In der Gaststube zu Straßburg wurde mit Salvador Rats gepflogen, ob wir – es war ein Freitagnachmittag – morgen weiter eilen sollten, um unsere Sonntagsrast in Basel oder in Schaffhausen abzuhalten. Wie viel hing nicht ab – wenn es überhaupt ein solches Abhängen der Dinge voneinander gibt – vom Ausgang dieser Verhandlung! Salvador war für die gerade, ebene Straße am Rheinufer entlang, wo der Komfort der »Drei Könige« uns noch vor Sonnenuntergang winkte. Aber in Basel, das war nicht zu leugnen, gab es keine Alpen in Sicht, keinen Rheinfall in Hörweite, und Salvador legte uns als ehrlicher Mann die andere wundervolle Möglichkeit vor, durch Überschreiten der hügeligen Straße des Schwarzwalds Schaffhausens Tore selbst zu erreichen, ehe sie für die Nacht gesperrt wurden. Der Schwarzwald! Der Schaffhauser Fall! Die Alpenkette! Erreichbar bis zum Sonntag! Welch ein Sonnentag statt des gewohnten Walworth und der Felder um Dulwich her! Meine leidenschaftliche Bitte trug endlich den Sieg davon, und der früheste Morgen sah uns im Trab über die Schiffsbrücke nach Kehl fahren, und wohl weiß ich noch, wie ich im östlichen Licht die Linie der Schwarzwaldberge auftauchen und sich verschärfen sah, als wir die Rheinebene durchkreuzten. »Tore der Berge«, die mir ein neues Leben eröffneten, ein immerwährendes, das erst enden sollte an den Toren jener Berge, von dannen keine Wiederkehr. Und so gelangten wir an den Fuß des Schwarzwalds und kamen zu einer ansteigenden Waldschlucht und sahen kaum eine Viertelstunde danach unser erstes Schweizer Bauernhaus. Wie viel das uns allen bedeutete – wie viel Zukunftsverheißung es für mich barg –, daran reicht die Vorstellung des Reisenden von heute nicht heran, wollte ich ihm auch tagelang davon erzählen.

Kaum kann ich sie euch ausmalen, jene alte Reisezeit, als die Schweiz noch das Land der Schweizer war, und noch kein Menschenfuß die Alpen betreten hatte. Vom Dampf hatte man noch nichts gehört, außer für kurze Überfahrten bei schönem Wetter. (Oder gab es damals schon Radpaketboote über den Atlantischen Ozean?) Wie dem auch sei, die Landwege waren sicher, und einmal in dies Bergparadies gelangt, wanden wir uns durch seine balsamisch duftenden Schluchten, vorüber an einer Hütte nach der andern, wie sie an den Wiesenhängen lagen, noch glitzernd im Morgentau.

Die Straße führte zu kahleren Höhen hinan; um die Mittagszeit wurden die Hügel steiler; ein- oder zweimal mussten wir auf die Pferde warten, und bei Sonnenuntergang waren wir noch zwanzig Meilen von Schaffhausen entfernt. Mitternacht war vorüber, als wir seine geschlossenen Tore erreichten. Der aufgescheuchte Wächter ließ sich herbei, sie zu öffnen, nicht weit genug jedoch, denn als wir den Torbogen passierten, büßten wir eine unserer Laternen ein im Zusammenstoß mit der seitwärtsgleitenden Barrière. Wie herrlich ist es doch, also träumerisch einziehen zu können in eine mittelalterliche Stadt, und sei es auch mit dem Verlust einer Laterne, anstatt, wie jetzt, von der Station aus freien Zugang zu ihr zu haben, eingeklemmt zwischen ein Lastfuhrwerk und einen Pferdebahnwagen.

Es ist seltsam, dass ich mich des nächsten Morgens nur dunkel erinnere; wir haben wohl eine Kirche besucht, und ein Teil des Tages ging damit hin, dass wir die Bogenfenster bewunderten, die in die reinliche Straße hinaussprangen. Dass die Alpen uns sichtbar werden könnten ohne die profane Arbeit des Hügelerkletterns, scheint keiner von uns gedacht zu haben. Wir aßen, wie gewöhnlich, um vier Uhr zu Mittag und unternahmen, da der wunderschöne Abend lockte, alle zusammen einen Spaziergang: Vater, Mutter, Mary und ich. Wir müssen noch eine Weile mit dem Besehen des Orts verbracht haben, denn es ging auf Sonnenuntergang zu, als wir eine Art Gartenpromenade erstiegen, soviel mir erinnerlich im Westen der Stadt und hoch über dem Rhein, so dass der Blick das freie Land jenseits desselben nach Westen und Süden hin beherrschte. Beim Hinausblicken nun in dies sanftgewellte Land, tief hinein in die blaue Ferne – etwa wie bei uns von Malvern aus nach Worcestershire hinein und von Dorking nach Kent – da plötzlich – seht – da drüben!

Mount Pilatus
Aquarell von John Ruskin, 1854

Nicht einen Augenblick konnten wir das für Wolken halten. Klar wie Kristall, scharf abgezeichnet gegen den wolkenlosen Horizont standen sie da, schon rosig angehaucht von der sinkenden Sonne. Weit über alles hinaus, was wir je gedacht und geträumt – nicht die Wälle des verlorenen Eden, wären sie uns sichtbar geworden, hätten uns schöner dünken können, noch auch furchtbarer, den Himmel umgürtend, die Wälle des heiligen Todes.

Zu keiner Zeit der Welt lässt sich ein glückseligerer Eingang ins Leben denken für ein Kind meines Temperaments. So in höchster Lebensfülle und in der Glut des Herzens, ohne den Wunsch, etwas anderes zu sein, als der Knabe, der ich war, nichts über das hinausbegehrend, das ich hatte, vom Schmerz nur insoweit berührt, dass er dem Leben gerade seinen Ernst gab, ohne doch im Geringsten meine Spannkraft zu lähmen, das Maß des Verständnisses, das sich mit meinem Empfinden verband, ausreichend, um in dem Anblick der Alpen nicht nur die Offenbarung der Schönheit der Erde, sondern auch das erste Blatt eines zu erforschenden Buches zu erkennen – so stieg ich an jenem Abend die Gartenterrasse in Schaffhausen herab, mein Schicksal endgültig bestimmt in allem, was es heiligen und zum Dienste anderer geschickt machen sollte. Jener Terrasse aber und jenem Ufer des Genfersees wende ich mich auch heute noch in Liebe und Treue zu mit jedem Trieb in mir, der noch von edlerem Leben zeugt, und mit jedem Gedanken, der Heil und Frieden zu bringen berufen ist.

1837

Hermann von Pückler-Muskau

Auf dem Sklavenmarkt in Kairo

—

Fürst Pückler als Reisender in Afrika mit Turban, Pistolen und Dolch, 1835

Die Lebensgeschichte des Fürsten Hermann von Pückler-Muskau (1785–1871), dem wir die Parklandschaften von Bad Muskau und Branitz verdanken, ist reich an schillernden Episoden. 1826 reiste er nach England auf der Suche nach einer lukrativen Partie, um den Konkurs seines Parkprojekts abzuwenden. Seiner Frau zu Hause schrieb er von dort zahlreiche Briefe. Sie erschienen später als Buch, wurden zum Bestseller und etablierten Pückler als Reiseschriftsteller. 1834 beschloss er, nach Amerika zu reisen, nur für ein paar Monate. Doch ein Pistolenduell mit einem Obersten, der sich durch Pücklers Schriften in seiner Ehre verletzt sah, kam dazwischen, und der Fürst verpasste die Abreise. Schließlich schiffte sich Pückler am 11. Januar 1835 in Marseille auf der »Krokodil« ein mit Algier als Ziel. Die nächsten fünf Jahre verbrachte er auf Reisen, hauptsächlich in Nordafrika und dem Orient. Dabei reiste der preußische Fürst à l'africaine *– in Landestracht mit Turban, Burnus und umgehängten Pistolen.*

In Kairo war er offizieller Gast des Herrschers Mehemed Ali, der das spätere Königreich Ägypten begründete. Auf dem Sklavenmarkt in Kairo, den er in seinem Buch Aus Mehemed Alis Reich *beschreibt, erwarb Fürst Pückler im Februar 1837 ein junges Mädchen abessinischer Herkunft. Sie nannte sich Machbuba, die »Goldene«. Von dem Augenblick, in dem sie in seinem Besitz war, erklärte Fürst Pückler, habe er in ihr keine Sklavin gesehen, sondern eine Freie, und dementsprechend habe er sie auch behandelt. Die »kleine Dame aus Nubien« begleitete ihn schließlich auch zurück nach Deutschland auf Schloss Muskau – ein Skandal in den Augen der preußischen Öffentlichkeit. Das Schicksal meinte es nicht gut mit Pückler und Machbuba. Schon auf der Rückreise zeigte sie sich kränklich, und nur wenige Wochen nach ihrer Ankunft verstarb sie. Die junge Reisebegleiterin des Fürsten wurde auf dem Friedhof in Bad Muskau bestattet. Wer will, kann das Grab Machbubas dort besuchen, es hat sich erhalten. Auf der Grabplatte liegt ein gebrochenes Herz.*

—

Viele Stunden irrte ich in den Straßen der endlosen Stadt umher, und ich kann meine Empfindungen dabei nicht besser schildern, als wenn ich sage: Es kam mir fortwährend vor, als wenn ich in der Tausendundeinennacht läse oder vielmehr als wenn ihre bunten Szenen in lebenden Bildern jetzt vor mir aufgeführt würden. Mit allen orientalischen Städten, die ich bis jetzt gesehen, ist Kahira [Kairo] durchaus nicht zu vergleichen, es trägt nur seinen eignen Stempel.

Dieser aber ist im höchsten Grade großartig und für den, der irgendeine romantische Ader in sich hat, wahrhaft verführerisch und hinreißend, trotz aller einzelnen Mängel, Unordnungen und mancher Unbequemlichkeit. Vieles erinnert lebhaft an unser eignes Mittelalter. Schon die Menge halbbefestigter Schlösser, von schwerer und bunter Architektur, haben ein ganz feudalistisches Ansehn; ebenso vergegenwärtigen die kunstvollen reichen Fontänen, die engen, unregelmäßigen Straßen mit hohen überbauten Häusern voller Erker und Gitterfenster wie in den ältesten Städten Europas unsre alte Zeit; vor allen aber sind es die zahlreichen, unbeschreiblich herrlichen Moscheen altarabischen Baues, mit ihren himmelhohen Türmen, Spitz- und Rundbogenfenstern, ihren kolossalen Maßen und dem wundersamen Reichtum ihrer unzähligen Zieraten *à jour* ganz auffallend unsern gotischen Kirchen gleichend, welche uns Abendland und Morgenland zugleich repräsentieren, die Heldenzeiten des Kreuzes wie die des Halbmondes. Seit ich diese Architektur gesehen, bin ich auch immer mehr in meinem alten Glauben bestärkt worden, dass, wie gar manches in Europa, so auch jener sogenannte gotische Baustil sich nur aus dem Arabisch-Maurischen herschreibt oder wenigstens beide aus ein und derselben gleichartigen Quelle fließen, wenn sie sich auch in den verschiedenen Erdteilen verschieden organisch entwickelt haben.

Kairo, Kalifen- und Mamelukengräber mit Zitadelle
Kreidelithographie nach einem Aquarell von David Roberts, 1838/39

So gestalteten sich also wunderlich genug meine ersten Eindrücke in dieser phantasieanregenden Umgebung derart, dass sie mir im Anfang nur Bilder des kämpfenden Rittertums, einer rohen, aber echten Frömmigkeit, einer phantastischen, aber genialen Kunstrichtung, einer gewaltsamen, aber inniger mit Gutem wie Bösem als unsre Zeit durchdrungenen Vergangenheit vorführten. Den *reinorientalischen* Beisatz zu solchen europäischen Anklängen gewährten indes bald hundert andere Gegenstände, zum Beispiel die schattigen, fünfzig Fuß in der Höhe mit einem bunten Holz- oder Leinwanddach, das am Turme einer Moschee oder an den Zinnen eines Palastes angehängt ist, überwölbten Bazare voll der glänzendsten Produkte Asiens und Afrikas, geschwängert mit dem Dufte aller Spezereien Arabiens;

die Grandezza und Ruhe der Muselmänner mitten in einem Gewühl, dem auch der volkreichste Ort bei uns nicht gleichkommt. Und wie reich staffiert sind diese Szenen! Hier ein Haufe sich rücksichtslos zwischen Kaufbuden und auf der Straße arbeitenden Handwerkern hindurchdrängender Reiter mit ihrem goldgestickten Pferdezeug, in malerisch glänzender Kleidung; dort ein Harem, der sich ins Bad begibt, schwarz verhüllte Damen mit weißer Leinwandmaske, aus der nur die dunklen Augen herausblitzen, und die gleich Phantomen auf schnellfüßigen Eseln geräuschlos vorübergleiten; dann wieder lange Kamelzüge, die von Zeit zu Zeit allen Weg ganz zu sperren drohen, so dass in den engen Straßen auch nur zu Fuß sich Bahn zu machen oft nicht ohne Quetschung abgeht – ein nie endendes, stets wechselndes Getümmel von Menschen aller Trachten und Länder des Erdbodens, vom Verhülltesten bis zum völlig Nackten, vom wolligen Neger Afrikas, dem Feuer anbetenden Parsen und dem durch das Weltmeer von jenen getrennten modernen Amerikaner bis zum Londoner Dandy hinab, dessen Spezies, wie ein uns heute begegnendes Exemplar mit roten Haaren und Backenbart bewies, von allen sich hier Umhertreibenden dem Affen am nächsten zu kommen schien. Eine Geistererscheinung aber glaubt man zu erblicken, wenn durch diese kaum torbreiten Gassen, durch dies wogende Gedränge plötzlich ein europäischer Wagen, den ein griechischer Kutscher sechsspännig vom Bocke fährt, sich wie eine Boaschlange im schnellsten Laufe entlangwindet und, nachdem die Massen wie durch Zauber Platz gemacht, hinter der nächsten Ecke wieder verschwindet. Es war die Tochter des Vizekönigs, die nach der Zitadelle fuhr.

Die erwähnten Burgen der alten Mamluckenhäuptlinge im Herzen der Stadt, mit deren Straßen sie aber nur durch eine breite, fast immer geschlossene *porte cochère* kommunizieren, haben in ihrem Innern gewöhnlich Gärten und Höfe und bergen auch zum Teil noch viel alte, wohlkonservierte Pracht. Demohngeachtet kenne ich einen Fremden, der einen solchen Palast im besten Zustande auf fünfundzwanzig Jahre gemietet hat und nicht mehr als monatlich dreißig Piaster (neun Franken) dafür bezahlt. Dagegen wird man in den wenigen und schlechten Gasthöfen, die Europäer etabliert haben, sehr überteuert. Überhaupt hat man sich im Orient allerwärts vor europäischen und griechischen Christen in Acht zu nehmen, weniger vor den Juden und am wenigsten vor den Muselmännern selbst, die unbestreitbar die ehrlichsten und solidesten unter der ganzen Bevölkerung sind.

Die nächsten Tage absorbierte die Gesellschaft. Ich musste den Herren Konsuln ein Diner geben, nachher einigen vornehmen Türken, welchen auch während dem Essen Pfeifen serviert wurden, dann

Der Sklavenmarkt in Kairo
Aquarell von
William James Muller, 1838

auch noch versäumte Besuche nachholen und endlich verschiedene Einkäufe machen. Man trifft in Kahira viel Interessantes dieser Art an. Indische Waren verschiedener Natur, Stoffe, künstliche Arbeiten, von den Gourmands geschätzte seltene Früchte usw. sind hier verhältnismäßig wohlfeil, allerlei kostbare Steine, namentlich eine große Auswahl schöner Türkise und Smaragde, findet man ebenfalls zu billigen Preisen; die Produkte aus Jemen sind barock, und die Waren aus dem innern Afrika bieten zum Teil noch merkwürdige Kuriositäten dar, wie zum Beispiel die wunderlichen Reitpeitschen aus Hippopotamushaut, im Arabischen Kurbatsch genannt, woher ohne Zweifel seit den Kreuzzügen das Wort »Karbatsche« nach Deutschland gekommen ist. Was türkischer und syrischer Gewerbefleiß liefert, ist dagegen hier teuer und die Auswahl nur gering. Bei dieser Gelegenheit besuchte ich auch den schwarzen Sklavenmarkt, der allerdings, so milde die Sklaven auch in der Regel hier behandelt werden, dem Europäer ganz andere Gefühle als dem Orientalen einflößt. Es ist niederschlagend, dass demohngeachtet die allgemeine Stimme der Europäer selbst sich in der Behauptung vereinigt, dass die Sklaven von diesen härter wie von den Muselmännern behandelt werden. Kann man sich überwinden, das Tragische, was in dem ganzen System liegt, einmal beiseitezusetzen, und was hülfe es auch, darüber als etwas hier vorderhand noch Unvermeidliches unnütz zu jammern, so muss man ohne Affektation gestehen, dass dieser Sklavenmarkt neben der menschlichen Herabwürdigung (der man aber in goldenen Sälen, unter Sternen und Orden, oft noch widriger begegnet, weil sie da freiwillig ist) auch viel Komisches darbietet. Die Sklaven selbst zeigen fürs Erste gar keinen Ausdruck des Kummers oder der Schwermut in ihrem Benehmen, wohl aber die verschiedensten und originellsten Sitten. In den offenen Zimmern und dem Hofe eines großen Gebäudes verteilt, sitzen sie in Gruppen umher, meistens scherzend und lachend, oft auch mit einer stupiden Gleichgültigkeit und tierischem Ausdruck ihrer Mienen. Frisch angekommene Sklavinnen sieht man häufig noch im Kostüm ihres Landes, das heißt fast nackt; sind es aber solche, die schon aus zweiter Hand verkauft werden, so sind sie orientalisch angezogen, und diese zeichnen sich gewöhnlich durch üble Laune und ein ziemlich impertinentes Wesen aus, das dennoch nicht ohne eine gewisse Koketterie bleibt. Diese weigern sich auch oft, ihr Gesicht sehen zu lassen, und affektieren Zorn und Abneigung gegen den Käufer, während die noch im halben Naturstande Begriffenen mit eben der Gleichgültigkeit nicht nur ihr Antlitz, sondern alles, was man verlangt, entblößen, wie es ein Schaf ruhig duldet, dass man seine Wolle befühlt. Wir hatten einen im französischen Konsulat angestellten Levantiner mit uns, von dessen merkwürdiger Routine und grotesken Unbefangenheit im Sklavenuntersuchungsgeschäft, verbunden mit seinen dahingehörigen Kunstausdrücken, man trotz allem Widerwillen unmöglich ohne Lachen Zeuge sein konnte. Ohne alle Umstände nahm er ein vierzehnjähriges Mädchen beim Arm und befühlte, ihr den Bernus abstreifend, in welchen sie sich gehüllt hatte, ihre jungen Brüste, wie man die Reife einer Frucht probiert. »*Fort bien*« – »sehr gut«, rief er zu uns gewandt, »*c'est frais, cela a poussé comme une orange*«. – »Sie ist frisch, ist gewachsen wie eine Apfelsine.« Jetzt ergriff er unsanfter eine andere aus zweiter Hand und hob ihr, wenig auf ihr Sträuben achtend, den lang herabhängenden Oberwurf auf, ließ ihn aber bald mit den Worten wieder fallen: »*Ce n'est rien ça, elle est faite.*« – »Die da ist nichts, sie ist trächtig.« Eine dritte, weit hübscher als die Vorhergehenden, aus Abessinien, wurde von der Schuhspitze bis zu ihren hundert Haarflechten untersucht, musste dann noch die Zunge herausstrecken und die Zähne weisen, worauf ihr als Resultat der Visitation das Attestat gegeben ward: »*Voilà une jolie fille, bien portante, d'une belle chute de reins, mais la gorge est applatie en diable!*« – »Da haben wir eine hübsche Maid, gut gebaut, mit appetitlichen Hüften, aber vorne wie ein verdammtes Waschbrett!« Dies ist gemein, aber ein treues Bild des hiesigen Verkehrs, charakteristisch und folglich, glaube ich, an seinem Platze.

»Die treueste Kopie einer Venus von Tizian, nur in schwarzer Manier« Machbuba in türkischer Tracht, Gemälde, Öl auf Leinwand, um 1838

—

1837

Friedrich Gerstäcker

Mit dem Auswandererschiff nach New York

Amerika – das Land der Träume. In Scharen verließen im 19. Jahrhundert Europäer, bedingt durch die Wirtschaftskrisen, ihre Heimat und suchten ihr Heil in der Neuen Welt. Das Land der unbegrenzten Möglichkeiten versprach ihnen, die zu Hause keine Hoffnung mehr sahen, eine bessere Existenz. Zu den größten Volksgruppen, die die Vereinigten Staaten aufnahmen, zählten neben Engländern und Iren die Deutschen: über fünf Millionen waren es zwischen 1815 und 1915. In Deutschland waren Hamburg und Bremerhaven die wichtigsten Auswanderungshäfen; in Bremerhaven wurde dazu eigens ein Auswandererhaus errichtet, das in verschiedenen Sälen Massenunterkünfte für bis zu 2000 Menschen bot. Die Überfahrt auf dem Atlantik mit dem Segelschiff dauerte – je nach Wetterverhältnissen – sechs bis zehn Wochen, und die Zustände an Bord waren meist erbärmlich. Nur die wohlhabenden Reisenden konnten sich eine Kajüte leisten, der Großteil der Passagiere hauste, auf kleinstem Raum zusammengepfercht, in den Zwischendecks, in die kaum ein Lichtstrahl drang.

Auswandererschiff
Holzstich, nach einer Zeichnung von Knut Ekwall, 1874

Der 21-jährige Friedrich Gerstäcker (1816–1872) unternahm 1837 eine solche Passage auf dem Auswandererschiff »Constitution«. 64 Tage dauerte die Überfahrt von Bremerhaven nach New York. Der junge Auswanderer führte an Bord ein Tagebuch, das er nach seiner Ankunft mit dem nächsten Schiff zurück in die Heimat an seine Mutter sandte. Die folgenden sechs Jahre durchwanderte Gerstäcker Nordamerika und schlug sich mit den verschiedensten Jobs durchs Leben – so als Heizer, Holzfäller, Koch und als Silberschmied. Nach seiner Rückkehr veröffentlichte er 1846 das Buch Streif- und Jagdzüge durch die Vereinigten Staaten Nordamerikas. *Es war der Auftakt zu seiner Karriere als Schriftsteller und Verfasser von Abenteuerromanen, von denen viele in Nordamerika spielen.*

---

16. MAI 1837. Die Constitution ist ein schönes dreimastiges, eigentlich 2½-mastiges, da der Besanmast keine Querstangen hat, Schiff. Das hier also nun bestimmt war, uns einem neuen Vaterlande entgegenzuführen! Es ist Paketboot und Schnellsegler, sind also die besten Hoffnungen, dass, sowie der Wind ordentlich günstig wird, wir bald und glücklich in Amerika landen können – Gott gebe es! – Nun aber ist meine Feder zu schwach, Dir den Spektakel und die Verwirrung zu beschreiben, die jetzt an Bord der Constitution begann! – Der eine Kahn, der die andere Hälfte der Auswanderer schon 2 Tage früher an Bord geschafft hatte, hatte also denselben dadurch den Vorteil verschafft, sich besser und bequemer im Zwischendeck einzurichten als wir, die wir uns nun noch einklemmen mussten. – Mein größter Koffer kam in den [Lade-]Raum, der kleinere und die Kiste ins Zwischendeck. Nun will ich mir einmal Mühe geben, Dir das Zwischendeck so genau wie nur irgend möglich zu beschreiben, denke Dir einmal einen Raum von ungefähr 11 Schritt Länge, 9 Schritt Breite, 8 Fuß hoch, an beiden Stellen mit den Schlafstellen oder Kojen versehen, von denen immer 2 von Brettern genagelt übereinander sind, wo in jeder Koje 10 Mann liegen, 5 oben und 5 unten, denke Dir nun diesen Raum zwischen den Reihen Kojen in der Breite von Schritten, in dessen Mitte aber noch die Kisten und Koffer der Auswanderer aufgestapelt sind, die aber auch noch an den Kojen entlang stehen, und Du wirst einsehen, dass gerade noch so viel Platz ist, dass man mit einiger Vorsicht rund um die Kisten ein Mann hoch gehen kann! – Denke Dir nun in diesem Raum bei schlechter Witterung 100 und ungefähr 10 bis 15 Auswanderer eingeschlossen, denke Dir ihre Ausdünstung, das Lachen, Toben, Übergeben, Lamentieren, Kinderschreien etc. etc., und Du wirst dann ein ziemlich treues Bild dieses Raumes haben!

Das Zwischendeck eines Auswandererschiffes
Holzschnitt, 1847

Den 19ten morgens 2 Uhr wurden die Anker gelichtet, und hinaus ging's in offene See ... Die 4 Bettgenossen, deren ich mich erfreue, oder die vielmehr dazu dienen, mich die Nacht über zu quetschen, sind Heusinger [ein Bekannter aus Brauschweig], ein Tischlermeister, ein lieber ruhiger stiller Mann, und der Doktor und Apotheker! Was nun diese beiden Letzteren betrifft, so sind dies keineswegs die feindlichen Brüder, sondern ein Paar fidele Häuser, die sich zusammengemacht hatten, am Erie See in Cincinnati ihr Glück zu versuchen. Der Doktor lässt hier auf dem Schiff schon alle Augenblick Ader, und ich bedauere die armen Amerikaner.

Wir sahen nun das letzte deutsche Land mit dem Kirchturm von Langenwarde, und bald, von den Fluten der Nordsee getragen, war Himmel und Wasser das Einzige, was sich dem Ausblickenden zeigte.

Das Schaukeln des Schiffes wurde nun bedeutend, und es war bei Gott ein amüsantes Vergnügen, das Gesichterschneiden der armen Seekranken zu beobachten, denn ich selber, nebst ungefähr noch 6 oder 7 blieb bis jetzt noch ganz verschont davon, hoffe es auch später zu bleiben, denn ich befinde mich wahrhaftig körperlich so wohl wie nur irgend möglich.

21. Mai. Es regnete heute, was vom lieben Himmel herunter wollte. Bei solchem Wetter ist es nun wahrlich eine Höllenqual, der Bewohner des lieblichen Zwischendecks zu sein, denn wenn das Wetter zu arg wird, kann man doch unmöglich fortwährend auf dem Verdeck aushalten, denn das Trocknen des Mantels, der mir übrigens herrliche Dienste leistet, ist bei nassem Wetter fast unmöglich! – Übrigens ist es ein köstlicher Anblick, mannichmal zu sehn, wie so ein Trupp »Auswanderer« diskurrierend beisammenstehn, und plötzlich eine liebkosende Welle sie wie Spreu auseinanderbläst, ich bin schon mehrmals auch so katzennass geworden, dass es eine wahre Lust war.

—

»›Auswanderung‹ entwickelte sich von einem Wort mit sehr fröhlicher Bedeutung zu einem Wort, das einen düsteren Klang in meinen Ohren erzeugte. Es gibt nichts, was man sich erfreulicher ausmalte und was erbärmlicher anzusehen war.«

Robert Louis Stevenson 1879, nach seiner Überfahrt von Liverpool nach New York auf einem Auswandererschiff

—

22. Mai. Heute war ein stürmischer Tag, nicht etwa weil wir Sturm gehabt hätten, aber doch blies der Wind scharf in die bäuchigen Segel. Wie ich morgens aufwachte, tönten mir so verschiedene polternde und kullernde Töne zum Ohr, und nur zu bald überzeugte ich mich, dass wieder eine »allgemeine Brecherei« ausgebrochen war, und mit Jammergesichtern war jede Koje geziert!

30. Mai. An dem Tag brachen die »Blattern« auf dem Schiffe Constitution aus, an einem jungen Mädchen, die aber sogleich abgesperrt wurde, und wir haben die Hoffnung, dass es nicht weiter ansteckend sein wird! – Es sind auch nur die falschen Blattern, aber doch hinlänglich, um uns, so sie sich weiter verbreiten sollten, im allerungünstigsten Falle eine lange Quarantäne in New York auf den Hals zu laden! Mit Gott, wir wollen das Beste hoffen!

31. Mai. Der Wind ist besser, und wir segeln doch wenigstens graden Strich, das Wetter ist auch gar nicht so schlimm, gegen Abend regnete es zwar ein wenig, doch ging's bald vorbei und der letzte der Passagiere kletterte ich vor meine Koje hinunter, denn das Lager in derselben ist unmöglich zu fünfen, in solch engem Raume, und man liegt stets in der Gefahr, erstickt zu werden, da ziehe ich mir denn alle Abend meine Matratze und Decke heraus und schlafe vorne so

sanft und ruhig vom schwankenden Schiffe gewiegt wie zu Haus. Das Gurgeln der sich Übergebenden ist meine Serenade.

2. JUNI. Regen und günstiger Wind wie vorher, der Apotheker musste sich übergeben und brach sich mit einer ganz großartigen Gewalt selber ins Gesicht, indem er sich gegen den Wind stellte, trotz allem Ekel und Schwanken des Schiffs hielt ich mich aber doch tapfer, doch konnte ich mich des heftigen Regens wegen nicht auf dem Verdeck viel aufhalten, da mein Mantel noch ganz durchnässt war, solche Regentage im Zwischendeck sind aber eine wahre Höllenpein für uns.

4. JUNI. Heute war das Meer so ruhig wie ein Spiegel und die Sonne lachte so freundlich vom Himmel herunter, dass mich eine ungeheure Lust zum Baden erfasste, und gesagt getan, Heusinger und ich, wir sprangen von Bord und befanden uns so recht behaglich! – Die andern wollten sich aus Furcht vor Haifischen nicht mitbaden!

7. JUNI. Ist das Wetter schön, meine herzliebe Mutter, dann solltest Du einmal sehn, wie die Mannschaft auf dem Verdeck herumliegt, einer liest, einer lernt Englisch, einer singt, einer pfeift, die treiben das, die das, es ist wie die Hochzeit zu Canaan, der Wind ist aber immer nur sanft und Sturm scheinen wir gar nicht zu bekommen, es sollte mir wirklich leidtun, wenn wir so ganz ohne Sturm eine so weite Seereise zurücklegten, es wäre nur eine halbe Seefahrt, nun, ich denke immer, wir sind noch nicht drüben!

10. JUNI. Der Wind etwas stärker, aber nicht besser, auch etwas Regenwetter, über solche Tage lässt sich nicht viel mehr sagen als »Verdecksnässe und Zwischendecks-Gestank« – Es sind wenige Worte, aber inhaltsschwer! –

17. JUNI. Sturm, der peitschte die Wellen zu einer recht ansehnlichen Größe, und bald wurde das Schiff hoch auf die Wellengipfel gehoben, um im nächsten Augenblick in eine tiefe Wasserschlucht versenkt zu sein … Die Wellen schlugen mit solcher Gewalt über das Verdeck herüber, dass es kaum auszuhalten war und man im Augenblick durchnässt wurde, ich bin wenigstens 5 Mal katzennass geworden und musste endlich nolens volens ins Zwischendeck, das ist aber schrecklich und der Dunst der Passagiere alle, die hier zusammengedrängt waren, kaum zum Aushalten, wenn man aber die Sachen fortwährend nass hat, faulen sie wahrhaftig auf dem Leibe.

22. Juni. Es ist bei Gott ein recht herzerhebender Anblick, auf dem weiten, unendlichen Ozean einem anderen Schiffe zu begegnen, man weiß sich dann gewissermaßen nicht allein, und ein behagliches Gefühl ergreift uns bei einem Anrufe auf offener See! – Aber die Zeit verstreicht mit Macht, und wir treiben immer noch weit von New York auf dem Wasser herum, bald bekommt man denn doch das ewige Geschaukele dick, wenn's immer heißt »Wenn der Wind *recht* gut wird, können wir in 8 Tagen da sein«, und dann dabei immer recht schlechten Wind, es ist recht *eklig*, ich wollte, wir wären an Ort und Stelle! –

27. Juni. Schlechter Wind und Hundekälte und etwas Neues, Interessantes – Läuse im Zwischendeck – zwar noch nicht bei uns, aber doch in der Nähe, brrrrrr, da überläuft's einem ordentlich die Haut, wenn ich an diese liebenswürdigen Mitpassagiere denke, wir haben uns gleich alle in unserer Koje mit Mercurialseife eingeschmiert und hoffen so den Feind von uns abzuhalten …

29. Juni. Bis 10 Uhr war der Wind sehr gut und drehte sich später mehr nördlich, doch konnten wir immer noch in einer Schnelligkeit von 10–9 Meilen den rechten Weg verfolgen, wir waren heute Mittag unter 54 Grad – New York liegt unter 74 –, so haben wir also noch nicht einmal ¾ Teil unseres Weges zurückgelegt, obgleich wir schon 40 Tage in See sind, nun, der Steuermann versicherte uns, der Wind würde wahrscheinlich anhalten und in 6–7 Tagen können wir vielleicht in New York sein.

30. Juni. Wieder einmal schlecht, wenn das so fortgeht, da kommen wir nicht nach New York, entweder konträrer Wind oder Windstille! – Du lieber Gott, diesmal will ja der Spektakel gar kein Ende nehmen, die Matrosen versichern aber auch, noch nie in dieser Jahreszeit so weit gekommen zu sein, ohne das ganze Verdeck voller Läuse gehabt zu haben! – Eine schöne Aussicht …

3. Juli. Heute sind ungeheuere Vorbereitungen zu morgen gemacht, nämlich den 4ten Juli, das Freiheitsfest der Amerikaner, einer von den Passagieren hat Schwärmer, Feuerräder, Leuchtkugeln etc. mit, und dabei soll dann ein raisonables Feuerwerk abgebrannt werden.

4. Juli. Allgemeiner Katzenjammer!!!!! Na, das war eine noble Nacht. Denke Dir, meine gute Mutter, etwa 118 Passagiere, halb Männer, halb Frauen, von denen reichlich 100 so besoffen sind, dass sie

kaum noch auf ihren Beinen stehn können. Brrrr. Doch will ich von vorne anfangen. – Schlag 12 Uhr wurde mit der Glocke, die vorne am Bugspriet hängt, geläutet, und sowie das aufhörte, aus 8 Flintenröhren eine Salve gegeben. – Dann wurde nach der Melodie »God save the King« ein Lied gesungen, was ich für unseren Zustand passend gemacht hatte! – Unter Begleitung einer Flöte, Klarinette und Geige. Das von einigen 30 Mann in feierlicher Stunde um Mitternacht, etwas ergriffen, auf dem Ozean in die stille Luft hinausgesungen, es machte sich wahrhaftig nicht schlecht! – – Wie nun das vorbei war, wurde das Feuerwerk losgelassen. – Jetzt wurde »Freier Punsch« in der Kajüte gereicht, und nun wurden den »platten Burschen erst kannibalisch wohl!«. O allmächtiger Gott, was gab's da zu sehn! – ich hatte ungefähr 1½ Gläser getrunken und war gerade in einer so recht behaglichen Stimmung, mir die Sache mit anzusehn, ich habe es aber keine halbe Stunde ausgehalten! – *Ein* besoffenes Frauenzimmer zu sehn ist schon affrös und eklig genug, aber 20 bis 30 auf einem so engen Raume im Zustand einer totalen Besoffenheit, das ging denn doch über meinen Horizont; und ich legte mich um ½3 Uhr ungefähr zu Neste!

Mit dem Aufkommen der Dampfschiffe verkürzte sich die Fahrzeit über den Atlantik von 6 bis 10 Wochen auf 14 Tage. Plakat der Hapag Hamburg-Amerika-Linie, nach 1871

12. JULI. Guter Wind, aber fast ganz still, wir schieben so sachte auf dem Meer hin wie Molly ums Tor, und es fehlt weiter nichts, als dass das Schiff eine Schlafmütze und Pantoffeln anbekommt. Wenn wir noch lange auf dem Schiff bleiben, werden wir verrückt, denn kein Mensch weiß mehr, was er für andere Dummheiten angeben soll, denke Dir, liebe Mutter, einige 20 Kerle, Handwerker, Kaufleute, Doktor und Apotheker, alt und jung, Christen und Juden, Matrosen und alles Mögliche mit Stangen, Besen, Haken, Harpunen, Hirschfängern, Blasinstrumenten, Fahnen etc. – Soldaten spielen – wie die kleinen Kinder, Rebellion, Kriegsgericht, Standrecht, Sturmläuten: die Sturmglocke war aus einem Hemde gemacht, unten ein Reifen hinein, als Klöppel ein Besenstiel.

13., 14., 15. JULI. Wenn diese 3 Tage nicht auf der Welt gewesen wären, würden wir auch keine große Lücke auf der Constitution bemerkt haben, gelbe Erbsen, weiße Bohnen, angebrannten Reis, Speck, salziges Fleisch – Flöhe.

New York um 1850
Kreidelithographie, koloriert, von A. Gocht

18. Juli. *»Und Land, donnert es, Land!«* Als es leise, ganz leise im Osten zu dämmern anfing, sprang ich aus der Hängematte und hinauf in den Mast, auf die obersten Spieren, da hing ich, und war's mir mit Freuden bewusst, dem ersehnten Lande nicht weit, hochoben die eine hochklopfende Brust, in der blauen, der herrlichen Einsamkeit! – Heller und immer heller wurde der Horizont, klarer und klarer die Aussicht, ein dumpfes fernes donnerähnliches Brausen schlug an das lauschende Ohr, das war die Brandung, die mit günstigem Winde 12 Meilen weit gehört wird, dort, dort musste Amerika liegen, und jetzt immer deutlicher trat ein schwacher blauer Streifen über dem dunklen Wellen Horizont hervor. – »Land«, donnerte ich hinunter vom Mast, und Land, Land, rauschte es im Zwischendeck hin und her von einer Lippe zur andern! –

Wie aus einem holländischen Käse die Maden, so krochen aus dem engen Eingangsloche jetzt die schlaftrunkenen Passagiere eilfertig hervor, stellten sich vorne am Bugspriet hin, rissen die schlaftrunkenen Augen auf und schrien »Land«, obwohl ich fest überzeugt bin, dass keiner der Maulwürfe etwas erkannt hat, bis es endlich immer näher und näher, immer klarer und deutlicher heraustrat, dass schon das Auge die einzelnen Spitzen der Berge klar unterscheiden konnte.

19. Juli. Heute Morgen war wieder das Land so weit von uns – Long Island –, dass es als ein blauer Nebelstreif vor uns lag, doch je näher der Mittag kam, je klarer wurde es, als wir plötzlich um 11 Uhr einen kleinen Schoner auf uns zufahren sahen, er ließ die Nordamerikanisch Flagge im Winde flattern, und wir hissten die Bremerflagge

auf. Es war der Lotse, und wieder kam neues Leben an Bord. Klarer und klarer wurde das Land, und um 4 Uhr nachmittags lag die Küste Amerikas in ihrer ganzen Pracht vor unseren Augen!

Da ging mir das Herz auf, der Anblick war zu wonnevoll, ich kletterte hinauf in den Mastkorb und setzte mich da ganz allein für mich hin, mich meinen eigenen Gedanken und Empfindungen überlassend, und wie ich denn mich nun recht sattgesehn hatte, da stieg ich hinunter und stellte Bußübungen mit meinem Leibe an und geißelte meinen Leichnam, d.h. ich rasierte mich, als das Schinden vorbei war, wurde frische Wäsche angezogen und das Gesicht in die gehörigen Falten gelegt, von der alten grünen Mütze das Schild hinuntergeschnitten und selbe auf das linke Ohr gesetzt, und ging nun stolz auf dem Deck, wie ein Puter, auf und ab spazieren.

Endlich warfen wir Anker, und kaum lag das Schiff still, als auch schon der Doktor kam und uns untersuchen sollte, ob wir Kranke an Bord hatten, aber trotz Pocken und Blattern, trotz einer 6eckigen Brille auf der Nase, merkte unser Herr doch nicht, wo der Hase im Pfeffer lag, und *Allwell,* verließ er uns bald wieder.

—

»Das Leben, das ich geführt habe, würde ich gegen kein anderes eintauschen. – Ich habe jahrelang in großen Städten von Komfort umgeben und ebenso im Urwald von Wildfleisch oder einem alten Kakadu gelebt. Ich bin Gast von gekrönten Häuptern und Feuermann auf einem Mississippi-Dampfer wie Tagelöhner gewesen, aber ich war stets frei und unabhängig wie der Vogel in der Luft …«
FRIEDRICH GERSTÄCKER IM RÜCKBLICK AUF SEIN LEBEN

—

20. JULI. Gegen Mittag wurden wir mit unseren Siebensachen hinüber auf ein großes 4eckiges Blockhaus geführt, um dort die Quarantäne fertig zu halten, und alle Koffer, alle Kisten wurden hier durchsucht, teils nach steuerbaren Sachen, teils nach schmutziger Wäsche, die nicht nach New York eingeführt werden darf! –

Dass sich doch auch der Mensch sogar an das gewöhnen kann, was ihm unangenehm war. Wir lagen nun hier wieder auf dem Quarantänekai, ohne Betten, ohne Essen, ohne alles die Nacht, man muss sich aber einrichten, so gut es geht, und nicht die schlechteste Nacht habe ich auf den Dielen des Q. H. zugebracht, obgleich es hartes Holz war und ich weiches gewöhnt war!

21. JULI. Unsere mobile Schiffsgesellschaft hatte heimlich hier und da schmutzige Wäsche versteckt, die kam nun zum Vorschein, und alles musste sich waschen, da wurde uns die Sache denn doch zu klatrig, und der Doktor, Apotheker, Heusinger und ich fuhren für ¼ $ mit dem Steamboat in einer ½ Stunde nach New York.

So sind wir denn nun in Neuyork, dem unermesslichen Häuserkoloss, sind in Amerika, der langersehnten neuen Heimat. Wie es nun weiter werden soll, da muss der liebe Gott noch ein wenig mithelfen.

—

1840

Victor Hugo

Romantische Rheinreise

—

»Der Rhein ist der Fluss, von dem alle Welt redet und den niemand studiert, den alle Welt besucht und niemand kennt«, schrieb Victor Hugo (1802–1885). Der französische Schriftsteller bereiste den Fluss im Herbst 1840 zusammen mit seiner Freundin Juliette Drouet. Von Köln aus fuhren sie mit dem Dampfer bis St. Goar, von dort ging es weiter nach Mainz, Frankfurt, Worms, Speyer, Heidelberg, in das Neckartal und den Odenwald. Victor Hugo war gewiss nicht der Begründer der Rheinromantik – schon Friedrich Schlegel, Madame de Staël und Lord Byron hatten sich an der sagenhaften Flusslandschaft, ihren Felsen und Ruinen berauscht. Aber mit seiner Ruinenseligkeit stellt Hugos Buch Le Rhin *(Rheinreise) einen Höhepunkt der romantischen Rheinliteratur dar. Berühmt geworden ist nicht zuletzt seine nächtliche Besichtigung der Heidelberger Schlossruine im Mondschein.*

Hugo hält sich abseits der zahlreichen Reisenden auf dem Fluss. Denn mit der Beschaulichkeit auf dem Rhein war es nicht mehr weit her, seitdem dort die Dampfschiffe den Verkehr übernommen hatten. Im Jahr 1840 zählte man bereits über 500 000 Touristen, die auf einem Rheindampfer unterwegs waren, zehn Jahre später waren es über eine Million. Karl Baedeker, der mit seinem Rhein-Reiseführer den Grundstein zu einem neuen Genre der Reiseliteratur legte, warnte 1849 vor dem »übersättigten, anmaßenden Reisepöbel, der in dem engeren Rheintal vermöge des leichten Dampfverkehrs das Land heuschreckenartig überflutet«.

Baedekers »Rheinlande von der Schweizer bis zur Holländischen Grenze« Titelseite des Rheinreiseführers, der 1835 erstmals erschien und Baedeker populär machte.

—

Von Köln nach Mainz. Ich liebe Flüsse, und vor allen Flüssen liebe ich den Rhein. Er ist ein edler Fluss, feudal, republikanisch, kaiserlich und würdig, deutsch und französisch zugleich. Der Rhein vereinigt alles in sich. Der Rhein ist rasch wie die Rhône, breit wie die Loire, eingeengt wie die Maas, geschlängelt wie die Seine, klar und grün wie die Somme, historisch wie der Tiber, königlich wie die Donau, geheimnisvoll wie der Nil, goldführend wie ein Strom Amerikas, reich an Sagen und Geistern wie ein Fluss Asiens.

Der schönste Teil des Stromes, der berühmteste und bewundertste, der reichste für den Geologen, der interessanteste für den Geschichtsforscher, der bedeutendste für den Politiker, der reizendste für den Dichter ist jenes Stück des Mittelrheins von Bingen bis

Rheinlandschaft mit Burg Rolandseck, Insel Nonnenwerth und Siebengebirge
Gemälde von Johannes Jakob Diezler, 1829

Königswinter, das vom Aufgang zum Niedergang das schwarze Chaos der vulkanischen Gebirge durchschreitet, die die Römer die Alpen der Chatten nannten.

Hierher fällt die berühmte Reiseroute von Mainz nach Köln, die fast alle Touristen in neun, von Mannheim nach Köln an langen Sommertagen in 14 Stunden zurücklegen. Auf diese Art wird man vom Rhein nur geblendet und nichts mehr. Wenn ein Strom rasch fließt, so muss man, um ihn gut zu sehen, bergauf und nicht talab fahren. Was mich betrifft, so habe ich die Fahrt von Köln nach Mainz gemacht und einen Monat daran gewendet. Von Mainz nach Bingen, wie von Königswinter nach Köln, sind sieben oder acht Stunden reicher grüner und lachender Ebenen mit schönen, glücklichen Ortschaften am Rande des Ufers. Aber wie ich bereits gesagt, die hohe Einfassung des Rheins beginnt zu Bingen mit dem Ruppertsberg und Niederwald, zwei Bergen aus Glimmer und Schiefer, und endet bei Königswinter am Fuß des Siebengebirges.

Hier ist alles schön. Die Abdachungen der beiden Ufer spiegeln sich in breiten Wasserflächen. Die Steilheit der Abhänge ist Ursache, dass der Weinstock am Rhein auf dieselbe Art wie der Ölbaum an den Küsten der Provence gepflanzt und gepflegt wird. Allenthalben, wo der Mittagsstrahl der Sonne hinfällt, trägt der Bauer, wo der Felsen einen kleinen Vorsprung bildet, in Säcken und Körben Erde herbei, und in diese Erde pflanzt er in der Provence einen Ölbaum und am Rhein eine Rebe. Dann stützt er seinen kleinen Erdwall mit einer Mauer aus trockenen Steinen, die das Erdreich festhält und das Wasser abfließen lässt. Hier bedeckt aus übergroßer Vorsicht, damit die Regen das Erdreich nicht herabschwemmen, der Winzer es mit den geblätterten Schiefern des Berges wie mit einem Dach. So steht an den Seiten der jähesten Felsen der Weinstock am Rhein wie der Ölbaum am mittelländischen Meer auf einer Art von kleinen Sockeln, die über dem Haupt des Vorübergehenden schweben, gleich Blumentöpfen eines Dachstübchens. Alle sanfteren Abdachungen sind mit Reben dicht besetzt.

Die Städte sind von verwickelterem, geräuschvollerem Äußeren. Sie häufen sich am Rhein. Da ist Bingen, Oberwesel, St. Goar, Neuwied, Andernach. Da ist Linz, eine große Gemeinde mit viereckigen Türmen, die von Karl dem Kühnen im Jahre 1476 belagert worden, und gegenüber auf dem anderen Rheinufer Sinzig ...

Diese schönen Städte und reizenden Dörfer sind in eine ernste und wilde Natur gelagert. Die Dünste schweben über den Talschluchten; die Wolken hängen an den Berggipfeln und scheinen nur zu schwanken und den Wind abzuwarten; düstere Druidenwälder drängen sich zwischen die Berge in blaue Fernen hinein; große Raubvögel streichen unter dem wunderbaren Himmel, der etwas von beiden Klimaten hat, die der Rhein zerteilt, bald strahlendblendend wie ein italienischer, bald schmutzig und grau umwölkt wie ein grönländischer Himmel. Die Ufer sind steil, die Lavasteine blau, die Basalte schwarz; überall Glimmer und Quarz im Staub; überall gewaltsame Brüche; die Felsen haben Profile wie stumpfnasige Riesen. Geblätterte und feine Schieferlagen glänzen wie Seide im Sonnenschein und bilden Rücken ungeheurer Wildsäue. Der Anblick rund um den Strom ist außerordentlich.

Offenbar ist, dass die Natur, als sie den Rhein erschuf, eine Einöde im Sinne hatte; der Mensch hat eine Straße daraus gemacht.

Der Reisende, der den Fluß hinanfährt, sieht ihn sozusagen sich entgegenkommen und genießt so das schönste Schauspiel. In jedem Augenblick begegnet uns etwas: bald ein schmaler, spitziger Nachen, schrecklich, ihn auf den Wellen tanzen zu sehen, dergestalt ist er mit Bauern angefüllt, besonders wenn es Sonntag ist, wo diese guten katholischen, von den Hugenotten beherrschten Uferanwohner oft sehr weit ihre Messe suchen müssen; bald ein bewimpeltes Dampfschiff; bald ein langes Fahrzeug mit zwei dreieckigen Segeln, den Rhein hinabschwimmend mit seiner Fracht, die unter dem großen Mast aufgetürmt, mit seinem aufmerksamen und ernsten Steuermann, mit

»Andernach, Rheinufer, 10. September 1840, 4 Uhr am Nachmittag«
Aquarell von Victor Hugo

seinen geschäftigen Matrosen, mit einer Frau, vor der Kajüte sitzend, und in der Mitte der Warenballen mit der Lade der Schiffsleute, die rot, grün und blau angestrichen ist. Oder es sind lange Schleppfahrten, die schwere Schiffe langsam gegen den Strom ziehen, oder ein einzelnes mutiges Pferd, das einen großen Verdeck-Nachen wie eine Ameise einen toten Käfer fortzieht.

Die alte rheinische Schifffahrt, die die Segelschiffe fortsetzen, bildet zu der neuen, die die Dampfschiffe repräsentieren, einen starken Gegensatz. Die Dampfschiffe, kokett, lachend, elegant, bequem, rasch, bewimpelt und beflaggt mit den Farben von zehn Nationen: England, Preußen, Nassau, Hessen, Baden, Holland usw., führen Städte und Fürsten als Namen ihrer Schiffe: Ludwig II., Großherzog von Hessen, Königin Viktoria, Herzog von Nassau, Prinzessin Marianne, Großherzog von Baden, Stadt Mannheim, Stadt Koblenz; die Segelschiffe ziehen langsam dahin und tragen ernste und milde Namen auf ihren Schnäbeln: Pius, Columbus, Amor, Sancta Maria, Gratia Dei. Die Dampfschiffe sind gefirnisst und vergoldet, die Segelschiffe geteert. Das Dampfschiff ist eine Spekulation, das Segelschiff ist noch die alte mühselige und gläubige Schifffahrt. Das eine schifft und lässt eine Aufforderung, das andere ein Gebet ergehen. Das Erstere rechnet auf Menschen, das Letztere auf Gott.

HEIDELBERG. Als der Tag sich neigte, bin ich durch einen schönen Kastanienhain, der das Heidelberger Schloss beherrscht, auf einen hohen Hügel gestiegen, der »Kleiner Gaisberg« genannt wird. Die Rheinebene sieht vom Kleinen Gaisberg wie der Ozean von der Steilklippe Bois-Rosé aus. Unendlich weit erstreckt sich der Horizont: Mannheim, Philippsburg, die hohen Glockentürme von Speyer, eine Vielzahl von Dörfern, Wälder, endlose Ebenen, der Rhein, der Neckar, zahllose Inseln, im Hintergrund die Vogesen.

—

»O edle Burgen! O arme gelähmte Riesen! Geschmähte Ritter! Ein Dampfschiff voller Kaufleute und Bürger qualmt euch im Vorüberfahren seinen Rauch ins Gesicht!«
VICTOR HUGO,
RHEINREISE

—

Oben auf dem Gaisberg setzte ich mich neben einem noch blühenden wilden Geißblatt auf einen Stein, der dort seit dem Dreißigjährigen Krieg lag. Die Sonne war untergegangen. Ich betrachtete diese herrliche Landschaft. Ein paar Wolken zogen nach Osten dahin. Der Sonnenuntergang warf auf die violetten Vogesen seine langen Streifen, die in allen Spektralfarben leuchteten. Ein Stern strahlte am noch hellen Himmel.

Ich hatte den Eindruck, dass all die Männer, all die Geister, all die Schatten, die während der 2000 Jahre diese Berggegend berührt hatten, Attila, Chlodwig, Konrad, Barbarossa, Friedrich der Siegreiche, Gustav-Adolf, Turenne, Custine, noch hinter mir stünden und wie ich diesen prächtigen Horizont betrachteten. Unter meinen Füßen hatte ich die Trümmer der Hohenstaufer, zu meiner Rechten die

Trümmer der Römer, über mir, über den Abgrund geneigt, die Trümmer der Pfalzgrafen, im nebligen Hintergrund eine ärmliche Kirche, von den Katholiken im 15. Jahrhundert erbaut, im 16. von den Protestanten erobert und heute durch eine Wand zwischen Katholiken und Protestanten geteilt, das heißt, in den Augen Roms, halb Paradies, halb Hölle verweltlicht, zerstört; um diese Kirche herum eine geduckte Stadt, viermal abgebrannt, dreimal beschossen, ausgeplündert, wiederaufgebaut, zerstört und neu errichtet; gestern Residenz, heute Universität und Manufaktur, Schule und Werkstatt, Stätte der Abiturienten und Arbeiter, das heißt ein Gewimmel von Kindern, welche die Finsternis studieren, und von Männern, welche das Nichts bearbeiten; vor mir in der Ferne hatte ich die stets perlmuttfarbenen Flüsse, den immer saphirreinen Himmel, die ewig purpurnen Wolken, die ständig diamantenen Sterne; neben mir die immer duftenden Blumen, den immer fröhlichen Wind, die immer wispernden und jungen Bäume. In diesem Moment habe ich die ganze Ungeheuerlichkeit menschlicher Kleinheit und göttlicher Größe gespürt, und es überkam mich jenes Erstaunen vor der Natur, das die Adler bei ihrem Weitblick kennen müssen; die man abends unbeweglich über den Gipfeln der Alpen oder des Atlas schweben sieht.

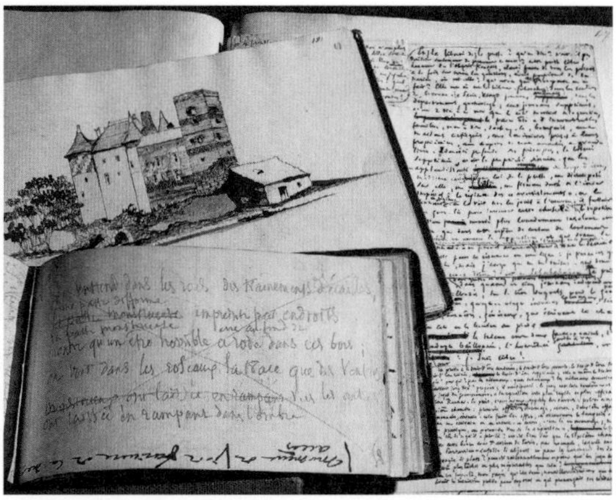

Notizen, Skizze und Manuskript zu Victor Hugos »Le Rhin«, 1840

Es war Nacht geworden, Wolken hatten sich am Himmel gebildet, der Mond stand fast im Zenit, und ich saß noch immer auf demselben Stein, schaute in die Dunkelheit um mich herum und auf die Schatten, die ich in mir sah. Plötzlich schlug der Stadtturm unter mir die Stunde, es war Mitternacht; ich erhob mich und stieg hinab. Der Weg, der nach Heidelberg führt, geht an den Ruinen entlang. Als ich dort ankam, warf der Mond, von leichten Wolken verschleiert und von einem riesigen Hof umgeben, ein gespenstisches Licht auf diesen erhabenen Trümmerhaufen. Jenseits des Grabens, 30 Schritt von mir entfernt, erhob sich, inmitten eines ausgedehnten Buschwerks, der gespaltene Turm, dessen Inneres ich gesehen hatte und der mir nun wie ein riesiger Totenkopf erschien. Ich erkannte die Nasenhöhlen, die Gaumenöffnung, die doppelte Arkade der Brauen, die Tiefe und erschreckende Höhlung der erstarrten Augen. Der große Mittelpfeiler mit seinem Kapitell bildete die Nasenwurzel. Zerfallene Trennwände glichen den Knorpeln. Und unten am Berghang verkörperten eingestürzte Mauervorsprünge auf erschreckende Weise die Kiefer. In meinem ganzen Leben habe ich nie etwas Melancholischeres gesehen als diesen großen Totenkopf auf diesem großen Nichts, das sich Heidelberger Schloss nennt.

Die Ruine ist noch immer offen und liegt zu dieser Stunde verödet. Mir kam der Gedanke, hineinzugehen. Die beiden Steinriesen, die den eckigen Turm bewachen, ließen mich passieren. Ich trat durch den schwarzen Torbogen, unter dem noch immer das alte Eisengatter hängt, und gelangte in den Hof. Der Mond war fast hinter den Wolken verschwunden. Vom Himmel drang nur ein bleicher Schimmer herab.

Die Ruine strahlte unter dieser Beleuchtung und zu dieser Stunde eine nicht auszudrückende Trauer, Lieblichkeit und Erhabenheit aus. Ich glaubte im Rascheln der kaum erkennbaren Bäume und Sträucher irgendetwas Ernstes und Respektheischendes zu spüren. Ich vernahm keine Schritte, keine Stimme, keinen Hauch. Hier im Hof gab es weder Schatten noch Licht; eine Art verträumter Dämmerung formte alles, erhellte alles und verschleierte alles. Durch die Lücken des Trümmergesteins, durch die Spalten und Risse fielen bis in die finstersten Ecken schwache Mondstrahlen hinein; und in den schwarzen Tiefen sah ich unter den unerreichbaren Gewölben und Gängen weiße Flecken, die sich langsam bewegten.

Heidelberg, Ansicht von Schloss und Stadt
Stahlstich von F. Foltz, um 1850

Es war die Stunde, da die Fassaden der alten verlassenen Gebäude keine Fassaden mehr sind, sondern Gesichter.

Ich schritt auf dem ungleichen und holprigen Pflaster weiter, wobei ich nicht wagte Lärm zu machen, und ich empfand zwischen den vier Umfassungsmauern diese merkwürdige Beklemmung, dieses undefinierbare Gefühl, das die Alten »heilige Schauder« nannten. Es liegt etwas unüberwindbar Erschreckendes in allem Finsteren, das sich mit Erhabenem paart.

Dennoch stieg ich die grünen und feuchten Stufen der alten geländerlosen Freitreppe hinauf und betrat den unüberdachten Palast Ottheinrichs. Sie werden vielleicht lachen, aber ich versichere Sie, dass es einem Schauder einflößt, wenn man nachts durch Räume geht, die von Menschen bewohnt worden waren, deren Türen verziert sind und deren Teile noch ihre bestimmte Bedeutung haben, so dass man sich sagt: Dies ist der Speisesaal, das Schlafzimmer, dies der Alkoven, dies ist der Kamin – wenn man dabei das Gras unter den Füßen verspürt und über seinem Kopf den Himmel erblickt. Ein Zimmer, das noch die Gestalt eines Zimmers hat und dessen Decke von unsichtbarer Hand entfernt worden ist wie der Deckel von einem Topf, wird zu einem gespenstischen und namenlosen Gegenstand. In einem Grabmal spürt man die Seele des Menschen, hier spürt man seinen Schatten.

Ich habe Ottheinrichs Palast verlassen und bin, immer verfolgt von dem eigenartigen Geräusch, das irgendein Wächter im Rittersaal verursachte, in den Hof zurückgekehrt.

Als ich die Freitreppe hinabstieg, zeigte sich der Mond plötzlich hell und klar zwischen aufgerissenen Wolken; der doppelgieblige Palast Friedrichs IV. erschien auf einmal mit seinen 16 stattlichen bleichen Riesen in aller Herrlichkeit wie am hellen Tag vor meinen Augen, während zu meiner Rechten die Ottheinrich-Fassade, die sich schwarz vor dem erleuchteten Himmel abhob, den vollen Mondschein durch alle 24 Fensterhöhlen gleichzeitig fallen ließ.

Ich sagte, »wie am hellen Tag«; das stimmt nicht recht, es war alles in allem weniger und mehr. Mondschein auf Ruinen ist besser als Licht, das ist Harmonie. Er verbirgt kein Detail und hebt keine Narbe hervor; er wirft einen Schleier über die zerbrochenen Gegenstände und fügt irgendwie eine verschwommene Aureole der Majestät alter Gebäude hinzu. Man sollte sich einen verfallenen Palast oder ein Kloster lieber in der Nacht als bei Tage ansehen. Das harte Sonnenlicht lastet auf den Ruinen und betont die Tristheit der Statuen zu sehr.

Diese Schatten der Kaiser und Pfalzgrafen schauten mich nun an; Simulacra. Seltsam, vorhin hatte ich den Eindruck, die Sirenen, Nymphen und Chimären würden mich zornig anblicken; und jetzt schien mir, dass all die gefürchteten alten Fürsten ihren gütigen und freundlichen Blick auf mich, den eingeschüchterten Passanten, richteten. Einige von ihnen erschienen mir unter dem phantastischen Mondschein viel größer. Und einer, der von einer Kugel halb umgestürzt worden ist, der an der Wand lehnende Johann-Kasimir mit seinem bleichen Gesicht, seiner Adlernase und seinem langen Bart, sah aus wie der exhumierte Heinrich IV.

Ich habe das Schloss durch den Garten verlassen und unterwegs einen Augenblick auf einer der unteren Terrassen verweilt. Die Ruine hinter mir, die den Mond verdeckte, bildete auf halbem Hang einen großen Schattenbusch, aus dem nach allen Seiten dunkle und leuchtende Linien hervorbrachen, die den undeutlichen, dunstigen Hintergrund der Landschaft streiften. Unter mir erstreckte sich Heidelberg, an den Fuß des Berges in das Tal geduckt, alle Lichter waren

—

»Meine Abenteuer, die Werke des fleißigen Nichtstuers: Es sind einsame Spaziergänge auf verlorenen Pfaden, Betrachtungen von Sonnenstrahlen auf dem Moos, Besichtigungen von Domen oder Dorfkirchen, ein schöner Käfer mit gold-violettem Panzer, der unglücklicherweise auf den Rücken gefallen ist, sich abzappelt und den ich im Vorbeigehen mit der Fußspitze wieder aufrichte …«

VICTOR HUGO,
RHEINREISE

—

erloschen, alle Türen geschlossen; und dahinter hörte ich den Neckar rauschen, der dem Hügel und der Ebene etwas zuzuflüstern schien; und wieder kamen mir die Gedanken an das, was mich den ganzen Abend erfüllt hatte, an die Nichtigkeit des Menschen in der Vergangenheit, an die Gebrechlichkeit des Menschen in der Gegenwart, an die Großartigkeit der Natur und an die Ewigkeit Gottes, während ich langsam in das Dunkel zwischen diesem stets wachen und lebendigen Fluss, der schlafenden Stadt und diesem toten Schloss hinabstieg.

1840

Hans Christian Andersen

Eisenbahnfieber

—

Im 19. Jahrhundert revolutionierte ein neues Verkehrsmittel das Reisen: 1830 wurde in England die erste Eisenbahnstrecke zwischen Liverpool und Manchester in Betrieb genommen, fünf Jahre später – am 7. Dezember 1835 – folgte die erste Verbindung in Deutschland zwischen Nürnberg und Fürth. Das Zeitalter der Eisenbahn hatte begonnen. Das neue Fahrzeug rüttelte an den Vorstellungen von Raum und Zeit, und nicht wenige hielten es für gesundheitsgefährdend. »Die schnelle Bewegung muss bei den Reisenden unfehlbar eine Gehirnkrankheit, eine besondere Art des delirium furiosum *erzeugen«, hieß es in einem Gutachten des bayerischen Obermedizinalkollegiums.*

Die Berichte der ersten Eisenbahnreisenden geben einen Eindruck von der Erschütterung, die mit der neuartigen Geschwindigkeit des Reisens einherging. »Wir merken bloß, dass unsre ganze Existenz in neue Gleise fortgerissen, fortgeschleudert wird, dass neue Verhältnisse, Freuden und Drangsale uns erwarten«, schrieb Heinrich Heine aus Paris, »und das Unbekannte übt seinen schauerlichen Reiz, verlockend und zugleich beängstigend.« Auch den vielreisenden dänischen Schriftsteller Hans Christian Andersen (1805–1875) packte das »Eisenbahnfieber«. Zum Auftakt seiner zweijährigen Orientreise, die ihn von Deutschland über Italien und Griechenland bis nach Konstantinopel führte, bestieg er am 10. November 1840 in Magdeburg die Eisenbahn nach Leipzig. Seine Eindrücke schilderte er in seinem Reisebuch Eines Dichters Basar.

—

Da viele meiner Leser noch keine Eisenbahn gesehen haben, will ich zuerst versuchen, ihnen einen Begriff von einer solchen zu geben. Wir wollen uns eine gewöhnliche Landstraße vorstellen, sie laufe gerade, sie mache eine Biegung, gleichviel, aber eben muss sie sein, eben wie eine Stubendiele, deshalb sprengen wir jeden Berg, der sich in den Weg stellt, bauen auf starken Bogen eine Brücke über Sümpfe und tiefe Täler, und wenn sich dann der ebene Weg vor uns ausstreckt, legen wir da, wo die Räderspur gehen wird, Eisenbahnschienen, auf denen die Wagenräder laufen können. Die Dampfmaschine mit ihrem Meister, der sie zu lenken und aufzuhalten versteht, wird vorgespannt, Wagen kettet sich an Wagen mit Menschen oder Vieh, und fort fährt man.

—

»In vierthalb Stunden reist man jetzt von Paris nach Orléans … Was wird das erst geben, wenn die Linien nach Belgien und Deutschland ausgeführt und mit den dortigen Bahnen verbunden sein werden! Mir ist, als kämen die Berge und Wälder aller Länder auf Paris angerückt. Ich rieche schon den Duft der deutschen Linden; vor meiner Türe brandet die Nordsee.«

Heinrich Heine, 5. Mai 1843, über die Eröffnung der Eisenbahnlinie Paris–Orléans

—

Auf jedem Punkte des Weges weiß man die Stunde und Minute, wann die Wagenreihe eintreffen wird, man hört meilenweit den Ton der Signalpfeife, wenn der Zug in Bewegung ist, und ringsumher, wo Nebenwege für gewöhnliche Fahrende und Gehende die Eisenbahn durchschneiden, lässt der aufgestellte Wächter den Schlagbaum vor ihnen nieder, und die guten Leute müssen warten, bis wir vorüber sind. Längs der Bahn, so viele Meilen sie sich auch erstrecken möge, sind kleine Häuser so weit voneinander errichtet, dass die, welche Wache darin halten, gegenseitig ihre Flagge sehen können, so dass sie zu rechter Zeit die Strecke reinigen können, damit kein Stein oder Hindernis auf den Schienen liege.

Seht, das ist eine Eisenbahn! Ich will hoffen, man hat mich verstanden.

Zum ersten Mal in meinem Leben sollte ich eine solche sehen. Einen halben Tag und die darauffolgende Nacht war ich mit der Postkutsche den furchtbar schlechten Weg von Braunschweig nach Magdeburg gereist. Ermüdet kam ich hier an, und Stunde später sollte ich wieder fort mit dem Dampfwagen.

Eisenbahnlinie Leipzig–Dresden Eröffnung des ersten Teilstücks Leipzig–Althen, 24. April 1837

Ich will nicht leugnen, dass ich vorher eine Empfindung hatte, die ich Eisenbahnfieber nennen will, und es war am stärksten, als ich in das großartige Gebäude trat, von wo aus die Wagenreihe abfahren sollte. Hier war ein Gedränge von Reisenden, ein Laufen mit Koffern und Nachtsäcken, ein Sausen und Brausen der Maschinen, aus welchen der Dampf hervordrang. Man weiß beim ersten Mal nicht recht, wo man stehen darf, damit nicht ein Wagen oder Dampfkessel oder eine Kiste mit Reisegepäck über uns komme; freilich steht man auf einem vorspringenden Balkon sicher, die Wagen, in welche man einsteigen soll, liegen in einer Reihe dicht daran, gleich Gondeln an einem Kai, aber unten im Hof kreuzen sich die Eisenbahnschienen gleich Zauberfäden, und Zauberfäden sind es, die der menschliche Scharfsinn gezogen hat; an diese sollten sich unsere magischen Wagen halten; kommen sie aus diesem Zauberbande heraus, ja, dann gilt es Leib und Leben. Ich starrte auf diese Wagen, Lokomotiven, losen Karren, wandelnden Schornsteine und Gott weiß was alles, sie liefen durcheinander wie in einer Zauberwelt; alles schien Beine zu haben! Und nun dieser Dampf und dieses Sausen vereint mit dem Gedränge, einen Platz zu erhalten, dieser Gestank von Talg, der taktmäßige Gang der Maschinen und das Pfeifen und Schnauben des ausgelassenen Dampfes verstärkten den Eindruck. Ist man nun, wie gesagt, zum ersten Mal hier, dann glaubt man umzufallen, Arme und Beine zu brechen, in die Luft gesprengt oder durch Zusammenstoßen mit einer anderen Wagenreihe zerquetscht zu werden; aber wahrscheinlich denkt man nur bei dem ersten Male daran.

Die Wagenreihe hier hatte drei Abteilungen, die ersten beiden bestehen aus bequemen, geschlossenen Wagen, fast wie unsere Diligencen, nur viel breiter, die dritte ist offen und unglaublich billig, so dass selbst der ärmste Bauer mitfahren kann, er kommt wohlfeiler davon, als wenn er den weiten Weg gehen und sich im Wirtshause stärken oder auf der Reise übernachten müsste. – Die Signalpfeife ertönt – aber sie klingt nicht hübsch, sie hat viel Ähnlichkeit mit dem Schwanengesang des Schweins, wenn ihm das Messer in den Hals dringt. Man setzt sich in den bequemsten Wagen, der Kondukteur schließt die Tür für uns und nimmt den Schlüssel an sich, aber wir können das Fenster herunterlassen und die frische Luft genießen, ohne vom Luftdruck Unannehmlichkeiten zu befürchten. Es ist wie in jedem anderen Wagen, nur bequemer, man ruht sich hier aus, wenn man kurz zuvor eine anstrengende Reise gemacht hat.

Die erste Empfindung ist ein ganz leiser Stoß der Wagen, nun sind die Ketten gespannt, welche sie zusammenhalten; wieder ertönt die Signalpfeife und die Fahrt beginnt, aber langsam, die ersten Schritte sachte, als zöge eine Kinderhand den kleinen Wagen. Unmerklich nimmt die Geschwindigkeit zu, während du in deinem Buche liest, deine Karte ansiehst und noch nicht recht weißt, ob die Fahrt begonnen hat, denn der Wagen gleitet gleich einem Schlitten auf ebenem Schneefeld. Du siehst aus dem Fenster und entdeckst, dass du wie mit Pferden im Galopp davonjagst; es geht noch schneller, du scheinst zu fliegen, aber hier ist kein Schütteln, kein Luftzug, nichts, was du dir als unbehaglich dachtest!

Was war das Rote, das gleich einem Blitz dicht vorbeifuhr? Einer der Wächter, der mit seiner Fahne dastand. Sieh nur hinaus! Und die nächsten zehn bis zwanzig Ellen ist das Feld ein pfeilschneller Strom; Gräser und Kräuter verschwimmen, man erhält einen Begriff davon, wie es sein könnte, wenn man außerhalb der Erde stände und zusähe, wie sie sich dreht; es greift das Auge an, es lange in einer Richtung zu halten; aber schaust du einige Klafter weiter fort, dann bewegen sich die anderen Gegenstände nicht schneller, als wir sie sich bewegen sehen, wenn wir rasch mit der Kutsche fahren, und weiter hinaus gegen den Horizont scheint alles stillzustehen; man hat vollständig den Anblick und Gesamteindruck der Gegend.

—

»Die Signalpfeife ist abscheulich, man glaubt das Geschrei eines Schweins zu hören, wenn ihm das Messer in den Leib fährt. – In einem Raum, bestimmt für 8 Personen, war ich mit einem Mann allein; mir kam der Gedanke, dass er ja verrückt werden und seinen Raptus bekommen könnte, mir wurde ganz warm dabei.«

HANS CHRISTIAN ANDERSEN, TAGEBUCH, 10. November 1840, ÜBER SEINE ERSTE FAHRT MIT DER EISENBAHN

—

Gerade so muss man durch ebene Länder reisen! Es scheint, als liege Stadt an Stadt; jetzt kommt eine, nun wieder eine! Man kann sich recht den Flug der Zugvögel dabei vorstellen, so müssen auch sie die Städte hinter sich lassen. Die auf gewöhnliche Weise Fahrenden, welche man auf den Seitenwegen sieht, scheinen stillzuhalten, die Pferde vor den Wagen heben die Hufe, aber sie setzen sie scheinbar auf denselben Fleck nieder, und so sind wir an ihnen vorbei.

Es gibt eine bekannte Anekdote von einem Amerikaner, der zum ersten Male mit einem Dampfwagen fuhr. Er glaubte, als er schnell den einen Meilenstein nach dem anderen vorbeifliegen sah, er fahre über einen Kirchhof und sähe die Grabsteine. Ich sollte die Geschichte daher besser nicht anführen, aber sie charakterisiert ganz die Schnelligkeit, und sie fiel mir ein, obgleich man hier keine Meilenzeiger sieht, es müssten denn die roten Signalfahnen sein, und derselbe Amerikaner hätte hier sagen können: Weshalb tragen heute alle Menschen rote Fahnen!

Ich dagegen will erzählen, dass, als wir an einem Bretterzaun vorüberfuhren, welcher mir zu einer Stange verkürzt erschien, ein Mann an meiner Seite sagte: »Sieh da, nun sind wir im Herzogtum Köthen«, darauf nahm er eine Prise, bot mir auch die Dose, ich verbeugte mich, probierte den Tabak, nieste und fragte dann: »Wie lange bleiben wir wohl in Köthen?« – »Oh«, antwortete der Mann, »wir waren schon wieder draußen, als Sie niesten!«

Und dennoch können die Dampfwagen doppelt so schnell fahren wie hier; jeden Augenblick ist man an einer neuen Station, wo Passagiere abgesetzt und andere aufgenommen werden sollen, die Schnelligkeit wird hierdurch etwas vermindert, man hält eine Minute an, und durch die geöffneten Fenster reichen uns Kellner Erfrischungen, leichte und feste, ganz wie wir es haben wollen! Die gebratenen Tauben fliegen einem buchstäblich, gegen Bezahlung, gerade in den Mund, und so jagt man weiter, plaudert mit seinem Nachbarn, liest in einem Buch oder sieht sich die Natur an, wo oft eine Herde Kühe verblüfft sich umwendet oder sich einige Pferde losreißen und fliehen, weil sie sehen, dass zwanzig Wagen ohne sie in der Welt fortkommen können, ja, noch schneller als durch ihre Hilfe, und dann ist man plötzlich wieder unter einem Dach, wo der Wagenzug anhält, man ist seine fünfzehn Meilen in drei Stunden gefahren und ist in Leipzig.

Leipzig-Dresdner Eisenbahn-Papier.

Brief Andersens, geschrieben auf »Leipzig-Dresdner Eisenbahn-Papier«, Juli 1841

Am selben Tag, vier Stunden später, geht es wieder von hier fort, eine ähnliche Strecke Weges in derselben Zeit, aber durch Berge und über Flüsse – und dann ist man in Dresden.

Ich habe mehrfach sagen hören, dass durch die Eisenbahnen alle Reisepoesie verschwunden sei und man an dem Schönen und Interessanten vorbeijage. Was Letzteres betrifft, so steht es ja jedem frei, auf jeder beliebigen Station zu bleiben und sich da umzusehen, bis der nächste Wagenzug kommt; und was die Behauptung angeht, dass alle Reisepoesie verschwindet, bin ich völlig entgegengesetzter Meinung. Gerade in den engen und vollgepackten Reisewagen und Diligencen verschwindet die Poesie, da wird man träge, da wird man in der besten Jahreszeit von Staub und Hitze geplagt und im Winter von schlechten Wegen; die Natur selbst bekommt man da auch nicht in größeren Portionen, wohl aber in größerer Dauer als im Dampfwagen.

Französische Eisenbahn um 1840
Die Passagiere der Ersten Klasse reisten in geschlossenen Waggons, alle anderen in offenen Wägen.

Oh, welch großes Werk des Geistes ist doch diese Erfindung! Man fühlt sich ja mächtig wie ein Zauberer der Vorzeit! Wir spannen unser magisches Pferd vor den Wagen, und der Raum verschwindet; wir fliegen wie die Wolken im Sturm, wie der Zugvogel fliegt! Unser wildes Pferd wiehert und schnaubt, der schwarze Dampf entsteigt seinen Nüstern. Schneller konnte auch Mephistopheles nicht mit Faust auf seinem Mantel fliegen! Wir sind durch natürliche Mittel in unserer Zeit ebenso stark, als man im Mittelalter nur durch die Hilfe des Teufels sein konnte! Wir sind ihm durch unseren Verstand an die Seite gekommen, und ehe er es selbst weiß, sind wir an ihm vorbei.

Ich erinnere mich an nur wenige Momente in meinem Leben, in denen ich mich so ergriffen gefühlt, so mit allen meinen Gedanken Gott gleichsam von Angesicht zu Angesicht geschaut habe. Ich fühlte eine Andacht, wie ich sie nur als Kind in der Kirche und als Erwachsener in dem sonnenlichten Wald oder auf dem friedlich stillen Meere in sternenklarer Nacht empfunden habe! Im Reiche der Poesie sind nicht Gefühle und Phantasie die allein Herrschenden, sie haben einen ebenso mächtigen Bruder, er wird Verstand genannt, er verkündet das ewig Wahre, und darin liegt Größe und Poesie.

—

1844

Charles Dickens

Kutschfahrt durch Frankreich

—

Auch Charles Dickens (1812–1870) zog es in den Süden gen Italien. Im Juli 1844 brach er mit seiner gesamten Familie von Paris aus mit der Kutsche auf. Dazu gehörten seine Frau und deren Schwester, seine fünf Kinder samt zweier Kindermädchen, ein Hund und ein Reisemarschall (sein »wackerer Kurier«). Doch im Gegensatz zu den illustren Italienreisenden vor ihm ging es Dickens vor allem um eines: Er wollte seine Ruhe haben. Mit seinen 32 Jahren war er bereits ein berühmter Schriftsteller – und wohlhabend dazu: Die Pickwickier, Oliver Twist, Nicholas Nickleby *waren bereits erschienen, und die im Jahr zuvor veröffentlichte Erzählung* A Christmas Carol *war ein riesiger Erfolg. Doch mit seinem bisherigen Verleger hatte Dickens gerade gebrochen, da er sich um den verdienten Gewinn gebracht fühlte. Nun sehnte er sich nach »italienischen Schlössern, leuchtend an sonnigen Tagen und fahl in Mondnächten, wie ich sie in der Luft erbaue!«. In Italien, so hoffte er, würde er dem Ärger und der Hetze des Londoner Lebens entrinnen und in aller Ruhe einen neuen Roman schreiben können.*

Dickens ließ sich mit seiner Familie in Genua nieder, um von dort aus zu gelegentlichen Ausflügen aufzubrechen – nach Venedig, Florenz, Rom und Neapel. Aus dem Roman wurde nichts, aber als er zwei Jahre später nach London zurückkehrte, hatte Dickens ein fertiges Reisebuch im Gepäck. Pictures of Italy *erschien 1846, und auch in den Reisebeschreibungen erkennt man den Begründer des sozialen Romans mit seinem scharfen, aber liebevollen Blick auf seine Mitmenschen – und den begnadeten Humoristen.*

—

Es war an einem schönen Sonntagmorgen des Jahres 1844 bei hochsommerlichem Wetter, als – erschrick nicht, mein guter Freund – nicht zwei Reisende, durch eine malerische, verödete Landschaft ihres Wegs ziehend, wie man sie gewöhnlich im ersten Kapitel eines Ritterromans antrifft, beobachtet wurden –, sondern als ein neuer englischer Reisewagen von beträchtlichem Umfang, der dunklen Gewerbehalle nahe dem Belgrave Square in London entstammend, aus dem Tor des Hôtel Meurici in Paris in die Rue Rivoli einbiegend, beobachtet wurde, und zwar von einem sehr kleinen französischen Soldaten; denn ich gewahrte, dass er einen Blick auf den Wagen warf.

Ich fühle mich ebenso wenig zu der Erklärung verpflichtet, warum die englische Familie, die mit diesem Wagen – teils außen, teils innen

Paris, Rue de Rivoli
Gemälde von Giuseppe
Canella d. Ä., 1827

– reiste, von allen lieben Wochentagen gerade an einem Sonntagmorgen nach Italien fuhr, wie ich den Grund dafür anzugeben wüsste, dass alle kleinen Männer Soldaten und alle großen Männer Postillione sind, obgleich dies eine unveränderliche Regel zu sein scheint. Sicher hatte diese Familie für das, was sie tat, ihre Gründe, und der Grund ihres Hierseins bestand, musst du wissen, in nichts anderem, als dass sie sich ein Jahr in dem schönen Genua aufhalten wollte. Das Familienoberhaupt beabsichtigte nämlich, während dieser Zeitspanne überall umherzustreifen, wann immer sein rastloses Wesen es dazu trieb.

Und es wäre als kleiner Trost von mir empfunden worden, wenn ich der Bevölkerung von ganz Paris hätte erklären können, dass ich das Haupt und der Gebieter sei und nicht etwa die glänzende Verkörperung guter Laune, die in der Person eines französischen Kuriers, der besten aller Diener und des strahlendsten aller Menschen neben mir saß. Die Wahrheit zu sagen, sah er viel patriarchalischer aus als ich, der ich im Schatten seiner stattlichen Erscheinung zu völliger Bedeutungslosigkeit zusammenschrumpfte. Da wir der grässlichen Morgue nahe waren und über die Pont Neuf ratterten, bot der Anblick von Paris nur wenig, was uns unsere Sonntagsreise hätte bedauern lassen. Die Weinschenken – fast in jedem zweiten Haus gab es eine solche – hatten ihren lärmenden Betrieb aufgenommen; draußen vor den Cafés wurden Markisen gespannt und Tische und Stühle aufgestellt, Vorbereitungen für den im Laufe des Tages hier stattfindenden

Verzehr von Eis und den Genuss kühler Getränke. Auf den Brücken waren die Stiefelputzer eifrig bei der Arbeit; die Läden waren geöffnet; Karren und Fuhrwerke rumpelten hie und da vorüber. Die engen, ansteigenden, trichterförmigen Straßen über der Seine boten gedrängte Bilder von Gewimmel und Geschäftigkeit, farbigen Nachtmützen, Tabakspfeifen, Kitteln und struppigen Köpfen; nichts deutete zu dieser Stunde auf einen Tag der Ruhe, außer dass gelegentlich, zusammengepfercht in einer weitbauchigen, alten schwerfälligen Kutsche, eine auf einem Ausflug befindliche Familie auftauchte oder irgendein beschaulicher Sonntägler in der ungeniertesten, luftigsten Morgentoilette sich aus einem niedrigen Dachfenster herauslehnte; war es ein Herr, so beobachtete er in ruhiger Erwartung das Auslüften seiner frischgeputzten Schuhe, war es eine Dame, so sah sie ebenso gelassen dem Trocknen ihrer Strümpfe in der Sonne zu.

Hat man einmal das nicht zu vergessende oder der Stadt nicht zu vergebende Pflaster von Paris und Umgebung hinter sich, verlaufen die ersten drei Reisetage auf der Fahrt nach Marseille ziemlich ruhig und eintönig. Nach Sens. Nach Avallon. Nach Chalon. Die Schilderung eines einzigen Tages gilt für alle drei Tage, und hier folgt sie nun.

Wir haben vier Pferde und einen Postillion mit einer langen Peitsche, der sein Gespann lenkt wie ein Kunstreiter im Zirkus von Astley oder Franconi, mit dem einzigen Unterschied, dass er auf seinem Pferd sitzt und nicht darauf steht. Die ungeheuren Stiefel, die diese Postillione tragen, sind bisweilen ein bis zwei Jahrhunderte alt und stehen in einem so lächerlichen Missverhältnis zum Fuß ihres Trägers, dass die an den Fersen des Mannes angebrachten Sporen gewöhnlich in der Mitte der Stiefelschäfte sitzen. Der Postillion kommt oft mit Peitsche und in Schuhen aus dem Stall, schleppt in beiden Armen einen Stiefel nach dem anderen herbei und setzt sie mit großer Würde neben sein Pferd auf den Boden. Ist dann alles zur Abfahrt bereit – o Himmel, welcher Lärm wird doch dabei gemacht –, dann schlüpft er mit Schuhen und allem in die Stiefel oder lässt sich durch zwei Freunde hineinheben, bringt das Geschirr in Ordnung, das durch die Bemühung unzähliger Tauben im Stall mit allerhand Zierat versehen wurde, lässt seine Pferde hochsteigen und ausschlagen, knallt mit seiner Peitsche wie ein Irrer, ruft »En route« und »Hüh« – und los geht's. Er kann gewiss sein, dass er, noch ehe wir weit gekommen sind, mit

Die Postkutsche
Farblithographie von
Horace Vernet, um 1820

seinem Gaul in Streit geraten wird; er nennt ihn dann einen Räuber, einen Spitzbuben, ein Schwein und was nicht sonst noch alles; zudem schlägt er ihn auf den Kopf, wie wenn dieser aus Holz wäre.

In den ersten zwei Tagen bietet die Landschaft nur die eine Abwechslung: von einer traurigen Ebene zu einer endlosen Allee, von einer endlosen Allee zu einer traurigen Ebene. Man sieht viele Weinstöcke auf offenen Feldern, sie sind von niedrigem Wuchs und werden nicht an Spalieren, sondern an kurzen Pfählen gezogen. Bettler finden sich allenthalben in großer Zahl, aber sonst ist die Gegend sehr spärlich bevölkert, und ich bin nirgends weniger Kindern begegnet als dort. Ich glaube nicht, dass wir zwischen Paris und Chalon mehr als hundert Kindern begegnet sind. Seltsame alte Städte mit Zugbrücken und Mauern, an deren Ecken sich wunderliche Türmchen befinden, an groteske Gesichter gemahnend, als hätte die Mauer Masken aufgesetzt und starre durch diese auf die Gräben hinunter. Ähnliche Türmchen sieht man in Gärten, auf Feldern, in Gehegen und in den Höfen von Bauerngütern; sie stehen alle für sich, sind stets rund, haben ein spitzes Dach und dienen keinem praktischen Zweck. Verfallene Gebäude aller Art: bald ein Rathaus, bald eine Wache, bald ein Wohnhaus, bald ein Schloss mit einem verwilderten, von Löwenzahn überwucherten Garten, bewacht von halb eingestürzten Türmchen, deren Schießscharten wie Augen blinzeln.

—

»Reisepass meines Lesers (zutreffend für jedes Alter und Geschlecht): Aussehen: schön. Augen: sehr freundlich. Nase: nicht allzu hoch. Mund: lächelnd. Gesicht: strahlend. Gesamteindruck: außerordentlich angenehm.«

Charles Dickens im Vorwort seiner »Italienischen Reise«

—

Den ganzen Tag über rollt eine Reihe von sechs bis acht seltsamen, kleinen, schmalen Wagen vorüber, die Käse aus der Schweiz bringen; und oft wird der ganze Zug nur von einem einzigen Mann oder gar nur einem Jungen geleitet, der nicht selten auf dem vorderen Wagen schläft. Dann kommt zwei- oder dreimal am Tage die Postkutsche vorbei, die eingestaubten Draußensitzenden in blauen Kitteln, die an Schlächter erinnern; die Drinnensitzenden haben weiße Nachtmützen auf, und der Kopf des Kutschers über dem Dach nickt und wackelt wie der Kopf eines Idioten, während die jungen Frankreichreisenden mit ihren bis zur Taille reichenden Bärten zum Fenster hinausstarren, die kriegerischen Augen schrecklich mit blauen Brillen beschattet, die hohen Stöcke mit nationaler Kraft umklammernd. Auch die Eilpost kommt mit nur wenigen Passagieren in einem wahren Teufelstrab dahergebraust und ist im Nu wieder verschwunden. Gesetzte alte Pfarrer holpern ab und zu in so wackligen, rostigen, muffigen, verschmutzten, klappernden Kutschen vorbei, dass ein Engländer dergleichen nicht für möglich halten würde. An einsamen Stellen machen sich hagere Weiber zu schaffen, halten grasende Kühe an Stricken, graben und hacken, verrichten noch schwerere Feldarbeiten und stellen mit ihren Herden das Bild einer wahren Schäferidylle vor Augen; um einen richtigen Begriff davon zu gewinnen, ist es nur nötig, das nächstbeste Hirtengedicht oder ländliche Gemälde zur Hand zu nehmen und sich das strikte Gegenteil all dessen, was in dem einen oder dem anderen zum Ausdruck kommt, vorzustellen.

Die letzte Etappe des Tages bist du wie betäubt durch die Gegend gereist, und das Gebimmel der sechsundneunzig Glöckchen auf den Pferdeköpfen – vierundzwanzig pro Gaul – ist seit einer halben Stunde einschläfernd an dein Ohr gedrungen, und es ist ein rechtes Dahintrotten, eine eintönige, ermüdende Angelegenheit, und du denkst eingehend an das Essen, das dich erwartet, wenn am Ende der langen Allee, durch die wir fahren, in Gestalt einiger verstreuter Hütten die ersten Anzeichen einer Stadt auftauchen. Der Wagen beginnt über ein holpriges Pflaster zu rumpeln. Als ob die Kutsche ein großes Feuerwerk sei und der bloße Anblick eines rauchenden Kamins sie in Brand gesetzt habe, beginnt sie zu krachen und zu knattern, als stecke ihr der Teufel im Leib. Krack – krack – krack – krick! – Holla, schnell, du Dieb! Hühott! Vorwärts! Peitsche, Räder, Kutscher, Steine, Bettler, Kinder! Krack – krack – krack – krick! Hühott! Barmherziger Himmel! Krack – krack – krack – krick! Ein Stoß, ein Puff, ein Krach, ein Stoß! Um die Ecke herum, die enge Straße hinauf, eine andere steil abfallende hinab und in den Rinnstein. Bums, Krach, Stoß, Prall! In die Ladenfenster auf der linken Straßenseite hinein, als Anlauf zu scharfem Einbiegen in den hölzernen Bogengang zur Rechten. Rumpeln, rumpeln, rumpeln, rattern, rattern, rattern! Krack – krack – krack – krick! Und dann sind wir im Hof des Hotels Ecu d'Or, zerschlagen, schachmatt, dampfend, erschöpft; aber hie und da noch ein Seitensprung, der nichts weiter auf sich hat – bis zuletzt gleicht es einem Feuerwerk. Die Wirtin des Hotels Ecu d'Or

Mr. Bob Sawyers Art zu reisen
Abbildung zu »Die Pickwickier« von H. K. Browne, genannt Phiz, 1837

ist zugegen, und der Wirt des Hotels Ecu d'Or ist zugegen, und das Zimmermädchen des Hotels Ecu d'Or ist auch da, und ein Gentleman mit einem roten Bart gleich einem Seelenwärmer, ein Gast, der im Hotel Ecu d'Or wohnt, ist ebenfalls da. Selbst der Herr Pfarrer, einen schwarzen Schaufelhut auf dem Kopf, einen schwarzen Umhang über den Schultern, ein Buch in der einen und den Regenschirm in der anderen Hand, spaziert allein in einer Ecke des Hofes auf und ab, und alle, ausgenommen der Herr Pfarrer, stehen mit offenem Mund und weitaufgerissenen Augen da, und harren ungeduldig auf das Öffnen des Kutschenschlags.

Der Wirt des Hotels Ecu d'Or ist so sehr in den Kurier vernarrt, dass er es kaum erwarten kann, bis dieser vom Bock gestiegen ist, er umarmt schon, als dieser herunterklettert, seine Beine und Stiefelsohlen: »Mein Kurier! Mein wackerer Kurier! Mein Freund! Mein Bruder!« Die Wirtin liebt ihn, das Zimmermädchen rühmt ihn; der Kellner betet ihn an. Der Kurier erkundigt sich, ob man seinen Brief erhalten habe? – Jawohl, Jawohl! – Sind die Zimmer hergerichtet? – Jawohl, jawohl! Die besten Zimmer für den edlen Kurier. Die Staatszimmer für den prächtigen Kurier. Das ganze Haus steht dem trefflichsten der Freunde zur Verfügung. Der Wirt legt die Hand auf den Kutschenschlag, um die Erwartung noch zu steigern. An dem Gürtel über seinem Rock hängt ein grüner Lederbeutel. Die Müßiggänger starren darauf, und einer von ihnen berührt den Beutel. Er ist voller Fünf-Franc-Stücke. Ein Gemurmel der Bewunderung läuft durch die Reihe der Burschen. Der Wirt fällt dem Kurier um den Hals und drückt ihn an seine Brust. Er sei viel dicker geworden, als er früher war, sagt er. Und wie gesund und rosig er aussähe!

Der Schlag wird geöffnet. Atemlose Spannung. Das weibliche Familienhaupt steigt heraus. Was für eine reizende Dame! Was für eine wunderschöne Dame! Ihre Schwester steigt aus. Gütiger Himmel, ist das aber ein bezauberndes Fräulein! Der älteste kleine Junge steigt aus. Was für ein allerliebster kleiner Kerl! Das älteste kleine Mädchen steigt aus. Was für ein entzückendes Kind! Das zweite kleine Mädchen steigt aus. Die Wirtin, dem schönsten Trieb unserer menschlichen Natur folgend, nimmt es in ihre Arme. Der zweite kleine Knabe steigt aus. Oh, der süße Junge! Oh, wie zart ist doch die kleine Familie! Das Baby wird herausgehoben. Ein richtiges Engelchen! Das Baby überbietet alles, und aller Entzücken wendet sich ihm zu. Dann stürzen die beiden Kindermädchen heraus, und die Begeisterung steigert sich bis zum Wahnsinn. Die ganze Familie wird wie von einer Wolke die Treppe hinaufgefegt, während die Gaffer sich um den Wagen drängen, hineinschauen, um ihn herumgehen und alles betasten. Denn es ist schon etwas, einen Wagen zu betasten, in dem sich so viele Leute befunden haben. Das ist ein Vermächtnis, um es an seine Kinder weiterzugeben.

Die Zimmer liegen im ersten Stock, ausgenommen die Schlafstube für die Kinder, eine große Rumpelkammer mit vier oder fünf Betten. Es geht einen dunklen Flur entlang, zwei Stufen hinauf, vier hinunter, an einer Pumpe vorbei, über eine Galerie, und durch die nächste Tür zum Stall hinein. Die Schlafgemächer sind groß und hoch, jedes mit zwei schmalen Bettstellen darin, die wie die Fenster geschmackvoll mit roten und weißen Vorhängen versehen sind. An dem Wohnzimmer ist nichts auszusetzen. Zum Abendessen ist schon für drei gedeckt; die Servietten sind in Form eines Dreimasters gefaltet. Der Fußboden besteht aus roten Backsteinen. Teppiche sind nicht vorhanden, und die Möbel sind nicht der Rede wert. Aber es gibt eine Menge Spiegel, große Vasen mit künstlichen Blumen unter Glasglocken und viele Wanduhren. Die ganze Gesellschaft ist in Bewegung. Überall taucht der wackere Kurier auf, sieht nach den Betten, lässt sich vom Wirt, seinem teuren Bruder, Wein einschenken und knabbert an grünen Gurken, immer an Gurken, der Himmel weiß, wo er sie herbekommt; in jeder Hand eine Gurke wie einen Marschallstab, spaziert er umher.

—

»Auf einem Hügel mich niederlassend, auf dem einst eine Bastion oder gar eine von Waffenlärm erfüllte Festung der alten Römer gestanden haben mochte, habe ich wie noch nie zuvor empfunden, was es heißt, träge zu sein. So muss es einem Murmeltier zumute sein, ehe es sich in seinen mit Wolle ausgepolsterten Bau zurückzieht, oder einer Schildkröte, ehe sie sich eingräbt. Ich meine zu fühlen, dass mein Gehirn einzurosten beginnt.«

Charles Dickens in Italien, 1844

—

Das Essen wird angekündigt. Es gibt eine sehr dünne Suppe, es gibt sehr viel Brot – für jeden einen Laib; einen Fisch, sodann vier Gerichte, darauf etwas Geflügel, dann Dessert und reichlich Wein. Die Gerichte sind nicht groß, schmecken aber sehr gut und werden prompt aufgetragen. Als es schon fast dunkel ist, taucht der wackere Kurier aus dem Erdgeschoss, wohin er sich zurückgezogen hat, auf; inzwischen hat er die beiden Gurken in Scheiben zerschnitten, mit Essig und Öl aus zwei ziemlich großen Karaffen angerichtet und schließlich verspeist; nun schlägt er vor, die Kathedrale zu besuchen, deren mächtiger Turm finster auf den Hof des Hotels herniederschaut. Wir machen uns auf den Weg, und im dämmrigen Licht wirkt alles sehr feierlich, und alsbald ist es so dunkel geworden, dass der alte, höfliche, hohlwangige Sakristan mit einem Kerzenstümpfchen vorangehen muss, um sich zwischen den Grabmälern hindurchtasten zu können; dabei sieht er zwischen den düsteren Säulen wie ein umherirrender Geist aus, der seine Ruhestätte sucht.

Bei unserer Rückkehr finden wir das Gesinde an einem großen Tisch im Freien unter der Galerie beim Abendessen vor; das Essen besteht aus geschmortem Fleisch und Gemüse, dampfend heiß in dem eisernen Kessel aufgetragen, in dem es gekocht wurde. Ein Zinnkrug mit leichtem Wein steht auf dem Tisch, und alle sind sehr fröhlich, fröhlicher als der Gentleman mit dem roten Bart, der in dem erleuchteten Zimmer links vom Hof Billard spielt, wo sich

Schatten mit Queues in den Händen und Zigarren im Mund unaufhörlich am Fenster hin und her bewegen. Der schmächtige Pfarrer wandert noch immer allein mit seinem Buch und seinem Regenschirm auf und ab; er tut es noch, und auch das Rollen der Billardbälle geht weiter, nachdem wir schon längst in festen Schlaf gesunken sind.

Der Unfall
Abbildung zu »Die Pickwickier« von H. K. Browne, genannt Phiz, 1837

Am nächsten Morgen, sechs Uhr, sind wir schon auf den Beinen. Es ist ein herrlicher Tag, der unserem Wagen mit seinem Schmutz von gestern zur Schande gereicht, wenn je in einem Lande, wo Fuhrwerke nie gereinigt werden, einem Wagen etwas zur Schande gereichen kann. Alle sind frisch und munter, und als wir unser Frühstück beendet haben, kommen die Pferde vom Posthaus mit Geklingel in den Hof. Alles, was man aus der Kutsche herausgenommen hat, wird wieder darin verstaut. Der wackere Kurier geht von Zimmer zu Zimmer, guckt überall herum, um sich zu überzeugen, dass nichts liegengeblieben ist, und kündigt dann an, dass alles bereit sei. Alles steigt ein. Jeder, der mit dem Hotel Ecu d'Or in Verbindung steht, ist aufs Neue entzückt. Der wackere Kurier eilt ins Haus, um ein Paket mit kaltem Geflügel, Schinken, Brot und Biskuit für den Imbiss unterwegs zu holen, reicht es in die Kutsche und eilt nochmals zurück.

Was bringt er wohl jetzt? Etwa Gurken? Nein. Einen langen Zettel. Das ist die Rechnung.

Der wackere Kurier hat sich an diesem Morgen zwei Riemen um den Leib geschnallt, einen für den Geldbeutel, den anderen für eine keineswegs kleine Lederflasche, die bis zum Hals mit dem besten weißen Bordeaux des Hauses gefüllt ist. Nie zahlt er eine Rechnung, ehe nicht die Flasche gefüllt ist. Dann erst tritt er in den Disput über die Bezahlung ein.

Er disputiert mit großer Heftigkeit. Noch immer ist er der Bruder des Wirts, aber von einem anderen Vater oder einer anderen Mutter. Er scheint nicht mehr so nahe mit ihm verwandt zu sein wie am Abend vorher. Der Wirt kratzt sich am Kopf. Der wackere Kurier deutet auf bestimmte Posten in der Rechnung und gibt zu verstehen, wenn diese nicht gestrichen werden, so sei das Hotel Ecu d'Or für ihn fortan nicht mehr ein Hotel ersten, sondern nur noch ein Hotel zweiten Ranges. Der Wirt begibt sich in ein kleines Kontor. Der wackere Kurier folgt ihm, drängt ihm die Rechnung auf, drückt ihm die

Feder in die Hand und redet eifriger denn je auf ihn ein. Der Wirt greift zur Feder. Der Kurier lächelt. Der Wirt nimmt eine Änderung vor. Der Kurier reißt einen Witz. Der Wirt ist nachgiebig, aber nicht unterwürfig. Er trägt es wie ein Mann. Er schüttelt seinem wackeren Bruder die Hand, aber ohne ihn zu umarmen. Zwar liebt er seinen Bruder immer noch, weiß er doch, er wird eines schönen Tages auf demselben Weg mit einer Familie wiederkommen, und er weiß bereits, dass er ihm dann sein ganzes Herz von neuem entgegenbringen wird. Der wackere Kurier geht nochmals um den Wagen, sieht die Räder nach, springt auf den Bock, ruft etwas, und fort geht's.

Es ist Markttag. Der Markt wird auf dem kleinen Platz vor der Kathedrale gehalten. Und es wimmelt dort von Männern und Frauen in Blau, Rot, Grün und Weiß vor den mit Zeltleinwand überdachten Buden und den hier feilgebotenen Waren. Überall sitzen Landleute vor ihren sauberen Körben. Hier sieht man Spitzenverkäufer; dort handelt man mit Butter und Eiern, hier gibt es Obststände, und dort sitzen die Schuhmacher. Der ganze Platz wirkt wie die Bühne eines großen Theaters, in dem soeben der Vorhang für ein malerisches Ballett aufgezogen worden ist. Die Kathedrale bildet den Hintergrund: eine ernste, düstere, an Tod und Vergänglichkeit gemahnende Kulisse. Doch jetzt wird das Pflaster an einer einzigen Stelle mit matten Purpurtupfen besprenkelt, wo die durch ein kleines Fenster im Osten einfallende Morgensonne durch einige farbige Glasscheiben im Westen dringt.

In fünf Minuten haben wir das schmiedeeiserne Kreuz am Stadtrand mit der vom Knien abgenutzten Steinstufe hinter uns gelassen und befinden uns wieder auf der Landstraße.

1845

Ida Pfeiffer

Durch die Hochebenen Islands

Im Jahre 1842, im Alter von 44, begann für die Wienerin Ida Pfeiffer (1797–1858) ein neues Leben. Ihr Mann, ein Anwalt, mit dem sie eine Vernunftehe geführt hatte, war verstorben; ihre beiden Söhne erwachsen; und eine kleine Erbschaft nach dem Tod ihrer Mutter ermöglichte ihr eine gewisse Selbständigkeit. Also beschloss Ida Pfeiffer zu reisen – und zwar auf eigene Faust, ohne lästige Begleitung. Ihre erste große Fahrt führte sie 1842 nach Palästina und Ägypten. Sie schrieb ein Buch darüber, Reise einer Wienerin in das Heilige Land, *das großen Zuspruch fand. Von den Einnahmen konnte sie ihre nächste Unternehmung finanzieren, diesmal auf entlegeneren Pfaden: Nach Island, Norwegen und Schweden führte sie 1845 ihr Weg.*

Ida Pfeiffer mit Globus um 1855

»Ich hatte nun schon erprobt, dass eine Frau mit festem Willen in der Welt ebenso gut fortkommt wie ein Mann«, heißt es im Vorwort ihres Reiseberichts. Und doch war es eine Tour voller Strapazen. Oft saß Ida Pfeiffer bis zu 15 Stunden am Tag im Sattel ihres isländischen Ponys, bei Wind und Wetter durch die schneebedeckten Hochebenen. Sie besichtigte Schwefelquellen und Geysire, kletterte auf den Vulkan Hekla und stieg in die Tiefen der Lavagrotte Surtshellir hinab.

Die Reise nach Island sollte nicht ihre letzte sein. »Wie es den Maler drängt, ein Bild zu malen, den Dichter, seine Gedanken auszusprechen, so drängt es mich, die Welt zu sehen«, schrieb sie. In den folgenden zehn Jahren unternahm Ida Pfeiffer zwei mehrjährige Weltreisen, und mit den Büchern, die sie darüber verfasste, etablierte sie sich als erfolgreiche Reiseschriftstellerin. Am Ende ihres Lebens hatte sie 240 000 Kilometer zur See und 32 000 Kilometer zu Lande auf vier Kontinenten zurückgelegt.

---

19. Juni 1845. Diese Nacht musste ich in einer Kothe [Bauernhaus] zubringen; das Örtchen Kalmannstunga zählt deren drei, aber keine Kirche. – Zum Glück war eine der Kothen etwas größer und reinlicher als die gewöhnlichen; es war schon eine Art sogenannter *Hof*. Auch waren die Leute so aufmerksam, während der Zeit, als ich nach der Höhe ritt, das beste Gemach zu säubern und zu meinem Empfange mit möglichster Sorgfalt herzurichten. – Dieses Kämmerchen hatte 11 Fuß in der Länge und 7 in der Breite; das Fenster war so klein und verschmutzt, dass ich, obwohl die Sonne noch in voller Pracht erglänzte, kaum zum Schreiben sah. – Die Wände, ja selbst der

Fußboden waren mit Holz getäfelt, der höchste Luxus in diesem von Holz so entblößten Lande. Die Einrichtung bestand aus einem breiten Bette, zwei Truhen und einem kleinen Tischchen. Stühle oder Bänke sind den isländischen Bauern eine *terra incognita;* sie sitzen auf den Betten oder Truhen; auch wüsste ich wirklich nicht, wo in einer solchen Kammer ein derlei Möbel Platz fände.

Meine Hausfrau, die Witwe eines wohlhabenden Bauern, stellte mir ihre vier Kinder vor, die recht hübsch und sehr nett gekleidet waren. Ich bat die Mutter, mir die Namen der Kleinen zu sagen, damit ich doch auch einige isländische Namen in meinem Vaterlande zu nennen wüsste. Sie war über diese meine Bitte sehr erfreut, und nannte sie mir, wie folgt: Sigridur, Gudrun, Ingebör und Lars.

Ich würde mich da recht behaglich gefunden haben, indem ich gewohnt bin, Entbehrungen jeder Art mit Gleichmut zu ertragen, hätte man mich nur allein gelassen. Aber man stelle sich mein Entsetzen vor, als nach und nach alle Inwohner, sowohl dieser, als auch der andern Kothen zu mir hereindrangen, und sich teils im Gemache, teils vor demselben an der Türe aufpflanzten und mich da noch viel enger umlagert hielten als zu Krisuvik. – Ich war diesen guten Leuten eine gar zu neue Erscheinung, und da kamen sie und gafften mich an; – und erst die Frauen und Kinder, die waren gar sehr zutraulich, sie betasteten meinen ganzen Anzug, und die Kleinen legten sogar ihre beschmutzten Gesichtchen auf meinen Schoß. Dazu die Ausdünstung dieser Menschen, ihre schreckliche Unreinlichkeit, ihr beständiges Schnauben ohne Sacktuch, ihr immerwährendes Umsichspucken – ach, es war wirklich furchtbar! – Ich tat und erlitt durch diese Besuche mehr Buße als durch das längste Fasten – und doch blieb auch dieses nur selten aus, indem ich die meisten ihrer Gerichte nicht genießen konnte. – Die Kochkunst der isländischen Bauern umfasst aber auch nichts als – trockene Fische; dazu genießen sie gegorne Milch, die oft Monate alt ist, – höchst selten gekochte Grütze und dazu Flachbrot, gebacken aus fein geriebenem isländischen Moos.

Merkwürdig kam es mir vor, dass die meisten dieser Leute bei mir eine Menge Kenntnisse voraussetzten, die sonst nur den Männern eigen sind; wahrscheinlich glaubten sie, im Auslande seien die Frauen so gelehrt wie die Herren. – Die Priester fragten mich z. B. stets, ob ich Lateinisch spräche, und schienen sehr verwundert, diese Kenntnis nicht bei mir zu finden. – Die gemeinen Leute baten mich um Rat für dies oder jenes Übel; – ja einmal, als ich auf meinen einsamen Wanderungen um Reykjavik in eine Kothe trat, führte man mir sogar ein Wesen vor, das ich kaum für ein Geschöpf meinesgleichen gehalten hätte; – so war es durch den Ausschlag Lepra entstellt.

—

»Wenn es Naturen gibt, die zum Reisen geboren sind, so ist eine davon, glücklicherweise, die meine. Keine Nässe, keine Erkältung war vermögend, mir auch nur einen Schnupfen zuzuziehen. Ich hatte während der ganzen Tour keine warme, oder überhaupt kräftige Nahrung genossen, ich hatte alle Nächte auf Bänken oder Kisten geschlafen, hatte in sechs Tagen 55 Meilen gemacht – und trotz all diesen Entbehrungen und Strapazen kam ich munter und gesund in Reykjavik an.«

Ida Pfeiffer über ihre Reise durch Island 1845

—

Nicht nur das Gesicht, sondern auch der ganze Körper war damit behaftet; Letzterer war ganz abgezehrt, und an manchen Stellen mit Beulen bedeckt. – Für einen Arzt wäre dies sicherlich ein höchst interessantes Exemplar gewesen; jedoch ich wandte mit Entsetzen meinen Blick davon ab.

Doch hinweg von diesem Bilde! – da will ich lieber mit dem Engelsköpfchen kosen, das ich in Kalmannstunga sah. Es war ein Mädchen von 10 bis 12 Jahren, so über alle Beschreibung anmutig, lieb und schön, dass ich gewünscht hätte, eine Malerin zu sein. Das zarte Gesichtchen mit dem schelmischen Grübchen und den sprechenden Augen würde ich gar zu gerne, wenigstens auf der Leinwand, mit in mein Vaterland gebracht haben. Vielleicht ist es aber so besser; das Bild könnte durch einen maliziösen Zufall in die Hände eines gar zu gefühlvollen Jünglings geraten, und der würde dann gleich – wie Don Sylvio de Rosalva, in Wielands »komischem Romane« – die halbe Welt durchziehen, um dies bezaubernde Köpfchen auch in Wirklichkeit zu finden. Nach Island aber würde ihn sein Forschungsgeist wahrscheinlich doch nicht führen, indem man da eine solche Erscheinung gar nicht vermuten könnte, und da wäre denn der arme Unglückliche zu einer ewigen Wanderung verurteilt.

20. JUNI. Die Reise von Kalmannstunga nach Thingvalla beträgt 11 Meilen und ist gewiss eine der schrecklichsten und beschwerlichsten, die man in Island machen kann. Von *einem* öden Tale kömmt man in das *andere;* stets ist man von hohen Bergen und noch höhern Jokuln umschlossen, und wo man den Blick hinwendet, begegnet man einer toten erstarrten Natur. – Ängstliches Unbehagen bemächtiget sich des Wanderers, er durchirrt mit doppelter Hast die ausgebreiteten Wüsteneien und ersteigt begierig die vor ihm aufgetürmten Berge, – da hofft er Besseres zu sehen; – vergebens; – dieselbe Öde – dieselben Wüsten – dieselben Berge.

Durch die Hochebenen Islands Zeichnung von Bayard Taylor, 1862

Auf den Hochebenen waren noch viele Stellen mit Schnee bedeckt; da mussten wir hinüber, obwohl wir oft unter dem Schnee das Rauschen des Wassers hörten. Auch über Eisrinden mussten wir, die zart und dünn über Flüsse gespannt waren und jene lichtblaue Farbe hatten, die das Zeichen der Gefahr ist.

Unsere armen Pferde sträubten sich wohl oft dagegen; aber das half nichts, sie wurden so lange durch Schläge angetrieben, bis sie uns hinübertrugen. Das Packpferd wurde immer vorangeprügelt, es

Reisende auf dem Weg nach Thingwalla
Zeichnung von Bayard Taylor, 1862

musste die Bahn versuchen und uns als Führer dienen. Ihm folgte mein Führer, und zum Schlusse kam ich. – Häufig sanken die armen Tiere bis über die Knie in den Schnee, ja zweimal sanken sie bis über den Bauch ein. – Es war dies einer der gefährlichsten Wege, die ich noch je gemacht habe. – Mein steter Gedanke dabei war, was ich wohl tun würde, wenn mein Führer so tief einsänke, dass er sich nicht mehr heraushelfen könnte. – Meine Kräfte würden schwerlich hingereicht haben, ihn zu retten, und wohin hätte ich mich wenden sollen, um Hilfe zu suchen? – Ringsumher war nichts als Wüste und Schnee. Mir wäre dann vielleicht der Hungertod als Los zugefallen. Ich wäre herumgeirrt, hätte Wohnungen und Menschen gesucht, und mich dabei so in das Innere der Wüsteneien verloren, dass ich wohl nie wieder herausgefunden hätte. –

Wenn ich so ein Schneefeld schon von weitem entdeckte, was leider nur zu oft geschah, ward mir gar wunderlich zumute; nur *der* kann meine Angst ermessen, der sich je selbst in einer ähnlichen Lage befand. Wäre ich in einer größern Gesellschaft gewesen, würde ich diese Furcht nicht gekannt haben; da kann man sich doch gegenseitig helfen, und durch dies Bewusstsein erscheint die Gefahr viel geringer.

Dieser Weg wird aber auch in der Zeit, wo der Schnee schon keine sichere Decke mehr bildet, nur sehr wenig benützt. Wir sahen nirgends eine Spur von Fußtritten, weder von Menschen noch von Tieren; wir waren die einzigen lebenden Wesen, die diese wahrhaft gräuliche Gegend durchzogen. Freilich zankte ich meinen Führer tüchtig aus, mich einen solchen Weg geführt zu haben; aber was half es? – Das Umkehren wäre so gefährlich gewesen als das Weiterziehen.

Das Innere einer Bauernkate
Zeichnung von Bayard Taylor, 1862

Noch beschwerlicher wurde diese Tour durch den Wechsel der Witterung, die mich bisher so ziemlich begünstigt hatte. Schon als wir Kalmannstunga verließen, fing der Himmel an, sich zu trüben, und die Sonne beglückte uns nur auf Augenblicke mit einigen Strahlen. Noch schlechter war es, als wir auf die höhern Berge gelangten; da zogen uns Wolken und Nebel entgegen, ließen ihre Wut über uns ergehen, und zogen nur weiter, um wieder andern Platz zu machen. Ein eisiger Sturm von den nahen Gletschern war ihr steter Begleiter, der mich dermaßen durchschüttelte, dass ich mich kaum auf dem Pferde erhalten konnte. – Wir waren schon über 13 Stunden geritten. Der Regen strömte unaufhörlich, und Nässe und Kälte hatten uns halb erstarrt gemacht; da beschloss ich, an der ersten Kothe zu halten, – die fanden wir endlich eine halbe Meile von Thingvalla. Nun war ich zwar unter einem Dache, aber weiter war auch nichts gewonnen. Die Kothe bestand aus einem einzigen Gemache, und das war von vier breiten Betten beinah ganz eingenommen. Ich zählte sieben Erwachsene und drei Kinder, die alle in diesen vier Betten untergebracht werden mussten. – Zudem herrschte in diesem Frühjahre die *Kvef*, eine Art Grippe, welcher fast niemand entging. Ich fand beinah überall, also auch hier, die meisten Menschen damit befallen; das war von allen Seiten ein Husten und Ächzen zum Erbarmen. Der Fußboden war vom Auswurfe aus Mund und Nase so überdeckt, dass man ordentlich ausglitt.

Diese armen Leute waren so gut, mir gleich eines ihrer Betten überlassen zu wollen, aber lieber hätte ich die ganze Nacht an der Schwelle des Hauses gesessen, als sie in diesem ekelhaften Loche zugebracht. Ich wählte zu meinem Nachtquartiere den engen Gang, welcher die Küche vom Zimmer trennte; da fand ich ein paar Pflöcke, über welche einige Bretter lagen, die die Milchkammer bildeten, – eigentlich war es aber eine Rauchkammer, denn in der Höhe befanden sich einige Luftlöcher, durch welche der Rauch seinen Auszug hielt. – In dieser Milch- oder Rauchkammer, wie man sie nennen will, richtete ich mich ein, um die Nacht zu verkümmern. Meinen durchnässten Mantel hatte ich auf eine Stange hängen müssen, und so war ich gezwungen, von diesen halb kranken Leuten einen Kotzen zu borgen. Getrost legte ich mich darauf und stellte mich schläfrig,

—

»Durch meine Ersparnisse erhielt ich Summen, mit denen Reisende wie der Fürst Pückler-Muskau höchstens auf einer vierzehntägigen Badereise ausgekommen wären, die mir, der einfachen Pilgerin, aber zu zwei- und dreijährigen Fahrten genügend schienen.«

Ida Pfeiffer über die Finanzierung ihrer Reisen

—

um mich von der Gegenwart meiner neugierigen Wirte zu befreien. – Sie zogen sich in ihr Zimmer zurück, und ich war nun allein und ungestört. Aber schlafen konnte ich doch nicht; – Kälte und Wind, welche durch die Zuglöcher auf mich, die ohnehin noch ganz Erfrorne und Durchnässte, eindrangen, hielten mich wider Willen wach. – Dazu gesellte sich noch ein anderes Unglück. Sooft ich mich aus meinem stattlichen Lager aufsetzen wollte, bekam mein armer Kopf einen derben Stoß. Ich vergaß nämlich die Stangen, die auf jedem Vorplatze gezogen sind, um die Fische zu räuchern usw. Leider merkte ich mir diese Einrichtung erst, nachdem ich schon ein halb Dutzend Kopfstücke erhalten hatte.

Endlich erschien die lang erseufzte Morgenstunde; – es regnete zwar nicht mehr, allein die Wolken hingen noch an den Bergen und verhießen einen baldigen Herabsturz; ich beschloss jedoch, mich lieber ihrer Wut preiszugehen, als noch länger in dieser Kothe zu verweilen, und ließ die Pferde satteln.

—

1850

Gustave Flaubert

Abenteuer auf dem Nil

—

Eine Reise kann dem Leben eine neue Richtung geben – so jedenfalls erging es Gustave Flaubert (1821–1880). Sein Jurastudium hatte er abgebrochen, er wollte Schriftsteller werden. Zwei kleinere Bücher hatte er auch schon veröffentlicht, doch es fehlte dem 28-Jährigen an Ideen und Inspiration: »Mancherlei Pläne und Vorhaben, hundert Hoffnungen und tausend Abneigungen kreuzten sich in mir.« Also entschloss er sich dazu, den befreundeten Schriftsteller und Photographen Maxime Du Camp auf seiner Reise nach Ägypten und auf dem Nil zu begleiten. Unter Tränen nahm Flaubert im Oktober 1849 von seiner Mutter im heimatlichen Croisset Abschied. Du Camp und Flaubert schifften sich von Marseille aus nach Alexandria ein. Sie verbrachten mehrere Wochen in Kairo, bevor sie sich auf den Nil begaben. Weitere Stationen waren Syrien, Konstantinopel und der Peloponnes. Unterwegs saugte Flaubert wie ein Schwamm alles auf, was sich ihm darbot – wie sein Reisetagebuch und seine rauschhaften Briefe nach Hause bezeugen.

Im Juni 1851 war Flaubert wieder zurück in Frankreich. Von seiner Reise zehrte er für den Rest seines Lebens. Er führte ein Einsiedlerleben – jeweils fünf Monate in Paris, sieben in seinem Landhaus – und schrieb an seinen Romanen. Gerne las er Gästen aus dem Reisejournal vor, etwa den Brüdern Goncourt, und präsentierte stolz seine Sammlung von Andenken: »Amulette mit grau-grüner Patina aus Ägypten, Pfeile von wilden Stämmen, Musikinstrumente von primitiven Völkern, Kupferplatten, Halsketten … endlich zwei von Flaubert mitgebrachte Beine von Mumien. Das alles«, so die Brüder Goncourt, »gehört zu dem Mann, zu seinen Neigungen, seiner Begabung, ist ganz erfüllt von einem mächtigen Orient, durch den in einer künstlerischen Natur ein Grundzug von Barbarei offenbar wird.«

—

An Louis Bouilhet, 13. März 1850. An Bord unserer Canja, 12 Meilen jenseits von Syene. In sechs oder sieben Stunden kommen wir unter dem Wendekreis dieses alten Hundsfotts von einem Krebs durch. In diesem Moment haben wir 30 Grad Hitze im Schatten; wir gehen barfuß im Hemd; ich schreibe Dir auf meinem Diwan zum Lärm der Darbukas unserer Matrosen, die singen und dabei in die Hände klatschen. Die Sonne trifft senkrecht auf das Zelt unseres Decks. Der Nil ist glatt wie ein Stahlfluss. Auf den Ufern stehen große Palmen. Der Himmel ist ganz blau. *Oh armer alter Kerl, armer alter Kerl meines Herzens.*

Was machst Du in Rouen? Ich habe lange keine Briefe mehr von Dir erhalten, oder genauer, ich habe überhaupt erst einen erhalten, von Ende Dezember, und auf den habe ich sofort geantwortet; vielleicht wartet ein zweiter in Kairo auf mich, oder er ist jetzt unterwegs, um zu mir zu stoßen.

Que le Nil vagabond roule sur ses rivages!
Dass der schweifende Nil auf seine Ufer rollt!

Es gibt keine richtigere, präzisere und zugleich allgemeinere Bezeichnung. Es ist ein närrischer und prachtvoller Fluss, der eher als irgendetwas sonst einem Ozean gleicht. Sandstrände dehnen sich unabsehbar auf seinen Ufern, vom Wind gefurcht wie der Strand des Meeres. Das hat solche Ausmaße, dass man nicht mehr weiß, nach welcher Seite die Strömung geht, und oft glaubt man sich auf einem großen See eingeschlossen. Aber! Wenn Du einen einigermaßen genauen Brief erwartest, so täuschst Du Dich. Ich sage Dir in allem Ernst, meine Intelligenz hat ganz beträchtlich nachgelassen.

Nillandschaft nördlich von Philae
Abou-Choli, 11. April 1850
Photographie von Maxime Du Camp
Flaubert und Du Camp brachten von ihrer Reise über 220 Papiernegative mit.

Was die Arbeit angeht, so lese ich jeden Tag in der Odyssee, auf Griechisch. Seit wir auf dem Nil sind, habe ich vier Gesänge verschlungen; da wir über Griechenland zurückreisen, wird mir das vielleicht nützlich sein. Die ersten Tage hatte ich ein wenig geschrieben, aber Gott sei Dank habe ich bald die Unsinnigkeit eingesehen. Es ist besser, man ist nur Auge, ausschließlich. Wir leben, wie Du siehst, in einer unerhörten Faulheit, verbringen unsere ganzen Tage auf dem Diwan und schauen zu, was vorübergleitet, von den Kamelen und Rinderherden des Sennar bis zu den Barken, die, mit Negerinnen und Elefantenzähnen beladen, hinunter nach Kairo fahren. Wir sind jetzt, mein sehr verehrter Herr, in einem Land, wo die Frauen nackt sind, und man kann mit dem Dichter sagen, »wie die Hand«, denn als ganze Bekleidung tragen sie nur Ringe. Ich habe mit

Töchtern Nubiens gevögelt, die Halsketten aus Goldpiastern trugen, die ihnen bis auf die Lenden fielen, und um ihren schwarzen Bauch Gürtel aus bunten Perlen. Und ihr Tanz! *Sacré nom de Dieu!!!* Doch gehen wir der Reihe nach.

Von Kairo bis Beni-Suef nichts sehr Merkwürdiges. Wir haben für diese 25 Meilen zehn Tage gebraucht – und zwar wegen des Chamsin oder Simun (Mörder), der uns aufgehalten hat. Nichts, was man über ihn sagt, ist übertrieben. Es ist ein Sandsturm, der einen überfällt. Man muss sich einschließen und ruhig halten. Allein unsere Vorräte haben sehr darunter gelitten, da der Staub in alles eindringt, sogar in die verschlossenen Blechdosen. Die Sonne sieht an solchen Tagen aus wie eine Bleischeibe, der Himmel ist bleich, die Barken auf dem Nil drehen sich wie Kreisel. Man sieht keinen Vogel und keine Fliege.

In einem Ort namens Djebel-el-Teir haben wir eine ziemlich gute Aussicht genossen: Oben auf einem Berg, der den Nil beherrscht, steht ein Koptenkloster. Sie haben die Gewohnheit, sobald sie eine Canja mit Reisenden sehen, von ihrem Berg herabzukommen, sich ins Wasser zu werfen und heranzuschwimmen, um Almosen zu erbetteln. Man wird von ihnen förmlich bestürmt. Man sieht diese Kerle nackt die senkrechten Felsen hinunterklettern und aus Leibeskräften auf einen losschwimmen, wobei sie, so laut sie können, schreien: »Bakschisch, Bakschisch, *cawadja christiani!* – Gebt uns Geld, Herr Christ«; und da es an dieser Stelle viele Höhlen gibt, wiederholt das Echo mit Kanonenlärm: *cawadja, cawadja* … Die Geier und Adler fliegen einem über dem Kopf, das Boot streicht mit seinen beiden großen ausgespannten Segeln übers Wasser. In diesem Moment tanzte einer unserer Matrosen (der Spaßmacher an Bord) ganz nackt einen lasziven Tanz; um die christlichen Mönche zu vertreiben, präsentierte er ihnen seinen Schwanz und seinen Hintern und tat so, als würde er ihnen auf den Kopf pissen oder kacken, während sie sich am Bordrand der Canja festklammerten. Die anderen Matrosen riefen ihnen Schimpfworte zu, in denen immer wieder die Namen Allah und Mohammed vorkamen. Die einen versetzten ihnen Stockschläge, die anderen schlugen mit Tauen auf sie; Joseph ging mit einer Küchenzange auf sie los. Es war ein Tutti von Schlägen, Schwänzen und nackten Hintern, Geschrei und Gelächter. Sobald man ihnen etwas Geld gegeben hat, stecken sie es in den Mund und kehren auf demselben Weg, auf dem sie gekommen sind, wieder zurück. Wenn man ihnen nicht auf diese Weise ordentlich Prügel austeilt, würde man von solchen Massen angefallen, dass man Gefahr liefe, zu kentern.

—

»Wir sind jetzt, mein sehr verehrter Herr, in einem Land, wo die Frauen nackt sind, und man kann mit dem Dichter sagen, ›wie die Hand‹, denn als ganze Bekleidung tragen sie nur Ringe.«

GUSTAVE FLAUBERT IN ÄGYPTEN

—

Anderswo besuchen einen nicht mehr die Menschen, sondern die Vögel. In Sheik-Said gibt es einen Santon (eine Grabkapelle zu Ehren eines muselmanischen Heiligen), wo die Vögel die Nahrung, die man ihnen gibt, von sich aus niederlegen. Diese Nahrung ist für die armen Reisenden bestimmt, die dort vorüberkommen. Wir, die wir *Voltaire gelesen* haben, glauben an so etwas nicht mehr. Aber hier ist man so zurück! Man singt hier so wenig Béranger! (»Wie, mein Herr! man beginnt nicht einmal, diese Länder ein wenig zu zivilisieren! Der Aufschwung der Eisenbahn ist dort noch nicht spürbar? Und wie steht es mit dem Elementarunterricht? etc.«) So kommen, wenn man an diesem Santon vorüberfährt, alle Vögel, umflattern das Boot und setzen sich auf die Takelage ... Man bröckelt ihnen Brot, sie kreisen, schnappen aus dem Wasser, was man ihnen hingeworfen hat, und fliegen wieder davon.

Sphinx, Gizeh
9. Dezember 1849
Photographie von
Maxime Du Camp

In Keneh habe ich etwas Angebrachtes getan, was, hoffe ich, Deine Billigung finden wird. Wir waren an Land gegangen, um Vorräte zu kaufen, und bummelten in aller Ruhe, die Nase in der Luft, durch die Bazare und sogen den Sandelholzduft ein, der uns umschwebte, als wir bei einer Straßenbiegung plötzlich in das Quartier der Freudenmädchen gerieten. Stell Dir fünf oder sechs krumme Gassen vor, lieber Freund, mit Hütten von etwa vier Fuß Höhe, erbaut aus grauem, getrocknetem Lehm. In den Türen standen Frauen, oder sie saßen auf Matten. Die Negerinnen trugen himmelblaue Gewänder, andere waren in Gelb, in Weiß, in Rot, weite Gewänder, die im heißen Wind flatterten. Dazu der Geruch von Gewürzen; und auf ihren entblößten Brüsten Halsbänder aus Goldpiastern, die wie Karren klappern, wenn sie sich rühren. Sie rufen den Vorbeigehenden mit schleppender Stimme zu: »*Cawadja, Cawadja!*« Ihre weißen Zähne leuchten unter ihren roten und schwarzen Lippen; ihre Zinnaugen kreisen wie rollende Räder. Ich bin dort wieder und wieder vorbeigegangen, habe allen Bakschisch gegeben und mich rufen und anfassen lassen; sie nahmen mich in ihre Arme und wollten mich in ihre Häuser zerren ... Und darüber, stell Dir vor, die Sonne. Nun! Ich habe widerstanden (der junge Du Camp folgte nicht meinem Beispiel), ausdrücklich, aus Vorsatz, um die Melancholie dieses Bildes zu bewahren, und damit es tiefer in mir bleibt. Daher bin ich auch wie geblendet fortgegangen, und daran hat sich nichts geändert. Es gibt nichts Schöneres als diese Frauen, die einen rufen. Wenn ich gevögelt hätte, hätte sich ein anderes Bild darübergelegt und seinen Glanz abgeschwächt.

Nicht immer habe ich einen so stoischen »Artistismus« bewiesen. In Esneh habe ich es an einem Tag fünfmal gemacht und drei Mal mit dem Mund. Ich sage es frei heraus und ohne Umschweife, und lass mich hinzufügen, dass ich es genossen habe. Rushuk-Hanem ist eine berühmte Kurtisane. Als wir bei ihr ankamen (es war zwei Uhr nachmittags), erwartete sie uns, ihre Vertraute war morgens zur Canja gekommen, begleitet von einem zahmen Hammel, der ganz mit gelbem Henna gefleckt war, einen Maulkorb aus schwarzem Samt über der Schnauze trug und ihr folgte wie ein Hund; das war sehr komisch. Sie kam aus dem Bad. Ein großer Tarbusch, dessen zerflederte Troddel ihr auf die breiten Schultern fiel, und auf dessen Spitze eine goldene Platte mit einer grünen Platte angebracht war, bedeckte den Scheitel ihres Kopfes, dessen Haar auf der Stirn zu dünnen Zöpfen geflochten war, am Genick befestigt; der Unterkörper war von ihren ungeheuren rosa Hosen verborgen, der Oberkörper ganz nackt, bedeckt von violetter Gaze. Sie stand oben an ihrer Treppe, die Sonne hinter sich, und hob sich so vollständig von dem blauen Hintergrund des Himmels ab, der sie umgab. Sie ist ein königliches Weib, vollbusig, fleischig, mit gespaltener Nase, riesigen Augen, prachtvollen Knien; beim Tanzen hatte sie kolossale Fleischfalten auf dem Bauch. Sie parfümierte uns zunächst die Hände mit Rosenwasser. Ihre Brust strömte einen Duft von gezuckertem Terpentin aus: darüber hing ein dreifache Goldkette. Sie ließ die Musiker kommen und tanzte …

Dattel- und Palmenhain
Hamameh, 29. Mai 1850
Photographie von
Maxime Du Camp

Abends sind wir zu Rushuk-Hanem zurückgekehrt. Es waren vier Tänzerinnen und Sängerinnen da, *Almeen*. (Das Wort Almeen bedeutet Gelehrte, Blaustrümpfe. Wie man sagen würde »Hure«, was beweist, mein Herr, dass die gelehrten Frauen in allen Ländern …!!!) Das Fest hat von sechs bis halb elf gedauert, das Ganze während der Pausen mit Küssen untermischt. Zwei Geigenspieler saßen am Boden und hörten nicht auf, ihre Instrumente kreischen zu lassen. Als Rushuk sich zum Tanz entkleidete, zog man ihnen eine Falte ihres Turbans über die Augen, damit sie nichts sahen. Diese Scham machte einen schrecklichen Eindruck auf uns. Ich erspare Dir jede Schilderung des Tanzes, das wäre verfehlt. Das muss ich Dir durch Gesten erklären, um es Dir verständlich zu machen – und selbst dann! Ich zweifle.

Als es aufzubrechen galt, bin ich nicht mit aufgebrochen. Rushuk lag nicht viel daran, uns die Nacht bei sich zu behalten, aus Furcht vor Dieben, die hätten kommen können, wenn sie wissen, dass Fremde im Haus sind. Maxime blieb ganz allein auf einem Diwan liegen, und ich bin ins Erdgeschoss, in Rushuks Zimmer, hinabgestiegen. Wir haben miteinander geschlafen auf ihrem Palmrohrbett. Ein Docht brannte in einer an der Mauer hängenden Lampe von antiker Form. In einem Nachbarzimmer unterhielten sich die Wachen mit der Dienerin, einer abessynischen Negerin, die an beiden Armen Spuren der Pest trug. Ihr kleiner Hund schlief auf einer seidenen Jacke.

Ich habe sie wie ein Wilder geleckt. Ihr Körper war schweißbedeckt, sie war müde vom Tanzen, sie fror. – Ich habe sie mit meinem Pelzmantel zugedeckt, und sie ist eingeschlafen. Ich selbst habe kaum ein Auge zugemacht. Ich habe die Nacht mit nicht enden wollenden eindringlichen Träumereien verbracht. Dafür war ich geblieben. Während ich dieses schöne Geschöpf ansah, das, den Kopf auf den Arm gelehnt, schlief, dachte ich an die Nächte im Bordell in Paris, an eine Menge alter Erinnerungen … und an sie hier, ihren Tanz, ihre Stimme, die für mich Lieder sang ohne Sinn und ohne erkennbare Worte. Das hat so die ganze Nacht gedauert. Um drei Uhr bin ich aufgestanden, um auf die Straße zu gehen und zu pissen; die Sterne glänzten. Der Himmel war klar und sehr hoch.

Das Schönste, was wir an Natur bislang gesehen haben, ist die Umgebung von Theben. Von Keneh an verliert Ägypten sein landwirtschaftliches und friedliches Aussehen, die Berge werden höher und die Bäume größer. Einen Abend haben wir in der Umgebung von Denderah unter den Dooms (den Palmen von Theben) einen Spaziergang gemacht; die Berge waren tiefrot, der Nil blau, der Himmel ultramarin und die Vegetation von einem fahlen Grün; alles war reglos. Das sah aus wie eine gemalte Landschaft, wie eine ungeheure Theaterdekoration, die eigens für uns geschaffen war. Ein paar brave Türken saßen mit ihren Turbanen am Fuß der Bäume und rauchten ihre langen Pfeifen – Wir gingen zwischen den Bäumen entlang.

Übrigens haben wir schon viele Krokodile gesehen. Sie liegen wie gestrandete Baumstämme im Winkel der Inseln. Wenn man sich ihnen nähert, lassen sie sich wie große, graue Schnecken ins Wasser gleiten. Es gibt auch viele Störche und große Kraniche hier, die in langen Reihen, wie zu Regimentern aufgestellt, am Ufer des Flusses stehen. Sie fliegen mit Flügelschlagen auf, sobald sie die Canja bemerken.

Hier in Nubien ändert sich das übrigens; es gibt wenig Tiere. Es wird leerer. Der Nil zwängt sich zwischen Felsen ein, er, der so breit war, ist jetzt stellenweise zwischen Steinbergen eingeengt; er sieht aus, als rühre er sich nicht mehr, er liegt ganz glatt und glitzernd in der Sonne.

Vorgestern haben wir die Katarakte passiert, oder, genauer, die Katarakte des ersten Katarakts, denn das ist ein ganzes Land. Nackte Neger queren den Fluss auf Palmenstämmen, indem sie mit beiden Händen rudern. Sie verschwinden schneller in den Schaumwirbeln als eine Flocke schwarzer Wolle, die man in einen Mühlbach wirft. Dann baumt sich das Ende ihres Baumstamms (auf dem sie liegen) wie ein Pferd empor. Man erblickt sie von neuem, sie erreichen uns und klettern an Bord; das Wasser rieselt über ihre glatten Leiber wie auf den bronzenen Statuen der Brunnen.

Kolossalstatue Ramses II.
Abu Simbel, 29. März 1850
Photographie von
Maxime Du Camp

Eine Beschreibung davon, wie man die Katarakte passiert, ist zu umständlich. Mist! Glaub mir, eine falsche Bewegung des Steuerruders und das Boot würde glatt auf den Felsen zerschmettern. Wir hatten ungefähr 150 Leute zum Tauen unseres Bootes. Alles zieht gemeinsam an einem langen Kabel und brüllt durcheinander und stößt laute Schreie aus.

In diesem Moment liegen wir fest, da kein Wind ist. Die Fliegen stechen mich ins Gesicht; der junge Du Camp ist fort, um Photographien zu machen. Es gelingt ihm ziemlich gut, ich glaube, wir werden ein ganz hübsches Album bekommen. Was das Laster anbetrifft, beruhigt er sich, es scheint so, als ob ich seine Eigenschaften erbe, denn ich werde schweinischer. Wenn der Verstand sinkt, erhebt sich der Schwanz.

Ich habe noch keine Kieselsteine vom Nil für Dich gesammelt, wie ich es Dir versprochen habe, denn der Nil hat nur wenig Steine. Aber ich habe Sand geschöpft. Wir haben die Hoffnung noch nicht aufgegeben, obgleich es schwierig ist, eine Mumie zu exportieren (so der kaufmännische Ausdruck).

»Von allen Ausschweifungen ist Reisen die größte, die ich kenne: sie wurde erfunden, nachdem man der anderen überdrüssig war.«
FLAUBERT AN ERNEST CHEVALIER, 9. April 1851

Schreib mir also erzlange Briefe, schick mir alles, was Du willst, wenn es nur viel ist.

In einem Jahr um diese Zeit werde ich zurück sein. Dann nehmen wir unsere schönen Sonntage von Croisset wieder auf. Nun bin ich fast fünf Monate fort. Ah! ich denke oft an Dich, armer Kerl. Adieu, ich drücke Dich in beide Arme, alle Deine Hefte eingeschlossen.

P.S. – Wenn Du wissen willst, in welchem Zustand unsere Gesichter sind – wir sind braun wie eine angerauchte Pfeife. Wir werden fett, und uns wächst der Bart …

1853

Richard Francis Burton

Pilgerreise nach Mekka

Ich kann mit Stolz behaupten, jede Sünde des Dekalogs begangen zu haben«, verkündete Richard Francis Burton (1821–1890), gewiss einer der größten englischen Abenteurer des 19. Jahrhunderts. Im Lauf seines nomadischen Lebens eignete er sich mehr als zwei Dutzend Sprachen an und bereiste fast die ganze Welt. In Ostafrika forschte er nach den Quellen des Nils, drang in die verbotene Stadt Harar vor und bestieg als Erster den Kamerunberg. Er studierte die Mormonen in Salt Lake City, in Indien war er Offizier der East India Company und betätigte sich als Spion. Zeitweilig arbeitete er auch als britischer Konsul, unter anderem in Santos, Damaskus und Triest.

Berühmt gemacht hat ihn die Reise, die er 1853 antrat: Im Gewand eines Arabers begab er sich auf die Hadsch nach Medina und Mekka. Er brannte darauf, die Kaaba in Mekka mit eigenen Augen zu sehen und den Schwarzen Stein zu küssen – ein gewagtes Unterfangen, war doch der Besuch des Heiligtums »Ungläubigen« verboten. Bei seiner Entdeckung als Nichtmuslim musste er mit dem Tod rechnen.

Die Berichte über seine Reisen füllen 43 Bände, daneben schrieb Burton auch Gedichte. Und nicht zuletzt verdanken wir ihm die erste vollständige und unzensierte Übersetzung der Erzählungen aus Tausendundeiner Nacht *ins Englische.*

CAPTAIN BURTON,
OUR UN-COMMERCIAL TRAVELLER.

»Captain Burton: Unser unkommerzieller Reisender«
Karikatur aus dem Satiremagazin »Punch«, 1882
Im Hintergrund die Reiseführer von Baedeker und Murray: »Junge, er ist uns ein bisschen voraus!«

Auf dem Weg nach Mekka. Am Samstag, den 3. September, wurde das Zeichen zum Aufbruch schon um ein Uhr früh gegeben. Ich empfand die arabische Angewohnheit des *Sariyah* oder Nachtmarsches als äußerst unangenehm. Aber die Leute sind diesbezüglich unerbittlich, denn ihr Prophet sagte: »Tritt deine Reise an, wenn es dunkel ist, denn was hässlich ist auf der Erde, Schlangen und wilde Tiere, zeigt sich bei Nacht nicht.« Ich kann gar nicht sagen, wie schrecklich die Leiden auf solch einer langen nächtlichen Wanderung in der Wüste sind. Der Reisende fühlt sich von der Anstrengung erschöpft; er sieht nichts von der Gegend und muss auf dem Rücken eines langsam kriechenden Kamels ausharren. Tagsüber kann er wegen der Hitze nur dösen, was ihm auch noch den Appetit verschlägt.

Jene Nacht in der arabischen Wüste war entsetzlich. Wir mussten zwei hohe Hügelketten überschreiten. Währenddessen rannte Scheich Massud neben seinen Kamelen hin und her und rief uns abwechselnd zu: *Khallikum guddam!*, »in der Sänfte nach vorne lehnen!«, wenn wir aufstiegen, und *Khallikum wara!*, »Zurücklehnen!«, wenn wir abstiegen. Die Kamele meisterten die Kletterei wie kluge Bergsteiger: Erst wenn sie die Vorderhufe sicher setzen konnten, verlagerten sie ihr ganzes Gewicht nach vorn. An manchen Stellen wurde das Fortkommen der Reise durch einzeln stehende Akazien behindert, wenn deren Zweige gegen die Sänften prallten. Gegen Mittag war die Karawane dann in einem von steilen Hügeln eingeschlossenen Tal angekommen.

Richard Burton als Orientale Photographie von Ernest Edwards

Hier war die Luft mit Sand gefüllt. Der Wind trug ihn in seinen Wirbeln über die Fläche. Diese gelben Sandpfeiler waren oben dick, und ihre Kapitelle breiteten sich zu Sandwolken aus. Viele Kamele wurden von ihnen umgeworfen. Man braucht wahrhaftig keine große Einbildungskraft, um den Aberglauben der Araber verstehen zu können. Sie halten diese Sandwirbel für Dschinnis, Wüstendämonen, die man nicht einfangen kann, weil sie unablässig in Bewegung sind. Wenn ein solcher Sandpfeiler auf einen frommen Muselmann zukommt, streckt er seine Hand aus und ruft: »Zurück, böser Geist!«

An jenem Morgen hatten wir auch viel unter dem *Samum*, dem Wüstenwind, zu leiden. Er drängt den Schweiß zurück und trocknet die Haut aus. Die Araber klagen auf dieser Strecke viel über diesen scharfen Wind. Hier bemerkte ich, welche Schwierigkeiten ein Beduine hat, das Durstgefühl zu ertragen. Immer wieder riefen sie aus: *Ya Latif!* – »O Barmherziger!« Trotzdem benahmen sie sich wie Männer. Ich hatte angeordnet, dass die mit meinen Wasserschläuchen beladenen Kamele vor mir herliefen, damit ich sie beaufsichtigen konnte. Massud und dessen Sohn tranken nur selten, aber der Neffe des Beduinen war unersättlich. Er war ein hagerer Bursche von etwa achtzehn Jahren, dessen Wollkopf auf seinen halbafrikanischen Ursprung schließen ließ. Verbote, Schelte und Schläge nützten nichts. Er vergaß seinen Durst nur, wenn er auf den Rücken des Kamels klettern und dösen konnte. Er wollte nichts arbeiten, sondern nur trinken und schlafen.

—

»England ist das einzige Land, in dem ich mich niemals zu Hause fühlte.«
RICHARD BURTON ÜBER SEIN GEBURTSLAND

—

Obwohl wir am 4. September eine weite Tagesreise vor uns hatten, brachen wir spät auf. Wir konnten nichts dagegen tun, weil man sich in großen Karawanen den Anordnungen der Befehlshaber fügen muss. Ein Kanonenschuss gibt den Befehl, das Zelt aufzuschlagen, ein zweiter ist das Zeichen, schnell aufzubrechen. Bei Sonnenaufgang, um die Mittagszeit, nachmittags und abends gibt es jeweils eine kurze Rast, um die Gebete zu verrichten. Zu diesen Zeiten schlagen die persischen und syrischen Diener dann immer in wenigen Minuten grüne, mit vergoldeten Halbmonden verzierte Zelte für die Würdenträger und deren Harem auf.

Gegen fünf Uhr waren wir an einem engen Pass, der in uns Unbehagen auslöste. Rechts türmten sich Felsen wie ein Vorgebirge auf. Ein Bach schlängelte sich zwischen Steinblöcken und stacheligem Gebüsch hindurch. Das war unser Wanderweg, weil kein anderer Pfad vorhanden war. Zur Linken war ein hohes Gebirge mit nackten steilen Felsen. Vor uns schien der Weg durch Hügel versperrt, die hintereinander in blauer Ferne emporstiegen. Auf den Gipfeln schien noch die Sonne, während die tiefergelegenen Hänge und das Bett des Bachs schon im Halbdunkel lagen.

Pilgersänfte auf dem Weg nach Mekka
Illustration zu Burtons »Pilgerreise«, 1856

In dieser tiefen Schlucht befiel alle ein Gefühl der Angst. Die Stimmen der Frauen und Kinder sowie die Gebetsrufe der Pilger verstummten. Während ich noch über die Ursache dieses Wandels spekulierte, sah ich sie schon: Auf der Spitze des Felshanges stieg Rauch auf, Musketen knallten, und im selben Augenblick wälzte sich ein Dromedar, das eben noch vor mir hergelaufen war, im Sand. Eine Kugel hatte sein Herz aufgerissen. Sein Reiter war sechs Fuß weit geschleudert worden.

Jetzt entstand eine furchtbare Verwirrung. Frauen und Kinder schrien, Männer fluchten, alle trieben ihre Tiere mit Macht aus diesem Todestal heraus. So verwandelte sich der Engpass bald in eine dichte unbewegliche Masse. Bei jedem Musketenschuss zitterte die Menge wie ein Kranker unter dem Messer des Wundarztes. Die Reiter, die zum Schutz der Karawane dienen sollten, stellten sich als völlig unnütz heraus. Sie galoppierten den steinigen Pfad entlang und schrien sich Befehle zu. Der Pascha der Armee hatte seinen Teppich am Fuß des rechten Felshanges ausgebreitet und diskutierte, seine Pfeife rauchend, mit seinen Offizieren darüber, was nun zu tun sei. Keiner von ihnen dachte daran, die Höhen des Engpasses zu besetzen. Das Verhalten der Wahabiten beeindruckte mich: Sie galoppierten auf ihren Kamelen wild heran, ihre schwarzen Haarzöpfe flatterten an ihrem Kopf, und ihre Lunten ließen ihre Züge blutrünstig erscheinen. Ein Teil von ihnen stellte sich so auf, dass sie das Feuer der Räuber erwidern konnten, während zwei- oder dreihundert unter der Führung des Scheich Zayd den Hügel hinaufschwärmten. Dieser Häuptling war mir schon in Medina aufgefallen, wo ich ihn bereits als das Inbild eines reinblütigen Arabers bewundert hatte. Er war ein Sherif, also ein Nachkomme Mohammeds, des Begründers des Islam. Sherifs sind für ihre Kühnheit berühmt. Man hatte ihn gebeten, die Karawane nach Mekka zu begleiten, und er hatte geschworen, sie nicht zu verlassen, bis die Mauern der heiligen Stadt erreicht seien. Zum großen Glück der Pilger hielt er sein Wort. Die Schüsse waren nur noch in der Ferne zu hören, die Räuber wandten sich zur Flucht. Der Kopf der Karawane setzte sich nun wieder in Bewegung, und der Knoten löste sich auf. Es herrschte ein wirres Durcheinander, aber Scheich Massud war der Lage gewachsen. Viele andere waren es nicht, was man an den Kisten und dem Gepäck sah, das auf dem Boden verstreut war.

Ich hatte keine Möglichkeit, die Anzahl der Verwundeten und Getöteten zu erfahren: die Berichte widersprachen sich. Von den Räubern wurde gesagt, dass sich ihre Zahl auf 150 belaufen hätte, dass sie Plünderer gewesen seien und die getöteten Kamele essen würden. Der Hauptzweck ihrer Aktion bestand jedoch darin, dass sie sich damit rühmen konnten, den Pascha eine ganze Stunde am Pass festgehalten zu haben.

Gleich als der Überfall begonnen hatte, hatte ich meine Pistolen geladen, sah aber bald, dass es für mich nichts zu tun gab. So nützte ich die Gelegenheit, auf meine Gefährten einen guten Eindruck zu machen. Ich verlangte sehr laut nach dem Abendessen. Der Inder Scheich Nur blieb vor Angst bewegungsunfähig stehen. Mohammed stieß nur ein »O Herr!« hervor. Die Übrigen wandten sich widerwillig von mir ab und sagten: »Bei Allah, er isst!« Scheich Abdullah von Mekka dagegen war ein Mann von Mut, und mein Auftritt belustigte ihn: »Sag mir, Effendi, ist das ein afghanischer Brauch?« – »Allerdings«, entgegnete ich ihm, »bei uns speisen wir allemal, bevor wir die Räuber angreifen, weil diese Leute gewöhnt sind, andere in den Schlaf zu befördern, bevor diese zu Abend gegessen haben.« Über diese Antwort lachte der Scheich laut auf, den Umstehenden aber gefiel sie gar nicht.

Als wir weiterzogen, steckte unsere Eskorte das Gebüsch in Brand, damit wir den Pfad sehen konnten. So bot die Karawane wiederum einen sehr malerischen Anblick: Die Gipfel der hohen Felsen blieben in Dunkel gehüllt, während das enge Tal einem flammensprühenden Schlund glich. Dann und wann knallte noch eine Flinte. Der Qualm der Fackeln und der Rauch, der aus den brennenden Büschen aufwirbelte, bildeten über unseren Häuptern einen Baldachin, der etwa bis zur halben Höhe der Felsen von den Flammen gerötet war.

Am nächsten Tag hatten wir einen steilen und felsigen Pass zu bewältigen. Gegen Abend hielten wir an, konnten aber Mekka noch nicht sehen, da es in einem gewundenen Tal liegt. Auf Anweisung Scheich Abdullahs rezitierte ich nach meinem üblichen Gebet die folgenden Worte: »O Allah, wahrlich, dort ist deine schützende Burg, dein Heiligtum. Wer dasselbe betritt, ist gerettet. Halte das Feuer der Hölle fern von meinem Fleisch und Blut, von meinen Knochen und meiner Haut. Ich beschwöre dich darum, denn du bist Allah, der Barmherzige und Gütige, mit dem nichts verglichen werden kann. Habe Erbarmen mit unserem Herrn Mohammed, seinen Nachkommen und Getreuen, mit einem und mit allen!«

Wir stiegen wieder auf unsere Kamele und ritten durch die Nacht. Es war etwa ein Uhr früh, als mich der Ruf weckte: »Mekka! Mekka! Das Heiligtum! O das Heiligtum!« Alle riefen laut *Labbayk,* »Hier bin ich!«. Viele schluchzten. Ich beugte mich aus der Sänfte und sah unter dem Sternenhimmel in der Ebene die verschwommenen Umrisse einer großen Stadt, die sich schwarz vom Horizont abhob.

MEKKA. BESICHTIGUNG DER KAABA. Am Abend ging ich mit Mohammed und Scheich Nur, der eine Lampe und einen Gebetsteppich trug, in die Moschee, den »Nabel der Welt«. Es war fast Vollmond. Die Gipfel des Abu Kubays waren beleuchtet und der Hof in der Moschee in ein feierliches Licht getaucht. In der Mitte stand die riesige Bahre. Auf den schwarzen Marmorstein fielen die silbernen Mondstrahlen. Die große schwarze Masse der Kaaba überschattete alle kleineren Gebäude in der Umgebung. Ich hatte nur Augen für dieses in der Welt einzig dastehende wundersame Denkmal. Da war er, der Tempel des *einen* Allah, des Gottes Abrahams, Ismaels und ihrer Nachkommen. Der Anblick war erhaben. Die *Kaaba* drückte mit einer Gewalt, die ich nicht beschreiben kann, die Größe des Gedankens aus, dem der Islam entsprungen ist und der dessen Bekennern eine so unerschütterliche Zuversicht gibt.

—

»Dort lag es, das Ziel meiner langen und ermüdenden Pilgerfahrt. Ein eigentümlicher Zauber umfüllte den riesigen Katafalk und sein dunkles Leinentuch. Hier gab es keine gewaltigen Ruinen aus einem ehrwürdigen Altertum wie in Ägypten, keine Überreste anmutiger Schönheit wie in Griechenland und Italien … und doch war der Anblick ungewöhnlich, einmalig.«
RICHARD BURTON IM ANGESICHT DER KAABA

—

Der ovale Weg, der die *Kaaba* umgibt, war überfüllt mit Männern, Frauen und Kindern. Die meisten folgten in Gruppen einem *Mutawif;* manche gingen bedächtig, andere bewegten sich schnell, die meisten standen still und beteten. Es war eine Szene der Gegensätze. Da schritt eine Beduinenfrau in einem langen schwarzen Gewand stolz einher; hinter ihrem roten Gesichtsschleier blitzten zwei schwarze Augen. Dort sah ich eine alte Inderin mit halbtatarischem Gesicht, unförmig und mit mageren Beinen, die in einer schrumpeligen Strumpfhose steckten. Hin und wieder wurde eine Leiche auf einer Bahre von vier Trägern gebracht. Sie wurden üblicherweise von eifrigen Gläubigen dafür entlohnt. Die Türken konnte man an ihrer

Mekka, Große Moschee mit Kaaba
Holzstich 1882 nach der ersten Photo-Aufnahme

hellen Haut und an der kalten und zurückweisenden Art, die ihnen zu eigen ist, erkennen. Woanders sah ich einen fastenden Inder aus Kalkutta, der einen hässlichen Turban trug und die Szene mit in die Seiten gestemmten Armen unbeschwert betrachtete. Ein anderer hatte die Arme nach oben geworfen, damit er mit seinem ganzen Körper die Kaaba berühren konnte. Er hielt sich am Vorhang fest und schluchzte, als müsse sein Herz brechen.

Ich blieb bis zwei Uhr früh in der Moschee, um abzuwarten, ob sie leer würde. Aber am folgenden Tag sollte die Wanderung in die Arafat-Gegend sein. Viele Pilger verbrachten deswegen die dunklen Stunden in der *Harim,* der Moschee des Propheten. In Gruppen saßen sie auf ihren Teppichen mit einer Lampe, unterhielten sich, beteten und betrachteten die *Kaaba*. Zwischen den Säulen waren Kaufleute, die geweihte Sachen anboten, zum Beispiel Kämme, Zahnreiniger und Gebetsketten. Wegen der Menge musste ich mich sehr gedulden, bis ich beim Grab Ismaels beten konnte.

Danach setzten wir uns auch auf unsere Teppiche, wo dann meine beiden Begleiter gegen Mitternacht einschliefen. Ich ging wieder zur *Kaaba* mit der Absicht, ein Stück von dem Gewand abzureißen, das sie bedeckt. Wegen der vielen Blicke, die sich auf sie richteten, wagte ich es aber nicht. So nutzte ich die verbleibende Zeit für eine Besichtigung. Später konnte auch ich meine Augen kaum noch aufhalten. Ich weckte meine Begleiter, und zusammen gingen wir schläfrig durch die vom Mond beleuchteten engen Straßen des *Bab al-Ziyadah* zu unserem Haus in der *Shamiyah*. Alles war still, und die Stadt schien sicher zu sein. Denn obwohl es keine Nachtwächter gab, schliefen die Leute überall auf Lagern, während die Türen der Häuser offen standen.

1853

Iwan Gontscharow

Auf der Fregatte »Pallas« um die Welt

In die Weltliteratur eingeschrieben hat sich der russische Schriftsteller Iwan Gontscharow (1812–1891) mit seinem Roman Oblomow *– die Geschichte eines Helden der Tatenlosigkeit, der stets hochfliegende Pläne spinnt, aber sich kaum je dazu aufraffen kann, sein Bett zu verlassen. Ein Charakter, der seinem Schöpfer wohl nicht allzu fremd war. Denn auch Gontscharow, so berichteten es seine Zeitgenossen, soll ein hypochondrischer Sonderling und ein »Prinz der Faulheit« gewesen sein. Er arbeitete in Petersburg für ein bescheidenes Gehalt als Fremdsprachenkorrespondent im Finanzministerium, und mit seiner literarischen Produktion ging es nur schleppend voran. Umso überraschender, als sich die Nachricht verbreitete, dass Gontscharow an einer Weltumseglung im Auftrag des Zaren teilnehmen würde.*

Offiziell war die Fahrt der Fregatte »Pallas« unter dem Kommando von Admiral Putjatin eine Erkundungsmission; insgeheim aber sollte der Admiral einen Handelsvertrag mit Japan schließen, das sich beharrlich gegen die Welt abschottete. Am 7. Oktober 1852 stach die »Pallas« von Kronstadt aus in See – mit Gontscharow als literarischem Sekretär des Expeditionsleiters an Bord. Die »Pallas« war ein schon recht betagter Dreimaster, der für ein solches Unternehmen mit 365 Mann Besatzung nur bedingt tauglich war. Gontscharow selbst war noch nie vorher zur See gefahren und verfügte über keinerlei nautische Erfahrung. Die waghalsige Reise führte ihn über Südafrika in den Fernen Osten und in die sibirische Wildnis.

Nach über 28 Monaten auf See traf er am 25. Februar 1855 wieder in Petersburg ein. Und die Bilanz fiel ernüchternd aus: »In Petersburg hielt ich immer für die Ursache meiner Langeweile, dass ich nichts gesehen hatte, nirgendwo gewesen war, die Natur nur aus Büchern kannte … Und ich reiste weder nach Deutschland noch nach Italien, sondern wählte das Entfernteste. Und das Ergebnis? Aus Mangel an Bewegung haben sich meine Hämorrhoiden vermehrt, und ich habe einen solchen Bauch gekriegt, dass ich allein deswegen zur bemerkenswerten Persönlichkeit einer Gouvernementsstadt würde.«

An Iwan Iwanowitsch Ljchowskij, Englischer Kanal, 9. Januar 1853. Ich schreibe während der Fahrt bei hohem Seegang. Wenn auch die Zeilen krumm werden, die Hand vom Tisch oder der Tisch von der Hand weggleitet, so halte ich meine

Die Fregatte »Pallas«
Gemälde von Alexei
P. Bogoljubow, 1847

Position dennoch mit aller Kraft. Kehrte ich jetzt heim, dann würde ich, scheint mir, in den ersten Tagen unweigerlich unter dem Einfluss meiner augenblicklichen Eindrücke stehen. Ich könnte ein freistehendes Möbelstück nicht gleichgültig ansehen. Ich würde immer meinen, man müsse es anschrauben, die Fenster dichtmachen, vor die Bücher und sonstigen Utensilien auf den Regalen Leisten stellen und überhaupt alle möglichen Maßnahmen gegen das Schlingern treffen. Beim ersten frischen Wind würde ich, alles vergessend, erwarten, dass alle Mann zum Reffen nach oben gepfiffen werden, das heißt zum Einrollen der Segel, wie es jetzt, in diesem Augenblick, geschieht.

Das ist das Unbequeme bei der Fahrt mit einem Segelschiff: Man kann weder frei auf Deck spazieren gehen noch sich dort zu erholen wagen. Nur bei ganz schönem, windstillem Wetter geht man auf Deck ruhigen Schritts, oder trampeln dort nicht zweihundert, oft auch vierhundert Menschen herum? Solchen Wetters erfreut man sich nur in den Tropen, wo seit Erschaffung der Welt immer derselbe Wind weht, in der nördlichen Hemisphäre in der einen, in der südlichen in der anderen Richtung; man nennt ihn Passat. Aber bis es soweit ist, müssen wir uns noch drei Wochen oder sogar einen Monat gedulden. Jetzt hingegen werden wir schon seit drei Tagen im Engli (sehen Sie, wie es schaukelt!) schen Kanal hin und her geschleudert.

Am 6. Januar, dem Dreikönigstag, lichteten wir frühmorgens die Anker. Der Wind war günstig. Gegen Abend wehte er uns jedoch entgegen. Wir lavierten und kamen fast keinen Schritt weiter. Zu tun habe ich nichts. Ich unterrichte auf Bitten des Kapitäns den kleinen, dreizehnjährigen Lasarew, den Sohn des Admirals, in der russischen Sprache, aber er ist jetzt mit sich selbst beschäftigt. Ihm ist übel oder »er lässt Leine«, wie man hier scherzend sagt. Also torkele ich zum Vater Awwakum. Der sitzt entweder beim Admiral und speist oder schläft seelenruhig. Goschkewitsch, den Beamten aus dem Ministerium des Äußeren, würgt es noch schlimmer als Lasarew. Kapitän und Offiziere sind bei dem steifen Wind wie die Besessenen bei der Arbeit, schreien, kommandieren, alle sind an Deck; mein Nachbar, der sehr freundliche und nette Possjet, schreibt hier neben mir Briefe.

Warum soll ich nicht auch schreiben? Ich weiß, Sie werden an das, was und wie ich schreibe, keine hohen Ansprüche stellen. Sehen Sie, wie überzeugt ich von Ihrer Freundschaft bin! Die Fahrt durch den Englischen Kanal wird bei stürmischem Wetter für ziemlich ungemütlich gehalten. Das Fahrwasser ist nicht breit; ein großes Schiff hat nur wenig freien Raum. Wird es abgetrieben, ist es schwer, den Kurs zu halten. Daher nimmt man auch den Lotsen an Bord, der über die Örtlichkeit genau Bescheid weiß. Er erkennt selbst im Nebel nach der geloteten Tiefe den Standort und weist an, wohin man steuern muss. Am gefährlichsten ist es nachts. Man fürchtet die Begegnung mit Schiffen, von denen eine Menge den Kanal nach beiden Richtungen befahren, wie das Feuer. Stoßen wir mit einem Schiff zusammen, das größer als das unsrige ist, sinken wir; ist es kleiner, dann geht es ihm schlecht. In jedem Falle jedoch wird das eine wie das andere, auch wenn keines sinkt, leck. Sobald man deshalb Licht voraus sieht, erhebt sich ein Geheul, man zündet bengalisches Feuer an, und manchmal wird auch mit der Kanone geschossen, um dem entgegenkommenden Schiff Kunde von sich zu geben.

Meine Kajüte ist, wie Sie gesehen haben, oben. Ich kann mich noch immer nicht an den Lärm genau über meinem Kopf gewöhnen, besonders wenn es stürmt und sich die Geschäftigkeit zugleich mit dem Sturm verstärkt. Dann nehme ich mein Kopfkissen und lege mich auf den Diwan in der Offiziersmesse schlafen, wobei ich nicht wenig über die Schaukelei brumme und *de très mauvaise humeur* bin. Jetzt geht es schon die dritte Nacht so. Vergeblich versuche ich einzuschlafen. Kaum schlummere ich ein wenig, bekommt das Schiff von seitwärts einen Stoß, alles knarrt, schwankt, und rasch ist man wach. Man weiß, wieder zieht man an irgendwelchen Brassen oder Schoten oder Falls, an die fünfzig Mann stampfen über die Deckplanken – wie soll man da nicht in Wut kommen?

Aber gestern schämte ich mich meines Ärgers. Ich legte mich in die Offiziersmesse und begann trotz starken Schwankens einzuschlafen. Plötzlich kam aus seiner Kajüte, nur mit dem Hemd bekleidet, der arme Goschkewitsch, der Beamte, hereingelaufen. Er warf sich stöhnend auf das runde Kanapee, dann flüchtete er auf eine Bank, danach legte er sich auf den Fußboden, aber nirgendwo fand er einen Platz für sich, erbrach Galle und wurde von Heimweh und Kopfweh gleichermaßen geplagt. Ich gab ihm Wasser zu trinken. Dann wusste ich nicht mehr, was ich tun sollte.

Auf dem Fußboden fand ich ein Stückchen Apfelsinenschale und gab es ihm zu kauen. Dachte, vielleicht hilft's. Nein, nichts half. Ich ließ ihn liegen und schlief zwar nicht süß, aber sehr ruhig. Ich hörte jedoch auch im Schlaf dauernd sein Stöhnen.

Vielen setzt die Seekrankheit zu, unter anderem auch einigen Offizieren. Es kommt vor, dass einer auf der Brücke kommandiert, sich über Bord erbricht und weiterkommandiert. Auch der Admiral musste sich einmal übergeben. Das spielt hier keine Rolle. Den Matrosen erlaubt man es einfach nicht. Wenn einer »Leine zieht«, muss er trotzdem seine Arbeit verrichten. Gestern wurde der Tisch etwas langsam gedeckt. Der Erste Offizier erkundigte sich nach der Ursache. Man meldete ihm, der Koch sei seekrank. Er ließ ihm den strengen Befehl überbringen, nicht seekrank zu sein – und sofort wurde das Essen gereicht.

Vor drei Tagen verspürte auch ich einen Anflug von Übelkeit, aber er hatte keine Folgen. Appetit habe ich wie ein Kadett am Sonntag, und die Meeresluft ersetzt die Motion fast völlig.

Wenn Majkows meinen Brief erhalten und Ihnen vorgelesen haben, werden Sie schon wissen, dass wir nicht über Amerika, sondern um das Kap der Guten Hoffnung fahren, weiter durch die Sundastraße nach Manila, von dort zu den kleinen Inselgruppen unter dem 27. Breitengrad, den Bonin-Inseln ... Von den Bonin-Inseln fahren wir nach China usw. Zurück geht es, nimmt man an, über Amerika. Über all das spricht man jedoch weit weniger als wir von unseren gemeinsamen Ausflügen nach Zarskoje Sjelo oder Oranienbaum. Wollen Sie die Entfernungen wissen? Von England bis zu den Azoren sind es 2250 Meilen (jede Meile eindreiviertel Werst), von dort bis zum Äquator 1020 Meilen, vom Äquator bis zum Kap der Guten Hoffnung 3180 Meilen; vom Kap der Guten Hoffnung bis zur Sundastraße 5400, aber nein, langweilig: lieber fahren als zählen.

Nun, auf Wiedersehen. Es ist bald zwei Uhr, gleich wird gegessen, und bis dahin muss man auf dem Deck hin und her gehen oder, besser gesagt, tanzen, weil man im strengen Sinn des Worts nicht gehen kann.

Riesige grüne, fast smaragdene Wogen fluten berghoch auf uns zu, und die Fregatte kämpft sich krachend, schwer ächzend, mit Mühe durch jede solche Barriere hindurch. Keine Küste ist zu sehen. Bis zum Abend!

Der Leuchtturm von Eddystone, 13 Meilen südöstlich von Polperro, Cornwall

11. JANUAR. Bis zum Abend! Mit diesem »bis zum Abend« war es nichts. Jetzt erst, drei Tage nach diesem Abend, kann ich wieder zur Feder greifen. Jetzt sehe ich ein, dass der Admiral recht hatte, als er in einem meiner Berichte das Wort »bestimmt« strich, weil auf See nichts bestimmt sei. Und genauso ist es. Wir wollten bestimmt mit dem Wind in den Ozean ausfahren und passierten bereits den berühmten Leuchtturm von Eddystone, eine gewaltige, auf einem Felsen errichtete Säule. Die Brandung gischtet, wie man sagt, bis an die Laterne.

Aber was hinderte mich, Ihnen vor drei Tagen abends zu schreiben? Der Sturm. Und was für einer! Ich hatte mich nach dem Essen eben schlafen gelegt, als die erste Bö kam: es war eine heranziehende Wolke mit Regen, Hagel und Blitz. Ein schreckliches Durcheinander entstand: Rennen, Stampfen, Kommandorufe und Pfiffe. Die Wolke lief auf die Fregatte zu, erschütterte sie, brachte sie ins Schwanken und überflutete sie mit Regen. Ich hatte mich jedoch so warm in meiner Koje eingekuschelt, dass ich meine Neugier bezwang, ans Fenster zu gehen und den Vorhang zurückzuziehen. Ich hätte erst die Pantoffeln suchen, den Hausrock anziehen müssen ... Als es wieder hell wurde, tröstete ich mich mit dem Gedanken, dass ich doch zu spät gekommen wäre.

Plötzlich verfinsterte es sich abermals. Der Wind heulte wie im Walde, die Fregatte legte sich bald auf die eine, bald auf die andere Seite über, und wieder verging es. Doch nach einer Viertelstunde wurde es abermals ganz dunkel. Ich sah ein, dass wegen der Geschäftigkeit an Deck an Schlafen nicht zu denken war. Nichts zu machen. Ich kleidete mich eigenhändig an und ging auf Deck. Dort befanden sich sämtliche Offiziere und die gesamte Besatzung, versteht sich außer dem Vater Awwakum, der hinsichtlich der Stürme und des Schaukelns der gleichen Meinung mit mir ist, das heißt, dass es bequemer ist, in horizontaler Lage und vornehmlich in der eigenen Kajüte zu liegen, als auf den Beinen zu stehen, wenn es schwankt. Er wird ebenfalls nicht seekrank. Der Beamte Goschkewitsch indessen teilt zwar unsere Ansicht über die horizontale Lage keineswegs, musste jedoch unserem Beispiel wider Willen folgen. Es war ihm unmöglich, auf den Beinen zu stehen, so heftig musste er sich übergeben.

Die Böen wurden immer stärker und hielten den ganzen Abend, die ganze Nacht an, der unruhigsten seit unserer Ausreise. Es gelang mir, irgendwie bis zur Offiziersmesse zu gelangen, und ich legte mich dort auf demselben blauen Diwan nieder, den Sie und Michail

Alexandrowitsch in der oberen Kajüte gesehen haben. Die Offiziere liefen bald nach oben, bald kamen sie, um zu rauchen, doch die See ging immer höher. Die Fregatte wühlte sich mit dem Bug in die Wogen oder legte sich fast völlig über. Bei einem dieser Stöße schleuderte es mich, ehe ich mir dessen bewusst wurde, vom Diwan und warf mich von einer Wand zur anderen. Die anwesenden Offiziere Kruedener, Butakow, Lossew erschraken und dachten, der Diwan würde mich zerquetschen. Als sie jedoch sahen, dass der Diwan in Richtung der Tür rutschte und ich unmittelbar auf das Kanapee geschleudert wurde, das sich rund um den Besanmast zieht, schüttelten sie sich vor Lachen, und ich tat es ihnen nach. Sie staunten, wie behend und schnell ich einen neuen Platz gefunden hatte und wie sanft ich gefallen war, Arme und Beine gestreckt, als ob ich es früher geübt hätte. Aber auch jeden von ihnen erwischte es: der eine stieß mit der Schulter gegen den Türpfosten, der Zweite schlug sich eine Beule, weil er mit dem Kopf gegen die Decke stieß, und der Dritte bekam einen Schlag von der Tür.

Sturmnacht, 1846
Gemälde von Anton Melbye

»Ein steifer Wind, ein grausamer Wind!«, sagte der Kapitän, sooft er in die Kajüte kam und dort zu tanzen begann, »Und Sie sitzen die ganze Zeit hier? Haben sich noch keine Seemannsbeine angeschafft?«

»Ich habe sogar die eigenen verloren«, sagte ich.

Aber er wollte nicht glauben, dass ein Mensch nicht gehen könne, solange er Beine hat.

»Stehen Sie auf und versuchen Sie es«, redete er mir gut zu.

»Ich habe es versucht, aber ohne Erfolg und sogar zum Schaden für mich und das Mobiliar. Da, bitte …« Aber ich kam auf dem fast senkrecht geneigten Boden ins Rutschen und sauste mit einer Geschwindigkeit, die ich schon lange nicht mehr erreicht hatte, in eine Ecke. Dort stieß ich mit der Faust gegen den Spiegel und mit der anderen Hand gegen die Wand. Der Kapitän musste lachen.

»Warum kommen Sie nicht Tee trinken?«, fragte er.

»Ich mag nicht«, antwortete ich wütend.

»Na, dann lasse ich ihn hier servieren.«

»Ich mag nicht!«, wiederholte ich.

Ich war sehr zornig. Am Anfang ist man das Schaukeln noch nicht gewöhnt, und es macht einem Angst. Wenn das Schiff von der Höhe einer Welle in die Tiefe gleitet und von dort auf die nächste Welle gehoben wird, geschieht es mit einem derartigen Schwung, dass man meint, es zerbräche sofort in tausend Stücke. Hat man sich jedoch überzeugt, dass nichts Derartiges geschieht, wird man gelangweilt und ärgerlich. Der Ärger wandelt sich in Wut, und danach gerät man in einen Zustand der Depression. Die Zeit vergeht langsam. Man misst sie nicht nach Stunden, sondern nach den gleichmäßigen, schweren Schwüngen des Schiffs und den dumpfen Schlägen der Wogen gegen die Bordwände und das Heck. Es ist nicht das stille Gefühl der Unterwerfung, der Resignation, sondern reine Wut; sie nagt an einem, verdirbt das Blut, die Leber, den Magen, erregt die Galle. Man hat einen trockenen Mund, die Zunge brennt. Kein Appetit, kein Schlaf. Man isst, um die Zeit totzuschlagen und den Magen zu füllen. Man schläft nicht, weil es einem nicht nach Schlafen zumute ist, und sinkt vor Müdigkeit in einen Halbschlaf. In diesem Zustand sieht man phantastische Gebilde über sich und wird von Halluzinationen heimgesucht.

»Mein Gott! Wer hat dies Reisen erdacht?«, rief ich unwillkürlich und seufzte. »Da fährt man schon den vierten Monat und sieht nichts als grauen Himmel und hohe See!«

Jemand lachte.

»Ach, Sie sind es!«, sagte ich und sah, dass der größte meiner Reisegefährten, K. J. Lossew, in der Kajüte stand und sich mit der Hand an der Decke festhielt.

»Wirklich«, fuhr ich fort, »wo sind das blaue Meer, der azurne Himmel, die Wärme, die seltenen Vögel und die Fische, die man in der Tiefe des Meers sehen soll?«

Während ich noch in dieser Art murrte, erschien auch der Obersteuermann, von uns »Großvater« genannt.

»Hier ist jemand, der redet dauernd vom blauen Himmel und von Wärme«, sagte Lossew.

»Wo ist es denn warm? Her mit dem blauen Himmel und der Wärme!«, beharrte ich.

Aber der Obersteuermann ging mit kleinen Schritten rasch zur Karte, maß mit dem Zirkel die Grade und zog Striche mit dem Bleistift. »Hören Sie, was ich frage?«, sagte ich zu ihm. »42 und 18!«, sagte er halblaut. Ich wiederholte meine Klage.

—

»Wir schnappten ein wenig Cholera, woran drei Matrosen starben; der vierte fiel ein wenig vom Mast ins Meer und ertrank; im Sund setzten wir uns ein wenig auf eine Sandbank; und wir überstanden drei Stürme, die von den Seeleuten niemals Stürme, sondern frische, kräftige Brisen genannt wurden.«

Iwan Gontscharow, nach drei Wochen auf See

—

»Wenn wir erst mal durch die Biscaya sind, wird es warm. Warten Sie nur, die Wärme wird Ihnen noch so lästig werden, dass Sie sich nach der Kälte sehnen.«

So verging ein Tag nach dem andern, besser vierundzwanzig Stunden nach vierundzwanzig Stunden. Nur an Land zählt man nach Tagen, auf dem Meer bei hohem Seegang schläft man jedoch nicht, wann man will, sondern wenn man kann. Dort gibt es neben dem üblichen normalen Tag noch einen zweiten, künstlichen, den man auf dem Land »Nacht« nennt, und der ist erfüllt von Sorgen, Arbeit und Geschäftigkeit. Die qualvollen Zeitabschnitte von vierundzwanzig Stunden also vergingen einer nach dem anderen. Sehnsüchtig wird der Mensch umhergetrieben, sucht einen ruhigen Winkel, will sich vergessen, das Meer, das Schaukeln vergessen, lesen, sprechen – es gelingt nicht. Jedes Gelenk, jeder Nerv ist gestrafft, gereizt und von der dauernden Anspannung ermüdet. Die frühere Ruhe, die Minuten des Glücks, die schöne Fahrt, die Heimat, die Freunde – alles ist vergessen, und denkt man daran zurück, dann nur mit Neid. ›Gibt es wirklich eine Küste?‹, denkt man. ›Habe ich wirklich einmal auf dem Festland gelebt, bin festen Fußes umhergegangen, habe im Bett geschlafen, mich mit Süßwasser gewaschen, habe vier, fünf Gänge gespeist, und alles auf verschiedenen Tellern, habe gelesen, an einem Tisch geschrieben, der nicht tanzte? Gibt es wirklich Gärten, warme Lüfte, Blumen …?‹ Und man entsinnt sich sogar der Blumen, auf die man an Land keinen Blick verschwendet hat. So ist es also, das Wanderleben voller Abenteuer, Alarme, Stürme, Erregungen, nach denen ich mich an Land so gesehnt hatte. Nun, ich hatte mir die Suppe eingebrockt, jetzt musste ich sie auch auslöffeln! Das undankbare Gedächtnis bewahrt nicht das Gute, und es überkommt einen das elende, das Leben auf See vergiftende Gefühl – der Reue: warum ist man mitgefahren!

An Bord eines Dreimasters: Arbeit an der Takelage

Die nächsten Tage zogen sich ebenso einförmig hin, die See ging hoch, es war kalt, Himmel und Meer grau. Und das war doch schon der spanische Himmel! Wir befanden uns auf dem 30. Breitengrad.

Wir waren so in Anspruch genommen, dass wir nicht gemerkt hatten, wie wir an Frankreich vorbeigefahren waren und nunmehr Spanien und Portugal hinter uns ließen. Weil ich nichts anderes zu tun hatte, versetzte ich mich in Gedanken an die Küsten, an denen wir entlangfuhren und die wir nicht sahen. Paris weckte das allgemeine Interesse. Wir hatten es im interessantesten Moment zurückgelassen. Napoleon III. hatte soeben den Thron bestiegen. England war das einzige Land, das ihn nicht anerkannte, mehr wussten wir nicht. Hatten sich die Parteien gefügt? Würde es ihm gelingen, die errungene Macht zu halten? Ob dort Ruhe eingetreten war? – Diese Fragen schwirrten einem bei der Erinnerung an Frankreich durch den Kopf. »In Paris sollte man sein!«, sagte ich seufzend. »Dort leben, in diesem Gebrodel von Neuigkeiten, Künsten, Moden, Politik, Vernunft und Dummheit, Hässlichkeit und Schönheit, Tiefsinn und Gemeinheit – leben als Epikuräer, als spöttischer Beobachter dieses ganzen verrückten Durcheinanders!«

›Und da liegt Spanien, das blühende Andalusien‹, dachte ich traurig und blickte in die Richtung, wo nach dem Hinweis des Großvaters die spanische Küste liegen sollte. ›Sevilla, Caballeros mit Gitarren und Degen, Frauen, Balkone, Zitronen, Pomeranzen. Dahin, dahin möcht ich … irgendwohin, nach Granada, wo der Epikuräer Byron so klug und genussreich gereist ist, der die ganze Süße des spanischen Himmels und der Luft, der Frauen und Apfelsinen bis zur Neige zu kosten verstanden hat. Dort möchte man leben, unter Oleanderbüschen und Silberpappeln liegen, die russische Faulheit mit der spanischen vereinen und erleben, was dabei herauskommt.‹

Aber die Fregatte fliegt dahin. Der Großvater kommt mit seinen Meldungen an den Kapitän kaum nach: 40., 38., 35. Grad. Auf der Höhe von São Vicente, Cádiz … Leb wohl, Spanien, leb wohl, Europa! Lebt wohl, meine Freunde! Ob ich euch wiedersehe? Werden euch je diese Zeilen erreichen, die ich zwar unter südlichem, aber immer noch grauem Himmel, im warmen Flauschmantel, schreibe? Weit, scheint es, bin ich gefahren, aber meine erregte Seele fühlt noch den Norden, ich spüre den Atem seines Winters, ich sehe seine Farben in Wasser und Himmel. Ich bin ihm nahe. Ich sehe weder tiefblauen Himmel noch blaues Meer. Lärm, Kälte und Salzspritzer – das ist einstweilen meine Sphäre!

»An wilden, unzivilisierten Orten spüre ich besonders, dass ich alles andere als ein Entdeckungsreisender bin.«
Iwan Gontscharow

1857

Herman Melville

Neapel, Rom, Venedig

—

Ein abenteuerliches Matrosenleben führte der junge Herman Melville (1819–1891). Im Dezember 1840 heuerte der 21-Jährige – nachdem er vergeblich versucht hatte, in seiner Heimatstadt New York Arbeit zu finden – als Seemann auf dem Walfänger »Acushnet« an. Die Fahrt in den Pazifik führte ihn über Rio de Janeiro, Peru und die Galapagosinseln. Doch die Sitten an Bord waren so rau, dass sich Melville im Juli 1842 zu desertieren entschloss. Mit einem Kameraden versteckte er sich bei Eingeborenen auf der Insel Nukahiva, als das Schiff dort vor Anker lag. Bald heuerte er auf einem anderen Walfänger an, bis er auf Tahiti vom britischen Konsul aufgegriffen und inhaftiert wurde. Ihm gelang die Flucht, und die folgenden beiden Jahre verdingte er sich als Walbootsführer und als einfacher Matrose.

Moby Dick. Illustration aus dem 19. Jahrhundert

Seine Erlebnisse zur See verarbeitete Melville in den Südseeromanen Typee *(1846) und* Omoo *(1847) und schließlich in* Moby Dick *(1851). Während sich die beiden ersten Bücher gut verkauften, war Melville mit* Moby Dick *kein Erfolg beschieden. Zu seinen Lebzeiten wurden gerade einmal 3000 Exemplare verkauft. Erst in den 1920er Jahren wurde der Roman wiederentdeckt. Vom Rheuma geplagt und frustriert über den ausbleibenden Erfolg als Schriftsteller, unternahm Melville in den Jahren 1856/57 eine ausgedehnte Erholungsreise. Zu den Stationen zählten Ägypten, das Heilige Land, Italien, die Schweiz, Deutschland, die Niederlande und England. Er reiste allein, und dabei grundierte sein düsterer Gemütszustand auch das Tagebuch, in dem er seine Eindrücke stakkatohaft festhielt.*

—

Montag & Dienstag, 16. & 17. Februar 1857. Neapolitanischer Dampfer legte heute um 1 Uhr mittags mit Kurs auf Neapel ab. Belegte Kabine zweiter Klasse. Habe es am Ende bitter bereut. Überquerten die Meerenge nach Reggio (Apostel Paulus), lagen dort bis Mitternacht vor Anker. Stoppten bei Tagesanbruch an einem anderen Ort, hoch an einem Hügel gelegen (Murat dort erschossen), und gegen Mittag an einem dritten Ort an der Küste. Schönes Wetter. Ruhig & heiter. Dichtbevölkerte Küsten & sehr steil & gebirgig. Sehr schöne Landschaft. Dampften dicht unter Land dahin. Litt wiederum entsetzlich unter Schlaflosigkeit. (Sah den Ätna von Reggio aus.)

MITTWOCH, 18. FEBRUAR. Passierten vor Tagesanbruch die Meerenge zwischen Capri & dem Festland & dampften in die Bucht von Neapel. Ich war an Deck. Dunkle Masse des Vesuv bald in Sicht. Kannte seinen Umriss von Abbildungen her. Bald darauf roch ich die Stadt. Glänzende Lichter. – Bis 9 Uhr morgens durch Saumseligkeit der Polizei an Bord festgehalten. Stieg mit einigen anderen im Hotel de Genève ab. Überwältigender erster Eindruck von Neapel. Großes Gedränge, vornehme Straßen, hohe Häuser. – Beim Frühstück verkündeten Rhinelander & Friedman, sie wollten nach Pompeji. Schloss mich ihnen an. Eisenbahn überall auf der Welt gleich. Kamen durch Portici, Resino, Torre del Greco. – Pompeji wie jede andere Stadt. Die gleiche alte Menschheit. Alles gleich, ob man noch lebendig ist oder schon tot. Pompeji eine tröstliche Predigt. Mag Pompeji lieber als Paris. – Die Führer dort. Still wie das Tote Meer. Zu Pferde zum Vesuv. Am Fuß des Berges Weinberge. Aufstieg durch Asche. Angeleint beim Führer. Gefeilsche. Alter Krater bei Pompeji. Neuer Krater wie alter, verlassener Steinbruch – brennende Schlacke – rot & gelb. Brausen & Blasen. Blasebalg. Aufflackernde Flammen. In den Krater hinabgestiegen. Erstarrte Lakritze. In aller Hast hinuntergestolpert. Dämmerung. Ritt im Dunkeln. Nahmen in Nunnziata einen Vetturino bis Neapel. Lausekalte Fahrt, keinen Mantel – gegen Mitternacht zurück im Hotel. Land & Straßen völlig still. Ein Vorort. Gegessen & zu Bett.

Blick auf den Vesuv
Gemälde von Albert Flamm, nach 1850

DONNERSTAG, 19. FEBRUAR. Allein zu einem Spaziergang aufgebrochen. Strada di Toledo. Stattliche Straße. Broadway. Riesige Menschenmassen. Die Pracht der Stadt. Palast – Soldaten – Musik – Waffenklirren in der ganzen Stadt. Plötzlich aus einem Torbogen hervorbrechende Truppen. Die Kanonen einwärts auf die Stadt gerichtet. Königliche Kutschen im Palast – königliche Dampfer. In Droschke zum Capo di Monte. Großartig: der Palast, die Straßen,

Anlagen & der Blick. Der St. Januarius der Armen. Katakomben – alter Mann mit Laterne. Ziemlich weitläufig. Alte Knochen. Schmutz. Konnte mich nicht losreißen. Hielt mich wohl für verrückt. – Weiter herumgelaufen. Einen guten Mantel für 9 $ gekauft. – Wenig Warenverkehr an den Quais. Wovon sie hier wohl leben?

FREITAG, 20. FEBRUAR. Mit Briefen zum Postamt. Mietete dann eine Vettura zur Ostseite der Bucht. Posilipo – schönes Vorgebirge mit Villen – direkt an der See – neue Straße – bis dort, wo die Bucht von Pozzuoli in Sicht kommt. Wanderte durch die Grotte des Seianus bis zu den Resten der Schule des Vergil & anderen Ruinen von Villen. Reste eines Steinbalkons, der über eine Klippe mit tiefer Höhle herausragt. Die Insel Nisida. Sah am anderen Ende der Bucht Baia. Weiter zum Solfatara – Rauchwolken – die Landschaft hier nicht so schön. – Schwefelhaltig & dürr; das Ende des Weges. (Fand im Posilipo nicht die Sorgenfreiheit, auf die der Name hinweist.)

—

»Was mein Vergnügen betrifft, so ist das Ganze ein ziemlich einsames Geschäft, ohne einen Gefährten in der Welt herumzutappen. Immerhin tut es meiner Gesundheit gut. Hüfte & Rücken geht es besser, & auch meinem Kopf.«
HERMAN MELVILLE AN SEINEN BRUDER ALLAN, NOVEMBER 1856

—

Kam am Agnano-See vorbei (Salz auf seinem Grund). (Den Avernus-See nicht gesehen; wohl ganz ähnlich, denke ich.) Besichtigte die Grotto del Cane. Alter Mann führte armes, geduldiges Hundchen an der Leine herbei. Schloss Pforte auf. – Hundchen kippte um, japste, bewusstlos. Dann herausgezerrt & kam wieder zu sich – lag im Gras, rappelte sich auf & trottete geduldig von dannen. Armes Opfer. Kehrte durch die Posilipo-Grotte nach Neapel zurück. Sehr hoch. In der Grotte ein Treiben wie auf einer Durchgangsstraße. Peitschengeknalle, Ziegen, Zwielicht. – Bei Sonnenuntergang strömt das Licht ganz hindurch. – Villa Real – prunkvolle Equipagen. Besichtigte Vergils Grabmal – aber nur Ruine – hoch oben. Über Burg auf dem Elmo. Fuhr zur Burg Elmo hinauf. Lange Straße. Hatte vom Balkon über dem Garten der San-Martino-Kirche eine herrliche Aussicht über Bucht & Stadt. Sonnenuntergang. Bettelmönche. – Fuhr ins Café de l'Europe für ein billiges Essen. Rauferei mit dem Kutscher. Aß & ging dann für eine Stunde auf der Strada di Toledo spazieren. Großes Gedränge. Konnte kaum einen Unterschied zum Broadway feststellen. Wähnte mich dort. – Cafés ziemlich voll besetzt. – Viele Lotterieläden & Spielhöllen, alle mit einem Altärchen der Jungfrau mit Kind, hellerleuchtet – billige Dekoration. Kuriose Gedanken. Religiöse Anreize zum Laster. – Gegen 9 zu Hause & ins Bett.

MONTAG, 23. FEBRUAR. Nach dem Frühstück zum Museum. Geschlossen. Nahm Droschke und fuhr hinaus auf Straße zum Posilipo. Schöner Morgen. Kam wieder durch den gleichen Landstrich wie neulich, bis zu jenem Hügel (halbkreisförmiger Wendeplatz), von dem aus man die Bucht von Pozzuoli überblickt. Fuhr zum gleichnamigen Dorf. Dann zum Avernus-See. In einem Krater. Gottverlassener Anblick. Fahnen am Ufer. Düsterer alter Tempel. Eigenartig, dass sie sich die Hölle hierhergefabelt haben. Höhle der Sibylle. Eingang. (Pforte zur Hölle hier eng.) Fackeln. Lange Grotte, viele Hundert Fuß; zügig ausgeschritten. Kamen zu einem jähen Abhang – sehr eng – Abstieg ins Inferno, sagte der Führer. – Kamen zu einem Teich – trug mich auf den Schultern hindurch – Bad & Bett der Sibylle – Ort des Orakels. – Setzte mich auf einem Felsvorsprung ab. – Viele weitere Höhlen zur Rechten & Linken. Infernalisch, durchaus. – Wofür in Gottes Namen hat man so etwas gebaut & warum? Der Mensch ist wahrlich ein eigenartiges Wesen. Bohrt sich in die Eingeweide der Erde, statt in den Himmel emporzubauen. Was für ein klares Anzeichen dafür, dass er eher nach der Finsternis trachtete als dem Licht.

Kehrte um 4 Uhr nachmittags wieder ins Hotel zurück & nachdem ich dieses Memorandum hingekritzelt, machte ich mich daran, meinen Mantelsack zu packen, um ihn über Nacht in der Postkutschenstation zu deponieren. Und nun auf nach ROM.

Dienstag, 24. Februar. Brach mit Postkutsche um 8 Uhr vom Postamt in Neapel nach Rom auf. Franzose & ich allein oben im Coupé. Wie auf einem Balkon über den Pferden. Behaglich. Dem Dampfer bei weitem vorzuziehen &c. – Schönes, flaches Land nördlich von Neapel. Reich an Weinbau. Schneidiger Postillion – in ständigem Galopp & mit knallender Peitsche von Station zu Station. Pferdewechsel alle 8 Meilen. Mindestens 100 Pferde auf jede Postkutsche. Überholten bei Fondi unseren Freund, den Vetturino. Sah dann und wann verschiedene Ruinen: Bei Anbruch der Nacht kamen wir in die Berge. Der Turm & die See bei Terracina. Nacht.

Mittwoch, 25. Februar. Befanden uns bei Tagesanbruch im Albanergebirge. Waren um 10 Uhr morgens in Rom. Der erste Brief von zu Hause. Stieg im Hotel de Minerva ab. Auf dem Platz davor ein Obelisk auf einem Elefanten. Ging zum Kapitol. Vom Turm aus Blick über die Stadt. Ob es daran liegt, dass ich aus dem Orient komme, oder an gereizter Stimmung oder woran sonst – jedenfalls ließ mich Rom kalt. Bedrückend kalt. – Hatte letzte Nacht allerdings auch kein Auge zugetan. – Der Tiber ein mickriger Graben, gelb wie Safran. In der ganzen Szenerie nichts, das unabhängig von irgendwelchen Assoziationen bestehen könnte. Petersdom wirkt klein vom Turm auf dem Kapitol aus. – Zum Petersdom. Fassade enttäuschend. Aber grandiose Auffahrt. Inneres entspricht den Erwartungen. Aber Kuppel nicht so überwältigend wie die der Hagia Sophia. – Um 3 Uhr nachmittags erschöpft. Um 6 gegessen & ins Bett.

DONNERSTAG, 26. FEBRUAR. Zum Kapitol & Kolosseum. – Kolosseum wie eine große Mulde zwischen Hügeln. Senke aus konzentrisch verstreuten, überwachsenen Ruinen. Hügelig. – Kapitolinisches Museum. Halle der Kaiser. »Das soll Tiberius sein? Sieht doch gar nicht so übel aus?!« – Er war's. Ein Ausdruck von schwächlicher Bosheit – Verstand ohne Mannhaftigkeit & Gram ohne Güte. Überfeinerung eines klugen Kopfes. Einsamkeit. – Der sterbende Gladiator. Beweist, dass es wahres Menschentum auch inmitten der Barbarei der römischen Zeit gab, so wie auch jetzt inmitten der christlichen Barbarei. Antinous: wunderschön.

Ging zum Monte Pincio – Gärten & Statuen – oberhalb der Piazza del Populo. – (Auf dem Pincio Musik.) Welt der Mode & vornehme Gesellschaft: die albernsten Attitüden, und das nur einen Steinwurf vom Antinous entfernt! Wie wenig doch die Wahrhaftigkeit auf dieser Welt vermag! – Modisches Getue überall auf der Welt lächerlich, besonders aber in Rom. Kein Ort, wo ein Einsamer sich einsamer fühlen wird, als in Rom. (Oder Jerusalem.)

Das Kolosseum in Rom
Gemälde von Nikanor
G. Tschernezow, 1840

DIENSTAG, 31. MÄRZ. Von Ferrara nach Padua mit einer kleineren Kutsche. Österreichisch. Altmodisches Vehikel. Geheimnisvolles Fenster & Gesicht dahinter. Verschwiegene Winkel. Tierhaut. Altmodische Anwandlungen. Überquerten den Po; ein ziemlich breiter Strom & sehr trübe & reißend. Gelb wie der Mississippi. Wie aus Urzeiten. Altes Fährboot. Österreichische Grenze. Bei Anbruch der Dämmerung erreichten wir Rovigo, eine ansehnliche Stadt. Sah dort zwei weitere schiefe Türme; abgebrochen & zerfallen. Kamen um Mitternacht nach Padua & dort zum Hotel »Stern des Ostens«.

MITTWOCH, 1. APRIL. Regnerischer Tag. Alte Paläste & alte Arkaden & alte Straßen. Bestieg um 2 Uhr nachmittags den Zug nach Venedig. Starker Regen. Bequeme Waggons. – Ebenes Land. Fahrt nach Venedig wie Fahrt, von Westen kommend, nach Boston. – In einer Gondel zum Hotel Luna. Aß an der Table d'hôte & schlenderte hinaus auf die Piazza San Marco & dort herum bis 8 Uhr abends.

SONNTAG, 5. APRIL. Frühstück auf dem Markusplatz. Von den drei Fahnenmasten flattern österreichische Flaggen. Herrlicher Anblick der Basilika im Sonnenlicht. Der Charme dieses Platzes. Das behagliche kleine Frühstück hier. Die Damen. Die Blumenmädchen, Musikanten. Verkäufer von Muscheln aus der Adria. Zigarrenläden &c. &c. – Saß vor Mindels Café auf einem Stuhl unter den Arkaden einige Zeit in der Sonne und betrachtete die Flaggen, die Sonne & die Kirche. (Der Schatten des Campanile. Die Tauben. Bedienstete, die sie füttern.) Nahm dann eine Gondel zu den Gärten, die Napoleon hat anlegen lassen. Am äußersten Ende von Venedig. (Wie die Battery in New York.) Schöner Blick auf die Lagune & die Inseln auf beiden Seiten von Venedig. Zum Lido; von dort schöner Blick auf Venedig, vor allem auf den Dogenpalast &c. Wanderte über den Sand bis zum Gestade der Adria. Sanfte Wellen. Langer, breiter Strand. – Über die grasgrüne Lagune zum armenischen Konvent. Beneidenswerte Abgeschiedenheit von der Welt; er schlummert in der stillen Lagune, der Lido als Wellenbrecher vorm wilden Ozean des Lebens. – Garten, Konvent, Innenhöfe, Kreuzgänge. – Blick aus dem Bibliotheksfenster – Inseln. – Die Stadt in der Ferne. Porträts ehrwürdiger, bärtiger, alter, armenischer Priester. Alte Druckerpressen. Türkische Medaille. Bibelhandschrift. Kapelle. 8 Gläubige & 8 Priester. Herrliche Messgewänder, die mit dem durch die rosenfarbenen Seidenvorhänge der Fenster hereinströmenden herrlichen Licht über der schimmernden Lagune verschmolzen. Liturgische Gesänge, das Schwenken der silbernen Weihrauchfässchen – ein Wölkchen Weihrauch auf jeden Gläubigen. Glanzvoller, großartiger Eindruck. – Die Fahrt darauf zu; man gleitet hinein – zwischen Grasflächen. Der Geruch von kaltem Weihrauch – diesen alten Kirchen eigentümlich. Merkte das – die Ursache dafür – erst heute. – Zurück zur Stadt. Wirkt an einem schönen Tag wie eine Fata Morgana – in der Luft schwebende Inseln & Schiffe in der Meerenge von Malamocco. Zur Kirche der Santa Maria Salute. Achteckig. Zur Kirche des S. Giorgio Maggiore. Eine Serie von Holzschnitzereien. Landete an den Stufen zum Dogenpalast unter der Seufzerbrücke. Kerker schwarz wie nach einem Feuer. Ebenso Teile des Palasts. Und tatsächlich hat es hier gebrannt. Über den Markusplatz geschlendert. Viele Menschen promenieren da herum. Tauben. Zum Rialto gegangen. Den Canal G. hinauf- und hinuntergeblickt. Weitergewandert. Große Zahl schöner Frauen. Die satte, braune Gesichtsfarbe seiner Frauengestalten hat Tizian also doch nach der Natur gemalt. (Tizian war Venezianer.) Dieses reine, satte, goldene Braun. Ihre klaren, scharfgeschnittenen Zügen wie Kameen. – Die Erscheinung an einem Fenster am Ende eines langen, schmalen Seitenkanals.

—

» Kein Ort, wo ein Einsamer sich einsamer fühlen wird, als in Rom. (Oder Jerusalem.)«
HERMAN MELVILLE, APRIL 1857

—

Spaziergang im Mondlicht & Gaslicht auf der Piazza des Markusdoms. Zahlreiche Sänger & Musikanten. Die Gaukler & Komödianten auf dem freien Platz nicht weit vom Rialto. Der Gesichtsausdruck der Gauklerinnen. – Die Kolonnaden des Dogenpalastes: wie eine Hecke aus Stein. – An diesen ruhigen, frühsommerlichen Tagen treiben die schönen Venezianerinnen wie Seerosen in voller Blüte dahin. – Canal Grande nicht gerade & starr, sondern unregelmäßig mit Vorsprüngen für vorteilhafte Grundstücke am Wasser. Windet sich wie der Susquehanna. Blick vom Balkon des Foscari-Palasts. Bester Platz dafür. Riesige Balken. Als Kaserne genutzt. Österreichische Feldbetten. Soldaten beim Wienern von Harnischen. Kochen & Schrubben in der großen Halle. Auf den Kanälen Venedigs sind alle Arten von Fahrzeugen vertreten. Omnibusdroschke, Privatkutsche, leichter Einspänner, Sulky, Hökerkarren, Leichenwagen. Erst denkt man, dieser Schwall von Booten werde abebben, sei vorübergehend – nur eine zeitweilige Zuspitzung der allgemeinen Lage.

Venedig bei Nacht
Gemälde von Alexei
P. Bogoljubow, 1856

Bei Sonnenuntergang sieht der Markusdom mit seinen vergoldeten Mosaiken & Fialen wie ein Festtagsgebäude aus. Als hätte der türkische Sultan hier sein Festzelt aufgeschlagen, an einem schönen Sommertage. – 800 Jahre! Der kostbare Marmor drinnen sieht aufgrund seines hohen Alters aus wie ein Mosaik aus kostbaren alten Seifenstückchen – wie geölt oder gesalbt. Nachgerade eingeräuchert & angelaufen vom Dunst althergebrachter Andachtsübungen, wie alte Refektorien von den Mahlzeiten früherer Jahrhunderte. Lieber an einem Regentag in Venedig, als in einer anderen Metropole an einem schönen Tag.

1858

Alexandre Dumas

Kaukasische Reise

—

Nahezu 600 Bücher schrieb der französische Schriftsteller Alexandre Dumas (1802–1870) – der ältere der beiden Alexandre Dumas – in seinem Leben. Zu internationalem Ruhm brachte er es vor allem mit den beiden Abenteuerromanen Die drei Musketiere *(1844) und* Der Graf von Montechristo *(1845/46). Wie die meisten seiner Bücher erschienen sie zunächst als Fortsetzungsstücke in Zeitungen. »Wenn es heute auf einer unbewohnten Insel einen neuen Robinson Crusoe gibt, dann liest er sicher jetzt die* Drei Musketiere *von Dumas«, hieß es 1850, als dieser auf dem Höhepunkt seiner Karriere stand. Der Erfolgsautor liebte das Leben auf großem Fuß, zur Einweihungsparty seines Schlosses »Montechristo« im Juli 1848 lud er über 600 Gäste. »Er war der großzügigste und weitherzigste Mensch auf Erden«, schrieb der englische Schriftsteller Watts Phillips über ihn. »Und darüber hinaus die unterhaltsamste und egoistischste Person auf der ganzen weiten Welt. Seine Zunge war wie eine Windmühle – einmal in Bewegung gesetzt, wusste man niemals, wann er wieder zum Stillstand kommen würde, vor allem, wenn er selber das Thema war.«*

Neben seinen Theaterstücken und Romanen ist Alexandre Dumas auch als Reiseschriftsteller hervorgetreten. Meist im Auftrag von Zeitungen bereiste er den Rhein und die Schweiz, den Süden Frankreichs, Spanien und Nordafrika. Seine berühmteste Reise jedoch führte ihn Ende der 1850er Jahre nach Russland und in den Kaukasus. St. Petersburg, Moskau, Nishnij-Nowgorod, Kisljar, Derbent, Baku und Tiflis waren die Hauptstationen, und die Schilderungen, die Dumas darüber zu Papier brachte, lesen sich ebenso abenteuerlich wie seine großen Romane.

Titelillustration zu Alexandre Dumas' »Le Caucase« von Jean-Pierre Moynet, 1859

—

Wir erreichten am 7. November 1858 Kislar am Terekfluss, der sich etwas weiter östlich in den nordwestlichen Teil des Kaspischen Meeres ergießt. Es war die erste Stadt, die wir nach Astrachan betraten. Sechshundert Werst hatten wir durch vollkommen menschenleeres Steppengebiet zurückgelegt, ohne etwas anderes als Poststationen zum Pferdewechsel und Kosakenposten zu erblicken. Ganz selten trafen wir auf kleine Karawanen von nomadisierenden Kalmücken und nogaiischen Tataren, die ihre Zelte und sonstiges Eigentum auf Wagen oder Kamelen mit sich führten.

—

»Außerdem wusste ich, dass die Russinnen als die schönsten Frauen Europas galten, dass die Männer zu trinken verstanden und dass die Geschichte eine andauernde Folge blutiger und sinnlicher Dramen war …«
ALEXANDRE DUMAS ÜBER SEIN INTERESSE FÜR RUSSLAND

—

Erst als wir Kislar bis auf etwa acht Werst näher gekommen waren, belebte sich die Gegend, aber alle Reiter und Fußgänger waren bewaffnet. Sogar jeder Hirte, der uns begegnete, hatte einen Kandschar (Krummdolch) an der Seite, eine Pistole im Gürtel und ein Gewehr auf der Schulter oder umgehängt. Selbst ihre Kleidung hatte etwas Kriegerisches, man trug hier eine weiße oder graue Tscherkesska mit der doppelten Patronenreihe auf der Brust.

Die vor uns liegende Stadt war erst vor 27 Jahren von Kasi-Mullah, dem damaligen Herrn des kaukasischen Nationalhelden Schamyl, erobert und geplündert worden. Dabei waren die Köpfe von über sechstausend Einwohnern abgeschnitten worden. Jedermann denkt heute noch an dieses furchtbare Ereignis, das sich im täglichen Kleinkrieg in verkleinertem Maßstabe wiederholt und bei dem fast jede Familie damals einen Verwandten, einen Freund, Haus oder Vermögen verlor.

Je näher wir der Stadt kamen, desto unglaublicher wurde der sogenannte Weg. In Europa würde man ihn als ganz unbefahrbar bezeichnet haben. Nach fünf Tagen sandiger Wüste, die unsere Augen durch Staub blendete, versanken jetzt unsere Pferde bis über die Knie, die Räder unseres Tarantas (russische Kutsche) bis an die Naben im Schlamm. Aber ein Tarantas kommt überall durch.

Unser Postillion fragte, wohin er uns fahren solle.

»Zum besten Gasthof der Stadt.«

Darauf schüttelte er den Kopf und sagte, dass es keinen gebe.

»Wo kehrt man denn dann ein?«

Man müsse sich an den Polizeimeister wenden, und dieser könne zur Aufnahme von Reisenden ein Haus bezeichnen. Darauf riefen wir einen Kosaken aus unserer Bedeckung heran, gaben ihm den Befehl, uns unterwegs Pferde zu stellen sowie die amtliche Ermächtigung, eine Eskorte zu verlangen. Er sollte diese dem Polizeimeister vorlegen und uns mit seiner Antwort am Stadttor erwarten. Er galoppierte davon.

Unser Weg war auf beiden Seiten mit Hecken bepflanzt, die anscheinend sehr gepflegte Weingärten umschlossen. Wir befragten unseren Postillion, dieser bestätigte uns dies und sagte, dass hier der vortreffliche Kislarwein gekeltert wird. Außerdem brennen dort die Armenier einen vortrefflichen *eau-de-vie* – also Branntwein, ähnlich wie Kognak –, der im ganzen Kaukasusgebiet, sogar von den Muselmanen, gern getrunken wird.

Im Allgemeinen hat jeder Volksstamm seinen ausschließlichen Handel oder seine alleinige Herstellung der Landeserzeugnisse: der Perser verkauft Seidenwaren, der Lesgier wollene Tuche, der Tatar

Stadt und Steppe
in Südrussland
Farblithographie von
Rudolf Hellgrewe, um 1895

handelt mit Waffen, nur der Armenier hat sich nicht spezialisiert und handelt praktisch mit allem.

Armenier haben als Kaufleute keinen besonderen Ruf. Man sagt: Wenn der Tatar mit dem Kopfe nickt, so ist das Geschäft gemacht, und man kann sich darauf verlassen, wenn der Perser etwas mit Handschlag bekräftigt, so steht er zu den Bedingungen, wenn der Gebirgler des Kaukasus sein Wort gibt, so kann man darauf zählen, aber wenn man mit einem Armenier zu tun hat, so muss man einen schriftlichen Vertrag machen und von zwei Zeugen seine Unterschrift beglaubigen lassen. Armenier handeln mit allen erdenklichen Waren, selbst wenn sie einem unverkäuflich erscheinen. Im Gebiet von Kislar betätigen sie sich hauptsächlich im Wein- und Branntweinhandel, auch als Weinbauern.

Seit fünf Tagen hatten wir überhaupt keinen Baum gesehen, und jetzt freuten wir uns über die halbentlaubten Bäume einer kleinen Oase. In Russland hatten wir den Winter zurückgelassen, hier war Herbst, und man versicherte uns, dass wir in Baku den Sommer vorfinden würden. Also trafen wir hier die Jahreszeiten auf unserer Reise in verkehrter Reihenfolge an.

Am Stadttor erwartete uns unser Kosak und meldete, dass der Polizeimeister uns etwa hundert Schritt vom Posthaus ein Quartier angewiesen habe. Wir waren nun wirklich im Orient, allerdings einem ziemlich nördlichen, aber der Orient hier unterscheidet sich vom südlichen eigentlich nur durch Sprache und Volkstrachten. Sitten und Gebräuche sind fast die gleichen.

Unser Wagen hielt vor dem bezeichneten Hause an. Ich sah mich mit einiger Besorgnis um. Die Poststationen auf unserer Reise waren zwar spärlich möbliert gewesen, hatten jedoch wenigstens eine hölzerne Bank, einen Tisch und zwei Stühle. Dieses Zimmer war jedoch vollkommen unmöbliert. Nur an der Wand hing eine offenbar spanische Gitarre. Ein Spanier in Kislar? Wir befragten den etwa fünfzehnjährigen Knaben, der uns mit seiner patronenbespickten Tscherkesska und einem Kandschar im Gürtel empfangen hatte, und erhielten die vielsagende Antwort: »Die Gitarre ist da, weil man sie dort hingehängt hat.« Sehr klar war das nicht. Darauf fragten wir ihn, wo wir sitzen, speisen und schlafen sollten. Er zeigte nur auf den Fußboden und entfernte sich kopfschüttelnd. War dies die gerühmte orientalische Gastfreundschaft?

Bewohner des Kaukasus, 1873

In diesem Moment sahen wir das Gesicht unseres Begleitkosaken, der gebückt vor der viel zu niedrigen Tür stand. Unser russischer Student und Dolmetscher Kalino fragte ihn mit der den Russen eigentümlichen Sanftmut gegenüber Untergebenen: »Was willst du, Bruder?«

»Ich wollte dem General melden, dass ihm der Polizeimeister Möbel schicken wird!«, sagte der Kosak, machte linksum kehrt und verschwand.

Natürlich sahen wir diese Mitteilung als etwas Selbstverständliches an, sonst hätten wir das Gesicht verloren.

Mit dem »General« war ich gemeint. In Russland wird jeder in einen *Tschin* klassifiziert. Das Wort dürfte chinesischen Ursprungs und von den Tataren ins Land gebracht sein, es bedeutet etwa dasselbe wie »Rang«. Je nach der Einstufung wird man als vornehmer Herr oder als gewöhnlicher Kerl behandelt. Vor unserer Abreise von Moskau hatte man mir gesagt: »Sie reisen jetzt ins asiatische Russland. Am besten heften Sie sich irgendeine Auszeichnung ins Knopfloch oder an die Brust. Sonst werden Sie schlecht bedient, finden kein Brot in den Gasthäusern, keine Pferde auf den Poststationen, keine Begleitkosaken in den Stanitzen!«

Über diesen wohlgemeinten Rat hatte ich zuerst gelacht und ihn für einen Scherz gehalten, sollte jedoch bald einsehen, wie notwendig seine Befolgung war. Also steckte ich meinen spanischen Ordenstern an meinen russischen Militärüberrock und staunte sofort über die Wirkung desselben. In Russland tragen – mit einigen Ausnahmen – nur Generale einen Stern, folglich musste ich einer sein, und von da an kam man allen unseren Wünschen zuvor. Außerdem waren meine beiden Geleitscheine vom Fürsten Bariatinskij unterzeichnet und ermächtigten mich, von allen Militärposten eine Eskorte anzufordern. Ich musste also ein hoher Offizier sein.

Freilich hielt man mich meistens für einen französischen General, aber die Franzosen sind in Russland – schon von den Frauen mit ihren Luxusbedürfnissen her – recht beliebt, so dass alles sehr gut ging. Auf jeder Poststation wurde ich vom Wachkommandanten, gewöhnlich einem alten Unteroffizier, militärisch salutiert und meistens mit den Worten angeredet: »General, es ist alles in Ordnung!«

Auf jeder Station, wo ich meine bewaffnete Eskorte abholte, stand ich auf meinem Tarantas auf oder erhob mich in den Steigbügeln und sagte in russischer Sprache: »Guten Tag, Kinder!« Einstimmig erklang die Antwort: »Guten Tag, Exzellenz!«

Die Kosaken empfingen von mir nach einem schnellen Ritt von fünfundzwanzig Werst, ohne darum gebeten zu haben, den Betrag von etwa zwei Rubeln für das von ihnen verschossene Pulver oder als Trinkgeld für Wodka und waren mit ihrem »General« sehr zufrieden.

Gleichzeitig mit den Möbeln auf einem Karren kam der Befehl des Polizeimeisters, uns so viele Zimmer zur Verfügung zu stellen, wie wir haben wollten. Jetzt änderte sich das Benehmen unseres jungen Wirtes.

Die geschickten Möbel bestanden aus drei Bänken zum Schlafen, drei Teppichen als Matratzenersatz sowie einem Tisch und drei Stühlen.

Jetzt konnten wir uns einrichten, bauten unsere Reiseküche auf und packten Pfanne, Teller, Gabeln, Löffel und Messer aus. Unser Teekasten enthielt Gläser und ein Tischtuch, an dem sich jeder Mund und Finger abwischte. Wir besaßen sogar drei Tischtücher zum Wechseln.

Wir hatten unsern jungen Tataren ausgeschickt, um Eier und möglichst ein Huhn einzukaufen. Eier brachte er, aber kein Huhn. Stattdessen jedoch gutes Hammelfleisch, das man im Kaukasus überall bekommt. Jetzt war für mich der gegebene Augenblick gekommen, meine Kochkünste mit einem »Schaschlik« zu versuchen.

In Astrachan hatte uns eine armenische Familie trotz ihrer Dürftigkeit mit Kislarwein und Schaschlik bewirtet. Weil ich zu meiner Belehrung reise und später ein Kochbuch herausgeben möchte, ließ ich mir das Rezept für einen Schaschlik dort geben.

Also: man nimmt ein Stück Hammelfleisch, womöglich vom Lendenstück, schneidet es in Stücke von Nussgröße, lässt es eine Viertelstunde in Weinessig, Zwiebeln, Salz und Pfeffer liegen, steckt dann die Stücke auf einen kleinen Bratspieß aus Holz oder Eisen und dreht denselben langsam über Kohlenglut, bis das Fleisch mürbe ist. Dies ist das beste Gericht, das ich auf meiner ganzen Reise gegessen habe.

Noch schmackhafter wird der Schaschlik, wenn die Fleischstückchen eine ganze Nacht in der Beize liegen bleiben und beim Abnehmen vom Bratspieß mit Gewürz bestreut werden. Aber das kann man auch unterlassen, wenn man keins hat. An Stelle eines Bratspießes kann man sehr gut den Ladestock einer Jagdbüchse benutzen.

Während ich mit der Zubereitung beschäftigt war, schickte uns der Kommandant der Stadt, der inzwischen von unserer Ankunft gehört hatte, frische Butter, zwei Hühner und zwei Flaschen Wein. Ich ließ danken und meinen Besuch für den Abend anmelden. Hühner und Butter sparten wir zum Frühstück auf, aber einer Flasche brachen wir den Hals. Nach dem Essen machte ich mich mit Kalino auf den Weg zum Stadtkommandanten. Moynet kam nicht mit, weil er den achtjährigen Bruder unseres Wirtes zeichnen wollte, den seine Verwandten an einen normal großen Kandschar für einen Erwachsenen geschnallt hatten, was sehr putzig aussah.

Kosaken-Mädchen aus Tcherrlenaia / Frau aus Akthy / Frau aus Kazanistih
Farbholzstich, 1875

Die Hauptstraße war ein Morast, in dem man bis über die Knöchel im Kot waten musste. Kaum war ich jedoch zehn Schritte gegangen, als ich mich am Rockschoß festgehalten fühlte. Als ich mich umdrehte, sah ich unseren inzwischen sehr zuvorkommend gewordenen jungen Wirt, der Kalino in einem Gemisch von schlechtem Russisch und Tatarisch warnte, nicht unbewaffnet auszugehen. Weil es vier Uhr nachmittags und heller Tag war, hatte ich es für überflüssig gehalten, Waffen mitzunehmen. Aber er machte es so dringend, dass wir umkehrten. Ich steckte also einen 15 Zoll langen Dolch, Khorassaner Arbeit, den ich in Astrachan gekauft hatte und von da an unterwegs trug, in den Gürtel. Kalino schnallte den großen Säbel, den sein Vater auf dem Schlachtfeld von Montmirail in Frankreich erbeutet hatte, um, und obwohl unser Wirt verlangte, dass jeder von uns noch eine Doppelflinte mitnehmen sollte, verzichteten wir darauf. Wir waren also noch nicht über die dortigen Gefahren im Bilde, warnten jedoch Moynet, nicht unbewaffnet auszugehen, und verließen unser Haus wieder.

Der Kommandant wohnte am anderen Ende der Stadt, und wir mussten durch ganz Kislar wandern. Es war Markttag, und wir bahnten uns durch Pferde, Kamele und Wagen unseren Weg. Bis wir die Esplanade – den großen Vorplatz unterhalb der Festung, auf dem man 25 000 Mann hätte exerzieren lassen können – erreichten, ging alles ganz gut. Aber auf dem Marktplatz wurde es schwierig. Ich hatte dort noch nicht die ersten 50 Schritte gemacht, als ich einsah, wie gering man in dieser bis an die Zähne bewaffneten Menge einen unbewaffneten Mann achtet. Im Orient bewaffnet man sich nicht nur zu Verteidigungszwecken, sondern vor allem, um abzuschrecken. Puschkin hat von diesem Lande gesagt, dass dort »der Totschlag nur eine Gebärde ist«.

Nach Passieren des Marktplatzes kamen wir in die Innenstadt, wo die Straßen zwar einen sehr malerischen Anblick bieten, jedoch die Kotlachen mit darin plätschernden Gänsen und Enten keinen hygienischen Eindruck machen, zumal die daneben angebundenen Kamele dort ihr Wasser lassen und dasselbe als Reisevorrat wieder aus den verschmutzten Tümpeln schlürfen.

Wir ließen uns beim Kommandanten melden, und er kam uns zur Begrüßung entgegen, sagte jedoch, dass er kein Französisch spreche, wohl aber seine Gattin, die wir im dritten Zimmer finden würden.

Frau Ponobokow sprach in der Tat recht gut französisch. Ich entschuldigte mich lächelnd wegen meines kriegerischen Aufzugs und scherzte über die Warnungen unseres Wirtes. Aber zu meiner Verwunderung blieb sie durchaus ernst und sagte, unser Wirt habe vollkommen recht. Dann bat sie ihren Gemahl, uns dies zu bestätigen, und als dieser auch ihre Ansicht teilte, kam mir das Ganze doch bedenklich vor, und ich bat um nähere Auskunft.

Tatsächlich kamen fast täglich unglaubliche Gewalttaten vor. Erst am Vorabend war in Kislar auf der Straße ein Mord begangen worden. Allerdings hatte man den Falschen umgebracht. Vier Tataren lauerten einem reichen Armenier auf und hatten sich unter einer Brücke versteckt, die dieser in der Dunkelheit passieren musste. Ein armer Teufel kam des Wegs, wurde für den erwarteten Armenier gehalten, und als er über die kleine Brücke ging, erdolchten sie ihn. Erst als sie seine Taschen untersuchten, wurde das Versehen bemerkt. Er hatte lediglich einige Kopeken bei sich. Die Leiche wurde über das Geländer in den Bewässerungskanal für die Gärten geworfen. Übrigens nennt man nördlich des Kaukasus alle Banditen – und deren gibt es mehr als genug – Tataren, dagegen südlich des Gebirges Lesgier, ohne Rücksicht auf die wirkliche Stammeszugehörigkeit.

Vor einigen Monaten waren drei Armenier, die vom Jahrmarkt in Derbent kamen, zusammen mit einem ihrer Freunde, namens Bonjar, gefangen genommen worden. Sie waren als reiche Leute bekannt und wurden deshalb von den Banditen nicht umgebracht, sondern zur Erpressung eines hohen Lösegeldes ins Gebirge verschleppt, nachdem man ihnen ihre Kleider genommen hatte. Man band sie an die Schwänze von Pferden, und zunächst mussten sie in ziemlich schnellem Tempo 15 Werst hinterherlaufen und dann in stark erhitztem Zustand durch die eiskalten Gletscherwasser schwimmen, so gut sie konnten. Später starben dann zwei der Brüder an Lungenentzündung und der dritte an akuter Lungenschwindsucht, nachdem ihre Verwandten zehntausend Rubel bezahlt hatten.

Der vierte Gefangene war nicht so wohlhabend wie seine Freunde und hatte sich den Tataren gegenüber verpflichtet, ihnen als Spion zu dienen und mitzuteilen, wenn wieder ein begüterter Armenier über Land reisen wolle. Als er glücklich lebend Kislar erreicht hatte, brach er natürlich seine erpresste Zusage und wagte von da an nicht mehr, sein Haus zu verlassen, und fürchtete sich sogar davor, in demselben plötzlich umgebracht zu werden.

Vor einem Jahr war sogar Oberst Menden überfallen und ermordet worden, obwohl er zu seiner Sicherheit drei Kosaken mithatte und die vielbegangene Landstraße von Kasafiurte nach Kislar benutzte. Allerdings hatten sie sich bei dem Überfall wie die Löwen gewehrt und fünf oder sechs der angreifenden Tataren getötet.

Die weibliche Bevölkerung hat in dieser Hinsicht weniger zu befürchten als die Männer. Die Tataren müssen ihre Gefangenen zweimal hinter sich durch den Terek schleppen, um das Gebirge wieder zu erreichen, und die Frauen vertragen im Allgemeinen nicht dieses eiskalte Bad. Beim letzten Male ertrank eine Frau beim Überqueren des Flusses, und zwei starben hinterher an Lungenentzündung, bevor das Lösegeld eintraf. Als die Familie von ihrem Tode hörte, weigerte sie sich, überhaupt etwas zu zahlen, auch nicht für die Leichen, so dass für die Banditen das ganze Unternehmen keinen Gewinn, nur Risiko brachte. In letzter Zeit hat man daher Entführungen von Frauen zur Lösegelderpressung im Nordkaukasus allmählich aufgegeben, während sie südlich des Gebirges immer noch vorkommen, weil dort nicht so viel Menschenverluste entstehen, denn das Klima ist dort milder.

—

1859

Theodor Fontane

Spreewaldfahrt

—

Man kann alle Reisenden in zwei Charakterklassen teilen«, schrieb Theodor Fontane (1819–1898): »in freundliche Sanguiniker, die überall sehen und auch sehen wollen, wodurch sich die Fremde vorteilhaft von ihrer Heimat unterscheidet, und in leberkranke Nörgler, die sich zu Hause eine Vortrefflichkeitsschablone zurechtgemacht haben und über alles verstimmt sind, was davon abweicht.« Sich selbst rechnete der passionierte Reisende natürlich zur ersteren Klasse. Gleichwohl ließ er kaum eine Gelegenheit aus, über allfällige Unzulänglichkeiten zu klagen: über Hotelzimmer, in denen er noch die gefüllten Nachttöpfe der Vorgänger unterm Bett fand; über halsabschneiderische Wirte, die für eine Nacht in einer bescheidenen mecklenburgischen Herberge Preise verlangten, die des Clarendon-Hotels in London würdig waren; Hoteliers, die »wie Sioux-Indianer« die Reisenden schon auf dem Bahnhof überfielen; über abgetretene Teppichfetzen und tabaksverqualmte Goldtapeten, über die Störung der Nachtruhe durch Zimmernachbarn, die ihre Stiefel auf den Korridor hinausfliegen ließen. Wer reist, so Fontane, benötige eben auch »Reiseglück«. Dabei war der Schriftsteller Zeuge einer Zeit, in der das Reisen allmählich seine Exklusivität verlor: »Sonst reisten bevorzugte Individuen, jetzt reist jeder und jede.«

Fontane bereiste England, Schottland, Italien, Frankreich, Dänemark – und immer wieder aufs Neue die Regionen seines Heimatlandes, dem er auch sein bekanntestes Reisebuch widmete. Die Wanderungen durch die Mark Brandenburg *erschienen in vier Bänden zwischen 1862 und 1881. Die Keimzelle des mehr als 2000 Druckseiten umfassenden Unternehmens wiederum war eine Reportage über einen spätsommerlichen Spreewaldausflug, die vom 31. August bis 3. September 1859 als Artikelfolge in der* Preußischen Adler-Zeitung *erschien. Fontanes* Wanderungen *zeigen: »Auch, was uns umgibt, führt seine Sprache«, und: »je pauvrer die Gegend, desto besser das Buch«.*

—

Zunächst durch die Stadt, dann durch den Lynarschen Park hindurch, gelangten wir in fünf Minuten an den Hauptspreearm, wo unsre Gondel im Schatten eines Buchenganges, der seine Zweige weit über das Ufer hinaus erstreckte, bereitlag. Es war schwer zu sagen, was mehr einlud, die Landschaft oder die Gondel. Drei Bänke mit Polster und Rückenlehne versprachen möglichste Bequemlichkeit, und ein Tragekorb von bemerkenswertem Umfang, aus dem rotgesiegelte Flaschen hervorlugten, wenn der Wind die Serviette ein wenig zur Seite wehte, deutete unverkennbar an, dass sich allerhand Luxusanfänge mit im Gefolge des Komfort befanden. Am Stern des Boots, das lange Ruder in der Hand, stand Bootführer Birkig, seines Zeichens ein Nachtwächter, heut aber engagiert, über Wohl und Weh dieses Tages zu wachen.

Wir stiegen ein, und die Fahrt begann. Gleich die erste halbe Meile, einschließlich des Dorfes Lehde, das wir bald erreichen werden, ist ein landschaftliches Kabinettsstück und übertrifft insofern alle andern Bilder, die der Tag uns bringen wird, als es die Eigentümlichkeiten der Spreewaldlandschaft am klarsten und übersichtlichsten zeigt. Der Spreewald ist nämlich ein Wassernetz, das aus unzähligen Spreearmen und Spreekanälen geflochten wird, und diejenigen Stellen desselben, die diesen Netz- und Inselcharakter am deutlichsten zeigen, müssen, wenigstens landschaftlich, das Hauptinteresse in Anspruch nehmen. Denn man würde sich irren, wenn man glauben wollte, dass dieser Inselcharakter einem überall unverkennbar entgegenträte; nur derjenige, der in einem Luftballon über dieses vieldurchschnittene Terrain hinwegflöge, würde die blauen Fäden des Netzes und die unzähligen Inselmaschen in aller Deutlichkeit zu Füßen haben. Wer aber im Kahn diese Wasserlinien hinauf- und hinunterfährt, wird nur an wenigen Stellen dieser Vieldurchschnittenheit gewahr und findet die Eigentümlichkeiten des Spreewalds nicht überall so musterkartenartig vor sich ausgebreitet wie auf dem Wege, den wir jetzt passieren.

Fischer in Lehde
Bildpostkarte, um 1910

Das Inselland zu beiden Seiten verrät ebenso sehr die Fruchtbarkeit des Bodens wie die Hand der Kultur. Zwischen den Heuschobern und Wiesenflächen, die sich wie zwei einander drängende Generationen den Rang streitig zu machen scheinen, dehnen sich weite Gurkenfelder, auch in einem Drängen von Blüte und Frucht. Der Boden dieser Felder ist kultiviert wie Gartenerde.

Es ist Sonntag, die Arbeit ruht, und die große Fahrstraße ist verhältnismäßig leer; nur selten treibt ein Kahn an uns vorüber, mit frischem Heu beladen oder mit Fischnetzen umstellt. Bursche und Mädchen handhaben das Ruder mit gleichem Geschick. Sie sitzen nicht auf der Ruderbank oder schlagen taktmäßig ins Wasser, sondern nach Art der Gondoliere stehen sie aufrecht am Hinterteil des Boots und treiben es vorwärts, nicht durch Schlag, sondern durch *Stoß*. Dies Aufrechtstehen, gepaart mit einer beständigen Anstrengung aller Kräfte, hat dem ganzen Volksstamm eine Haltung und Straffheit gegeben, die man bei unseren Dorfbewohnern nur allzu oft vermisst. Der Knecht, der vornüber im Sattel hängt, oder, den Schwamm seiner Pfeife anpinkend, mit einem schläfrigen Hoi die Pferde antreibt, kommt nicht in die Lage, seine Schulterblätter zusammenzuziehen und sein halb krummgebogenes Rückgrat wie eine Weidenrute wieder geradezubiegen; der Spreewäldler aber, dem nicht Pferd, nicht Wagen die Arbeit seiner Füße abnimmt, steht immer auf dem Quivive, tätig, angespannt und hat nur die Wahl zwischen Anstrengung oder zu Hause bleiben. Die halbwache Halbarbeit kennt er nicht.

Noch einmal, es ist Sonntag, und die Arbeit ruht. Aber an Wochentagen ist diese Straße, die wir jetzt still hinauffahren, von früh bis spät belebt, und alles nur Denkbare, was sonst auf Landstraßen geht und läuft und fährt und kreucht, das gleitet dann auf dieser Wasserstraße hinab und hinauf. Selbst die reichen Herden dieser Gegend wirbeln keinen Staub auf, sondern werden ins Boot getrieben und machen die Wasserreise. So ist der tägliche Verkehr auf diesem Wasserstraßennetz; nur unterbrochen, wenn auf blumengeschmücktem Kahn, Musik vorauf, die Braut zur Kirche fährt oder wenn still und einsam von Leidtragenden gefolgt, ein schwarzverhangenes Boot stromabwärts gleitet. Der Glanz- und Ehrentag dieser Gegenden aber war, als König Friedrich Wilhelm IV. (1842) auch diesen Landesteil besuchte und die Spreewaldboote, bunt und zahlreich wie die Fische, hinter der königlichen Gondel herschwammen.

Einzelne Häuser werden sichtbar; wir haben Lehde, das erste Spreewalddorf, erreicht. Es ist ein bäuerliches Venedig, die Lagunenstadt in Taschenformat; ein Venedig, wie es vor 1500 Jahren gewesen sein mag, als die ersten Fischerfamilien auf seinen Inseln Schutz suchten. Man kann nichts Lieblicheres sehen als dieses Inseldorf, das aus ebenso vielen Eilanden besteht, als es Häuser hat. Die Spree bildet die große Dorfstraße, allerhand Arme und Kanäle die Gassen. Wo sonst ein Heckenzaun sich zieht, um die Stelle zu markieren, wo ein Grundstück aufhört und das andere anfängt, ziehen sich hier Kanäle und Kanälchen, und jedes Bauernhaus ist ein abgeschlossenes Ganzes, das in der Umzäunung seiner Gräben daliegt wie eine Friedensburg.

Zwischen Haus und Fluss liegt ein Grasplatz, dessen letzter Ausläufer ein Holzsteg ist. Um ihn herum gruppieren sich die Kähne, klein und groß, immer dienstbereit, sei es nun, um einen Heuschober in den Stall zu schaffen oder einem Liebespaar bei seinem Stelldichein behülflich zu sein.

Die Post im Spreewald
Bildpostkarte, um 1910

Es war inzwischen Nachmittag geworden, und wir schickten uns zur Weiterreise an. Noch viel war zu sehen; die Dörfer Burg und Leipe und in der Nähe des ersteren ein Stück Hügelland, darauf das Schloss des letzten Wendenkönigs gestanden haben *soll*. Dies »soll« stimmte unseren Eifer ein wenig herab, und als uns der Bootführer vertraulich versicherte, dass eigentlich nichts zu sehen sei als ein Grasplatz, waren wir ziemlich entschlossen, die Geister der alten Wendenburg in ihrem Nachmittagsschlaf nicht zu stören.

In diesem Entschluss lag eine Missachtung; vielleicht dass sie uns deshalb einen Streich spielten. Die Kanäle vor und neben uns wurden immer flacher und seichter; endlich saßen wir fest wie die Preußen auf dem Marsche nach Waterloo. »Es geht nicht«, murmelte der Bootführer. »Es *muss* gehen«, erwiderte der Kantor, wie Marschall Vorwärts, und sprang ans Ufer. Und siehe da, es ging.

Auf zehn Minuten war nun Rat geschafft, aber andere Nöte kamen. Die seichten Stellen waren glücklich passiert, wir hatten wieder Wasser unterm Kiel, aber die Richtung war uns verloren gegangen. Das ganze Terrain eine Terra incognita. Der Kantor, der eben noch Marschall Vorwärts war, war jetzt Kolumbus, Bootführer Birkig die meuterische Mannschaft und *wir* – geteilt in unseren Ansichten, wie ein Neutraler, der zwei Zeitungen liest. Der Kantor wies unerschütterlich gen Westen und sah sich in seiner Festigkeit belohnt. Wir kamen an einen Punkt, den ich am besten als einen Kreuzweg bezeichne. Nach vier verschiedenen Seiten hin dehnten sich Flussarme und Kanäle. Dieser Moment äußerster Not und Verwirrung war zugleich der Moment unserer Rettung. Just an der Stelle, wo zwei Arme in spitzem Winkel sich kreuzten, stand ein Bauernhaus, dessen weiße

Wände aus Blumen und Fischernetzen freundlich hervorsahen. Und welch Leben um dieses Haus her. In der Tür saß eine ältliche Frau mit einem Säugling auf dem Arm, dicht am Ufer aber, den einen Fuß bereits im Kahn, ein hoch aufgeschossener Mann von mittleren Jahren und dirigierte seine Kinder, die eben jubelnd und plätschernd ihr Nachmittagsbad im Flusse nahmen. Es waren ihrer sieben, das älteste elf, das jüngste kaum vier Jahr alt. Wäre man allein des Weges gekommen und hätte eine Wolke das Haus hinweggenommen, dessen Lehmwände zu sehr an die Schwere irdischer Dinge erinnerten, so hätte man glauben können, ein Märchen an hellem, lichtem Tage zu erleben. Aus blondem Haar und Sonnenschein, aus Lachen und Kinderunschuld wob sich hier ein Bild, das auf uns alle den tiefsten Eindruck machte und uns auf Minuten sprachlos dastehen ließ, als starrten wir wirklich in eine feenhafte Welt. Und wir störten diese Welt nicht, das war ihr höchster Zauber. Ungeängstigt und von keiner Scham überkommen, die das Bekenntnis unsrer Sünde ist, spielten die Kinder weiter und tauchten unter und prusteten das Wasser in die Höh, wie junge Delphine, die am Ufer spielen. Das älteste Mädchen war wie eine Nixe, die Augen lachten, und das lange aufgelöste Haar schwamm wie Sonnenschein neben ihr her.

Spreewald,
Gehöft in Lehde
Bildpostkarte, um 1910

Bootführer Birkig rekolligierte sich zuerst. Wer ein Amt hat, ist immer am schussfestesten gegen die Geister. Uns berührte es fast wie Profanation, als er plötzlich in einem Patois von deutsch und wendisch zu dem Mann am Ufer hinüberrief: »ob es noch weit sei bis zur Wendenburg«. Der Mann am Ufer, der in unserer Seele gelesen haben musste, antwortete mit einem Ausdruck, als ob es sich um die Antipoden handelte, »sehr weit«. Wie ein Stein fiel es von uns; auch die letzte Chance des historischen Grasplatzes erlag diesem Schlage. Nachdem der Kantor und der Bootführer ein kurzes Gespräch geführt hatten, dessen Inhalt uns nicht lange ein Geheimnis bleiben sollte, klang jetzt eine zweite Frage über das Wasser hin. Sie hatte, wie wir gleich sehen werden, keinen historischen Hintergrund und lautete, da die Wahrheit nicht länger verschwiegen werden kann, »ob er uns Kaffee kochen wolle«. Das bereitwilligste »Ja« schallte zurück, und nach fünf Minuten schon sprangen wir ans Ufer, hinter dessen

Büschen die Kinder noch in allen Stadien der Toilette standen und lagen. Der jüngste Blondkopf war noch immer ein bloßer Delphin, aber ans Land geworfen. Kätner *Post*, so hieß der Besitzer, machte die Honneurs des Hauses und forderte uns auf einzutreten. Wir zogen begreiflicherweise einen Platz im Freien vor und machten's uns auf einem Rasenplatze, der schattig zwischen Haus und Garten lag, nach Möglichkeit bequem. Was an Tisch und Bänken im Hause war, stand bald draußen, und auf dem Tische klapperten alsbald die Tassen, die an bessre Zeiten mahnten.

Die Sonne neigte sich und mahnte zum Aufbruch. Noch reizende Partien kamen, weite Wiesenflächen rundum mit Erlen und Eichen bestanden, aber der Höhepunkt des Festes lag hinter uns. Bei guter Zeit noch erreichten wir Leipe, ein zweites Dorf-Venedig, das uns den Wunsch auf die Lippen legte, »wenn man nicht Lehde wäre, möchte man Leipe sein«. Die größte Sehenswürdigkeit Leipes ist seine schöne Wirtsfrau, die vor vier oder fünf Jahren auch in Berlin war und in ihrem wendischen Kostüm den Krollschen Garten besuchend, ein halbes Hundert junge Berliner aus dem Häuschen gebracht haben soll. Wir fanden sie nett und nicht anmaßend, wie sonst wohl solche Triumphe zu machen pflegen. Auch Gesellschaft fanden wir in Leipe – Landsleute und Maler, die, wie uns, der wachsende Ruf des Spreewalds ins Grüne gelockt hatte. Mit ihnen fuhren wir heim, Boot an Boot. Wort und Lachen klang herüber und hinüber. Ein kalter Grog, der aus Rum und Spreewasser gebraut wurde, hielt die Abendkühle von uns fern. Aber nicht auf lange; die Nebel wurden dichter, und Kleid und Paletot forderten endlich ihr Recht. Die Unterhaltung schwieg, und lautlos glitten die beiden Boote nebeneinanderher. Nichts unterbrach die Stille als der taktmäßige Ruck der Ruderstöße und das leise Plätschern des Wassers. Der Lübbenauer Kirchturm, der schwarz wie eine Feueresse dastand, schlug zehn, als wir im Schatten der Parkbäume wieder anlegten. Der Braune Hirsch nahm uns in seinen gastlichen Betten auf, Bootführer Birkig aber (Gott segne es ihm) ging seinem Dienste nach, um mit Horn und Spieß für Lübbenau und seine Spreewaldgäste zu wachen.

—

»Mehr als Weisheit aller Weisen / Galt mir reisen reisen reisen.«
THEODOR FONTANE, »MEINE REISELUST«

—

1860

Edmond und Jules de Goncourt

Durch Deutschland und Österreich

Die Brüder Edmond (1822–1896) und Jules (1830–1870) de Goncourt führten ein zwillingshaft-symbiotisches Leben, unzertrennlich in der Freude, der Arbeit, dem Schmerz: »Wir sind wie zwei Frauen, die zusammenleben, deren Gesundheit sich vermengt, deren Regeln gleichzeitig kommen: unsere Migränen kommen am selben Tag.« Und allabendlich legten sie gemeinsam »ihre Beichte« ab in Form ihres Journals, das sich im Verlauf mehrerer Jahrzehnte zu einem riesigen Werk auswuchs, ein gewaltiges Kompendium der Indiskretion und des Klatsches. Niemand, der in Paris Rang und Namen hatte, wurde von ihnen verschont, egal ob Minister oder Prinzessin, Literat oder Dirne.

Gelegentlich gingen die Brüder Goncourt auch auf Reisen, natürlich gemeinsam. 1855/56 fuhren sie für sechs Monate nach Italien. Sie führten unterwegs ein Reisetagebuch, das sie durch Aquarellskizzen von Kunstwerken, Gebäuden und Menschen ergänzten. In Venedig zeichneten sie Karnevalskostüme und -masken, in Neapel porträtierten sie Wäscherinnen, Schnapshändler und die Bewohner des Bordellviertels. Im Herbst 1860 zog es das Brüderpaar dann ins Nachbarland Deutschland. In Begleitung des befreundeten Historikers Paul de Saint-Victor besuchten sie Heidelberg, Kassel, Berlin, Dresden, Nürnberg, München und Wien. Auch auf dieser Reise hielten sie all das, was ihnen begegnete, ungefiltert in ihrem Tagebuch fest »mit Worten ohne Passierschein«.

Seite aus dem italienischen Reisetagebuch der Brüder Goncourt, 1855/56

---

4. September 1860. Den Rhein bei Kehl überschritten. Es regnet. Der riesige, gelbe, wogende Strom. Er macht mir den Eindruck eines der großen Ströme Amerikas, der sich auf einem Bild bei Backhuysen [holländischer Sammler] dahinwälzt.

Ich sah Heidelberg. Mir war, als sähe ich ein Werk von Victor Hugo, wenn die Nachwelt darüber hingegangen sein wird, wenn die Worte gealtert sein werden, wenn diese Sprache zusammengestürzt sein wird, wenn die Zeit wie Efeu die Verse beklettert haben wird.

In der Eisenbahn reisen deutsche Frauen mit uns, die aussehen wie englische Zimmermädchen, und hässliche Männer, die mit Konsonanten gurgeln. Durchs Fenster sieht man mit Ziegeln gedeckte

Häuser, Fassaden aus grellrotem Backstein, und im Hintergrund Gestalten von Bauern in weißen Schoßröcken.

MITTWOCH, DEN 5. SEPTEMBER. Mein Kutscher hat mir in Frankfurt, im Judenviertel, das Haus gezeigt, wo Rothschild geboren wurde, die Wiege der Millionen.

In Frankfurt beginnt diese Rokoko-Architektur, die bei uns, in dem Land der Demolierungen, verschwunden ist und die überall in Deutschland so entwickelt, so verbreitet, so siegreich ist, dass man fast glauben könnte, alle diese Städte seien unter Ludwig XV. erbaut.

Abends sind wir schon in Kassel, im großen Speisesaal des *Hotels zum Römischen Kaiser*, um zu Abend zu essen. Wir fragen den Kellner, ich weiß eigentlich nicht, warum, ob es jemanden gäbe, der in Kassel regiert: Es gibt unwahrscheinliche Könige und Flecke auf dem Erdball, wo man kaum Platz für ein Königreich und vier Höflinge sieht. Der Kellner belehrt uns, dass es in Kassel tatsächlich einen Souverän gibt und dass sie sogar einen Tyrannen besitzen, der sie unterdrückt, der das Bauen verbietet und »dem Land und den Gasthäusern großen Schaden zufügt durch seine Heirat ...«. – »Wieso?« – »Jawohl, Messieurs, er hat eine Prinzessin von subalternem Rang gekauft, und die anderen Souveräne wollen sie nicht sehen. Die großen Persönlichkeiten fahren durch Kassel nur noch durch, ohne ihm ihre Aufwartung zu machen; es gibt bloß Übernachtungen statt eines Aufenthalts.« Kurzum, Kassel seufzt unter einem Ezzelino.

Schloss Wilhelmshöhe, Kassel
Photochrom, um 1900

»Sie sind aber schließlich doch ein Land mit einer Konstitution«, sage ich zu dem Kellner. »Sie haben Kammern, Sie müssen doch auch eine Opposition haben?«

»Jawohl, Monsieur, wir haben eine Opposition.«

»Na, und was macht ihr mit ihr?«

»Nichts, Monsieur. Es gibt niemanden bei uns, der sich an die Spitze der Opposition setzen will.«

DONNERSTAG, DEN 6. SEPTEMBER. Abends in Berlin. Eine Stadt, in die man wie in Städte ohne Vergangenheit kommt: ohne Erregung, ohne Herzklopfen. Ein Zimmer von strenger, puritanischer, pietistischer Sauberkeit, das die Sehnsucht nach einem Schmutzfleck, nach einer Wanze erweckt, der man sein Blut gäbe: »Ein Zimmer«, sagt Saint-Victor und blickt mich schaudernd an, »in dem Malthus sein Traktat hätte schreiben können.«

Berlin wirkt wie eine in Amerika gebaute Kaserne. Schnurgerade Straßen; steinerne Helme auf den Gebäuden; auf den Brücken laden Statuen zum Heroismus ein. Inmitten der flachen und kargen Landschaft wirkt es noch wie eine Militärschule inmitten eines Marsfeldes unter dem Dreispitz Friedrichs.

Kennen Sie die Frauenporträts von Lawrence, in seiner schwarzen Manier? Dekolletiert, auf dem Kopf einen deckelförmigen Strohhut, von dem eine schwarze Spitze herabhängt, deren Punkte ihnen wie Schatten von Schönheitspflästerchen auf dem Gesicht tanzen; luftige und sinnliche Bilder ... Die Frauen von Berlin gleichen diesen Frauen – lebendig geworden, und sie wirken fast ein wenig wie *Revenants* aus dem 18. Jahrhundert, was so verführerisch ist wie das Erscheinen einer verstorbenen Mode.

Sie haben dabei irgendwie einen seltsamen Charme: ein Lächeln von Augen und Lippen, das sie sanft und geistvoll wie ein Almosen und ein Willkommen dem vorüberkommenden Fremden zuwerfen; ein Lächeln, das einem den Roman einer Sekunde durch den Kopf schießen lässt; ein anderes Lächeln lässt ihn wieder vergessen, wie der Duft einer Blume in einem Strauß den Duft einer anderen Blume vergessen lässt; ein sanftes und schalkhaftes Lächeln, ein Lied, das vorüberzieht und verklingt, einem jedoch ein halbes Wort in die Seele senkt, Sonnenstrahlen, die man mit einem Blick auffängt und die einen fröhlich machen; allein nur Lächeln von Unbekannten, die man nie mehr wiedersehen wird und die in einem etwas wie eine skizzierte Träumerei zurücklassen, das Anklingen eines Abenteuers.

Sie haben germanisch blaue Augen und blonde Haare, doch alles, was es Schafsmäßiges und Gretchenhaftes an diesem Typ gibt, ist von Geist und Grazie einer Pariserin überhöht.

Die einzige Stadt, wo Leute wie wir beide, die so stark gegen die Frau eingestellt, so gewappnet, so auf der Hut sind, sich verwirrt fühlen wie in einer Stadt Armidas und sich dazu herbeilassen, die Liebe als etwas anzusehen, das sich einstellen könnte, und die Heirat als einen Selbstmord, zu dem man gebracht werden könnte.

Berlin ist voller Keller, wo man die Nacht verbringt. Städte der Nacht, Städte der Phantasie und des Traums: Venedig, Berlin.

—
»In ganz Deutschland – bei diesem Volk unter kaltem, nördlichem Himmel – Liebe und Sehnsucht nach Dingen aus den warmen Ländern ...«
Edmond und Jules de Goncourt
—

Berlin, Freitag, den 7. September. Heute Abend gehen wir zu Kroll in den Tiergarten. Wir steigen in den Theatersaal hinauf, einen reich in Grün und Gold dekorierten, quadratischen Saal, der eines Parterres von Königen würdig ist. Der Saal ist voll. Auf der Bühne – offenbar ist es eine Oper, was gespielt wird – singt eine Frau in einem Turm – eine Nachtigall in einem Käfig.

Wir gehen hinab in den Garten. Ein paar Frauen ergehen sich in der Allee zwischen den Tischen beim Schein gewundener Gaskandelaber. Familien nehmen an den Tischen Platz. Die Schießbuden sind geschlossen. Junge Offiziere schleppen den Säbel melancholisch hinter sich her, so dass er wie die Ferse eines Skeletts klappert. Die Muscheln, die die Beete einfassen, gähnen.

Gäste im Kroll-Sommergarten in Berlin, 1874

Von Kroll aus bringt der Wagen uns durch Palaststraßen über ratterndes kleines Pflaster, ich weiß nicht, wohin, vor eine erleuchtete Tür, an der ein Plakat hängt. In der Tiefe eines Hofs treten wir in einen von Gaslicht strahlenden Saal. Etwa zehn Frauen liegen, in Gruppen oder allein, an den Tischen auf Diwans, in tierischen Posen hingeflegelt, müde und von der Prostitution dumpf ermattet. In der Mitte spielt ein kleiner Klavierspieler von fünfzehn Jahren, mechanisch, blond und blicklos, gewaltsam die Nacht mit Musik füllend. Ab und zu erhebt sich der Sopran eines auf einem Diwan hingeflätzten Weibes und gellt in den Lärm des Geklimpers.

Manchmal öffnet sich die Türe im Hintergrund und zwei Frauen kommen herein, schreiten mit Schritten von Wiedergängerinnen und setzen sich. Sie haben flache, puppenhaft mechanische Gestalten, und man sucht unwillkürlich, wo man sie wie [E. T. A. Hoffmanns] Olympia aufziehen kann. Schnippisch taucht eine Närrin auf, von einem Holbeintyp, eine wahre törichte Jungfrau, spielt mit Früchten auf einem Teller, knabbert und lacht, wie man im Traum lacht.

—

»Berlin, voller Keller, wo man die Nächte verbringt. Städte der Nacht, Städte der Phantasie und des Traums: Venedig, Berlin.«
Edmond und Jules de Goncourt

—

Dann sitzen wir in einem kleinen rauchigen Café. Die Zigarren und Pfeifen bilden sichtliche Schwaden, die sich winden wie ein dummer Gedanke, den man verfolgt. Auf einem Podium singen drei etwa sechzehnjährige Mädchen, in Tiroler Kostüm, ein Federbüschel am Hut; mit den roten Mündern, die von den wie im Abglanz von Schnee weißen Gesichtern abstechen, lassen sie die nachhallenden Echos der Berge erklingen und die Triller, die von Gipfel zu Gipfel hüpfen.

Ich bin schlafen gegangen, um mich von diesem traumunwirklichen Abend zu erholen. Man atmet hier die Luft, die Hoffmanns Wahnsinn bewirkt hat.

Dresden, den 10. September. Auf der Fahrt von Berlin nach Dresden denken wir, wie falsch doch alle vorgefassten Meinungen sind. Berlin – diese Stadt eines protestantischen Jansenismus, eines verdoppelten Jansenismus und Pietismus – bleibt uns behaglich und köstlich in Erinnerung, mit ihrem Tiergarten, ihren Hotels am Rand des Parks, deren Vorgärtchen geheimnisvoll von erotischem Grün überwuchert sind, und den jungen Mädchen, die in den Gärten sitzen und nähen und den Vorüberkommenden Blicke zuwerfen.

Dresden, vom Neustädter Turm gesehen Photographie, 1875

Wie die Brillengläser eines Cornelius [Coppola aus Hoffmanns »Sandmann«] blicken uns alle diese Augen, die uns angeschaut haben, noch immer an. Das Deutschland Werthers und Fausts, der Margarete und Mignons, dieser Sanften, für die der Gewissensbiss die poetische und rührende Tugend ist, kehrt uns im Tiefsten unserer Seele wieder und lockt uns. Alle Arten von verliebten und fröhlich zärtlichen Gedanken singen in uns wie eine Melodie, die sich entfernt.

Nun sind wir in Dresden, diesem Hort an Diamanten aus der Krone der Malerei.

14. September. In der Nacht fahren wir über die Ebene von Leipzig. Merkwürdig: Wir reisen als Touristen und Bewunderer Watteaus per Eisenbahn durch das ganze Deutschland, durch das unser Vater als Soldat durch Kugelregen und Feinde auf seinem Schlachtross hin und her geritten ist. Wir folgen der Spur, wo Frankreich mit ihm seine Knochen verstreut hat wie der Däumling sein Brot, um den Weg zurück wiederzufinden.

In ganz Deutschland findet man – bei diesem Volk unter kaltem, nördlichem Himmel – Liebe und Sehnsucht nach Dingen aus den warmen Ländern. Die Gärten sind voller Blumen, die Geschäfte voller Früchte aus dem Süden. Ein Gefühl für das Exotische, wie es sich in den Affen Albrecht Dürers und den Löwen Rembrandts wiederfindet. Ich sah heute Abend im Café Leute, die bis zum Bauch gestiefelt waren, eine Ananas kaufen. Mignon mit ihrer Sehnsucht nach dem Land, »wo im dunklen Laub die Goldorange glüht«.

Der deutsche Mann ist von einer verwaschenen Hässlichkeit. Er ist grau, er ist stumpf, er scheint blind zu sein. Seine Haut hat keine Transparenz, sein Teint keinerlei Farbe. Er sieht aus, als sei er aus Schwarzbrotteig geschnitten.

Überall stoßen wir hier auf unsere Bücher; es ist wie Kinder, die man wiederfindet.

Nürnberg, den 16. September. Nürnberg sieht aus wie eine Federzeichnung von Hugo. In den Straßen sieht man Nussknacker geräuschlos gehen; und im Lampenschein der Häuser Frauen, die nachdenken, zerstreut um sich blicken und auf den Vorübergehenden ein entlaubtes Lächeln fallenlassen.

Abends sprechen wir von dem vorsintflutlichen Leben, das man hier führen muss. Als Bezugspunkt des Lebens: nur die Heirat! Ihr Leben muss nicht mehr Bewusstsein seiner selbst haben als der Sand im Stundenglas. Und vom Leben der Nürnberger kommen wir auf unser eigenes Leben, und wir jammern über das Bagno, in dem unsere Jugend durch das Elend eingesperrt ist, ein Elend, das die Illusionen ernüchtert, ihren Schwung lähmt, alles Glücksgefühl vergiftet und verkrüppelt. Und wie bald schon die Jugendlichkeit der Seele hinschwindet! Und wenn ein bisschen Geld in der Börse ist, stiebt es davon ... Und dass es in der Liebe nicht mehr die beiden verschmolzenen Wesen gibt, sondern zwischen sich selbst und der Frau steht jetzt ein Dritter, der sie beide bespöttelt!

München, den 18. September, abends. München, eine Bierschwemme in einem Pantheon aus Papiermaché. Auch wieder überall Rokoko als Protest gegen den Archaismus und die kleinen Modelle aller großen Monumente, feinstes und delikatestes Rokoko.

Nymphenburg, den 21. September. Stets wie allenthalben in Deutschland eine Imitation von Versailles. Wie viel Geld muss Ludwig XIV. allen diesen kleinen Fürsten gekostet haben!

Sonntag, den 23. September, Schönbrunn. Das hässliche Schloss! Der schöne Park, die große Kolonnade, von wo aus man Wien überblickt, die Tiere, die Treibhäuser, all das sahen wir nur im Laufschritt. Wir gerieten in einen öffentlichen Garten, wo die Tische Decken und Biergläser haben und wo ein Orchester die Nachtigallenpolka spielt.

Dann unter der Arkade des Palais großes Geschrei, Parade, ein Tilbury, der uns streift, ein Weib, das uns anrempelt, Hörnersignale: Es gilt der Kaiserin [Elisabeth], die selber lenkt.

Dann in einem Café auf der Straße nach Schönbrunn, bei Schwinder, wo ein Kapellmeister in Uniform andere weiße Uniformen die Hymne der deutschen Einheit spielen lässt, inmitten wilden Beifallsgetrampels und bei achtzehnmaligem Herausrufen.

Dann in einem riesigen hohen Tanzsaal, wo die Uniformen und die Prostituierten in Gala-Kostüm um die mit Soupierenden voll besetzten Tische herumwirbeln, Offizierchen, die unseren kleinen

Tänzern auf den öffentlichen Bällen, unseren Bridìdi, ähneln, und Mädchen, die alle unseren schlimmen Huren, jenen, die bösen Typs sind, ähnlich sehen.

Wien, 24. September. Eine Stadt voller Lärm und Verkehr, wo die Wagen rasen, das Pflaster dröhnt, wo es massig Leute und haufenweise Uniformlitzen gibt. Weiber, die nicht mehr die deutschen Frauen von Berlin sind, Frauen mit gemischtem Blut, sinnliche Frauen, die etwas von der Torpille [aus Balzacs »Comédie Humaine«] haben. Brünette Frauen, Mischungen aus Russinnen, Ungarinnen, Kroatinnen und Böhminnen, mit niedriger Stirn, schalkhaftem, herzlosem Blick, die von der kleinen Verkäuferin bis hinauf zur Kaiserin ein Abbild der Wollust sind. Eine Stadt des Vergnügens, in der die Läden um sieben Uhr abends schließen, damit die Inhaber ins Theater gehen können; eine lässige Stadt, wo die Prostitution überall ist, ohne doch irgendwo zu sein.

Schlosspark Schönbrunn, Wien
Photochrom, um 1890

Paris, Sonntag, den 30. September. Paris kommt uns grau vor, die Frauen hässlich, die Räder der Wagen scheinen uns Filzschuhe zu tragen. Nichts lächelt uns im Vaterland zu, nicht einmal unser Zuhause. Unsere chinesische Laterne ist zerbrochen. Das ist alles, was während unserer Abwesenheit vorgefallen ist.

—

1865

Edward Whymper

Die Bezwingung des Matterhorns

Edward Whymper im Alter von 25, im Jahr seiner Erstbesteigung des Matterhorns

In der Mitte des 19. Jahrhunderts begann das goldene Zeitalter des Alpinismus, ein Berggipfel nach dem anderen wurde bezwungen: der Mönch, der Eiger und der Piz Buin. Aus vielen Ländern Europas kamen abenteuerlustige Sportkletterer, heuerten Führer und Träger an und machten sich auf den Weg. Zu ihnen gehörte auch der junge Engländer Edward Whymper (1840–1911), der sich, nach mehreren vergeblichen Versuchen, im Juli 1865 daranmachte, von der Schweizer Seite das Matterhorn zu bezwingen.

Allerdings war er dabei nicht allein. Wenige Stunden vor Whymper hatte sich von der italienischen Seite aus der italienische Bergführer Jean-Antoine Carrel auf den Weg zum Gipfel gemacht. So entwickelte sich die Besteigung zu einem Wettlauf. Whympers siebenköpfige Mannschaft – darunter drei Engländer, ein Franzose und zwei Zermatter Bergführer – trug zwar den Sieg davon, aber das Unternehmen endete in einer Tragödie. Beim Abstieg riss ein Sicherungsseil, vier Begleiter Whympers stürzten in die Tiefe. Drei der Toten wurden einige Tage später von einem Rettungstrupp geborgen.

Whympers Erinnerungsbuch Scrambles Among the Alps, *das er selbst illustrierte, gilt heute als Klassiker der Bergsteigerliteratur.*

Am 13. Juli brachen wir an einem herrlichen Morgen und bei einem Himmel ohne alle Wolken um halb sechs Uhr von Zermatt auf. Wir waren acht an Zahl, Croz, der alte Peter mit seinen beiden Söhnen, Lord F. Douglas, Hadow, Hudson und ich. Um ein stetes Vorwärtskommen zu erzielen, gingen immer ein Tourist und ein Eingeborener zusammen. Mir fiel der jüngste Taugwalder zu, der tüchtig zuschritt und ganz glücklich war, dass er an dem Unternehmen teilnehmen und seine Kräfte zeigen konnte. Auch die Weinschläuche zu tragen fiel mir zu, und den ganzen Tag lang füllte ich nach jedem Trunk heimlich Wasser zu, so dass sie bei dem nächsten Halt voller als zuvor waren. Dies galt für ein gutes Vorzeichen und für ein halbes Wunder.

Am nächsten Morgen waren wir vor Tagesanbruch am Zelte versammelt und brachen auf, sowie es zum Gehen hell genug war. Der junge Peter trat jetzt als Führer ein, und sein Bruder kehrte nach

Zermatt zurück. Wir folgten dem Weg, der am Tage vorher ermittelt worden war, und bogen nach einigen Minuten um den Vorsprung, der uns die Ostseite von unserm Zelt aus unsichtbar machte. Wir überblickten jetzt diesen ganzen großen Abhang, der gleich einer mächtigen natürlichen Treppe 3000 Fuß hoch aufstieg. Einige Stellen waren leicht, andere schwieriger zu begehen, aber nicht ein einziges Mal gebot uns ein ernstliches Hindernis Halt, denn wenn eine schlimme Stelle vor uns lag, ließ sie sich immer rechts oder links umgehen. Auf dem größten Teil des Weges hatten wir das Seil nicht nötig, und bald ging Hudson voran, bald ich. Zwanzig Minuten nach 6 Uhr hatten wir eine Höhe von 12 800 Fuß erreicht und ruhten eine halbe Stunde aus. Dann stiegen wir bis kurz vor zehn Uhr ununterbrochen weiter und machten in einer Höhe von 14 000 Fuß eine Pause von fünfzig Minuten. Zweimal trafen wir auf den nordöstlichen Grat und folgten ihm eine kurze Strecke weit, jedoch nicht zu unserm Vorteil, denn er war gewöhnlich verfallener und steiler und stets schwieriger als die Bergbreite. Trotzdem hielten wir uns nahe an ihm, weil wir, wenn wir uns zu weit davon entfernten, fürchten mussten, von fallenden Steinen getroffen zu werden.

Das Matterhorn
über Zermatt
Kolorierter Holzstich
nach einer Zeichnung
von Edward Whymper

Wir waren jetzt unter den Teil angelangt, der vom Riffelberg und von Zermatt senkrecht oder wie überhängend aussieht, und konnten auf der Ostseite nicht länger bleiben. Eine kleine Strecke weit stiegen wir auf dem Schnee des Grats weiter, der nach Zermatt hinuntergeht, und wendeten uns dann in gemeinschaftlicher Übereinstimmung zu der rechten oder nördlichen Seite. Ehe wir das taten, veränderten wir unsere Reihenfolge. Croz ging voran, ich folgte, dann kam Hudson; Hadow und der alte Peter waren die Letzten. »Jetzt kommt etwas ganz anderes«, sagte Croz, als er die Leitung übernahm. Dieser einzige schwierige Teil war von keiner großen Ausdehnung. Zuerst gingen wir etwa 400 Fuß weit und fast in gerader Linie quer über ihn weg, dann stiegen wir etwa 60 Fuß hoch direkt gegen den Gipfel empor und wendeten uns nun zu dem Grat zurück, der nach Zermatt hinuntergeht. Nachdem wir um eine ziemlich schlimme Ecke gebogen waren, befanden wir uns wieder auf Schnee.

Der letzte Zweifel verschwand jetzt vollständig. Das Matterhorn gehörte uns! Wir hatten bloß noch 200 Fuß über bequemen Schnee zu gehen.

Wir müssen uns jetzt in Gedanken zu den sieben Italienern zurückversetzen, die am 11. Juli von Breil aufbrachen. Seit ihrer Abreise waren vier Tage verstrichen, und wir wurden von der Angst gequält, dass sie den Gipfel vor uns erreichen könnten. Auf dem ganzen Weg hatten wir von ihnen gesprochen und mehrmals Menschen auf der höchsten Spitze zu sehen geglaubt. Je höher wir stiegen, umso größer wurde unsere Aufregung. Wie leicht konnten wir noch im letzten Augenblicke geschlagen werden. Die Steigung nahm ab, wir konnten uns endlich losbinden, und Croz und ich stellten Kopf an Kopf ein Wettrennen an. Um drei Viertel auf zwei Uhr lag die Welt zu unsern Füßen, und das Matterhorn war besiegt. Hurra! Nicht ein Fußstapfen unserer italienischen Nebenbuhler war zu sehen.

Es war noch immer nicht gewiss, dass wir nicht geschlagen worden seien. Der Gipfel des Matterhorns besteht aus einem unebenen Grat von etwa 350 Fuß Länge, und die Italiener konnten auf dem entgegengesetzten Endpunkt gewesen sein. Ich eilte dorthin und blickte rechts und links über den Schnee, Hurra, er war nicht betreten worden. »Wo waren die Leute?« Halb in Zweifel, halb in Erwartung, bog ich mich über die Klippe. Sofort sah ich sie, aber als bloße Punkte auf dem Grat und ungeheuer weit unten. Meine Arme und mein Hut flogen in die Höhe. »Croz, kommen Sie hierher!« – »Wo sind sie?« – »Dort, sehen Sie sie nicht, dort unten?« – »Ah, das ist ja hübsch weit unten.« – »Croz, sie müssen und sollen uns hören.« Wir schrien, bis wir heiser waren. Die Italiener schienen uns zu sehen, doch war die Sache nicht gewiss. »Croz, sie müssen und sollen uns hören.« Ich rollte einen Felsblock hinunter und beschwor meinen Gefährten, dasselbe zu tun. Wir trieben unsere Stöcke in Spalten, und bald polterte ein Strom von Steinen die Klippe hinunter. Diesmal waren wir unserer Sache gewiss. Die Italiener machten kehrt und flohen.

Die andern waren jetzt angekommen, und wir gingen zum nördlichen Ende des Grats zurück. Croz ergriff nun die Zeltstange und pflanzte sie in den höchsten Schnee. »Die Fahnenstange ist da, aber wo ist die Fahne?«, fragten wir. »Hier ist sie«, sagte er, zog sein Staubhemd aus und band es an den Stab. Es war eine armselige Fahne, und kein Wind blähte sie auf, aber man sah sie doch ringsumher.

Wir kehrten zu dem südlichen Endpunkte des Grats zurück, um dort eine Pyramide zu errichten, und brachten dann der Aussicht unsere Huldigung dar. Es war einer der ungewöhnlich ruhigen und heiteren Tage, denen gewöhnlich schlechtes Wetter zu folgen pflegt. Die Luft war vollkommen still und von allen Dünsten frei. Berge, die zehn, ja zwanzig deutsche Meilen entfernt waren, zeichneten sich mit scharfen Umrissen ab und sahen ganz nahe aus. Alle ihre Einzelzüge, ihre Grate und Klippen, ihre Schneefelder und Gletscher, ließen sich genau erkennen. Angenehme Erinnerungen an schöne Tage früherer Jahre stellten sich ungebeten ein, als wir die alten vertrauten Formen erkannten.

Alle enthüllten sich uns, nicht einer der Hauptgipfel der Alpen versteckte sich vor uns. Ich sehe sie jetzt deutlich vor mir, diese näheren Kreise von Riesen mit Ketten, Gebirgsblöcken und Reihen im Hintergrund.

Wir verweilten auf dem Gipfel eine Stunde, die uns die herrlichsten Genüsse bot. Sie ging nur zu rasch vorüber, und wir begannen uns nun auf den Rückweg vorzubereiten. Hudson und ich hielten eine neue Beratung, in welcher Reihenfolge wir gehen sollten. Für das Beste hielten wir, dass Croz der Erste und Hadow der Zweite sei. Hudson, der hinsichtlich der Sicherheit seines Fußes einem Führer beinahe gleichzustellen war, wünschte der Dritte zu sein. Hinter ihn stellten wir Lord F. Douglas, auf den der alte Peter als der Stärkste unter den Übrigen folgte. Ich machte Hudson den Vorschlag, bei unserer Ankunft an der schwierigen Stelle ein Seil um die Felsen zu schlingen, damit wir beim Hinabsteigen einen Schutz mehr hätten. Er billigte meine Idee, doch wurde nicht bestimmt ausgesprochen, dass es geschehen solle.

—

»Der Zauber der Alpen lockt noch immer, hinauf, weiter hinauf, bis die verhängnisvolle Liste der früh Beklagten und Vermissten länger wird.«
Frances R. Havergal, 1884

—

Einige Minuten später band ich mich am jungen Peter an, lief den andern nach und erreichte sie, als sie eben das Hinabsteigen der schwierigen Stelle begannen. Es wurde die größte Vorsicht gebraucht. Immer bewegte sich bloß einer, und erst wenn er festen Fuß gefasst hatte, folgte der Nächste. Ein Seil war nicht um die Felsen geschlungen worden, und niemand sprach davon. Ich hatte den Vorschlag nicht um meinetwillen gemacht und weiß nicht, ob er mir jetzt wieder in den Sinn kam. Wir beiden folgten den Übrigen in geringer Entfernung und waren von ihnen getrennt, bis Lord Douglas mich etwa um drei Uhr nachmittags bat, dass ich mich an den alten Peter anbinden möchte. Er fürchtete nämlich, wie er sagte, dass Taugwalder, wenn ein Ausgleiten vorkomme, nicht fest auf den Füßen bleiben werde. Einige Minuten später eilte ein Bursche, der ein scharfes Auge hatte, zu Seiler ins Monte-Rosa-Hotel und erzählte, dass er vom Gipfel des Matterhorns eine Lawine gegen den Matterhorn-Gletscher hin habe fallen sehen. Dem Jungen wurde verwiesen, dass er müßige Geschichten erzähle, aber er sprach die Wahrheit und hatte Folgendes gesehen.

Michel Croz hatte sein Beil beiseitegelegt und beschäftigte sich mit Herrn Hadow, um demselben größere Sicherheit zu geben. Er hatte ihn an die Beine gefasst und brachte seine Füße einen nach dem andern in die richtige Lage. Soviel ich weiß, war keiner im eigentlichen Hinabsteigen begriffen. Mit Gewissheit kann ich nicht sprechen, weil ich die beiden Vordersten wegen einer dazwischenliegenden Felsmasse zum Teil nicht sehen konnte, aber aus den Bewegungen ihrer Schultern musste ich schließen, dass Croz, nachdem er das eben Erwähnte getan hatte, sich umdrehen wollte, um einen oder zwei Schritte weiterzugehen, als Herr Hadow ausglitt, gegen ihn fiel und ihn umwarf.

Katastrophe am Matterhorn, 13. Juli 1865

Ich hörte von Croz einen Ausruf des Schreckens und sah ihn und Hadow niederwärts fliegen. Im nächsten Moment wurden Hudson und unmittelbar darauf auch Lord Douglas die Füße unter dem Leibe weggerissen. Dies alles war das Werk eines Augenblicks. Sowie wir Croz aufschreien hörten, pflanzten der alte Peter und ich uns so fest auf, als es das Gestein uns gestattete. Das Seil war zwischen uns straff angezogen, und der Ruck traf uns, als wenn wir bloß einer wären. Wir erhielten uns, aber zwischen Taugwalder und Lord Douglas riss das Seil.

Einige Sekunden lang sahen wir unsere unglücklichen Gefährten auf den Rücken niedergleiten und mit ausgestreckten Händen nach einem Halt suchen. Noch unverletzt kamen sie uns aus dem Gesicht, verschwanden einer nach dem andern und stürzten von Felswand zu Felswand auf den Matterhorn-Gletscher oder in eine Tiefe von beinahe viertausend Fuß hinunter. Von dem Augenblicke, wo das Seil riss, war ihnen nicht mehr zu helfen. So starben unsere Gefährten! Wohl eine halbe Stunde lang blieben wir an Ort und Stelle, ohne einen einzigen Schritt zu tun. Die beiden Führer, vom Schreck gelähmt, weinten wie Kinder und zitterten so, dass uns das Schicksal der andern drohte. Der alte Peter erschütterte die Luft mit seinen Ausrufen. Der junge Peter schrie und schluchzte fortwährend: »Wir sind verloren, wir sind verloren!« Zwischen den beiden eingeklemmt, konnte ich weder vorwärts noch rückwärts. Ich bat den jungen Peter, herunterzusteigen, aber er wagte es nicht. Ehe er das nicht tat, kamen wir nicht vorwärts. Der alte Peter wurde sich der Gefahr bewusst und stimmte in das Geschrei ein: »Wir sind verloren, wir sind verloren!« Die Furcht des Vaters war natürlich – er zitterte für seinen Sohn; der junge Mann benahm sich feig – er dachte bloß an sich.

In den nächsten zwei Stunden glaubte ich stets, dass der nächste Augenblick mein letzter sein werde, denn die Taugwalder hatten allen Mut verloren und konnten mir nicht bloß keine Hilfe leisten, sondern befanden sich auch in einem solchen Zustande, dass sich jeden Augenblick ein Ausgleiten von ihnen erwarten ließ. Nach einiger Zeit konnten wir tun, was von Anfang an hätte geschehen sollen, und schlangen unsere Seile um feste Felsblöcke, während wir zugleich aneinandergebunden blieben. Diese Seile wurden von Zeit zu Zeit abgeschnitten und zurückgelassen. Trotz dieser Vorsichtsmaßregel gingen meine Führer mit großer Furcht vorwärts, und mehrmals wendete sich der alte Peter mit aschfahlem Gesicht und zitternden Gliedern zu mir um und sagte mit schrecklichem Nachdruck: »Ich kann nicht mehr!«

Ungefähr um 6 Uhr am Abend standen wir auf dem Schnee des nach Zermatt hinunterführenden Grats und hatten alle Gefahren überwunden. Häufig und immer vergebens spähten wir nach Spuren unserer unglücklichen Gefährten. Wir bogen uns über den Grat und riefen, aber kein Ton kam zurück.

—

»In jeder Nacht sehe ich meine Kameraden vom Matterhorn vor mir, auf ihren Rücken rutschend, die Arme ausgestreckt, einer nach dem anderen, in gleichem Abstand, eine vollkommene Choreographie. Croz, der Führer zuerst, dann Hadow, dann Hudson und zuletzt Douglas. Ja, ich werde sie immer sehen …«
Edward Whymper über den Absturz seiner Begleiter

—

1866

Mark Twain

Im Pferdesattel auf Hawaii

Seine Zeit als Schiffslotse auf dem Mississippi sah Samuel Longhorne Clemens (1835–1910) alias Mark Twain im Rückblick als die schönste Zeit seines Lebens an: »Ein Lotse war damals der einzige ungebundene und vollkommen unabhängige Mensch auf Erden.« Vier Jahre pendelte er auf Flussdampfern zwischen St. Louis und New Orleans hin und her, bevor 1861 der Ausbruch des Bürgerkriegs der Lotsenkarriere ein Ende setzte. Eine Zeitlang versuchte er sich als Silbergräber in Nevada, bevor er sich als Journalist in San Francisco niederließ.

Doch das journalistische Tagesgeschäft zwischen Gerichtsverhandlungen, Theaterkritiken und Berichten über allnächtliche Schlägereien empfand Mark Twain als wenig erhebend. Also ergriff er 1866 die Chance und reiste für die kalifornische Tageszeitung Sacramento Daily Union *nach Hawaii. Die einst von James Cook entdeckten und zu Ehren des Lord Sandwich benannten »Sandwich Islands« waren seit 1810 ein vereintes Königreich, es herrschte Kamehameha V. Vier Monate lang hielt Twain sich dort auf und schrieb regelmäßige »Briefe aus Hawaii«, die sich bei den Lesern der Zeitung großer Beliebtheit erfreuten. Zurück in Amerika, tingelte er mit Vortragsabenden durchs Land, die den Titel trugen: »Unsere Mitwilden von den Sandwich-Inseln«.*

Frontispiz zu »A Tramp Abroad«, 1880

Mark Twains Briefe aus Hawaii *schlagen bereits jenen unverwechselbaren ironisch-satirischen Ton an, für den der Schriftsteller berühmt wurde. In späteren Jahren machte er sich unter anderem mit einer Pilgergruppe ins Heilige Land auf und absolvierte eine ausgedehnte Tour nach Deutschland, der Schweiz und Italien. Die Bücher, die er darüber schrieb –* The Innocents Abroad *(Die Arglosen im Ausland, 1869) und* A Tramp Abroad *(Bummel durch Europa, 1880) –, zählen zu den unterhaltsamsten und komischsten Reiseerzählungen des 19. Jahrhunderts.*

Honolulu, März 1866. Heute Abend bin ich wahrscheinlich der empfindlichste Mann im ganzen Königreich – insbesondere, wenn ich offiziell gebeten werde, mich zu setzen. Ich bin seit fünf Uhr am Nachmittag fünfzehn bis zwanzig Meilen geritten, und, um die Wahrheit zu sagen, die Empfindlichkeit dauert an, selbst wenn ich mich privat setze. Ich bin einer der schlechtesten Reiter auf Erden und steige nie in den Sattel ohne die düstere Vorahnung, dass ich zu jener letzten unerforschlichen Reise aufbreche, die jeder von uns früher

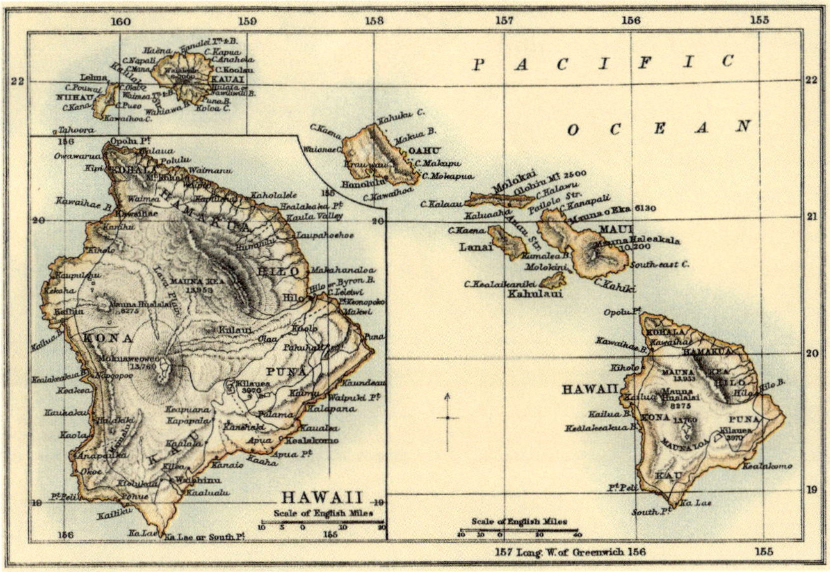

Karte der Hawaiianischen Inseln Hawaii, Kauai, Maui und Oahu, um 1870

oder später antreten muss, und ich kehre nie von einem Ausritt zurück, ohne noch zwei oder drei Tage danach an meinen Allerwertesten denken zu müssen. Dieses so überaus vertraute, andächtige Gefühl überkam mich, als ich mich vor fünf Minuten hier niederließ.

Heute planten wir für halb fünf am Nachmittag einen Ausflug zum Diamond-Head-Krater und zum Königlichen Kokospalmenhain. Die Gesellschaft bestand aus sechs Herren und drei Damen. Alle brachen zum verabredeten Zeitpunkt auf, nur ich nicht. Ich hatte zuvor das staatliche Gefängnis besucht, und die Besichtigung war so interessant, dass ich nicht merkte, wie die Zeit verging. Als jemand sagte, es sei zwanzig nach fünf, wachte ich auf. Glücklicherweise traf ich Kapitän Phillips mit seiner »Equipage« – so nennt er eine Kutsche, die Kapitän Cook 1778 hierherbrachte, und ein Pferd, das bereits hier gewesen sein muss, als Kapitän Cook die Insel erreichte. Kapitän Phillips ist zu Recht stolz auf seine Fahrkünste und die Schnelligkeit seines Pferdes, und weil er beides so gern zur Schau stellt, möchte ich erwähnen, dass wir nur sechzehn Minuten vom Gefängnis bis zum *American Hotel* benötigten – eine Strecke, die schätzungsweise mehr als eine halbe Meile lang ist. Doch die Fahrt war schrecklich. Die Peitschenschläge des Kapitäns kamen so rasch und wirbelten am Pferdefell so viel Staub auf, dass wir die Hälfte des Weges durch undurchdringlichen Nebel fuhren und uns an einem Kompass orientieren mussten, den Kapitän Fish in Händen hielt. Fish war seit sechsundzwanzig Jahren als Walfänger unterwegs und saß während der ganzen gefährlichen Reise so selbstsicher da, als befände er sich auf dem Achterdeck seines eigenen Schiffs. Ab und zu sagte er ruhig: »Ruder backbord – backbord«, und: »Lassen Sie sie ganz ruhig laufen – ruhig«, und: »Anluven – hart auf Steuerbord!«, und er verlor dabei nie die Beherrschung oder verriet mit seiner Stimme oder seinem Verhalten die geringste Furcht. Als wir schließlich vor Anker gingen und Kapitän Phillips auf seine Uhr blickte, sagte er: »Sechzehn Minuten – ich hab's ja gesagt, dass sie es schafft! Das sind über drei Meilen die Stunde!« Ich merkte, dass er ein Kompliment erwartete, und ich sagte, ich hätte noch nie einen Blitz gesehen, der so schnell gewesen sei wie dieses Pferd. Und das hatte ich wirklich nicht.

DAS ROSS »OAHU«. Der Besitzer des *American Hotel* sagte, die Gesellschaft sei bereits vor fast einer Stunde aufgebrochen, doch könne er mir eines seiner Pferde anbieten, das sie leicht einholen werde. Ich antwortete, meinetwegen, aber ich hätte lieber ein sicheres Pferd als ein schnelles – ich hätte gern ein überaus sanftes Pferd – ein Pferd ganz ohne Eigensinn – am besten ein lahmes. Nach fünf Minuten saß ich im Sattel und war mit meiner Ausstattung vollkommen zufrieden. Ich hatte keine Zeit, es mit den Worten »Dies ist ein Pferd« zu beschriften, konnte es also nicht ändern, wenn jemand es für ein Schaf hielt. Ich war zufrieden, und das war die Hauptsache. Ich konnte erkennen, dass es genauso viele hervorstechende Eigenschaften hatte wie jedes andere Pferd, also hängte ich meinen Hut hinter dem Sattel an eine von ihnen, wischte mir den Schweiß vom Gesicht und trabte los. Ich nannte es nach dieser Insel »Oahu«. Als wir an einem Tor vorbeikamen, steuerte es darauf zu. Ich hatte weder Peitsche noch Sporen und besprach in aller Ruhe die Sache mit ihm. Das Ross ließ sich nicht durch Argumente überzeugen, doch auf Schläge und Beschimpfungen reagierte es schließlich. Es kam rückwärts aus dem Tor heraus und strebte einem anderen auf der gegenüberliegenden Straßenseite zu. Meine vorherige Methode erwies sich erneut als erfolgreich. Auf den nächsten sechshundert Metern überquerte es vierzehn Mal die Straße und erkundete dreizehn Tore, während die brennende Tropensonne mir das Hirn wegzuschmelzen drohte und ich buchstäblich triefte von Schweiß, Schmutz und Schimpfwörtern. (Ich bin auch nur ein Mensch und war sehr verärgert. Ich werde mich das nächste Mal besser benehmen.) Danach gab mein Ross den Torlauf auf und wurde recht friedlich, schien aber in Gedanken versunken. Als ich Letzteres bemerkte, überkamen mich rasch die bösesten Vorahnungen. Ich vermutete, dass dieses heimtückische Tier gerade irgendeinen neuen Unsinn ausheckte, irgendeine Teufelei (kein Pferd hat je über ein Thema so gründlich nachgedacht wie dieses über rein gar nichts). Je länger ich über diesen Umstand nachgrübelte, desto

—

»Ich habe mich stets danach gesehnt, für immer auf einem jener Berge auf den Sandwich-Inseln zu leben, die das Meer überragen.«

MARK TWAIN,
26. OKTOBER 1881

—

unruhiger wurde ich, bis mir die Geduld riss und ich aus dem Sattel stieg, um nachzusehen, ob das Pferd etwas Wildes im Blick hatte – denn ich hatte gehört, dass das Auge dieses edelsten aller Haustiere überaus ausdrucksvoll sei. Ich kann gar nicht sagen, wie erleichtert ich war, als ich feststellte, dass es nur schlief. Ich weckte es und ließ es schneller traben, doch bald kam die angeborene Böswilligkeit seines Wesens erneut zum Vorschein. Es versuchte, über eine fünf bis sechs Fuß hohe Steinmauer zu klettern. Ich erkannte, dass ich diesem Pferd nur mit Gewalt beikommen würde, und dies besser früher als später. Ich brach eine stramme Gerte von einer Tamarinde, bei deren Anblick das Ross sofort aufgab. Es fiel in einen krampfartigen Galopp mit drei kurzen Schritten und einem langen, der mich abwechselnd an das Rütteln und Schütteln eines großen Erdbebens und an das heftige Schwanken der *Ajax* im Sturm erinnerte.

Nun scheint mir der passende Augenblick gekommen, den Mann, der den amerikanischen Sattel erfand, aufs Gründlichste zu verfluchen. Es ist eigentlich kein richtiger Sattel – man kann sich ebenso gut auf eine Schaufel setzen –, und die Steigbügel sind nur ein dekoratives Ärgernis. Wenn ich all die Flüche, die ich jenen Steigbügeln gewidmet habe, aufschreiben würde, gäbe dies ein dickes Buch, selbst wenn ich auf Illustrationen verzichtete. Manchmal rutschte ich so weit durch, dass der Steigbügel eher an einen Fußring erinnerte, mal rutschte ich mit beiden Füßen durch und hatte Handschellen an den Beinen, mal glitt der Fuß ab, so dass mir der wild baumelnde Steigbügel gegen das Schienbein schlug. Selbst wenn ich die richtige Haltung hatte und sorgsam auf den Fußballen balancierte, war es unbequem, weil ich ständig befürchtete, die Bügel könnten jeden Moment in die eine oder andere Richtung wegrutschen. Aber das Thema ist zu nervenaufreibend, um darüber zu schreiben.

Oahu stolperte eine glatte, harte Straße entlang, die ab und zu von einem Landhaus, von Pulu-Sümpfen und Fischteichen auf der einen oder auf anderen Seite begrenzt wurde, die aber stets über flaches Land führte, ohne dass Bäume den weiten Pazifik zur Rechten verbergen konnten oder den vor mir liegenden, zerklüfteten, den steil aufragenden Berg, der Diamond Head oder Diamond Point genannt wird.

Der Königliche Palmenhain, Waikiki. Eineinhalb Meilen vor der Stadt erreichte ich einen Hain aus großen Kokospalmen, deren glatte, zweiglose Stämme bis zu sechzig oder siebzig Fuß hoch aufragen und an der Spitze unter einem Büschel grüner Blätter Bündel von Kokosnüssen beschirmen – ein Wald aus riesigen ausgefransten Sonnenschirmen mit übergroßen Trauben darunter wäre auch nicht viel malerischer. Ein gutes Dutzend Laub- und Grashütten schmiegte sich hier und da schläfrig in den Schatten. Die Grashütten sind grau und wie Holzhäuser bei uns geformt, nur mit einem höheren und steileren Dach, und werden aus einer Art Gras gebaut, das man zu festen Bündeln verschnürt. Die Dächer sind sehr dick, ebenso die Wände. Letztere haben viereckige Löcher, die als Fenster dienen. Aus einiger Entfernung sehen diese Hütten irgendwie pelzig aus, als wären sie aus Bärenfellen gemacht. Innen ist es kühl und wohnlich. Die Flagge des Königs flatterte über dem Dach einer der Hütten, in der sich vielleicht gerade Seine Majestät aufhielt. Die ganze Anlage und Umgebung gehört ihm, und oft verbringt er hier an schwülen Tagen seine Zeit damit, sich einen faulen Lenz zu machen. Der Ort wird »Königshain« genannt.

Waikiki
Holzschnitt, koloriert, um 1870

EIN SCHLACHTFELD, DESSEN GESCHICHTE VERGESSEN WURDE. Ich trabte auf meinem Ross Oahu um den Fuß des erloschenen Kraters Leahi oder Diamond Head herum, überholte eine Viertelmeile hinter diesem Ort die Damen und Herren der Reisegruppe und nahm meinen angemessenen Platz ein – der ganz hinten war, weil mein Pferd trotz aller Tritte, Schläge und Flüche immer darauf beharrte, sich an letzter Stelle einzuordnen. Ich war damit zufrieden, solange ich Oahu in Rufweite des Reiterzugs halten konnte. Mehr hätte ich ohnehin nicht zustande gebracht, und wenn Oahu ein neuer Norfolk [berühmtes Rennpferd aus Kentucky] gewesen wäre.

Wir ritten und ritten und ritten – viel zu weit für Leute, die es nicht gewohnt waren, so lange im Sattel zu sitzen, und die am folgenden Tag mit einigen Beschwerden rechnen müssen, wenn sie sich zu freizügig diesem Sport gewidmet haben. Schließlich erreichten wir einen Punkt, an dem wir umkehren wollten, um einen unbeschwerlichen Weg nach Hause zu finden. Aber wir waren zu spät, und die Flut hatte die Küste erreicht. Der junge Henry McFarlane sagte, er kenne eine nette, bequeme Route über den Hügel – eine Abkürzung –, und die Reisegruppe folgte ihm auf den Fersen. Wir erklommen einen hundertfünfzig Fuß hohen Berg, der nach oben und unten so steil wie eine Hauswand und mit unzähligen groben Lavablöcken übersät war. Der Weg war vielleicht nicht so breit wie der breite Weg, der zur Verdammnis führt, aber gewiss ebenso gefährlich zu begehen und hatte offensichtlich das gleiche Ziel. Ich hatte Mitleid mit den Damen, aber keine Zeit für tröstende Worte, weil meine Aufmerksamkeit zu sehr von Oahu in Anspruch genommen wurde. Der Weg am Abgrund war manchmal so steil, dass mein Ross aufrecht auf den Hufspitzen stand und sich mit den Vorderhufen festklammerte. Während sein Hinterteil über dem Pazifik schwebte, berührte seine Nase beinahe den Mond. Auf diese Weise bildeten wir ein Reiterdenkmal, das auf mich ebenso unbehaglich wirkte, wie es einem Betrachter wohl malerisch erschienen wäre. Man könnte meinen, ich hätte Angst gehabt, doch keineswegs. Ich wusste, ich konnte mich gut auf dem Pferd halten, solange seine Ohren nicht abrissen.

Traditionelles hawaiianisches Haus
Holzschnitt, koloriert, um 1870

Ich war sehr erleichtert, als wir endlich gesund und munter den Gipfel erreichten, denn die Sonne verschwand bereits in den Wellen, die Nacht senkte sich über das Land, und in der fernen Stadt blinzelten bereits die Kerzen und Öllampen, und wir erkannten dankbar, dass Henry uns davor bewahrt hatte, über den felsigen, sandigen Strand heimkehren zu müssen. Doch während die Ausflügler noch den aufgehenden Mond bewunderten und sich an der kühlen, balsamischen Nachtluft samt dem Duft unzähliger Blüten ergötzten, stießen wir auf eine neue Schwierigkeit, denn wir entdeckten, dass wir an einen Ort gelangt waren, von dem wir nicht mehr wegkamen.

Anscheinend waren wir von Abgründen umgeben. Die Karte unseres Lotsen war fehlerhaft, und er konnte keinen Ausweg finden. Wir hatten also die Wahl, entweder die Nacht an der frischen Luft unter dem herrlichen Mond zu verbringen oder im Dunkeln den Weg wieder hinunterzuklettern, den wir hergekommen waren. Doch dann erschien rechtzeitig ein Insulaner, der uns einen erstklassigen Rückweg mit kaum merklichem Gefälle zeigte, und die Reisegruppe fiel wieder in einen heiteren Galopp und Oahu erneut in seinen eigenwilligen Trab. Der Mond ging auf und überflutete den Berg und das Tal und den Ozean mit Silberlicht, und ich bereute es nicht, dass wir all die Mühen auf uns genommen hatten, denn das Gefühl, wieder in

Sicherheit zu sein, hatte uns neuen Elan verliehen, und wir genossen die schöne Landschaft viel intensiver, als wir dies unter anderen Umständen getan hätten. Nie zuvor habe ich eine solch milde, köstliche und auch keine so üppig und würzig duftende Luft geatmet. Ein Frisiersalon ist nichts dagegen.

Fröhlich lachend und plaudernd galoppierten die Ausflügler weiter, und ich klammerte mich mit zusammengebissenen Zähnen am Sattelknauf fest und trabte auf und ab hüpfend hinterher. Schließlich erreichten wir einen Ort, an dem kein Gras wuchs – eine große Fläche aus tiefem Sand. Man erzählt sich, dies sei einst ein Schlachtfeld gewesen. Überall und in kurzen Abständen schimmerten gebleichte Menschenknochen weiß im Mondlicht. Wir sammelten etliche als Andenken auf. Ich hatte bald reichlich Arm- und Beinknochen gesammelt, die vielleicht von großen Häuptlingen stammten, die sich in jener furchtbaren Schlacht in längst vergangener Zeit einen wilden Kampf geliefert hatten, bei dem das Blut in Strömen floss. Die besten Exemplare gingen später in Stücke, als ich versuchte, mein Ross Oahu damit anzutreiben. Man konnte alle Arten von Knochen finden, aber keine Schädel. Ein Anwohner erzählte ohne jeden Respekt, kürzlich seien ungewöhnlich viele »Schädeljäger« hier gewesen – eine Art Sportsmann, von dem ich noch nie etwas gehört hatte. Die Gespräche nahmen an dieser Stelle einen sonderbar gespenstischen Ton an. Ein Gentleman sagte: »Reichen Sie mir Ihre Knochen, Miss Blank. Ich trage sie für Sie.« Ein anderer sprach: »Sie haben so wenig Knochen, Mrs. Blank. Vielleicht hätten Sie gern dieses prächtige Schienbein?«

Folgende Bemerkungen kamen über die Lippen der Damen, als sie über ihre frischgesammelten Schätze sprachen:

»Mr. Brown, könnten Sie kurz meine Knochen halten?«, und: »Mr. Smith, Sie haben so viele von meinen Knochen, und Sie haben auch einen, Mr. Jones, und Sie, Mr. Twain, haben mein Rückgrat. Die Herren sollten aufpassen, dass sie ihre Knochen nicht mit meinen durcheinanderbringen, sonst können wir sie nicht mehr auseinanderhalten.«

Diese Bemerkungen wirken auf dem Papier sehr pietätlos, aber sie klangen keineswegs so, da sie ganz sachlich ausgesprochen wurden und ohne die Absicht, mit den sterblichen Überresten Unfug zu treiben. Eigentlich glaube ich, dass es nicht richtig war, diese Knochen mitzunehmen, aber wir taten es trotzdem. Wir dachten, es sei zumindest nicht weniger ungehörig als die Tatsache, dass die Regierungen von Hawaii und Honolulu (die Stadt mit der größten Moral und Frömmigkeit auf der ganzen Welt) es zuließen, dass diese Knochen seit Jahrzehnten ohne den geringsten Schutz hier herumliegen, in der Sonne bleichen und bei Wind und Wetter verrotten und von gleichgültigen Fremden und wilden Tieren entweiht werden.

Ihr Staatsmänner und Missionare mögt uns meinetwegen verdammen! Ich aber sage, schämt euch, dass ihr, nachdem ihr ein Volk von der Götzenanbetung zum Christentum erhoben und aus der Barbarei zur Zivilisation geführt habt, ihm nicht die Verpflichtung zum Respekt vor den Toten lehrtet. Eure Arbeit ist nicht abgeschlossen.

Von der tiefen Stille und dem friedlichen Bild der Landschaft beeindruckt und wie immer an letzter Stelle reitend, fasste ich meine Gedanken in Worte und sprach: »Welch Schönheit ruht hier im düst'ren Glanz des Mondes! Wie deutlich sich die Umrisse des erloschenen Vulkans gegen den klaren Himmel abzeichnen! Welch schneeweißes Band die brechenden Wellen am langen Bogen des Riffs säumt! Wie ruhig die dämmrige Stadt dort in der Ebene schlummert! Wie sanft sich die Schatten an die stattlichen Berge schmiegen, die das traumgefüllte Manoa-Tal begrenzen! Welch wogende Wolkenmassen sich über dem sagenumwobenen Pari türmen! Es scheint, als stürmten die blutrünstigen Krieger der Vergangenheit in gespenstischen Scharen erneut auf ihr uraltes Schlachtfeld – als höre man das Wehklagen der Sterbenden aus den …«

Diamond Head und Waikiki
Holzschnitt, koloriert, um 1870

An dieser Stelle setzte sich das Pferd namens Oahu gemächlich in den Sand. Ich nehme an, es setzte sich, um zu lauschen. Was es hörte, ist eine andere Frage. Ich unterbrach meine Rede und überzeugte Oahu, dass eine Missachtung des Gerichts durch ein Pferd von mir nicht geduldet wurde. Ich zertrümmerte das Rückgrat eines Häuptlings an seinem Hintern und trabte los, um mich wieder dem Reiterzug anzuschließen.

Um neun Uhr abends erreichten wir ziemlich erschöpft die Stadt – ich allen voran, denn als mein Pferd endlich begriffen hatte, dass es heimwärts ging und der Weg nicht mehr weit war, schwang es seine Haxen wild nach vorne und hinten, senkte den Kopf und legte die Ohren an und flog schnell wie ein Telegramm an meinen staunenden Gefährten vorbei. Nach fünf Minuten hatten wir alle überholt.

Brown und ich hielten vor einem Privathaus, um auf die anderen zu warten und darauf zu achten, dass niemand verlorenging.

Bald merkte ich, dass ich die Aufmerksamkeit eines hübschen jungen Mädchens erregt hatte, und fühlte mich gebührend geschmeichelt. Vielleicht bewundert sie meine Reiterkünste, dachte ich, riss wild am Zügel und sagte: »Ho! Ruhig!«, um zu demonstrieren, wie ungezähmt und widerspenstig das Tier war – obwohl es sich gerade, um die Wahrheit zu sagen, überaus friedfertig gegen einen Koppelpfahl lehnte. Ich gab Oahu die Sporen, machte ihm Beine, ritt ein Stück die Straße hinauf, um nach den Ausflüglern zu sehen, trottete heldenhaft wieder zurück und versuchte, mir nicht anmerken zu lassen, dass ich wusste, dass ich beobachtet wurde. Dann rief ich Brown ein paar kluge Bemerkungen zu, damit die junge Dame die Möglichkeit hatte, meinen Konversationsstil zu bewundern, und stellte zu meiner Zufriedenheit fest, dass sie näher kam und Brown etwas zuflüsterte, während sie mir gleichzeitig verstohlene Blicke zuwarf. Ich konnte in ihren Zügen einen Ausdruck freundlicher und ernster Sorge erkennen und war schockiert und erzürnt, als Brown in rohes Gelächter ausbrach. Als wir uns auf den Heimweg machten, fragte ich mit schlecht geheuchelter Gleichgültigkeit, was das Mädchen gesagt habe. Brown lachte erneut und antwortete: »Sie dachte, Sie sind betrunken, weil Sie so schlaff im Sattel hängen und mit schwerer Zunge sprechen! Sie sagte: ›Sie sollten den armen Kerl wirklich nach Hause bringen, Mr. Brown. Das kann ich gar nicht mit ansehen. Er muss sehr betrunken sein!‹«

—

»Wieder zu Hause. Nein – nicht wieder zu Hause – wieder im Gefängnis – und das ganze wilde Freiheitsgefühl ist vergangen. Gott steh mir bei, ich wünschte, ich wäre wieder auf See!«

MARK TWAIN,
13. AUGUST 1866, ZURÜCK IN SAN FRANCISCO

—

Ich lachte ziemlich laut über diesen Scherz, das heißt, es war eher eine Art dumpfes, grabesdüsteres Lachen. Dann gab ich Oahu die Sporen.

—

1866–1871

David Livingstone

Im Herzen Afrikas

—

Eigentlich wollte David Livingstone (1813–1873), Sohn eines schottischen Baumwollspinners, als Missionar nach China gehen, aber der ausbrechende Opiumkrieg vereitelte den Plan. Stattdessen verschlug es ihn im März 1841 nach Südafrika. Seine Kenntnisse der Theologie und Medizin hatte sich Livingstone im Selbststudium beigebracht; nun brachte er acht Jahre auf abgelegenen christlichen Missionsstationen in Betschuanaland zu. Seine Bekehrungserfolge hielten sich in Grenzen, dafür erwachte in ihm die Entdeckerleidenschaft. 1849 startete er zu seiner ersten Erkundungsreise durch die Wüste Kalahari zum Ngamisee. Das Innere des afrikanischen Kontinents war damals noch weitgehend unbekannt, kaum ein Europäer hatte sich dahin vorgewagt. Weitere mehrjährige Expeditionen folgten: In einem 4000 Kilometer langen Marsch erkundete Livingstone den Sambesi und entdeckte die Victoriafälle; und als erster Europäer durchquerte er Zentralafrika von Westen nach Osten.

David Livingstone als Missionar in einem Eingeborenendorf
Holzstich, koloriert, 1877

Besonders eine Frage trieb ihn um: Wo waren die Quellen des Nils zu finden? Ihr widmete Livingstone seine letzte große Expedition, zu der er 1866 von Sansibar aufbrach. Bald galt er als verschollen, bis im Oktober 1871 der von der Zeitung New York Herald *gesandte Reporter Henry Morton Stanley ihn am Ufer des Tanganjikasees aufspürte. Berühmt geworden sind die Worte, mit denen Stanley den Totgeglaubten begrüßte: »Dr. Livingstone, I presume?« Eine Rückkehr nach Europa freilich zog Livingstone nicht in Betracht. Nach seinem Tod 1873 – Livingstone starb am Ufer des Bangweulu an den Folgen der Ruhr – überführte man seinen einbalsamierten Leichnam zusammen mit den aufgefundenen Karten und Tagebüchern nach England. In Westminster Abbey wurde Livingstone feierlich beigesetzt. Sein Herz aber blieb in Afrika. Die afrikanischen Weggefährten Susi und Chuma hatten es dem Verstorbenen vorher entnommen und unter einem Baum begraben.*

—

26. März 1866. Ich fühle mich sehr glücklich, wieder ins Innere Afrikas zu reisen. Der Zweck meiner Reise, die Lage der Eingeborenen zu verbessern, macht alle Strapazen erträglich. Ob wir die üblichen Höflichkeitsphrasen austauschen oder gerade in einem neuen Dorf ankommen, Nachtquartier suchen oder Erkundigungen einziehen oder die höflichen Fragen der Afrikaner nach dem Zweck unserer Reise beantworten – alles dient dazu, Kenntnis von jenem Volk zu

verbreiten, das dereinst dieses Land der Kultur erschließen und von der Schmach des Sklavenhandels befreien wird.

Übrigens bereitet mir der Gedanke, unerforschtes Land zu bereisen, ein rein physisches Vergnügen. Immer empfindet man das spannende Gefühl lauernder Gefahren. Die Gemeinschaft der Mühe und Gefahr verbindet uns freundschaftlich mit unseren Begleitern. Nur erbärmliche und einfältige Menschen könnten den niedrigen Stand der Eingeborenen zum Vorwand nehmen, um selbstüberheblich ihre eigene Größe zu empfinden. Und doch geschieht das oft, offenbar, weil die Menschen sich nicht abgewöhnen können, ihre eigene Vollkommenheit an den Mängeln anderer zu erkennen. Eine der vornehmsten Wirkungen des Reisens ist die, dass es uns Vertrauen zur eigenen Kraft einflößt und unsere Geistesgegenwart stärkt. Und dabei ist Afrika ein wahres Paradies für den gesunden Appetit. Beschwerlich wird die Sache nur, wenn, wie es zuweilen geschieht – nur Markknochen und Elefantenfüße zur Verfügung stehen.

8. APRIL 1866. Wir verbrachten den Sonntag in einem Dorf namens Nyangedi. Hier wurden Büffel und Kamele zum ersten Mal von Tsetsefliegen gestochen. Wir hatten dichtverwachsenes Dschungelland zu durchqueren, das dem Fußwanderer keine sonderlichen Schwierigkeiten bereitet – man empfindet den Schatten sogar erquickend –, aber für die Kamele musste ein Weg gebahnt werden. Glücklicherweise zeigten sich die Makondé dieses Dorfes bereit, uns einen Tag lang als Holzfäller zu dienen. Die Einwohner hier sind vollkommen unabhängig und anerkennen keinerlei Oberherren. Sie haben niedrige Stirnen, schwulstige Nasenflügel, volle Lippen, einigermaßen wohlgebaute Gliedmaßen; Hände und Füße sind klein. Eisen kennen sie nicht, benützen zumeist hölzerne Speere. Als Zahlungsmittel verwendeten wir Kattunstoff. Wir tauschten dagegen Geflügel, Reis und Mais. Die Makondé haben eine eigene Sprache, doch stehen sie immerhin in Fühlung mit den Küstenarabern, und es gibt Leute genug, die sich auf Suaheli verständigen können.

—

»Übrigens bereitet mir der Gedanke, unerforschtes Land zu bereisen, ein rein physisches Vergnügen. Immer empfindet man das spannende Gefühl lauernder Gefahren.«
DAVID LIVINGSTONE, 1866

—

12. APRIL 1866. Als wir den Marsch antraten, fanden wir den Dschungel so undurchdringlich, dass meine Leute allen Mut verloren; er war mindestens fünf Kilometer tief.

Die Bäume sind nicht groß, aber sie stehen außerordentlich dicht gedrängt, und es kostet schwere Arbeit, durchzubrechen und den Gang auszuweiten. An manchen Stellen herrscht das Bambusrohr vor und hat die Bäume ganz verdrängt. Große Bäume sind, wie gesagt, nicht zu finden, und zwar aus dem Grunde, weil das Gebiet, das wir durchquerten, ehemals gar kein Waldgebiet war, bis der Sklaven-

Die Victoriafälle im heutigen Simbabwe, 1855 von Livingstone entdeckt
Holzstich, um 1880

handel die Makondé dezimierte. Die Bäume sehen wie nackte Stangen aus und sind von einem Knäuel von Klettergewächsen umwuchert, die sich wie Schiffstaue von Baum zu Baum winden. Ich beobachte eine Art, die wie die Scheibe eines Säbels aussieht; aber in der Mitte der flachen Seite läuft ein Streifen, aus welchem in kurzen Abständen Bündel von scharfen Stacheln hervorsprießen.

Wir hatten zehn junge fröhliche Makondé gemietet, um uns einen Weg durch diese prähistorisch anmutende Flora zu bahnen; sie sind ja geübt, Waldland dieser Art zu roden, und so taten sie denn auch ganze Arbeit, wobei sie sich eines sehr zweckmäßigen Gerätes von der Form eines Tomahawk bedienten. Wenn es Bäume zu fällen gab, verwendeten sie auch Äxte. Sie hatten eine Elle Kattun für den Arbeitstag ausbedungen; das ist nicht zu viel, denn wir hatten uns ja noch nicht allzu weit von der Küste entfernt. Sie wurden prächtig mit den Klettergewächsen und Jungbäumen fertig.

Ich beobachtete, dass die kleinen Leute noch stramm bei der Arbeit waren, wenn sich die hochgewachsenen bereits erschöpft zeigten; aber auch die besten von ihnen schienen nach einigen Tagen harter Arbeit arg mitgenommen. Ich glaube kaum, dass vegetarisch lebende Völker lang anhaltende Arbeit leisten können.

13. April 1866. Wenn man so durch den Dschungel reist, hat man Gelegenheit, die beliebten »Praktischen Ratgeber für Tropenreisende« komisch zu finden – und gewiss würden die Verfasser dieser Bücher über ihre eigenen Ratschläge lachen, wenn sie jemals in jene Himmelstriche kämen. Wenn man durch offenes Land zieht und Hügel und Bäume vor sich hat, dann mag man trigonometrische Mes-

sungen vornehmen, Entfernungen berechnen, prüfen, ob diese und jene Côte unter dem gleichen Längengrad liegt usw., alles hübsch bequem und klar mit Hilfe von Sextanten und Kompassen. Aber solange wir auch im Urwald waren, in dieser von der Feuchtigkeit des Indischen Ozeans durchatmeten Heißluft, konnte ich beim Betrachten dieser üppigen, sinnlichen Pflanzenwelt das Gefühl nicht überwinden, ich kämpfe um mein Dasein wie sie – und wenn man mir da gesagt hätte, ich solle Messungen vornehmen, so kann man es ebenso gut einem Mann sagen, der in einem Fass sitzt und nur durch das Spundloch herausschaut.

Ein alter Monyinkahäuptling schenkte uns eine Ziege und meinte, die Sepoys sollten sie durch einen Halsschlagaderschnitt töten. Aber die Leute von der Johannainsel, die einer anderen Sekte angehören, wollten sie nach einem anderen Zeremoniell schlachten; so entstand ein heftiger Streit darüber, wer der wahre orthodoxe Mohammedaner sei. Ich bemerkte mit Interesse, dass die Bekenner anderer Religionen genauso wie wir Christen in Glaubensdingen leicht in Eifer geraten.

18. APRIL 1866. Ben Ali führte uns einen falschen Weg nordwärts, obwohl ich Einspruch erhoben hatte; er bestand darauf, recht zu haben. Es war ein sehr beschwerlicher Marsch – schließlich stellte sich heraus, dass wir ihn nur unternehmen mussten, weil Ben Ali bei dieser Gelegenheit eine seiner Frauen besuchen wollte, ein recht wohlgestaltetes Makondéweib. Endlich führte er sie mir vor, und mir blieb nichts anderes übrig, als die Dame höflich zu behandeln, obwohl mich die Ehre, ihre Bekanntschaft zu machen, einen Tag Mühsal gekostet hatte. Offenbar ist das die Art, wie sich die Araber hier durchsetzen; in allen möglichen Dörfern halten sie sich Ehefrauen. In der Tat beobachtete ich unter den Makondé verhältnismäßig viele hellhäutige Individuen, aber das typische Araberhaar habe ich nur einmal bemerkt.

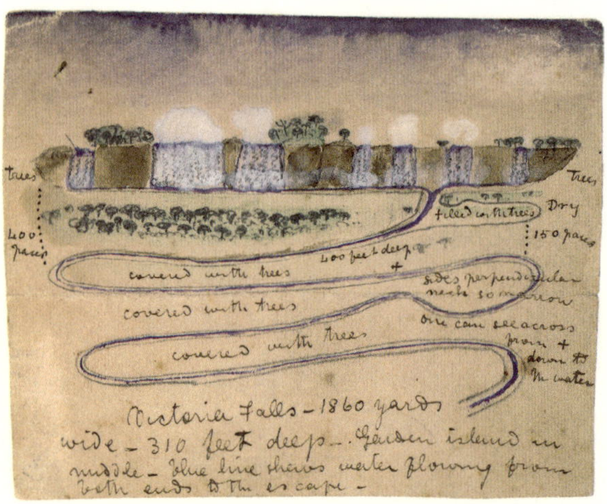

Skizze der Victoriafälle
Zeichnung von
David Livingstone, 1860

Ich fragte Ben Ali, ob denn die Araber versuchten, diese Eingeborenen, mit denen sie auf so vertrauliche Weise verbunden seien, zum Islam zu bekehren, aber er sagte, die Makondé hätten keinerlei Vorstellung von Gott und es wäre vergeblich, ihnen davon zu sprechen; nur die an die Küste verschleppten Makondésklaven würden zu Mohammedanern konvertiert. Seit der Sklavenhandel floriert, ist der Stamm sehr menschenarm geworden, es gibt einen Krieg aller gegen alle, ein Dorf kämpft gegen das andere, um Menschen zu erbeuten; aber niemand hat versucht, den Makondé die Religion zu bringen.

26. April 1866. Wir erreichten gestern Narri, wo wir einen Tag bleiben wollen, um Lebensmittel aufzukaufen. Die Leute von Narri treiben schwunghaften Handel mit Mehl, Eiern, Geflügel und Honig. Die Frauen hier im Dorf sind äußerst unzivilisiert.

Gestern überraschte ich einen der Sepoys dabei, wie er ein Kamel, das auf dem schmalen Weg nicht vorwärtskam, mit einem armdicken Prügel schlug. Ich verwies es ihm, aber schon war es zu spät. Heute kann das Tier sich nicht mehr bewegen. Ich fürchte, dass die eiternden Wunden, die einige unserer Kamele zeigen, von böswilligen Streichen unserer Sepoys herrühren. Diese Leute taugen gar nichts; als wir Sansibar verließen, waren sie betrunken. Einer stahl mir ein Paar Socken. Sie wollen auch nicht arbeiten, und die kleinste Blase am Fuß ist ihnen Grund genug, tagelang untätig herumzulungern. Das lahme Kamel ließen wir in Narri beim Dorfältesten zurück.

3. Mai 1866. Wir rasteten in einem Makoadorf, das eine alte Frau als Dorfschulzin hatte. Die Makoa oder Makoané sind leicht zu erkennen an einer halbmondförmigen Zeichnung, die sie auf der Stirne und auch an anderen Stellen des Körpers als Tätow tragen.

Unser Pudel Tschitané erwies sich als wütender Feind der Dorfköter; sein rabiates Aussehen versetzte diese gelben räudigen Tiere in furchtbare Angst – die vielleicht umso mehr wirkte, als bei Tschitané kaum zu erkennen ist, wo der Kopf und wo das Hinterteil ist. Er schien die Jagd auf das kläffende Getier als Sport zu betreiben, aber wenn nur einer jener Köter kehrtgemacht und ihn angegriffen hätte, wäre er sicher ausgerissen.

Eine Matrone kam zu mir, als wir schon aufbrechen wollten, und brachte mir Mehl; andere hatten meinen Leuten Lebensmittel gebracht, ohne ein Gegengeschenk zu erhalten, jene Matrone dachte also nicht daran, mir ihr Mehl zu verkaufen. Ich sagte ihr, sie möge es mir durch ihren Mann schicken, ich würde dafür bezahlen. Aber es wäre besser gewesen, wenn ich ihr Geschenk angenommen hätte, denn manche von den Eingeborenen schenken aus reiner Gutmütigkeit und erwarten keine Gegengabe.

Viele Makoa tragen im Gesicht eintätowierte Linien, die wohl einen halben Zoll lang sind. Die Tätowierung wird vorgenommen, indem Holzkohle in die Schnittwunde gerieben und das Fleisch herausgequetscht wird, so dass es hervorwuchert. Diese Tätowierungen sehen abscheulich aus und geben ihren Trägern einen Ausdruck von

Rohrpfeifertanz der Betschuanen bei Mondlicht
Lithographie von Thomas Picken, 1857

Wildheit, wie ihn bei uns zuweilen die Könige und hohen Adligen zur Schau stellen, wenn sie sich malen lassen.

6. MAI 1866. Wieder beobachte ich die Tsetsefliege.

Unsere Tiere sind matt, die Kuh hat trübe Augen; aus Einstichen fließt scharlachrotes Blut. Die Eingeborenen hier scheinen intelligent und wohlgesittet zu sein. Als ich aber versuchsweise sagte, »Kusama mungu« (wollen wir zu Gott beten), schweigen alle. Es wäre interessant, zu wissen, was in diesen Köpfen vorgeht, und wie sie in ständiger Verbindung mit der Natur aufwachsen. Ich habe nicht den Eindruck, dass sie wild sind und das menschliche Leben verachten, wie es in der bunten Vorzeit unserer Völker gewesen sein mag; indessen habe ich keine Dolmetscher und muss mich auf einige Phrasen beschränken, die ich wegen ihrer Ähnlichkeit mit den Idiomen der Nachbarstämme verstehe.

2. JUNI 1866. Die Tsetse setzen der Büffelkuh arg zu, aber sie hat auch einen unverkennbaren Bajonettstich in der Schulter. Es ist wie mit den Wunden und Quetschungen der Kamele. Ich glaube, dass die Sepoys das machen. Viele nach Amerika importierte Tier- und Pflanzenarten gedeihen hier ebenso gut wie die einheimischen. So zum Beispiel hat die weiße Ameise, die zufällig eingeschleppt wurde, in St. James furchtbare Verheerungen angerichtet, so dass sogar Menschenopfer zu beklagen waren; der Gouverneur musste außerordentliche Maßnahmen dagegen ergreifen.

In anderen Kolonien hat die englische Einwanderung auch das englische Unkraut mitgebracht; sogar die Insekten haben wir Engländer in unsere Kolonie mitgenommen. In Neuseeland zum Beispiel hat die europäische Fliege die einheimische blaue Schmeißfliege vollkommen verdrängt. Seltsam ist, dass Kolonisten die englischen Hausfliegen in Flaschen und Schachteln mitnahmen, um sich auch in der neuen Heimat nicht von ihnen trennen zu müssen. Welches europäische Insekt wird dereinst in Afrika die Tsetsefliege verdrängen?

Es gibt schon jetzt ausländische Insekten hier: die Makondé haben von uns die Fliege, von den Arabern die Wanze bekommen. In Neuseeland haben unsere Mäuse die einheimischen Ratten vertrieben, zumal die hannoversche Rasse beherrscht das Land. Die Maori sagen: »Des weißen Mannes Ratte vertreibt unsere Ratte, seine Fliege unsere Fliege, sein Klee unser Farnkraut; so wird auch der weiße Mann den Maori vertreiben.«

14. Juli 1866. Unwirtliche Gegend, mühseliges Weiterschleppen; unsere Vorräte sind so zusammengeschrumpft, dass ich täglich nur eine Handvoll Korn pro Mann ausgeben kann. Ich verteile den letzten Rest von Reis, den ich für mich aufgespart hatte.

Wir haben viele Nachzügler, aber wir warten nicht mehr auf sie, sondern streben vorwärts, um endlich in besseres Gebiet zu gelangen. Der rote Lehmboden ist von der Sonne hartgebrannt wie Ziegel. Schließlich mussten wir noch ungefähr eine Stunde vor den ersten Äckern Matakas lagern. Da ich keine Freiwilligen bekam, musste ich einige meiner Leute zwingen, vorauszueilen und Lebensmittel zu beschaffen. Sie sollten am nächsten Morgen damit zu uns zurückkehren.

Aber heute acht Uhr morgens war noch nichts von ihnen zu sehen. Ich machte mich also auf den Weg und marschierte etwa eine Stunde lang; schon erreichte ich einen Hügel, an dessen Abhängen die ersten Gärten Matakas liegen; dort fand ich meine braven Burschen – sie sprangen erschrocken auseinander, als sie meiner ansichtig wurden. Wirklich, sie hatten sich in aller Ruhe eine Suppe gekocht!

Ein Araber namens Sef Rupia, der mit einem großen Sklaventransport nach der Küste zurückkehrte, schenkte uns einen Ochsen, einen Sack Mehl und gekochtes Fleisch. Er hatte von unserem Nahrungsmangel erfahren und wollte offenbar den Engländer, den er für den geborenen Feind des Sklavenhandels hielt, verpflichten. Wenn er unsere elende Eskorte gesehen hätte, wären wir nicht so hoch tariert worden. Seine Karawane war außerordentlich groß. Sie marschierte in elf Trupps und war von etwa sechzig dunkelhäutigen Küstenarabern eskortiert.

Sef selbst begleitete mich bis zu [Häuptling] Mataka und führte mich dort auf gut arabische Sitte ein, indem er eine Salve Flintenschüsse abgeben ließ. Ich bat ihn, am nächsten Morgen wieder zu mir zu kommen, und schenkte ihm drei Kleider. Ich hatte ihn gebeten, unseren Sepoys mit Lebensmitteln auszuhelfen, wenn er ihnen unterwegs begegnete; er hat sich in der Tat zu ihnen sehr großmütig betragen. Matakas Dorf liegt in einer von Bergen umgebenen Talsohle; es zählt etwa tausend Häuser und ist von einigen Vororten umgeben. Die Berge sind reichlich mit Bäumen bestanden. Wir mussten eine Weile auf der Veranda vor Matakas Haus warten, dann erschien er, strahlend vor Gutmütigkeit. Er ist ungefähr sechzig Jahre alt und auf arabische Art gekleidet; anscheinend ist er sehr zu humoristischen Bemerkungen geneigt, denn jedes seiner Worte wird von den Eingeborenen mit schallendem Gelächter quittiert.

Er hatte bisher noch nie Europäer, sondern nur Araber zu sehen bekommen. Ich bekam ein viereckig gebautes Haus zur Verfügung gestellt; übrigens sind die Häuser hier fast allgemein nach arabischer Art viereckig angelegt. Die Araber haben auch die europäische Erbse eingeführt, und ich freute mich, prächtige Pflanzungen davon zu sehen.

Immerfort müssen wir uns angaffen lassen, und die Leute scheinen keine sehr vorteilhafte Meinung von uns zu haben.

8. NOVEMBER 1869. Die Aufnahme ist nicht immer gleich: in einem Dorfe schenkte mir der Häuptling einen prächtigen Papagei, und als ich ihn nicht annehmen wollte, wurde einer meiner Träger damit beglückt. In einem anderen Dorf wollte man uns nicht einmal Nachtquartier gewähren; im Allgemeinen sind die Eingeborenen ganz ohne Zurückhaltung. Während ich schlief, stießen Eingeborene die Türe meiner Hütte auf und kamen herein.

Die Neugierde der Leute fällt mir sehr auf die Nerven. Immer wieder die Frage: Wenn ihr zu Hause zu essen habt, warum kommt ihr hierher und kauft für gute Perlen gewöhnlichen Mais? Dass wir Elfenbein kaufen wollen, wie Mohammeds Leute sagen, wird nicht geglaubt, denn Elfenbein ist hier vollkommen wertlos. Sie neigen dazu, sich mit Palmwein zu betrinken.

Ich sah hier einen Mann, der die große Zehe doppelt hatte; eine Seltenheit, denn meistens verdoppelt sich die kleine Zehe.

—

»Wenn meine Enthüllungen über die schreckliche Sklaverei in Ujiji zur Unterdrückung des Sklavenhandels an der Ostküste führen sollten, werde ich das als eine weit größere Sache ansehen als die Entdeckung sämtlicher Nilquellen.«
DAVID LIVINGSTONE, 1871

—

23. OKTOBER 1871. Ankunft in Ujiji.

Ich bin zum Skelett abgemagert. Aber hier ist täglich Markt, und gute Nahrung wird geboten; ich werde mich wohl erholen können. Meine Leute kommen abends zu mir und erzählen mir, dass von meinen ganzen Vorräten nichts übrig geblieben ist. Scherif hat alles verkauft, und Moenjegeré, der Angesehenste der arabischen Kolonie,

»Dr. Livingstone, I presume?« Morgan Stanleys Begegnung mit Livingstone in Ujiji, 10. November 1871 Holzstich, koloriert, 1872

konnte die traurige Botschaft nur bestätigen. Von dreitausend Yards Kattun bleibt mir kein Streifen übrig, von siebenhundert Lot Perlen keine Perle. Eine traurige Nachricht. Hatte gedacht, ich würde, falls in Ujiji keine Träger aufzutreiben wären, dort warten, bis man mir welche von der Küste schicke. Aber kann ich als Bettler hierbleiben? An eine solche Möglichkeit hatte ich nicht gedacht.

Scherif scheint in moralischer Beziehung ein Idiot zu sein. Er kam zu mir und bot mir freundschaftlich die Hand. Als ich ihm die meine verweigerte, tat er, als ob ich ihn ungerecht behandle. Zweimal am Tag kam er bei mir vorbei, immer mit seinem Gruß Balgere – gutes Glück. Im Weggehen sagte er: »Ich gehe jetzt beten.« Ich sagte ihm, dass ich ihm, wenn ich ein Araber wäre, die Hand und beide Ohren wegen seiner Diebereien abschneiden lassen würde, mich aber als Engländer darauf beschränke, ihm nicht die Hand zu geben.

24. Oktober 1871. In meiner Verlassenheit gleiche ich dem Mann, der von Jerusalem nach Jericho ging und unter die Räuber fiel. Nur dass ich keine Hoffnung habe, dass ein freundlicher Samariter mir zu Hilfe kommt; nicht einmal auf einen Leviten darf ich hoffen.

Allerdings verbleiben mir noch einige Tauschwaren, die ich vor meiner Abreise zu den Manjuema bei Mohammed-ben-Salah in Bewahrung gelassen hatte. Wie hätte ich ahnen sollen, dass in dieser Stunde höchster Beschwernis der gute Samariter wirklich schon an meiner Tür stand. Eines Morgens kam Susi hereingestürzt und schrie, ganz atemlos: »Ein Engländer! Ich habe ihn selbst gesehen!« Damit stürzte er wieder hinaus. Bald sah ich die amerikanische Flagge – nun wusste ich wenigstens, mit welcher Nationalität ich es zu tun hatte. Warenballen, Badewannen, gewaltige Zinnkessel, Kochtöpfe, zusammenlegbare Zelte – ich hatte nur einen einzigen Gedanken: Dieser Reisende ist auf bequeme Fahrt bedacht und mit seinem Witz nicht so zu Ende wie ich.

Es war Henry Moreland Stanley, Reporter des *New York Herald*, den James Gordon Bennett Junior mit viertausend Pfund nach Afrika geschickt hatte, damit er mich auffinde, »lebend oder tot«. Die Neuigkeiten, die er mir aus Europa brachte, ließen mich erzittern: das Unglück, das Frankreich betroffen hatte, der Sieg der Technik, der durch die Anlage eines telegraphischen Kabels durch den Atlantischen Ozean errungen worden war, die Wahl des Generals Grant, der Tod des guten Lord Clarendon, meines edlen Gönners – schließlich der Beweis, dass die Regierung Ihrer Majestät mich noch nicht vergessen hatte – sie hat tausend Pfund Sterling Subsidien für mich bewilligt. Plötzlich war meine ganze Teilnahme für die europäischen Angelegenheiten wieder wach. Sofort stellte sich mein Appetit wieder ein, statt täglich zwei geschmacklose Mahlzeiten hinunterzuwürgen, aß ich wieder viermal, und nach einer Woche fühlte ich mich im Besitz neuer Kräfte. Ich bin keine demonstrative Natur, im Gegenteil, ich bin wirklich so kalt, wie wir Insulaner in den Augen der Kontinentbewohner erscheinen, aber die uneigennützige Freundschaft Mr. Bennetts und Mr. Stanleys rührten mich. Ich bin unendlich dankbar. Mr. Stanley hat seine Aufgabe mit unerhörter Energie und großer Umsicht gelöst.

1889/1890

Nellie Bly

In 72 Tagen um die Welt

—

Als im Jahre 1873 Jules Vernes Roman Reise um die Erde in 80 Tagen *erschien, beflügelte er die Phantasie seiner Leser. Zu ihnen gehörte auch die amerikanische Journalistin Nellie Bly (1864–1922), und sie beschloss, in die Tat umzusetzen, was Jules Verne sich ausgedacht hatte. Ihr ehrgeiziges Ziel war es, noch schneller zu sein als Phileas Fogg, der Held im Roman. Sie gewann den Chefredakteur der New Yorker Zeitung* The World, *für die sie arbeitete, für die Idee; und am 14. November 1889 machte sich die 25-Jährige – ausgerüstet mit einem maßgeschneiderten Reisekleid, einem Mantel und einer Handtasche – auf den Weg zur Weltumrundung. Mit dem Dampfer »Augusta Victoria« von New York nach Newhampton, mit dem Zug weiter nach London; über Calais nach Brindisi, von dort nach Port Said und weiter nach Suez, Aden und Colombo auf Ceylon. Weitere Stationen waren Singapur, Hongkong, Kanton und Yokohama; und von dort über San Francisco und Chicago zurück nach New York. Die amerikanischen Zeitungen berichteten über jede Station ihrer Reise, und bald erwuchs daraus ein Medienspektakel. Auf den letzten Etappen in Amerika wurde sie, wo immer sie entlangkam, von einer jubelnden Menge empfangen – ein Popstar des ausgehenden 19. Jahrhunderts. Am Ende gelang es ihr, den fiktiven Weltrekord einzustellen: Nach 72 Tagen, sechs Stunden und elf Minuten war sie wieder zurück.*

Dabei erging es Nellie Bly unterwegs nicht viel anders als Phileas Fogg, von dem Jules Verne schreibt: »Er reiste nicht, er beschrieb einen Kreis, er stellte einen schweren Körper dar, der sich auf einer Umlaufbahn um die Erdkugel befand …« Nur selten gab es für sie einmal Gelegenheit, sich die Welt anzuschauen, etwa wenn ihr Schiff einen Bekohlungshafen ansteuerte oder sie eine Abfahrt verpasste – wie sich in ihrem Reisebericht Around the World in 72 Days *nachlesen lässt.*

Nellie Bly im Reisekostüm, 1889

—

An Bord der »Povan« von Hongkong nach Kanton. Bald nach unserer Abfahrt zog die Nacht auf. Ich ging an Deck, wo alles in Dunkelheit begraben war. Stetig und leise fuhr das Schiff dahin, und das einzige Geräusch, das man hörte – das erquickendste und erholsamste Geräusch der Welt –, war das Plätschern des Wassers.

Auf einem ruhigen Deck zu sitzen, mit dem sternenklaren Himmel als einzigem Licht ringsum, zu hören, wie das Wasser den Bug des Schiffes küsst, das ist für mich das Paradies. Andere mögen von der Kameradschaft der Männer, dem Glanz der Sonne, dem sanften Mondschein oder der Schönheit der Musik schwärmen, doch man gebe mir einen Weidenstuhl auf einem ruhigen Deck, und schon verlieren sich die Sorgen, der Lärm und die Vorurteile der Welt in der Ferne, so wie der Glanz der Sonne und das kalte Mondlicht von der dichten Dunkelheit der Nacht verschluckt wird. Ich will, vom wellenden Meer sanft geschaukelt, in einem Nest samtener Dunkelheit ruhen, als einziges Licht das leise Funkeln der Myriaden von Sternen am stummen Firmament, als Musik den Kanon des plätschernden Wassers, der das Gemüt kühlt und den Herzschlag beruhigt, und als Kameraden meine eigenen Träume. Gebt mir dies, und ich habe das vollendete Glück.

»Um die Welt mit Nellie Bly«
Brettspiel zu Blys populärer Weltreise, 1890

Doch hinweg mit den Träumen. Ich lebe in der echten Welt, und ich umrunde sie im Wettlauf mit der Zeit. Nach dem Abendessen, das Schiff ankerte und wartete auf die Flut, die uns sicher über die Barre heben sollte, ging ich nach unten, um die chinesischen Passagiere kennenzulernen. Sie spielten, rauchten Opium, schliefen, kochten, aßen, lasen und redeten – alle zusammengedrängt auf einem Deck, das aus einem einzigen großen Raum bestand und nicht in Kabinen geteilt war. Sie hatten ihre eigenen Betten dabei – ein paar Polster – und ihr eigenes Essen – kaum mehr als Reis und Tee.

KANTON. Vor Tagesanbruch ankerten wir in Kanton. Die Chinesen gingen sofort an Land, während die anderen Passagiere noch zum Frühstück blieben.

Während wir frühstückten, kam der Führer, den der Kapitän für uns bestellt hatte, an Bord und kontrollierte schweigend die Lunchpakete, die wir mitnehmen sollten. Dieser Führer war ein sehr gewitzter Kerl namens Ah Cum. Er begrüßte uns mit »Fröhliche Weihnachten!«, und da wir das alle vergessen hatten, waren wir sehr dankbar für die Zuvorkommenheit unseres chinesischen Führers. Ah Cum erzählte mir später, er sei in einer amerikanischen Missionsstation in Kanton erzogen worden, versicherte mir jedoch mit großer Ernsthaftigkeit, dass er dort nur Englisch gelernt habe. Von der christlichen Religion wollte er nichts wissen. Ah Cums Sohn wurde ebenfalls in einer amerikanischen Missionsstation unterrichtet, und ebenso wie sein Vater wusste er seine Bildung zu nutzen. Neben seiner Bezahlung als Reiseführer erhielt Ah Cum von Händlern eine Beteiligung an allen Waren, die die Touristen kauften. Natürlich zahlten die Touristen höhere Preise als üblich, und Ah Cum achtete darauf, dass sie keine Läden besuchten, von denen er nicht seine kleine Gebühr erhielt.

Ah Cum war ansehnlicher als die meisten Mongolen. Seine Nase war schöner geformt und seine Augen weniger schmal als die der meisten seiner Rasse. An den Füßen trug er schwarze geflochtene Schuhe mit weißen Sohlen. Seine marineblauen Hosen, genauer gesagt Strumpfhosen, waren um den Knöchel herum festgeschnürt und lagen am größten Teil des Beines sehr eng an. Darüber trug er einen gestärkten blauen Hemdstoff, der ihm bis zu den Fersen reichte, und darüber wiederum eine kurze gefütterte und gesteppte Seidenjacke, die einem Hausrock ähnelte. Sein langer, kohlenschwarzer Zopf, der mit einer Quaste aus schwarzer Seide verschlossen war, berührte seine Fersen, und an der Stelle, an der der Zopf entsprang, ruhte ein runder, schwarzer Turban.

Ah Cum hatte bereits Sänften für uns vorbereitet. Seine Sänfte war eine elegante Kombination in Schwarz: schwarze Samtvorhänge, Quasten und Fransen sowie schwarze Holzstangen mit Messingknöpfen. Nachdem er sich hineingesetzt hatte, schloss er die Vorhänge und war vor den Blicken der Öffentlichkeit verborgen. Unsere schlichten Weidensänften hatten gewöhnliche Abdeckungen, die meiner Meinung nach der Besichtigung von Sehenswürdigkeiten hinderlich waren. Zu jeder Sänfte gehörten drei Kulis. Unsere waren barfuß, mit wirren Zöpfen und marineblauen Hemden und Hosen, die sehr schmutzig und abgenutzt aussahen. Ah Cums Kulis trugen weiße Leinenkleider, die mit breiten Bändern von rotem Stoff hübsch besetzt waren und auffallend dem Kostüm eines Zirkusclowns ähnelten.

Ah Cum gab den Weg vor, und unsere Kulis folgten. Zuerst nahm ich nur eine undeutliche Menge schwarzer Gesichter und langer Zöpfe wahr, doch schon bald gewöhnte ich mich daran und war in der Lage, verschiedene Dinge am überfüllten Straßenrand zu unterscheiden und die einzelnen Stände und die neugierigen Blicke der Menschen zu bemerken. Dunkle und schmutzige Wege entlang ging es, vorbei an Fischständen, von denen ein widerlicher Geruch ausging, bis wir eine Brücke überquerten, die sich über einen dunklen und trägen Fluss spannte.

Diese kleine, an jedem Eingang bewachte Insel ist Shamian oder »Sandige Fläche«, jenes Stück Land, das der Besiedlung durch Europäer vorbehalten ist.

Ein unabänderliches Gesetz verwehrt Chinesen den Zutritt zu diesem heiligen Bezirk, aufgrund des Hasses, den sie gegenüber den Europäern hegen. Shamian ist grün und malerisch, mit hübschen Häusern im orientalischen Stil, großen schattigen Bäumen und breiten Wegen, deren samtiges Grün nur von den schmalen Pfaden durchbrochen wird, die von den bloßen Füßen der Sänftenträger herrühren.

Hier sah ich zum ersten Mal, seit ich New York verlassen hatte, das Sternenbanner. Es wehte über dem Eingang des amerikanischen Konsulats. Es ist eine merkwürdige Tatsache, dass man immer patriotischer wird, je weiter man sich von seiner Heimat entfernt. Ich war weit weg von meinem geliebten Land, es war Weihnachten, und ich hatte viele verschiedene Fahnen gesehen, seit ich das letzte Mal unsere eigene erblickt hatte. In dem Augenblick, in dem ich sie dort in der sanften, trägen Brise wehen sah, nahm ich meinen Hut ab und sagte: »Dies ist die schönste Fahne der Welt, und ich werde jeden züchtigen, der das Gegenteil behauptet.«

Wie verschieden Kanton doch von Shamian ist! Millionen von Menschen soll es in Kanton geben. Die Straßen, von denen viele grob mit Steinen gepflastert sind, sind kaum breiter als einen Meter. Die Geschäfte, mit ihren bunt bemalten und schön geschnitzten Schildern, sind vorne völlig offen, so als ob die gesamte Wand zur Straße hin weggeweht worden wäre. Im hinteren Bereich eines jeden Ladens befindet sich ein Altar, der bunt und häufig aufwändig geschmückt ist.

Während wir die Straßen entlanggetragen wurden, konnten wir nicht nur die für gewöhnlich üppigen und verführerischen Waren sehen, sondern auch deren Käufer und Verkäufer. Jedes Geschäft hat am Eingang einen Buchhalterschreibtisch. Alle Buchhalter tragen übergroße Brillen aus Schildpatt, die ihnen einen Ausdruck von unwahrscheinlicher Weisheit verleihen. Ich bin geneigt zu glauben, dass die Brillen ein Berufsmerkmal darstellen, denn ich habe nie einen Schreibtischarbeiter ohne sie gesehen.

Man sagte mir, ich solle mich nicht wundern, falls die Chinesen in Kanton mich mit Steinen bewerfen. Die Chinesinnen, so hieß es, pflegten weiblichen Touristen ins Gesicht zu spucken, wenn sich die Gelegenheit biete. Allerdings hatte ich keine Unannehmlichkeiten. Die Chinesen sind nicht von angenehmer Erscheinung. Sie sehen für

Ansicht der europäischen Niederlassungen in Kanton Gemälde, um 1850

gewöhnlich so aus, als habe das Leben ihnen nichts als Sorgen bereitet. Als wir herumgetragen wurden, kamen die Männer aus den Geschäften geeilt, um mich anzuschauen. Sie interessierten sich nicht für die Männer in meiner Begleitung, sondern starrten mich an, als sei ich etwas Neuartiges. Sie zeigten keinerlei Anzeichen von Feindseligkeit. Die wenigen Frauen, auf die ich traf, betrachteten mich ebenso neugierig, jedoch weniger freundlich.

Was die Menschen am meisten zu faszinieren schien, waren meine Handschuhe. Einige waren mutig genug, sie zu berühren, und sie betrachteten sie immer mit dem Ausdruck des Erstaunens.

Die Straßen waren so eng, dass ich zuerst dachte, ich würde durch die Gänge eines Marktes getragen. Der Himmel war vor lauter Schildern und anderen Verzierungen zwischen den gedrängt stehenden Häusern nicht zu sehen. Die offenen Läden wirkten wie Stände eines Marktes. Abgesehen davon, dass sie von den vorbeiziehenden Massen nicht durch einen Ladentisch getrennt waren, war die Täuschung nahezu vollkommen. Als Ah Cum mir erklärte, dass ich mich nicht in einer Markthalle befinde, sondern in Straßen der Stadt Kanton, war meine Verblüffung grenzenlos. Manchmal begegneten uns andere Gruppen in Sänften. Weil die Wege zu schmal waren, als dass beide Gruppen ihn zugleich sicher benutzen konnten, hielten wir kurz an, und es gab ein großes Geschrei und Aufhebens, bis wir sicher an ihnen vorbei waren.

Kuli Numero zwo meiner Sänfte war mir den ganzen Tag über ein Quell großer Unannehmlichkeiten. Er trug den Stuhl mittels

»Der Bahnhof war überfüllt mit Tausenden von Menschen. Als ich auf den Bahnsteig trat, jubelten sie laut auf, und die Kanonen der Battery und von Fort Greene donnerten die Nachricht meiner Ankunft heraus.«
Empfang Nellie Blys bei ihrer Rückkehr in Jersey am 25. Januar 1890
Holzschnitt, 1890

eines zwischen den Tragestangen gespannten Riemens. Dieser Riemen überkreuzte sich an seinen Schultern und berührte den Nacken genau an der Stelle, an der der Knochen hervorsteht. Die Haut sah an dieser Stelle schon weiß und hart aus vom ständigen Reiben des Riemens, aber dennoch beunruhigte sie mich, und ich betrachtete sie den ganzen Tag in der Erwartung, dass sich Blasen bilden würden. Sein langer Zopf war um seinen Kopf gewunden und ließ mir freie Sicht auf die Stelle. Er hatte keine leichte Gangart, dieser Kuli – schließlich gibt es im Gang von Trägern ebenso große Unterschiede wie im Gang von Pferden. Immer wieder verschob er den Riemen, sehr zu meinem Verdruss, und dann drehte er sich zu mir um und gab mir durch Zeichen zu verstehen, dass ich zu sehr auf einer Seite säße.

In der Folge gab ich mir solche Mühe, gerade zu sitzen und mich nicht zu bewegen, dass ich, als wir an den Geschäften ausstiegen, fast bis zur Gelähmtheit verkrampft war. Noch bevor der Tag vorüber war, hatte ich starke Kopfschmerzen, und das nur, weil ich zu sehr auf die Bedürfnisse des Chinesen Rücksicht genommen hatte.

1891–1893

Paul Gauguin

Noa Noa – Reise nach Tahiti

—

Ich höre, dass Herr Paul Gauguin nach Tahiti abreisen wird«, berichtete der Autor Octave Mirbeau im März 1891. »Seine Absicht ist es, dort zu leben, mehrere Jahre, allein, dort seine Hütte zu bauen, neu an Dinge heranzugehen, die ihn nicht loslassen. Der Fall eines Mannes, der die Zivilisation flieht und freiwillig Vergessen und Stille sucht.« Einen Monat später schiffte sich Paul Gauguin (1848–1903) in Marseille in »fiebriger Erwartung« ein. Tahiti, das war für den 43-jährigen französischen Maler das exotische Paradies, das seinem Leben und Schaffen ein neues Fundament geben sollte. Aber die tahitianische Hauptstadt Papeete entsprach ganz und gar nicht seinen Erwartungen. Das herrschaftliche Gebaren der französischen Kolonialherren und Missionare gegenüber der einheimischen Bevölkerung stieß ihn ab. Nach einigen Wochen verließ er Papeete und bezog in dem abgelegenen Dorf Mataiea eine einfache Hütte. Er machte sich daran, die einheimische Kultur zu studieren und die Maori-Sprache zu lernen. Und er begann wieder zu malen: Seine tahitianische Gefährtin, die 13-jährige Téha'amana, saß ihm Modell.

Im Sommer 1893 kehrte er wieder nach Paris zurück – mit 66 Gemälden mit tahitianischen Motiven im Gepäck. Doch in seiner französischen Heimat stieß seine Kunst auf Ablehnung, die Ausstellung seiner Bilder in der Galerie Durand-Ruel erwies sich als Flop. Im Herbst 1895 war Gauguin wieder in Tahiti mit dem Vorsatz, für immer dort zu bleiben. 1901 zog er sich auf die abgeschiedene Marquesas-Insel Hiva Oa zurück, 1400 Kilometer von Tahiti entfernt. Hier starb er am 8. Mai 1903.

Schon während seines ersten Tahiti-Aufenthaltes hatte Paul Gauguin damit begonnen, ein Reisebuch anzulegen, dem er den Titel Noa Noa *– Maori für »stark duftend« – gab. Neben seinen Notizen enthält es Photographien, Aquarelle, Tuschezeichnungen, Skizzen, Holzschnitte und Reproduktionen des Malers – ein »Museum der Phantasie«. Eine erste Buchausgabe erschien im Jahre 1901. Und bis heute beflügelt Gauguins Reisebuch* Noa Noa *die Sehnsüchte der Zivilisationsmüden und Aussteigewilligen der westlichen Hemisphäre.*

Selbstporträt Gauguins auf Tahiti, 1893

—

Am achten Juni, in der Nacht, nach dreiundsechzig Tagen von Hafen zu Hafen führender Überfahrt – dreiundsechzig Tagen voll fieberhafter Erwartung, voll ungeduldiger Träume der ersehnten Erde entgegen – erblickten wir auf dem Meer seltsame Feuer, die sich schwankend hin und her bewegten. Aus einem dunklen Himmel löste sich ein schwarzer, zackiger Kegel. Wir umschifften Morea, und vor uns lag Tahiti.

Wenige Stunden später kündigte das Morgenlicht den Tag an. Wir hatten langsame Fahrt, Felsenriffe kamen näher, das Kap auf der Venus-Landspitze, und wir fuhren in die Fahrrinne von Papeete ein und gingen ohne Havarie auf der Reede vor Anker.

Zwei Frauen auf Tahiti
Gemälde von
Paul Gauguin, 1892

Der erste Anblick dieser kleinen Insel hat nichts Verheißungsvolles, nichts, das vielleicht mit der prächtigen Bucht von Rio de Janeiro verglichen werden könnte. Ich schaute, ganz dem Eindruck aufgetan, ohne den Wunsch, zu vergleichen. Dies ist der Gipfel des Berges, der in den altvergangenen Tagen der Sintflut versank; einzig die höchste Spitze blieb vom Wasser unberührt: eine Familie hat sich auf sie gerettet, hat hier ein neues Geschlecht gegründet, und die Korallen sind auch heraufgeklettert, sie haben die neue Insel umgeben und wachsen lassen. Sie hat sich immer weiter ausgebreitet, aber sie bewahrt von ihrem Ursprung ein Gepräge der Einsamkeit und Abgeschiedenheit, das das Meer mit seiner Unendlichkeit noch betont.

Um zehn Uhr morgens stellte ich mich dem Gouverneur vor, dem Neger Lacascade, der mich wie eine bedeutende Persönlichkeit empfing. Diese Ehre verdankte ich der Mission, mit der mich – ich weiß nicht recht, warum – die französische Regierung betraut hatte.

—

»Ich bin mitten in der Arbeit, jetzt kenne ich den Boden, seinen Geruch, und die Tahitianer, die ich auf eine sehr rätselhafte Weise male, sind doch noch immer Maoris und keine Orientalen aus Batignolles.«
GAUGUIN IN EINEM BRIEF AUS TAHITI, JULI 1892

—

Es war zwar eine künstlerische Mission, aber in den Augen des Negers war dieses Wort nur das offizielle Synonym für Spionage, und ich bemühte mich vergeblich, ihm die Wahrheit begreiflich zu machen. Seine ganze Umgebung teilte diesen Irrtum, und als ich sagte, dass ich für meinen Auftrag nicht bezahlt würde, wollte mir keiner glauben.

Das Leben in Papeete wurde mir sehr schnell zur Last. Dies war ja Europa – das Europa, von dem ich mich befreit zu haben glaubte –, nur noch vergröbert durch die Spielarten des kolonialen Snobismus und eine kindliche, bis zur Karikatur groteske Nachahmerei. Das war es nicht, was ich gesucht hatte.

Eine tiefe Traurigkeit kam über mich. War ich einen so langen Weg gekommen, um dies zu finden, eben dies, vor dem ich geflohen

Matamoe (Landschaft mit Pfauen)
Gemälde von
Paul Gauguin, 1892

war? Der Traum, der mich nach Tahiti geführt hatte, wurde von der Gegenwart grausam zerstört: es war das Tahiti der Vergangenheit, was ich liebte. Und ich konnte mich nicht darein ergeben, zu glauben, dass jenes Tahiti ganz vernichtet sei, dass diese schöne Rasse nicht irgendwo noch irgendetwas von ihrem alten Glanz bewahrt habe. Aber wenn noch Spuren dieser so fernen, so geheimnisvollen Vergangenheit leben sollten – wie konnte ich sie finden, ganz allein, ohne Hinweis, ohne jegliche Unterstützung? Wie den erloschenen Herd wiederfinden, wie das Feuer wieder beleben inmitten all dieser Asche …

Wie niedergeschlagen ich auch sein mag, ich habe nicht die Gewohnheit, das Spiel aufzugeben, bevor ich nicht alles versucht habe, und sei es das Unmögliche. Mein Entschluss war bald gefasst: abreisen aus Papeete, fort von diesem europäischen Zentrum. Ich fühlte, wenn ich ganz das Leben der Eingeborenen lebte, mit ihnen, draußen im Busch, dann würde ich mit viel Geduld dahin gelangen, das Misstrauen dieser Menschen zu besiegen – und ich würde *erfahren*.

Ein Gendarmerieoffizier bot mir liebenswürdig sein Pferd und seinen Wagen an. Ich machte mich also eines Morgens auf, meine Hütte zu suchen.

Ich bin nicht mehr in Papeete, sondern im Distrikt von Mataïeu. Auf der einen Seite das Meer, auf der anderen das Gebirge – das zerklüftete Gebirge, ein ungeheurer Spalt, vor den sich, an Felsen gelehnt, eine gewaltige Gruppe von Mangobäumen schiebt. Zwischen dem Gebirge und dem Meer erhebt sich meine Hütte aus Bourao-Holz, dicht neben ihr eine kleinere zweite, die *fare amu,* die Speisehütte.

Die schwarzen Schweine
Gemälde von
Paul Gauguin, 1891

Es ist Morgen. Auf dem Meer, nahe dem Ufer, sehe ich eine Piroge und in der Piroge eine Frau; am Ufer ein nackter Mann; eine kranke Kokospalme neben dem Mann ist wie ein ungeheurer Papagei, dessen goldener Schwanz niederfällt und der eine dicke Traube Kokosnüsse in den Krallen hält. Der Mann hebt in einer harmonischen und geschmeidigen Bewegung mit beiden Händen ein schweres Beil, das auf dem silberweißen Himmel eine blaue Bahn zurücklässt und unten seinen Einschnitt in dem toten Baum, wo die jahrhundertealten, Tag für Tag wie Schätze gesammelten Gluten in einem Augenblick in Flammen wiederaufleben werden.

Lange, schlangenartig gewundene Blätter von metallischem Gelb auf dem purpurnen Erdboden dünken mich Schriftzeichen einer fernen orientalischen Sprache, und ich glaube in ihnen dieses aus Ozeanien stammende Wort zu lesen: Atua, Gott, der Taata oder Takata, der von Indien aus nach allen Seiten strahlt, sich in allen Religionen wiederfindet...

In den Augen Tathagatas ist der herrlichste Prunk der Könige und ihrer Minister nur Auswurf und Staub.

In seinen Augen sind Reinheit und Unreinheit wie der Tanz der sechs Nagas.

In seinen Augen ist das Suchen nach dem Wege Buddhas gleich den Blumen ...

Die Frau in der Piroge ordnet einige Netze. Die blaue Linie des Meeres wird häufig gebrochen durch das Grün der Wogenkämme, die an den Korallenklippen branden.

An diesem Abend ging ich am sandigen Meeresufer, eine Zigarette zu rauchen.

Die Sonne war rasch zum Horizont herabgesunken und war schon zur Hälfte hinter der Insel Morea verborgen, die sich zu meiner Rechten aus dem Meer erhob. Klar und mächtig, schwarz auf dem flammenden Himmel, ließen die Gegensätze des Lichts die Berge hervortreten, deren Grate die Zinnen alter Schlösser nachzeichneten. Ist es Zufall, dass diese Vorstellung aus der Welt der Ritter mich überkommt im Angesicht dieser Natur? Der Gipfel dort hat die Form eines riesigen Helms. Die Wogen, die ihn wie eine ungeheuer lärmende Volksmenge umrauschen, werden ihn nie erreichen. Allein, aufrecht inmitten aller versunkenen Größe steht der Helm, der Beschützer, Nachbar des Himmels.

Von dort taucht sein verborgener Blick in die tiefen Wasser, die das Geschlecht der Lebenden verschlangen, als sie, an den Baum der Erkenntnis rührend, schuldig geworden waren, schuldig der Sünde des Denkens. Und der Helm, der wie ein Kopf und sein Gedanke ist und die Erinnerung an die Sphinx wachruft, scheint durch den weiten Spalt, der der Mund sein könnte, mit einem Lächeln majestätisch Spott oder Mitleid in die Fluten hinabzusenden, wo die Vergangenheit ruht …

Chapitre IV –
Le Conteur parle –
Mes voisins sont devenus pour moi presque des amis.
Je m'habille, je mange comme eux. Quand
je ne travaille pas je partage leur
vie d'indolence et de joie, avec
de brusques passages de gravité.
Le soir, au pied des
buissons touffus que
domine la tête échevelée des
cocotiers, on se réunit par
groupes, – hommes, femmes
et enfants. Les uns sont de
Tahiti, les autres des Tongas,
puis des Aroraï, des Marquises.
Les tons mats de leur corps
font une belle
harmonie avec le velours du
feuillage, et de leurs poitrines
cuivrées sortent de
vibrantes mélodies
qui s'atténuent
en s'y

Seite aus Gauguins Reisetagebuch »Noa Noa«

Die Nacht sank schnell herab.

Morea schlief. Stille.

Ich lernte die Stille einer tahitischen Nacht kennen. Allein die Schläge meines Herzens waren zu hören. Von meinem Bett aus unterschied ich die gleichmäßig aneinandergereihten Bambusstäbe, durch die die Strahlen des Mondlichts hereindrängten. Ich wurde an ein Musikinstrument erinnert, an die Rohrflöte der Alten, die die Tahiter Vivo nennen. Aber das ist ein Instrument, das den ganzen Tag hindurch schweigt; nur des Nachts, in der Erinnerung und vom Mond geweckt, spielt es uns geliebte alte Melodien. Ich schlief bei dieser Musik ein, zwischen dem Himmel und mir nichts als das hohe, leichte Dach aus Pandanusblättern, in denen die Eidechsen hausten. Ich konnte im Schlaf den Raum über mir offen, konnte das Himmelsgewölbe, die Sterne sehen. Ich war weit fort von den europäischen Häusern, diesen Gefängnissen. Eine Maori-Hütte verbannt den Menschen nicht, schließt ihn nicht ab vom Leben, von der Weite, von der Unendlichkeit.

—

»Leb wohl, gastfreundliche Erde, köstliche Erde, Heimat der Freiheit und der Schönheit! Ich scheide um zwei Jahre älter, um zwanzig Jahre jünger, barbarischer auch als bei meiner Ankunft, und doch wissender. Ja, die Wilden haben den alten Kulturmenschen viele Dinge gelehrt, diese Ungebildeten, vom Wissen über das Leben und von der Kunst, glücklich zu sein.«

GAUGUIN BEI SEINER RÜCKKEHR NACH PARIS, 1893

—

Jeder Tag fügt sich besser für mich, ich verstehe die Sprache schon recht gut. Meine Nachbarn – drei sind ganz in der Nähe, die andern zahlreich in Abständen verstreut – sehen mich als einen der Ihren an. Meine Füße sind in der ständigen Berührung mit den Kieselsteinen hart geworden und haben sich an den Boden gewöhnt; und mein fast immer nackter Körper leidet nicht mehr unter der Sonne.

Die Zivilisation fällt nach und nach von mir ab.

Ich beginne, einfach zu denken, nur noch wenig Hass für meine Nächsten – ja eher Liebe zu empfinden. Ich genieße alle Freuden des freien, animalischen und menschlichen Lebens. Ich entfliehe dem Erkünstelten, ich nähere mich der Natur: mit der Gewissheit, dass der kommende Tag dem heutigen gleich sein wird, genauso frei, genauso schön, senkt sich der Friede in mich.

1895

Mary Kingsley

Beim Stamm der Fang in Äquatorialafrika

Den Besuch einer Schule hielten die Eltern von Mary Kingsley (1862–1900) im Falle ihrer Tochter nicht für nötig – ein Schicksal, das sie mit den meisten Mädchen im viktorianischen England teilte. Also eignete sie sich ihr Wissen im Selbststudium an. Mit Vorliebe schmökerte sie in der Bibliothek ihres Vaters, der eine Passion für das Reisen hatte und Reiseberichte aus aller Welt sammelte. Nach dem Tod ihrer Eltern – sie starben beide im Abstand von wenigen Wochen – fühlte sich die inzwischen Dreißigjährige frei, ihr Leben selbst in die Hand zu nehmen. Mit 300 Pfund und einem wasserdichten Seesack, in dem sie ihre Ausrüstung verstaute, stach Mary Kingsley im August 1893 auf einem englischen Kutter in See – ihr Ziel war die Küste Westafrikas.

Mary Kingsley in viktorianischem Aufzug
Photographie

Einige Monate verbrachte sie damit, die Küste entlangzufahren, bevor sie sich ins Landesinnere wagte. Zielloses Umherreisen war ihre Sache nicht. Sie erkundete die Gegend zwischen Niger und Cross River und das Kongo-Gebiet und studierte die Bräuche und Riten der einheimischen Stämme. Unterwegs sammelte sie Fisch- und Insektenpräparate für das British Museum und handelte mit Gummi und Elfenbein. In ihrem streng viktorianischen Aufzug – im schwarzen Wollrock und bis zum Hals hochgeschlossener schwarzer Bluse – gelang es ihr, sich bei Einheimischen wie Missionaren Respekt zu verschaffen.

Nach fünf Monaten kehrte sie nach England zurück – mit dem Entschluss, so bald wie möglich zu einer neuerlichen Reise aufzubrechen. Kingsleys zweite Expedition im Juli 1895 führte die Forscherin nach Französisch-Äquatorialafrika (das heutige Kamerun und Gabun). In einem Kanu fuhr sie, begleitet von einheimischen Führern, den Fluss Ogowé hinauf ins Land der Fang. Diesmal wollte sie die religiösen Riten des Stammes studieren, dem Kannibalismus nachgesagt wurde. Ihre Erlebnisse schrieb sie in dem Buch Reisen in Westafrika *nieder, das 1897 erschien und sofort zum Bestseller wurde.*

Den ganzen Vormittag ging es bergauf, da und dort durch einen kleinen Abstieg unterbrochen, nach dem es weiter aufwärtsging, bis wir etwas erreichten, was scheinbar ein langgezogener Kamm war, denn zu beiden Seiten konnten wir in tiefe, dunkle, tief eingeschnittene Täler hinabschauen. Zwei- oder dreimal kletterten wir in sie hinab, um sie zu durchqueren, und stießen am Talgrund jeweils auf einen

Mary Kingsley im Kanu
auf dem Ogowé
Photographie, 1895

kleinen oder großen Sumpf, durch dessen Mitte ein Fluss lief. All diese Flüsse mündeten in den Azingo-See.

Wir mussten uns beeilen, denn Kiva, der als Einziger von uns schon einmal in Efoua gewesen war, meinte, andernfalls würden wir es nicht an einem Tag bis dort schaffen. Da meine Erfahrungen in Mfetta keine besondere Liebe für Fangdörfer bei mir hatten aufkommen lassen, schlug ich vor, im Busch zu übernachten. Zu allem Überfluss waren sich die Fang nicht sicher, ob wir nicht letztlich alle, falls wir Efoua denn erreichten, den Abend schwitzend in einem der dortigen Kochtöpfe verbringen würden.

Ngouta, das muss ich anmerken, hegte diesbezüglich keinerlei Zweifel und bereute es zutiefst, Mrs. N. und das Lager bei Andéndé verlassen zu haben. Aber die Fang nahmen es sportlich und erklärten, sie würden es riskieren – obendrein seien sie sich fast sicher, in Efoua Freunde zu haben. Außerdem wiesen sie mich auf einige Bäume hin, die auf eine Weise zerkratzt waren, dass sie wie Vergrößerungen des Lieblingstischbeins meiner Katze daheim in England aussahen. Sie belegten die Anwesenheit von Leoparden in der Nähe.

Mir blieb keine Wahl, als immer weiterzugehen, denn jedes Mal, wenn ich mich setzte, versteifte ich mich. Bei jeder Rast beschrieben mir die Fang genau, in welche Richtung ich gehen sollte, und holten mich mit ihrer überlegenen Geschwindigkeit bald ein, überholten mich, und ließen mich, Ngouta und manchmal auch den Unterhemdträger und den Heiden zurück. Dann waren wir an der Reihe, sie zu überholen, mit dem Unterschied, dass sie gerade rasteten, wenn wir sie schließlich erreichten.

Gegen fünf Uhr war ich mal wieder alleine vorneweg unterwegs und bemerkte einen Pfad, den mir die Fang zuvor angekündigt hatten und dem ich folgen sollte. Der Pfad war nicht sehr deutlich, doch mit etwas Mühe konnte man ihn sehen. Dann brach er plötzlich ab, war auf der anderen Seite eines niedrigen Gestrüpps aber wieder deutlich zu erkennen. Ich wählte die Abkürzung durch die Mitte, und als Nächstes vermag ich zu berichten, dass ich rund vier bis fünf Meter tiefer in einer Großwildfalle auf vielen scharfen Spitzen lag.

Dies sind so die Momente, in denen man die Segnungen eines guten festen Rocks wirklich zu schätzen lernt. Hätte ich den Ratschlägen meiner Freunde in England, die es hätten besser wissen sollen, aber nie selbst ausprobiert hatten, irgendwelche Beachtung geschenkt und Männerkleider angezogen, hätten die Spieße mich durchbohrt und ich wäre mit diesem Leben fertig gewesen. Stattdessen saß ich hier nun dank der ganzen Fülle meines Rocks unter mir relativ bequem und mit Ausnahme einer Menge blauer Flecken unverletzt auf neun rund dreißig Zentimeter langen Ebenholzspitzen und rief frohgemut um Hilfe.

Als Erster erschien der Herzog am Grubenrand und schaute zu mir hinab. Ich rief: »Hol eine Liane und zieh mich heraus!« Er knurrte etwas und setzte sich auf einen Baumstamm. Unser Passagier kam als Nächstes, schaute zu mir hinab und fragte: »Du getötet?« – »Nicht sehr«, antworte ich. »Such eine Liane und zieh mich hinaus.« – »Nicht in Form«, antwortet er und setzt sich ebenfalls auf den Stamm. Aber Kiva und Wiki kommen schließlich, und Wiki macht sich auf den Weg, eine Liane zu suchen, die geeignet ist, eine englische Dame von exakt meinem Typ, Alter und Größe aus genau dieser speziellen Fallgrube zu ziehen. Der Zeit nach zu urteilen, die er fort war, sind Lianen in dieser Gegend selten. Ich fing gerade an, darüber nachzudenken, wie ich die glatten, gelben, überhängenden Lehmwände hinaufklettern könne, als er schließlich doch mit einer Liane auftauchte.

—

»Afrika ist nächtens ein gefährlicher Ort sowohl für einen Schamanen, der an all seine Walddämonen glaubt, als auch für eine Dame, die sich eher vor den leibhaftigen Dämonen fürchtet.«
Mary Kingsley

—

Wenige Sekunden später war ich aus der Grube und zutiefst beschämt – bis der Stille, der gerade an der Spitze ging, mit einem gequälten Aufschrei mitten auf dem Pfad vor uns einbrach. Jeder der Männer holte daraufhin sein Gewehr aus dem Futteral, überzeugte sich sorgfältig, ob alles in Ordnung war und lockerte sein Messer in der Scheide aus Schlangenhaut. Dann machten wir uns daran, den armen Stillen wieder herauszuziehen, und verbanden seine Wunden, wo nötig, mit kühlen grünen Blättern, denn da er keinen Rock trug, hatte er sich an den Kanten der Spitzen einige üble Schnittwunden zugezogen. Von da an blieben wir dicht zusammen, denn die Fang meinten, diese Fallgruben seien typisch für die unmittelbare Umgebung von Efoua.

Vorsichtig, immer den Boden vor unseren Füßen sondierend, ertasteten wir unseren Weg durch eine dichte Bananenpflanzung, auf dessen anderer Seite wir eine große Lichtung und die niedrigen Hütten einer ausgedehnten Siedlung erkennen konnten. Wir stürmten direkt in das Dorf hinein, drangen an einem Ende durch das Tor eines Wachhauses ein, dessen Schmalheit uns zwang, im Gänsemarsch hindurchzumarschieren. Dann betraten wir das wie immer entlang einer Straße errichtete Dorf und formierten uns mitten auf der Straße zu einer so beeindruckend wie möglich aussehenden Gruppe. Die Einwohner beäugten uns mit viel Erstaunen, die Frauen und Kinder verschwanden in den Hütten und musterten uns durch die Türöffnungen. Es waren nur wenige Männer im Dorf, die meisten, so lernten wir später, waren auf Elefantenjagd. Es waren aber noch immer genug, um uns vollständig zu umringen. Glücklicherweise waren Wikis und Kivas Freunde anwesend, und als Ergebnis der Plaudereien räumte einer der Häuptlinge für mich seine Hütte. Sie bestand aus zwei fast völlig leeren Räumen, die Ausnahmen waren ein Stapel Kisten, ein bescheidenes Feuer am Boden, einige von den Dachbalken hängende kleine Beutel sowie ein großer Vorrat Insekten. Der innere Raum enthielt nichts außer einem harten Brett auf vier kurzen Holzbeinen.

—

»Als menschliches Wesen muss sie vor irgendetwas Angst gehabt haben, aber man fand niemals heraus, was es war.«

RUDYARD KIPLING, AUTOR DES »DSCHUNGELBUCH«, ÜBER MARY KINGSLEY

—

Ich schüttelte dem Häuptling die Hände, bedankte mich und wies meine Männer an, alles Gepäck ins Innere der Hütte zu bringen. Mein Gastgeber war zugegebenermaßen ein gefährlich aussehender Wilder, benahm sich aber höchst gastfreundlich und höflich. Nach allem, was ich über die Fang gehört hatte, schien es mir nicht ratsam, ihm sofort irgendwelche Geschenke zu machen, stattdessen berief ich mich allein auf das Gastrecht eines freundlichen Fremden. Sobald das Gepäck verstaut war, ging ich wieder hinaus und setzte mich im Eingang auf einen ziemlich klapprigen, pilzförmigen Hocker. Danach wartete ich in der kühlen Abendluft sehnsüchtig auf meinen Tee. Wie üblich kam der Heide, um Tabak zum Bezahlen des Abendessens zu holen. Nachdem er ihn bekommen hatte, plauderten die beiden Häuptlinge und ich lange Zeit miteinander, Grauhemd übersetzte.

Unvermeidlich war die erste Frage, warum ich hier sei. Ich erzählte ihnen, dass ich auf dem Weg zur Faktorei von Hatton & Cookson am Rembwé war, worauf sie antworteten, schon von »Ugumu«, also der Faktorei von H. & C. gehört zu haben, doch sie trieben mit ihr keinen direkten Handel, sondern schickten die eigenen Waren in Dörfer, die näher am Rembwé lagen – ihrer Aussage nach waren diese Städte schlimme Betrüger. Sie hatten es sich nun in den Kopf gesetzt, ich sei ein Händler, eine Art Vertreter der Firma, und Grauhemd konnte ihnen das auch nicht ausreden. Also zog einer der beiden los und kehrte mit fünfundzwanzig Ballen Kautschuk zurück, die

Fangkrieger
Photographie von
Mary Kingsley

ich zur Förderung der freundschaftlichen Atmosphäre auch kaufte. Ich halste sie dann Wiki auf, der sie schließlich bei unserer Ankunft in N'dorko loswurde. Von einer der Häuptlingsfrauen erstand ich auch einige Halsbänder aus Elefantenhaar, die ich gegen mein rotes Seidenhalstuch eintauschte, und ein oder zwei weitere Kleinigkeiten. Angelhaken waren hier nicht sehr hilfreich, denn es gab nahe Efoua kein größeres Gewässer, also behielt ich sie und handelte stattdessen mit Taschentüchern und Messern.

Ein älterer Häuptling war außerordentlich scharf auf Handel, und ich erwarb von ihm einen Löffel für Fleisch, einen Löffel für Kochbananen und einen für Soße. Dann brachte er mir einen Haufen Dinge, die ich nicht wollte. Das sagte ich ihm auch und erklärte, den Handel für diesen Abend beendet zu haben. Doch der alte Herr ließ sich nicht abwimmeln, und nach einem erfolglosen Versuch, mir seine irdenen Kochtöpfe zu verkaufen, verdeutlichte er mir nachdrücklich, ich solle warten, er hätte etwas zu verkaufen, was Grauhemd als »gut, zu sehr« bezeichnete. Er marschierte über die Straße und verschwand in seiner Hütte, wo eine offenbar verzweifelte Suche nach dem wertvollen Kleinod begann. Im Licht einer Buschfackel, die eine seiner Frauen in die Höhe hielt, wurde eine Kiste nach der anderen ins Freie befördert, und es kam zwischen ihm und seiner

Familie zu einem aufgeregten Wortwechsel von der Art »ich bin mir sicher, dass du es als Letzter hattest«, »du musst es verlegt haben«, und »ich habe es nie auch nur angefasst!« Schließlich wurde es gefunden, und er brachte es sehr vorsichtig zu mir über die Straße. Es war ein Bündel aus Rinde, die mit einem Faden sehr sorgfältig um etwas herumgewickelt war. Nachdem die Rinde entfernt war, blieb eine zweite Hülle aus Lumpen zurück, die um den eigentlichen Gegenstand gewickelt waren.

Gesichtsmaske der Fang aus Holz mit Bemalung

Was kann das bloß sein?, frage ich mich. Zweifellos handelt es um ein seltenes und wertvolles Objekt, hoffentlich ein Fetischobjekt. Angespannt verfolge ich das Auspacken, doch am Ende liegt vor mir zu meiner Wut und Enttäuschung ein altes Rasiermesser der Marke Shilling. Die Art, wie der alte Häuptling es hält, und die Dollars, die er dafür verlangt, reichten aus, um jeden glauben lassen, dass ich so ein Ding wirklich dringend nötig hätte, egal zu welchem Preis. Ich winkte mit hochmütiger Verachtung ab, bereute dies aber dann angesichts des Ausdrucks gequälter Fassungslosigkeit auf seinem Gesicht. Ich drückte ihm einen Gürtel in die Hand, der ihn hoch erfreute, und zog mich in die Hütte zurück, um dort bei einem Tee meine aufgewühlten Gefühle ein wenig zu beruhigen.

Der Häuptling attackierte zornig die Traube von Zuschauern, die die Tür belagerten und ihre Augen an jeden Spalt der Rindenwand pressten. Die Nachbarn zu beiden Seiten hätten durch den Verkauf von Sitzplätzen für diesen Zirkus ein kleines Vermögen zur Altersversorgung aufbauen können. Hinter jedem Loch in der Wand verbarg sich ein menschliches Auge, und ich hörte, wie auf allen Seiten Löcher gebohrt wurden. Ich fürchte, mein Gastgeber wird sein Heim bei seiner Rückkehr einigermaßen zugig vorgefunden haben. Ich fühlte mich jedoch völlig sicher und entspannt, auch wenn Ngouta die bezaubernde Idee hatte, »vielleicht diese M'fetta-Fang getan verkauft uns«. Sobald meine Männer hereingekommen waren und sich für die Nacht in den inneren Raum zurückgezogen hatten, machte ich es mir zwischen den Kisten gemütlich, nutzte den Tabaksack als Kopfkissen und döste ein.

Nach rund einer halben Stunde hörte ich Geschrei auf der Straße und schaute hinaus (ich erkannte die Stimme des Herzogs, die den Solopart übernahm, unterbrochen von vielstimmigen Chören). Ich fand Seine Gnaden wegen eines Mordes in einige rechtliche Probleme verwickelt. Im Moment hatte er ein Alibi, was heißt, dass die Anklage wegen der Elefantenjagd keine Zeugen beibringen konnte, folglich ging ich wieder hinein, um noch ein wenig zu schlafen. Schließlich wurde die Stadt ruhiger.

Als ich erneut aufwachte, bemerkte ich in der Hütte einen üblen Gestank eindeutig organischen Ursprungs, der wohl wegen der geschlossenen Tür nicht abziehen konnte. Ich schlug die Asche vom Buschlicht, das brennend auf dem Boden lag, und verfolgte den Gestank zu den vom Gebälk hängenden Beuteln. Ich nahm den größten herab und prägte mir genau ein, wie der Faden um seine Öffnung gewickelt war – diese Dinge sind wichtig und bedeuten oft viel. Um keinesfalls etwas Wertvolles zu verlieren, schüttete ich den Inhalt dann in meinen Hut. Es handelte sich um eine menschliche Hand, drei große Zehen, vier Augen, zwei Ohren und andere Teile des menschlichen Körpers. Die Hand war frisch, die anderen Überreste so lala und verschrumpelt.

Ich legte sie zurück und verschnürte den Sack wieder. Später erfuhr ich, dass die Fang zwar ihre befreundeten Stammesmitglieder essen, doch zur Erinnerung gerne ein kleines Stück von ihnen aufbewahren. Von diesem rührenden Charakterzug erfuhr ich von Wiki, und obwohl diese Verhaltensweise angesichts der Umstände für sie spricht, ist es dennoch recht unangenehm, wenn die Überreste in jenem Schlafzimmer hängen, in dem Sie die Nacht verbringen – insbesondere, wenn der betreffende Trauerfall in der Familie ihres Gastgebers noch nicht lange zurückliegt. Ich wagte es nicht, in Efoua herumzustreunen, schob die Rindentür aber dennoch zurück und steckte die Nase hinaus, um ein wenig frische Luft zu schnappen.

1896

Sven Hedin

Bei den Mongolen in Tibet

—

Sven Hedin in der Herrnhuter-Missionsstation in Shimla, Nordindien, 1907

Bereits als Schuljunge verschlang Sven Hedin (1865–1952) die Bücher der Afrikareisenden Henry M. Stanley und David Livingstone. Mit fünfzehn erlebte er im heimatlichen Stockholm den triumphalen Empfang für den Polarforscher Adolf Erik Nordenskiöld, der als Erster die Nordostpassage geschafft hatte. »So will ich auch einst heimkommen«, dachte sich Hedin, als er den Jubel von den Kais, Straßen, Fenstern und Dächern der Stadt vernahm. Seine erste Reise, gleich nach dem Abitur, führte Hedin nach Baku, acht Monate verbrachte er dort. Im Alter von 27, nachdem er Studium und Promotion hinter sich gebracht hatte, war er fest entschlossen, Entdeckungsreisender zu werden: »Nur noch Pfade gehen, die vor mir noch kein Europäer betreten hatte«, das war sein Ziel.

Am 16. Oktober 1893 brach er zu seiner ersten großen Expedition auf, um die Gebirge, Wüsten und Steppen im westlichen China und Tibet zu erkunden und zu kartographieren. Drei Jahre und sieben Monate war er unterwegs, durch das Hochgebirge des Pamir, die Wüste Taklamakan und das Tamirbecken zum See von Lop-Nur und weiter über Nord-Tibet bis nach Peking. Dabei nahm er, getrieben vom Forscherehrgeiz, weder Rücksicht auf sich selbst noch auf die einheimischen Begleiter seiner Karawane. In seinem Reisbericht Durch die Wüsten Asiens *berichtet er von mörderischen Wüstenmärschen und Bergbesteigungen und davon, wie er und seine Mannschaft sich mit Kamelurin, Schafs- und Hühnerblut vor dem Verdursten retteten.*

Drei weitere große Expeditionen nach Zentralasien folgten in den Jahren 1899 bis 1902, 1905 bis 1908 und 1927 bis 1935, die seinen Ruf als »schwedischer Marco Polo« begründeten.

—

Nach einer kalten, sternhellen Nacht war die Landschaft am Morgen des 30. September in Nebel gehüllt. Im Osten des Passes öffnete sich ein ziemlich breites, grasbewachsenes Tal, das von einem Bache durchflossen wurde, dessen rechtem Ufer wir folgten.

Auf dem linken Ufer erschien etwas talabwärts ein schwarzer Gegenstand, den wir für einen liegenden Yak hielten. Doch als wir näher gekommen waren, erklärten die Leute, dass es ein Nischan, ein Zeichen oder Wegweiser sei. Wir steuerten dorthin. Groß war unser Erstaunen, hier mitten in der Wildnis einen außerordentlich origi-

Sven Hedin auf einem Trampeltier
Photographie, 1896

nellen, hübschen tibetischen »Obo« zu finden, der wahrscheinlich errichtet war, um die Götter des Gebirges milde zu stimmen. Er bestand aus gegeneinandergestellten großen, dicht mit Inschriften versehenen Schieferplatten.

Jetzt kam Leben in die Leute. Die Karawane wurde herbeigerufen, und wir schlugen sofort dicht bei dem Obo Lager. In der Nähe des Obo verrieten einige berußte Steine, zwischen denen Kohlen und Asche lagen, dass sich Nomaden in der Gegend aufgehalten hatten. Als wir noch ein rechtwinkliges Steingrab und einen Fußpfad entdeckten, glaubten wir, dass die Stelle ein zeitweise besuchter Wall fahrtsort sein könnte.

Was hatten diese stummen Steine wohl zu erzählen? Wahrscheinlich war der Inhalt religiöser Natur. Aber was es auch sein mochte, es konnte von Interesse sein. Vielleicht schilderten sie ein Ereignis, das an dieser Stelle passiert war. Ich betrachtete mir den Obo nun genauer und fand, dass alle 47 Tafeln mit sieben regelmäßig wiederkehrenden Zeichen vollgeschrieben waren. Jetzt ging mir ein Licht auf! Es konnte nichts anderes sein als die bekannte tibetische Gebetformel »Om mani padme hum!« (O, das Kleinod im Lotos, Amen).

Am 1. Oktober konnten wir ruhig das gerade breite Tal hinunter nach Osten weiterziehen. Am Bache weidete eine Kulanherde von etwa 120 Stück. Islam schickte ihr eine Kugel nach, die nicht traf, aber zur Folge hatte, dass die ganze Herde nach den höheren Abhängen hinaufjagte.

—

»Ganz Asien lag offen vor mir. Ich fühlte mich berufen, Entdeckungen ohne Grenzen zu machen – sie warteten nur auf mich mitten in den Wüsten und auf den Gipfeln der Berge.«
SVEN HEDIN

—

In gespannter Erwartung beobachteten wir während des Marsches alle Anzeichen von Menschennähe. Wir sahen noch eine Feuerstätte, einige Zeltpflöcke und Kameldung. Dann aber erblickte Islam einige Yaks, die an der gegenüberliegenden Felswand weideten. Vorsichtig schlich er sich auf Schussweite an sie heran. Der dritte Schuss hatte eben gekracht, ohne zu treffen, als zu unserer großen Überraschung und Freude eine Frau herbeigelaufen kam und rief und mit den Armen gestikulierte. Wir begriffen sofort, dass es zahme Yaks waren und dass wir endlich, nach 55 Tagen der Einsamkeit, den äußersten Rand menschlicher Wohnorte erreicht hatten.

Das Zelt der Alten lag nicht weit ab. In seiner Nähe schlugen wir das Lager auf. Ringsumher weideten ihre Yaks, Ziegen und Schafe; besonders die Letzteren machten uns den Mund wässern.

Unsere Unterhaltung mit der Frau war eine Kraftprobe von Beredsamkeit. Sie wusste natürlich nicht, was für eine Sorte Menschen wir waren, und von uns verstand keiner Mongolisch. Parpi Bai erinnerte sich des einen Wortes *bane* (es gibt), und ich kannte die drei auf den Karten gewöhnlichen Worte *Ula* (Berg), *Gol* (Fluss) und *Nor* (See).

Aber vermittelst dieses Wortschatzes der Frau begreiflich zu machen, dass wir ihr jetzt vor allem ein Schaf abkaufen wollten, war nicht so leicht. Stattdessen fing ich an, wie ein Hammel zu blöken, und zeigte ihr ein chinesisches Zweiliangstück (ca. 6 Mark). Sie verstand mich, und wir erhielten an diesem Abend köstliches frisches Schaffleisch zum Mahle.

Meine Leute strahlten vor Freude. Jetzt hatte das einsame, harte Leben auf den hohen Plateaus ein Ende, jetzt brauchten wir nicht länger von knappen Portionen und zähem Yakfleisch zu leben. Vielleicht würden wir hier auch die Trümmer unserer einst so stattlichen Karawane wieder ergänzen können.

Mit Hilfe der Zeichensprache erfuhren wir, dass der Mann der Frau sich ins »Ula« (Gebirge) begeben hatte, um »Boka« (Yaks) zu schießen, aber wiederkommen würde, ehe die »Nar« (Sonne) unterginge. In Erwartung dessen machte ich mit Parpi Bai und Emin Mirza einen Besuch im Zelte der Frau. Sobald sie uns kommen sah, ging sie uns mit ihrem achtjährigen Sohne höflich entgegen. Der Knabe erhielt ein Stück Zucker und die Mutter eine Prise Tabak, die sie sich sofort in ihrer langen chinesischen Pfeife anzündete; beide schienen nicht im Geringsten furchtsam zu sein.

Das Zelt bestand aus einer alten, sehr zerlumpten Filzmatte, die über zwei Stangen gehängt war. Mitten auf den inneren Längsseiten waren zwei horizontale Stangen angebracht, die durch drei Löcher in der Matte an draußen stehende, ihrerseits mit straffen Seilen festgehaltene Stangen angebunden waren. Dadurch wird das Zelt bauchiger und geräumiger. Mitten in der Decke war ein länglicher Rauchfang.

Da jetzt aus Westen ein Schneesturm losbrach, gingen wir in das Zelt hinein und nahmen seine innere Einrichtung in Augenschein. Sein am meisten in die Augen fallendes Möbel war ein kleiner kubischer Holzkasten, der dem Eingange gerade gegenüberstand. Nach Parpi Bais richtiger Bemerkung war der Kasten ein Budchane oder Buddhatempel en miniature. Die Frau öffnete nach einigem Zögern den Deckel, und wir sahen nun, dass der Kasten tibetische, auf lange, schmale, lose Blätter geschriebene Bücher enthielt. Jedes Buch oder Band dieser Streifen war in ein Zeugstück gewickelt. Auf dem Deckel lag eine Quaste von Yakschweifhaaren, mit der die Frau das Heiligtum abzustauben pflegte. Einige daraufliegende Holz- und Messingschalen waren augenscheinlich heilige Gefäße. Im Übrigen bestand der Hausrat im Zelte aus einer chinesischen Porzellanschüssel, einem ledernen Eimer, einer Kanne von demselben Stoffe; einem Eisentopfe, einer kupfernen Kasserolle mit Deckel, einer Teekanne aus Messing, einem Beutel mit getrockneten Pflanzen, die ins Feuer gelegt wurden und wohlriechend sein sollten; ferner einem Messer, Blasebalg, Feuerstahl, Sattel und Geschirr, zerlumpten Kleidern, einem mit Yakfett gefüllten Schafmagen und einem Beutel mit Tsamba, der Leibspeise der Mongolen, deren Bereitung wir später beiwohnten.

Sven Hedins Lager mit Kamelkarawane in Tibet Photographie von Sven Hedin, 1901

Den größten Teil des Raumes nahmen indessen große, prächtige Fleischstücke, Keulen und Rücken von wilden Yaks ein; solche lagen auch draußen vor dem Zelte aufgehäuft, so dass wir unsere Hunde angebunden halten mussten.

Das Fleisch bleibt eine Zeitlang draußen liegen, bis es zusammentrocknet und schwarz und hart wie Holz wird. Die Frau schnitt mit dem Messer einige Scheiben ab, briet sie über dem Feuer und bewirtete uns damit. Wir erfuhren später, dass die Familie das ganze Jahr hindurch hier oben lebte, um ihre Stammgenossen in Zaidam mit Yakfleisch zu versehen.

In der Mitte des Zeltes stand innerhalb eines Ringwalles von aufgestapeltem Yakdung der Eisentopf auf drei Steinen. Beim Feueranmachen fing die Frau die Funken des Feuerstahls mit einer Fingerspitze voll Pflanzenflocken auf, die dann zwischen trockenen, pulverisierten Pferdedung gelegt wurden. Sobald dieser mit dem Blasebalg zur Glut angefacht worden war, wurde Yakdung darüber gebreitet. Ihre Stuten melken sie, und die Frau setzte uns ein Getränk vor, das an den Airan der Kirgisen erinnerte. Als Lampe diente ein auf einem niedrigen Dreifuße liegender, ausgehöhlter Stein, der mit Yakfett gefüllt wurde.

Als wir uns abends an dem frischen, wohlschmeckenden Schaffleische gütlich taten, kam der Mann mit einem erlegten Yak nach Hause. Er war nicht wenig erstaunt, fremden Besuch im Zelte zu sehen, aber er war ein verständiger Mann und regte sich nicht darüber auf. Sein Name war Dortsche.

Gruppe von Nomaden in Tibet
Photographie von Sven Hedin, 1901

Dortsche war der echte Typus eines Mongolen: ein kleiner, wetterharter Mann mit einem von tausend Runzeln gefurchten Gesicht, kleinen Augen, vorstehenden Backenknochen und dünnem, struppigem Schnurr- und Vollbarte. Bekleidet war er mit einem Pelz und Lederhosen; die Füße hatte er sich mit Filzstücken umwunden, und auf dem Kopfe trug er eine kleine Filzmütze. Im Dschaggataitürkischen war er ungefähr ebenso zu Hause wie Parpi Bai im Mongolischen. Wir halfen uns jedoch durch, so gut wir konnten, und verstanden bald einige Worte. Der Platz, auf dem wir uns befanden, hieß Mössöto, und der Fluss war einer der Quellarme des Naidschi–muren.

Wir waren infolge der ewigen Einsamkeit reizbar geworden. Die Berührung mit Menschen erschien uns wie ein Lebenselixier, und das Interesse wurde wieder wach. Wir blieben selbstverständlich den ganzen nächsten Tag bei den ersten Mongolen, hatten aber darum keineswegs untätig zu sein. Zunächst kauften wir für die Reise drei kleine wohlgenährte Pferde und zwei Schafe. Die schlechtesten unserer Tiere, darunter zwei ausgemergelte Kamele, wurden ausrangiert. Sonst war Ziegenmilch das Einzige, was uns die Mongolen bieten konnten, aber sie war uns sehr willkommen. Sie selbst freuten sich außerordentlich über einen kleinen Vorrat an Brot und Tee, den wir ihnen schenkten.

Was mir am meisten Spaß machte, war die erste Lektion im Mongolischen. Dortsche war unbeschreiblich komisch mit seinen verzweifelten Versuchen zu begreifen, was ich mit meinen Gesten meinte. Der erste Schritt waren die Zahlwörter, die ich dadurch erlernte, dass ich einen, zwei, drei usw. Finger emporhielt. Ebenso leicht ging es, die Namen der Gegenstände in unserer Umgebung, des Zeltes und seiner Teile, der Farben, der Gliedmaßen, geographischer Dinge usw. zu erfahren.

Die Zeitwörter waren eine harte Nuss; aber die wichtigsten lernte ich doch schon am ersten Abend. Es war gleichzeitig eine vollständige gymnastische Übung, und Dortsche machte ein recht verblüfftes Gesicht, als ich anfing, ihm auf den Rücken zu schlagen, um zu erfahren, wie diese Handlung auf Mongolisch heißt. Während der 14 Tage, die Dortsche unser Führer war, wurde jeder freie Augenblick mit mongolischem Unterricht ausgefüllt.

Nachdem ich am Morgen des 3. Oktober der Karte wegen aus einer genau gemessenen Basis die Länge der Schritte und das Marschtempo meines neuen mongolischen Reitpferdes festgestellt hatte, brachen wir von Mössöto auf.

Wir folgten erst dem linken Ufer des Flusses und bogen sodann nach Norden in ein steiniges Seitental ein, das sich allmählich erweiterte und breit und fruchtbar wurde. An einem Tümpel stieg Dortsche mit der Erklärung ab, dies sei der Jike-tsohan-namen (4356 Meter) und hier müssten wir lagern, was auch geschah.

Am 4. Oktober führte uns unser Wegweiser das Tal weiter hinauf, das allmählich nach Nordosten und Osten abbog und zum Passe Jike-tsohan-davan (4912 Meter hoch) hinaufführte.

Dieser war ziemlich bequem. Von der Passhöhe hatten wir keine weite Aussicht, denn der Pass ist von Gipfeln umgeben. Auf dem Passe lag der Schnee ziemlich hoch, auf dem Ostabhang viel reichlicher als auf dem westlichen. Das östliche Tal ist energischer ausgemeißelt, während das westliche langsam abfällt, und einen Übergang zu dem nordtibetischen Hochlande darstellt. Wir fanden, dass der niedrige Pass, über den wir nördlich vom 20. See gegangen waren, eine sehr wichtige Wasserscheide bildete. Südlich davon strömte das Wasser nach dem abflusslosen tibetischen Gebiet, nordwärts nach dem ebenfalls abflusslosen Salzbecken von Zaidam.

An dem Punkte, wo das Tal eine Krümmung nach Norden macht, beginnt der vom Passe kommende Fluss seine eigentliche Sägearbeit durch den Granit. In einer tiefen, schmalen Schlucht mit lotrechten Wänden schäumt das Wasser über den mit Blöcken übersäten Boden dahin. Diesen Weg hatte Islam eingeschlagen, der wie gewöhnlich mit der Karawane vorausging. Dortsche aber, der mich begleitete, um mir die Namen der Täler, Flüsse und Berge zu sagen, erklärte, es ritte sich besser auf der Höhe der Berge der linken Talseite, wo der Boden aus gelbem, weichem Lehm bestehe. Auch diese Höhen fielen steil nach dem tief eingeschnittenen Tale ab, aus dem jetzt das Rauschen des Flusses aus einer Tiefe von 100 Metern heraufönte.

Der Pfad war kaum fußbreit; er folgte den Unebenheiten der Gehänge und war oft förmlich aus beinahe senkrechten Lehmwänden ausgeschnitten. Infolge von Niederschlägen war der Boden schlüpfrig und glatt. Dortsche ritt voran, ich hochklopfenden Herzens hinterdrein, als plötzlich das Pferd auf die lose Kante trat und stürzte. Ich konnte gerade noch aus dem Sattel springen und blieb auf dem Steige auf dem Rücken liegen. Das Pferd überkugelte sich ein paarmal auf dem Abhang, ehe es wieder auf die Füße kam. Dortsche eilte hinunter und half ihm wieder herauf. Hätte das Pferd nicht rechtzeitig festen Fuß gefasst, so hätte es nur noch wenige Meter bis nach der Wand gehabt, die lotrecht in den Abgrund abfiel. Und wäre ich nicht so schnell aus dem Sattel gekommen, so hätte ich ihm vielleicht Gesellschaft leisten müssen. Von da an ging ich vorsichtig zu Fuß und führte mein Pferd.

Es kam noch eine Reihe lebensgefährlicher Passagen, bevor wir die Talerweiterung Kokobure erreichten, wo sich an den Ufern des Flusses schöne Weiden ausbreiteten. Der an diesem Tage zurückgelegte Weg betrug 27,5 Kilometer.

5. OKTOBER. Von Kokobure zogen wir das Tal hinunter. Auf einem offenen Platze begegneten wir einer Schar mongolischer Reiter, die alle mit Flinten bewaffnet waren. Das Erstaunen war auf beiden Seiten groß. Mit Dortsches Hilfe begann ich mit ihnen zu unterhandeln. Zuerst kamen wir überein, hier in der Harato genannten Gegend zu lagern, obgleich wir nur 15 Kilometer zurückgelegt hatten. Es war ein herrlicher Platz in einer Höhe von 3321 Metern mit reicher Vegetation. Seit zwei Monaten war es das erste Mal, dass wir uns in dieser geringen Seehöhe befanden, und das Bewusstsein, dass wir uns jetzt mit jedem Tage noch tiefer liegenden Gegenden näherten, war sehr angenehm.

Die Reiterschar bestand aus fünf Männern und einer Frau. Sie waren auf dem Wege nach Mössöto und von dort ins Gebirge hinauf, um sich mit Yakfleisch für den Winter zu versehen. Neben meinem Zelte lagerten die Jäger im Buschwerk, machten zwischen drei Steinen, auf die der Topf gesetzt wurde, Feuer an, und als ich kam, um in ihrem Kreise Platz zu nehmen, begrüßten sie mich mit einem freundlichen »*Aemir sän?*« (Wie geht's?).

Sobald das Wasser kochte, holte einer der älteren Männer aus einem Beutel sechs flache Holznäpfe, die im Kreise verteilt wurden, und streute dann ein paar Hände voll Gerstenmehl in die sechs Näpfe. Darauf schnitt er einen mit festem Hammeltalg gefüllten Darm in dünne Scheiben, die mit dem Mehl verknetet wurden. Dann schöpfte die Frau, die das Feuer unterhielt, mit einem eisernen Löffel Wasser aus dem Topfe und füllte damit die Schalen. Damit war die Tsamba, das Leibgericht der Mongolen, fertig.

Dies war das einzige Gericht, das sie verzehrten; nach Tisch wurden die Pfeifen und der schlechte chinesische Tabak aus dem Gehänge an der linken Seite hervorgeholt, und es herrschte die urgemütlichste Stimmung. Alle schienen den Tabak sehr zu lieben.

Sven Hedin bei Vermessungsarbeiten in der Wüste bei Loulan, 1901

Ihre einzigen Kleidungsstücke waren Pelz, Beinkleider, Stiefel und Mütze. Den Pelz trugen sie unmittelbar auf dem Leibe. Gegen Kälte waren sie anscheinend unempfindlich, denn der rechte Arm und die rechte Hälfte des Oberkörpers waren nackt. Nachts hüllten sie sich in ihre Pelze und kauerten sich am Feuer zusammen. Wenn aber Schneesturm herrschte, machten sie sich ein provisorisches Zelt aus den Gewehren, den Sätteln und den Woilachs. Alle trugen das Haar in Zöpfen und fingerten an Rosenkränzen, um zu zählen, wie oft sie das Gebet *»Om mani padme hum«* wiederholt hatten.

6. Oktober. Früh am Morgen zogen die Mongolen nach ihrem Jagdrevier hinauf, nachdem sie uns einige ihrer Pferde verkauft hatten. Als wir eine Stunde später unseren Weg nach Norden fortsetzen wollten, stellte sich heraus, dass die neugekauften Pferde aus alter Gewohnheit ihren ehemaligen Herren nachgelaufen waren. Ein paar Leute mussten daher das Tal hinaufreiten, um sie wiederzuholen; so kamen wir erst gegen zehn Uhr auf den Weg.

Wir ritten über den Fluss und hatten ihn eine ganze Weile zur Linken. Das Tal erweiterte sich. Hinter einem letzten, engen Tore, wo der Fluss sich gegen die rechte Bergwand drängte, öffnete sich im Norden eine uns ungewohnte Landschaft: Der Horizont bildete hier in weiter Ferne eine ganz gerade Linie. Da, wo das Tal endete, hörte auch beinahe alle Vegetation auf. Die unmerklich nach Norden abfallende Ebene wurde immer öder und ging schließlich in vollständige Wüste über. Nichts Lebendes war zu sehen, keine Spur von Weg. Alles war stumm und still.

Vor uns dehnte sich die endlose Ebene aus. Bei diesem Anblick erfasst einen beinahe der Schwindel, wenn man sich, wie wir, so lange zwischen lauter Bergen aufgehalten hat. Wandte man sich im Sattel um, so sah man die gewaltige Bergkette mit ihrem schneebedeckten Kamm. Die Entfernung und die nicht ganz klare Luft verursachten, dass sie sich wie eine einzige Wand zu erheben schien, in der nicht einmal die Talmündung, die wir eben verlassen hatten, deutlich zu unterscheiden war.

Stunde auf Stunde ritten wir nach Norden und hatten schon lange die Kamele überholt, als die Dämmerung hereinbrach. Der Wüstengürtel ging in eine Steppe über, in der Tamarisken wuchsen, anfangs spärlich, dann in einem zusammenhängenden Striche und wie in Ostturkestan gewöhnlich auf Erdkegeln thronend. Nachdem Dortsche nach vielem Suchen einen Pfad gefunden hatte, hielt er an und sagte, er fürchte, dass die anderen, die keinen Führer hatten, nicht allein nach dem Lager würden finden können. Er zeigte mir, nach welcher Richtung ich reiten sollte, und war in der Dunkelheit verschwunden, bevor ich Zeit gehabt, dagegen zu protestieren.

—

»Mir machte es Vergnügen, so zu reisen und zu wissen, dass ich überall der erste Europäer war, der über diese Berge wanderte, auf denen es keine anderen Pfade als die von wilden Tieren getretenen gibt und man im Boden keine anderen Spuren sieht als die Fährten von Yaks, Kulanen und Antilopen. Flüsse, Seen und Berge haben keinen Namen, alles gehört mir, es ist für ein paar Monate mein eigenes Land.«

SVEN HEDIN, 1904

—

Glücklicherweise war das Pferd in der Gegend besser bekannt als ich, und nachdem ich eine Stunde im Schritt weitergeritten war, sah ich im Norden Feuer zwischen den Sträuchern flammen. Es ertönte Hundegebell, und ein ganzes Heer mongolischer Hunde stürmte auf mein Pferd und Jolldasch [Hedins Hund] los, der noch rechtzeitig vor mir auf dem Sattel Platz nehmen konnte.

Jetzt wurden Menschen und Zelte sichtbar. Ganz ruhig ritt ich zu einem Zelt, band das Pferd an, trat ein, sechs erstaunte Mongolen mit einem freundlichen *»Aemir sän?«* begrüßend, setzte mich ans Feuer und zündete mir eine Pfeife an. Eine Schüssel voll gegorener Stutenmilch stand in einer Ecke; ich trank einen gehörigen Schluck davon. Sie schmeckte wie Dünnbier und erquickte mich nach den 43 Kilometern, die ich geritten, außerordentlich.

Die Mongolen starrten mich an, ohne ein Wort zu sagen. Sie legten höchstens die Scheite wieder zurecht und erholten sich von ihrer Überraschung erst, als Dortsche zwei Stunden später mit der Karawane anlangte und ihnen erklärte, was für Leute wir wären.

Auf einem offenen Platze zwischen den Zelten der Mongolen wurden nun die unserigen um ein Feuer aufgeschlagen, das die Karawane und das Gepäck beleuchtete. Erst nachts um ein Uhr bekam ich mein Abendessen. Der letzte forcierte Marsch hatte ein paar Pferden und einem Esel das Leben gekostet. Es waren nur noch drei Kamele, drei Pferde und ein Esel von der 56 Tiere starken Karawane übrig, mit der wir vor zwei Monaten Dalaikurgan verlassen hatten.

—

1905

Gertrude Bell

Durch die Wüsten Syriens

—

Sie war eigensinnig, wissbegierig und wagemutig: Gertrude Bell (1868–1926). Ihr Studium der Zeitgeschichte in Oxford schloss sie mit der höchsten Auszeichnung ab – zu einer Zeit, als eine Universitätsbildung für Frauen noch eine Seltenheit war. Doch das Londoner Gesellschaftsleben mit seinen Konventionen ödete sie an. Sie wollte nicht ihre Zeit damit vertun, neben »einem bloßen Frack« zu sitzen; sie wollte »Menschen aus Fleisch und Blut« begegnen. Also begann sie Persisch zu lernen und reiste im Frühjahr 1893 nach Teheran zu ihrem Onkel Frank Lascelles, der kurz zuvor zum britischen Botschafter am Hof des Schah ernannt worden war. Damit war die Leidenschaft für die orientalische Welt erwacht. Auf ihren Expeditionen in die syrische und arabische Wüste drang Gertrude Bell in Regionen vor, in die kaum je ein Europäer, geschweige denn eine Europäerin, gekommen war. Sie reiste mit einem Koch, mehreren Dienern und einheimischen Führern; zu ihrer festen Ausrüstung gehörten auch ein Service feines Porzellan sowie eine Badewanne aus Zeltplanen.

Gertrude Bell vor ihrem Zelt bei Ausgrabungen in der Nähe von Bagdad, 1909

Im Lauf der Jahre wurde Gertrude Bell zu einer Expertin der Region und der politischen Konstellationen. Schon bald waren ihre genauen Kenntnisse gefragt. Im Ersten Weltkrieg arbeitete sie als politische Offizierin des britisch-indischen Expeditionskorps in Mesopotamien. Als die Araber sich 1920 mithilfe der Briten von der osmanischen Herrschaft befreiten, beriet Gertrude Bell die Regierung in London ebenso wie die arabischen Führer vor Ort. Sie wirkte an der Festlegung der Grenzen des neugegründeten Staates Irak und der Inthronisation von König Faisal mit.

Bagdad wurde schließlich zu ihrer neuen Heimat. Hier betrieb sie die Begründung des Archäologischen Museums, dem sie ihre Sammlung vermachte; und hier starb sie auch, kurz vor Vollendung ihres 58. Lebensjahres. Im Laufe ihres Lebens schrieb die »Königin der Wüste«, wie sie genannt wurde, zahlreiche Bücher; das bekannteste von ihnen ist The Desert and the Sown, *ihr Bericht über ihre Reise durch Syrien im Jahre 1905.*

—

Januar 1905, Aufbruch aus Jerusalem. Dem Angehörigen höherer Stände bieten sich selten Momente freudigerer Erwartung, als wenn er an der Schwelle einer Reise in ferne Länder steht. Die Pforten der Enge öffnen sich ihm; es fällt die Kette vor dem Eingang ins Heiligtum, mit unsicherem Blick nach rechts und links schreitet er vorwärts und blickt – ins Unermessliche. In die Welt der Abenteuer und großen Taten, die Welt voll schwarzer Wetter und lockenden Sonnenscheins, die in jeder ihrer Falten eine unbeantwortete Frage, einen unlösbaren Zweifel bringt. Du musst allein hineinschreiten, musst dich absondern von den Scharen deiner Freunde, die die Rosengärten aufsuchen, musst den Purpur und das feine Linnen zurücklassen, die den kämpfenden Arm hindern – freudlos, heimat- und besitzlos will sie dich haben, diese Welt der Wunder. Statt der überredenden Worte deiner Ratgeber wirst du das Rauschen des Windes hören, Regenschauer und scharfer Frost werden dir ein stärkerer Ansporn sein als Lob und Tadel, und die Not wird ein entschiedeneres Muss sprechen als die armselige Stimme der Einsicht, die wir Menschen ganz nach Belieben zu befolgen oder zu missachten pflegen. Du verlässt dein schützendes Heim und fühlst, sobald du den Pfad betrittst, der über die gerundeten Schultern der Erde dahinführt, gleich dem Manne im Märchen; die Reifen lösen sich, die dein Herz gefesselt halten.

Jerusalem, Blick auf den Tempelberg
Photographie von Gertrude Bell, 1899

Es war ein stürmischer Morgen, der 5. Februar. Der Westwind erhob sich aus dem Mittelmeer, fegte über die Erde dahin, wo die Kananiter Krieg führten mit den hartköpfigen Bergbewohnern Judäas, übersprang die gewaltige Gebirgsmauer, die die Könige von Assyrien und Ägypten vergebens zu überwinden versucht, schrie nach Jerusalem die Kunde von kommendem Regen hinein, jagte weiter über die öden Osthänge hinab, setzte mit einem Sprung über das tiefeingeschnittene Bett des Jordans und verschwand jenseits der hohen moabitischen Höhen in der Wüste. Und die ganze Meute des Sturmes jagte ihm nach, ein kläffendes Rudel, ostwärts jagend und sich des tollen Tages freuend.

Wer, mit frischem Leben in den Adern, möchte wohl an einem solchen Tage zu Hause bleiben? Für mich gab es überhaupt keine Wahl. Schon im grauen Dämmern waren die Maultiere mit all meinen Habseligkeiten ausgezogen. Zwei Zelte, ein Lebensmittelwagen mit so wenig luxuriösen Vorräten für einen Monat, dass selbst der abgehärtetste Reisende sich nicht mit weniger behaupten kann, zwei kleine Maultierkörbe voll photographischer Artikel, einige wenige Bücher und ein stattliches Paket Landkarten – das war alles. Mit den aus Beirut mitgebrachten Maultieren und ihren drei Führern war ich zufrieden und beabsichtigte, dieselben auch auf der Weiterreise mitzunehmen. Die Männer stammten alle aus dem Libanon, zwei, Vater und Sohn, beide Christen, aus einem Dorfe nördlich von Beirut.

Der Vater – Ibrahim mit Namen – ein altes, zahnloses Individuum, saß rittlings über den Maultierkörben und murmelte fromme Worte, Segenssprüche und Beteuerungen seiner Ergebenheit gegen seinen gnädigsten Auftraggeber, ohne sich jedoch bewogen zu sehen, weitere Anstrengungen zum Wohle der Gesellschaft zu machen. Der Sohn, Habib, zählte zwei- oder dreiundzwanzig Jahre, war dunkel, stämmig, breitschultrig, mit kühnem Blick unter schwarzen Brauen hervor, und einem Profil, das ein Grieche ihm hätte neiden können. Treiber Nummer drei war ein Druse, ein großer, schlottriger, unverbesserlich träger Mensch, ein Schurke im kleinen, der freilich meinen gerechten Unwillen hinsichtlich gestohlenen Zuckers und fehlender Piaster stets durch einen bittenden Blick aus seinen glänzenden Hundeaugen wieder zu bannen wusste. Er zeigte sich gefräßig und stumpfsinnig, Fehler, die bei einer Kost von trockenem Brot, Reis und ranziger Butter freilich wohl schwervermeidlich sind, aber selbst mitten unter seine Todfeinde gestellt, leierte er seine Arbeit weiter und schlürfte mit derselben Miene blöder Gleichgültigkeit hinter seinen Maultieren und seinem Esel her, die er in den Straßen von Beirut zeigte. Er hieß Mohammed.

Muslimische Pilger in Jerusalem
Photographie von Gertrude Bell, 1900

Das letzte Glied unserer Karawane war Michaïl, der Koch, ein Jerusalemer und Christ, dem die Religion freilich nicht viel Kopfzerbrechen machte. Er hatte Mr. Mark Sykes auf Reisen begleitet und von ihm folgendes Zeugnis erhalten: »Mit Ausnahme dessen, was er bei mir gelernt hat, versteht er nicht viel vom Kochen, aber er macht sich keinen Strohhalm daraus, ob er lebt oder getötet wird.« Als ich Michaïl diese Worte vorlas, lachte er immer wieder in sich hinein, und ich engagierte ihn auf der Stelle. Es war freilich ein ungenügender Grund, aber ebenso gut, wie mancher andere. Seinen Fähigkeiten entsprechend, diente er mir gut, aber er war ein empfindliches, hitziges Männchen, das mit einer Einbildungskraft, deren Größe ich selbst in unserer dreimonatigen Bekanntschaft nicht ganz ergründet habe, überall und in allem eine beabsichtigte Beleidigung witterte. Unglücklicherweise hatte Michaïl in den Jahren, die seit seinem Schiffbruch auf dem See Wan mit Mr. Sykes verflossen waren, außer dem Kochen auch noch einiges anderes gelernt. Es ist typisch für ihn, dass er sich nie die Mühe gab, mir jenes Abenteuer zu schildern, obwohl er einmal, als ich es erwähnte, kopfnickend bemerkte: »Wir waren damals dem Tode so nahe wie ein Bettler der Armut, aber Exzellenz weiß ja, dass der Mensch nur einmal sterben kann.« Dagegen traktierte er meine Ohren beständig mit Geschichten von Reisenden, die da behauptet hatten, ohne Michaïls kulinarische Künste nicht in Syrien reisen zu können und zu wollen. Die Arrakflasche war die Schwäche, die ihm verhängnisvoll werden sollte, und nachdem ich alle Maßregeln, von überredender Schmeichelei bis zur Jagdpeitsche, angewendet hatte, entließ ich ihn an der kilikischen Küste mit anderm Bedauern als der Sehnsucht nach zähem Ragout und kaltem Pfannkuchen.

Ich hegte den Wunsch, den einsamen Weg nach Jericho ganz allein hinabzureiten, wie ich schon zuvor getan hatte, als mein Antlitz auch der Wüste zugewendet war, aber Michaïl war der Meinung, dass sich das mit meiner Würde nicht vertrüge, und ich hegte die Überzeugung, dass selbst seine schwatzhafte Gegenwart diesen Weg nicht der Einsamkeit entkleiden konnte. Um neun Uhr saßen wir im Sattel, ritten um die Mauern von Jerusalem in das Tal des Kidron hinab, vorbei an dem Schmerzensgarten von Gethsemane, und den Ölberg hinan.

—

»Ich habe nie gewusst, was eine Wüste ist, bis ich hierherkam. Es ist etwas ganz Wunderbares! Und plötzlich, aus dem Nichts, aus einem bisschen kalten Wasser bricht ein Garten hervor. Und was für ein Garten! Bäume, Brunnen, Becken, Rosen und ein Haus darin, Häuser, wie in unseren Kindermärchen!«
GERTRUDE BELL
IN TEHERAN, 1893

—

Hier hielt ich inne, um mich wieder dem Eindruck hinzugeben, den keine Bekanntschaft mit der Gegend abschwächen kann, dem Eindruck der mauerumgürteten Stadt, die unter einem bleiernen Himmel grau inmitten der grauen Landschaft liegt, und doch vergoldet wird von der Hoffnung und dem unauslöschbaren Sehnen aller Pilger. Menschliches Hoffen, das blinde Tasten der gefesselten Seele nach einem Ziel, das jedem Wunsche Erfüllung, jedem müden Herzen Frieden geben wird – das ist es, was die Stadt gleich einem halb lichten, halb wehmütigen Glorienschein umgibt, den so manche Zähre benetzt, manche Enttäuschung befleckt hat. Der Westwind wandte mein Pferd, und vorwärts galoppierten wir über den Gipfel des Hügels und die Straße hinab, die sich durch die judäische Wüste hinzieht.

MÄRZ 1905, EINZUG IN HOMS. Wir zogen in Homs durch den Friedhof ein. Dass sich schon vor demselben auf eine Viertelmeile hin Gräber befanden, ist nicht etwa lediglich eine Eigentümlichkeit Homs', sondern den Städten des Orients überhaupt eigen. Jede Stadt wird durch Bataillone Toter bewacht, und durch ein Regiment beturbanter Grabsteine flutet das Leben der Stadt hin und her. Nun war es gerade Donnerstag, als wir in Homs eintrafen, der allwöchentliche Allerseelentag in der mohammedanischen Welt. Gruppen verschleierter Frauen legten Blumen auf die Gräber oder saßen munter plaudernd auf den Hügeln – sind doch die Grabstätten für die Frauen des Orients ein Vergnügungsort, ein Spielplatz für die Kinder, und die düstere Bestimmung des Ortes vermag den Besuchern den Frohsinn nicht zu rauben. Mein Lager wurde außerhalb der Stadt auf einer Rasenfläche zwischen den Ruinen der Garnison aufgeschlagen, die von Ibrahim Pascha erbaut und von den Syrern sofort nach seinem Tode zerstört worden war. Jede Spur seiner verhassten Besetzung des Landes sollte vernichtet werden. Alles war bereit für mich; schon kochte das Wasser zum Tee, und der Kaimakam [oberster Beamter des Landkreises] hatte einen Boten geschickt, um versichern zu lassen, dass jeder meiner Wünsche auf der Stelle beachtet werden würde. Trotzdem gefiel mir die Stadt Homs nicht, und freiwillig werde ich nie wieder dort kampieren. An diesem Entschluss war das Betragen der Einwohner schuld, von dem ich jetzt reden will. Dem Benehmen des Kaimakam, den ich nach der Teestunde besuchte, kann ich das beste Lob sprechen; er erwies sich als ein angenehmer Türke, der, ein wenig der arabischen Sprache mächtig, mir sehr freundlich entgegenkam. Es waren noch verschiedene andere Leute anwesend, beturbante Muftis und ernste Senatoren, und wir unterhielten uns beim Kaffee höchst angenehm. Als ich mich Abschied nehmend erhob, erbot sich der Kaimakam, mir einen Soldaten zum Schutze durch die Stadt mitzugeben; ich lehnte jedoch mit der Bemerkung ab, dass ich der arabischen Sprache mächtig sei und daher nichts zu fürchten brauche. Aber da hatte ich mich getäuscht: keinerlei Kenntnis der Sprache könnte den Fremdling in Homs befähigen, den Leuten seine Meinung klarzumachen. Die Verfolgung begann schon, ehe ich den Fuß nur in den Bazar gesetzt hatte. Ich hätte der Rattenfänger von Hameln sein können, so heftete sich eine Schar kleiner Knaben an meine Fersen. Ein Weilchen ließ ich mir ihre Neugierde gefallen, dann begann ich zu schelten und nahm schließlich meine Zuflucht zu den Geschäftsleuten im Bazar. Das wirkte eine Weile; aber als ich wagte, eine Moschee zu betreten, drängten sich nicht nur die kleinen Burschen nach, sondern (so erschien es wenigstens meiner erregten Phantasie) überhaupt jedes männliche Individuum aus Homs. Nicht etwa, dass sie ärgerlich gewesen wären, mich hätten zurückhalten wollen, sie wünschten im Gegenteil sehnlichst mein langes Bleiben, um mich desto länger beobachten zu können. Das war mehr, als ich ertragen konnte, und ich floh zu den Zelten zurück, wobei mir etwa 200 Paar neugieriger Augen das Geleit gaben, und ließ einen Zaptieh [Gendarm] holen, den ich, nun klüger geworden, anderen Tages gleich zu Anfang mitnahm.

Basar in Homs
Photographie von
Gertrude Bell, 1905

Da Homs weiter nichts Sehenswertes bot und der Nachmittag schön war, ritt ich nach dem Anger am Orontes hinab, der in Frühlings- und Sommertagen einen beliebten Schauplatz für alle Feiertagsbelustigungen abgibt. Der Orontes lässt Homs eine gute Meile südlich liegen, und die Versorgung mit Wasser ist, nach Beschaffenheit und auch Menge, unbefriedigend, da sie einem Kanal entstammt, der am Nordende des Sees seinen Anfang nimmt. Der Orontesanger, Mardj ul'Asi, gibt einen guten Begriff von Örtlichkeiten, wo der Orientale, mag er Türke, Syrer oder Perser sein, seine Mußestunden zuzubringen liebt. »Drei Dinge sind es«, sagt das arabische Sprichwort, »die das Herz von Kummer befreien; Wasser, grünes Gras und Frauenschönheit.« Der hurtige Orontes strömte durch die bereits mit Gänseblumen besternten grünen Flächen, unter Weidenbäumen, die schon der Hauch des Frühlings gestreift hatte, stiegen leicht verschleierte Christendamen von ihren Mauleseln. Das Wasser drehte eine große Naoura (persisches Rad), sein angenehmes Rauschen erfüllte die Luft. Ein Kaffeekocher hatte an der Straße sein Kohlenbecken aufgestellt, ein Zuckerwarenhändler breitete am Ufer seine Schätze aus, und auf der breiteren Rasenfläche tummelten buntgekleidete Jünglinge ihre Araberstuten. Der Osten hielt in der ihm eigenen, zufriedenen Weise Feiertag, und seine eigene Sonne spendete ihre Wärme dazu.

Die Ruinen von Palmyra mit Bells Lager
Gertrude Bell besuchte die antike Tempelstadt erstmals im Mai 1900.

Der übrige Nachmittag wurde der Geselligkeit und den fruchtlosen Bemühungen gewidmet, der Neugierde der Städter zu entgehen. Es war ein Freitagnachmittag, und wie hätte man ihn besser anwenden können, als sich in einer Schar von vielen Hunderten rings um meine Zelte aufzustellen und jede Bewegung jeder einzelnen Person im Lager zu beobachten? Trieben es die Männer schon schlimm genug, so übertrafen die Frauen sie noch, und die Kinder waren am schlimmsten. Nichts konnte sie zurückschrecken, und die Aufregung erreichte ihren Gipfel, als Abd ul Hamed Pascha Druby, der reichste Mann von Homs, vorsprach und den Kadi Mohammed Said ul Chani mitbrachte. Bei dem uns umgebenden Auf- und Abwogen der Menge konnte ich unmöglich der interessanten, geistreichen Unterhaltung

Gertrude Bell beim Picknick mit Faisal I., König des Irak (2. v. r.), 1922

die gebührende Aufmerksamkeit widmen; als ich eine Stunde darauf den Besuch in des Paschas schönem neuen Hause am Stadttor erwiderte, war ich von mindestens 300 Personen begleitet. Ich muss einen Seufzer der Erleichterung ausgestoßen haben, als die Tür sich hinter meiner eigenen Begleitung schloss, denn nachdem ich mich in dem kühlen, ruhigen Liwan niedergelassen, sagte Abd ul Hamed: »Möge Gott geben, dass das Volk Eure Exzellenz nicht belästigt, ich werde sonst ein Regiment Soldaten ausschicken.«

Ich murmelte eine mir nur halb von Herzen kommende Ablehnung, hätte ich doch mit Befriedigung jene kleinen Burschen von einer ganzen Musketensalve niedergestreckt gesehen.

Darauf bemerkte der Pascha nachdenklich: »Als der deutsche Kaiser in Damaskus weilte, gab er Befehl, dass niemandem untersagt würde zu kommen und ihn sich anzusehen.«

Mit diesem erhabenen Vorbild vor Augen ward mir klar, dass ich die Buße für Größe und fremde Herkunft klaglos auf mich nehmen musste.

—

—

»Du musst allein hineinschreiten, musst dich absondern von den Scharen deiner Freunde – freudlos, heimat- und besitzlos will sie dich haben, diese Welt der Wunder.«

Gertrude Bell, 1905

—

1907

Marcel Proust

Tage im Automobil

Marcel Proust, um 1900

Ende des 19. Jahrhunderts dämmerte das heroische Zeitalter des Automobils herauf. 1885 fuhr Carl Benz erstmals mit seinem dreirädrigen Gefährt mit einem 1-Zylinder-Viertaktmotor und 0,88 PS durch Mannheim, zwei Jahre später sah man die ersten »Kutschen ohne Pferd« durch die Straßen rollen. Ähnlich wie in den Frühzeiten der Eisenbahn rief das Automobil Skeptiker auf den Plan, die erklärten, fortan sei kein Spaziergänger mehr seines Lebens sicher. Andere priesen die gesundheitlichen Vorzüge des Automobils: Die Erschütterung, der man sich darin aussetze, fördere die Verdauung, reguliere den Blutkreislauf und verhindere Muskelkrämpfe.

Zu denen, die sich an dem neuen Verkehrsmittel und seinen Möglichkeiten berauschten, gehörte auch der Schriftsteller Marcel Proust (1871–1922). Selbst ans Steuer wollte er sich nicht setzen, dafür standen ihm gleich zwei Chauffeure zu Diensten: Odilon Albaret und Alfred Agostinelli, die beide als Fahrer bei dem Pariser Taxiunternehmen Unic arbeiteten. Proust lernte den 19-jährigen Agostinelli im Juli 1907 vor dem Grand Hôtel des Küstenortes Cabourg kennen, den er als Feriendomizil für sich entdeckt hatte. In den darauffolgenden Wochen chauffierte Agostinelli den Schriftsteller auf ausgedehnten Touren nach Caen, Bayeux, Balleroy und anderen Orten. Auf der Rückfahrt im September nach Paris machten sie in Lisieux Station, wo sie nachts die Kathedrale besichtigten; die Scheinwerfer des aufgebockten Wagens sorgten für die nötige Beleuchtung. Von seinen Reiseerlebnissen berichtete Proust in dem Artikel »Impressions de route en automobile«, der am 19. November 1907 im Le Figaro *erschien. Er pries darin die Unabhängigkeit, die das Reisen mit dem »Zaubergefährt« ermögliche, und erwies auch seinem Chauffeur Reverenz – seiner »Nonne der Geschwindigkeit« mit Gummimantel und Lederkappe.*

Nachdem ich zu recht vorgeschrittener Stunde des Nachmittags von *** aufgebrochen war, durfte ich keine Zeit verlieren, wenn ich vor Einbruch der Nacht bei meinen Eltern, etwa auf halbem Wege zwischen Lisieux und Louviers, ankommen wollte. Zur Rechten, zur Linken und vor mir setzten die Fenster des Automobils, die ich geschlossen hielt, den schönen Septembertag, den man selbst im Freien nur durch eine Art Transparenz hindurch schaute, gleichsam hinter Glas. Sobald sie uns in der Ferne erblickten, liefen uns alte, wackelige Häuser behende auf der Straße, über die sie sich neigten, entgegen und reichten uns dabei einige frisch erblühte Rosen oder zeigten uns voll Stolz die junge Stockrose, die sie aufgezogen hatten und die sie bereits überragte. Andere kamen, zärtlich an einen Birnbaum gelehnt, den sie in ihrer Altersblindheit noch zu stützen vermeinten, und drückten ihn an ihr wundgewordenes Herz, wo er die schmächtige und leidenschaftliche Aussendung seiner Äste für immer festgelegt und bewegungslos gemacht hatte. Alsbald machte die Straße eine Wendung, und da die Böschung, die sie rechter Hand begrenzte, sich abflachte, erschien die Ebene von Caen, ohne dass die Stadt, die doch in dem Raum enthalten war, den ich vor Augen hatte, sich, aufgrund der Entfernung, sehen oder auch nur erahnen ließ. Allein, sich aus der gleichförmigen Fläche der Ebene erhebend und wie verloren im flachen Lande, stiegen die beiden Kirchtürme von Saint-Étienne gen Himmel. Bald darauf sahen wir drei, weil sich der Turm von Saint-Pierre ihnen zugesellt hatte. Einander angenähert zu einem dreizackigen Gebirgsgipfel, erschienen sie wie oft bei Turner das Kloster oder das Gutshaus, das dem Bild seinen Namen verleiht, jedoch inmitten der unermesslichen Landschaft von Himmel, Vegetation und Gewässer ebenso wenig Platz einnimmt, ebenso episodisch und flüchtig erscheint wie der Regenbogen, das Abendlicht und die kleine Bäuerin, die im Vordergrund zwischen ihren Körben dahintrottet. Die Minuten verrannen, wir fuhren schnell, und dennoch blieben die drei Kirchtürme vor uns allein, wie in der Ebene abgesetzte reglose Vögel, die sich im Sonnenlicht abzeichnen. Dann, als die Entfernung schwand, wie der Nebel eine Gestalt, die einen Augenblick zuvor noch unsichtbar war, gänzlich und in allen Einzelheiten enthüllt, erschienen die Türme der Trinité, oder eher ein einziger Turm, so genau verdeckte der eine den anderen. Aber er verschob sich, der andere trat hervor, und beide stellten sich in eine Reihe. Schließlich gelang es einem Nachzügler (dem Turm von Saint-Sauveur, nehme ich an) mittels einer kühnen Drehung, ihnen gegenüberzutreten. Zwischen den vervielfachten Kirchtürmen, auf deren Dachschräge man aus dieser Distanz das Licht lächeln sah, folgte die Stadt, ohne es gleichtun zu können, von unten her ihrem Schwung und entwickelte, senkrecht in die Höhe steigend, das komplizierte, aber sicher geführte Fugato ihrer Dächer. Ich hatte den Chauffeur gebeten, einen Augenblick vor den Türmen von Saint-Étienne anzuhalten; doch da ich mich erinnerte, wie lange wir gebraucht hatten, um ihnen näher zu kommen, während sie von Anfang an so nah schienen, zog ich meine Taschenuhr hervor, um zu

Die beiden Chauffeure Prousts im Rennsportwagen: Odilon Albaret (am Steuer) und Alfred Agostinelli

Stadtansicht von Caen
Photochrom um 1900

sehen, wie viele Minuten wir noch benötigen würden, als das Automobil eine Kurve nahm und mich zu ihren Füßen absetzte. Lange Zeit waren sie für die Anstrengungen unseres Motors unerreichbar gewesen, der sich bei durchdrehenden Rädern abzumühen schien, in stets gleichbleibender Entfernung zu ihnen, so dass erst jetzt, in den letzten Sekunden, die Geschwindigkeit des gesamten Zeitablaufs, zusammengenommen, wahrnehmbar wurde. Und riesenhaft, in ihrer ganzen Höhe aufragend, warfen sie sich uns so ungestüm entgegen, dass wir gerade noch die Zeit zu bremsen hatten, um nicht mit dem Portal zusammenzustoßen.

Wir fuhren weiter auf unserer Straße; wir hatten Caen schon lange verlassen, und die Stadt, die uns einige Sekunden lang begleitet hatte, war verschwunden, als, allein geblieben am Horizont und unser Entfliehen betrachtend, die beiden Türme von Saint-Étienne und der Turm von Saint-Pierre ihre besonnten Spitzen noch als Abschiedszeichen bewegten. Manchmal trat der eine zurück, damit die beiden anderen uns noch einen Augenblick wahrnehmen konnten; bald sah ich nur noch zwei. Dann drehten sie sich noch ein letztes Mal, wie zwei goldene Türangeln, und entschwanden meinen Blicken. Oftmals seither habe ich, bei Sonnenuntergang die Ebene von Caen durchquerend, sie wiedergesehen, manchmal von sehr fern und nur als zwei Blumen an den Himmel gemalt, über der flachen Linie der Felder; manchmal ein wenig näher und schon eingeholt vom Turm von Saint-Pierre, den drei Mädchen aus einer Legende gleichend, die zurückgelassen wurden in einer Einsamkeit, über der sich die Dunkelheit zu senken begann; und während ich mich entfernte, sah ich, wie sie furchtsam ihren Weg suchten, und, nach ein paar linkischen Versuchen und einigem ungeschickten Stolpern ihrer edlen Silhouetten, sich aneinanderdrängten, hintereinander, um vor dem noch rosafarbenen Himmel eine einzige dunkle, kostbare und ergebene Gestalt zu bilden und in der Nacht zu verlöschen.

Ich begann die Hoffnung aufzugeben, früh genug in Lisieux anzukommen, um noch am selben Abend bei meinen Eltern zu sein, die glücklicherweise nicht von meiner Ankunft benachrichtigt worden waren, als wir bei Sonnenuntergang eine steil abfallende Straße erreichten, an deren Ende, in dem vor Sonne blutroten Kessel, wohinein wir mit voller Geschwindigkeit fuhren, ich sah, wie Lisieux, das vor uns dahin gelangt war, in Eile seine verwundeten Häuser, seine purpurgefärbten hohen Kamine aufrichtete und ordnete; augenblicklich hatte alles seinen Platz wiedergefunden, und als wir ein paar Sekunden später an der Ecke der Rue aux Fèvres hielten, schienen die alten Häuser, deren feine, geäderte Holzbalken sich an der Brüstung der Fenster zu Heiligen und Dämonenköpfen entfalteten, sich seit dem 15. Jahrhundert nicht gerührt zu haben. Ein Motorschaden zwang uns, bis zum Einbruch der Nacht in Lisieux zu bleiben; vor der Abfahrt wollte ich an der Fassade von Notre-Dame einige der Blattwerke wiedersehen, von denen Ruskin spricht, die schwachen Laternen aber, die die Straßen der Stadt erleuchteten, hörten auf dem Platz auf, wo die Kathedrale fast in Dunkelheit getaucht war. Dennoch ging ich weiter, um zumindest mit der Hand den berühmten Hochwald aus Stein zu berühren, der am Portal eingepflanzt steht und zwischen dessen beiden so edel gebildeten Reihen vielleicht der Hochzeitszug Heinrichs II. von England und Éléonore de Guyennes hindurchführte. Doch als ich mich ihm eben tastend näherte, wurde er von plötzlicher Helligkeit überflutet; Stamm für Stamm traten die Pfeiler aus dem Dunkel hervor und enthüllten im vollen Licht vor beschattetem Hintergrund die großzügige Modellierung ihrer steinernen Blätter. Es war mein Chauffeur, der einfallsreiche Agostinelli, der den alten Skulpturen den Gruß der Gegenwart schickte, deren Licht nur dazu diente, die Lektionen der Vergangenheit umso genauer zu lesen, indem er, je nachdem, was ich sehen wollte, den Scheinwerfer des Automobils nacheinander auf alle Teile des Portals richtete. Und als ich zum Wagen zurückkam, sah ich eine Gruppe von Kindern, die, neugierig angelockt, sich über den Scheinwerfer beugten, in dessen übernatürlichem Licht ihre Locken zitterten, und die hier, als hätte ein Lichtstrahl sie von der Kathedrale dahergetragen, die Szene von Christi Geburt, von Engeln umgeben, darstellten. Als wir Lisieux verließen, herrschte schwarze Nacht; mein Chauffeur

—

»Stätten sind Personen, Personen aber, die sich nicht wandeln und die wir oft nach langer Zeit wiederfinden, freilich nicht ohne Verwundern darüber, dass wir selber sie nicht als dieselben wiedersehen, oder vor allem staunend, dass wir uns wohl dort noch als dieselben fühlen.«

Marcel Proust, »Jean Santeuil«

—

hatte einen weiten Gummimantel übergezogen und eine Art Kapuze aufgesetzt, die sein bartloses junges Gesicht umrahmte und ihn, während wir immer rascher durch die Nacht fuhren, einem Pilger oder eher einer Nonne der Geschwindigkeit ähnlich machte. Von Zeit zu Zeit rührte er – eine heilige Cäcilie, die auf einem noch weniger materiellen Instrument improvisiert – an die Klaviatur und zog ein Register jener Orgeln, die im Automobil verborgen sind und deren doch stets gegenwärtige Musik wir meist nur bei jenen Registerwechseln bemerken, als die uns die Gangwechsel erscheinen; eine gleichsam abstrakte Musik, ganz Symbol und ganz Zahl, und die an jene Harmonie denken lässt, die, wie man sagt, die Sphären hervorbringen, wenn sie im Äther kreisen. Meist aber hielt er nur das Rad in der Hand – das Lenkrad (das man auch Volant nennt) –, recht ähnlich den Weihekreuzen in den Händen der Apostel, die sich an die Chorsäulen der Sainte-Chapelle in Paris lehnen, dem Kreuz des heiligen Benedikt und überhaupt jeder Stilisierung des Rades in mittelalterlicher Kunst. Er schien es nicht zu benutzen, so reglos verharrte er, sondern hielt es wie ein Symbol, von dem er geziemenderweise begleitet wurde; so halten die Heiligen an Kirchenportalen einen Anker, ein Rad, eine Harfe, eine Sense, einen Rost, ein Jagdhorn oder einen Pinsel. Aber wenn diese Attribute auch im Allgemeinen dazu bestimmt waren, an die Kunstfertigkeit zu gemahnen, mit der sie zu ihren Lebzeiten hervortraten, so handelte es sich doch mitunter um das Werkzeug, mit dem sie umgebracht worden waren; möge das Lenkrad des jungen Chauffeurs, der mich fährt, stets das Symbol seiner Begabung bleiben und nicht Präfiguration seines Martyriums sein! Wir mussten in einem Dorf anhalten, wo ich binnen weniger Augenblicke für die Einwohner jener »Reisende« war, der seit der Eisenbahn nicht mehr existierte und den das Automobil zu neuem Leben erweckt hat, jener, dem auf flämischen Bildern die Magd den Abschiedstrunk reicht, den man auf den Landschaften von Cuyp sieht, wie er anhält und, mit Ruskin zu sprechen, »einen Passanten, der ganz so aussieht, als sei er unfähig, Auskunft zu geben«, nach dem Weg fragt und der in den Fabeln von La Fontaine mit Sonne und Wind reitet, zu Beginn des Herbstes, »wenn Vorsicht dem Reisenden ansteht«, in seine warme Pelerine gehüllt – jener »Reiter«, der heute kaum noch in der Realität existiert und den wir dennoch manchmal gewahren, wie er bei Ebbe am Meeresstrand entlanggaloppiert, wenn die Sonne untergeht (wohl dank der Abendschatten der Vergangenheit entstiegen) und die Meereslandschaft, die wir vor Augen haben, zum »Seestück« macht, das er datiert und signiert, als eine kleine Gestalt, die Lingelbach, Wouwermans oder Adriaen van de Velde, um dem Geschmack reicher kunstliebender Kaufleute aus Harlem

»Mit den Michelin-Reifen sind der furchtlose Sportsmann und seine zarte Gattin in der Lage, es auf 50 [Kilometer] die Stunde zu bringen unter Beibehaltung einer ausgestreckten Position, wie man sie heutzutage im Sanatorium praktiziert …« Briefentwurf Marcel Prousts

an Anekdoten und Figuren zu genügen, einer Strandlandschaft von Willem van de Velde oder Ruysdaël hinzugefügt haben. Das Kostbarste aber, was uns das Automobil von diesem Reisenden wiedergegeben hat, ist die wunderbare Unabhängigkeit, mit der er aufbrechen konnte, wann er wollte, und rasten, wo es ihm gefiel. Alle die werden mich verstehen, die manchmal im Vorübergehen vom Wind mit der unwiderstehlichen Begierde angerührt wurden, gemeinsam mit ihm bis zum Meer zu fliehen, um statt des starren, vergeblich vom Sturm gepeitschten Dorfpflasters die aufgewühlten Fluten zu sehen, wie sie ihm Stoß um Stoß und Schlag um Schlag zurückgeben; an jene vor allem, die wissen, wie groß an gewissen Abenden die Bangigkeit sein kann, sich mit seinem Schmerz für die ganze Nacht einzuschließen, all jene, die, nachdem man lange die Angst bekämpft hatte und wie man schon, das Herzklopfen unterdrückend, begann, zu seinem Zimmer hinaufzugehen, die Freude kennen, innehalten und sich sagen zu können: »Was soll's! Nein, ich gehe nicht hinauf; man sattle das Pferd, man richte das Automobil«, und die ganze Nacht zu fliehen, die Dörfer zurücklassend, in denen wir an unserem Schmerz erstickt wären, wo wir ihn unter jedem schlafenden kleinen Dach erahnen, während wir mit voller Geschwindigkeit vorbeifahren, ohne von ihm erkannt zu werden, außerhalb seiner Reichweite.

Doch das Automobil hatte an der Ecke eines Hohlwegs angehalten, vor einem hinter verblühten Iris und Rosen verborgenen Tor. Wir waren am Wohnort meiner Eltern angekommen. Der Chauffeur betätigt die Hupe, damit der Gärtner komme und uns öffne, jene Hupe, deren durchdringender und monotoner Klang uns missfällt, der indessen, wie alles Stoffliche, schön werden kann, wenn er von einem Gefühl erfüllt wird. In den Herzen meiner Eltern klang er freudig wider, gleich einem unverhofften Wort ... »Es kommt mir vor, als hätte ich etwas gehört ... Aber das kann doch nur er sein!« Sie stehen auf, zünden eine Kerze an, schützen ihre Flamme gegen den Wind aus der Tür, die sie in ihrer Ungeduld schon geöffnet haben, während unten im Park die Hupe, deren erfreulich, fast menschlich gewordenen Klang sie nicht mehr missdeuten können, unaufhörlich ihren gleichförmigen Ruf ausstößt, gleich der unverrückbaren Vorstellung ihrer nahen Freude, dringlich und wiederholt wie ihre wachsende Ungeduld. Und ich dachte daran, wie Wagner in *Tristan und Isolde* (zuerst im zweiten Akt, wenn Isolde mit ihrer Schärpe als Signal winkt, dann im dritten Akt bei der Ankunft des Schiffes) das erste Mal der schrillen, unbestimmten und immer rascheren Wiederholung von zwei Noten, deren Folge manchmal wie zufällig aus der ungeordneten Welt der Geräusche entsteht, das zweite Mal der Schalmei eines armen Hirten, der wachsenden Intensität, der unersättlichen Monotonie seines armseligen Liedes, unter scheinbarer und genialer Abdankung seiner Schöpferkraft, den Ausdruck der wunderbarsten Glückserwartung anvertraut hat, welche je die menschliche Seele erfüllte.

1912

Robert F. Scott

Tragödie am Südpol

—

Zu Beginn des 20. Jahrhunderts verblieben auf der Erde nur noch wenige Regionen, auf die noch kein Mensch einen Fuß gesetzt hatte. Zu ihnen gehörten, umschlossen vom ewigen Eis, der Nord- und der Südpol. Der Nordpol wurde erstmals im April 1909 von den US-amerikanischen Forschern Robert Edwin Peary und Matthew Henson erreicht. Um die Eroberung des Südpols lieferten sich um die Jahreswende 1911/12 der Norweger Roald Amundsen und der Engländer Robert Falcon Scott (1868–1912) einen Wettlauf.

Am 24. Oktober 1911 machte sich Scott mit einem Trupp von 14 Männern, 34 Hunden, 19 sibirischen Ponys, 13 Schlitten und zwei Motorschlitten vom Basislager Kap Evans auf den Weg. Die Expedition stand von Beginn an unter keinem guten Stern: Die Motorschlitten blieben in der Kälte liegen, die Ponys brachen im Schnee ein, die Hunde waren bald erschöpft. Also spannten sich die Männer selbst vor die Schlitten. Am 30. Dezember schickte Scott den letzten Hilfstrupp zurück und machte sich mit vier verbliebenen Männern zur letzten Etappe auf. Doch als sie am 17. Januar 1912 den Pol erreichten, sahen sie dort die norwegische Flagge im Eis stecken.

Der Rückmarsch zum Basislager geriet zum Fiasko: Zwei Männer, der Marineleutnant Edgar Evans und der Kadett Lawrence Oates, starben auf dem Weg an Erfrierungen und Erschöpfung; Scott und seine letzten beiden Begleiter – der Marineleutnant Henry Bowers und der Zoologe Edward Adrian Wilson – schleppten sich weiter, bis sie im März 1912 nur noch 18 Kilometer von ihrem Vorratslager trennten. Doch ein heftiger Schneesturm hielt sie in ihrem Zelt gefangen. Ein Hilfstrupp stieß acht Monate später auf das vom Schnee begrabene Zelt und entdeckte die Leichen Scotts und seiner Kameraden in ihren Schlafsäcken. Daneben fand man eine Reihe von Filmen mit Bildaufnahmen, Scotts Expeditionstagebuch, das er bis zur letzten Stunde geführt hatte, und mehrere Abschiedsbriefe an seine Freunde und Hinterbliebenen. »Alles Kleinliche ist in ihnen vor der gewaltigen Nähe des Todes abgetan, die kristalline Luft dieses unbelebten Himmels scheint in sie eingedrungen«, so Stefan Zweig. »An Menschen sind sie gerichtet und sprechen doch zur ganzen Menschheit.« Mit zitternder Schrift hatte Scott auf die erste Seite des letzten Tagebuches notiert: »Schickt dieses Tagebuch meiner Frau«, und dann das Wort »Frau« durchgestrichen und korrigiert in: »Witwe«.

Robert F. Scott
beim Tagebuchschreiben
Photographie von
Herbert Ponting

—

Scotts Expeditionsschiff »Terra Nova« im Packeis Photographie von Herbert Ponting, 7. Januar 1911

FREITAG, 5. JANUAR. LAGER 58. Höhe 3145 Meter. Temperatur 26 Grad. Observation: 87° 57' südlicher Breite, 159° 13', östlicher Länge. Ein entsetzlich anstrengender Tag! Ein leichter Wind aus Nordnordwest trieb losgerissene Wolken heran, und ein feiner Schnee fiel unaufhörlich. Dadurch wurde der Weg nach der ersten Stunde so schlecht wie nur denkbar! Wir brachen um 8 Uhr 15 auf, marschierten ohne Aufenthalt bis 1 Uhr 15 und arbeiteten uns dann am Nachmittag mühsam weiter; um 7 Uhr abends hatten wir 23 Kilometer hinter uns, die anstrengendsten, die wir bisher auf dem Plateau erlebt haben. Im Anfang schienen die Sastrugi [Schneerillen] sich zu vermehren, und sie haben ihre südwestliche Richtung in Süd bei West verändert. Nachmittags hatten wir eine Unmasse verwirrender, kreuz und quer laufender Sastrugi, und heute Abend eine sehr höckrige Oberfläche, die auf starken Südwind schließen lässt. Doch immerhin: wir sind dicht vor dem 88. Breitengrad, also nur wenig über 220 Kilometer vom Pol entfernt – wir kommen also vorwärts.

Die Kälte fühlen wir sehr wenig, und wir sind überaus glücklich, dass die Sonne jeden Morgen unsere Socken und Schuhe so vorzüglich trocknet. Das Kochen für fünf Personen dauert aber bedeutend länger als das für vier; auf den Tag macht der Unterschied vielleicht eine halbe Stunde aus. Hieran hatte ich bei der Neuordnung meiner Gesellschaft gar nicht gedacht. Wir brachten es heute in der Stunde nur auf wenig mehr als 2 Kilometer – wie endlos lange dauert das, bis die Schatten langsam um uns herumkriechen, von unserer rechten Seite nach vorne rücken und dann von vorne wieder nach links hinüberschleichen! An wie viel tausend Dinge denkt man auf diesen eintönigen Märschen! Und was baut man für Luftschlösser in der Hoffnung, dass der Pol uns gehöre!

DONNERSTAG, 11. JANUAR. LAGER 63. Höhe 1210 Meter. Temperatur 27 Grad. Während der ersten Stunden heute konnten wir doch wenigstens den Schlitten vorwärtsbringen; dann aber trat die Sonne aus den Wolken, und nun war es einfach zum Verzweifeln. So etwas haben wir noch nicht erlebt! Der Schlitten schrammte und krachte beängstigend. Heute 11 Kilometer gewonnen – aber keiner von uns hat je sich so schinden müssen! Den ganzen Tag hindurch zogen über uns Wolken von Südost herauf, beständig ihre Gestalt verändernd, und die ganze Zeit über schneite es; ein leichter Südwind, der sich am Morgen zeigte, legte sich bald wieder: gleichmäßige Winde scheint es hier nicht zu geben. Die Sonne strahlt heute Abend so hell und warm, dass man fast nicht an eine Temperatur unter null glauben kann. Der Schnee wird weicher, je weiter wir kommen; die Sastrugi sind manchmal hoch und unterhöhlt, aber nicht hart – keine Kruste wie auf der Barriere. Noch 137 Kilometer bis zum Pol – aber können wir das noch ganze sieben Tage aushalten? Sieben Tage?

SONNABEND, 13. JANUAR. LAGER 65. Ziemlich genau 89° 9' südlicher Breite. Höhe 3130 Meter. Wieder ein Tag mit voller Kilometerzahl! Unmöglich ist's nicht! –

Als wir am Morgen zwei Stunden auf weichem Schnee gewandert waren, kamen wir zu unserem Erstaunen an ein Meer südlicher bis östlicher Sastrugi, unter denen die ostsüdöstlichen vorherrschten. Dabei wehte ein leichter, aber kalter Wind zuerst aus Südost, dann aus Südsüdost, wo der Himmel auch bedeckt war. Nach den ersten beiden Nachmittagsstunden wurde der Schnee genauso sandartig wie immer. Die Sastrugi blieben wie am Vormittag eine unsagbar ermüdende Arbeit, immer wieder ziehen und alle Kraft aufbieten müssen, um einen leichten Schlitten vorwärtszubringen! Was wären wir ohne unsere Schneeschuhe.

Sastrugi (vereiste Schneerillen) im Polarmeer Photographie von Herbert Ponting, 21. Februar 1911

Nur noch 94 Kilometer vom Pol heute Abend! Wenn wir nicht hingelangen, so kommen wir doch verteufelt nahe.

SONNTAG, 14. JANUAR 1912. LAGER 66. 89° 20' 53". Die Sonne stand den ganzen Tag hindurch undeutlich am bedeckten Himmel, und ein angenehmer Südwind wirbelte nur wenig Schnee auf. Infolgedessen war die Oberfläche etwas besser, und wir kamen in

Eisklippen, Kap Evans
Photographie von
Herbert Ponting,
17. September 1911

gleichmäßigem Schritt morgens 11 ½ und nachmittags 10 Kilometer weiter. Aber das Einhalten der Richtung war schrecklich schwierig; oft sah ich überhaupt nichts mehr, und Bowers schob mich an der Schulter den richtigen Weg vorwärts.

Wieder spürten wir empfindliche Kälte; beim zweiten Frühstück hatten wir alle kalte Füße, doch kam das hauptsächlich vom schlechten Zustand unserer Schuhe. Ich fetttete mir die Haut ein, was mir sehr half. Oates scheint mehr als wir andern unter Kälte und Anstrengung zu leiden, aber sonst sind wir alle wohl und munter. Es ist eine böse Zeit, aber wir müssen durch! Nur noch 70 Kilometer! Kämen doch nur ein paar schöne Tage! *Das Ziel liegt vor uns,* zum Greifen nahe, und nur das Wetter versperrt uns den Weg!

IN DER NACHT DES 15. JANUAR. LAGER 67. Höhe 3025 Meter. Temperatur 32 Grad. Nach dem zweiten Frühstück glitt der Schlitten erstaunlich leicht vorwärts – teils infolge des geringeren Gewichtes, teils auch, weil er richtig beladen war, hauptsächlich aber infolge unserer stärkenden Rast. Jedenfalls machten wir einen großartigen Nachmittagsmarsch von 11 ½ Kilometer, haben es also heute im Ganzen auf mehr als 22 Kilometer gebracht!

Ein wunderbarer Gedanke, dass nur noch zwei lange Märsche uns an den Pol bringen werden! Nur noch lumpige 50 Kilometer! Wir müssen hinkommen, koste es, was es wolle! Jetzt schreckt mich nur noch die eine furchtbare Möglichkeit, dass die *norwegische Flagge vor der unsern dort flattern könnte!*

Dienstag, 16. Januar 1912. Lager 68. Höhe 2970 Meter. Das Furchtbare ist eingetreten – das Schlimmste, was uns widerfahren konnte! –

Wir machten am Vormittag einen guten Marsch und legten 14 Kilometer zurück. Die Mittagsobservation zeigte uns, dass wir uns auf 89° 42' südlicher Breite befanden, und wir brachen am Nachmittag in sehr gehobener Stimmung auf, denn wir hatten das sichere Hochgefühl, morgen unser Ziel zu erreichen.

Nach der zweiten Marschstunde entdeckten Bowers' scharfe Augen etwas, das er für ein Wegzeichen hielt. Es beunruhigte ihn, aber schließlich sagte er sich, es werde wohl ein Sastrugus sein. In wortloser Spannung hasteten wir weiter – uns alle hatte der gleiche furchtbare Verdacht durchzuckt, und mir klopfte das Herz zum Zerspringen. Eine weitere halbe Stunde verging – da erblickte Bowers vor uns einen schwarzen Fleck! Ein natürliches Schneegebilde war das nicht – konnte es nicht sein – das sahen wir nur zu bald!

Geradeswegs marschierten wir darauf los, und was fanden wir? Eine schwarze, an einem Schlittenständer befestigte Flagge! In der Nähe ein verlassener Lagerplatz – Schlittengleise und Schneeschuhspuren kommend und gehend – und die deutlich erkennbaren Eindrücke von Hundepfoten – vieler Hundepfoten – das sagte alles!

Die Norweger sind uns zuvorgekommen – Amundsen ist der Erste am Pol!

Eine furchtbare Enttäuschung! Aber nichts tut mir dabei so weh als der Anblick meiner armen, treuen Gefährten! All die Mühsal, all die Entbehrung, all die Qual – wofür? Für nichts als Träume – Träume über Tag, die jetzt zu Ende sind.

An Ruhe war in dieser Nacht nicht zu denken! Schon die Aufregung ließ uns nicht schlafen, die Aufregung über diese Entdeckung – des schon entdeckten Pols! Alle Gedanken, die in uns aufstiegen, alle Worte, die fielen – alles endete mit dem einen furchtbaren: *zu spät!* Und als es dann still wurde im Zelt – da brüteten wir gewiss alle über der einen finstern Vorstellung:

Mir graut vor dem Rückweg!

Mittwoch, 17. Januar. Lager 69. Temperatur beim Aufbruch 30 Grad, in der Nacht 29 Grad. Der Südpol! Unter wie anderen Umständen hatten wir diesen Augenblick seit Monaten herbeigesehnt! Ein grauenhafter Tag liegt hinter uns – einmal die Enttäuschung, dann ein Wind, der bei 30 Grad Kälte mit Stärke 4 bis 5 uns entgegenwehte.

Wir brachen um 7 Uhr 30 auf, denn keiner von uns hatte in dieser schauderhaften Nacht geschlafen, und folgten eine Strecke weit den Schlittengleisen der Norweger. Nach den Spuren zu urteilen, waren

Am Südpol, 17. Januar 1912
Wilson, Scott, Evans, Oates
und Bowers (v. l. n. r.)
Im Hintergrund das Zelt
von Amundsen

es nur zwei Männer, und auf einer Strecke von 5 Kilometern kamen wir an zwei kleinen Wegmalen vorüber. Dann trübte sich plötzlich das Wetter, und da die Spuren immer stärker verschneit wurden und augenscheinlich auch zu weit westwärts führten, beschlossen wir, unseren Berechnungen gemäß, direkt nach dem Pol zu ziehen. Aber gegen Mittag hatte Evans so eiskalte Hände, dass wir das Lager aufschlagen mussten, um unser Frühstück zurechtzumachen.

Dann zogen wir weiter und legten 12 Kilometer in direkt südlicher Richtung zurück. Jetzt ist der kleine Bowers dabei, unter schrecklich schwierigen Verhältnissen zu observieren; der Wind weht heftig, die Temperatur beträgt 29 Grad, und die Luft ist voll von jener seltsamen kalten Feuchtigkeit, die binnen weniger Augenblicke das Mark in den Knochen erstarren lässt. Wir sind wieder etwas abwärtsgezogen, wie mir scheint; aber vor uns geht es offenbar von neuem bergan. Sonst ist hier nichts zu sehen – nichts, was sich von der schauerlichen Eintönigkeit der letzten Tage unterschiede. Großer Gott! Und an diesen entsetzlichen Ort haben wir uns mühsam hergeschleppt, und erhalten als Lohn nicht einmal das Bewusstsein, die Ersten gewesen zu sein!

Doch – es ist immerhin etwas, so weit vorgedrungen zu sein, und der Wind mag sich morgen als unser Freund erweisen. Trotz unseres Ingrimms und Kummers haben wir ein fettes Polarragout verspeist und fühlen uns innerlich ganz behaglich – als Extraspeise gab es eine Tafel Schokolade und den ungewohnten Genuss einer Zigarette, die Wilson bis hierher mitgebracht hatte. Jetzt handelt es sich um schleunigen Rückmarsch! Es gilt einen verzweifelten Kampf!

DONNERSTAG, 15. FEBRUAR 1912. LAGER R 29. Ein schwerer Marsch von 26 Kilometern heute, aber wir wissen nicht genau, wie weit es noch bis zum nächsten Depot ist. Heute Nachmittag war es bewölkt und das Land lange Zeit unsichtbar. Wir haben die Mahlzeiten verringert und die Schlafenszeit gekürzt und fühlen uns ziemlich kraftlos. In anderthalb, spätestens 2 Tagen werden wir das Depot erreichen, hoffe ich bestimmt – wir haben nichts anderes mehr im Sinn – wir können keinen andern Gedanken mehr fassen.

FREITAG, 16. FEBRUAR. Wir sind in entsetzlicher Aufregung: Evans scheint geistesgestört! Der sonst so selbstbewusste Mann ist ganz verändert; heute Morgen und auch heute Nachmittag ließ er auf einmal unter lächerlichen Vorwänden haltmachen! Wir leben von knappsten Rationen, und bis morgen Abend müssen unsere Lebensmittel reichen! Mehr als 18 oder 22 Kilometer können es nicht mehr bis zum Depot sein. Aber das Wetter ist uns in jeder Weise feindlich. Nach dem zweiten Frühstück waren wir wie in Schneelaken eingehüllt, das Land war nur noch eben undeutlich in der Ferne sichtbar. Ereignisse wie die heutigen werden wir zeitlebens nicht vergessen! Vielleicht wird alles noch gut, wenn wir unser Depot morgen ziemlich früh erreichen! Aber mit dem kranken Mann unter uns –? Doch wozu sich über noch ungeschehene Dinge aufregen? Die Minuten zum Schlaf sind uns abgezählt – ich kann nicht mehr schreiben.

SONNABEND, 17. FEBRUAR. Ein grauenvoller Tag! Evans sah, nachdem er gut geschlafen hatte, ein wenig wohler aus und versicherte wie immer, dass es ihm sehr gut gehe. Er marschierte vor den Schlitten gespannt mit uns ab, verlor aber nach einer halben Stunde den Halt auf den Skiern und musste abgeschirrt werden. Die Oberfläche war scheußlich, der kürzlich gefallene weiche Schnee blieb in großen Klumpen an den Schuhen und Schlittenkufen hängen, der Schlitten ächzte unter den Stößen, der Himmel war bedeckt und das Land verschwommen. Nach etwa einer Stunde machten wir Halt, und Evans holte uns ein, aber sehr, sehr langsam. Nach einer halben Stunde blieb er wieder zurück und bat Bowers noch, ihm ein Ende Bindfaden zu leihen. Ich riet ihm, uns möglichst schnell nachzukommen, und er versprach es in einem, wie mir schien, heitern Tone. Als wir dem Monumentfelsen gegenüber waren, sahen wir Evans noch sehr weit zurück; ich ließ deshalb das Lager aufschlagen.

—

»An wie viel tausend Dinge denkt man auf diesen eintönigen Märschen! Und was baut man für Luftschlösser in der Hoffnung, dass der Pol uns gehöre!«
ROBERT F. SCOTT, EXPEDITIONSTAGEBUCH

—

Anfangs waren wir gar nicht unruhig, kochten Tee und setzten uns zum Essen. Als sich dann aber Evans immer noch nicht einstellte, schauten wir aus dem Zelt und sahen ihn noch weit entfernt. Jetzt packte uns die Aufregung, und wir liefen alle vier auf Schneeschuhen zu ihm hin. Ich langte zuerst bei ihm an und war entsetzt über sein Aussehen: Mit aufgerissenem Anzug lag er auf den Knien, die Hände nackt und erfroren, und in seinen Augen war ein wilder Blick! Als ich ihn fragte, was ihm fehle, antwortete er in schleppendem Ton, er wisse nicht, was ihm sei, aber er habe wohl einen Ohnmachtsanfall gehabt. Wir richteten ihn auf, aber nach zwei oder drei Schritten sank er wieder auf den Schnee und zeigte alle Symptome vollständigen Zusammenbruchs. Wilson, Bowers und ich liefen zurück, um den Schlitten zu holen, während Oates bei ihm blieb. Als wir zurückkehrten, war er ohne Bewusstsein, und als wir ihn ins Zelt gebracht hatten, schien er vollkommen schlafsüchtig.

Er erwachte nicht wieder: Um ½ 1 Uhr in der Nacht ist er gestorben.

Montag, 11. März. Oates ist seinem Ende nahe. Was wir tun werden – was er tun wird, weiß Gott allein. Wir besprachen die Sache nach dem ersten Frühstück; er ist ein tapferer, guter Mensch und klar über seine Lage, aber er fragte uns tatsächlich um Rat. Was konnten wir ihm anders sagen, als ihn dringend bitten, so weit mitzumarschieren, wie er irgend fort könne. Ein gutes Resultat hatte aber diese Beratung: Ich befahl Wilson energisch, uns die Mittel zur Beendigung unserer Qual auszuhändigen, damit jeder wisse, was er im Notfall zu tun habe. Wilson blieb keine Wahl, wenn er nicht den Medizinkasten von uns geplündert sehen wollte. Wir haben jetzt jeder 30 Opiumtabletten, und er hat eine Tube Morphium behalten. Unser Spiel geht tragisch aus.

Als wir heute früh aufbrachen, war der Himmel völlig bedeckt. Wir konnten nicht sehen, verloren die Spur und sind ohne Zweifel seitdem viel im Zickzack gegangen.

Sonnabend, 16., oder Sonntag, 17. März. Ich bin mir über das Datum nicht ganz klar, glaube aber, das letztere wird richtig sein.

Die Tragödie ist in vollem Gange. Vorgestern erklärte der arme Oates beim zweiten Frühstück, er könne nicht mehr weiter, und machte uns den Vorschlag, ihn in seinem Schlafsack zurückzulassen. Davon konnte natürlich keine Rede sein, und wir bewogen ihn, uns noch auf dem Nachmittagsmarsch zu begleiten. Es muss eine entsetzliche Qual für ihn gewesen sein! In der Nacht wurde es mit ihm schlechter, und wir sahen, dass es zu Ende ging.

Sollte dieses mein Tagebuch gefunden werden, so bitte ich um die Bekanntgabe folgender Tatsachen: Oates' letzte Gedanken galten seiner Mutter; unmittelbar vorher sprach er mit Stolz davon, dass sein Regiment sich über den Mut freuen werde, mit dem er dem Tode entgegengehe. Wir drei können seine Tapferkeit bezeugen. Wochenlang hat er unaussprechliche Schmerzen klaglos ertragen und war tätig und hilfsbereit bis zum letzten Augenblick. Bis zum Schluss hat er die Hoffnung nicht aufgegeben – nicht aufgeben wollen. Er war eine tapfere Seele, und dies war sein Ende: Er schlief die vorletzte Nacht ein in der Hoffnung, nicht wieder zu erwachen; aber er erwachte doch am Morgen – gestern! Draußen tobte ein Orkan.

»Ich will einmal hinausgehen«, sagte er, »und bleibe vielleicht eine Weile draußen.«

Dann ging er in den Orkan hinaus – und wir haben ihn nicht wiedergesehen.

Sonntag, 17. März. Ich kann nur beim zweiten Frühstück schreiben; und auch dann nur gelegentlich. Die Kälte ist ungeheuer, mittags 40 Grad. Meine Kameraden sind überaus heiter, aber wir sind drauf und dran, zu erfrieren, und obwohl wir beständig davon reden, dass wir uns doch noch durchschlagen werden, glaubt es im Herzen keiner mehr.

Wir frieren jetzt auf dem Marsch und auch sonst immer entsetzlich, nur bei den Mahlzeiten nicht. Gestern mussten wir des Orkans wegen still liegen, und heute geht es furchtbar langsam. Wir sind am Ponylager 14, also nur zwei Ponymärsche vom Ein-Tonnen-Lager entfernt. Hier lassen wir unsern Theodoliten, eine Kamera und Oates' Schlafsäcke zurück. Die Tagebücher sowie die auf Wilsons speziellen Wunsch mitgenommenen Gesteinproben wird man bei uns oder auf unserm Schlitten finden.

—

»Was könnte ich Dir alles von dieser Reise erzählen! Wie viel besser war sie als daheim sitzen in zu großer Bequemlichkeit. Was für Geschichten hättest Du dann für den Jungen! Aber was für ein Preis muss dafür bezahlt werden!«

Aus Scotts Abschiedsbrief an seine Frau

—

Montag, 18. März. Heute beim zweiten Frühstück sind wir 39 Kilometer vom Depot entfernt. Das Unglück schreitet weiter. Gestern hatten wir wieder Gegenwind, Nordostwind mit Stärke 4, und der Schnee trieb uns ins Gesicht; wir mussten den Marsch unterbrechen; Temperatur 37 Grad. Kein menschliches Wesen brächte es fertig, solch einem Wetter zu trotzen, und unsere Kraft ist fast ganz erschöpft.

Mein rechter Fuß ist erfroren, beinahe alle Zehen – noch vor zwei Tagen war ich der stolze Besitzer bester Füße. So brechen wir allmählich zusammen. Ich Esel rührte mir einen kleinen Teelöffel voll Currypulver in meinen flüssig gemachten Pemmikan – er verursachte mir heftige Verdauungsbeschwerden. Die ganze Nacht lag ich mit Schmerzen wach, und auf dem Marsch fühlte ich mich kraftlos; mein rechter Fuß erfror, und ich merkte es gar nicht.

DONNERSTAG, 21. MÄRZ. LAGER R 60. Montag Abend waren wir noch 20 Kilometer vom Depot entfernt; gestern konnten wir den ganzen Tag eines wütenden Orkans wegen nicht weiter. Heute wieder eine verlorene Hoffnung – Wilson und Bowers wollen zum Depot gehen, um Brennmaterial zu holen.

FREITAG, 22., UND SONNABEND, 23. MÄRZ. Der Orkan wütet fort – Wilson und Bowers konnten sich nicht hinauswagen – morgen ist die letzte Möglichkeit – kein Brennstoff mehr und nur noch auf 1, höchstens 2 Tage Nahrung – das Ende ist nahe. Wir haben beschlossen, eines natürlichen Todes zu sterben – wir wollen mit unsern Sachen oder auch ohne sie zum Depot marschieren und auf unserer Spur zusammenbrechen.

FREITAG, 29. MÄRZ. Seit dem 21. hat es unaufhörlich aus Westsüdwest und Südwest gestürmt. Wir hatten am 20. noch Brennstoff, um jedem zwei Tassen Tee zuzubereiten, und trockene Kost auf zwei Tage. Jeden Tag waren wir bereit, nach unserm nur noch 20 Kilometer entfernten Depot zu marschieren, aber draußen vor der Zelttür ist die ganze Landschaft ein wirbelndes Schneegestöber. Wir können jetzt nicht mehr auf Besserung hoffen. Aber wir werden bis zum Ende aushalten; freilich werden wir schwächer; und der Tod kann nicht mehr fern sein.

Es ist ein Jammer, aber ich glaube nicht, dass ich noch weiter schreiben kann. *R. Scott.*

LETZTER EINTRAG.

Um Gottes willen – sorgt für unsere Hinterbliebenen!

—

1924

Alexandra David-Néel

In der verbotenen Stadt des Dalai Lama

—

Bereits als Kind interessierte sich Alexandra David-Néel (1868–1969) so sehr für Asien, dass ihr Vater sagte, sie habe zwar eine weiße Haut, aber eine »gelbe Seele«. In Paris studierte sie vergleichende Religionswissenschaft, Sanskrit und Chinesisch, vertiefte sich in buddhistische und esoterische Schriften und ließ sich nebenbei als Opernsängerin ausbilden. 1911 brach sie zu einer Studienreise nach Indien und Ceylon auf – erst 14 Jahre später sollte sie nach Europa zurückkehren.

Tibet war das eigentliche Ziel ihrer Reise, und ihr sehnlichster Wunsch war es, Lhasa zu sehen, die für Fremde verbotene Stadt des Dalai Lama im Transhimalaya. In Yongden, einem jungen Lama der Rotmützen-Sekte, fand sie einen Begleiter, der mit ihr die gefährliche Wanderung unternehmen wollte. Um nicht erkannt zu werden, verkleidete sich David-Néel als Archiopa (Bettelnonne), die ihren angeblichen Sohn auf seiner Pilgerreise begleitete. Sie streifte sich ein weißes Gewand über und färbte sich das Gesicht mit einer Mischung aus Kakao und Holzkohle. Dazu schwärzte sie ihr Haar mit chinesischer Tusche und verlängerte es mit dem kohlschwarzen Haar eines Yak-Rindes. So gelang es den beiden, ihr Inkognito zu wahren, bis sie schließlich im Februar 1924 am Ziel waren: Als erste Europäerin betrat Alexandra David-Néel das »buddhistische Rom«.

Ngawang Lobsang Gyatso,
5. Dalai Lama
Wandmalerei, Potala, Lhasa

Vier Jahre später kehrte David-Néel nach Frankreich zurück, doch immer wieder zog es sie nach Fernost. Über ihre Reisen, den Buddhismus und die Philosophie Asiens schrieb sie mehr als dreißig Bücher. Yongden, der ihr über Jahrzehnte hinweg als Gefährte, Dolmetscher, Koch und Schneider diente, nahm sie als ihren Adoptivsohn an; er sollte ihr Erbe antreten, doch beging er, wie David-Néel bemerkte, die »Dummheit«, vor ihr zu sterben. Sie selbst starb – sechs Wochen vor Erreichen ihres 101. Geburtstags – am 8. September 1969 in der Provence.

—

Auf Lhasaer Gebiet waren wir nun glücklich, aber damit noch lange nicht in der Stadt selbst. Wieder bat Yongden mich, meine Freude, selbst leise flüsternd, nicht zu früh zu äußern. Aber was hätten wir jetzt wohl noch fürchten sollen, wir waren ja so gut wie am Ziel! Und wirklich nahm die Natur selbst mütterlich für uns Partei. Gerade wie in der Nacht, als wir in den Wäldern am Kha Karpo spurlos verschwanden, »lullten die Götter die Menschen in Schlaf und brachten die Hunde zum Schweigen«. Wie durch ein Wunder wurde unser Einzug in Lhasa beschützt.

Wir waren kaum gelandet, als die bis dahin unbewegte Luft unruhig wurde und sich ganz plötzlich ein furchtbarer Sturm erhob, der große Staubwolken aufwirbelte. Ich habe den Samum in der Sahara erlebt und gebe zu, dass er wohl noch ärger sein mag; immerhin erinnerte mich dieser schreckliche, trockene, peitschende Staubregen stark an die afrikanische Wüste.

Alexandra David-Néel und ihr Begleiter Yongden, als Pilger verkleidet, 1923

An uns vorbei glitten vermummte Gestalten, Menschen, die tief gebückt das Gesicht im Schoß ihres Gewandes verbargen oder es mit irgendeinem Stück Stoff verhüllten, das sie gerade bei der Hand hatten. Wer sollte uns da wohl kommen sehen oder erkennen? Vor dem Potala hing es wie ein riesiger gelber Vorhang von wirbelndem Sande, der sowohl Lhasa wie die dahinführenden Straßen und alle darauf wandelnden Menschen verhüllte. Ich sah darin ein Zeichen, das mir völlige Sicherheit versprach, und die Zukunft hat mir recht gegeben. Zwei Monate lang durfte ich das lamaistische Rom durchstreifen, ohne dass irgendjemand der Verdacht gekommen wäre, dass eine Ausländerin den Anblick der verbotenen Stadt genoss.

»Die Götter warfen einen Schleier über die Augen seiner Feinde, und sie erkannten ihn nicht.« So hieß es in einer alten tibetischen Sage, die ich vor Zeiten in der Grassteppe gehört hatte.

Zum Jahreswechsel kommen immer viele Pilger aus allen Provinzen Tibets in der Hauptstadt zusammen, um die verschiedenen Feste und Lustbarkeiten mitzumachen, die dort stattfinden. Alle Gasthäuser sind besetzt. Jeder, der nur über ein Zimmer oder Obdach verfügen kann, vermietet es dann zu hohem Preis. Die Reisenden übernachten sogar in Ställen und Höfen. Ich hätte leicht stundenlang von Haus zu Haus gehen können, um ein Unterkommen zu suchen, ohne dabei etwas anderes zu erreichen, als dass viele Hausbesitzer beiderlei Geschlechts mich neugierig beäugt hätten. Aber diese Mühe und Gefahr blieben mir zum Glück erspart.

So rasch, wie er gekommen war, flaute der Sturm auch wieder ab. Wir mit dem Stadtgetriebe unvertrauten Neuankömmlinge standen etwas ratlos mitten unter der Menge und wussten nicht, wohin wir uns wenden sollten. Da kam uns unerwartete Hilfe in der Gestalt einer jungen Frau.

»Brauchst du eine Unterkunft, Mütterchen?«, fragte sie. »Du kommst gewiss von weit her; folge mir nur. Ich kann dir einen Ort zeigen, wo du gut aufgehoben bist.« Ich war einigermaßen überrascht und konnte nur lächelnd danken. Es gibt freilich viele gefällige Leute in Tibet, so war die Freundlichkeit der Frau nichts Besonderes, aber woher wusste sie nur, dass ich von weit her kam? Ich wunderte mich etwas darüber, aber vielleicht hatte sie es einfach aus meinem Pilgerstab geschlossen, und nach so vielen Fasttagen und Strapazen war ich allerdings mager genug, um Mitleid zu erregen.

Unsere Führerin war nicht gesprächig, und wir folgten ihr wie die Schafe, denn all der Verkehrslärm betäubte uns förmlich nach den in der Wildnis zugebrachten Monaten, und noch mehr benahm uns das Glück, das wir gehabt hatten, die Sinne. Sie brachte uns nach einem außerhalb der Stadt gelegenen Ort, mit wundervollem Blick auf die schöne Landschaft und den Potala. Das machte mir fast den größten Eindruck, denn auf der ganzen Reise hatte ich mir gewünscht, von meiner Unterkunft aus diesen Blick zu haben: Ich bekam eine enge Zelle angewiesen, in einem halbverfallenen, von bettelarmen Leuten bewohnten Gebäude. Eine bessere Bleibe konnten wir uns nicht wünschen, wenn wir unser Inkognito bewahren wollten. Dass hier eine ausländische »Dame« absteigen würde, darauf konnte wirklich kein Mensch verfallen, und den elenden Bettlern, die in dieser Gegend hausten, ist diese Idee denn auch niemals gekommen.

—

»Ich bin nun mal eine Wilde. Ich liebe nur mein Zelt, meine Pferde und die Wüste.«
Alexandra David-Néel an ihren Mann Philippe Néel

Ich war also wirklich in Lhasa und konnte auf meinen Sieg wohl ein bisschen stolz sein. Allein der Kampf, der mit den Waffen der List und Schlauheit ausgefochten werden musste, war noch nicht zu Ende. Nun ich in Lhasa war, erhob sich die Frage, wie ich am besten dableiben konnte. Eigentlich hatte mich ja mehr eine Art Eigensinn hergetrieben als ein frommer Wunsch, aber das Betreten der verbotenen Stadt war mit so viel Mühen und Gefahren verknüpft gewesen, dass ich den Aufenthalt nun auch nach Herzenslust genießen wollte. Ich hätte mich ja vor mir selbst schämen müssen, wenn man mich nach kurzem, flüchtigem Blick auf die Außenfront der Paläste und Tempel festgenommen, irgendwo gefangen gesetzt und zur Grenze zurückbefördert hätte. Das durfte mir nicht passieren. Nun wollte ich unbedingt auf die Spitze des Potala steigen und alle die berühmten Heiligtümer und großen historischen Klöster um Lhasa herum besuchen; jetzt ging ich nicht eher fort, bis ich alle die religiösen Zeremonien, die Rennen und die Festzüge bei der Neujahrsfeier gesehen hatte.

Lhasa im Jahr 1924
mit dem Potala
Photographie von
Alexandra David-Néel

Lhasa ist durchaus keine große Stadt, dabei aber doch die größte im ganzen Lande, die Hauptstadt und das Rom der lamaistischen Welt. Sie liegt sehr hübsch, nicht weit vom Fluss Kyi in einem weiten Tal, umgeben von mächtigen, aber kahlen Gebirgszügen. Immerhin würde die Landschaft um Lhasa in einem Lande, das so reich an wundervollen Gebirgsszenerien ist wie Tibet, nichts Besonderes haben, gäbe es hier nicht den riesigen, auf dem Potala-Berg errichteten Palast des Dalai Lama. Dieser Potala ist einer der beiden Gipfel eines kleinen isolierten Bergzuges, der sich inmitten des Tales erhebt. Der andere Gipfel heißt Tschagpo-ri (Eisenberg) und wird durch die Gebäude der geistlichen Medizinschule gekrönt. Bilder geben besser, als Beschreibungen es vermögen, einen Begriff von dem gigantischen Bauwerk des Palastes, aber auch die beste Photographie bleibt noch weit hinter der imposanten Wirklichkeit zurück. Man muss den roten Palast mit seinen goldenen Dächern selbst gesehen haben, wie er, auf einem schimmernden Sockel blendend weißer Gebäude ruhend, hoch zum blauen Himmel emporragt.

Die Zukunft war so unsicher und mein Inkognito so leicht gefährdet, dass ich immerhin gut tat, mich mit der Besichtigung der Sehenswürdigkeiten Lhasas zu beeilen und mit den interessantesten zu beginnen. So entschloss ich mich, den Potala-Palast als Erstes zu besuchen.

Mit Yongden auf dem Weg dorthin, hielt ich es für das Sicherste, mich einer Pilgergruppe anzuschließen, die gerade den Palast betrat.

Je echter meine tibetischen Gefährten waren, desto weniger würde ich auffallen. Leider wollten uns aber gar keine Dokpas oder andere Auswärtige begegnen, und ich war schon darauf gefasst, mit Yongden allein zu bleiben, als ich zwei Männer erblickte, die nahe dem ersten Palasttor müßig herumstanden. Beide waren in die großen weißen Sergegewänder gekleidet, wie sie das Landvolk dort trägt.

»Lass uns diese beiden Männer mitnehmen«, sagte ich zu Yongden.

»Wie können wir sie dazu auffordern?«, erwiderte er; »wir wissen ja gar nicht, ob sie überhaupt in den Potala hineinwollen.«

»Lass es uns versuchen«, fuhr ich fort. »Diese Leute sehen gerade so gut und dumm aus, wie wir sie brauchen.«

»Woher kommst du?«, fragte mein Gefährte, mit dem ganzen gönnerhaften Selbstbewusstsein des Großstädters dem Mann vom Lande gegenüber. Sie nannten den Namen ihres Dorfes und erzählten uns, sie seien nach Lhasa gekommen, um Gerste zu verkaufen. Jetzt hätten sie ihre Geschäfte erledigt und wollten sich nun vor ihrer morgigen Abreise noch ein bisschen in der »Großstadt« umsehen.

»Da wollt ihr natürlich den Potala ›treffen‹ (so spricht man respektvoll von dem Besuch eines Heiligtums)«, sagte Yongden ihnen auf den Kopf zu. Die Männer gestanden, das sei eigentlich nicht ihre Absicht, da sie den Potala schon früher »getroffen« hätten. Allein nun sprach ihnen Yongden mit der ganzen Autorität eines Potala-Mönches von dem religiösen Verdienst eines solchen Besuches und wie Neujahr gerade der richtige Zeitpunkt für dergleichen sei. Wenn sie den Potala-Heiligtümern ihre Ehrfurcht erwiesen, so sei das ja hundertmal besser, als in den Straßen herumzubummeln und sich in den Wirtshäusern einen Rausch anzutrinken. Er sah rührend mitleidig und menschenfreundlich aus, als er hinzufügte, dass er, da der Zufall uns einmal zusammengeführt hätte, gern bereit sei, sie zu den Altären zu führen und ihnen all die Namen und Geschichten der Gottheiten zu erklären. Da strahlten die beiden Einfaltspinsel über das ganze Gesicht, und dankbar folgten sie dem Lama, denn sie waren, wie alle Tibeter, sehr religiös veranlagt.

Hinter ihnen erklomm ich ganz beruhigt die lange Treppenflucht und kam so an ein oberes Tor. Die drei Männer gingen weiter mir voran, und ich wollte ihnen hübsch demütig folgen, als ein Novizenlama, ein Junge von zehn, elf Jahren, mich anhielt. Er sah mit seinem roten Gesicht, der flachen Nase und den großen Ohren in einem für seine Figur viel zu großen geistlichen Gewand wie ein Gnom aus. Er spielte hier den Türhüter und befahl mir mit grober Stimme, meine pelzgefütterte Mütze abzunehmen. Diese Art Kopfbedeckung sei im Potala nicht erlaubt.

Wie ungeschickt! Ich hatte ganz vergessen, dass man diese Mützen dort nicht tragen durfte. Ich hatte sie nun schon lange in Benutzung, und sie hatte mir immer, seit sie mir durch Freunde aus einer unsichtbaren Welt »gesandt« worden war, bei meiner Verkleidung die besten Dienste geleistet. Sie beschattete mein Gesicht, und wenn ich sie auf dem Kopf hatte, fühlte ich mich vor Entdeckung geschützt. Was nun?

Mönche vor einem Tempel in Lhasa, 1924 Photographie von Alexandra David-Néel

Mein Haar hatte allmählich seine natürliche braune Farbe wiedergewonnen. Die chinesische Tusche war schon, bevor ich in Lhasa ankam, abgegangen, und in meiner jetzigen Wohnung hatten die Türen und Wände so viele Ritzen, durch die mich die Nachbarn jederzeit beobachten konnten, dass ich nicht gewagt hatte, das Haar wieder neu zu schwärzen. Nun passte seine Farbe gar nicht mehr zu dem schwarzen Yakhaar, das ich trug, und diese Zöpfe selber waren allmählich zu dünnen Rattenschwänzen zusammengeschmolzen. Hatte ich die Mütze auf, so mochte es noch angehen, denn die Flechten beschatteten meine Stirn gerade genug, um der Frisur einiger Dokpas-Stämme ähnlich zu sehen. Nun musste ich dem abscheulichen kleinen Unhold gehorchen und meine Mütze abnehmen, und dass ich dann komischer als irgendein Zirkusclown aussehen würde, wusste ich leider nur zu gut. Aber da gab es keinen Ausweg. Ich steckte meine Mütze, wie er mir befahl, unter mein Kleid und holte meine Gefährten ein. Yongden war etwas zurückgeblieben, um auf mich zu warten. Kaum sah er mich, war er wie vom Donner gerührt, schnappte nach Luft und konnte nur schwer einen Schreckensschrei unterdrücken.

»Wie siehst du aus! Wer hat dir die Mütze weggenommen?«, fragte er entsetzt.

»Ich darf sie hier nicht aufbehalten«, antwortete ich schnell.

»Du siehst wie ein Dämon aus«, fuhr er zitternd fort, »in meinem Leben habe ich so ein Gesicht noch nicht gesehen. Da müssen dich ja alle anstarren ...«

Ich hätte am liebsten geweint. Immerhin tröstete die absolute Gleichgültigkeit der beiden Bauern mich einigermaßen. Sie schienen gar nichts Auffallendes und Verkehrtes an mir zu bemerken und lauschten eifrig dem, was ihnen ihr Führer von den Göttern, den Heiligen und den verflossenen Dalai Lamas erzählte. Noch andere fanden sich dazu und erbauten sich an den Erläuterungen des freundlichen Lama. Ich mischte mich unter die Menge, drängte mich mit ihr in den Gängen, auf den steilen Treppen und vor engen Kapellentüren, und keiner warf auch nur einen Blick auf meine entsetzliche Frisur. Ich selbst freilich blieb mir ihrer bewusst, und schließlich amüsierte ich mich darüber. Yongden beruhigte sich allmählich auch etwas, wagte aber aus Angst, laut lachen zu müssen, nicht, mich anzusehen.

Endlich kamen wir so auf die oberste Terrasse mit ihren chinesischen Pavillons, deren elegante, funkelnde Dächer ich zuerst erblickt hatte, als wir uns Lhasa näherten, und die mir das nahe Ziel verkündet hatten.

Ein paar Stunden später, als ich herunterstieg, schien einem Pilger meine Erscheinung doch etwas ungewöhnlich vorzukommen. Ich hörte, wie er zu seinem Freunde sagte: »Was glaubst du wohl, woher sie kommt?« Aber er gab sich gleich selbst die Antwort: »Sie muss eine Ladakhi sein«, eine Frau aus Westtibet.

Wir genossen jetzt, nachdem wir die Höhe des beherrschenden Potala erreicht hatten, den wundervollen Blick auf Lhasa, das mit seinen Tempeln und Klöstern wie ein ausgebreiteter, weiß-rot-goldener Teppich im Tal lag.

Die beiden Bauern waren hochbeglückt, dankten dem guten Lama mit beredten Worten und boten ihm als Zeichen der Dankbarkeit und Verehrung einige Kupfermünzen an.

»So ist es ganz in der Ordnung«, sagte Yongden, als wir sie verließen. »Ich habe sie vom Trinken abgehalten, und sie haben uns einen Dienst geleistet.« Die Münzen schenkte er einem blinden Bettler, und so freute sich noch jemand mit uns!

—

»Schon von meinem fünften Lebensjahr, als junges Gör in Paris, sehnte ich mich über die engen Grenzen hinaus … Damals gingen meine Wünsche über die Gartenpforte hinweg, auf die daran vorbeiführende Straße und hinaus in die unbekannte Ferne.«
Alexandra David-Néel

—

1925

Joseph Roth
Die weissen Städte im Süden Frankreichs

Joseph Roth auf einer Parkbank in Marseille, 1925

Der Schriftsteller Joseph Roth (1894–1939) führte ein rast- und ruheloses Leben. Geboren wurde er 1894 als Sohn jüdischer Eltern in Brody, einer Kleinstadt in Ostgalizien. Nach der Schulzeit ging der 19-Jährige nach Lemberg und von dort weiter zum Studium nach Wien. 1916 meldete er sich zum Militärdienst und war als Soldat im Ersten Weltkrieg. Im Jahr 1920 zog es ihn nach Berlin, wo er ab 1923 als Feuilletonkorrespondent für die Frankfurter Zeitung *arbeitete. Von Mai 1925 an berichtete er für die Zeitung aus Paris, und im September desselben Jahres brach er zusammen mit seiner Frau Friedl zu einer Reportagereise in den Süden Frankreichs auf. Den in Aussicht gestellten Posten als Korrespondent in Paris freilich erhielt Roth nicht. Stattdessen ging er für seine Zeitung immer wieder auf Reisen und berichtete darüber in großen Reportage-Serien: etwa aus der Sowjetunion, Albanien und Jugoslawien, Polen und Italien. Aber das euphorische Glücksgefühl, das Roth in Frankreich erlebte, sollte sich in keinem anderen Land einstellen.*

Seine Reiseeindrücke aus der Provence wollte Roth in einem Buch mit dem Titel Die weißen Städte *zusammenfassen, doch das Manuskript fand keinen Verleger. 1933 emigrierte der – wie Roth sich selbst nannte – »Franzose aus dem Osten, Rationalist mit Religion und Katholik mit jüdischem Gehirn« nach Paris. Dort starb er 1939 – zwei Monate vor Beginn des Zweiten Weltkriegs – verarmt und alkoholkrank. Erst 1956, 17 Jahre nach seinem Tod, erblickten* Die weißen Städte, *einer der schönsten Texte Joseph Roths, das Licht der Öffentlichkeit.*

Als ich dreißig Jahre alt war, durfte ich endlich die weißen Städte sehen, die ich als Knabe geträumt hatte. Meine Kindheit verlief grau in grauen Städten. Meine Jugend war ein grauer und roter Militärdienst, eine Kaserne, ein Schützengraben, ein Lazarett. Ich machte Reisen in fremde Länder – aber es waren feindliche Länder. Nie hätte ich früher gedacht, dass ich so rapid, so unbarmherzig, so gewaltsam einen Teil der Welt durchreisen würde, mit dem Ziel zu schießen, nicht mit dem Wunsch zu sehen. Ehe ich zu leben angefangen hatte, stand mir die ganze Welt offen. Aber als ich zu leben anfing, war die offene Welt verwüstet. Ich selbst vernichtete sie mit Altersgenossen. Die Kinder der andern, der früheren und der späteren Generationen, dürfen einen ständigen Zusammenhang zwischen Kindheit, Mannestum und Greisenalter finden. Auch sie erleben Überraschungen. Aber keine, die nicht in irgendeine Beziehung zu ihren Erwartungen zu bringen wäre. Keine, die man ihnen nicht hätte prophezeien können. Nur wir, nur unsere Generation, erlebte das Erdbeben, nachdem sie mit der vollständigen Sicherheit der Erde seit der Geburt gerechnet hatte. Uns allen war es wie einem, der sich in den Zug setzt, den Fahrplan in der Hand, um in die Welt zu reisen. Aber ein Sturm blies unser Gefährt in die Weite, und wir waren in einem Augenblick dort, wohin wir in gemächlichen und bunten, erschütternden und zauberhaften zehn Jahren hatten kommen wollen. Ehe wir noch erleben konnten, erfuhren wir's. Wir waren fürs Leben gerüstet, und schon begrüßte uns der Tod. Noch standen wir verwundert vor einem Leichenzug, und schon lagen wir in einem Massengrab. Wir wussten mehr als die Greise, wir waren die unglücklichen Enkel, die ihre Großväter auf den Schoß nahmen, um ihnen Geschichten zu erzählen.

Seitdem glaube ich nicht, dass wir, Fahrpläne in der Hand, in einen Zug steigen können. Ich glaube nicht, dass wir mit der Sicherheit eines für alle Fälle ausgerüsteten Touristen wandern dürfen. Die Fahrpläne stimmen nicht, die Führer berichten falsche Tatsachen. Alle Reisebücher sind von einem stupiden Geist diktiert, der nicht an die Veränderlichkeit der Welt glaubt. Innerhalb einer Sekunde aber ist jedes Ding durch tausend Gesichter verwandelt, entstellt, unkenntlich geworden. Man berichtet über Gegenwart mit historischer Sicherheit. Man spricht über ein fremdes Volk, das lebt, wie über eines, das in der Steinzeit gestorben ist. Ich habe Reisebücher über einige Länder gelesen, in denen ich gelebt habe (und die ich so gut kenne wie meine Heimat und die alle vielleicht meine Heimat sind). Wie viele falsche Berichte sogenannter »guter Beobachter«! Der »gute Beobachter« ist der traurigste Berichterstatter. Alles Wandelbare begreift er mit offenem, aber starrem Aug'. Er lauscht nicht in sich selbst. Das aber müsste er. Er könnte dann wenigstens von seinen Stimmen berichten. Er verzeichnet die Stimme einer Sekunde in seiner Umgebung. Aber wer weiß nicht, dass andere Stimmen ertönen, sobald er seine Horcherstellung verlassen hat. Und ehe er's niederschreibt, ist die Welt, die er kennt, nicht mehr dieselbe.

—

»Ich war neugierig, zu erfahren, wie es hinter dem Zaun aussieht, der uns umgibt. Hinter dem Zaun sind Ferien. Süße, lange Sommerferien …«
Joseph Roth

—

Und ehe wir ein Wort niederschreiben, hat es nicht mehr dieselbe Bedeutung. Die Begriffe, die wir kennen, decken nicht mehr die Dinge. Die Dinge sind aus den engen Kleidern herausgewachsen, die wir ihnen angepasst haben. Seitdem ich in feindlichen Ländern gewesen bin, fühle ich mich in keinem einzigen mehr fremd. Ich fahre niemals mehr in die »Fremde«. Welcher Begriff aus einer Zeit der Postkutsche! Ich fahre höchstens ins »Neue«. Und sehe, dass ich es bereits geahnt habe. Und kann nicht darüber »berichten«. Ich kann nur erzählen, was in mir vorging und wie ich es erlebte.

Ich war neugierig, zu erfahren, wie es hinter dem Zaun aussieht, der uns umgibt. Hinter dem Zaun sind Ferien. Süße, lange Sommerferien. Niemand reguliert meinen Tag. Wenn ich ihn verliere, so ist es mein Tag gewesen. (Ein »Tagedieb«! Wie deutsch ist dieses Wort! Wem gehören die Tage, die einer sich selbst gestohlen hat?)

Ich habe die weißen Städte so wiedergefunden, wie ich sie in den Träumen gesehn hatte. Wenn man nur die Träume seiner Kindheit findet, ist man wieder ein Kind.

MARSEILLE. Marseille ist New York und Singapur, Hamburg und Kalkutta, Alexandria und Port Arthur, San Francisco und Odessa. In Marseille erzeugt man Zucker, Stearin, Seife, Chemikalien, Essig, Schnäpse, Keramik, Zement, Farben. In acht Stunden macht der Schneider einen Anzug fertig. In 24 Stunden ist das Gesicht der Straße verändert. In den Straßenecken, in hölzernen Buden hausen die Winkelschreiber. In einer halben Stunde haben sie Testamente und Heiratsurkunden verfasst und Prozesse erledigt. Vom Reichtum zur Armut ist weniger als ein Schritt. Der Obdachlose schläft auf der Schwelle des Palastes. Die Lebensmittel verkauft man in einem, die Liebe im andern offenen Laden. Das Boot der armen Schiffer schwimmt hart neben dem großen Ozeandampfer. Muscheln liegen neben den Auslagen der Brillantenhändler. Der Flickschuster verkauft korsische Messer. Der Ansichtskartenhändler bietet Schlangengift feil. Den ganzen Tag spielen die Kinos im alten Hafen. Jede Stunde läuft ein Schiff ein. Jede zehnte Welle spült Fremde an Land wie Fische. Der algerische Jude macht im Kaffeehaus Geschäfte mit dem Chinesen. Der »Dollarkönig« amüsiert sich in der Spelunke. Jede zweite Nacht ereignet sich ein Totschlag, ein Mord, ein Überfall, ein Familiendrama. Das Leben tanzt auf der Klinge eines Rasiermessers, das im Hafen als Waffe beliebt ist. Das Elend ist tief wie das Meer, das Laster ist frei wie die Wolke.

Alle Geräusche haben einen und denselben Takt. In allen Geräuschen ist etwas vom Lärm einer Schiffsmaschine. Der Stiefelputzer kündet sich an, indem er mit dem Bürstengriff auf den Deckel seines Utensilienkastens trommelt. Auch das Ende seiner Arbeit begleitet ein Trommeln. Die Straßenbahn und alle Wagen tuten wie Automobile. Jeder macht Geräusch. Jeder schlägt den Takt der Stadt. Jeder übersetzt die Musik der Welle in seine eigene Sprache. Der Kolporteur ruft mahnend seine Zeitung wie eine Kirchenglocke. Und die

Alter Hafen von Marseille, 1920er Jahre

Glocken der Türme vermengen sich populär mit den profanen Geräuschen von unten.

Greifbar, sichtbar, körperlich und nahe ereignet sich in jeder Stunde die große unaufhörliche Blutmischung der Völker und Rassen. Schon wachsen Palmen, noch rauschen die Kastanien. Nach Norden und Westen führt der Rhônekanal, nach Süden und Osten das Meer. Da pfeift die Lokomotive, da heult die Sirene. Wasser bespült Land, und Land streckt sich vor in Wasser. Die schmälste, dunkelste Gasse mündet in den breiten, leuchtenden Boulevard. Man sieht den riesengroßen Zeiger der historischen Uhr wandern. Die »Entwicklung« und das »Werden« sind keine abstrakten Begriffe mehr. Man sieht den Fuß der Geschichte und zählt ihre Schritte.

Das ist nicht mehr Frankreich. Das ist Europa, Asien, Afrika, Amerika. Das ist weiß, schwarz, rot und gelb. Jeder trägt seine Heimat an der Sohle und führt an seinem Fuß die Heimat nach Marseille. Alle Erden aber segnet dieselbe nahe, sehr heiße, sehr helle Sonne, und über alle Völker wölbt sich dasselbe blaue Porzellan des Himmels. Alle trug das Meer auf seinem breiten, schwankenden Rücken hierher, jeder hatte ein anderes Vaterland, jetzt haben alle ein einziges Vatermeer.

In dieser Stunde stehen mehr als siebenhundert Schiffe im Hafen. Das ist eine Stadt aus Schiffen. Die Bürgersteige bestehen aus Booten, und die Straßenmitten aus Flößen. Die Einwohner dieser Stadt tragen blaue Kittel, braune Gesichter und harte, große schwarzgraue Hände. Sie stehen auf Leitern, streichen die Rümpfe der Schiffe mit frischem braunem Lack an, tragen schwere Eimer, wälzen Fässer, sortieren Säcke, werfen eiserne Haken aus und nageln Kisten, drehn an Kurbeln und ziehn auf eisernen Rollen Waren in die Höhe, polieren, hobeln, säubern und verursachen neuen Mist. Ich möchte zurück in den alten Hafen, wo die romantischen Segelschiffe stehen und die knatternden Motorboote und wo man die frischen, triefenden Muscheln verkauft, das Stück zu dreißig Centimes.

Gasse in der Altstadt von Marseille, um 1930

Weiß leuchtet die Stadt, sie ist aus demselben Stein wie das Schloss der Troubadours in Les Beaux und der Palast der Päpste in Avignon. Aber sie ist nicht festlich. Sie ist betriebsam. Millionen zertrümmerter Existenzen birgt sie. In Avignon waren noch die Bettler stolz. Im alten Hafen von Marseille ist die Armut mehr als eine Not. Sie ist eine unausweichliche Hölle. Aufgeschichtet in höllischer Unordnung lagern die menschlichen Wracks aufeinander. Die Krankheit blüht gelb und giftig aus den verstopften Kanälen. Räudige Hunde spielen mit Kindern in den Pfützen. Die Zerlumpten kämpfen mit den Tieren um weggeworfene Knochen, Tausende Frauen und Männer sammeln Zigarettenstummel, der Hund belauert den Menschen, die Katze den Hund, die Ratte die Katze, und alle lauern auf dasselbe Stück faules Fleisch im Misthaufen.

Hier löst sich alles scheinbar Bleibende auf. Hier schließt es sich zusammen. Hier ist fortwährender Aufbau und Zerstörung. Keine Zeit, keine Macht, kein Glaube, kein Begriff ist hier ewig. Was nenn' ich Fremde? Die Fremde ist nah. Was nenn' ich Nähe? Die Welle trägt es fort. Was ist das Jetzt? Schon ist es vergangen. Was ist das Tote? Schon schwimmt es wieder heran.

Während ich dies schreibe, sieht Marseille schon anders aus. Und was ich in tausend Worten berichte, ist ein kleiner Tropfen aus dem Meer des Geschehens, mit dem freien Aug' nicht zu sehn, zitternd auf der dünnen Spitze meiner Feder.

AVIGNON. Das Antlitz der Landschaft verändert sich oft und plötzlich. Nur die drei Grundfarben bleiben immer: weißer Stein, blauer Himmel, dunkles Grün der Gärten. Die Gestalt der Erde aber ist wechselreich. Die Hügel sind bald schroff und bald spitz, bald sanft und bald rund. Hier starrt der rissige Fels, dort lächelt schon die leis geschwellte Ebene zwischen zarten Erhebungen. Daudet, der große Erzähler der Provence, hat die sehr treffende Beobachtung gemacht, dass die starke Sonne die Dimensionen vergrößert. Scharfes Licht erzeugt scharfe Schatten und stärkeren Gegensatz zwischen belichtetem und beschattetem Teil. Die Sonne lässt die Details wachsen und vermehrt sie.

Avignon ist die weißeste aller Städte. Sie braucht keinen Wald. Sie ist ein steinerner Garten voll steinerner Blüten. Ihre Häuser, Kirchen und Paläste sind gewachsen und nicht gebaut. Noch um ihre klaren Formen webt ein Geheimnis. In ihren Mauern rauscht es wie in Wäldern. Ihr Stein ist weiß und grenzenlos tragisch wie alles Unermessliche. Einfältige Legendenbücher enthalten manchmal Bilder von solchen Städten. Töricht-fromme Menschen stellten sich so die himmlische Stadt vor, in der die Seligen wohnen. Knaben träumen von solchen Städten mit weißen breiten Mauern, hundert Glocken, flachen Dächern, auf denen Königinnen spazierengehn.

Mit dem Begriff Festung verbinden wir das Bild einer drohend gezackten Burg hinter einer grauen, bemoosten und schroffen Mauer. Siehe da: Hier ist eine freundliche, beinahe einladende Festung. Sie zu belagern, wäre ein Genuss. Vor Bewunderung würde man vergessen, sie zu bekämpfen. Um sie zu erobern, müsste man sie umwerben. Hier flösse kein Blut. Hier gäbe es keinen grausamen Tod. Vor dem starken Klang der Glocken erstürbe jedes Getümmel.

Als ich vor einem der großen Tore stand, die in die weißen Mauern der Festung eingefasst sind wie graue Steine in einem silbernen Ring, als ich die flachgezackten Türme und die edle Stärke, die adlige Festigkeit, die unerschrockene Schönheit dieser Steine sah, begriff ich, dass eine himmlische Macht wohl ihren irdischen Ausdruck finden kann und dass sie keinen Kompromiss zu schließen braucht, wenn sie sich selbst den irdischen Bedingungen anpasst. Ich verstand, dass eine geistige Macht die Möglichkeit hat, ohne ihr Niveau zu verlassen, sich militärisch zu sichern, und dass es einen himmlischen Militarismus gibt, der nicht einmal die Art der Bewaffnung mit dem irdischen gemein hat. Diese Festungen haben Päpste angelegt. Es sind religiöse Festungen. Es sind geweihte Kräfte. Ich verstehe, dass sie den Frieden sichern konnten. Es gibt pazifistische Festungen und Waffen, die dem Frieden dienen und den Krieg verhindern.

Ist das eine mittelalterliche, ist das eine römische Stadt? Ist sie orientalisch oder europäisch? Sie ist nichts von alledem und alles zusammen. Sie ist eine katholische Stadt. Und wie diese Religion alle Völker umfasst und wie diese Religion kosmopolitisch ist, so ist Avignon die Festung der katholischen Kirche, kosmopolitische, organische Verschmelzung aller Traditionen und Stile. Es ist Jerusalem und Rom, und es ist Altertum und Mittelalter.

Die eigentliche Geschichte Avignons beginnt im 12. Jahrhundert. Die frühesten Bauten, die wir heute in Avignon sehen, stammen aus diesem Jahrhundert: die Kathedrale und die noch ältere Brücke von Avignon. Sie war nur für Fußgänger und Reiter bestimmt. Denn sie ist zwar 900 Meter lang, aber nur 4 Meter breit. Im 13. Jahrhundert wurde sie abgebrochen. Heute sieht man nur noch eine halbe Brücke. Ihr letzter Pfeiler ruht in der kleinen Insel in der Mitte des Flusses. Ich habe einen alten farbigen Stich gesehen. Er stellt den traditionellen Tanz des Volkes auf dieser Brücke dar. Obwohl sie so schmal war, dass eine unvorsichtige Drehung gefährlich werden konnte, war sie doch der Tanzboden des Volkes von Avignon. Es rührt mich, dass die Leute hierher tanzen gingen, wo es am schmälsten und gefährlichsten war. Sie taten es sicherlich nicht bewusst, und es kam ihnen wahrscheinlich nicht in den Sinn, dass sie buchstäblich hart über dem Abgrund tanzten. Sie narrten den Tod. Sie hüpften über dem Wasser. Ihre Heiterkeit spiegelte sich in den heitern Wellen des Flusses, und vom Wasser entliehen sie die Fröhlichkeit. Auf dem alten Stich ist zu sehen, wie Kinder, Bürger, Frauen, Bettler und Mönche sich bei den Händen halten. Welch ein Trubel unter dem Protektorat der Kirche! Welch ein Fest unter den Augen des Papstes! Man weiß, wie populär das Oberhaupt der Kirche in Avignons Straßen war. Hier, am Fluß, ging der Vater der Christenheit spazieren und lächelte. Es hätte wenig gefehlt, und er hätte mitgetanzt.

Pont Saint Bénézet, Avignon, 1931

Denn die Päpste hatten Ferien. Die Geschichte nennt ihren Aufenthalt in Avignon sehr feierlich: das babylonische Exil der Päpste – aber es war das lustigste Exil, das die Welt je gesehn hat. »Rom«, schreibt Renan, »war in Wirklichkeit die turbulenteste italienische Republik. – Seine Umgebung war eine Wüste, jedem Wanderer gefährlich. – Der Aufenthalt in Rom war für die Päpste eine der unerträglichsten Gefangenschaften.« Clemens V. wanderte nach Avignon aus. Sein Nachfolger Johann XXII. begann zu bauen, er legte die Festungen an, die unter der Herrschaft Benedikts XII. verbessert und beinahe vollendet wurden. Drei große Kirchen haben die Päpste überdies in Avignon errichtet: Saint Agricol, St. Pierre und St. Didier.

Die imposanteste und dauerndste historische Erinnerung bleibt der Palast. Er ist im Innern durch die Ereignisse der Revolution fast vollständig vernichtet worden. Später war er lange Zeit und bis kurz vor dem Krieg eine Kaserne. Die Militärbehörde weigerte sich, den Palast zu räumen. Sein Inneres ist wüst, graue, rissige Kalktünche klebt an den Wänden. Die Restaurierung, vor einigen Jahren begonnen, schreitet sehr langsam fort. Zweimal täglich ist er das Ziel neugieriger Touristen und das Objekt falscher Erläuterungen, die ein Führer gegen Trinkgeld den Amerikanern erteilt.

»Wenn ich der Papst wäre, ich lebte in Avignon …« Blick vom Turm St. Jean auf den Papstpalast, 1929

Aber nichts kann vollkommen untergehn, was die Frömmigkeit gebaut hat und was in der Hoffnung auf eine ganz andere Unsterblichkeit, als es die irdische sein kann, entstanden ist. Hört nicht auf den Führer! Sondert euch ein wenig vom Tross der Touristen ab, und ihr werdet ein Fenster sehn, »Fenêtre de l'Indulgence«, das wie ein Tor zum Reich der Sonne ist, von vier Säulen gestützt und fünf schmale Portale bildend unter einem halbgeschwungenen und überraschend spitz endenden Bogen, in dem ein großes, kreisrundes Ornament über zwei kleinen eingefasst ist wie eine himmlische Blume; ein Rad mit lebendigen Speichen, geschwungene Kreuze aus Licht und Glas, eine runde Ruhestatt für das Licht des Tages; die Sonne eingefangen in einem kunstvollen Netz. Ich bleibe einen Augenblick am Anfang der großen Galerie stehn, die schmal und lang ist, deren Decke hundert Bogen gebärt, alle paar Sekunden einen Bogen, wie ein Vorhang aus gerafftem Stein, lebendig und wechselreich wie aus weichem Stoff und eine Unendlichkeit vortäuschend wie durch raffinierte Spiegelungen. Am Ende des Korridors ein schmaler Streifen einbrechender Sonne, und hinter dieser rechteckigen Insel aus Licht, Gold, Silber und flimmerndem Staub eine Treppe, die wer weiß wo hinaufführt, zum Himmel vielleicht, unzählige, kleine, schmale, steile Stufen, ohne Pause, ohne Rast, eine unermüdlich eilende Leiter.

Wenn ich der Papst wäre, ich lebte in Avignon. Mich würde es freuen zu sehen, was dieser europäische Katholizismus zustande gebracht hat, welche großartige Rassenmischung, welch einen farbigen Wirrwarr der verschiedenen Lebenssäfte, und wie trotz dieser Vermengung kein langweiliges Einerlei entstanden ist. Jeder Mensch trägt in seinem Blut fünf Rassen, alte und junge, und jedes Individuum ist eine Welt von fünf Erdteilen. Jeder versteht jeden, und die Gemeinschaft ist frei, sie zwängt niemanden in eine bestimmte

Haltung. Der höchste Grad von Assimilation: gerade so fremd, wie einer ist, soll er bleiben, um heimisch zu werden.

—

»Ich habe keine Heimat, wenn ich von der Tatsache absehe, dass ich in mir selbst zu Hause bin.«

Joseph Roth

—

Wird die Welt einmal so aussehn wie Avignon? Welch eine lächerliche Furcht der Nationen, und sogar der europäisch gesinnten unter den Nationen, diese und jene »Eigenart« könnte verlorengehn und aus der farbigen Menschheit ein grauer Brei werden! Aber Menschen sind keine Farben, und die Welt ist keine Palette! Je mehr Mischung, desto mehr Eigenart! Ich werde diese schöne Welt nicht erleben, in der jeder Einzelne das Ganze repräsentieren wird, aber ich fühle diese Zukunft schon heute, wenn ich auf dem »Platz der Turmuhr« in Avignon sitze und alle Rassen der Erde im Gesicht eines Polizisten, eines Bettlers, eines Kellners leuchten sehe. Das ist die höchste Stufe der »Humanität«. Und »Humanität« ist die Kultur der Provence, deren großer Dichter Mistral auf die Frage eines Gelehrten, welche Rassen in diesem Teil des Lands leben, verwundert sagte: »Rassen? Aber es gibt ja nur eine Sonne!«

—

1928

Amelia Earhart

Flug über den Atlantik

—

Als am 4. Juni 1783 die Brüder Montgolfier sich von ihrer Heimatstadt Annonay aus erstmals mit ihrem Heißluftballon in die Luft erhoben – sie schwebten zwei Kilometer weit –, sah man in Europa bereits das Zeitalter der »Luftschifferei« anbrechen. »In all unseren Zirkeln, bei allen unseren Soupers, an den Toilettentischen unserer hübschen Damen wie in unseren akademischen Schulen spricht man nur noch von Experimenten, atmosphärischer Luft, entzündbarem Gas, fliegenden Wagen und Reisen durch die Lüfte.« Doch für gezielte Reisen erwies sich der Ballon als wenig geeignet. Erst mit der Entwicklung des Motorflugzeuges wurde aus dem Menschheitstraum, durch die Luft zu reisen, Realität. Am 17. Dezember 1903 unternahmen die Brüder Wright auf den Sanddünen von Kitty Hawk, North Carolina, ihre ersten Motorflüge.

Die erste Ballonfahrt der Brüder Montgolfier in Annonay, 4. Juni 1783

Zu den Pionieren der Luftfahrt gehört auch die Amerikanerin Amelia Earhart (1897–1937). Sie schlug sich zunächst mit den verschiedensten Jobs durchs Leben – als Krankenschwester, Lehrerin und Sozialarbeiterin. 1921 nahm sie ihre erste Flugstunde, sechs Monate später kaufte sie sich mit geliehenem Geld ihr erstes Flugzeug. Im Juni 1928 wurde sie schlagartig bekannt, als sie als erste Frau in einem zwanzigstündigen Flug den Atlantik überquerte – allerdings nur als Passagierin, das Flugzeug steuerte der Pilot Wilmer »Bill« Stultz. Vier Jahre später, im Mai 1932, flog Amelia Earhart dann selbst als erste Frau allein über den Ozean. Viele weitere wagemutige Flüge und spektakuläre Rekorde folgten. Amelia Earhart schmückte die Titelseiten der Zeitungen und Illustrierten und wurde als Vorkämpferin des Feminismus gefeiert.

Im Mai 1937 startete Earhart den Versuch, von Miami aus mit ihrer Lockheed Electra den Äquator zu umrunden, mit Zwischenlandungen in Brasilien, Westafrika, Kalkutta und Rangun. Sie hatte bereits drei Viertel der Strecke zurückgelegt, als sie am 2. Juli 1937 von Lae in Neuguinea zu ihrer letzten Etappe aufbrach. Wenig später verschwand sie mit ihrem Flugzeug spurlos, weder ihr Leichnam noch ihre Maschine wurden jemals gefunden.

—

Logbuch, Sonntag, 17. Juni. Inzwischen sind wir seit einer Stunde unterwegs. Das Land ist im Dunstschleier verschwunden, und gleich tauchen wir in die berüchtigte Nebelbank ein, die immer vor der Küste Neufundlands hängt. Wir fliegen in 455 Metern Höhe, und beide Jungs sind im Cockpit. Ich selbst sitze auf einem Stapel Fliegeranzüge, da wir jedes unnötige Gramm in Trepassey zurückgelassen haben, und die drei Kissen gehörten zu den entbehrlichen Dingen.

Wir haben drei Anläufe gebraucht, bis uns der Start gelungen ist, und als wir von der rauen See abgehoben hatten, war ein Motor so nass, dass er erst seit kurzem wieder richtig funktioniert. Wir mussten unsere ganzen Treibstoffkanister abwerfen. Jetzt haben wir nur so viel Sprit an Bord wie unbedingt nötig, gut 3000 Liter.

Amelia Earhart beim Start ihres ersten Alleinflugs über den Atlantik am 20. Mai 1932

Filmkamera und Thermosflasche von Bill [Wilmer Stultz] und Slim [Copilot Louis Garden] an Land zurückgelassen. An Bord nur die kleine Thermosflasche mit Kaffee für die beiden. Ich werde wahrscheinlich gar nichts trinken, bis wir wieder unten sind.

Dieses Flugzeug hebt unserer Erfahrung nach leichter von einer glatten Wasseroberfläche ab. Ich habe eine Menge gelernt, und auch die Entwickler von Pontons können noch einiges dazulernen.

Wir haben uns auf 760 Meter hochgeschraubt und fliegen jetzt über die Nebelbank, die hier oben weniger dicht ist. Bill bleibt am Steuerknüppel, bis wir ganz aus dem Nebel heraus sind. Er meint, wir werden auf der Strecke abwechselnd durch Sturm und Schönwettergebiete fliegen müssen. Wolkenfetzen huschen an den Kabinenfenstern vorbei. Manchmal verschleiert der Nebel wieder alles.

Wir steigen jetzt rasch, um ihn unter uns zu lassen. Fast 915 Meter!

Über uns erstrahlt ein azurblauer Himmel, und als ich das letzte Mal H_2O sah, war auch dieses von leuchtend blauer Farbe.

Als Neufundland hinter uns verschwand, flogen wir in etwas mehr als 300 Meter Höhe über das Land. Ich betrachtete die Formen vieler kleiner und großer Seen, die sich auf dem Stück Erde unter uns erstreckten. Zwei sahen wie gigantische Fußspuren aus, ein anderer wie ein Büffel und wieder ein anderer wie ein Tier aus prähistorischen Zeiten.

is this a pleseosaurus?

Ich kann jede Menge Ungeheuer mit plumpen Tatzen und flachem Kopf und der Anhäufung von Abnormitäten erkennen, die nun einmal zum Wesen eines Ungeheuers gehören.

1000 Meter. Über einem riesigen flauschigen Nebelkissen. Bill ist die ganze Zeit am Funkgerät, er kritzelt Codes auf einen Zettel und hält ihn mir hin. Ich schnappe mir die Funkcodes und stelle fest, dass uns gerade das Dampfschiff »SS Elmworth« anfunkt.

Bald darauf fragt Cape Race an, wie es aussieht. Wir haben jetzt eine Höhe von 1525 Metern erreicht und kommen aus dem Nebel heraus, geraten dafür aber in einen Sturm. Unter uns sind eben Schneeschauer vorbeigezogen. Rechter Hand sehe ich klares Wetter, vor uns allerdings nicht. Die Temperatur liegt bei 5° C. Mir ist nicht kalt, weil ich mich in Trepassey an die Kälte gewöhnt habe.

Mir ist es zwar nicht eigentlich kalt, aber in meinem Mantel werde ich es gemütlicher haben.

1220 Meter. Mit 5,5 Tonnen Gewicht brausen wir durch die Luft. Jetzt befinden wir uns mitten in einem heftigen Sturm. Die 5,5 Tonnen werden ordentlich durchgerüttelt.

Bill steuert die Maschine nach unten, alle Motoren laufen mit voller Kraft.

Wir kämpfen gegen starken Wind und Regen an. Gegen den schwersten Sturm, den ich je in der Luft miterlebt habe. Das Meer unten sieht friedlich aus, aber aus einer Höhe von über 900 Metern erscheint die Erdoberfläche immer eben.

Vor uns erkenne ich deutlich ein Stück Meer, und der Wind wird böig, wie es zwischen Wolkenhaufen und sonnigen Abschnitten nicht anders zu erwarten ist. Slim kommt nach hinten und sagt, dass Schnee in der Luft liegt. Ich weiß es.

Ich habe eine Weile vorn gesessen und bin gerade wieder nach hinten gegangen. Slim sitzt am Steuerknüppel, und Bill berät ihn. Bill hat einen Orientierungssinn wie eine Brieftaube. Er sagt Slim, dass er bei Kurs 106 bleiben soll.

Jetzt sind wir schon eine ganze Weile aus dem Schnee heraus, die Sonne scheint, und das Wasser ist blau, so weit das Auge reicht. Vor uns ziehen ein paar Wolken – was für welche, weiß ich nicht. Sie sehen hoch und weiß aus.

Jetzt 225 Kilometer pro Stunde. Alles wunderbar. Temperatur 11° C. Die Cockpitheizung wärmt auch die Kabine.

Bill sagt, dass das Funkgerät spinnt, setzt aber weiterhin alles daran, wieder Funkkontakt herzustellen.

Es gibt so viel zu schreiben. Ich frage mich, ob ich nicht ein dickeres Tagebuch hätte mitnehmen sollen.

Ich sehe Wolken auf uns zukommen. Wie eine lange Küstenlinie erstrecken sie sich am Horizont.

Ich habe mich gerade wieder aufgerappelt, nachdem ich eine halbe Stunde auf Major Woolleys Fliegeranzug gelegen habe. Heute Morgen bin ich mit solchen Kopfschmerzen aufgewacht, dass ich kaum aus den Augen schauen konnte. Ich dachte mir, vielleicht lassen sie nach, wenn ich mich auf den Nebelkissen, die wir überfliegen, ein bisschen schlafen lege.

Draußen ist nichts zu sehen, außer Nebel, der herumwirbelt und blendend weiß aufscheint, weil er von der Nachmittagssonne angestrahlt wird. Kein Ende abzusehen. 1100 Meter, Temperatur 11° C, Außentemperatur 7° C.

16.15 Uhr. Bill hat aufgedreht, um über die Nebelgrenze zu steigen. Wir sind auf 1160 Meter und steigen weiter.

Nebelgestalten recken uns aus den Schwaden ihre Köpfe entgegen. Und wie wir durchgerüttelt werden, während wir durch sie hindurchfliegen!

—

»Einer der großartigsten Anblicke auf einem Flug ist die untergehende Sonne, wie sie in den Nebel eintaucht, durch seine Lücken aber noch rosafarbene Strahlen schickt.«

AMELIA EARHART, 17. JUNI 1928, ÜBER DEM ATLANTIK

—

Bill hat gerade eben Kontakt zu dem britischen Schiff »XHY Rexmore« hergestellt, das uns unsere Position durchgibt. 48 Nord 39 West, 20.45 Uhr Greenwichzeit. Der Nebel reißt auf, und durch größere Lücken können wir den Ozean sehen. »XHY« wird unsere Position nach New York melden.

Ich schaue aus dem Fenster und sehe einen echten Regenbogen – ich meine den berühmten Kreis. Er bewegt sich in unserer Geschwindigkeit weiter und befindet sich rechts von uns, da die Sonne ein Stück versetzt backbords scheint. Ich habe gehört, dass solche Farbkreise in Hawaii zu sehen sind.

Die Sonne versinkt hinter einem unendlichen Nebelmeer, und wir erblicken einen leuchtenden Regenbogen, einen blasseren Ring und, falls ich nicht an Halluzinationen leide, am Rand noch einen dritten Streifen. In der Mitte ist er überwiegend gelb mit einem runden grauen Schatten im Zentrum. Wird dieser Regenbogen durch uns oder unsere Propeller hervorgerufen?

Ich glaube, wir kommen aus dem Nebel heraus. Herrliche weiße Gestalten heben sich ab, manche ziehen schimmernde Schleier hinter sich her. Aus der Ferne sehen die Wolken wie Eisberge aus. Um uns herum ist der Nebel so dicht, dass man sich leicht vorstellen kann, man müsste für immer darin umherirren. Die höchsten Spitzen der Nebelberge (ach, wir sind doch nicht herausgekommen) werden von der untergehenden Sonne in Rosa getaucht. Die Vertiefungen sind grau und dunkel. Bill hat gerade die Zeit überprüft. Okay, sagt er,

22.20 Uhr Londoner Zeit, laut meiner Uhr. Pemmikan wurde beziehungsweise wird herumgereicht. Was für ein Zeug!

Die rosafarbene Weite erinnert mich an die Mojavewüste. Und auch an [Fernand Gregh]: J'ai miré dans ma prunelle. Petite minute éblouie. La grande lumière éternelle. Bill bekommt unsere Position durchgegeben (22.30 Uhr Londoner Zeit, und wir haben 1764 Kilometer zurückgelegt), freut sich darüber wie ein Schneekönig und ist rundum glücklich. Ach, hätte ich doch nur dieses Gedicht dabei!

Einer der großartigsten Anblicke auf einem Flug ist die untergehende Sonne, wie sie in den Nebel eintaucht, durch seine Lücken aber noch rosafarbene Strahlen schickt. Mir wäre es lieb, wenn die Sonne länger so verweilte. Bald sind wir überall von Grau umgeben. Wir sinken in den Nebel. 1220 Meter.

Die Abgasstreifen leuchten allmählich ebenso rosa wie das letzte Glühen am Himmel. Endlose Nebelschwaden. Der Ausblick ist zu großartig und zu erhebend, als dass man ihn in Worte fassen könnte. Ich glaube, ich bin glücklich – ein trauriges Eingeständnis unzureichender intellektueller Fähigkeiten.

Ich werde mir noch eine Schleimbeutelentzündung an den Knien zuziehen, wenn ich die ganze Zeit hier an dem Tisch knie und mich an der Schönheit berausche.

Eine ganze Weile nichts als Meer. Hurra! Slim hat gerade eine Taschenlampe aufgehängt, damit er den Kompass erkennen kann. Der Lichtschein macht es unmöglich, die radiumerleuchteten Flugzeuginstrumente abzulesen. Bald würde es ohne die Taschenlampe dunkel genug sein.

Es ist etwa 22 Uhr. Ich schreibe ohne Licht.

Ob das wohl lesbar ist?

Das Meer war nur kurz zu sehen. Seitdem nichts als Nebelschwaden. Jetzt sind wir über dem Nebel. Eine Sternennacht. Richtung Norden hebt sich der Horizont deutlich ab. Im Süden ist er verschwommen.

Die Auspuffrohre stoßen glühende Meteore aus.

Wie wunderbar sind doch ein Flugzeug und der Kopf, der es konstruiert hat! Ich bin in dieser Verehrung durch und durch abendländisch.

Bill hält allein Wacht. Jeder Muskel und jeder Nerv sind angespannt. Wir haben noch viele Stunden vor uns. Wunderbare Stunden.

Ich bin schon einmal einen ganzen Tag und eine ganze Nacht mit dem Auto gefahren und weiß, wie wichtig und wie schwierig es ist, wach zu bleiben.

Die erste Frau auf dem Flug über den Atlantik Amelia Earhart blickt nach der Ankunft in Burry Port, South Wales, aus der Fokker »Friendship«. 18. Juni 1928

Wir müssen an Höhe gewinnen, um über den Nebel und die böigen Winde hinwegzukommen.

Bill holt alles aus der Maschine heraus. 1525 Meter. Wahnsinn, wie wir steigen! Ein Nebelberg. Der Polarstern neben unserer Flügelspitze.

Meine Uhr zeigt 3.15 Uhr. Links kündigt sich die Morgendämmerung an, und unter uns blicke ich auf ein Nebelmeer. Wir sind über 1830 Meter hoch. Ich kann die Anzeige nicht lesen.

Slim und ich tauschen für ein Weilchen die Plätze. Drachen und Seeschlangen und Ungeheuer heben sich vor der Dämmerung ab.

2740 Meter, um sie unter uns zu lassen.

Vor einer Weile hat sich in den beiden Außenbordmotoren etwas Wasser angesammelt. Große Aufregung.

Mindestens 3050 Meter, 13 Stunden, 15 Minuten unterwegs.

Wir steigen noch immer. Ich würde mich freuen, wenn die Sonne aufginge und die Reihe immer gleicher Teddybären auflockerte.

Slim hat gerade die Batterien der Taschenlampe ausgewechselt, die über dem Kompass hängt.

Instrumentenflug. Zunächst langsames Steigen. Schnelles Sinken. Es braucht schon einiges, bis meine Ohren schmerzen. Jetzt 1525 Meter. Entsetzlich nass. Wasser tropft durch das Fenster herein. Der Backbordmotor stottert. Es klingt, als hätten gleich alle Motoren Aussetzer. Bill dreht die Maschine voll auf, um so die Motoren durchzupusten und zu reinigen. Klingt auf der rechten Seite ziemlich übel.

915 Meter. Die Ohren tun nicht mehr so weh. Der Nebel ist scheußlich.

Motoren laufen besser, aber nicht hundertprozentig gleichmäßig.

Es wird immer heller, der Morgen bricht an. Wir sehen es jedoch nicht dämmern. Könnte ich doch nur das Funkgerät bedienen! Ich wäre dann eine echte Hilfe.

Wir fliegen jetzt über eine Wolkenschicht. Auf 915 Metern. Bill kommt nach hinten ans Funkgerät und stellt fest, dass es kaputt ist.

Wir fliegen noch immer durch Wolken, und sie verdichten sich. Ringsum lauter Wolken ... Sollte uns eigentlich nicht beunruhigen. Der Backbordmotor stottert ein wenig. Klingt nach Wasser. Wir fliegen direkt in die Wolken hinein, unter oder über einem Gewitter. Das gefällt mir gar nicht, wo doch ein Motor nicht richtig funktioniert.

Wie grau es vor der Wolkenwand ist; und hinter der dicken Wolkenansammlung, durch die wir gerade gekommen sind, leuchtet die rosafarbene Morgendämmerung. »Als in der Frühe erschien die rosenfingrige Eos«, wie es in der Odyssee heißt.

Himmel! Das Meer! Wir sind auf 915 Metern. Wolkenflecken. Wir sind von 305 Metern auf 1525, unsere jetzige Höhe, gehopst, um aus den Wolkenfetzen herauszugelangen. Im Moment sieht man Blau und Sonnenschein, aber ständig drohen neue Wolken uns einzuhüllen. Das Funkgerät ist tot.

Eine Weile ist das Meer zu sehen. Wolken vor uns. Wir sollten allmählich in Reichweite unseres Ziels kommen, falls wir den Kurs gehalten haben. Wieder hat der Backbordmotor einen Aussetzer. 915 Meter, 7 Uhr Londoner Zeit.

Das Funkgerät ist vollständig ausgefallen. Wir sinken jetzt an einer recht wolkenlosen Stelle. 760 Meter.

8.50 Uhr. Zwei Schiffe!!! Überseedampfer.

Wir versuchen, unsere Position zu bestimmen. Das Funkgerät funktioniert nicht. Noch für eine Stunde Treibstoff. So ein Mist! Jetzt setzen alle Motoren aus. Warum?

Damit endet das Logbuch. Auf seiner letzten Seite steht, dass wir nur noch für eine Stunde Treibstoff hatten, dass die Zeit verstrichen war, in der wir Irland hätten erreichen sollen, dass der Kurs des gesichteten Schiffs uns verblüffte und dass unser Funkgerät unbrauchbar war.

Wo waren wir? Sollten wir unserem Kurs vertrauen und weiterfliegen? Das Wort »Mist« drückt die Fassungslosigkeit aus, die uns in jenem Moment überkam. Waren wir vom Kurs abgekommen?

Wir sprachen uns alle dafür aus, unseren Kurs beizubehalten. Das mussten wir. Hätten wir den Kurs in Frage gestellt, dann hätten wir gleich aufgeben können. Und schließlich hatte das Flugzeug, als wir unsere Position das letzte Mal überprüften, bevor das Funkgerät den Geist aufgab, noch genau auf Kurs gelegen.

Wir umkreisten die »America«, wenn wir damals auch keine Ahnung hatten, um welches Schiff es sich handelte. Da das Funkgerät keinen Mucks von sich gab, kritzelte Bill in dem Bemühen, unsere Position herauszubekommen, etwas auf einen Zettel. Ich steckte den Zettel und eine Orange als Gewicht in eine Tasche und band sie an ein absurdes silbernes Stück Kordel. Während wir über der »America« kreisten, wurde die Tasche durch die Luke heruntergeworfen. Die Kombination aus unserer eigenen Geschwindigkeit, der des Schiffes, des Windes und der Leichtgewichtigkeit unseres Wurfgeschosses stellte unsere Treffsicherheit jedoch zu sehr auf die Probe. Wir versuchten es noch ein zweites Mal und setzten unsere letzte Orange ein. Wieder kein Glück.

Sollten wir auf Nummer sicher gehen und versuchen, neben dem Schiff zu landen? Einer der Gründe, warum wir den Versuch erst gar nicht wagten, ist sicher in der rauen See zu suchen, was nicht nur das Wassern sehr schwierig, sondern einen erneuten Start unmöglich gemacht hätte.

Bill stürzte in der Hoffnung ans Funkgerät, wenigstens einen Funkspruch empfangen zu können. Irgendwann in der ganzen Aufregung legte ich mich, bevor ich die Luke im Boden des Flugzeugrumpfs wieder schloss, flach auf den Bauch und schoss ein Photo. Dieses ist, wie mir gesagt wurde, die erste Aufnahme, die aus einem Flugzeug während eines Transatlantikflugs von einem Schiff auf hoher See gemacht wurde.

—

»Nichts, was folgt, kann so spannend sein wie dieser erste Flug über den Atlantik.«
AMELIA EARHART,
18. JUNI 1928

—

Dann gingen wir wieder auf unseren ursprünglichen Kurs und flogen die zwölf Meilen Umweg zurück, den wir gemacht hatten, um den Dampfer zu umkreisen. In gewisser Weise vertrauten wir auf unser Glück und setzten alles auf eine Karte, als wir an unserem ursprünglichen Kurs festhielten.

Seltsamerweise beschloss Slim ausgerechnet in jenem Augenblick des absoluten Tiefpunkts zu frühstücken. Völlig unbeeindruckt zog er ein Sandwich heraus.

Wir konnten nur ein paar Kilometer Wasser sehen, das zu allen Seiten mit dem Grau verschmolz. Die Wolken hingen so tief, dass wir nur in einer Höhe von lediglich 145 Metern fliegen konnten. Mit uns bewegte sich auch die Miniaturwelt unserer geringen, durch die Nebelwände begrenzten Sicht. Nach einer halben Stunde schwammen darin plötzlich kleine Fischerboote, und wenige Minuten später fuhr fast direkt unter uns eine ganze Flotte kleiner Schiffe, wahrscheinlich Fischerboote. Zum Glück verlief ihr Kurs parallel zu unserem. Der Treibstoff in unseren Tanks ging rasch zur Neige, aber wir fühlten, dass Land – irgendein Land – nahe sein musste. Es konnte nicht Irland sein, doch in diesem Augenblick war uns jedes Land recht.

»Holy Mother of God!« Nach ihrer Atlantiküberquerung im Alleinflug jubeln die Menschen in Nordirland der Fliegerin Amelia Earhart zu. 21. Mai 1932

Bill saß am Steuerknüppel, Slim saß neben ihm und mampfte sein Sandwich, als ein blauer Schatten aus dem Nebel auftauchte, der zunächst nicht solider aussah als Hunderte anderer nebelhafter »Landschaften«, die wir zuvor erblickt hatten. Slim betrachtete ihn eine Weile, dann wandte er sich zur Seite und machte Bill darauf aufmerksam.

Es war Land!

Ich meine mich zu erinnern, dass Slim aufschrie, und ich weiß definitiv, dass das Sandwich durchs Fenster flog. Bill konnte sich ein Lächeln nicht verkneifen.

Bald kam eine Gruppe Inseln in Sicht und dann eine Küstenlinie. Auch daran konnten wir nicht unsere Position bestimmen, weil die Sicht so schlecht war. Eine Weile flogen wir am Rand einer Küstenlandschaft entlang, die wir für typisch englisch hielten.

Da wir nur noch wenig Treibstoff hatten, flogen wir so nahe heran, wie es die Sicherheit gerade noch erlaubte. Bill beschloss zu wassern. Nachdem er eine Industriestadt [Burry Port, Wales] überflogen hatte, suchte er sich den Landeplatz auf dem Wasser, der ihm am besten geeignet schien, und brachte die »Friendship« herunter. Das Einzige, woran wir sie festmachen konnten, war eine etwas entfernte Boje, und wir fuhren auf sie zu.

1931

Freya Stark

Auf Schatzsuche in Luristan

Auch wenn im 20. Jahrhundert die weißen Flecken auf den Landkarten der Erde immer weniger wurden: Immer noch konnten ferne geheimnisvolle Regionen die Neugier wecken. So etwa Luristan, die abgelegene Bergregion im Westen Persiens. In Europa wurde man Ende der 1920er Jahre auf den Landstrich aufmerksam, als von dort Grabschätze aus den jahrtausendealten Gräbern auftauchten – die sogenannten Luristan-Bronzen: wertvolle Armreife, Gewandnadeln, Trensenplatten und Gefäße, die von Plünderern weiterverkauft wurden. Dies rief Abenteurer und Schatzsucher auf den Plan. Zu ihnen gehörte auch die britische Orientalistin Freya Stark (1893–1991), die 1931 von Bagdad aus nach Luristan reiste. Verlässliche Karten gab es nicht, und obendrein galt die Region als höchst gefährlich. Die dort als Nomaden lebenden Stämme der Luren widersetzten sich hartnäckig der persischen Zentralgewalt, immer wieder kam es zu Anschlägen und Gefechten mit Soldaten und Polizisten.

Begehrtes Objekt für Schatzsucher: Bronze aus Luristan, um 700 v. Chr.

Nach den Statuten der englischen Kolonialverwaltung war es einer englischen Dame untersagt, ohne Begleitung durch Persien zu reisen, aber das konnte Freya Stark nicht abhalten: Mehrmals war sie bereits im Orient – 1927 im Libanon und in Bagdad, 1930 im berüchtigten Tal der Assassinen im persischen Bergland. Auf Reisen trug sie arabische Männerkleidung, zudem sprach sie fließend Arabisch und Persisch. Die Schatzsuche in Luristan erwies sich als erfolglos, aber das spielte keine Rolle. Freya Stark reiste vor allem um des Vergnügens willen – und sie tat dies bis an ihr Lebensende: nach Indien, in die Türkei, und immer wieder nach Persien und Afghanistan. Im stattlichen Alter von 86 Jahren erklomm sie das Gebirgsmassiv des Annapurna im Himalaya.

Die Stammesleute kamen zu zweien und zu dreien herein und plauderten in der ruhigen Weise, die so sehr von der gewundenen Höflichkeit der Städte absticht. Die Frage meiner Reise nach Sar-i Kaschti war noch in der Schwebe. Eine Eskorte konnte mir nicht gestellt werden, da die Polizei sich südlich von Tudaru nur in geschlossenen größeren Gruppen vorwagt. Erst vor Wochen waren zehn von ihnen in der Schlucht ermordet worden, und der Sardari war begreiflicherweise nicht sehr geneigt, mich die Reise allein machen zu lassen. Andererseits waren die Stammesleute alle auf meiner Seite. Sie versprachen, einen ganz zuverlässigen Führer ausfindig zu machen, der mit den Ittiwand bekannt sei. Und gleich darauf kamen sie mit Kiram Khan, einem sanftäugigen Kakawandi mit einem sympathischen Augenzwinkern und einer sorglosen Haltung, die alle Befürchtungen als lächerlich erscheinen ließ. Er trug einen biskuitfarbenen Militärmantel der 7. Royal Engineers, auf den er sehr stolz war, rückte aber nicht recht mit der Sprache heraus, als ich ihn bat, mich die Knöpfe examinieren zu lassen, und ihn fragte, wo er den Mantel herhabe. Es sei ein Geschenk, erklärte er, zum Vergnügen der Umstehenden. Und nach kurzem Nachdenken fügte er hinzu, nur Leute, die *russische* Militärmäntel trugen, hätten sie gestohlen.

Freya Stark im Beduinengewand

Unser Weg folgte in ziemlicher Höhe dem Hang des Tschia Dosdan. Niedriges Unterholz aus Steineichen und Buchen umgab uns, die ersten Anzeichen des Dschungellandes im Süden. Jenseits des Tales beobachteten wir eine Gruppe von Zelten der Kakawand, bei denen die schwarzen Rinder weideten. Von ihnen zum Ufer hinab zog sich eine kleine Prozession: sie trugen eine Leiche, die sie mit schrillen Klagerufen in dem fließenden Wasser wuschen. Wir befanden uns nun an der Stelle, wo die zehn Polizisten einen Monat zuvor im Kampf gegen die Briganten umgekommen waren: ein unheilverkündendes »Tor« zum Gebirge.

Kiram indessen ritt munter voran, sorglos und unbewaffnet, und summte ein Liedchen vor sich hin, als ob er einen Sonntagmorgen im Richmond Park genieße. Das Land sah friedvoll aus mit seinen Bergen, die einer hinter dem andern in der Sonne glühten. Das Tal öffnete sich in einen weiten grünen Grund, in dem Männer die Reisfelder pflügten. Soweit wir den Flusspfad überblicken konnten, wo er vom Saidmarreh im Westen sich heranzieht, mühten sich Karawanen von Holzkohlenhändlern hinter ihren kleinen schwarzen Ochsen und den ungeheuren Säcken ab. Sie ruhten im Schatten der Felsen aus und aßen von den Birnen, die sie aus den Dschungeln mitgebracht hatten. Kiram erzählte mir, weiter flussabwärts stoße man bald auf große Bäume, deren Laubwerk so dicht sein, dass die Sonne niemals hindurchdringe. Auch Panther treffe man dort noch. Und auf der anderen Seite des Waldes komme man in das Becken von Hulailan und Tarhan, wo es die meisten alten Gräber und Bronzen gibt.

Dieses Land steckt voller Gefahren. Bei jeder Wegbiegung muss man eine Kugel gewärtigen. Kiram, für den unsere Expedition nichts als ein lustiger Streich war, murmelte im Reiten gelegentlich vor sich hin: »Die Hand der Dame hat den Zauber von Luristan gebrochen!«, und versicherte mir, keine europäische Frau habe sich je hier heraufgewagt.

»Gibt es hier Polizisten?«, fragte Hadschi.

»Zwei waren da; die sind erschossen worden«, sagte Kiram leichthin; er schien die Bestürzung nicht zu ahnen, die seine Worte hervorriefen.

Er war ein liebenswerter Mensch. Er hat sich wohl niemals gefürchtet, und doch schien das Land von den Verwandten der Männer zu wimmeln, die er schon umgebracht hatte, und eben dies setzte seinen Wert als Führer außerhalb des Gebietes seines eigenen Stammes erheblich herab. Andererseits liegt ein gewisser Vorteil darin, mit jemandem zu reisen, der in dem Ruf steht, eher zu schießen als erschossen zu werden. Wie Kiram es ausdrückte, und zwar nicht ohne Stolz: Sie könnten mich natürlich umbringen, müssten sich aber, da er ja mit mir reise, über die Folgen im Klaren sein.

Kiram Khan
vom Stamm der Kakawand
Freya Starks Führer
in Luristan, Oktober 1931

Er hatte viel Sinn für Humor und war ein ausgezeichneter Erzähler. In den Kämpfen des vergangenen Jahres hatte er Partei für die Regierung und gegen Mehmed Ali Khan von Tarhan ergriffen und schwere Zeiten durchgemacht. Seine Feinde beherrschten die Wasserquellen, und auch an Lebensmitteln fehlte es den Kakawand. Die Perser versuchten, ihre Verbündeten durch Flugzeuge zu versorgen, aber die abgeworfenen Vorräte fielen unglücklicherweise in die falschen Lager, so dass Kiram noch obendrein den Ärger hatte, seine Feinde die für ihn bestimmten Nahrungsmittel verzehren zu sehen.

Jetzt gedeiht er im Dienst der Regierung als eine Art Verbindungsmann zwischen den Behörden und den Stämmen, aber sehr glücklich fühlt er sich dabei nicht:

»Sie haben uns zu Weibern gemacht: sie haben uns unsere Waffen genommen«, klagte er.

»Wenn ich ein Gewehr mitgebracht hätte«, sagte ich, »so wäre ich vermutlich längst darum gebracht worden.«

»Aber gewiss«, sagte er. »Ich selbst hätte es als Erster gestohlen.«

Stehlen ist der nationale Sport. Die Luren scheinen sich darauf mehr zugutezutun als auf irgendetwas anderes. »Im Stehlen ist uns niemand auf der Welt über«, rühmte Kiram.

Inzwischen waren wir nach vierstündigem Ritt von Tudarul nach Sar-i Kaschti gekommen. Das Gebiet ist ebenso unsicher und ebenso ungenau umschrieben wie alle anderen Gegenden hier. Es bedeckt die Nordseite eines rundlichen Massivs namens Bala Buzurg, das die Landschaft südlich von Kangiwari ausfüllt.

Lager der Luren, Dulistan 1931 Photographie von Freya Stark

Etwa zwei Stunden ritten wir durch die tiefste Einsamkeit den Kangiwari hinauf, bis wir am Flussufer selbst auf eine kleine Mühle stießen, die aus runden Blöcken ohne Mörtel primitiv aufgeschichtet war. Wir kletterten in dem steilen Flussbett hinauf zu einer flachen Schulter des Bala Buzurg und gelangten nach zwanzig Minuten auf grünes Weideland, das von Krüppeleichen und Buchengebüsch übersät war. Zwei Siedlungen der Ittiwand lagen mit ihren Zelten nicht weit voneinander.

Amanullah Khan war abwesend. Er war für fünf Tage nach Alischtar gegangen, um seine Steuern zu bezahlen. Das war ein unglücklicher Zufall, denn es schien niemand von einiger Autorität zurückgeblieben zu sein, und die Stammesleute empfingen uns mit wenig freundlichen Blicken. Sie breiteten in dem offenen Gästeraum des Zeltes eine Decke aus und saßen in finsterem Schweigen da. Im Gegensatz zu meinen sonstigen Führern machte Kiram keinen Versuch, meine Anwesenheit zu erklären, sondern widmete sich stattdessen seiner verspäteten Pfeife, was ihn bei einer Verschärfung der Lage, die sich deutlich abzeichnete, vermutlich dann ganz außer Gefecht setzen musste. Er unterbrach sein Paffen einen Augenblick, um mir zu verdolmetschen, dass sie mich für einen Spion hielten. Ich lächelte, so gut ich konnte, und wandte meine Aufmerksamkeit einem der rundlichen lurischen Babies zu, die immer ganz reizend sind. Zum guten Glück erschien in diesem Augenblick der Onkel Amanullah Khans aus der Nachbarsiedlung. Er hatte das Aussehen eines

Spitzbuben, aber wenigstens eines munteren. Er trug einen kurzen und breiten roten Bart, und sein schweifender Blick ruhte häufig auf meinem Gepäck. Ich hatte nur wenig mit mir geführt, darunter keine Mäntel, Betten, Feldstecher oder Waffen, also Dinge, die einem Luren in die Augen stechen konnten. Trotzdem empfand ich die wenigen Besitztümer immer als eine gewisse Gefahr, denn die Blicke, die auch bei den freundlicheren Stämmen darauf geworfen wurden, waren nicht misszuverstehen. Große Anziehungskraft übte stets mein Hut aus, dessen Filz feiner war als die in Luristan üblichen, und ich musste des Öfteren darauf hinweisen, dass es ein Damenhut war und ein Mann sich darin nur lächerlich machen würde. Worauf man ihn mir dann mit Bedauern zurückzugeben pflegte.

—

»Wenn man in Frieden reisen will, muss man erbaulichere Gründe anführen als die bloße Lust, sich zu amüsieren. Etwas zum Vergnügen tun, das schmeckt in dieser utilaristischen Welt nach Leichtfertigkeit, um nicht zu sagen: nach Unmoral ... Ich rate jedem, der auf ein ungetrübtes Verhältnis zu den Herren Passkontrolleuren Wert legt, nicht ohne das entsprechende Etikett als Entomologe, Anthropologe oder welcher ›-ologe‹ auch immer, loszuziehen, das er für geeignet und förderlich hält.«
FREYA STARK
IM VORWORT ZU »IM TAL DER MÖRDER«

—

Der Onkel gehörte zu den Ittiwand von Duliskan und hielt sich in Sar-i Kaschti nur zu Besuch auf. Kiram, der weniger in sein Opium vertieft war, als ich gefürchtet hatte, fiel sofort mit der Mitteilung ein, dass die Polizei von Nordluristan gespannt auf mein Wiederauftauchen am andern Ende des Giza Rud warte. Der Rotbart lauschte diesen Erzählungen aufmerksam, nickte dann und wann und stellte Fragen auf Laki, denen ich nicht folgen konnte. Tee wurde aufgetragen, und die Atmosphäre entspannte sich etwas. Ich stellte vorsichtig das Problem der Gräbersuche zur Diskussion. Man erklärte einstimmig, an Gräbern sei kein Mangel und die Händler kämen immer noch zum Kaufen, trotz der neuen Gesetze. Sie lehnten es jedoch ab, in Abwesenheit ihres Häuptlings für mich zu graben. Keine Frau, stellten sie fest, sei jemals durch Luristan gereist. Sie glaubten mir auch nicht, dass ich eine Frau sei. Es sei bekannt, dass die Regierung Spione ausschicke, die sich als Händler ausgäben. Sie wollten sich nicht strafbar machen. Diese Gewissenhaftigkeit erschien mir außerordentlich in einem Lande, in dem immer wieder Polizisten erschossen werden; aber es war nun einmal nicht zu ändern. Nach langem Hin und Her und nachdem ich ein Schriftstück unterzeichnet hatte, in dem ich die volle Verantwortung für alle möglichen Folgen übernahm, erklärten sie sich bereit, den Friedhof im hinteren Teil des Weideplatzes für mich zu durchsuchen, und wir machten uns mit Spitzhacken und Stangen auf den Weg und stocherten da und dort unter dem Gebüsch. Aber obgleich wir auf Stein stießen und mit wachsenden Hoffnungen weiterarbeiteten, förderten wir nur zwei armselige Steinblöcke zutage. Und die Männer waren auf keine Weise zu bewegen, es noch einmal zu versuchen. Sie sagten mir, die Gräber, in denen auch Pferde beigesetzt sind, seien jedenfalls selten und nicht an einem Tag zu finden. Der Rotbart nahm Kiram auf die Seite und murmelte etwas davon, dass er einen Lagerplatz weiter unten am Giza Rud besitze, auf dem ein neuer und noch unerforschter

Schäfer auf dem Weg nach Teheran
Photographie von Freya Stark

Friedhof darauf warte, ausgebeutet zu werden. Er wolle uns morgen dorthin führen. Wenn ich eines der gewünschten Gräber fände, solle er meinen Pelzmantel erhalten, sagte ich. Nach der Ratifizierung dieses Bündnisvertrages, der mit halber Stimme besprochen wurde, damit die andern interessierten Mächte nichts hören sollten, kehrten wir zu den Zelten zurück und bereiteten uns auf das Essen vor.

Vor uns lag eine eindrucksvolle Aussicht. Unser Weideplatz bildete eine Art Sims, und der lange rote Steilfelsen des Peri Kuh stieg jenseits des Kangiwari, vom Grund unserer Schlucht aus, vor uns auf. Er leuchtete wie ein Kirchenfenster im Sonnenuntergang, gefasst im Rahmen der dunkeln, wollenen Wände des Zeltes, in dem wir saßen. Die andere Siedlung zeichnete sich auf einem niedrigeren Absatz des Gebirges scharf gegen diesen schimmernden Hintergrund ab. Und das Tal drunten füllte sich mit Abendschatten.

Alle Voraussetzungen für ein Bild des Friedens waren gegeben. Trotzdem verbrachten wir eine unruhige Nacht. Kiram hielt es nicht für ratsam, dass ich außerhalb seiner Reichweite bei den Frauen schlief. Er machte meinen Schlafsack an der Rückseite des Gästezeltes zurecht und bezog selbst eine strategische Stellung zwischen mir und der offenen Seite. Mein Gepäck verstaute er sorgfältig unter unsern Köpfen. Die Pferde wurden in der Nähe angepflockt, und Hadschi ließ sich bei ihnen nieder. Die Feuer ferner Lager der Ittiwand funkelten in den Schatten des Tals und der unteren Hänge. Die vom Mondlicht überfluteten Felsen des Peri Kuh stiegen aus der Dunkelheit. Und über allem lag eine unendliche und prachtvolle Stille. Ich dämmerte gerade ein, als Hadschi herankroch und mir zuflüsterte, nicht tief zu schlafen, die Nacht werde unruhig. Ich öffnete ein Auge und sah ihn zurückkriechen, sah, wie er dasaß, eine schlaflose und verlassene kleine Gestalt, die die Pferde im Mondlicht bewachte. Dann hörte ich nichts weiter, bis mich um die Mitte der Nacht die beiden Männer mit Rufen weckten, die dazu bestimmt waren, eine Frau fortzuscheuchen, die sich von der Rückseite des Zeltes her an das Gepäck heranschlich, auf dem ich schlief.

Das Lager des Rotbarts war im steinigen Bett des Giza Rud aufgeschlagen, und wir wurden vom Kadkhuda und etwa einem Dutzend Stammesleuten begrüßt. Sie buken Eierkuchen für uns, während wir uns niederließen und die Frage nach den Bronzen aufwarfen. Aber auch durch die Autorität ihres Führers ließen sie sich nicht bewegen, zu graben. Wie die Männer von Sar-i Kaschti wollten auch sie mir nicht glauben, dass ich eine Frau war. Sie wollten das, was sie für sich erbeuteten, lieber privat verkaufen, an Händler, zu denen sie Vertrauen hatten.

—

»Es ist angenehm, hin und wieder unter Leute zu gehen, die ihr Leben leicht nehmen, die dieser vorübergehenden Welt nicht zu viel Bedeutung beimessen und vom Bestreiten ihres Lebensunterhalts nicht derart okkupiert sind, dass kein Gedanke und keine Zeit mehr bleibt für die Freude am Leben.«

FREYA STARK, »IM TAL DER MÖRDER«

—

Wir trennten uns von dem rotbärtigen Onkel mit wechselseitiger Enttäuschung, denn er hatte mir kein Grab zeigen können, und ich behielt meinen Pelzmantel. Trotzdem schenkte ich ihm einen silbernen Bleistift, sehr zum Ärger Kirams, der es hasste, wenn irgendwelche Dinge an einen Ittiwand verschwendet wurden, und sein Möglichstes tat, um das zu unterbinden. Seine Stimmung hob sich, als wir das Land seiner Rivalen verließen und den Giza Rud hinauf uns wieder dem Gebiet seines eigenen Stammes näherten. Wir hätten die ganze Zeit über in Gefahr geschwebt, teilte er mir jetzt mit. Ihm mache das nichts aus – und damit sagte er wohl die Wahrheit –, »aber es ist unangenehm, wenn man kein Gewehr hat«.

—

1931

Simone de Beauvoir

Barcelona, Madrid

Im Jahre 1929 lernte die 21-jährige Simone de Beauvoir (1908–1986), Lehramtsstudentin an der Pariser École normale supérieur, ihren Studienkollegen Jean-Paul Sartre kennen; gemeinsam bereiteten sie sich auf die Abschlussprüfung vor. Wenig später schlossen die beiden auf einer Parkbank ihren »Liebespakt«. Mit Sartre, davon war Beauvoir überzeugt, »würde ich immer alles teilen können«. 1931 gingen sie auf ihre erste gemeinsame Reise ins Ausland – der befreundete Künstler Fernando Gerassi hatte sie nach Madrid eingeladen. Simone de Beauvoir war begierig darauf, die »Welt gründlich kennenzulernen«. In ihren Memoiren erinnert sie sich zurück an den Zauber dieser Reise, die in politisch bewegten Zeiten stattfand: Am 14. April wurde in Spanien die Republik ausgerufen, drei Tage später ging König Alfonso XIII. ins Exil.

Nach dem Zweiten Weltkrieg erhielt das Reisen für Simone de Beauvoir eine neue Bedeutung. »Eines der Wunder der Jahre nach 1945«, schrieb sie, »war, dass sich die Welt so plötzlich öffnete«. Sie bereiste Portugal, die USA, die UdSSR, Brasilien, China und Kuba, und oft war sie dabei gemeinsam mit Sartre unterwegs. Doch so unbeschwert wie ihre erste Reise waren diese späteren Unternehmungen nicht mehr. Ihr soziales Bewusstsein war erwacht, sie wollte die Lebensbedingungen der Menschen studieren und war auf der Suche nach neuen Gesellschaftsentwürfen. Doch das, was sie auf ihren Reisen sah, enttäuschte nur allzu oft hochfliegende Erwartungen. Ihrer lebenslangen Neugier auf die Welt freilich tat dies keinen Abbruch.

Simone de Beauvoir und Jean-Paul Sartre am Denkmal Balzacs, um 1930

Reisen: das war immer einer meiner brennendsten Wünsche gewesen. Wie sehnsüchtig hatte ich damals Zazas [ihre verstorbene Freundin Elisabeth Mabille] Bericht gelauscht, als sie aus Italien zurückgekommen war! Von den fünf Sinnen schien mir einer bei weitem der wichtigste zu sein: das Sehen. Trotz meiner Freude am Gespräch begriff ich nicht, wie man sagen konnte, Taube seien trauriger als Blinde. Ich fand sogar das Los der Menschen mit verstümmelten Gesichtern erträglicher als Blindsein, und wäre ich vor die Wahl gestellt worden, hätte ich ohne Zögern auf mein Gesicht verzichtet, um die Augen zu behalten. Die Vorstellung, sechs Wochen lang nur zu reisen und zu schauen, begeisterte mich. Aber ich war bescheiden; Italien, Spanien, Griechenland würde ich bestimmt noch zu sehen bekommen: später einmal. Für diesen Sommer plante ich, mit Sartre die Bretagne zu besuchen. Ich traute meinen Ohren nicht, als Fernand uns vorschlug, nach Madrid zu kommen. Wir könnten bei ihm wohnen, und der Wechselkurs war so günstig, dass uns die Reise fast nichts kosten würde. Wir waren beide noch nie im Ausland gewesen, und als wir in Port-Bou die gelackten Zweispitze der Grenzpolizisten sahen, fühlten wir uns in exotische Breiten versetzt. Ich werde nie unseren ersten Abend in Figueras vergessen. Wir hatten in einem kleinen Gasthof ein Zimmer gemietet und zu Abend gegessen; wir machten einen Rundgang durch die Stadt, die Nacht senkte sich auf die Ebene, und wir sagten uns: Das ist Spanien.

Sartre hatte den Rest seiner Erbschaft in Peseten umgetauscht: viel war es nicht; auf Fernands Rat hatten wir uns *kilométricos* (Rundreisebilletts) erster Klasse gekauft, andernfalls hätten wir nur Personenzüge benutzen können. Was übrig blieb, reichte bei größter Sparsamkeit fürs Allernötigste. Mir war es gleich: Luxus existierte für mich nicht, nicht einmal in der Phantasie. Durch Katalonien fuhr ich viel lieber in Landbussen als Touristen-Pullmans. Sartre überließ es mir, die Fahrpläne zu studieren und unsere Routen zusammenzustellen. Ich teilte Zeit und Raum nach Belieben ein. Begierig genoss ich diese neue Freiheit. Ich dachte an meine Kindheit: was für ein Theater, um von Paris nach Uzerche zu reisen! Bis zur Erschöpfung wurden Koffer gepackt, zur Bahn gebracht, aufgegeben, überwacht. Meine Mutter regte sich über die Bahnbeamten auf, mein Vater beleidigte unsere Mitreisenden, und beide zankten sich miteinander. Stets gab es lange Wartezeiten voller Unruhe, viel Lärm und viel Ärger. Oh! Wie fest schwor ich mir, dass mein Leben anders sein würde! Unsere Koffer wogen nicht schwer, im Handumdrehen waren sie ein- und ausgepackt; wie spannend, in eine unbekannte Stadt zu kommen und sich ein Hotel zu suchen! Ich hatte endgültig Schluss gemacht mit allem Ärger, aller Umständlichkeit.

Dennoch schüchterte Barcelona mich ein wenig ein. Die Stadt wimmelte um uns herum, sie ignorierte uns; wir verstanden ihre Sprache nicht. Was könnten wir anstellen, um sie in unser Leben einzubeziehen? Ein Unternehmen, dessen Gewagtheit mich in freudige Erregung versetzte. Wir stiegen in der Nähe der Kathedrale in einer höchst mittelmäßigen Pension ab, aber unser Zimmer gefiel mir. Nachmittags, während der Siesta, schoss die Sonne Feuerpfeile durch die krapproten Baumwollvorhänge, und Spanien brannte auf meiner Haut. Mit welchem Eifer spürten wir ihm nach! Wie die meisten Touristen unserer Zeit bildeten wir uns ein, jeder Ort, jede Stadt berge ein Geheimnis, eine Seele, ein ewiges Wesen, und der Reisende müsse den Schleier lüften, der darüber lag. Immerhin kamen wir uns weit moderner vor als Barrès, weil wir wussten, dass die Schlüssel zu Toledo, zu Venedig nicht nur in ihren Museen, ihren Denkmälern, ihrer Vergangenheit zu suchen sind, sondern in der Gegenwart, in Schatten und Lichtern, Menschenmengen, Gerüchen und Gerichten. Das hatten Valéry Larbaud, Gide, Morand, Drieu La Rochelle uns gelehrt. Nach Duhamel waren alle Geheimnisse Berlins in dem Geruch vereint, der in den Straßen schwebte und der keinem anderen glich. Spanische Schokolade trinken heißt ganz Spanien im Munde halten, sagte Gide in *Prétextes*. Jeden Tag zwang ich mich, mehrere Tassen einer schwarzen, üppig mit Zimt gewürzten Brühe zu schlucken. Ich aß Berge von Mandelkonfekt und Quittenpaste und Gebäck, das zwischen meinen Zähnen zerbröselte und nach altem Staub schmeckte. Wir mischten uns unter die Spaziergänger auf den Ramblas; ich atmete gewissenhaft den Modergeruch der Straßen, in denen wir umherirrten – Straßen ohne Sonne, denen das Grün der Jalousien, die bunten Wäschestücke, die zwischen den Fassaden hingen, eine falsche Fröhlichkeit verliehen. Bücher hatten uns glauben gemacht, dass die Wahrheit einer Stadt sich in ihren Elendsvierteln ablagert, und wir verbrachten jeden Abend im Barrio-Chino. Schwere Frauen mit graziösen Bewegungen sangen, tanzten, stellten sich zur Schau, auf Podien unter freiem Himmel; wir sahen ihnen zu, aber mit noch größerer Neugier belauerten wir das Publikum, das ihnen zusah; wir verschmolzen mit ihm, dank dem Schauspiel, das wir gemeinsam verfolgten. Ich bestand aber auch auf der Erfüllung der klassischen Touristenpflichten. Wir stiegen auf den Tibidabo, und zum ersten Mal sah ich eine Mittelmeerstadt zu meinen Füßen glitzern wie ein großes Stück geborstenen Quarz. Zum ersten Mal riskierte ich die Fahrt in einer Seilschwebebahn, die uns zum Monserrat hinauftrug.

Las Ramblas, Barcelona
Photographie, 1920er Jahre

Wir gingen dort mit meiner Schwester spazieren, die von einem Aufenthalt in Madrid bei Fernand zurückkam und drei Tage in Barcelona Station machte. Als wir abends in die Stadt zurückkehrten, herrschte auf den Ramblas ungewöhnliche Bewegung, der wir jedoch keine Bedeutung beimaßen.

Am nächsten Nachmittag zogen wir alle drei los, um eine Kirche in einem dichtbevölkerten Stadtviertel zu besichtigen. Die Trambahnen fuhren nicht, manche Straßen waren wie ausgestorben. Wir fragten uns nach dem Grund, gingen aber der Sache nicht nach, da wir ganz damit beschäftigt waren, auf unserem Stadtplan die Kirche aufzuspüren, die uns immer wieder entwischte. Wir stießen auf eine Straße, die voll Lärm und Menschen war. Die Leute lehnten an den Hauswänden und beratschlagten mit lebhaften Gesten und großem Stimmenaufwand. Zwei Polizisten marschierten auf der Mitte des Fahrdamms und führten zwischen sich einen Mann in Handschellen; in der Ferne sah man einen Polizeiwagen. Wir konnten fast kein Wort Spanisch, wir verstanden nicht, worüber die Leute redeten. Ihre Gesichter verhießen nichts Gutes. Dennoch wollten wir unsere Suche nicht aufgeben, wir näherten uns einer erregten Gruppe und nannten in fragendem Ton den Namen der Kirche, die uns interessierte. Man lächelte uns zu, und ein Mann zeichnete mit Grandezza unseren Weg in die Luft. Kaum hatten wir uns bedankt, nahmen sie ihre Diskussion wieder auf. An die Kirche erinnere ich mich nicht mehr; aber ich weiß noch, dass wir auf dem Rückweg eine Zeitung kauften und sie schlecht und recht entzifferten. Die Gewerkschaften hatten im Kampf gegen die Provinzialregierung den Generalstreik ausgerufen. In der Straße, wo wir nach dem Weg gefragt hatten, waren kurz vorher aktive Gewerkschaftler verhaftet worden. Einen von ihnen hatten wir zwischen den beiden Gendarmen gesehen, und die Menschenmenge auf dem Fahrdamm überlegte, ob sie ihn mit Gewalt aus den Händen der Polizei befreien sollte. Die Zeitung schloss bieder, dass Ruhe und Ordnung wiederhergestellt seien. Wir fühlten uns sehr niedergeschlagen: wir waren dabei gewesen und hatten nichts gesehen. Wir trösteten uns mit dem Gedanken an Stendhal und seine Schlacht bei Waterloo.

Seilschwebebahn auf dem Tibidabo über Barcelona
Postkarte, 1920er Jahre

Ehe wir Barcelona verließen, schlug ich wie besessen im *Guide Bleu* nach; ich hätte buchstäblich alles sehen mögen. Aber Sartre weigerte sich kategorisch, in Lérida haltzumachen, um ein Salzgebirge zu besichtigen. »Naturschönheiten – wenn's sein muss«, erklärte er, »Natursehenswürdigkeiten – niemals!« Wir machten nur einen Tag in Saragossa Station und fuhren dann direkt nach Madrid. Fernand holte uns am Bahnhof ab. Er brachte uns in seine Wohnung am unteren Ende der Alcalá-Straße und führte uns später durch die Stadt. Sie erschien mir so hart, so unerbittlich, dass ich gegen Abend ein paar Tränen vergoss. Ich glaube, dass ich weniger Barcelona nachtrauerte als dem langen Alleinsein mit Sartre – trotz meiner Sympathie für Fernand. In Wirklichkeit bewahrte Fernand uns vor dem unsicheren Status des Touristen. Das wurde mir noch am gleichen Abend klar, als wir im »Parque« gegrillte Krabben und Pfirsicheis aßen. Bald steckte die Fröhlichkeit von Madrid mich an.

Die Republik staunte noch über ihren Sieg, und es sah aus, als feiere sie ihn täglich aufs Neue. In den tiefen, dämmerigen Cafés errichteten trotz der Hitze korrekt gekleidete Männer mit leidenschaftlichen Reden das neue Spanien. Es hatte die Priester und die Reichen besiegt, es würde in Freiheit erstehen, die Gerechtigkeit erobern. Fernands Freunde glaubten, dass bald die Arbeiter die Macht übernehmen und den sozialistischen Staat gründen würden. Von den Demokraten bis zu den Kommunisten war für den Augenblick alles eitel Freude, jeder glaubte die Zukunft in Händen zu halten. Wir hörten uns diese Reden an und tranken Manzanilla dazu, kauten schwarze Oliven, schälten feiste Krabben.

Straßencafé in der Calle de Alcalá, Madrid, um 1926

Vor einem Café thronte Valle-Inclán, bärtig, einarmig, großartig. Er erzählte jedem, der es hören wollte – und jedes Mal wieder anders –, wie er seinen Arm verloren hat. Abends aßen wir in billigen Restaurants, die uns gefielen, weil kein Tourist sie betrat. Ich erinnere mich an einen Keller mit Schläuchen voll schweren geharzten Weins. Die Kellner verkündeten laut die Speisenfolge. Bis drei Uhr schlenderten die Madrider durch die Straßen, und wir saßen auf der Terrasse eines Cafés und atmeten die Frische der Nacht.

Von Madrid aus unternahmen wir mehrere kurze Reisen: El Escorial, Segovia, Ávila, Toledo; ich bin später an manchen Ort gekommen, der mir noch schöner erschien, nie jedoch hatte die Schönheit solche Frische.

Sartre war ebenso neugierig wie ich, aber weniger unersättlich. In Toledo hätte er nach einem rastlosen Vormittag gern den Nachmittag pfeiferauchend auf dem Zocodover-Platz verbracht. Ich jedoch bekam sofort das Kribbeln in den Beinen. Zwar bildete ich mir nicht ein, die Dinge bedürften meiner Gegenwart; aber ich hatte es unternommen, die Welt gründlich kennenzulernen, und meine Zeit war bemessen; ich wollte keinen Augenblick vergeuden. Ich erwartete von allem alles. Wie konnte ich mir auch nur das Geringste entgehen lassen? Das Gemälde von Greco in der dunklen Sakristei konnte der Schlüssel sein, der mir endgültig sein Werk erschloss und ohne den – wer weiß? – mir womöglich die Malerei überhaupt unzugänglich bleiben würde. Wir hatten vor, wieder einmal nach Spanien zu kommen; aber Geduld war nicht meine Stärke. Ich wollte die Enthüllung, die diese Altarwand, dieses Giebelfeld mir bringen würden, nicht hinausschieben, auch nicht um ein Jahr. Tatsächlich entsprach die Freude an diesen Entdeckungen der Stärke meiner Begierde. Bei jeder Begegnung überwältigte die Realität mich aufs Neue.

Manchmal löste ich mich von mir selbst. »Wozu reisen? Von sich selbst kommt man doch nicht los«, hat einmal jemand gesagt. Ich kam von mir los; ich wurde kein anderer Mensch, aber ich verschwand. Vielleicht wissen nur sehr aktive oder sehr ehrgeizige Menschen, die beständig in Pläne verwickelt sind, von diesen Pausen, in denen die Zeit plötzlich stillsteht und die eigene Existenz mit der unbeweglichen Fülle der Dinge verschmilzt: welche Entspannung! Welcher Lohn! In Ávila öffnete ich morgens die Läden meines Fensters und sah die Türme, die sich hochmütig in den blauen Himmel reckten. Vergangenheit, Zukunft, alles erlosch. Es gab nur noch eine einzige, glorreiche Gegenwart; meine und die jener Festungswälle, sie waren eins und standen außer der Zeit. Noch oft auf diesen ersten Reisen ließ mich ein ähnliches Glücksgefühl erstarren.

1931

Magnus Hirschfeld

Bei den Inbais und Geishas von Tokio

—

Eine Weltreise zu Forschungszwecken ganz eigener Art unternahm Magnus Hirschfeld (1868–1935) in den Jahren 1930 bis 1932. Sein Studienziel waren weder Kunstschätze noch Naturschönheiten, sondern das Sexual- und Liebesleben der Bewohner der verschiedenen Länder, die er besuchte – von Amerika, Japan und China über die Philippinen nach Java, Indien, Ägypten, Palästina und Syrien. Während der 500 Tage, die er unterwegs war, hielt der deutsche Pionier der Sexualforschung 176 Vorträge, führte Gespräche mit Ärzten, Wissenschaftlern und Frauenrechtlerinnen und betrieb Feldforschung auf den Straßen. Daneben sammelte er Phallussteine für die sexualethnologische Sammlung seines Berliner Instituts für Sozialforschung. In Tokio stand auf dem Besuchsprogramm auch Yoshiwara (auf Deutsch: »glücksverheißende Wiese«), das alte Bordellviertel der Hauptstadt, wo Hirschfeld mit japanischen Inbais (Prostituierten) und Geishas ins Gespräch kam.

Magnus Hirschfeld mit Phallussteinen bei Borobudur, Alt-Java

Hirschfelds Aufzeichnungen über seine sexuelle Völkerkunde erschienen 1933 unter dem Titel Weltreise eines Sexualforschers *– nicht in Deutschland, sondern in der Schweiz. Dorthin war er nach seiner Rückkehr 1932 übergesiedelt, nachdem er in seiner Heimat zunehmenden Anfeindungen ausgesetzt war. Wenige Monate nach Hitlers Machtergreifung plünderten SA-Männer im Mai 1933 die Räume des Instituts für Sozialforschung. Die Schriften des jüdischen Sexualforschers galten als »undeutsch« und wurden verbrannt. Im nationalsozialistischen Deutschland war für den »Einstein des Sex«, wie er in den USA genannt wurde, und seine Vorstellungen von sexueller Aufklärung und Toleranz kein Platz mehr.*

—

Das alte, berühmte Yoshiwara besichtigte ich dreimal, darunter einmal auch das Prostituiertenspital zusammen mit den Professoren Dohi und Ishikawa. Ferner besuchte ich das zweite, moderne Prostituiertenquartier in Tokio, Shinbuke, das ebenfalls viele Straßen umfasst, sowie die entsprechenden Stadtteile anderer Orte, vor allem in Yokohama, Kobe, Osaka und Nagasaki.

In Yokohama spielte sich eine Szene von eigenartiger Komik ab. Ich hatte keine Ahnung, dass der vorsorgende Geist Dohis mich auch

Prostituierte auf einem Balkon in Yoshiwara, dem Rotlichtviertel Tokios, um 1895

hier schon vorher »avisiert« und »introduziert« hatte, und war daher nicht wenig erstaunt, dass ich sowohl am Bahnhof als beim Eintritt in das Bordellviertel von einer Deputation empfangen wurde, auf die ich mir keinen rechten Vers machen konnte. Erst allmählich wurde mir klar, dass die Herren mit den hohen Hüten, weißen Glacéhandschuhen und feierlichen dunklen Anzügen Vertreter der Stadt, der Gesundheitsbehörden und vor allem der vereinigten Bordellbesitzer waren, die mich gewissermaßen als einen Experten ihrer Innung von internationaler Geltung begrüßten und »hofierten«. Besonders nett war das Zusammensein mit den reizend gekleideten, anmutigen (und doch wie bedauernswerten) Mädchen, das die Bordellbesitzer im Kiyo-Hotel für mich und meine Begleiter (den deutschen Arzt Dr. Grauert und den jungen Ishikawa) veranstalteten. Eine Gruppenaufnahme hat die immerhin nicht alltägliche Situation festgehalten.

Ob es einen Mädchenhandel in Japan gibt? Von Land zu Land, wie man ihn sich vielfach vorgestellt hat, kaum; umso ausgedehnter aber ist er im Lande selbst.

Man muss es sich immer wieder bestätigen lassen, um es zu glauben, dass die Eltern ihre eigenen halbwüchsigen Töchter für einige hundert Yen an die Bordells verkaufen; denn mögen sie es auch beschönigend »verdingen« nennen, es ändert nichts an der Tatsache, dass sie Geld, und zwar je nach den körperlichen Reizen der Mädchen höhere oder niedere Beträge, für die Hingabe ihrer Kinder zum wahllosen Geschlechtsverkehr empfangen.

Die schwere Gefahr der Ansteckung, der sie von ihren Eltern damit ausgesetzt werden, bleibt die gleiche, wenn sie ihr Gewissen auch dadurch zu beschwichtigen suchen, dass die staatliche Gesundheitsbehörde bestimmte Schutzmaßregeln gegen Infektionen vorgeschrieben hat. Es soll nicht selten vorkommen, dass trunksüchtige Bauern mit einer ihrer Töchter in die Stadt fahren, um sie zu einem Vermittler zu bringen, der ihnen nach Abzug seiner reichlichen Provision eine Summe gibt, die sie, noch bevor sie wieder heimgekehrt sind, in Form von Reiswein durch die Kehle gejagt haben.

Aufgabe der Mädchen ist es dann, das Geld, das sie gekostet haben, zurückzuverdienen, indem ihnen für jeden einzelnen Gebrauch zu geschlechtlichem Verkehr ein geringer Prozentsatz gutgeschrieben wird von dem, was sie dem Bordellbesitzer eingebracht haben. Gewöhnlich nimmt dieses Abarbeiten Jahre in Anspruch, wenn sich nicht vorher jemand findet, der mit dem Inhaber des Bordells einig wird und sie loskauft.

Straße im Rotlichtviertel Yoshiwara, 1933

Das ist der Traum jeder japanischen Inbai (Prostituierten), denn zum Vergnügen üben sie ihren Beruf kaum jemals aus, sondern fassen ihn als Kindespflicht auf, der sie sich nicht entziehen wollen und können. Im Verkauf ihres Körpers eine Schande zu erblicken liegt ihnen und auch den Eltern fern, umso mehr, als die Heiratsaussichten durch den Aufenthalt einiger Jahre im Bordell kaum wesentlich leiden. Es gibt sogar Männer, die früheren Prostituierten den Vorzug geben, weil sie sich von ihnen eine bessere Kenntnis der Liebeskunst erhoffen und manche sich nach Abtragung ihrer Schulden noch eine kleine Mitgift »erarbeitet« haben.

Sehr viele Japaner, beispielsweise Professor Dohi und die meisten meiner akademischen Freunde, haben die ganz klare Empfindung, dass der Mädchenhandel und die Prostitution in Japan eines modernen Kulturstaates – wie es Japan sein will – höchst unwürdig sind; sie würden diese Zustände lieber heute als morgen beseitigt sehen.

Aber alle bisherigen Reformversuche scheitern an den kapitalistischen Interessen, die mit dem gegenwärtigen System seit alters verbunden sind; namentlich die Hausbesitzer, denen ganze Straßenzüge in den »Gay quarters« gehören, sträuben sich aufs Äußerste gegen den Verlust ihrer höheren Mietserträgnisse und setzen alle Hebel in Bewegung, um durchgreifende Reformen zu verhindern.

An Reförmchen fehlt es nicht. So stellen die Mädchen jetzt nicht mehr lebend hinter hölzernen Stäben ihre aufgeputzten Reize, bemalten Gesichter und kunstvollen Frisuren zur Schau, so wie man es auf den bunten Yoshiwarastichen früherer Zeiten sieht, sondern nur in Bildern, groß aufgemachten Photographien, die mit poetischen Pseudonymen unterschrieben unter Glas die Vorräume der Bordelle zieren. Hier stehen nun die zahlreichen Kunden und suchen sich die »Keiko«, »Sadako« oder »Mariko« aus, die ihnen am meisten zusagt. Scherzweise wird erzählt, dass die Photographen und Bordellinhaber wiederholt nachträglich von den Kunden wegen Vorspiegelung falscher Tatsachen belangt worden seien.

Ein erinnerungswertes Erlebnis hatte ich in einem Bordell in Anamori, einem Wallfahrtsort nicht weit von Yokohama, in dem sich ein alter Tempel des Reisgottes befindet, dem der Fuchs heilig ist. Wie häufig in der Nähe geweihter Häuser befinden sich hier viele Freudenhäuser, die von den Wallfahrern nach Niederlegung ihrer Opfergaben und Verrichtung ihrer Gebete eifrig besucht werden.

In einem dieser Häuser stellte mich mein Begleiter, der ebenso gut Japanisch wie Deutsch sprach, den Mädchen als einen weisen Gelehrten vor, der aus Deutschland, von dem sie im Kriege so viel gehört hätten, nach Japan gekommen sei. Eine der mit uns im Kreise um den sauberen Kohlenbehälter sitzenden Inbais ließ mich fragen, ob ich ihnen ihre Zukunft aus den Handlinien sagen könnte. »Aus den Handlinien nicht«, erwiderte ich, »aber aus den Gesichtszügen.«

—

»Ich erhielt für unsere sexualethnologische Sammlung mehrere Dutzend Phallusse aus allem möglichen Material geschenkt, die hauptsächlich aus Wohnungen unfruchtbarer Frauen stammen, und erwarb in Tokio auch einen etwa 150 Jahre alten, schön gearbeiteten seltenen Phallusschrein.«

MAGNUS HIRSCHFELD

—

Nun bestürmten sie mich mit Fragen: wie lange sie noch im Bordell bleiben müssten, ob und wann sie heiraten, ob und wie viele Kinder sie bekommen würden, ob ihre kranke Mutter noch mal gesund werden würde und viele Fragen mehr. Ich studierte ihre Gesichter, namentlich die Mundpartien, und teilte ihnen dann einiges mit, was auf sie sichtlichen Eindruck machte. Ein Mädchen nach dem andern kam herein, auch die Inbais aus den Nachbarbordellen, die Dienerinnen wurden geholt, die Herrinnen erschienen, kurz, es war schwer, wieder aus dem Hause zu kommen. Besonders tief prägte sich mir das verschämte und vergrämte Gesicht der kleinen Takamoru ein, die erst gestern von ihrer Mutter gebracht und vor wenigen Stunden defloriert worden war. Als ich ihr sagte, sie würde in wenigen Jahren eine glückliche Mutter sein, verklärte sich ihr blasses Gesichtchen madonnenhaft.

Ganz anders als das Prostituiertenproblem stellt sich uns das Geisha-Problem dar. Meine japanischen Freunde verschafften mir die Gelegenheit, viele Geishas persönlich kennenzulernen; ich besuchte die hübschen Teehäuser, in denen man sie sich zur Unterhaltung rufen lässt, bewunderte ihre entzückenden seidenen Kimonos und Obis (Gürtel), ihre äußerst graziösen Bewegungen und zierlichen Tänze, deren Zauber gerade in dem Unpathetischen und Untheatralischen ihrer Motorik liegt, und ließ mich mit Hilfe meiner dolmetschenden Bekannten in lange Gespräche mit ihnen ein.

Sie legen den größten Wert darauf, scharf von den Prostituierten unterschieden zu werden. Die Geishas betrachten sich als Künstlerinnen im Tanz, im Gesang und auf der Laute und wollen als solche genommen werden. Meist spielen sie das als »Samisan« bezeichnete altnationale Saiteninstrument.

Die Geishas blicken auf eine mehr als tausendjährige Geschichte ihrer einflussreichen Stellung im japanischen Volks- und Staatsleben zurück und haben meist nur einen festen Freund, den sie sich selbst wählen. Als ein europäischer Bekannter von mir einer Geisha den Wunsch zum Ausdruck brachte, mit ihr zu schlafen, trippelte sie, wie er mir erzählte, liebenswürdig aus dem Zimmer und kam mit einem Mädchen an der Hand – einer Prostituierten – zurück, die »ihm das Lager bereiten sollte«, wie eine schamvoll umschreibende Bezeichnung für Geschlechtsverkehr lautet.

Drei Geishas beim Ankleiden, um 1890

Die gildenartig organisierten Geishas setzten sich daher auch energisch zur Wehr, als vor einigen Jahren Missionare nach Washington telegraphierten, man solle eine Einladung, die man den japanischen Geishas zu einem internationalen Tänzerinnenkongress übersandt hatte, rückgängig machen mit der Begründung, die Geishas gehörten der Prostitution an. Dies trifft in der Tat nicht zu. Sie stehen bestimmt moralisch nicht niedriger als unsere früheren Balletteusen oder die modernen Tänzerinnentruppen Europas und Amerikas.

In neuerer Zeit hat sich allerdings in der Stellung und dem Beruf der Geishas und Inbais eine wesentliche Änderung vollzogen, indem fast plötzlich eine neue, dritte Schicht junger Damen zu vielen Tausenden auftauchte, die noch bis vor kurzem in Japan unbekannt waren: Die Bar- und Kaffeehausmädchen. In der Langen Ginza, der Tauentzienstraße von Tokio, und ihren Nebenstraßen befinden sich jetzt Haus an Haus Cafés und Bars; auch einige ganz moderne Tanzdielen sind darunter, in denen jedoch keine beliebigen Mädchen, sondern festangestellte Tänzerinnen (»Taxi-Girls«) den zahlreichen Besuchern (fast nur »westernisierten« Japanern) zur Verfügung stehen. Ihre Bezahlung erfolgt prozentual nach der Menge der ihnen für jeden Tanz von den Herren in die Hand gesteckten Tanztickets.

Ein Herr von einer Botschaft erzählte mir, dass allein in den beiden letzten Jahren mehrere Tausend solcher Lokale in Tokio entstanden seien. Ein japanischer Würdenträger, mit dem er sich über diese Neuerscheinung unterhielt, habe auf seine Bemerkung »Wann soll das enden?« geantwortet: »Hoffentlich nie!« Derselbe Gewährsmann teilte mir auch mit, dass der Polizeipräsident von Tokio eine Berufsreise nach Shanghai unternommen habe, um das dortige Nachtleben zu studieren, mit der Absicht, von dort nach Tokio die Einrichtungen zu übertragen, die der Hebung des Fremdenverkehrs dienlich sein könnten.

Vielseitig und eigenartig sind die Benennungen der Bars; ich habe mir eine Liste mit mehreren Dutzend seltsamer Namen zusammenstellen lassen, unter denen sich auch einige deutsche befinden, und zwar nicht nur die üblichen Bezeichnungen von Lokalen mit deutscher Leitung oder Bedienung wie »Fledermaus« und »Rheingold« (dessen Besitzer in Tokio K. mit einer Japanerin glücklich verheiratet ist und reizende Mischlinge mit blonden Haaren und mongolischen Schlitzaugen gezeugt hat). Beispielsweise heißt eine Bar »Etwas«, eine andere »Seitensprung«, eine dritte »Jungfrau«, wobei der Wirt oder die japanischen Mädchen nie unterlassen, neckisch zu erklären, dass mit der Jungfrau nicht sie selber, sondern ein Berg in der Schweiz gemeint sei, der noch höher und schöner sein soll als »the most beautiful and most sacred Fuji«.

—

»Nur Mensch sein, dieser scheinbare Rückschritt wäre der größte Fortschritt. Die vorhandenen Gegensätze von Mensch zu Mensch, von Volk zu Volk, von Land zu Land zu überwinden, vermag aber nur eine Brücke: Menschenliebe.«

DIE SCHLUSSSÄTZE DER »WELTREISE EINES SEXUALFORSCHERS«

—

Als ich mit Professor Dohi in der Tanzdiele »Florida« war, in der gerade die deutsche Schiffskapelle der auf einer Weltreise befindlichen »Columbus« aufspielte (auf der ich ein halbes Jahr zuvor von Bremerhaven ausgereist war), sagte er im Hinblick auf die foxtrottenden Paare: »Ich wusste nicht, dass wir schon so weit sind!« Der zwar vorurteilslose, aber doch ganz im überlieferten Sittenkodex guter Bürgerlichkeit wurzelnde Professor war bei dieser Gelegenheit selbst zum ersten Mal in einer Tanzdiele.

Nach und nach fängt das paarweise Tanzen (das bis vor kurzem in Asien noch fast für ebenso unzüchtig galt wie der öffentliche Kuss) an, auch in bessere Familien und Gesellschaftskreise einzudringen. So beobachtete ich in dem schönen Myake-Hotel in Kyoto einen japanischen Tangoverein, der zu Ehren einer argentinischen Reisegesellschaft (der ich schon vorher in Nikko begegnet war), einen sehr eleganten Tanzabend veranstaltet hatte, auf dem vornehme Japanerinnen in ihren prachtvollen Kimonos und Obis sehr hingebend mit den argentinischen Kavalieren tanzten und ebenso flott die Japaner mit den glutäugigen Argentinierinnen.

—

1932

George Orwell

Erledigt in Paris

Bereits in jungen Jahren hatte Eric Arthur Blair (1903–1950) viel von der Welt gesehen: Geboren wurde er in Bengalen als Kind einer anglo-indischen Familie, seine Ausbildung erhielt er in Eton, anschließend diente er als Offizier der Indian Imperial Police in Burma. Angeekelt vom britischen Imperialismus, quittierte er 1927 den Dienst. Zurück in Europa, führte er mehrere Jahre ein vagabundierendes Leben in London und Paris. In einem heruntergekommenen Hotel in der Rue de Pot de Fer – in seinen Schriften wurde daraus die Rue du Coq d'or – im Quartier Latin bezog er ein kleines Zimmer.

Er war nicht der Einzige, der dort gestrandet war. In dieser Zeit erlebte Paris eine »Invasion von Malern, Schriftstellern, Studenten, Dilettanten, Touristen, Lüstlingen und bloßen Nichtstuern«, doch in diesen Kreisen verkehrte Blair nicht; seine Gesellschaft waren die Ausgestoßenen und die Tramps. Zeitweilig verdingte er sich als Englischlehrer und als Tellerwäscher in einem Nobelrestaurant, und als ihm seine Ersparnisse gestohlen wurden, litt er bitteren Hunger. »Hunger versetzt einen in einen völlig knochenweichen, gehirnlosen Zustand, der mehr den Nachwehen einer Grippe ähnelt als sonst etwas. Man kommt sich vor wie in eine Qualle verwandelt oder als wäre einem alles Blut abgezapft und durch lauwarmes Wasser ersetzt worden«, schreibt er in seinen Aufzeichnungen. Sie erschienen 1933 mit dem Titel Down and Out in Paris and London *unter dem Pseudonym, das schließlich sein Künstlername wurde: George Orwell. Nach dem Zweiten Weltkrieg folgten die Bücher, die ihn berühmt machten –* Animal Farm *und* 1984 *–, doch seine schlechten Zeiten in Paris waren ihm stets eine Lehre: »Ich werde niemals wieder denken, alle Tramps wären betrunkene Schurken, noch werde ich glauben, dass ein Bettler dankbar ist, wenn man ihm einen Penny gibt, noch überrascht sein, wenn Arbeitslosen die Energie fehlt ... noch Vergnügen haben an einem Essen in einem piekfeinen Restaurant.«*

Die Rue du Coq d'Or in Paris, morgens um sieben. Wütende, zornerstickte Rufe von der Straße her. Madame Monce, der das kleine Hotel gegenüber gehörte, stand auf dem Trottoir, um einer Mieterin im dritten Stock etwas hinaufzubrüllen. Ihre nackten Füße steckten in Holzpantinen, und die grauen Haare fielen ihr über die Schulter.

MADAME MONCE: »*Salope! Salope!* Wie oft habe ich gesagt, du sollst die Wanzen nicht auf der Tapete zerquetschen! Glaubst wohl, das

Hotel gehört dir, eh? Warum kannst du sie nicht aus dem Fenster werfen, wie jeder andere auch?«

DIE FRAU IM DRITTEN STOCK: »*Vache!*«

Daraufhin wurden überall Fenster aufgerissen, ein bunter Chor von Stimmen setzte ein, und die halbe Straße mischte sich in den Streit ein. Zehn Minuten später, als eine Abteilung berittener Polizei vorbeikam, verstummten die Leute plötzlich und guckten neugierig.

Blick vom Eiffelturm auf die Häuserblocks an der Avenue Anatole-France Photographie von Denise Bellon, 1938

Ich schildere diese Szene einfach, um etwas von der Atmosphäre in der Rue du Coq d'Or wiederzugeben. Nicht, dass man sich dort nur gestritten hätte – aber es verging doch kaum ein Vormittag ohne zumindest einen solchen Ausbruch. Streitereien und die drängenden Rufe der fliegenden Händler und das Geschrei der Kinder, die Apfelsinenschalen über das Straßenpflaster kickten, und nachts lautes Singen und der säuerliche Gestank der Müllfahrzeuge – das alles prägte die Atmosphäre der Straße.

Es war eine sehr schmale Straße – eine Schlucht von hohen, leprösen Häusern, die sich in seltsamen Haltungen einander zuneigten, als wären sie alle im Moment des Einstürzens erstarrt. Die Häuser waren durchweg Hotels und bis unters Dach mit Mietern vollgepfercht, meistens Polen, Arabern und Italienern. Im Erdgeschoss gab es kleine *bistros,* wo man sich für den Gegenwert eines Shillings betrinken konnte. Samstag abends war etwa ein Drittel der männlichen Bevölkerung des Viertels betrunken. Es wurde um Frauen gekämpft, und die arabischen Straßenarbeiter, die in den billigsten Pensionen hausten, trugen mit Stühlen und gelegentlich auch Revolvern mysteriöse Fehden aus. Nachts kamen die Polizisten nur zu zweit durch die Straße. Es ging ziemlich laut zu. Und doch lebten inmitten des Lärms und Drecks die üblichen ehrbaren französischen Ladenbesitzer, Bäcker und Wäscherinnen und dergleichen, die unter sich blieben und in aller Stille kleine Vermögen anhäuften. Es war ein durchaus repräsentatives Pariser Slumviertel.

Mein Hotel hieß Hôtel des Trois Moineaux. Es war ein dunkler, klappriger, fünf Stockwerke hoher Kaninchenstall, der mit Hilfe von

Holztrennwänden in vierzig Zimmer aufgeteilt worden war. Die Zimmer waren klein und schmutzig, denn es gab kein Dienstmädchen, und Madame F., die *patronne,* hatte keine Zeit zum Saubermachen. Die Wände waren streichholzdünn, und um die Ritzen zu verbergen, waren sie, Schicht auf Schicht, mit rosaroter Tapete beklebt worden, die sich ablöste und unzählige Wanzen beherbergte. Tagsüber marschierten lange Reihen von Wanzen in militärischer Formation an der Decke entlang, und nachts kamen sie heißhungrig herunter, so dass man alle paar Stunden aufstehen und Scharen von ihnen töten musste. Wenn es einem zu bunt wurde, vertrieb man sie mit brennendem Schwefel ins Nachbarzimmer; woraufhin dessen Bewohner *sein* Zimmer ausräucherte und die Wanzen zurückschickte. Das Haus war schmutzig, aber heimelig, denn Madame F. und ihr Mann waren gutmütige Menschen. Die Miete schwankte zwischen dreißig und fünfzig Francs die Woche.

Die Bewohner wechselten ständig, es waren überwiegend Ausländer, die ohne Gepäck erschienen, eine Woche blieben und dann wieder verschwanden. Jedes Gewerbe war vertreten – Flickschuster, Maurer, Steinmetze, Bauarbeiter, Studenten, Prostituierte, Lumpensammler. Manche waren unvorstellbar arm. In einer der Mansarden wohnte ein bulgarischer Student, der Schuhe für den amerikanischen Markt anfertigte. Von sechs bis zwölf saß er auf seinem Bett und machte zwölf Paar Schuhe, an denen er fünfunddreißig Francs verdiente. Die übrigen Tage besuchte er die Vorlesungen der Sorbonne. Er studierte Theologie, und auf dem Fußboden, inmitten der Lederflecken, lagen aufgeschlagen seine theologischen Bücher. In einem anderen Zimmer lebte eine Russin mit ihrem Sohn, der sich als Künstler bezeichnete. Die Mutter arbeitete sechzehn Stunden am Tag, für fünfundzwanzig Centimes pro Stück stopfte sie Socken, während der Sohn, anständig gekleidet, in den Cafés von Montparnasse herumlungerte. Ein Zimmer war an zwei Bewohner vermietet, von denen der eine tagsüber und der andere nachts arbeitete. In einem anderen Zimmer teilte sich ein Witwer das Bett mit seinen zwei erwachsenen Töchtern, die beide an Schwindsucht litten.

—

»Mein Hotel hieß Hôtel des Trois Moineaux. Es war ein dunkler, klappriger, fünf Stockwerke hoher Kaninchenstall … die Wände waren streichholzdünn.«

George Orwell in Paris

—

Es gab eigenartige Figuren im Hotel. Die Pariser Slums sind ein Treffpunkt für wunderliche Typen – aus der Bahn geworfene, einsame, fast verrückte Menschen, die gar nicht mehr versuchen, normal oder ehrbar zu sein. Die Armut befreit sie von den gewöhnlichen Verhaltensnormen, so wie Geld die Leute von der Arbeit befreit. Einige Bewohner unseres Hotels führten ein unbeschreiblich kurioses Leben.

Die Rougiers beispielsweise, ein altes, zerlumptes, kleinwüchsiges Paar, das einem ungewöhnlichen Gewerbe nachging. Sie verkauften

Postkarten auf dem Boulevard St. Michel. Das Kuriose daran war, dass die Postkarten in verschlossenen Päckchen als pornographische Bilder verkauft wurden, tatsächlich aber Fotos von Loireschlössern waren; die Käufer merkten das aber erst, wenn es schon zu spät war, und beschwerten sich natürlich nie. Die Rougiers verdienten etwa hundert Francs die Woche, und dank eiserner Sparsamkeit schafften sie es, immer halb verhungert und halb betrunken zu sein. Ihre Kammer war derart verschmutzt, dass man es in dem darunterliegenden Zimmer riechen konnte. Laut Madame F. hatten die beiden Rougiers seit vier Jahren ihre Sachen nicht mehr ausgezogen.

Spiegelung auf regennasser Straße Paris 1934 Photographie von Denise Bellon

Oder Henri, der Kanalarbeiter. Er war ein hochgewachsener, melancholischer Mann mit lockigem Haar, der in seinen hohen Gummistiefeln ganz romantisch aussah. Henris Besonderheit bestand darin, dass er, außer wenn die Arbeit es verlangte, buchstäblich tagelang nicht sprach. Ein Jahr zuvor war er noch Chauffeur in guter Stellung gewesen und hatte Geld gespart. Eines Tages verliebte er sich, und als seine Freundin ihm den Laufpass gab, drehte er durch und verprügelte sie. Daraufhin verliebte sich das Mädchen in Henri, und zwei Wochen lang wohnten sie zusammen und gaben tausend Francs von Henris Erspartem aus. Dann betrog sie ihn; Henri rammte ihr ein Messer in den Oberarm und wurde zu sechs Monaten Gefängnis verurteilt. Kaum hatte er sie attackiert, liebte sie ihn umso heftiger, mehr als je zuvor. Sie begruben ihren Streit und vereinbarten, dass Henri nach seiner Freilassung ein Taxi kaufen würde, dass sie heiraten und eine Familie gründen würden. Doch zwei Wochen später wurde ihm das Mädchen abermals untreu, und als Henri entlassen wurde, war sie schwanger. Henri stach nicht wieder auf sie ein. Er hob seine gesamten Ersparnisse ab und unternahm eine Sauftour, die mit einem Monat Gefängnis endete. Anschließend verdingte er sich als Kanalarbeiter. Nichts konnte Henri zum Reden bringen. Wenn man ihn fragte, warum er in der Kanalisation arbeitete, antwortete er nicht, sondern legte nur die Handgelenke übereinander, was Handschellen bedeuten sollte, und warf den Kopf nach Süden, zum Gefängnis hin. Innerhalb eines einzigen Tages schien er sich durch sein Pech in einen Schwachsinnigen verwandelt zu haben.

Oder R., ein Engländer, der sechs Monate des Jahres bei seinen Eltern in Putney und sechs Monate in Frankreich lebte. In Frankreich trank er täglich vier Liter Wein, samstags sechs Liter; einmal war er sogar bis auf die Azoren gefahren, weil der Wein dort billiger ist als anderswo in Europa. Er war ein sanftmütiges, domestiziertes Geschöpf, nie rüpelhaft oder streitlustig und nie nüchtern. Bis mittags lag er im Bett, anschließend saß er bis Mitternacht in der Ecke seines *bistros,* wo er sich ruhig und methodisch volllaufen ließ. Während er trank, sprach er mit kultivierter, femininer Stimme über antike Möbel. Außer mir war R. der einzige Engländer im Viertel.

Viele andere Leute führten ein nicht weniger verrücktes Leben: Monsieur Jules, der Rumäne, der ein Glasauge hatte, was er aber immer bestritt; Furex, der Steinmetz aus dem Limousin, der Geizhals Roucolle – er starb jedoch vor meiner Zeit –, der alte Lumpensammler Laurent, der seine Unterschrift von einem Stück Papier abmalte, das er in seiner Tasche mit sich herumtrug. Es würde Spaß machen, ihre Lebensgeschichten aufzuschreiben, wenn man Zeit hätte. Ich will die Menschen in unserem Viertel nicht der bloßen Kuriosität wegen beschreiben, sondern weil sie alle zu meiner Geschichte gehören. Mein Thema ist die Armut, und zum ersten Mal bin ich ihr in diesem Slum begegnet. Dieses Elendsviertel mit seinem Schmutz und seinen verrückten Existenzen bot zunächst Anschauungsmaterial in Sachen Armut, war dann aber der Hintergrund meiner eigenen Erlebnisse. Aus diesem Grund möchte ich eine Vorstellung davon vermitteln, wie das Leben dort ausgesehen hat.

—

1933

Robert Byron

Der Weg nach Oxiana

Robert Byron
im persischen Kostüm

Im Jahr 1932 geriet dem englischen Gelehrten und Dandy Robert Byron (1905–1941) – ein Nachfahre des berühmten Lord Byron – die Photographie eines seldschukischen Grabturms in der turkmenischen Steppe in die Hände. Der 28-Jährige war davon so fasziniert, dass er beschloss, eine Reise zu den Ursprüngen der byzantinischen und islamischen Architektur zu unternehmen: »Es wäre schön, dort, wo alles angefangen hatte, auf einem alten Nussbaum zu sitzen und eine Apfelsine zu essen.« Nur wenige Monate später, im August 1933, machte er sich zusammen mit dem befreundeten Schriftsteller Christopher Sykes auf den Weg. Ihre Route führte sie über Venedig, Zypern, Beirut, Jerusalem nach Damaskus und weiter nach Afghanistan. Ziel der Reise war Oxiana, die Region des mächtigen Grenzflusses Oxos (Amudarja), den Alexander der Große 328 v. Chr. überquerte.

Die Minarette, Mausoleen und Zitadellen, die Byron in Staunen versetzten, hielt er im Tagebuch und mit der Kamera fest. Der daraus entstandene Bericht Der Weg nach Oxiana *gilt als eines der brillantesten und scharfsinnigsten Reisebücher des 20. Jahrhunderts – »das Werk eines Genies«, erklärte Bruce Chatwin, der Anfang der achtziger Jahre mit Byrons Buch im Gepäck nach Afghanistan reiste.*

Damaskus, 12. September 1933. Hier zeigt sich der Orient in seinem urtümlichen Wirrwarr. Unter meinem Fenster verläuft eine schmale gepflasterte Straße, deren scharfe Essensgerüche eine kühle Brise vorübergehend vertrieben hat. Es ist früher Morgen. Die Leute rühren sich, geweckt vom unheimlichen Diskant des Muezzins von einem kleinen Minarett gegenüber und dem fernen Echo anderer. Bald wird das Geschrei der Straßenhändler und das Geklapper von Hufen einsetzen.

Damaskus, 18. September. Christopher und ich haben seit unserer Ankunft in dieser Region gelernt, dass man für alles, ob für eine fürstliche Suite oder eine Flasche Wasser, nur die Hälfte des geforderten Preises bezahlen muss, indem man erklärt, dass man nur die Hälfte bezahlen werde. Diese einfache Methode leistete uns im Hotel in Baalbek gute Dienste.

»Vierhundert Piaster für *dieses* Zimmer? *Vierhundert* haben Sie gesagt? Großer Gott! Ausgeschlossen! Rufen Sie den Wagen! Dreihundertfünfzig? Sie meinen einhundertundfünfzig. Dreihundert? Sind Sie schwerhörig, haben Sie nicht verstanden? Ich habe hundertfünfzig gesagt. Wir gehen, es gibt ja noch andere Hotels. Kommen Sie, bringen Sie das Gepäck. Wir werden überhaupt nicht in Baalbek bleiben.«

»Aber Monsieur, dies ist ein erstklassiges Hotel. Sie bekommen ein ausgezeichnetes Diner, fünf Gänge. Dies ist unser bestes Zimmer, Monsieur, mit Badezimmer und Blick auf die Ruinen, wunderbar.«

»Du lieber Himmel, gehören die Ruinen Ihnen? Müssen wir selbst für die Luft bezahlen? Ein fünfgängiges Diner ist zu viel, und ich nehme auch nicht an, dass das Bad funktioniert. Sie verlangen noch immer dreihundert? Kommen Sie uns entgegen, ein bisschen. Zweihundertfünfzig, das klingt schon besser. Ich habe hundertfünfzig gesagt. Meinetwegen, zweihundert. Die fehlenden fünfzig werden Sie aus der eigenen Tasche bezahlen. Ich bitte Sie. Es wird mir ein Vergnügen sein. Also zweihundert? Nein? Na schön. *(Wir laufen die Treppe hinunter und hinaus)*. Auf Wiedersehen. Was? Ich habe nicht verstanden. Zweihundert. Dachte ich mir.«

Karawanserei
in Damaskus, Syrien
Photographie von
Robert Byron

»Und jetzt einen Whisky-Soda. Was kostet der? Fünfzig Piaster. Fünfzig Piaster? Für wen halten Sie uns? Und überhaupt schenken Sie immer zu viel Whisky ein. Ich bezahle fünfzehn, nicht fünfzig. Lachen Sie nicht. Und bleiben Sie hier! Ich möchte genau so viel Whisky haben, nicht mehr, nicht weniger. Das ist nur die Hälfte einer ganzen Portion. Dreißig sagen Sie? Ist dreißig die Hälfte von fünfzig? Können Sie nicht rechnen? Sodawasser, ganz genau. Also gut, zwanzig. Nein, nicht fünfundzwanzig. Das ist ein Riesenunterschied, wenn Sie es doch nur verstehen würden. Bringen Sie uns sofort die Flasche, und um Himmels willen keine Diskussionen.«

—

»Es interessiert die Leute nicht, ob einem das Land gefällt oder nicht und warum. Man ist einfach ein Tourist, so wie ein Stinktier ein Stinktier ist.«
ROBERT BYRON

—

Während des Fünf-Gang-Diners beglückwünschten wir den Mann zu dem fleischigen Geflügel. »Rebhühner, Monsieur«, erwiderte er, »fett gemacht in kleinen Häusern.«

Der Eintritt zu den Ruinen beträgt fünf Shilling pro Person. Nachdem wir mit Beirut telefoniert und auf diese Weise eine Ermäßigung erreicht hatten, begannen wir unsere Besichtigung.

»Guide, Monsieur?« – Schweigen.

»Guide, Monsieur?« – Schweigen.
»Qu'est-ce que vous désirez, Monsieur?« – Schweigen.
»D'où venez-vous, Monsieur?« – Schweigen.
»Où allez-vous, Monsieur?« – Schweigen.
»Vous avez des affaires ici, Monsieur? – »Non.«
»Vous avez des affaires à Baghdad, Monsieur?« – »Non.«
»Vous avez des affaires à Téhéran, Monsieur?« – »Non.«
»Alors, qu'est-ce que vous faites, Monsieur?« – »Je fais un voyage en Syrie.«
»Vous êtes un officier naval, Monsieur?« – »Non.«
»Alors, qu'est-ce que vous êtes, Monsieur?« – »Je suis homme.«
»Quoi?« – »HOMME.«
»Je comprends. Touriste.«

Selbst »Voyageur« ist veraltet, zu Recht, in dem Ausdruck schwingt etwas Anerkennendes mit. Der Reisende früherer Zeiten war jemand, der Erkenntnis suchte und dem die Eingeborenen stolz ihre lokalen Gebräuche und Sehenswürdigkeiten vorführten. In Europa ist diese Haltung gegenseitigen Respekts schon lange verschwunden. Aber zumindest ist der »Tourist« dort kein Phänomen mehr. Er ist Teil der Landschaft, und in neun von zehn Fällen hat er, über die eigentlichen Reisekosten hinaus, nicht sehr viel Geld zu seiner Verfügung. Hier ist er noch immer eine Ausnahmeerscheinung. Wer als Geschäftsmann von London nach Syrien fahren kann, muss reich sein. Wer so weit reisen kann und kein Geschäftsmann ist, muss sehr reich sein. Es interessiert die Leute nicht, ob einem das Land gefällt oder nicht und warum. Man ist einfach ein Tourist, so wie ein Stinktier ein Stinktier ist, eine parasitäre Variante der Gattung Mensch, die nur dazu da ist, wie eine Kuh oder ein Gummibaum gemolken zu werden.

—
»Atme die gute Luft ein,
streiche sanft über den Stein,
sage dem Westen Adieu …
und wende dich dann,
Tourist, dem Orient zu.«
Robert Byron
—

Am Kassenhäuschen, dieser größten Ungeheuerlichkeit, dauerte es zehn Minuten, bis ein debiler alter Mann uns zwei Billets ausgestellt hatte. Nach diesen Banalitäten flohen wir in die Pracht des Altertums.

Baalbek ist der Triumph des Steins, Triumph einer monumentalen Erhabenheit, deren Sprache, noch immer Sprache des Auges, New York zu einem Ameisenhaufen macht. Die Steine sind pfirsichfarben und rotgold getränkt, so wie die Säulen von St. Martin-in-the-Fields rußfarben getränkt sind. Sie sind von marmorartiger Beschaffenheit, nicht transparent, sondern zart bestäubt wie Reif auf einer Pflaume. Man muss die sechs Säulen im Morgenlicht betrachten, wenn Pfirsichgold und blauer Himmel gleich intensiv leuchten und selbst die leeren, säulenlosen Sockel lebendig und sonnenverwöhnt vor dem Dunkelviolett des Firmaments bestehen können. Schau hinauf, schau hinauf, dieses steinerne Fleisch, diese dreimal enormen Schäfte, diese beschädigten Kapitelle und das haushohe Karnies, alles schwimmt in Blau. Richte den Blick über die Mauern zu den grünen *Hainen* mit ihren weißstämmigen Pappeln und bis zum Libanon, der mauve und blau und golden und rosa in der Ferne schimmert. Schau die Berge entlang in die Weite, in dieses steinerne, leere Wüstenmeer. Atme die gute Luft ein, streiche sanft über den Stein, sage dem Westen Adieu, wenn er dir gehört, und wende dich dann, *Tourist*, dem Orient zu.

Das taten wir, als das Gelände geschlossen wurde. Auf einer Wiese an einem Bach picknickten Damen und Herren in Grüppchen. Einige saßen auf Stühlen neben Marmorbrunnen und zogen an ihren Wasserpfeifen; andere, auf dem Gras unter vereinzelten Bäumen, aßen im Schein ihrer Laterne. Die Sterne zeigten sich, und die Berge wurden schwarz. Ich spürte den Frieden des Islam. Und wenn ich diese banale Erfahrung erwähne, so deshalb, weil dieser Frieden in Ägypten und der Türkei heute gefährdet ist, während der Islam in Indien, wie alles andere auch, ausschließlich und exklusiv indisch erscheint. In gewissem Sinne ist das unausweichlich, denn jeder Mensch und jede Institution verändert sich in der Begegnung mit diesem überwältigenden Land. Aber für mich kann ich sagen: Als ich im muslimischen Indien reiste, ohne Persien zu kennen, kam ich mir vor wie ein Inder, der sein Studium der europäischen Antike an der Ostsee statt am Mittelmeer begonnen hat.

Minarett, Gouhar Schad Medresse, Herat Photographie von Robert Byron

Afghanistan. Herat, 22. November. Herat liegt in einer fruchtbaren, in west-östlicher Richtung verlaufenden Ebene, jeweils fünf Kilometer entfernt vom Heri-Rud im Süden und von den Ausläufern der Paropamisos-Berge im Norden. Herat besteht aus zwei Stadten. Die alte ist ein Gewirr aus engen, verwinkelten Gassen, umgeben von einer wuchtigen Verteidigungsanlage und durchzogen von der drei Kilometer langen Achse, die quer durch den großen Basar verläuft; im Norden erhebt sich auf einer Anhöhe die Zitadelle, eine imposante mittelalterliche Festung, die die ganze Ebene beherrscht. Gegenüber liegt die neue Stadt, bestehend aus einer breiten Straße, die vom Basareingang nach Norden führt, und einer ähnlichen Straße, die sie im rechten Winkel kreuzt. Diese beiden Straßen werden von offenen Läden gesäumt. Über ihnen liegt das Obergeschoss des Hotels, inmitten der Kupferschmiede, die von früh bis spät hämmern und die Gäste vom Faulsein abhalten. Ein paar Schritte weiter, an der Straßenkreuzung, liegt das Büro für Lastwagenreisende, die sich täglich inmitten von Stapeln von Handelswaren und Fässern russischen Benzins versammeln.

Fasziniert vom Unterschied zu Persien, erwidere ich den Blick der Leute. Das Erscheinungsbild des gewöhnlichen Persers, der sich an

Marjoribanks' [Deckname für den Schah] Kleidungsvorschriften hält, ist eine Schande für die Menschenwürde; diese armseligen Kreaturen, denkt man, können unmöglich das Volk sein, das mit seiner Höflichkeit, seinen Gärten, seiner Reitkunst und seiner Liebe zur Literatur so viele Reisende für sich eingenommen hat. Wie die Afghanen für sich einnehmen wollen, bleibt abzuwarten. Kleidung und Gang sind schon mal vertrauenerweckend. Einige, die Staatsdiener, tragen europäische Anzüge und eine elegante Lammfellmütze. Die Städter tragen gelegentlich auch eine Weste im viktorianischen Stil oder den hochgeschlossenen Gehrock der indischen Muslime. Gehen diese Importe jedoch mit einem mächtig aufgetürmten Turban einher, einem bunten Überwurf, einer weißen Pluderhose mit schmalen Beinen und goldbestickten Schnabelschuhen, so sind sie von exotischer Fröhlichkeit wie ein indischer Schal in der Oper. Das ist die Mode, wie sie die eigentlichen Afghanen im Süden bevorzugen. Die Tadschiken, das persische Element, bevorzugen den gesteppten Mantel Turkestans. Die Turkmenen tragen Schaftstiefel, lange rote Röcke und schwarze Kappen aus weichem Ziegenhaar. Am bemerkenswertesten ist die Tracht der Bergbewohner aus der Umgebung, die in Überziehern aus weißem Serge durch die Straßen segeln, mit wehenden Ärmeln, die ihnen wie Flügel bis in die Kniekehle hängen und mit Mustern wie Schablonen perforiert sind. Hin und wieder huscht ein baumwollener Bienenkorb mit Guckfenster vorbei. Das ist eine Frau.

Tumurid-Mausoleum, Herat
Photographie von Robert Byron

Selbstbewusst und lässig schlendern diese dunklen, scharfäugigen und hakennasigen Männer durch den düsteren Basar. Beim Einkaufen haben sie ihr Gewehr dabei, wie der Londoner zum Einkaufen seinen Regenschirm mitnimmt. Diese Wildheit ist teilweise gespielt. Die Gewehre funktionieren vielleicht nicht. In einer engen Militäruniform mag die Statur nicht so eindrucksvoll sein. Selbst das Blitzen der Augen beruht oft auf Schminke. Doch das hat Tradition. In einem Land, in dem sich niemand auf das Gesetz verlässt, ist durch entschlossenes Auftreten schon viel gewonnen. Für den Staat mag diese Tradition lästig sein, aber den Menschen hat sie geholfen, ihre innere Ausgeglichenheit und den Glauben an sich selbst zu bewahren. Sie erwarten von Europäern, dass sie sich an ihre Gesetze halten, und nicht umgekehrt, was mir heute Morgen klarwurde, als ich eine Flasche Arrak kaufen wollte. In ganz Herat bekommt man keinen einzigen Tropfen Alkohol. Hier zeigt sich Asien endlich ohne Minderwertigkeitskomplex. Amanullah soll sich gegenüber Marjoribanks damit gebrüstet haben, er werde Afghanistan schneller modernisieren als jener Persien. Damit war das Ende Amanullahs besiegelt, und mögen ähnliche Äußerungen ebenso das Ende seiner Nachfolger bedeuten.

Das letzte Stück der Fernstraße von Persien nach Herat verläuft dicht unterhalb der Berge, bis sie auf die Straße von Kuschk stößt. Von dort geht es dann bergab in Richtung Stadt. Als wir ankamen, war dunkle, aber sternenklare Nacht. Solche Nächte haben immer etwas Geheimnisvolles. In einem unbekannten Land, nach der Begegnung mit wilden Grenzwächtern, wurde ich von einer Erregung ergriffen, wie ich sie selten erlebt habe. Plötzlich führte die Straße an hohen Schloten vorbei, die sich schwarz vor dem Sternenhimmel abzeichneten. Zuerst war ich baff, denn eine Fabrik hätte ich hier am allerwenigsten erwartet. Doch dann tauchte, neben diesen riesigen Fingern eher klein, die Silhouette einer halb verfallenen Kuppel auf, eigentümlich gerippt wie eine Melone. Auf der ganzen Welt, dachte ich, ist nur eine solche Kuppel bekannt: das Grabmal Tamerlans in Samarkand. Bei den Schloten musste es sich also um Minarette handeln. Ich ging zu Bett wie ein Kind einen Tag vor Weihnachten, gespannt und aufgeregt.

Im Innern des Tumurid-Mausoleums, Herat
Photographie
von Robert Byron

Der Tag bricht an. Ich trete hinaus auf ein Dach beim Hotel und sehe auf einem leeren Feld von zartrosa Bergen sieben himmelblaue Säulen, auf die das Morgenlicht blassgoldene Reflexe wirft. In ihrer Mitte steht eine leuchtendblaue, oben abgeschnittene Melonenkuppel. Diese Schönheit ist nicht bloß malerisch, abhängig von Licht oder Landschaft. Bei näherer Betrachtung erkennt man, dass jede Fliese, jede Blume, jede Ranke des Mosaikdekors mit ihrem besonderen Charakter zum Ganzen beiträgt. Eine solche Architektur berichtet noch in verfallenem Zustand von einem Goldenen Zeitalter. Hat die Geschichte es vergessen?

Auf dem Weg zu den Minaretten ist mir zumute, wie jemandem zumute sein mag, der auf einen verschollenen Livius-Text oder einen unbekannten Botticelli gestoßen ist. Ein solches Gefühl lässt sich nicht beschreiben.

1952

Patrick Leigh Fermor

Mani

Patrick Leigh Fermor in seinem Haus auf Mani

Im Alter von 18 Jahren, nachdem er in seiner englischen Heimat von mehreren Schulen geworfen worden war, kam Patrick Leigh Fermor (1915–2011) die Idee, zu Fuß von Holland nach Konstantinopel zu wandern – über eineinhalb Jahre war er unterwegs. Er erzählt davon in zwei wunderbaren Büchern, Die Zeit der Gaben *und* Zwischen Wäldern und Wassern. *Die Reiselust ließ Fermor auch in späteren Jahren nicht los. Besonders angetan hatte es ihm Griechenland, das er in vielen Reisen durchwanderte – mit Vorliebe jene Regionen, die am schwierigsten zu erreichen und am wenigsten von Touristen besucht waren: »Es gibt kaum einen Fels oder Bach, zu dem es keine Schlacht und keinen Mythos gibt, kein Wunder, keinen Aberglauben, keine Geschichte ...«*

Im Jahr 1952 bereiste Fermor das Land der Manioten im Süden der Peloponnes. Hier fand er auch sein Elysium. In dem Dorf Kardamili, das er in seinem Buch Mani *(1958) beschrieb, ließ er sich in den 1960er Jahren nieder. Nicht ohne Grund zählt Patrick Leigh Fermor zu den bedeutendsten Reiseschriftstellern englischer Sprache. Wie kaum einem zweiten gelingt es ihm, die Magie des Reisens in Worte zu fassen.*

Kambos bei Tageslicht war eine heiße, unansehnliche Stadt, und wir waren froh, dass wir weiterzogen. Als wir am Marktplatz auf den Bus warteten, kam unser Freund von der Inneren Mani mit seinem kummervollen Gesicht im Schatten seines gewaltigen Mambrino-Strohhuts mit großen Schritten zu uns herüber. Er zog ein frisches blaues Taschentuch hervor, in das einige Pflaumen und Reineclauden geknotet waren. Er schälte sie sorgfältig mit dem Taschenmesser, steckte sie zum Abkühlen in Gläser mit Retsina und bot sie uns dann, auf eine Gabel gespießt, abwechselnd an. Manchmal hat man das Gefühl, man könnte in Griechenland leben und sich so wenig Gedanken um die nächste Mahlzeit machen wie Elias; Nahrung stellt sich ein, als hätten Raben sie gebracht.

Der Bus holperte über eine Serpentinenstraße an der Steilküste zum Messenischen Golf. Zweimal mussten alle aussteigen und schlechte Straßenabschnitte zu Fuß gehen, bis dann nach einer Stunde Kardamili in Sicht kam, ein befestigtes kleines Dorf hoch über dem Meer. Mehrere Türme, eine Kuppel und ein Kirchturm ragten über die Dächer hinaus, und ein Felsvorsprung unmittelbar darüber bildete eine wunderschöne, von Zypressen bedeckte Terrasse. Dann kam der nackte Fels des Taygetos.

Es war anders als alle Dörfer, die ich bisher in Griechenland gesehen hatte. Über den Häusern – aus goldgelbem Stein erbaut und mit mittelalterlich anmutenden runden Türmchen – thronte eine prächtige Kirche. Die Berge fielen steil ab bis fast ans Meer, die Kargheit nur hie und da zwischen den weißgekalkten Fischerhäusern am Ufer durchbrochen von riesenhohen Schilfgrasbüscheln, die sich im kleinsten Windhauch wiegten, alle im Takt. Der Boden war sandig, und zwischen den Bäumen waren Netze zum Trocknen aufgehängt. An vielen Hauseingängen standen weiße, gerippte Amphoren für Öl oder Wein, fast so groß wie diejenigen, die man am Palast von Minos ausgegraben hat. Wie schon so oft fragte ich mich wieder, wie diese riesigen Gefäße wohl hergestellt wurden. Der Töpfer müsste ein Titan sein, mit zwei Meter langen Armen. Wie üblich gab es die verschiedensten Theorien. Manche sagen, ein Mann steigt zu Anfang in das Gefäß wie ein Räuber aus Tausendundeiner Nacht und zieht dann die sich nach oben verbreiternde Seitenwand hoch, während er auf einer großen Töpferscheibe gedreht wird; andere sagen, sie würden in großen Gussformen hergestellt; wieder andere versichern, sie entstünden aus einer Tonschnur, die in zunächst weiter und dann wieder enger werdenden Windungen gelegt wird, bis mit der letzten Runde der Rand entsteht – das ist die Erklärung für die Rippenstruktur … Ich hatte überall in Griechenland gehört, dass sie aus Koroni auf der Messenischen Halbinsel stammten, also von gleich gegenüber auf der anderen Seite des Golfs. Doch selbst hier vor Ort bekam ich widersprüchliche Erklärungen. Das Grüppchen bei den Fischerbooten am Strand, bei dem ich mich erkundigte, bestand aus nur vier Männern. Wären es mehr gewesen, so hätte ich gewiss auch entsprechend mehr Lösungsvorschläge bekommen.

—

»Manchmal hat man das Gefühl, man könnte in Griechenland leben und sich so wenig Gedanken um die nächste Mahlzeit machen wie Elias; Nahrung stellt sich ein, als hätten Raben sie gebracht.«

PATRICK L. FERMOR

—

Der stille Charme von Kardamili nahm mit jeder Stunde, die wir dort verbrachten, zu. Wir fanden ein kleines Hotel, nur ein paar Zimmer über einem Kaufladen, und es stellte sich heraus, dass der Besitzer, Sokrates Phalireas, ein Cousin eines befreundeten Bildhauers in Athen war. Nicht minder unerwartet war, dass sein Haus auf seine bescheidene Art äußerst komfortabel war. Keine Pferdedecken, die hier für einen Styliten zur Buße seiner Sünden auf Bohlen ausgebreitet wurden, sondern weiche Matratzen und ein oder zwei Korbstühle warteten auf unsere müden Glieder in alten, stimmungsvollen Räumen, und von Zeit zu Zeit setzte sich unser Wirt, ein Mann von riesenhafter Statur, doch höflichen und unkomplizierten Umgangsformen, zu uns und plauderte in seiner tiefen, freundlichen

Grigorakakis, Mani, 2009
Photographie von
Rainer Spitzenberger

Stimme mit uns, und all das geschah so ganz ohne jede Eile, als seien aller Hast und aller Ungeduld, ja als sei der Zeit selbst ihre Macht genommen.

Diese entspannte Stimmung prägt das gesamte Städtchen in seiner Weltabgeschiedenheit. Im Sommer sorgt eine Meeresbrise für Kühlung, und der große Schirm des Taygetos hält unfreundliche Winde aus Norden und Osten ab – kein Tramontana reicht hierher. Es ist wie eines jener elysischen Gefilde, von denen Homer sagt, dass es sich für einen Menschen nirgends besser lebt; wo es nie schneit, wo kein unmäßiger Wind bläst und kein Regen vom Himmel fällt, sondern beständig der Westwind säuselt und den Bewohnern Kühle vom Meer bringt.

Ich war in großer Versuchung, mich selbst diesen Bewohnern anzuschließen, mich in diesem kleinen Hotel für Monate mit Büchern und Schreibpapier niederzulassen; der Gedanke ist oft zurückgekehrt. Der *Guide Bleu* widmet dem Ort gerade einmal eine halbe Zeile und meldet kaum mehr als die Existenz seiner 490 Einwohner. Das ist auch besser so. Er ist zu unzugänglich und es gibt zum Glück dort zu wenig zu tun, als dass er jemals ernsthaft vom Tourismus bedroht sein könnte. Kein Wunder, dass die Nereiden ihn für sich wählten.

Auf der Rückkehr von einem langen Bad jenseits des Schilfwalds sahen wir einen Jungen, der einen großen silbernen Fisch am Schwanz trug: einen *salpa*. (Ich habe seinen eigentlichen Namen nicht herausgefunden.) Ich kaufte ihn, und während er zubereitet wurde, saßen wir unter einem Maulbeerbaum, dessen Stamm bis hinauf zu den ersten Ästen weiß gekalkt war, auf einer Terrasse draußen vor einer der wenigen Tavernen. Wie wir sahen auch die wenigen Fischer unter ihren großen Hüten der Sonne zu, wie sie hinter den messenischen Bergen versank, auf deren anderer Seite, sechzehn Meilen entfernt, Pylos lag. Eine kleine Mole reckte sich ins Meer, und daran wiegten sich mit jedem Seufzer des klaren grünen Wassers die dort festgemachten Boote sanft ein paar Meter über ihrem eigenen Schatten am kiesigen Grund. Oleander griffen über eine flache Felsschicht aus, über die das Meer sich mit genau dem notwendigen Schwung

Vathia, Mani, 2009
Photographie von
Rainer Spitzenberger

ergoss, dass es sie mit einem weißen Netz aus Schaum überzog; langsam floss diese Schaumschicht ab, löste sich auf, während die nächste sich schon formte. Über den schmalen Küstensaum ragten Felsen ins Meer; auf dem einen stand eine weißgekalkte Kirche, auf dem anderen sah man die Überreste eines winzigen Forts. Das Meer schimmerte in goldenen Streifen, die sich, als die Sonne eintauchte, in blasses Schwefelgelb mit violetten Sprenkeln verwandelten. Dahinter erstreckte sich die glatte Wasserfläche des Golfs ungebrochen bis zur schon im Dunkel verschwindenden Halbinsel gegenüber.

Unser Fisch auf dem Grill rief uns ein Erlebnis in Kalamata (das nun im Dunkel am Ende des schimmernden Golfes lag) ins Gedächtnis, einige Jahre zuvor.

In dieser blendendweißen Stadt herrschte Hochsommer, und die Hitze war unerträglich. Es war ein Feiertag – vielleicht das Fest zu Ehren Johannes des Täufers, die Sommersonnenwende? –, am Wasser drängten sich ausgelassene Menschen im Zustand zunehmender Auflösung. Die freudige Festtagsstimmung und die wahnwitzige Temperatur ließen die Luft vibrieren. Die Steinplatten am Wasser, wo ich mich mit Joan und Xan Fielding zum Essen niederließ, strahlten die Hitze ab wie ein Bratentopf, wenn man den Deckel abnimmt. Einer plötzlichen, stillschweigenden Eingebung folgend, wateten wir voll bekleidet ins Meer hinaus und trugen den eisernen Tisch ein paar Schritt weit ins Wasser, dann holten wir drei Stühle, auf denen wir, bis zur Taille im kühlen Nass, um den hübsch gedeckten Tisch Platz nahmen, der jetzt, wie von Zauberhand getragen, eine Handbreit über den Fluten zu schweben schien. Als der Kellner einen Augenblick später auftauchte, starrte er verblüfft auf den leeren Fleck am Kai; als er uns dann entdeckte, kam er, das amüsierte Aufflackern seiner Miene sofort wieder unter Kontrolle, ohne Zögern ins Wasser, näherte sich, selbst bis zur Taille eingetaucht, würdevoll wie ein Butler und verkündete nur lakonisch: *»Dinnertime«*; dann servierte er unsere Mahlzeit – drei köstliche gegrillte *kephali*; glühendheiß und mit goldbraun schimmernden Schuppen. Um das Aroma des Meeres wirklich auszukosten, packten wir die Fische kurzerhand an der Schwanzflosse

—

»Hier, wo man vor hochfliegenden Theorien über den Wert der Arbeit an sich, unabhängig von allem Nutzen, verschont bleibt, stört kein nordländischer Gewissensbiss den Genuss.«
PATRICK L. FERMOR
AUF MANI

—

und tauchten sie einen Augenblick lang in das Salzwasser zu unseren Ellenbogen … Amüsiert von diesem Schauspiel ließen uns die Esser am Kai eine Karaffe Retsina nach der anderen bringen, bis auf dem Tisch kein Fleckchen mehr frei war. Bald fand sich ein Dutzend Boote ein, die unseren runden Tisch wie die strahlenförmigen Blütenblätter einer Margerite umringten. Die Fischer neigten sich aus ihren schaukelnden Booten und waren uns bei der Bewältigung der jähen Weinfluten behilflich, und als der Mond und der Hundsstern über diesem seltsamen Gastmahl aufgingen, war auch eine Mandoline zur Stelle, und Loblieder der *manges* auf den Haschischgenuss erfüllten die taumelnde Nacht:

> *»Wenn die Huka glüht und gluckert«,*

schluchzten die Fischer,

> *»Brüder; sprecht kein Wort! Passt auf!*
> *Seht die* manges *rings umher*
> *Umwölkt vom süßen Rauch … «*

*

Zu den größten Annehmlichkeiten dieser Art des Reisens zählt die vollkommene, durch nichts beeinträchtigte Muße zwischen den Mühen der jeweiligen Ortswechsel. Irgendwo auf einem Tisch in Athen stapeln sich unbeachtet die Briefe; Wochen vergehen; ihr stilles Drängen erledigt sich unbeantwortet; der Staub der Vergessenheit bedeckt sie, Monate verstreichen, und schließlich haben sie alle Aktualität verloren und sind nur noch von antiquarischem Interesse. Diese olympische Trägheit und Leere wird noch wohliger dadurch, dass alle um einen her mühsame und langweilige Arbeit verrichten. Hier, wo man vor hochfliegenden Theorien über den Wert der Arbeit an sich, unabhängig von allem Nutzen, verschont bleibt, stört kein nordländischer Gewissensbiss den Genuss. Die Gedanken solcher Spaßverderber überleben die strahlende, ausbrennende Sonne hier nicht. Dann und wann hilft man gern einmal, so dilettantisch wie Marie-Antoinettes Hofdamen, bei einer angenehmen, nicht zu schwierigen Aufgabe: im Spätherbst dem Sammeln von Oliven, die man zuvor mit langen Bambusstangen vom Baum schlägt, so dass sie in die ausgebreiteten Tücher fallen, bei der Traubenlese, beim Enthülsen von Erbsen oder, gelegentlich im Spätsommer, beim Keltern. Ich erinnere mich noch an ein solches Ereignis auf Kreta, in einem schattigen gepflasterten Hof in dem Dorf Vaphe am Fuße der Weißen Berge. Zuerst breiteten wir dicke Schichten von Thymianzweigen am

Boden eines steinernen Trogs aus, der uns wie ein riesiger römischer Sarkophag bis an die Brust reichte, dann leerte ein ganzer Schwarm Mädchen seine schweren Körbe hinein, verschlungene Katarakte von weißen und blauen Trauben. Das eigentliche Keltern gilt als Arbeit für junge Männer. Die ersten drei, zu denen auch ich zählte, bekamen die langen Bergstiefel ausgezogen. Mit Eimern voller Wasser wurden schmutzige Füße gewaschen, und die Hosenbeine rollten wir hoch bis übers Knie. »Ein Jammer, dass ihr den Dreck abwascht«, krächzten die alten Männer, die sich bei solchen Gelegenheiten stets einfinden. »Ihr verderbt den ganzen Geschmack.« Diese olle Kamelle – ich stelle mir vor, dass es sie schon seit Jahrtausenden gibt – sorgte für rituelles Gelächter, während wir über die Kante des Trogs kletterten und hinab auf die weiche Matratze aus Trauben sprangen. Hunderte von Weinbeeren platzten, und wir spürten, wie der Saft zwischen unseren Zehen spritzte … Schon nach ein oder zwei Minuten erschien das blaurote Rinnsal am Ausfluss und lief in den bereitstehenden Bottich; das Rinnsal wurde breiter, aus Tropfen wurde ein Strom, ein plätschernder Quell … Man reichte uns Gläser von dem frischen Saft, der schon jetzt – oder war es Einbildung? – ein wenig mostig schmeckte. Als der Strom nachließ, feuerten die Umstehenden die Kelterer an, die nun bis zu den Waden in der Maische steckten und bis zur Hüfte blau waren. Tagelang hängt der süße, betörende Duft des Mosts über dem Dorf.

—

1960

Pier Paolo Pasolini

Der Atem Indiens

—

Unermüdlich auf der Suche nach dem »Anderswo« war der italienische Filmregisseur und Schriftsteller Pier Paolo Pasolini (1922–1975). Die westliche Zivilisation empfand er als zerstörerisch. Aber in den Kulturen der »Dritten Welt«, zu der er auch einen Großteil Italiens zählte, glaubte er eine ursprüngliche Schönheit und Reinheit zu finden. In seinen Filmen wollte er sie festhalten. Auf der Suche nach geeigneten Drehorten und Darstellern unternahm Pasolini zahlreiche Reisen, unter anderem in den Vorderen Orient und nach Afrika. Eine von ihnen führte ihn zusammen mit dem befreundeten Schriftstellerpaar Alberto Moravia und Elsa Morante im Dezember 1960 nach Indien. Für die Reise unterbrach der 38-jährige Pasolini, der sich bereits als Lyriker, Romancier, Kulturkritiker und Autor von Drehbüchern einen Namen gemacht hatte, die Dreharbeiten zu seinem ersten eigenen Film, Accatone. *Moravia, Morante und Pasolini erkundeten Bombay und Neu-Delhi, in Kalkutta besuchten sie Mutter Teresa in ihrer Leprastation. Am Ende der Reise stand eine Autofahrt durch die Gangesebene.*

Hotel Taj Mahal, Bombay
1954

Im Jahr darauf stellte Pasolini Accatone *fertig und zeigte ihn auf der Biennale in Venedig. Ende der 1960er Jahre plante er auch einen größeren Film über Indien, die Verfilmung eines Stoffes aus der indischen Mystik: Die Geschichte des Maharadschas, der seinen Körper den vom Hungertod bedrohten Tigerjungen hingibt. Es blieb bei dem Vorhaben, überliefert ist nur ein 30-minütiges filmisches Reisetagebuch, das Pasolini fürs italienische Fernsehen drehte:* Appunti per un film sull'India *(Notizen zu einem Film über Indien). Aber auch in seinem Reisebuch* L'Odore dell'India *(Der Atem Indiens) ist das Auge des Regisseurs Pasolini unverkennbar.*

—

Es ist beinahe Mitternacht, im »Taj Mahal« herrscht die Stimmung eines Marktes, der zu Ende geht. Das große Hotel, eines der berühmtesten der Welt, das von einer Seite zur anderen von hoch aufragenden Korridoren und Sälen durchbrochen ist (man hat das Gefühl, in einem riesigen Musikinstrument herumzuwandern), ist nur belebt von weißgekleideten *boys* und Portiers mit Galaturbanen, die auf vorüberkommende, zweideutige Mietautos warten. Man sollte nicht, oh, man sollte keineswegs schlafen gehen, es ist nicht die richtige Zeit, sich in eines dieser schlafsaalgroßen Zimmer voller Möbel im Stile eines traurigen, verspäteten *fin de siècle* und mit helikopterhaften Ventilatoren zurückzuziehen.

Dies sind meine ersten Stunden in Indien, und ich kann die durstende Bestie, die wie in einem Käfig in mir sitzt, nicht zähmen. Ich bringe Moravia dazu, wenigstens einen kurzen Gang vors Hotel zu machen, um ein wenig Luft von der ersten indischen Nacht zu atmen.

Blick aus dem Gateway of India auf den Hafen von Bombay
Photographie von Paul Almasy, 1962

Wir gehen also durch den Seitenausgang hinaus auf die schmale Uferstraße hinter dem Hotel. Das Meer ist friedlich und gibt keine Zeichen seiner Anwesenheit. Entlang des Mäuerchens, das es begrenzt, stehen Autos und dicht dabei jene märchenhaften Wesen, ohne Wurzeln, ohne Sinn und voller zweifelhafter und beunruhigender Bedeutung, voller mächtiger Anziehung für eine Erfahrung, die wie die meine sich ganz auf sich selbst verlassen will – die ersten Inder.

Sie sind allesamt Bettler oder gehören zu den Leuten, die im Dunstkreis eines großen Hotels leben und mit seinem mechanischen und geheimen Leben erfahren sind. Sie tragen einen weißen Fetzen um die Hüften, einen anderen über den Schultern, dieser und jener hat auch einen Fetzen um den Kopf. Sie sind fast alle von dunkler Hautfarbe, wie Neger, einige von ihnen ganz schwarz.

Eine Gruppe Jünglinge und Knaben steht unter den dem Meer zugewandten Vorhallen des »Taj Mahal«. Einer von ihnen ist verstümmelt, die Glieder wie abgenagt, und er liegt in seine Fetzen gehüllt, als läge er nicht vor einem Hotel, sondern vor einer Kirche. Die anderen abwartend, schweigend, bereit.

Ich begreife noch nicht, welches ihre Rolle ist, ihre Hoffnung. Ich spähe kaum merklich zu ihnen hin, spreche mit Moravia, der schon vor vierundzwanzig Jahren einmal hier war, der die Welt genügend kennt, um nicht in den peinsamen Zustand zu verfallen, in dem ich mich befinde.

—

»Dies sind meine ersten Stunden in Indien, und ich kann die durstende Bestie, die wie in einem Käfig in mir sitzt, nicht zähmen.«
Pier Paolo Pasolini

—

Auf dem Meer nicht ein einziges Licht, kein Laut. Wir befinden uns hier beinahe am äußersten Ende einer langen Halbinsel, die wie ein Horn in die Bucht des Hafens von Bombay hineinragt; der Hafen liegt im Hintergrund. Unterhalb der kleinen Ufermauer liegen große Boote, vereinzelt und leer. Einige Dutzend Meter entfernt ragt vor dem Meer und dem Sommerhimmel das »Tor Indiens« auf.

Eine Art Triumphbogen mit vier großen gotischen Toren in recht strengem Liberty-Stil. Die Kontur zeichnet sich gegen den Indischen Ozean ab, als überspanne es sichtbar das Meer mit dem Hinterland, das hier sogleich zu einem runden Platz wird, mit dunklen Gärtchen und mit Bauten, die alle groß, jugendstilhaft und ein wenig übertrieben wirken wie das »Taj Mahal«, erdfarben und gekünstelt, unter den wenigen unbewegten Laternen in der Stille des hohen Sommers.

Und wieder, am Rande des großen, symbolischen Tores, noch mehr Gestalten wie aus dem europäischen Spätmittelalter – kleine Inder, die Lenden mit weißen Fetzen geschürzt und über dem nachtschwarzen Gesicht den Kreis des engen Turbans aus Lumpen. Nur dass, aus der Nähe besehen, diese Lumpen schmutzig sind, von einem traurigen und natürlichen Schmutz und sehr prosaisch in Hinsicht auf die bildnerische Faszination einer gewissen Epoche, auf der sie im Übrigen stehengeblieben sind. Sie bleiben eben jugendliche Bettler oder Leute, die von der Hand in den Mund leben, die des Nachts einfach an den Plätzen hocken bleiben, die tagsüber, vermutlich, ihr Aktionsfeld sind. Sie schielen zu uns herüber, zu Moravia und mir, und taxieren uns ab; ihre ausdruckslosen Augen mögen in uns nichts Vielversprechendes erblicken. Sie schließen sich vielmehr ab und schlendern müde den bräunlichen Uferkai entlang.

Indien, 1951
Photographie von
Werner Bischof

Wir gelangen bis unter das »Tor Indiens«, das aus der Nähe größer ist, als es von der Ferne erscheint. Die Torbogen, spitz zulaufend, durchbrochene Mauern aus gelblichem, verblasstem Material, erheben sich über unseren Köpfen mit der Feierlichkeit gewisser nordischer Bahnhofsvorhallen. Von drinnen jedoch, im Halbdunkel des Bogens, hört man Gesang. Es sind zwei, drei Stimmen, die zusammen singen, kräftig und voller Eifer.

Der Ton, der Sinn und die Schlichtheit gleichen dem Gesang junger Leute, wie man ihn in Italien oder sonstwo in Europa hören kann; dies aber sind Inder, die Melodie ist indisch. Als ob zum ersten Mal auf der Welt jemand singe, so scheint es mir, der ich doch das Leben eines anderen Kontinents wie ein anderes Leben empfinde, ohne Verbindungen zu dem mir bekannten Leben, quasi autonom und anderen inneren Gesetzen gehorchend, jungfräulich.

Dieses Lauschen auf den Gesang der indischen Jungen von Bombay unter dem Indischen Tor scheint mir eine verschworene und ungreifbare Bedeutung zu besitzen – eine Offenbarung, eine Verwandlung des Lebens. Ich kann sie nur weiter singen lassen und versuchen, von der Ecke des großen gotischen Tors aus falschem Marmor hinüberzuspähen. Sie liegen ausgestreckt auf dem nackten Boden unter dem Spitzgewölbe im kargen milchigen Licht, das von dem Platz vor dem Meer einfällt. Bedeckt mit den weißen Fetzen um die Lenden, mit ihren schwarzen Köpfen – man kann ihr Alter nicht erkennen. Ihr Gesang ist ganz und gar ohne Fröhlichkeit und folgt einem einzigen schwunglosen und traurigen Tonsatz.

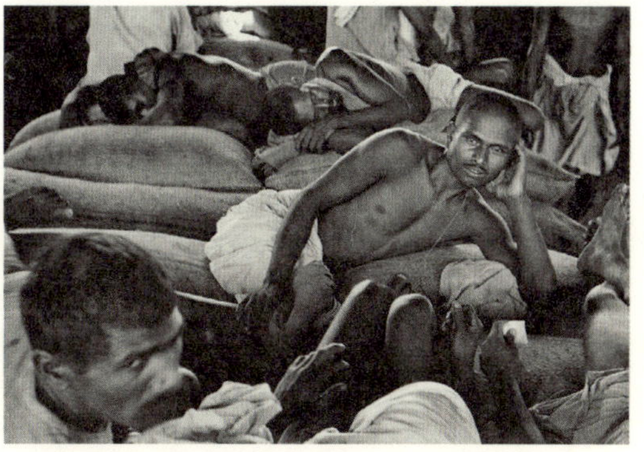

Indien, 1951
Photographie von
Werner Bischof

Vor dem Hotel mit seinen kleinen Vorhallen finde ich eine ganze Ansammlung, die im Staub auf dem Boden beieinanderhockt; Arme und Beine, Lumpen und Schatten verschwimmen. Als sie mich vorbeigehen sehen, stehen zwei oder drei auf und kommen mir hinterdrein, als warteten sie. Ich bleibe stehen und lächle ihnen unsicher zu.

Ein dunkelhäutiger Schmaler, mit einem zarten, arischen Gesicht und riesigem, schwarzem Haarschopf grüßt mich, nähert sich, barfuß, angetan mit seinen Fetzen, einen zwischen den Beinen, einen über der Schulter. Hinter ihm drängt sich ein anderer ans Licht, ganz schwarz und glänzend dieser, mit einem riesigen, negroiden Mund unter dem jugendlichen Bartanflug; aber wenn er lacht, blitzt auf dem Grunde seines schwarzen Gesichtes ein makelloses Weiß auf: ein »flash« von innen, ein Lodern, das die schwarze Schicht mit Weiß aufreißt, das sein innerstes Lachen ist.

Der Erste heißt Sundar, der Zweite Sardar, der eine ist Moslem, der andere Hindu. Sundar kommt aus Haiderabad, wo seine Familie lebt, und versucht sein Glück in Bombay, wie ein Junge aus Kalabrien nach Rom kommen mag; in eine Stadt, wo er keinen kennt, kein Zuhause hat, und wo er sich mit dem Schlafen und Essen einrichten muss, wie es eben kommt. Er hüstelt mit seiner kleinen Vogelbrust; vielleicht ist er schwindsüchtig. Die mohammedanische Religion verleiht seinem weichen und zarten Gesicht eine gewisse schüchterne Schläue, während der andere, Sardar, ganz Sanftheit und Ergebenheit ist – ganz und gar ein Hindu.

—

»Es stimmt, dass die Inder nicht fröhlich sind; sie lächeln häufig, auch das stimmt, aber mit einem Lächeln der Sanftheit, nicht der Fröhlichkeit.«
PIER PAOLO PASOLINI

—

Auch er kommt von weither, aus Andar, der Gegend von Madras, auch er hat keine Familie, kein Zuhause, nichts.

Die anderen, ihre Freunde, sind im Hintergrund geblieben, im Schatten des Nebeneingangs. Doch nun sehe ich, wie sie sich schweigsam bewegen. Sie hocken um einen großen Karton, den sie jetzt auf dem staubigen Gehsteig öffnen.

Ich frage Sardar und Sundar, was sie da machen; sie essen den *pudding*, die Abfälle der Hotelmahlzeiten. Sie essen schweigend, wie

Hunde, ohne zu zanken, mit der Vernünftigkeit und Sanftheit der Hindus.

Sardar und Sundar schauen ihnen zusammen mit mir zu, und ihr Lächeln besagt, dass auch sie es so machen, und dass auch sie, wenn nicht ich da wäre, jetzt die Überreste essen würden. Doch wir wollen stattdessen einen Rundgang machen.

Die Straßen sind nunmehr verlassen und verloren in ihrer staubigen, trockenen, schmutzigen Stille. Sie haben etwas zugleich Grandioses und Elendes; dies ist die moderne Stadtmitte, aber der Verfall der Mauern, der Fensterverschläge, des Holzes ist der eines alten Dorfes.

Fast alle verfallenen Häuser haben einen kleinen Portico-Vorbau, und hier – hier finde ich eines der eindrücklichsten Kennzeichen Indiens.

Alle Vorbauten, alle Gehsteige wimmeln von Schlafenden. Sie liegen ausgestreckt auf der Erde, an die Säulen gelehnt, an die Mauern, an die Türpfosten. Ihre vor Schmutz starrenden Lumpen hüllen sie ein. Ihr Schlaf ist so tief, dass sie wie Tote aussehen, verhüllt von ihren zerrissenen und stinkenden Schweißtüchern.

Junge und Alte sind es, Frauen mit ihren Kindern. Sie schlafen zusammengekauert oder ausgestreckt, zu Hunderten. Hier und dort ist noch einer wach, vor allem die Jungen: sie gehen noch herum oder sprechen leise, vor der Tür eines verriegelten Ladens sitzend, auf den Stufen eines Hauses. Manch einer streckt sich gerade aus und wickelt sich in sein Laken, bedeckt sich den Kopf. Die ganze Straße ist erfüllt von ihrem Schweigen, ihr Schlaf ist dem Tod ähnlich, aber einem Tod, der sanft ist wie ihr Schlaf.

Sardar und Sundar schauen auf sie mit dem gleichen Lächeln, mit dem sie ihren Kameraden zuschauten, die den übrig gebliebenen *pudding* verschlangen; auch sie werden bald genauso schlafen.

Sie begleiten mich zum »Taj Mahal«. Dort ist das »Tor Indiens«, vor dem Meer. Der Gesang ist verstummt. Die beiden Jungen, die gesungen haben, schlafen in ihren Fetzen auf dem blanken Pflaster. Schon weiß ich ein wenig von dem, was ich wissen wollte, über ihren Gesang. Ein schreckliches Elend.

Sardar und Sundar verabschieden sich sehr liebenswürdig von mir, mit ihrem so sonnenhaften weißen Lächeln auf dem Grunde ihrer schwarzen Gesichter. Sie erwarten nicht, dass ich ihnen Rupien geben würde; deshalb nehmen sie sie voll freudiger Überraschung in Empfang. Sandar ergreift meine Hand, küsst sie und sagt: »*You are a good sir.*«

Ich verlasse sie, gerührt wie ein Schwachsinniger. Etwas hat bereits begonnen.

1962

Martha Gellhorn

Auf Safari in der Serengeti

—

Für die Journalistin Martha Gellhorn (1908–1998) war das Reisen Beruf und Berufung zugleich. Als unerschrockene Reporterin war sie auf der ganzen Welt unterwegs, und besonders angezogen fühlte sie sich von Krisenherden und Kriegsgebieten. Gemeinsam mit ihrem späteren Ehemann Ernest Hemingway erlebte sie den Spanischen Bürgerkrieg; sie reiste an die Haupt- und Nebenfronten des Zweiten Weltkriegs und war Augenzeugin der Befreiung des KZ Dachau; als Reporterin berichtete sie über den Vietnamkrieg, den Sechstagekrieg und den Bürgerkrieg in El Salvador. Dabei hielt sie sich für »eine Kriegsgewinnlerin besonderer Art: denn ich kam immer mit heiler Haut davon und wurde dafür bezahlt, meine Zeit mit großartigen Menschen zu verbringen«.

Martha Gellhorn mit Gewehr, 1940

Ungeachtet ihrer Profession sah sich Martha Gellhorn als »Amateur-Reisende«, die ihre Zeit damit verbrachte, sich »mit der Energie einer mexikanischen Springbohne in der Welt herumzutreiben«. Anfang 1962 beschloss sie, im Alleingang Afrika zu durchqueren – von Westen nach Osten entlang dem Äquator. Ausgerüstet mit einem Koffer, einer Kosmetiktasche mit Arzneien und einem halben Dutzend Bücher, darunter Tolstois Krieg und Frieden, *bestieg sie am 23. Januar 1962 in London das Flugzeug, »mit heißem Pochen in beiden Armen«.*

Für die Erkundung Ostafrikas mietete sie sich in der kenianischen Hauptstadt Nairobi einen Landrover und nahm sich einen Fahrer: Joshua, ein 23 jähriger Kenianier, »klein, von tiefbrauner Farbe, zart bis zerbrechlich, ordentlich und sauber« und ausgestattet mit den besten Referenzen. Doch hat Joshua, wie sich bald herausstellt, Nairobi noch nie in seinem Leben verlassen, und hartnäckig weigert er sich, das Steuer des Landrovers zu übernehmen.

—

Die Serengeti, dieses lyrische Wort, war meine größte Hoffnung der ganzen Reise. Der Queen-Elizabeth-Park war enttäuschend gewesen, zu klein und zu sehr Touristenparadies. Aber die Serengeti ist mehrere Hundert Quadratkilometer größer als Connecticut, größer als Nordirland, und ganze sechs kleine Rundhütten sind das einzige Zugeständnis an den Menschen. Es musste, umgeben von blauen Bergen, die erträumte goldene Ebene sein, die zahllose herrliche, wilde Tiere frei durchstreiften.

Joshua machte mir nie Verdruss durch Zuspätkommen. »Dies ist Tanganjika, Joshua. Wie wär's mit dem Fahren hier?« Das war eine freundliche Neckerei und wurde auch so aufgenommen. Grinsend plapperte Joshua etwas von seinem Führerschein aus Kenia. Wir ratterten in die kühle Morgendämmerung hinaus, beide liebenswürdig, und zwei Stunden später nahm ich, ohne zu zögern, die falsche Straße. Diesem Fehler zufolge gaben uns dreien, dem Landrover, Joshua und mir, die nächsten acht Stunden beinahe den Rest. Für eine Weile war die Straße nur schlimm, aber das war nichts Neues. Ich hielt ständig Ausschau nach einem Parktor oder einem Parkschild und wunderte mich über magere Maisfelder und einige zerbröckelnde Lehmhütten abseits der Straße. Sicher waren wir doch weit genug gefahren, um auf einer anständigen Straße anzukommen, wie sie einem berühmten Wildpark wohl zustand! Nach drei Stunden auf dieser schmalen, ausgefahrenen, löcherigen Spur wusste ich, dass ich einen Fehler gemacht hatte, aber zurückzufahren bedeutete eine weitere Nacht im vergnüglichen Musoma.

Die Farbe der Straße änderte sich, und was ich sah, gefiel mir nicht, auch wenn ich dergleichen noch nie gesehen hatte. Aus dem Staub war schwarzer, schwammiger Schlamm geworden. Dieses unheilvolle Zeug heißt schwarze Baumwolle und besitzt die vereinten Eigenschaften von Treibsand und Kaugummi. Jeder hat aus Erfahrung gelernt, dass die einzige Möglichkeit, damit umzugehen, im Drumrumfahren oder Wegfahren besteht. Da ich diese Erfahrung nicht besaß, fuhr ich weiter, wenn auch sehr beunruhigt. Ich spürte, wie die Räder des Landrovers durchdrehten und langsamer wurden. In dieser Situation fing Joshua an, sich Schläge zu versetzen und »Ai, ai!« zu rufen.

Äußerst besorgt wegen der Straße, sagte ich: »Was ist los, aufhören, still jetzt!«

Joshua schlug sich nun so, als wolle er ein Feuer löschen, und stöhnte.

»Joshua, hören Sie auf!«

»Dudus!«, schrie Joshua. Die Räder versanken, der Mann war ein Idiot, was kam es auf Insekten an, wenn wir dabei waren, in rätselhaftem schwarzen Schlamm unterzugehen? Dann stach mich das erste. Ich trug lange Hosen und hatte meine Ärmel in der Morgenkühle heruntergerollt, aber Joshua war halb nackt. Der erste Stich ging in den Hals, ein Stich wie der einer Biene, und ich schlug nach ihr, konzentrierte mich aber noch immer auf diesen besorgniserregenden Schlamm. Dann kamen sie wie Sturzbomber, stachen mich in den Hals, in die Hände, ins Gesicht und sausten sogar die Hosenbeine hoch, um mich in die Beine zu stechen. Joshua schrie gellend vor

—

»Ich war mein Leben lang eine Reisende, angefangen in der Kindheit mit den Straßenbahnen meiner Geburtsstadt St. Louis, die mich nach Samarkand, Peking, Tahiti, Konstantinopel transportierten. Ortsnamen waren der stärkste Zauber, den ich kannte.«

MARTHA GELLHORN, 1978

—

Schmerz und nicht ohne Grund. Dürre, lange schwarze und braune Fliegen wimmelten um uns herum. Ich war von diesem Angriff erschreckt und hilflos und hielt den Wagen an, die schlechteste aller Reaktionsweisen, weil wir nun ein unbewegtes Ziel boten. Aufgeregte Bienen können Leute zu Tode stechen, erinnerte ich mich dunkel; Bienen waren Schnarchnasen im Vergleich zu diesen Fliegen.

Ich rief in voller Lautstärke »Scheiße«, und Joshua schrie anhaltend in höchster Tonlage, und beide schlugen wir wild in die schwirrende Luft. Dies waren Tsetsefliegen, eine teuflische Plage für Afrika; ihretwegen bleiben ganze Regionen des Kontinents leer. Weder Mensch noch Vieh können da leben, wo sie leben. Noch anziehender werden sie dadurch, dass sie die Schlafkrankheit übertragen. Joshua weinte bittere Tränen und schrie immer noch, und ich schwitzte Blut, aber es gab keine andere Möglichkeit, als weiterzufahren, und um weiterfahren zu können, brauchte ich, wenn er überhaupt gehen sollte, den Vierradantrieb.

»Hilf mir, Joshua!«, brüllte ich und zerrte an dem kleinen zweiten Schalthebel. Er hörte nichts mehr. Ich schlug ihn auf den Arm und zeigte auf die Schaltung. »Ziehen, ziehen, um Gottes willen, wir müssen raus! Mit beiden Händen!«

Er starrte mich mit leeren, wahnsinnigen Augen an; ich packte seine Hände, drückte sie fest auf den Schalthebel unter meinen Händen und zog, so fest ich konnte. Er begriff meine Absicht, wir zogen zusammen, der Gang war eingelegt, ich trat aufs Gas, und der Landrover bewegte sich voran, schwerfällig, aber er bewegte sich wenigstens. Das taten auch die Tsetsefliegen, die uns mühelos folgten. Joshua hatte schon alle Kraft zum Schreien verloren, er jammerte nur noch leise, während ich schrill und vergeblich zu Gott flehte; ich wusste, dass ich den Verstand verlieren würde, wenn diese Biester nicht zu stechen aufhörten.

Genauso plötzlich, wie es begonnen hatte, hörte es auf. Wir waren raus aus dem schwarzen Schlamm und weg von den Mordfliegen. Um ganz sicherzugehen, fuhr ich ein paar Kilometer weiter und hielt an. Wir waren beide in Schweiß gebadet, Joshuas Augen waren rot und stier wie meine wahrscheinlich auch, aber die sah ich nicht. Wir saßen wie betäubt im Landrover. Ich erholte mich so weit, dass ich uns Wasser aus der Thermosflasche eingießen konnte, und zündete mir mit wackliger Hand eine Zigarette an.

»Wenn wir diesen *dudus* noch mal begegnen«, sagte Joshua mit leiser Stimme, »sterbe ich.«

»Schauen Sie mal, wir haben gar keine Flecken an uns.« Wir hätten eigentlich voller roter Beulen sein müssen, aber diese Stiche juckten nicht einmal.

—

»Weit unter uns lag, so weit ich blicken konnte, die goldene Ebene, von blauen Bergen umgeben. Etwas Neues, Kostbares, Starkes strömt durch meine Adern, lässt mein Herz höher schlagen. Meine Lungen füllen sich mit Luft und Licht, die Welt ist zu schön, ich könnte mühelos die Arme ausbreiten und fliegen.«

Martha Gellhorn am Rift Valley in Ostafrika

—

»Memsaab, was ist das für eine schlimme, schlimme Gegend, in die Sie mich bringen?«

»Ich weiß es nicht.«

Joshua blickte mich mit einer seltsamen Miene an, teils hoffnungslos, teils hasserfüllt. Er hatte dummerweise jemandem vertraut, der Vertrauen weder verdiente noch wünschte: Die Memsaab, ein scheinbarer Fels in der Brandung, werde schon wissen, was sie tat und wohin sie wollte. Bislang war Joshua sehr viel besser dran gewesen als ich; er hatte mich, auf die er sich verlassen konnte. Eine Portion verspäteten, aber realistischen Zweifels konnte nur guttun. Joshua hatte einen Mann aus mir gemacht, und diese Rolle passte mir nicht. Er konnte jetzt ruhig einmal selbst Mann sein und schauen, wie ihm das gefiel.

Die Straße war nicht besser, aber kam mir prachtvoll vor, weil sie eine ehrliche Staubfarbe hatte. Wir ruckelten und ratterten und wackelten voran und kamen an einen verzauberten Ort. Auf goldener Ebene, mit blauen Bergen dahinter, stand ein Fries aus Giraffen vor dem Himmel. Um sie herum grasten Zebras und seltsam gebaute bärtige Tiere. Antilopen verschiedener Größen und mit unterschiedlichen Hörnern knabberten und sprangen verspielt umher; eine Herde von Büffeln stand mit erhobenen Köpfen da; sie wirkten aus diesem Abstand unglaublich stark, aber nicht gefährlich. Ich konnte sie nicht zählen, aber es waren mehrere Hundert einander vertrauende Tiere, der leibhaftige Garten Eden.

Massai-Giraffen in Tansania

Joshua bettelte: »Nicht anhalten, Memsaab.« Ich beachtete ihn nicht. Ich blickte durch den Feldstecher und versuchte, sie alle in mein Gedächtnis aufzunehmen, mir wenigstens ein vollkommenes Bild von dieser Reise einzuprägen. Während Joshua quengelte, studierte ich den Feldführer; da ich nicht wusste, wo wir waren oder ob wir jemals Seronera erreichen würden, konnte ich mich ruhig vergnügen und bilden. Das Gnu, der Kleine Kudu, Impala und wieder Thomsongazellen, wenn ich sie richtig identifizierte, und Mungos, kleine, dunkle Geschöpfe, die zwischen all den verschiedenen Hufen herumflitzten. Die Giraffen gingen nun in Richtung der Berge; ihre Hälse schwankten auf höchst kuriose Weise wie Spargel. Die Antilopen sprangen und liefen mit unbeschreiblich schönen Bewegungsabläufen. Schwerfällig kamen die Büffel uns näher. Joshua zog mich am Ärmel; es war Zeit, weiterzufahren. Ich dachte nicht daran, Joshua zu sagen, dass Büffel auch mich ängstigten.

Wir fuhren aus der Grassteppe in niederen Wald hinein und an Vulkanfelsen vorbei. Mit Panik in der Stimme sagte Joshua: »Löwen.« Genau wie Ali fragte ich: »Wo?« Näher an Joshua, aber insgesamt zu nah, lagen ein Löwe und drei Löwinnen malerisch auf einem Felsen und darunter. Wir waren nah genug, um in ihre wütenden, starren gelben Augen zu sehen. Joshua bebte wie im Fieber. Gleichermaßen verängstigt hörte ich mich sagen: »Sie sind ganz zahm, Joshua. Sie sind an Leute gewöhnt, Touristen fahren hier ständig durch.« Ich wünschte nur, dass es so gewesen wäre. Doch erst Jahre später traf dann die große Reisewelle Ostafrika, begannen wie Zebras lackierte Minibusse durchs Land zu kurven, beladen mit Frauen in tief ausgeschnittenen Oberteilen und Männern in geblümten Hemden, die nun wirklich meinten, die Löwen seien zahm und nur für ihre Kameras da. Löwen waren die Spezialität der Serengeti, Löwen gab es hier reichlich, und ich hoffte glühend, dass wir ihnen niemals wieder so nah kommen würden.

Löwe im Nationalpark Kenia

Früher hätte es meine Nerven strapaziert, aber jetzt ging ich die kurze Flussdurchquerung ganz entspannt an. Ich musste den Landrover nur auf einer Felsplatte halten. Daneben ging es nur einen Meter hinunter, gerade ausreichend, um uns zu erledigen. Joshua sagte vor sich hin: »Schlimme Gegend. Alles schlimm.« Dann teilte er seine Befürchtungen mit mir und sagte: »Viertel nach vier, Memsaab.« Als wüsste ich das nicht, als hätte ich nicht einen Knoten von der Größe eines Kürbisses im Magen.

»Wir sind bald da«, verkündete ich mit fester Stimme. Und wenn nicht, würden wir bei Sonnenuntergang die Seitenplanen anbringen und uns drinnen zusammenkauern, während draußen die Löwen uns umkreisten und wir beide vor Angst wie Wackelpudding zitterten.

Joshua sah die Rundhütten zuerst. Der Knoten, der mich beinahe erwürgt hatte, löste sich auf. Der afrikanische Verwalter schloss die

Tür zu einem hübschen kleinen Haus auf und nahm Joshua mit. Wo Joshua nun auch unterkam, ich wusste, er würde drinnen bleiben, Fenster und Tür schließen und beten, die Nacht möge enden. Ich duschte und lag abgeschlafft auf dem Bett, bis ich zu neuem Leben erwachte, den Whisky hervorholte und mir ein köstliches Mahl aus Corned Beef und Gemüse und Suppe kochte, alles zu einem schönen Pamp zusammengerührt. Der afrikanische Verwalter klopfte an die Tür, Taschenlampe in der Hand.

»Das Feuer ist fertig, Memsaab.«

Was für ein Feuer? Dies gehörte hier zur Gastlichkeit: ein Lagerfeuer hinter den Rundhütten, an dem die fröhlichen Besucher auf Baumstämmen unter den Sternen sitzen und von den Tieren, die sie tagsüber gesehen hatten, berichten konnten. Es gab aber keine anderen Besucher. So saß ich allein da und lauschte den lachenden Hyänen, wenn ich auch nicht verstehe, warum man ihre Laute Lachen nennt; und sah – oder glaubte zu sehen, was aufs Gleiche hinauslief – dunkle Schatten am Rand des Feuerscheins umherhuschen. Ich sagte mir, dies sei eine seltene, wundervolle Erfahrung für mich; keine Schranken trennten mich von Afrika. Selten, ja; wundervoll, nein.

1969

Edwin Aldrin, Neil Armstrong und Michael Collins

Schritte auf dem Mond

—

Von alters her setzt der Mond die menschliche Phantasie in Gang; kein Wunder, erscheint er doch jedem Erdenbewohner, der sehen kann, bisweilen in greifbarer Nähe. 1609 richtete Galilei zum ersten Mal sein Fernrohr auf ihn und versetzte damit die Welt in Staunen. In Cyrano de Bergeracs wenig später veröffentlichtem Roman Reise zum Mond *ergehen sich die Protagonisten in allerlei Spekulationen: Ob der Mond vielleicht eine Luke im Himmel sei, durch die man den Heiligenschein der Seligen erkennt? Unterhält Bacchus dort oben womöglich eine Schänke und hängt den Vollmond als Schild heraus? Oder ist der Mond nichts weiter als eine Welt »wie diese, der die unsrige als Mond dient«? Eine gültige Antwort, so das Fazit, würde sich erst finden lassen, wenn der Mensch selbst dorthin reisen könnte.*

Fly me to the moon: 300 Jahre nach Cyrano war es dann tatsächlich so weit. Am 16. Juli 1969 begann die Mission Apollo 11 der NASA. Vom Kennedy Space Center in Florida wurde das Raumschiff »Columbia« mit den drei Astronauten Edwin »Buzz« Aldrin (1930), Neil Armstrong (1930–2012) und Michael Collins (* 1930) ins All geschossen, drei Tage später erreichte es die Mondumlaufbahn. Am 20. Juli setzten Aldrin und Armstrong mit ihrer Mondfähre »Eagle« auf dem Erdtrabanten auf. Armstrong war der Erste, der seinen Fuß auf den Mond setzte, Aldrin folgte ihm 20 Minuten später. Ihr Ausflug auf den Mond dauerte gerade einmal zweieinhalb Stunden. Die Astronauten hatten Mühe, die amerikanische Flagge in den Boden zu rammen, denn trotz der Pulverschicht war die Mondoberfläche steinhart. »Als wir die Flagge aufgestellt hatten«, erinnert sich Aldrin, »habe ich kurz und zackig salutiert, in bester West-Point-Manier.«*

Fasziniert blickten die Mondreisenden auf den Heimatplaneten in der Ferne. Vom Weltall aus betrachtet, nahm sich das »Raumschiff Erde« ziemlich klein und verletzlich aus. Am 24. Juli waren sie wieder auf der Erde zurück. Mit einer Dauer von acht Tagen und drei Stunden war es wohl die bis dato kürzeste und gleichzeitig kostspieligste Forschungsreise der Menschheitsgeschichte.

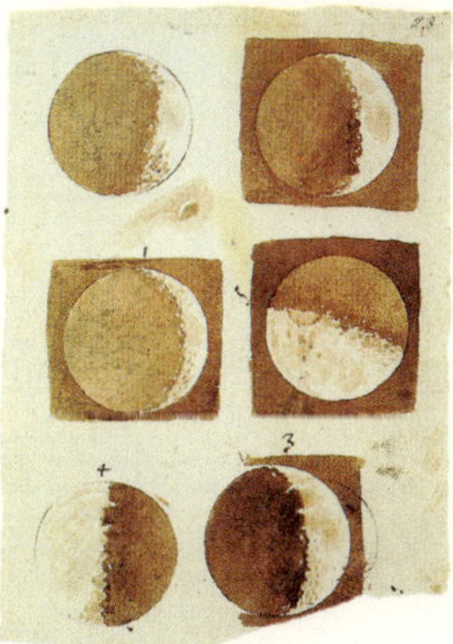

Sechs Darstellungen des Mondes
Zeichnungen von Galileo Galilei, 1609

—

Neil nahm den Steuerhebel in die Faust und schaltete auf manuellen Betrieb um. Er bremste unseren Sinkflug von 6,5 Metern pro Sekunde auf nur noch drei Meter pro Sekunde herunter. In einer Höhe von 100 Metern sanken wir dann nur noch mit etwas mehr als einem

Meter pro Sekunde. Die »Eagle« glitt weiter gemächlich abwärts und vorwärts.

Neil war immer noch nicht zufrieden mit dem Terrain. Ich konnte ihm nur die Angaben des Höhenmessers und unsere Geschwindigkeit über Grund durchgeben. Wir zischten über die Felsen. Auf einer Höhe von 60 Metern verlangsamte Neil den Sinkflug noch einmal. Der Mondhorizont war jetzt auf Augenhöhe. Und unser Treibstoff war fast zu Ende.

»60 Sekunden«, warnte Charlie.

Die Tanks für unseren Abflug waren zwar voll, aber sie waren von den Triebwerken für den Sinkflug völlig getrennt. In der Abstiegsstufe hatten wir noch Treibstoff für 60 Sekunden, bevor wir entweder landen oder das Ganze abbrechen mussten. Neil suchte den Boden unter uns ab.

Edwin Aldrin auf dem Mond, 20. Juli 1969, photographiert von Neil Armstrong

»Runter mit 80 Zentimetern«, rief ich. Die Mondfähre brauste vorwärts wie ein Hubschrauber vor dem Landeanflug. Wir waren in der sogenannten Zone des Toten Mannes, in der wir nicht lange bleiben konnten. Wenn in dieser Höhe der Treibstoff ausging, würden wir auf die Mondoberfläche krachen, bevor die Triebwerke der Aufstiegsstufe uns zurück in den Orbit befördern konnten. »Vorwärts. Vorwärts. Gut. Zwölf Meter. Runter mit 80 Zentimetern. Wirbeln etwas Staub auf. Zehn Meter ...«

Staub, der hier eine Milliarde Jahre ungestört gelegen hatte, wurde zehn Meter unterhalb der Stakelbeine der Mondfähre von unseren Triebwerken seitlich weggeblasen.

»30 Sekunden«, verkündete Charlie feierlich, aber immer noch bremste Neil unseren Sinkflug.

Die Triebwerke brummten leise, als sie den letzten Rest Treibstoff aufsaugten. Ich heftete meine Blicke auf den Knopf, auf dem »Abbruch« stand. »Driften rechts«, rief ich und beobachtete, wie der Schatten einer Fühlsonde leicht die Oberfläche berührte. »Leichter Kontakt.« Der Horizont schien sacht zu schaukeln und stabilisierte sich dann. Unser Höhenmeter hörte auf zu blinken. Wir waren auf dem Mond.

Fußabdruck von Edwin Aldrin auf der Mondoberfläche, 20. Juli 1969

»Okay, Triebwerk abgeschaltet«, sagte ich zu Neil und las von der Checkliste ab. »ACA freigeben.«

»Verstanden«, antwortete Neil und schaltete das manuelle Steuerungssystem ab. Wir waren noch ganz kribbelig von der Aufregung der letzten Momente vor der Landung.

Ich starrte hinaus auf die Felsen und den dunklen Mond. Er war so kahl, wie ich ihn mir immer vorgestellt hatte. Die gebogene Linie des Horizonts verschwand in der Dunkelheit.

»Houston«, rief Neil, »hier Tranquility Base. Der Adler ist gelandet.«

Eigentlich hätten wir uns jetzt ein bisschen den häuslichen Dingen in der Mondfähre widmen sollen; wir hätten etwas essen und dann versuchen sollen, sieben Stunden lang zu schlafen, bevor wir uns auf die Erkundung der Mondoberfläche vorbereitet hätten. Aber wer auch immer diesen Plan abgesegnet hat, kann nicht viel über Psychologie gewusst haben – oder eher über Physiologie. Wir waren gerade auf dem Mond gelandet, und durch unsere Körper zischte jede Menge Adrenalin. Wir sollten versuchen, vor unserem Einsatz außerhalb der Mondfähre zu schlafen? Das ist ungefähr so, als wenn man Kindern am Weihnachtsmorgen erzählt, dass sie bis mittags im Bett bleiben müssen. Ich beschloss, jetzt eine Zeremonie abzuhalten, die ich mir mit Dekan Woodruff überlegt hatte, meinem Pastor von der Webster Presbyterian Church. Er hatte mir ein winziges Set für die Heilige Kommunion mitgegeben. Der Metallrumpf der Adler knarrte. Ich aß die winzige Hostie, trank den Wein und dankte für die Intelligenz und den Geist, die zwei junge Piloten zum Mare Tranquilitatis (Meer der Ruhe) gebracht hatten.

Sieben Stunden nachdem wir auf dem Mond gelandet waren, senkten wir den Kabinendruck ab, und Neil öffnete die Ausstiegsluke. Meine Aufgabe war es, ihn zu lotsen, wenn er auf allen vieren rückwärts auf die kleine Plattform hinauskroch. Er erreichte die Leiter, die mit dem vorderen Standbein verbunden war; und stieg vorsichtig hinunter.

»Ich bin jetzt am Fuß der Leiter«, sagte Neil langsam und deutlich. »Die Fußplatten der Mondfähre sind nur etwa drei bis fünf Zentimeter tief in den Boden eingesunken.« Der Boden bestand aus sehr feinkörnigem Pulver: »Ich verlasse jetzt die Mondfähre …«

Von meinem Fenster aus sah ich zu, wie Neil seinen blauen Mond-Überschuh von der Metallplatte der Fußplatte auf die pulvrige, graue Oberfläche setzte.

»Ein kleiner Schritt für einen Menschen, aber ein großer Sprung für die Menschheit.« Die Gravitation des Mondes hatte etwas so Elastisches an sich, dass es einerseits spaßig, andererseits aber auch knif-

—

»Die Erde hing im schwarzen Himmel wie eine Scheibe, die von der Tag-Nacht-Trennlinie in zwei Hälften geschnitten wird. Sie war größtenteils blau mit weißen Wolkenspiralen, und ich konnte eine braune Landmasse erkennen: Nordafrika und den Mittleren Osten.«

EDWIN ALDRIN, DIE ERDE VOM MOND AUS BETRACHTEND

—

felig war, die Leiter hinunterzusteigen. Ich machte einen Probelauf zur höchsten Leiterstufe hinauf und hüpfte dann hinunter neben Neil.

Aufgang der Erde über dem Mond Aufgenommen am 24. Dezember 1968 von den Astronauten der Apollo-8-Mission während der Umkreisung des Mondes

»Ist das nicht toll?«, fragte Neil. »Wunderbare Aussicht hier draußen.«

Ich sah mich um und hatte einen Horizont im Blick, der nach allen Seiten jäh wegsackte. Wir hatten die Sonne im Rücken, deshalb war jenseits des Mondes nur schwarze Leere. Kiesel, Felsbrocken und kleine Krater überzogen die Oberfläche. Linker Hand konnte ich den Rand eines größeren Kraters ausmachen. Ich holte tief Luft und bekam eine Gänsehaut. »Wunderschön, wunderschön«, sagte ich. »Eine grandiose Einsamkeit.«

Es war ein Schock, aus dem Schatten der Mondfähre herauszutreten. Eben noch stand ich völlig im Dunkeln, im nächsten Augenblick im heißen Flutlicht der Sonne. Von der Leiter aus hatte ich außerhalb des Schattens die sonnenbeschienene Mondlandschaft gesehen, aber ohne Atmosphäre gab es kein bisschen Streulicht. Wenn ich meine Hand über die Trennlinie des Schattens in die Sonne streckte, war es, als hätte ich sie durch eine Barriere in eine andere Dimension gestreckt.

Neil lehnte sich zu mir hinüber. »Macht richtig Spaß, oder?«, sagte er.

Zwar verdeckte das goldbeschichtete Lichtschutzvisier mein Gesicht, aber ich grinste von einem Ohr zum anderen. Wir standen zusammen auf dem Mond.

—

1974/1975

Bruce Chatwin

In Patagonien

—

Im Dezember 1974 kündigte Bruce Chatwin (1940–1989) per Telegramm seine Stelle als Mitarbeiter des Sunday Times Magazine: *»Für vier Monate fort nach Patagonien.« Zu diesem Zeitpunkt war er bereits in Lima und auf dem Weg ins Niemandsland zwischen Chile und Argentinien. Chatwin hatte die Nase voll vom Journalismus. Er wollte nicht mehr für andere, sondern »für mich selbst schreiben« und »auf meine Art«. Sechs Monate dauerte seine Reise durch die patagonische Wüste und Feuerland. In der Einsamkeit der rauen Landschaft fand Chatwin sich selbst wieder – und auch in deren Bewohnern, die ihm genauso wurzellos erschienen wie er selbst.*

Das Buch In Patagonien, *das er zwei Jahre später veröffentlichte, machte ihn schlagartig als Reiseschriftsteller bekannt. Ihm folgte 1987* Traumpfade, *sein Buch über die australischen Ureinwohner und zugleich eine Reflexion über das Nomadentum als menschliche Existenzform: »Konnte es sein«, heißt es darin, »dass unser Bedürfnis nach Zerstreuung, unsere Sucht nach dem Neuen ihrem Wesen nach ein instinktiver Wandertrieb waren, dem Zugtrieb der Vögel im Herbst vergleichbar?«*

»Das männliche Gegenstück zu jenen romantischen Europäerinnen des 19. Jahrhunderts, die in den Orient reisten, um Aquarelle zu malen, aber von Scheichen gefangen genommen und 1001 Nächte in einem Harem festgehalten wurden.« (James Ivory)
Bruce Chatwin in Oregon, 1972
Photographie von James Ivory

—

Bahía Blanca ist der letzte größere Ort vor der patagonischen Wüste. Bill setzte mich an einem Hotel in der Nähe des Busbahnhofs ab. Die Bar war grün gestrichen und hell erleuchtet und voller Kartenspieler. Ein Junge vom Lande stand an der Theke. Er war auf den Beinen, hielt aber den Kopf hoch wie ein Gaucho. Er sah nett aus mit seinem krausen schwarzen Haar, und er war wirklich sehr betrunken. Die Frau des Besitzers zeigte mir ein heißes, stickiges Zimmer, purpurrot und mit zwei Betten darin. Es war ein Zimmer ohne Fenster, und die Tür ging auf einen verglasten Hof. Das Zimmer war sehr billig, und die Frau sagte nichts davon, dass ich es teilen müsste.

Ich war kaum eingeschlafen, als der Junge vom Lande hereingeschwankt kam, sich stöhnend auf das andere Bett warf, sich wieder aufsetzte und übergab. Er übergab sich mehrere Male innerhalb einer Stunde, und dann schnarchte er. Wegen des Geruchs und des Schnarchens habe ich während der ganzen Nacht kein Auge zugetan.

Daher blickte ich am nächsten Tag, als wir durch die Wüste fuhren, mit müden Augen auf die silbrig dahinwirbelnden Wolkenfetzen am Himmel und die See aus graugrünem Dorngestrüpp, das sich in Wogen dahinzog und in Terrassen anstieg, und den weißen Staub, der von den Salzsümpfen fortströmte, und sah, wie sich am Horizont Himmel und Erde zu einer einzigen Farblosigkeit auflösten.

Patagonien beginnt am Rio Negro. Um die Mittagszeit fuhr der Bus auf einer Eisenbrücke über den Fluss und hielt vor einem Lokal an. Eine Indianerin und ihr Sohn stiegen aus. Die Frau hatte zwei Plätze ausgefüllt. Sie kaute Knoblauch und trug klimpernde echte goldene Ohrringe und einen steifen weißen Hut, den sie an ihren Haarflechten festgesteckt hatte. Während sie sich und ihre Pakete aus dem Bus auf die Straße manövrierte, ging ein Ausdruck des Abscheus über das Gesicht des Jungen.

Die festen Häuser des Dorfes waren aus Backsteinen gebaut, mit schwarzen Ofenrohren und einem Gewirr von elektrischen Drähten auf den Dächern. Wo die Backsteinhäuser aufhörten, begannen die Indianerhütten, die aus Pappkartons, Kunststofftafeln und Sackleinen zusammengeschustert waren.

Ein Mann ging allein die Straße hinauf. Er hatte seinen Filzhut tief ins Gesicht gezogen und trug einen Sack auf dem Rücken. Er ließ den Ort hinter sich und verschwand in den weißen Staubwolken. In einem Hauseingang standen ein paar Kinder und quälten ein Lamm. Aus einer Hütte drang Radiomusik und das Geräusch von brutzelndem Fett. Ein magerer Arm kam zum Vorschein und warf einem Hund einen Knochen zu. Der Hund nahm ihn und stahl sich davon.

Um das Dorf herum lagen bewässerte Mais- und Kürbisfelder sowie Obstgärten mit Kirsch- und Aprikosenbäumen. Am Fluss bogen sich die Weiden im Wind und zeigten die silbrigen Unterseiten ihrer Blätter. Die Indianer hatten Weidenruten geschnitten, und man sah die frischen weißen Schnittflächen und roch den duftenden Saft. Durch die Schneeschmelze in den Anden war der Fluss angeschwollen, das Wasser eilte durch das raschelnde Ried. Purpurschwalben jagten Insekten hinterher. Wenn sie über dem Kliff flogen, erfasste sie der Wind und warf sie um in einer flatternd gezogenen Kurve, und dann stießen sie herab zur Wasseroberfläche des Flusses.

—

»Fünfzehn Meilen bin ich SPLITTERNACKT auf dem Black Mountain Trail gewandert, ohne einer Seele zu begegnen, nur Rehen und Vögeln, und das hat mich sehr glücklich gemacht.«
BRUCE CHATWIN, 1972, AN SEINE FRAU

—

Das Kliff ragte schroff hinter dem Anlegeplatz einer Fähre auf. Ich kletterte einen Pfad hinauf und schaute von oben stromaufwärts in Richtung Chile. Ich sah, wie der Fluss sich schimmernd und schlängelnd zwischen den knochenweißen Klippen und Streifen smaragdgrüner Felder zu beiden Seiten dahinzog. Jenseits der Klippen lag die Wüste. Kein Geräusch war zu hören, nur der Wind, der durch das Dornengestrüpp fegte und durch trockene Grashalme pfiff. Und kein Lebenszeichen außer einem Habicht und einem schwarzen Käfer, der gemächlich über weiße Steine krabbelte.

Die patagonische Wüste besteht nicht aus Sand oder Stein, sondern ist mit niedrigem Dornengestrüpp bewachsen, dessen graue Blätter einen bitteren Geruch ausströmen, wenn man sie zerreibt.

Nicht weit weg von Cholila gab es eine Eisenbahnlinie, mit der ich nach Esquel zurückfahren konnte. Der Bahnhof sah aus wie ein Spielzeugbahnhof. Der Fahrkartenverkäufer hatte das Gesicht eines heimlichen Trinkers. In seinem Büro hing ein Photo von einem etwas weichlich wirkenden Jungen mit angeklatschtem Haar aus gutbürgerlichem Haus, der wegen Mordes an dem Fiat-Vertreter gesucht wurde. Die Eisenbahnbeamten trugen blassgraue Uniformen mit goldenen Tressen. Auf dem Bahnsteig stand ein kleiner Altar zu Ehren der Jungfrau von Luján, der Schutzheiligen der Reisenden.

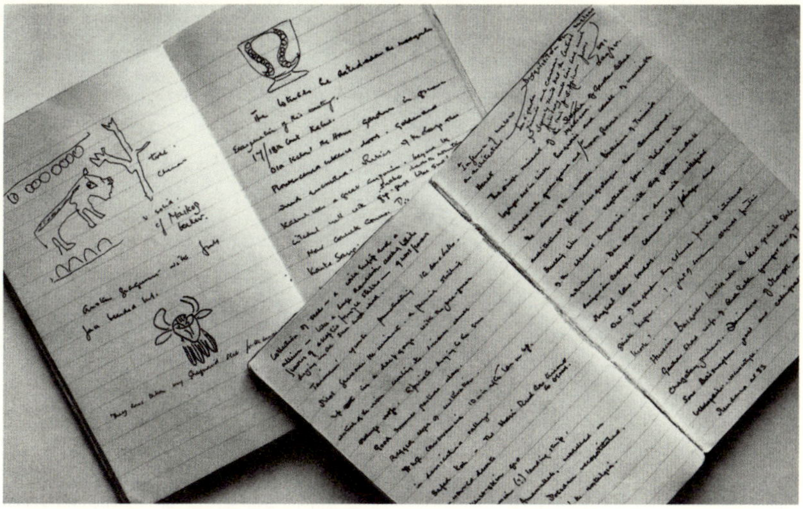

Zwei von Bruce Chatwins berühmten Moleskine-Notizbüchern, die er auf Reisen verwendete

Die Lokomotive war etwa achtzig Jahre alt, made in Germany. Sie hatte einen hohen Schornstein und rote Räder. Die Polster in den Abteilen der ersten Klasse stanken nach abgestandenem Essen. Die zweite Klasse war sauber und hell, hatte erbsengrüne Klappsitze und einen Holzofen in der Mitte.

Ein Mann kochte in seinem blauen Emaille-Kessel Mate auf dem Ofen. Eine alte Dame redete auf ihre Lieblingsgeranie ein, und zwei Alpinisten aus Buenos Aires saßen eingezwängt zwischen ihren Gepäckstücken. Sie sahen intelligent und intolerant aus, verdienten lausige Gehälter und zogen auf übelste Weise über die USA her. Die anderen Reisenden waren araukanische Indianer.

Es ertönten zwei Pfiffe, und der Zug setzte sich mit einem Ruck in Bewegung. Straußenvögel stieben von den Schienen hoch, als wir an ihnen vorbeifuhren. Ihr Gefieder richtete sich auf wie eine Rauchsäule. Die grauen Berge vibrierten im Dunst der Hitze. Von Zeit zu Zeit wirbelte ein Lastwagen am Horizont eine Staubwolke auf.

Einer der Indianer blickte die Alpinisten herausfordernd an und ging zu ihnen, um Streit anzufangen. Er war stark betrunken. Ich lehnte mich in meinem Sitz zurück und wurde Zeuge der Geschichte Südamerikas in Kurzfassung. Der junge Mann aus Buenos Aires hörte sich die Beschimpfungen eine halbe Stunde lang an, dann sprang der auf, explodierte und forderte den Indianer mit einer Handbewegung auf, auf seinen Platz zurückzugehen.

Der Indianer zog den Kopf ein und sagte: »*Sí, Señor, sí, Señor.*«

—

»Welcher Religion gehören Sie an?« – »Heute Morgen gehöre ich keiner besonderen Religion an. Mein Gott ist der Gott der Wanderer. Wenn man lange genug wandert, braucht man wahrscheinlich keinen andern Gott.«
BRUCE CHATWIN, »IN PATAGONIEN«

—

Die Siedlungen der Indianer befanden sich unmittelbar an der Eisenbahnlinie, damit Betrunkene immer nach Hause finden konnten. Als der Indianer an seiner Station angekommen war, stolperte er aus dem Zug und drückte dabei seine fast leere Geneverflasche fest an sich. Überall zwischen den Hütten glitzerten Flaschenscherben in dem verschleierten Sonnenlicht. Ein Junge in einem gelben Anorak stieg ebenfalls aus und stützte den Betrunkenen beim Gehen. Ein Hund, der in einem Eingang gelegen hatte, sprang auf und leckte ihm das ganze Gesicht ab.

Ich bestieg einen Bus nach Perito Moreno und kam mitten in einem Sandsturm dort an. Das Restaurant gehörte einem Araber, der Linsen und Radieschen servierte. Ein Pfefferminzschössling auf seiner Theke erinnerte ihn an eine Heimat, die er nicht kannte. Ich fragte ihn, ob irgendein Bus nach Norden führe. Er schüttelte den Kopf.

Gebäude in Patagonien
Photographie von
Bruce Chatwin

»Ab und zu ein paar chilenische Lastwagen, aber nur ganz selten.« Bis nach Valle Huemeules waren es über hundertfünfzig Kilometer, aber ich beschloss, es zu wagen. An die Mauern einer verlassenen Polizeistation am Ausgang der Stadt hatte jemand mit blauer Farbe »Perón = Gorilla« geschrieben. Nicht weit davon entfernt lag ein Haufen leerer Ginflaschen: das Denkmal für einen toten Lkw-Fahrer. Jedesmal wenn seine Freunde daran vorbeifuhren, warfen sie eine weitere Flasche dazu. Ich wanderte zwei Stunden, fünf Stunden, zehn Stunden – kein Lastwagen in Sicht. Mein Notizbuch verrät einiges von meiner damaligen Stimmung:

Einen ganzen Tag lang und auch den darauffolgenden gewandert. Die Straße ist gerade, grau, staubig, ohne Verkehr. Ein ständiger Wind, der einem den Kopf abreißt. Manchmal hört man einen Lastwagen, man ist sich ganz sicher, dass es ein Lastwagen ist, aber es war nur der Wind. Oder das Geräusch, als würde ein Gang heruntergeschaltet, aber auch das war der Wind. Manchmal hörte er sich so an, als führe ein leerer Lastwagen holpernd über eine Brücke. Selbst wenn ein Lastwagen direkt hinter einem gefahren wäre, hätte man ihn nicht gehört. Und selbst wenn man den Wind im Rücken gehabt hätte, hätte er das Motorengeräusch erstickt. Das einzige Geräusch, das man hören konnte, kam von einem Guanako, ein Geräusch, als ob ein Baby gleichzeitig weinte und nieste. Man sah ihn in etwa hundert Meter Entfernung stehen – ein einsames Guanako-Männchen, größer und anmutiger als ein Lama, mit rotgelbem Fell und einem weißen, hochaufgerichteten Schwanz. Es heißt immer, Guanakos seien scheue Tiere, aber dieser war richtig verrückt nach mir. Als ich nicht mehr laufen konnte und mich in meinem Schlafsack auf dem Boden ausstreckte, blieb er auch stehen, in gleicher Entfernung, und gluckste und wimmerte. Am nächsten Morgen stand er ganz in meiner Nähe, aber der Schreck, als ich mich aus meiner Haut – dem Schlafsack – herausschälte, war zu groß für ihn! Es war das Ende einer Freundschaft, und ich beobachtete, wie er über ein Dorngestrüpp hinweghüpfte – er sah aus wie eine Galionsfigur in der rollenden See.

Transport in Patagonien
Photographie von
Bruce Chatwin

Der nächste Tag noch heißer und windiger. Die heißen Windstöße trieben mich rückwärts, zogen an meinen Beinen, drückten gegen meine Schultern. Die Straße begann und endete in einer gräulichen Fata Morgana. Kaum sah ich ein Staubphantom hinter mir, glaubte ich, es sei ein Lastwagen, obwohl ich wusste, dass ich jetzt nicht mehr mit einem Lastwagen rechnen konnte. Oder es kamen viele schwarze Pünktchen auf mich zu. Wenn ich dann stehen blieb, mich auf den Boden setzte und wartete, wanderten die Pünktchen von der Straße weg, und ich stellte fest, dass es Schafe waren.

Am Nachmittag des zweiten Tages kam tatsächlich ein chilenischer Lastwagen. Der Fahrer war ein unverwüstlicher Mensch mit fröhlichem Gesicht. Seine Füße stanken nach Käse. Er mochte Pinochet und war mit der allgemeinen Lage seines Landes durchaus zufrieden.

Er nahm mich mit bis zum Lago Blanco. Das Wasser des Sees war trübe und milchigweiß. Dahinter lag eine Prärie mit smaragdgrünem Gras, die von einer Kette blauer Berge begrenzt wurde. Das war Valle Huemules.

—

1982

Julio Cortázar und Carol Dunlop

Im VW-Bus auf der Autobahn Paris–Marseille

—

Im Frühjahr 1982 fassten der Schriftsteller Julio Cortázar (1914–1984) und seine Ehefrau, die Photographin Carol Dunlop (1946–1982), den Plan zu einer höchst ungewöhnlichen Entdeckungsreise: »1. Die Strecke Paris–Marseille zurücklegen, ohne ein einziges Mal die Autobahn zu verlassen. 2. Alle Rastplätze erforschen, und zwar jeweils zwei pro Tag, wobei auf dem zweiten immer und ohne Ausnahme die Nacht zu verbringen ist. 3. Auf jedem Rastplatz wissenschaftliche Erhebungen durchführen und die entsprechenden Beobachtungen aufzeichnen. 4. In Anlehnung an die Reiseberichte der großen Forscher der Vergangenheit ein Buch über die Expedition schreiben.« Gesagt, getan: Am 23. Mai brachen der »Wolf« (Cortázar) und das »Bärchen« (Dunlop) mit ihrem VW-Bus »Fafnir« – benannt nach dem sagenhaften Drachen, der den Nibelungenschatz bewacht – von Paris auf, um 33 Tage auf der Autobahn zu leben. Ein Monat »außerhalb der Zeit«, in dem sie gemeinsam alle 63 Rastplätze auf der Strecke ansteuerten und erkundeten. Ihr »Expeditionsbericht« Die Autonauten auf der Kosmobahn *legt davon Zeugnis ab, dass – mit ein bisschen Phantasie – das Glück nur einen Steinwurf von der Autobahn entfernt liegt.*

Das Manuskript, vierhändig auf der Reiseschreibmaschine verfasst, musste Cortázar alleine vollenden. Beide litten seit Jahren an Leukämie. Carol Dunlop starb an ihrer Krankheit noch im Jahr ihrer Fahrt, im November 1982, Julio Cortázar nur 15 Monate nach ihr. So wurde das gemeinsame Reisebuch der beiden »Autonauten« am Ende zum Vermächtnis ihrer Liebe.

Das Gefährt der Autonauten: »Fafnir«, der Drache, im Schattenspiel

—

Montag, 31. Mai

Frühstück: Orangen, Zwieback, Kaffee.

8.00 h. Temperatur: 15 °C. Bewölkt.

9.15 h. Abfahrt.

9.21 h. Wir sind auf der Höhe von Vézelay, »Colline éternelle«.

9.27 h. Rastplatz: AIRE DE LA COUEE.

Wald, Tische. Position Fafnirs: SSO.

Mittagessen: Krabbenragout mit Erbsen und Zwiebeln, Reis, Kaffee.

15.15 h. Flucht vor der Invasion einer Horde geschwätziger Barbaren.

15.25 h. Rastplatz: AIRE DE MONTMORENCY.
25 °C. Position Fafnirs: WSW.
17.30 h. Schlagartiges Gewitter. Trotz der Sonne Regen in dicken Tropfen. Wir suchen Zuflucht in Fafnir (auch die Fliegen, ach).
Das Thermometer sinkt in 20 Minuten von 25 °C auf 19 °C.
Schöner Rastplatz.
Abendessen: Bami-goreng, Kaffee.

Eine Vision von Parkingland. Schon acht Tage auf der Autobahn. Nein: gerade die Autobahn ist das, was fehlt, für uns ist sie weiter nichts als ein fernes Raunen, das durch die Gewöhnung von Tag zu Tag leiser wird, das wir ohne große Mühe mit dem angenehmen Rauschen des Karibischen Meeres in Martinique oder Guadeloupe gleichsetzen. Gewiss, man darf sich dabei nicht so mechanisch von einer ästhetischen Werteskala leiten lassen (das Geräusch des Meeres ist tausendmal schöner als das einer Autobahn usw.): Bei geschlossenen Augen können die Äquivalenzen sogar richtig beunruhigend sein. Wogen-Laster, Motoren-Brecher ... Auf jeden Fall gibt es die gleichen Intervalle der Stille, das Näherkommen und das Crescendo bis zum neuerlichen Bersten, diese Diastole und Systole eines wogenden, atmenden, manchmal unerträglichen Klangvolumens, wie wir es an den Stränden von Martinique oder auf den Rastplätzen kennengelernt haben.

Die Autobahn flieht ins Unendliche: Blick von der Brücke des Rastplatzes von Nemours

So ist unsere Expedition, wie immer klarer zutage tritt, vor allem ein Buchtenschippern in diesem Archipel der Parkplätze. Nie hätten wir das zuvor geglaubt, denn in der Erinnerung an die gewöhnlichen Reisen war die Autobahn Herrin und Heldin. Nach und nach kommen wir zu der angenehmen Überzeugung, dass unsere Expedition wie die des Kolumbus einem völlig anderen Ergebnis als dem erwarteten entgegendriftet. Der Admiral suchte Indien und wir Marseille; er fand die Antillen und wir Parkingland.

Denn dies ist ein Land, dessen Provinzen wir im Takt von zwei pro Tag erobern, indem wir unser rotes Fafnir'sches Banner aufpflanzen, die notwendige kartographische Erfassung vornehmen, die Flora und Fauna überprüfen (auf dem gestrigen Parkplatz gab es so viele Raben, dass wir für einen Augenblick glaubten, uns in einem Reservat zu befinden; kurz darauf entdeckten wir etwas Schlimmeres, die Ameisen, doch davon später).

Für uns ist Parkingland ein Land der Freiheit. Wenn uns die Spielregeln auch zwingen, zwei Provinzen am Tag zu erforschen, so wollen

—

»Als ich den Pfad erklommen hatte, war der Duft eines mit weißen Blüten übersäten Busches wie eine Stimme, die zu mir sagte: Siehst du, das ist nicht mehr der Geruch der Autobahn, hier betritt man eine andere Welt.«
CAROL DUNLOP

—

wir deshalb doch das Land nicht verlassen, und unsere Pflicht raubt uns nicht das Gefühl, ganz nach Lust und Laune zu handeln. Das Verhalten der Parkinglandianer (ich meine die Autobahner, die auf den Rastplätzen nächtigen oder tägigen) vermehrt dieses Freiheitsgefühl nur noch, denn es muss gesagt werden, ach, dass die Armen auf eine Weise vorgehen, die wir, ohne jemanden geringschätzen zu wollen, fast als bescheuert bezeichnen würden. Der eine oder andere trägt den Keim der Freiheit in seinem Herzen, und dann betrachten wir ihn mit Respekt und sind bereit, den Dialog aufzunehmen, einen Dosenöffner auszuborgen oder über das Wetter und die Temperaturen zu plaudern. Doch fast alle sehen bei ihrer Ankunft auf dem Parkplatz wie jemand aus, der eine volle Blase oder einen leeren Magen hat, und das ersetzt weder Intelligenz noch Sensibilität. Sie pissen, essen (fast immer im Stehen, fast immer Sandwichs) und fliehen wieder, als wäre der Parkplatz voller Krokodile und Schlangen. Ob sie an der Parkingsonschen Krankheit leiden? Die einzigen anders Gearteten sind wie immer die Kinder und die Hunde: Sie schnellen aus den Autos wie bunte Sprungfedern, rennen zwischen den Bäumen herum, erkunden das neue Reich, erfreuen sich an den Blumen und Wiesen, bis ein grässlicher Pfiff oder ein »Henri!!« die Luft zerschneidet und sie traurigerweise zu der Konservenbüchse zurückholt, in die sie dann mit der jeder eingedosten Sardine eigenen Niedergeschlagenheit einsteigen.

SAMSTAG, 5. JUNI

8.00 h. 20 °C.
Frühstück. Orangen, Mandelkekse, Kaffee.
9.06 h. Abfahrt.
9.11 h. Hügelland von Bessey-en-Chaume. Höhe: 565 Meter.
9.16 h. Rastplatz; AIRE DU ROSSIGNOL.
Panoramaaussicht.
Ausrichtung Fafnirs: NNO.
12.30 h. 36 °C.
12.32 h. Abfahrt.
12.33 h. Auf der Höhe von Beaune.
12.43 h. Rastplatz: AIRE DE BEAUNE-TAILLY.
Ausrichtung Fafnirs: SSO.
Mittagessen (im »Bistro« des Rastplatzes): Suppe (nur Julio), Hors-d'œuvre-Platte (Carol), Bœuf bourguignon, Käse der Region.
17.00 h. 57 °C (in der Sonne), was uns als furchtlose Forschungsreisende, die wir nun einmal sind, nicht daran gehindert hat, das »Archäodrom« [ein Historienpark] zu erkunden.

Der Rastplatz ist der gigantischste, den wir bisher gesehen haben. Wir verbringen die Nacht im Motel.
Abendessen: Wir haben vergessen, das Menü zu notieren.

Anfang und Ende der Welt von einem Quartett Schuberts aus. Während ich die Autobahnkarte betrachte, stelle ich einmal mehr fest, dass wir unsere Reise in der richtigen Richtung machen. In der Tat müssen diejenigen, die nach Paris zurückkehren und auf der Höhe des Rastplatzes von La Forêt haltmachen wollen, sich mit dem von Le Creux-Moreau zufriedengeben. Und beim nächsten Halt, wo wir auf dem »Aire du Rossignol« ausruhen werden, finden sich die Reisenden, die auf der Rückfahrt in die Hauptstadt eine Pause machen, im »Bois des ... Corbeaux« wieder.

Vorsichtig wie immer, erkunden wir sorgfältig die Möglichkeiten unseres Haltes, bevor wir einen endgültigen Standplatz wählen. Das ist sehr wichtig, denn schon um zehn Uhr morgens macht sich die Sonne bemerkbar wie um die Mittagszeit im Herzen der Sahara, und die Möglichkeiten des Rastplatzes »Zur Nachtigall« sind nicht üppig (nachdem man ihn als »Panoramazone« eingestuft hatte – eine Bezeichnung, die er im Übrigen ganz zu Recht trägt –, hat man natürlich dafür Sorge getragen, dass die Aussicht nicht durch Bäume oder sonstige Einrichtungen verstellt wird). Es gibt ein Inselchen mit Kiefern zwischen zwei Wegen für die Fahrzeuge, die zusammen einen Rhombus bilden, und etwas weiter erstreckt sich ein offenes Feld, über das man mit dem Auto fahren könnte, um unter dem einzigen, ganz weit hinten stehenden Baum Zuflucht zu suchen; doch die Regenfälle vom Vortag waren heftig, und wir befürchten, dass Fafnir stecken bleiben könnte. Also installieren wir unseren Drachen direkt bei dem Inselchen und in angemessener Entfernung vom WC und ergreifen sofort Besitz von einem Tisch unter den Bäumen (obwohl es noch früh ist, beginnen die Reisenden bereits mit unverkennbaren gastronomischen Absichten haltzumachen, und da die Hitze Fahrer wie Insassen aus der Ruhe und zur Verzweiflung zu bringen pflegt, ist das Ergebnis vorhersehbar). Dank der im Verlauf der Expedition erworbenen Erfahrung stellen wir in wenigen Sekunden das Dach hoch, nivellieren den Kühlschrank aus, installieren die Liegesessel neben dem am besten

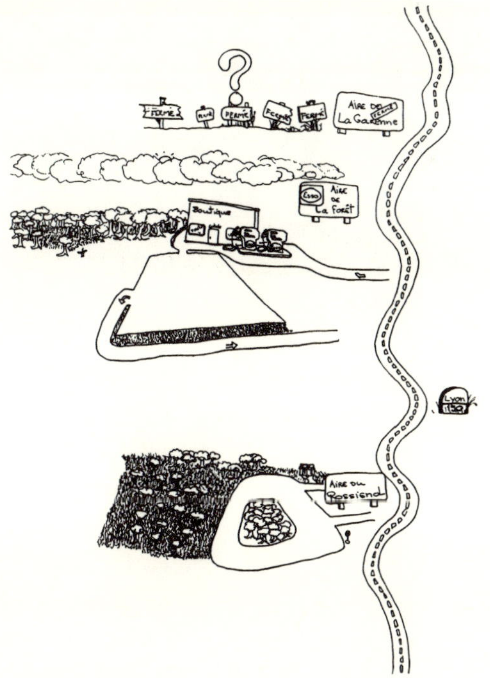

Skizze der Raststätten Aire de la Garenne (geschlossen), Aire de la Forêt und Aire du Rossignol

beschatteten Tisch, und der fragliche Tisch wird in völlig unzweideutiger Weise mit Schreibmaschinen, Büchern, Flaschen, Gläsern, Fotoapparat und Siphon in Besitz genommen (was ungläubiges Staunen auslöst).

Wir richten uns ein, nachdem wir einen guten Schluck zu uns genommen haben, in erster Linie, um uns zu beglückwünschen, weil wir es verstanden haben, zur rechten Zeit zu kommen und den besten Platz zu besetzen (dies mag egoistisch erscheinen, geschätzter Leser, doch bedenke, dass der gewöhnliche Reisende einen Halt auf einer sechs- oder achtstündigen Reise macht, während wir bei einer Reise von dreiunddreißig Tagen eine Pause einlegen), und an zweiter Stelle, weil wir glücklich sind, und irgendein Überrest oder eine Emanation der schönen und langen Nacht, die wir durchlebt haben, reizt uns, so zu tun, als ginge das Fest noch weiter – und es stimmt ja auch, dass diese Reise ein endloses Fest des Lebens ist –, ganz zu schweigen davon, dass dies alles uns dabei hilft, andere Aktivitäten aufzunehmen, denn wir haben ja unsere Schreibmaschinen nicht nur hingestellt, weil wir irgendeinen Lyoner daran hindern wollen, seine gleichnamige Wurst neben uns zu verzehren, sondern auch, weil wir Lust haben zu arbeiten, und bekanntlich ist ja ein guter Schluck für die Inspiration kein Schaden.

Die »Autonauten« auf dem Rastplatz: Julio Cortázar und Carol Dunlop

Wichtig ist jedenfalls, dass wir ziemlich weit von der Autobahn entfernt sind, da sich der Rastplatz »Zur Nachtigall« als eine Art Hügel über sie erhebt. Gleichzeitig habe ich, wenn ich den Blick hebe, um die Landschaft zu bewundern, das Gefühl, dass ich bisher noch nie ein so klares Bewusstsein von der Autobahn hatte; noch nie habe ich sie sich so weit in beide Richtungen erstrecken sehen, nie hatte ich einen solchen Eindruck der Harmonie, wenn ich ihren Kurven, Steigungen und Gefällstrecken folgte, die ich jetzt dank der Lage des Rastplatzes mit einem einzigen Blick erfassen kann. Da das Gelände so hoch liegt, fahren die Autos und Lastwagen geräuschlos vorbei, ohne zu stören, mit gleichbleibender Geschwindigkeit, obwohl es auf der Seite Paris–Lyon ziemlich bergab und auf der Seite Lyon–Paris entsprechend bergauf geht. Die Geschwindigkeit selbst scheint durch diese Geräuschlosigkeit abgeschafft; man sieht nur diese langsame, harmonische, endlose Bewegung anonymer und dennoch deutlich wahrnehmbarer Formen, welche einem unerforschlichen, aber berechtigten und tiefen Bedürfnis zu entsprechen scheint.

—

»Eine Entfaltung in Glück und Liebe, aus der wir so erfüllt hervorgingen, dass danach nichts mehr diesen Monat außerhalb der Zeit übertreffen konnte, diesen inneren Monat, in dem wir zum ersten und zum letzten Mal erfuhren, was uneingeschränktes Glück ist.«
Julio Cortázar im Rückblick auf die Reise mit Carol Dunlop

—

Ich stelle meine Schreibmaschine auf und merke, dass ich etwas in Fafnir vergessen habe. Auf dem Weg zurück nimmt mich die Aussicht auf die gegenüberliegende Seite gefangen, eine Landschaft, die uns durch den Morgendunst bei unserer Ankunft verborgen geblieben war. Ich bin gefangen, und dennoch drehe ich mich um mich selbst und stelle fest, dass es überall ähnlich ist. Ich erhebe mich über den Rastplatz, geflügelter als eine Chagallfigur; ich bin dieser Berg dort in der Ferne, ich trinke das Blau dieser Bäume, die kaum als genau umrissene Größen zu unterscheiden sind, ich gleite an dem Steinbruch dort drüben entlang, und immer noch auf dem Rastplatz und immer noch reglos, setzt sich der Reigen fort bis zum Schwindelgefühl, diesem Schwindelgefühl, wie es in einigen seltenen Augenblicken des Lebens die Rundumsicht von 360 Grad bewirkt, die sich zugleich schafft und zerstört.

Eine kurze musikalische Phrase setzt sich in dem Strudel langsam durch, ähnlich wie die Nachtigall, wenn sie bei Einbruch der Dunkelheit ihre Tonleitern übt, bevor sie aus vollem Herzen zu singen anhebt. Zwei, drei Noten, deren Tiefe aus der Großartigkeit der Landschaft zu entspringen scheint. Ein Takt, noch einer, und es ist dieses Quartett von Schubert, das keinem andern gleicht, und ich vergesse, was ich holen wollte, steige aber in Fafnir ein, weil ich weiß, dass wir genau dieses Quartett auf einer Kassette haben, auf die ich mich in Augenblicken, die ich nicht genau bestimmen und nicht einmal zueinander in Beziehung setzen könnte, oft mit einer Art unabwendbarer Vehemenz stürze, und so sitze ich schneller, als ich es sagen kann, auf der Rückbank und bin wie ein außerirdisches Wesen durch das Kopfhörerkabel mit dem Kassettenrecorder verbunden.

Im schmalen Schatten »Fafnirs«: Julio Cortázar

Es beginnen die ersten Takte, schmerzvoll und tief, so wie einmal die Welt begonnen haben muss, eine Schmerzensmusik, wie die Landschaft, die mich umgibt, von der ich ein Teil bin, Violine und Cello; die tiefen Töne werden unterbrochen, es ist, als wären sie eine Wunde, die von den unerwarteten Höhen geheilt wird, und dann die langsame, so langsame und wunderbare Verschmelzung des Ganzen, die Harmonie, die sich selbst sucht und die umgebenden Berge und sogar die allmählich eintreffenden Touristen umfängt. Mitten auf dem Rastplatz, bei geöffneten Türen, in die Stille eingeschlossen; in einer äußeren Stille entsteht die Welt, und ich sehe sie, ich sehe sie alle, nicht nur den Wolf, der dort drüben unter den Bäumen ununterbrochen auf der Maschine schreibt, sondern auch das Paar, das direkt neben Fafnir aus einem 4L gestiegen ist und mit einem forschenden Lächeln auf den Lippen den Kassettenrecorder anschaut, die Kopfhörer, mein Gesicht und meine Hände, die das Ganze erneut dirigieren, ja, so wie sie irgendwo die Herausbildung der Landschaft dirigierten, die des Dunstes, der jetzt immer rascher überall aufsteigt. Ich sehe sie, ja. Aber nicht von diesem Körper aus, nicht mit diesen Augen, die ihnen vielleicht zugelächelt haben. Nein, ich sehe sie von dem Ort aus, wo ich zuhöre und den man nicht benennen kann, aus dem Herzen der Saiteninstrumente, aus dem Gehirn eines Musikers, der schon vor so langer Zeit gestorben und dennoch da ist, der weit über die Berge hinwegschwebt, ohne dass ihn Mauern und Fenster, Stadt oder Haus umgeben, ich rühre an das Herz, Ursprung und Entfaltung der Musik wie auch des Sehens: in jedem Finger eines Musikers, der wie ein Liebender den Bogen führt, in jedem Fuß, der das empfindliche Gleichgewicht des Instrumentes aufrechterhält, in jedem Kinn, das auf seiner Stütze ruht, ohne einen Abdruck zu hinterlassen: jede Note, all diese Dinge, die nicht existieren und die dennoch in Augenblicken wie diesem die ganze Schöpfung und der Zweck der Welt sind, ich sitze da, so groß wie all diese Berge um mich herum, eins mit den tiefsten Steinbrüchen, verbunden mit allen Bewegungen, die aus diesem Ganzen, der Dauer der Kassette, eine Einheit machen, und weder die Deutschen, die an das Auto kommen, um herauszufinden, ob ich vielleicht etwas aufnehme, noch die Familie, die erstaunt stehen bleibt, um mich mit ungläubigen Augen anzustarren, können diesen vollkommenen Kreis durchbrechen. Allein dieser kleine Junge, der sich mit dem Rücken zu mir auf das Trittbrett gesetzt und begonnen hat, sich ganz allmählich im Rhythmus des Quartetts zu wiegen, hat ihn vielleicht bewusst betreten, als einer, der die Erfahrung wirklich mit mir teilt, auch wenn alle anderen ebenfalls dazugehören.

»In unserem Drachen … auf unserer Autobahn des Lebens«: Zeichnung aus dem Logbuch

Rossignol, Panoramaparkplatz, singen jetzt deine Vögel für jene, die ihnen zu lauschen verstehen, dieses wunderschöne Thema von Schubert, das aus einem Rastplatz Anfang und Ende der Welt gemacht hat?

—

1995

David Foster Wallace

Luxuskreuzfahrt in der Karibik

—

Das Zeitalter des unabhängigen Reisens geht dem Ende entgegen«, prophezeite der englische Schriftsteller E. M. Forster schon im Jahr 1920. Vorbei die Zeiten, als das Reisen ein exklusives Vergnügen war. Die Tourismusindustrie verspricht heute einem jeden für ein paar hundert Euro ein, zwei Wochen »Ferien vom Ich«, fast überall auf der Welt und all inclusive. *Im März 1995 begab sich der amerikanische Autor David Foster Wallace (1962–2008) im Auftrag der Zeitschrift* Harper's Magazine *als teilnehmender Beobachter auf eine sogenannte* 7 Night Caribbean *(»7NC«), eine siebentägige Luxuskreuzfahrt in die Karibik. Auf dem Luxusliner »Zenith« (in seinem Reisebericht umbenannt in »Nadir«), mit dem er von Key West aus in See stach, kamen auf zwei Passagiere im Schnitt 1,2 Crewmitglieder. »Die Küche war exzellent, der Service hervorragend, und sowohl bei den Landgängen als auch dem Animationsprogramm an Bord hatte man nichts dem Zufall überlassen.« Beste Voraussetzungen also, um einzulösen, was der Prospekt versprach: »Lassen Sie sich verwöhnen wie noch nie zuvor in Ihrem Leben.«*

Touristen sind bekanntlich immer die anderen. David Foster Wallace' Reisebericht – überschrieben A Supposedly Fun Thing I'll never Do Again *(Schrecklich amüsant, aber in Zukunft ohne mich) – zeigt, wie noch der honorigste Reisende sich im Handumdrehen in einen ganz gewöhnlichen Touristen verwandeln kann. Widerstand zwecklos.*

Auf Kreuzfahrt
Photographie von
Heeb Christian

—

Ein Morgen im Hafen ist für agoraphobisch Veranlagte immer eine ganz besondere Zeit, denn alle anderen sind auf Landgang, unternehmen geführte Exkursionen oder einen Einkaufsbummel entlang der Touristen-Renne, und die oberen Decks der *Nadir* sind so gespenstisch schön verwaist wie früher das Haus meiner Eltern, wenn man krank das Bett hüten musste und alle anderen entweder auf der Arbeit oder in der Schule waren. Wir schreiben Mittwoch, den 15. März (die Iden des ...), es ist exakt 9.30 Uhr, wir liegen im Hafen von Cozumel, Mexiko. Ich befinde mich auf Deck 12. Alle paar Minuten joggen mehrere Typen in T-Shirts einer Software-Firma wohlriechend vorbei, aber sonst bin ich allein mit meinem ZnO, meinem Sonnenhut und etwa eintausend leeren und einheitlich ausgerichteten Qualitätsliegestühlen. Der Handtuch-Mensch von Deck

12/achtern hat fast niemanden, an dem sich seine Service-Philosophie erproben ließe, und um 10.00 Uhr bin ich bei meinem fünften Handtuch.

Hier auf dem höchsten Steuerbord-Deck ist der agoraphobisch Veranlagte endlich allein und kann versonnen aufs Meer schauen. Die See vor Cozumel ist von einem blassen Indigo, durch das man den weißen Meeresgrund sehen kann. In einiger Entfernung beginnen violette, wolkenartige Korallenformationen. Ich begreife, warum die Leute von »glasklarem« Wasser sprechen. Gegen 10.00 Uhr treffen die Sonnenstrahlen in einem solchen Winkel auf der Wasseroberfläche auf, dass der ganze Hafen, so weit das Auge reicht, zu leuchten anfängt. Das Wasser bewegt sich in Millionen Splittern, und jeder einzelne glitzert von Zeit zu Zeit auf. Hinter den Korallen wird das Wasser in kartographisch-präzisen Stufen immer dunkler, ein Phänomen, das offenbar mit der Perspektive zusammenhängt. Dies alles ist extrem hübsch anzusehen und sehr friedlich. Außer mir und dem Handtuch-Mann und den Trimmtrab-Trabanten befindet sich nur eine ältere Lady an Deck (sie liest ein Buch mit dem Titel *Codependent No More – Das Ende der Abhängigkeit)* sowie, in Bugnähe, ein Mann, der das Meer auf Video aufnimmt. Ein trauriges Gerippe mit grauem Bürstenschnitt, Birkenstocks und spindeldürren, haarlosen Waden, das bei mir ab Tag 2 nur noch *Captain Video* hieß und sicherlich einer der denkwürdigen Exzentriker an Bord war. Fast jeder an Bord ist mehr oder weniger kamerabesessen, doch Captain Video filmt praktisch alles: Mahlzeiten, leere Korridore, scheintote Bridge-Partien. Während der Pool-Party springt er sogar auf die Bühne, um die Menge aus der Perspektive der Musiker aufzunehmen. Schon jetzt ist abzusehen, dass die gesammelten Kassetten von Captain Videos Megakreuzfahrt einmal ein Filmdokument ergeben, das exakt so lang ist wie die Kreuzfahrt selbst – und so langweilig wie Warhol. Außer mir ist Captain Video der Einzige, der ohne Anhang angereist ist. Dies und einige weitere Gemeinsamkeiten zwischen mir und Captain V. (z. B. der agoraphobische Widerwille gegen Landgänge) sorgen dafür, dass ich mich in seiner Gegenwart

Kreuzfahrtschiff im Ozean

ziemlich unwohl fühle und ihm aus diesem Grund möglichst aus dem Weg gehe.

Der agoraphobisch Veranlagte kann aber auch auf der Steuerbordseite stehen und zugucken, wie die *Nadir*-Kohorten an Land gespien werden. Schier endlos der Strom, der sich über die schmale Gangway von Deck 3 ergießt. Und sobald eine Sandale die Pier betritt, verändert sich die gesamte Soziologie dahingehend, dass aus den Fünf-Sterne-Passagieren stinknormale Touristen werden. Eine dreizehnhundertköpfige Schlange von amerikanischen Wohlstandsbürgern drängelt sich in diesem Moment auf dem gut vierhundert Meter langen Betonkai von Cozumel in Richtung TOURISM CENTER, die Taschen voller Geld, entschlossen, etwas zu erleben und diese Erlebnisse aufzuzeichnen.

Einheimische entlang des Kais offerieren den Nadiriten die Gelegenheit, sich mit einem Grünen Leguan fotografieren zu lassen. Gestern auf Grand Cayman war es statt des Leguans ein Alter mit Holzbein und Haken – derweil draußen in der Bucht ein nachgebildetes Piratenschiff auf Seeräuber-Folklore machte und stundenlang Breitseiten böllerte, was allen ziemlich auf die Nerven ging.

—

»Ich habe sacharinweiße Strände gesehen. Wasser von hellstem Azur. Ich habe erfahren, wie Sonnenmilch riecht, wenn sie auf 21 000 Pfund heißes Menschenfleisch verteilt wird. Ich habe Sonnenuntergänge erlebt, die aussahen wie nach einer digitalen Bildbearbeitung, und einen Mond, der am Himmel hing wie eine fette Zitrone.«

DAVID FOSTER WALLACE

—

Träge zerfließend wie ein Lavastrom suchen sich die *Nadir*-Massen ihren Weg, zu zweit, zu viert, in kleinen Gruppen, ganze Horden, ein komplexes, unaufhaltsames Vorrücken pastellfarbener Hemden und Blusen, behängt mit Aufnahmegeräten. 85 Prozent der Frauen tragen weiße Augenschirme und Handtaschen aus Korbmaterial. Und alle tragen sie Sonnenbrillen mit dem Accessoire des Jahres, einer weichen Brillenkette in Leuchtfarbe, welche das unentwegte Aufsetzen und Abnehmen der Brille ermöglicht.

Rechts von mir (Südost) nähert sich ein weiteres Megaschiff der Anlegestelle, die, bedenkt man den stumpfen Anfahrtswinkel, ziemlich in unserer Nähe sein muss. Das Schiff bewegt sich wie eine Naturgewalt und lässt die Vorstellung nicht zu, dass es tatsächlich von einer menschlichen Hand gesteuert wird. Ein solches Riesenteil an seinen Liegeplatz zu manövrieren, ist etwa so, als wollte man mit verbundenen Augen und vier LSD-Trips auf der Zunge eine Zugmaschine in eine Parklücke zwängen, die einem nicht einmal einen einzigen Zentimeter Rangierraum bietet.

Aber von hoch oben zuzusehen, wie die eigenen Landsleute auf teuren Sandalen in bettelarme Hafenstädte wackeln, gehört nicht zu den erhebenden Augenblicken einer 7NC. Den amerikanischen Touristen, ganz besonders in der Gruppe, umgibt die Aura eines Herdentiers, eine geradezu bovine Ausstrahlung in seiner unersättlichen Selbstgefälligkeit. Oder besser: unserer. In jedem Hafen werden wir automatisch zum *Peregrinator americanus*, zu amerikanischen *hoi poloi*. *The*

Ugly Ones – das sind wir. In meinem Fall ist *Boviscopophobie* (die Angst, als bovines Herdentier angesehen zu werden) noch ein weit stärkeres Motiv, an Bord zu bleiben, als meine agoraphobische Veranlagung. Der Anblick meiner Landsleute vor der poveren Kulisse vermittelt mir das bohrende Gefühl einer unausweichlichen Komplizenschaft. Ich bin zwar bisher kaum aus den US of A hinausgekommen und ganz bestimmt nicht als Teil einer Upper-Class-Touristenmeute, aber sogar hier oben auf Deck 12 werde ich unangenehm daran erinnert, dass ich Weißer bin, ein Weißer inmitten lauter nichtweißer Menschen. Ich kann mir gut vorstellen, welchen Eindruck wir aus Sicht gelassener Jamaikaner oder Mexikaner oder gar der nichtweißen Service-Knechte an Bord der *Nadir* hinterlassen. Die ganze Woche habe ich vor der Besatzung alles getan, um mich von der bovinen Herde, zu der ich ja nun einmal gehöre, zu distanzieren und gewissermaßen loszusagen. Ich boykottiere Kameras und Sonnenbrillen und Hawaiihemden. In der Cafeteria trage ich mein Tablett demonstrativ selbst und bedanke mich überschwänglich für jede noch so kleine Handreichung. Und weil viele meiner Mitpassagiere das Personal, das selten gut Englisch spricht, extra laut anbellt, lege ich großen Wert darauf, besonders leise mit diesen Leuten zu reden.

Natürlich entspringen gerade die Distanzierungsversuche meinerseits einem komplexen und teilweise ziemlich arroganten Selbstdarstellungsprogramm, das wiederum typisch ist für die amerikanische Oberschicht. Diesem inneren Konflikt entgehe ich auf dieser Reise keine Minute. Denn was ich auch tue, ich bin und bleibe eben Amerikaner, und das ist nicht immer angenehm. Seinen Höhepunkt erreicht dieses Dilemma regelmäßig in den Häfen, in denen die *Nadir* festmacht. Egal ob unten im Gewusel des Hafens oder ganz oben an der Reling von Deck 12, ich werde das dumme Gefühl nicht los, dass ich ein amerikanischer Tourist bin und dadurch per se ein stiernackiger, lauter, vulgärer, großkotziger Fettsack, eitel, verwöhnt gierig und zugleich gepeinigt von Scham und Verzweiflung. In diesem Sinne ist der amerikanische Tourist wirklich einzig auf der Welt: ein bovines Herdentier *und* ein Fleischfresser.

Statt nachgemachter Piratenschiffe kreuzen Glasbodenboote vor den Korallenbänken von Cozumel. Schwerfällig zerteilen sie das Wasser, denn sie sind entsetzlich überladen mit Kreuzfahrern, die sich die *Organized Shore Excursion* nicht entgehen lassen wollen. Was mir aber an dem Anblick gefällt, ist, dass sie alle – und es sind über hundert Leute pro Boot – wie zum Gebet den Kopf gesenkt haben und nach unten schauen. Alle bis auf den Mann am Steuer, der, wie sämtliche Fahrer von Massentransportmitteln auf dieser Welt, den Blick gleichgültig in das ewig gleiche Nichts gerichtet hat.

Zwei Ozeanriesen vor Anker
Photographie von Mel Longhurst, 2012

Ein Parasailing-Schirm hängt regungslos über dem Backbord-Horizont, und an dem Schirm hängt ein Strichmännchen.

Der Handtuchmann von Deck 12/achtern, ein geisterhafter Tscheche mit tiefliegenden, düster verschatteten Augen, steht steif und ausdruckslos an seinem Wagen und spielt eine Art Schnick-Schnack-Schnuck mit sich selbst. Ich weiß mittlerweile, dass der Handtuchmann von Deck 12/achtern für journalistische Annäherungsversuche vollkommen unempfänglich ist und mich jedes Mal, wenn ich ein frisches Handtuch hole, mit geradezu vernichtender Neutralität ansieht. Ich verteile frisches ZnO auf meiner Nase. Captain Video filmt gerade mal nicht, peilt jedoch durch ein mit beiden Händen gebildetes Rechteck den Hafen. Man sieht auf den ersten Blick, dass er Selbstgespräche führt. Das andere Megaschiff legt jetzt direkt neben uns an, ein Vorgang, der anscheinend ein weltuntergangsmäßiges Getute erfordert. Herzerfrischend hingegen eine andere Hafenszene und zugleich Programmpunkt im 7NC-Veranstaltungskalender: Im lagunenflachen Wasser etwas weiter draußen erlernt eine Gruppe von Nadiriten das Schnorcheln. Ich sehe gut 150 meiner Landsleute kieloben und reglos auf den Wellen treiben. Sie üben Toter Mann, so viel ist klar, aber das Ganze wirkt dennoch ziemlich echt und wie das Resultat einer Schiffskatastrophe, zumindest von meiner Warte aus. Ich habe es aufgegeben, in einem Hafen nach Rückenflossen Ausschau zu halten. Offenbar haben Haie wenig Sinn für Ästhetik und lassen sich so gut wie nie in Häfen blicken, obwohl ein paar Jamaikaner allerhand Geschichten zum Besten geben, dass Barrakudas gerne auf einen Sprung vorbeikommen und dabei mit chirurgischer Lakonie schnell mal ein Bein mitnehmen. Auch gibt es in karibischen Häfen so gut wie keinen Tang, kein Glaskraut, kaum Algenschlamm oder was sonst noch alles in einem richtigen Meer wuchert. Womöglich fischen Haie lieber im Trüben, denn hier würden sie von potentiellen Opfern ohnehin früh erkannt.

Da wir gerade von Karnivoren reden, die beiden Carnival-Kreuzer *Ecstasy* und *Tropicale* ankern auf der gegenüberliegenden Seite des Hafenbeckens, und ich habe den Eindruck, dass dies den anderen Schiffen nur recht ist. Die Decks der Carnival-Schiffe sind meist von jungen Leuten bevölkert, die von weitem alle leicht zu pulsieren scheinen, ähnlich wie ein Basslautsprecher. Die Gerüchte über Carnival sind Legion, schwimmende Abschlepp-Bars werden sie genannt, die nachts durch das Vereinte Quietsche-Quietsch der Betten regelrecht ins Schaukeln geraten. Glücklicherweise, möchte ich sagen, kennt man auf der *Nadir* derlei Schamlosigkeiten nicht. Ich bin nämlich inzwischen zum 7NC-Snob gereift, der, sobald der Name Carnival oder Princess fällt, ob des Klassenunterschieds das Gesicht verzieht.

Aber egal, da liegen sie, die *Ecstasy* und die *Tropicale*, aber zumindest in sicherer Entfernung. Denn gleich nebenan macht jetzt die *Dreamward* fest – in den Farben Weiß und Pfirsich, was vermutlich bedeutet, dass das Schiff zur Norwegian-Cruise-Line-Flotte gehört. Die Deck-3-Gangway der *Dreamward* liegt auf derselben Pier auf wie unsere, ja, sie berührt sie beinahe, was irgendwie obszön aussieht. Die *Dreamward*-Passagiere gleichen in allen wichtigen Punkten denen der *Nadir*, und genauso strömen sie jetzt die Gangway hinab. In dünner Kolonne wie durch ein Tal der Schatten wackeln sie über die Pier, denn die hochragenden Bordwände zu beiden Seiten scheinen sie einzuengen, so dass sich der Treck endlos hinzieht. Und mancher dreht dabei den Kopf nach oben und staunt über die Größe dieses Etwas, das ihn gerade ausgespuckt hat. Captain Video, der sich so weit über die Backbord-Reling gelehnt hat, dass nur noch die Spitzen seiner Sandalen das Deck berühren, filmt, wie *Dreamward*-Passagiere zu uns emporschauen. Worauf nicht wenige von ihnen selber zum Camcorder greifen und zurückfilmen – ein medialer Schlagabtausch, der mir vorkommt wie aus einem Stück postmoderner Installationskunst.

Und da die *Dreamward* nun einmal direkt neben uns liegt, fast Bullauge an Bullauge, Deck an Deck, haben die agoraphoben Hafenviertel-Vermeider Gelegenheit, sich auf ähnliche Weise zu mustern wie zwei tiefergelegte Mustangs an einer roten Ampel. Das heißt, hier wird verglichen. Ich spüre die Blicke der *Dreamward*-Glotzer. Ihre Gesichter glänzen vor Sunblocker. Die *Dreamward* ist auf eine Art weiß, welche die *Nadir* fast beige aussehen lässt, und der Bug ist schnittiger. Die Wasserlinie ist in einem leuchtenden Pfirsichton gehalten, ebenso wie die Sonnenschirme an den Pools von Deck 11. Überhaupt verfügt die *Dreamward* auf Deck 11 nicht nur über mehr Pools als die *Nadir*, sie hat dazu noch ein Schwimmbecken auf Deck 6. Ferner verrät dessen klare, chlorblaue Farbe, dass sich in den Pools der *Dreamward* sauberes Süßwasser befindet und nicht diese stets leicht schmuddlige Seebrühe wie in den beiden kleinen Becken der *Nadir*, was im Celebrity-Katalog übrigens auch nicht so rauskommt.

Von oben bis unten sind die *Dreamward*-Kabinen mit kleinen Balkonen ausgestattet – für den ganz individuellen Open-Air-Seeblick. Auf Deck 12 befindet sich ein Basketballfeld mit farblich abgestimmten Netzen und einem Backboard so weiß wie eine Hostie. Ich stelle fest, dass an *jedem* der eine Myriade Handtuchwagen auf Deck 12 ein eigener Handtuch-Mann postiert ist und dass dieser Handtuch-Mann von unverkennbar nordischer Herkunft ist, statt wie bei uns aus Transsilvanien, und auch nicht diese neutral gelangweilte Miene zur Schau stellt.

Swimmingpool eines Kreuzfahrtschiffs, 2013

Fazit: Während ich hier neben Captain Video an der Reling stehe, verspüre ich auf einmal einen sengenden Neid auf die von der *Dreamward*. Die Räumlichkeiten im Innern stelle ich mir nicht nur sauberer vor als unsere, sondern auch größer und prunkvoller ausgestattet. Und das Essen ist natürlich noch abwechslungsreicher und mit noch mehr Liebe zum Detail zubereitet, der Andenkenladen an Bord weniger teuer, das Casino weniger deprimierend, das Unterhaltungsprogramm weniger bräsig und das Pfefferminzschokolädchen auf dem Kopfkissen weniger klein. Im Vergleich zu den Bankschalter-Bullaugen auf der *Nadir* markiert so ein Privatbalkon doch eine an ganz neue Dimension der Kreuzfahrt. Und ich meine, wenn ich schon über eine Mega-Erfahrung namens 7NC schreiben soll, dann läuft ohne eigenen Balkon eigentlich gar nichts.

Minutenlang versuche ich mir vorzustellen, wie so ein *Dreamward*-Badezimmer wohl aussieht … Und Erbitterung keimt in mir ob der Geizhalse von *Harper's Magazine*, die für mich die *Nadir* gebucht haben statt die *Dreamward*. Und ich veranschlage schon mal den Abstand, der springend/hangelnd zu überwinden wäre, wollte ich jetzt zur *Dreamward* wechseln. Das Kapitel, in denen ich mein Bravourstück schildere, habe ich schon so gut wie im Kopf, und im Vergleich dazu sähe sogar ein William T. Vollmann blass aus.

Während ich diesen finsteren Gedanken nachhänge, bezieht sich der Himmel mit der üblichen Après-midi-Wolkendecke. Ich leide an einer Illusion, von der ich weiß, dass es eine Illusion ist: Ich leide an einem durch nichts begründeten Neid auf die Passagiere der *Dreamward*. Mehr noch, für mich gehört dieser Neid zu einem ganzen Dissatisfaktions-Syndrom, das sich mit jedem Tag der Reise weiter ausbreitet – eine Art persönliche Mängelliste, eine Aufstellung von Unzulänglichkeiten, die anfangs kaum der Rede wert, inzwischen jedoch fast ein Grund zur Verzweiflung sind. Ich weiß, dass die Ursache hierfür nicht in der allmählichen Gewöhnung an den *Nadir*-Luxus zu suchen ist, ja, dass meine Unzufriedenheit primär gar nichts mit der *Nadir* zu tun hat, sondern ausschließlich mit mir, besser: mit meiner uramerikanischen Reaktion auf die Totalverhätschelung an Bord und dem unzufriedenen Kind in mir, das immer *noch* mehr will. Es ist keine vier Tage her, da war es mir *peinlich*, den Cabin-Service in Anspruch zu nehmen, so peinlich, dass ich alle meine Arbeitsmaterialien auf dem Bett verteilte, um dadurch den Anschein von Überarbeitung und verpassten Mahlzeiten zu erwecken. Gestern Abend jedoch ertappe ich mich dabei, wie ich nach fünfzehn Minuten verärgert auf die Uhr schaue und mich frage, wo zum Teufel der Kerl mit dem verdammten Tablett bleibt. Und wo wir schon einmal dabei sind, die Sandwichs kommen mir inzwischen doch reichlich klein vor, und die Steuerbordrinde ist schon ganz aufgeweicht von den Dillgurken, und der Korridor draußen vor 1009 ist derart schmal, dass man nicht einmal sein Tablett rausstellen kann, wenn man fertig ist, so dass die an sich geruchlose Kabine am nächsten Morgen nach gammeligem Meerrettich riecht, was mich an Tag 5 meiner angeblichen Luxus-Kreuzfahrt ganz schön deprimiert.

[Frank] Conroy [Verfasser eines Werbe-Essays im Katalog] und allen Todesverleugnungsstrategien zum Trotz sind wir jetzt in der Lage, jene große Lüge zu durchschauen, die dem Celebrity-Katalog zugrunde liegt: nämlich das Versprechen, das Kind in mir immer und immer wieder voll zufriedenzustellen. Wohlgemerkt, es geht nicht darum, ob Celebrity dieses Versprechen hält oder nicht, sondern ob es überhaupt *einhaltbar* ist. Ich behaupte, ein solches Versprechen kann nur gelogen sein. Was nicht bedeutet, dass ich selbst nicht allzu gern daran glaubte, jawohl, ich sage: Scheiß auf Buddha und seine Vier edlen Wahrheiten. Ich will verwöhnt werden, und ich nehme die Celebrity-Leute beim Wort: Wenigstens dieses eine Mal soll es der ultimative Traumurlaub werden, ein einziges Mal soll dem ganzen Luxus so was von nichts hinzuzüfugen sein, dass sogar das ewig quengelnde Kind in mir zufrieden ist.

Doch leider ist *mein* Inneres Kind unersättlich, denn sein einziger Daseinszweck besteht a priori in seiner Unersättlichkeit. Sobald ein bestimmtes Zufriedenheits-Level erreicht ist, wird die Latte gleich ein bisschen höher gelegt, und das Kind gibt keine Ruhe, bis auch dieser höhere Level erreicht ist – und sich prompt als schreckliche Enttäuschung entpuppt. Bereits nach wenigen schwelgerischen Tagen auf der *Nadir* setzt Gewöhnung ein, und das Kind, das immer nur haben-haben-haben will, meldet sich verstärkt zurück. Am Mittwoch (Iden des März) steht für mich fest, dass die Klimaanlage in meiner Kabine *pfeift* (und zwar laut), und ich registriere mit Erbitterung, dass ich zwar die Reggae-Lalle in meiner Kabine abschalten kann, nicht aber die (weit penetranteren) Lautsprecher auf dem Korridor von Deck 10/Backbord. Und mir ist auch keineswegs entgangen, dass der Aushilfskellner von Tisch 64 zwischen den Gängen zwar die Brotkrümel entfernt, aber niemals alle Brotkrümel. Und nachts, die lockere Schublade in meinem Superschrank 2000 … rattert wie ein Presslufthammer. Und wenn Petra, meine Seeräuber-Jenny, das Bett macht, dann sind die umgeschlagenen Enden niemals ganz gleich ausgerichtet. Und mein Schmink-/Schreibtisch hat an der rechten Kante einen haarfeinen Sprung im Email, der aussieht wie ein Paar Schamlippen – und den ich jedes Mal ein bisschen mehr hasse, wenn morgens beim Aufwachen mein Blick darauf fällt. Und das Live-Programm von Celebrity Showtime in der Celebrity Show Lounge ist so schlecht, dass sich in mir alles zusammenkrampft. Und das Seestück an einer Wand von 1009 ist Kaufhauskunst vom Übelsten, und leider kann man es weder abhängen noch umdrehen, weil es festgenietet ist. Und das Conditioning-Shampoo von Caswell-Massey erweist sich als klebriger und ausspülresistenter als die meisten anderen Shampoos. Und die Eis-Skulpturen am Midnight-Buffet wirken zuweilen doch recht lieblos zurechtgedengelt. Und das Gemüse, das zum Hauptgericht gereicht wird, ist regelmäßig zerkocht. Und warum kommt aus dem Kaltwasserhahn von Kabine 1009 eigentlich niemals richtig kaltes Wasser?

Und so stehe ich auf Deck 12 und schaue zur *Dreamward* hinüber, wo das Wasser, falls gewünscht, garantiert so kalt aus dem Hahn strömt, dass man davon blaue Finger bekommt. Zugegeben, ähnlich wie Frank Conroy ist mir in Teilen durchaus bewusst, dass ich seit einer Woche keinen Teller mehr gespült oder an der Supermarktkasse

—

»Ich werde das dumme Gefühl nicht los, dass ich ein amerikanischer Tourist bin und dadurch per se ein stiernackiger, lauter, vulgärer, großkotziger Fettsack, eitel, verwöhnt gierig und zugleich gepeinigt von Scham und Verzweiflung.«

David Foster Wallace

—

angestanden habe, wo der Vordermann erst mal einen ganzen Haufen Geldscheine aus der Tasche kramt. Und trotzdem fühle ich mich kein bisschen erholt, im Gegenteil, jetzt, wo bereits die vorzeitige Entsorgung eines Handtuchs durch einen geisterhaften Celebrity-Bediensteten einen Eingriff in meine Grundrechte darstellt, wollen mir die Anforderungen des gewöhnlichen Alltags sogar doppelt stressig und unangenehm vorkommen. Und überhaupt, dass die Aufzuganlage im Heckbereich so fürchterlich lahm ist, ist ein Skandal. Und dass auf dem Kurzhantelständer im Olympic Health Club die 10-Kilo-Hanteln fehlen, ist ein persönlicher Affront. Und während ich langsam nach unten gehe, entwerfe ich in Gedanken eine geharnischte Fußnote über das in meinen Augen größte Ärgernis an Bord der *Nadir*, nämlich dass man für Cola und Limonade immer noch extra bezahlen muss, sogar beim Essen. Und nicht nur das, man muss sich seine *Mr. Pibb*-Cola sogar extra bei einer der radebrechenden Cocktail-Kellnerinnen bestellen, geradeso, als wäre es ein gottverdammter Slippery Nipple. Und dann darf man auch direkt die Rechnung unterschreiben, und die hat es in sich. Jawohl, sie stellen einem jede blöde Cola in Rechnung! Und dabei haben sie noch nicht einmal *Mr. Pibb*, sondern speisen einen mit einem *Dr. Pepper* ab, wo doch jeder Idiot weiß, dass ein *Dr. Pepper* nie und nimmer ein Ersatz für ein *Mr. Pibb* sein kann. Und bei genauerer Betrachtung muss man sagen, das Ganze ist ein gottverdammter Witz – wenn's nicht so traurig wäre und unterm Strich einfach das Hinterletzte.

Duane Hanson
Tourists II
Skulptur, 1988

Anhang

Editorische Notiz

Das Buch des Reisens versammelt Auszüge aus 69 bemerkenswerten Reiseberichten über einen Zeitraum von 2500 Jahren. Eine solche Auswahl kann angesichts der Fülle des Materials gar nicht anders als subjektiv sein. Berücksichtigt wurden nur Reisen, von denen auszugehen ist, dass sie tatsächlich stattfanden, und Berichte aus erster Hand, verfasst von dem jeweiligen Reisenden selbst oder von einem Teilnehmer der Reise. Die Beschreibungen sollen ein möglichst unmittelbares Bild geben. Nur in einem Fall wurde von diesem Prinzip abgewichen: Der Chronist Lampert von Hersfeld nahm an dem Zug Heinrichs IV. über die Alpen und dem »Gang nach Canossa« nicht selbst teil, schildert die Ereignisse aber als Zeitgenosse. Die Perspektive, aus der dieses Buch entstand, ist (zwangsläufig?) eine westlich-europäische. Ein »Buch des Reisens«, zusammengestellt in Afrika oder Asien, sähe gewiss ganz anders aus.

Orthographie und Zeichensetzung der in diesem Buch versammelten Texte wurden, unter Bewahrung des Lautstandes, behutsam modernisiert. Gelegentlich wurden aus Gründen der Lesbarkeit Schreibweisen vereinheitlicht und Abkürzungen aufgelöst. Einige Einträge sind gekürzt wiedergegeben, größere Auslassungen wurden durch eine Leerzeile gekennzeichnet. Die Kapitelüberschriften stammen in der Regel vom Herausgeber. Titel erscheinen durchgängig kursiv, Ergänzungen des Herausgebers in eckigen Klammern.

Danksagung

Herzlichen Dank Christian Seeger für das verlockende Angebot, diese Welt- und Zeitreise im Propyläen Verlag herauszugeben; Esther Behrendt, Mathias Gatza, Stephanie Haerdle, Tatjana Kirchner, Sabine Oswald und Anette Selg für Anregungen und wertvolle Hinweise; Wenke Lewandowski für Unterstützung bei der Recherche.

Den lizenzgebenden Verlagen, Bildarchiven, Photographen und Rechteinhabern danke ich für die Erlaubnis zum Abdruck der Texte und Bilder.

Ein besonderer Dank geht an Meiken Endruweit und Petra Müller für ihren redaktionellen Beistand und die Bildrecherche, an Franziska Brinkmann (Ullstein Buchverlage) und Annika Preyhs (Büro Buchgestaltung +) für die Herstellung und Gestaltung des Buches sowie an die Mitarbeiterinnen und Mitarbeiter des Propyläen Verlags und der Ullstein Buchverlage, allen voran Tanja Ruzicska, Cathleen Lang und Amelie Roth, dafür, dass sie mit vereinten Kräften dieses Buch möglich gemacht haben.

RW

Literaturverzeichnis

Aufgelistet sind Sammlungen und Überblicksdarstellungen, denen das vorliegende Buch Anregungen und Hinweise verdankt.

Farid Abdelouahab: Unterwegs! Reisetagebücher aus fünf Jahrhunderten. Übersetzt von Marianne Glaser. Kehl: RvR Verlag 2004.

David Abulafia: Mittelmeer. Kultur und Geschichte. Aus dem Englischen von Daniela Tivig. Stuttgart: Belser Verlag 2003.

Benedict Allen (Hrsg.): The Faber Book of Exploration. London: Faber & Faber 2002.

Hans Bauer: Wenn einer eine Reise tat. Eine Kulturgeschichte des Reisens von Homer bis Baedeker. Leipzig: Koehler & Amelang 1971.

Christoph Bode (Hrsg.): West Meets East: Klassiker der britischen Orient-Reiseliteratur. Heidelberg: Universitätsverlag C. Winter 1997.

Hartmut Böhme: Natur und Subjekt. Frankfurt am Main: Suhrkamp Verlag 1988.

Alain de Botton: Kunst des Reisens. Aus dem Englischen von Silvia Morawetz. Frankfurt am Main: S. Fischer Verlag 2002.

Peter J. Brenner: Der Reisebericht in der deutschen Literatur. Tübingen: Max Niemeyer Verlag 1990.

Attilio Brilli: Reisen in Italien. Die Kulturgeschichte der klassischen Italienreise vom 16. bis 19. Jahrhundert. Köln: DuMont 1989.

Attilio Brilli: Als Reisen eine Kunst war. Vom Beginn des modernen Tourismus: Die »Grand Tour«. Aus dem Italienischen von Annette Kopetzki. Berlin: Verlag Klaus Wagenbach 1997.

Kai Brodersen: Die sieben Weltwunder. Legendäre Kunst- und Bauwerke der Antike. München: Verlag C. H. Beck 1996.

Georg Brunold (Hrsg.): Nichts als die Welt. Reportagen und Augenzeugenberichte aus 2500 Jahren. Berlin: Verlag Galiani 2009.

Herbert Donner (Hrsg.): Pilgerfahrt ins Heilige Land. Die ältesten Berichte christlicher Palästinapilger (4.–7. Jahrhundert). Stuttgart: Verlag Katholisches Bildungswerk 1979.

Hans Magnus Enzensberger: Nie wieder! Die schlimmsten Reisen der Welt. Frankfurt am Main: Die Andere Bibliothek/Eichborn Verlag 1995.

Fergus Fleming, Annabel Merullo (Hrsg.): Legendäre Expeditionen. Übersetzt von Anke Maaß u. a. Hamburg: National Geographic Deutschland 2006.

Paul Fussell (Hrsg.): The Norton Book of Travel. London, New York: W. W. Norton & Company 1987.

Marion Giebel: Reisen in der Antike. Düsseldorf: Patmos Verlag 2006.

Holger Thomas Gräf und Ralf Pröve: Wege ins Ungewisse. Reisen in der frühen Neuzeit 1500–1800. Frankfurt am Main: S. Fischer 1997.

Horst Günther: Hinaus, ins Freie. Von der Lust, mit Büchern zu reisen. Hamburg: Corso Verlag 2010.

Robin Hanbury-Tenison: The Oxford Book of Exploration. Oxford: Oxford University Press 2005.

Klaus Herbers, Robert Plötz (Hrsg.): Nach Santiago zogen sie. Berichte von Pilgerfahrten ans »Ende der Welt«. München: Deutscher Taschenbuch Verlag 1996.

Barbara Hodgson: Die Krinoline bleibt in Kairo. Reisende Frauen 1650 bis 1900. Aus dem Englischen von Dörte Fuchs, Jutta Orth und Gisela Sturm. Hildesheim: Gerstenberg 2004.

Dirk Hoerder, Diethelm Knauf: Aufbruch in die Fremde. Europäische Auswanderung nach Übersee. Bremen: Edition Temmen 1992.

Peter Hulme, Tim Youngs (Hrsg.): The Cambridge Companion to Travel Writing. Cambridge: Cambridge University Press 2002.

Joseph Imorde, Erik Wegerhoff (Hrsg.): Dreckige Laken. Die Kehrseite der »Grand Tour«. Berlin: Verlag Klaus Wagenbach 2012.

Julia Keay: Mehr Mut als Kleider im Gepäck. Frauen reisen im 19. Jahrhundert durch die Welt. Aus dem Englischen von Ulrike Budde. München: Frederking & Thaler 2000.

Heinrich Krohn: Welche Lust gewährt das Reisen! Mit Kutsche, Schiff und Eisenbahn. München: Prestel-Verlag 1985.

Robin Lane Fox: Reisende Helden. Die Anfänge der griechischen Kultur im homerischen Zeitalter. Aus dem Englischen von Susanne Held. Stuttgart: Klett-Cotta 2011.

Eric J. Leed: Die Erfahrung der Ferne. Reisen von Gilgamesch bis zum Tourismus unserer Tage. Aus dem Englischen von Hans H. Harbort. Frankfurt am Main, New York: Campus Verlag 1993.

Claude Lévi-Strauss: Traurige Tropen. Aus dem Französischen von Eva Moldenhauer. Frankfurt am Main: Suhrkamp Verlag 1978.

Manfred Link: Der Reisebericht als literarische Kunstform von Goethe bis Heine. Köln 1963.

Winfried Löschburg: Und Goethe war nie in Griechenland. Kleine Kulturgeschichte des Reisens. Leipzig: Gustav Kiepenheuer 1997.

Neil MacGregor: Eine Geschichte der Welt in 100 Objekten. Aus dem Englischen von Waltraud Götting u. a. München: Verlag C. H. Beck 2011.

Alasdair MacLeod: Entdecker. Auf den Spuren großer Forscher, Abenteurer und Pioniere. Übersetzt von Cornelia Panzacchi und Stephan Matthiesen. München: Dorling Kindersley Verlag 2011.

National Geographic Society (Hrsg.): Das Lexikon der Entdecker. Die bedeutendsten Pioniere aller Zeiten. Hamburg: National Geographic Deutschland 2009.

Eric Newby (Hrsg.): A Book of Travellers' Tales. London u. a.: William Collins Sons & Co. 1985.

Feliciano Novoa Portela, F. Javier Villalba Ruiz de Toledo (Hrsg.): Legendäre Reisen im Mittelalter. Aus dem Spanischen und Französischen von Alexandra Maria Linder. Stuttgart: Theiss Verlag 2008.

Norbert Ohler: Reisen im Mittelalter. München, Zürich: Artemis Verlag 1986.

Norbert Ohler: Pilgerstab und Jakobsmuschel. Wallfahrten in Mittelalter und Neuzeit. Düsseldorf, Zürich: Artemis & Winkler Verlag 2000.

Régine Pernoud: Die Kreuzzüge in Augenzeugenberichten. Aus dem Französischen von Hagen Thürnau. Düsseldorf: Karl Rauch Verlag 1962.

Folker Reichert: Das Bild der Welt im Mittelalter. Darmstadt: Primus Verlag 2013.

Joan-Paul Rubiés: Travellers and Cosmographers. Studies in the History of Early Modern Travel and Ethnology. Aldershot, Hampshire u. a.: Ashgate 2007.

Peter Simons: Entdeckungsreisen in Afrika. Braunschweig: Georg Westermann Verlag 1984.

Rolf L. Temming (Hrsg.): Entdecker, Forscher, Weltenbummler. Abenteuer aus zwei Jahrtausenden. Frankfurt am Main: Fischer Verlag 1974.

Marc Walter, Alain Rustenholz, Sabine Arqué: Legendäre Reisen. Auf den großen Routen rund um die Welt. Aus dem Französischen von Sigrid Groß. München: Frederking & Thaler 2002.

Marc Walter, Alain Rustenholz, Sabine Arqué: Legendäre Reisen in Deutschland. Aus dem Französischen von Karin Boden und Monique Lütgens. München: Frederking & Thaler 2004.

Verzeichnis der Textquellen

EDWIN BUZZ ALDRIN, MALCOM MCCONNELL: Men from Earth. London: Bantam Press 1989. Deutsche Übersetzung: Legendäre Expeditionen. 50 Originalberichte. Herausgegeben von Fergus Fleming und Annabel Merullo, Hamburg: National Geographic Deutschland (G+J/RBA GmbH & Co KG) 2006. © 2006 by National Geographic Deutschland, Hamburg.

HANS CHRISTIAN ANDERSEN: Eisenbahn. In: Ders.: Eines Dichters Basar (zuerst 1842). Zitiert nach: Hans Christian Andersen: Märchen, Geschichten, Briefe. Ausgewählt von Johan de Mylius. Aus dem Dänischen von Ulrich Sonnenberg. Frankfurt am Main: Insel Verlag 1999. © Insel Verlag Frankfurt am Main und Leipzig 1999.

ANSBERT: Der Kreuzzug Friedrich Barbarossas 1187–1190. Bericht eines Augenzeugen. Eingeleitet, übersetzt und kommentiert von Arnold Bühler (Fremde Kulturen in alten Berichten, herausgegeben von Jürgen Osterhammel und Folker Reichert, Bd. 13). Stuttgart: Thorbeke Verlag 2002. © 2002 by Jan Thorbecke Verlag der Schwabenverlag AG, Ostfildern.

SIMONE DE BEAUVOIR: In den besten Jahren. Aus dem Französischen von Anna Kamp. Reinbek bei Hamburg: Rowohlt Verlag 1961. © 1961 by Rowohlt Verlag GmbH, Reinbek bei Hamburg.

GERTRUDE BELL: Am Ende des Lavastromes. Durch die Wüsten und Kulturstätten Syriens. Hrsg. und mit einem Vorwort versehen von Gabriele Habinger. Basierend auf der Übersetzung aus dem Englischen aus dem Jahre 1908. Wien: Promedia Verlagsgesellschaft 2015. © 2015 by Promedia Verlagsgesellschaft, Wien.

NELLIE BLY: Around the World in 72 Days. Die schnellste Frau des 19. Jahrhunderts. Herausgegeben und mit einem Vorwort von Martin Wagner. Aus dem Englischen von Josefine Haubold. Berlin: AvivA Verlag 2013. © 2013 AvivAVerlag.

RICHARD FRANCIS BURTON: Personal Narrative of a Pilgrimage to al-Madinah & Meccah by Captain Sir Richard F. Burton. London 1855. Deutsche Übersetzung: Esther Krais. © 2007 Audiobuch Verlag OHG, Freiburg i. Br.

ROBERT BYRON: Der Weg nach Oxiana. Aus dem Englischen von Matthias Fienbork. Frankfurt am Main: Eichborn 2004. © AB – Die Andere Bibliothek GmbH & Co. KG, Berlin 2004, 2011 (erschienen als Band 237 der Anderen Bibliothek im Eichborn Verlag, Frankfurt am Main, 2004).

BRUCE CHATWIN: In Patagonien. Reise in ein fernes Land. Deutsche Übersetzung von Anna Kamp. Reinbek bei Hamburg: Rowohlt Verlag 1981. © 1981 by Rowohlt Verlag GmbH, Reinbek bei Hamburg.

JULIO CORTÁZAR, CAROL DUNLOP: Die Autonauten auf der Kosmobahn. Eine zeitlose Reise Paris–Marseille. Aus dem Spanischen von Wilfried Böhringer. Berlin: Suhrkamp Verlag 2014. © der deutschen Ausgabe Suhrkamp Verlag Frankfurt am Main 1996.

THOMAS CORYATE: Die Venedig- und Rheinfahrt A.D. 1608. Übersetzt von Hans E. Adler (Bibliothek Klassischer Reiseberichte, herausgegeben von Hans E. Adler). Stuttgart: Steingrüben Verlag 1970. © Goverts Krüger Stahlberg Verlag GmbH, Stuttgart.

CHARLES DARWIN: Diary of the Voyage of H. M. S. Beagle. Edited by Nora Barlow. Cambridge: Cambridge University Press 1933
Abschnitt 1 (1831/32) aus: Die Reise von Charles Darwin: Eine Auswahl aus seinen Schriften zusammengestellt von Christopher Ralling. Übersetzung aus dem Englischen von Annette von Charpentier. Leipzig: VEB F.A. Brockhaus Verlag. Mit freundlicher Genehmigung des Verlages F.A. Brockhaus Wiesbaden. © Annette von Charpentier.
Abschnitt 2 (1835): Übersetzt vom Herausgeber.

ALEXANDRA DAVID-NÉEL: Mein Weg durch Himmel und Höllen. Das Abenteuer meines Lebens. Aus dem Französischen von Ada Ditzen. Frankfurt am Main: Fischer Taschenbuch Verlag 2004. © 1986 Scherz Verlag.

CHARLES DICKENS: Italienische Reise. Aus dem Englischen von Noa Kiepenheuer und Friedrich Minckwitz. Berlin: Aufbau Verlag 1969. © 1969 by Aufbau Verlag GmbH & Co. KG, Berlin. (Diese Übersetzung erschien 1969 im Gustav Kiepenheuer-Verlag. Gustav Kiepenheuer ist eine Marke der Aufbau Verlag GmbH & Co. KG).

BERNAL DÍAZ DEL CASTILLO: Geschichte der Eroberung von Mexiko. Herausgegeben und bearbeitet von Georg A. Narziß. Frankfurt am Main: Insel Taschenbuch 1988. © Insel Verlag Frankfurt am Main 1982.

ALBRECHT DÜRER: Tagebuch der Niederländischen Reise. In: Dürer: Schriftlicher Nachlaß, 1. Band. Kritisch bearbeitet von Hans Rupprich. Berlin: Deutscher Verlag für Kunstwissenschaften 1956.

ALEXANDRE DUMAS: Russlandreise. Kaukasische Fahrt. Aus dem Französischen übersetzt, hrsg. und mit einem Nachwort von Th. P. Spiess. Hamburg: Hoffmann und Campe 1964. © 1964 Hoffmann und Campe Verlag, Hamburg.

AMELIA EARHART: 20 Std., 40 Min. Mein erster Flug über den Atlantik. Aus dem Amerikanischen von Theresia Übelhör. München: Frederking & Thaler 2004. © für die deutschsprachige Ausgabe: 2004 Frederking & Thaler Verlag GmbH.

EGERIA (AETHERIA): Die Pilgerreise der Aetheria.
Peregrinatio Aetheriae. Eingeleitet und erklärt von Hélène Pétré. Übersetzt von Karl Vretska. Stift Klosterneuburg bei Wien: Bernina-Verlag 1958. © 1958 by Bernina-Verlag Stift Klosterneuburg, Austria.

PATRICK LEIGH FERMOR: Mani. Reisen auf der südlichen Peloponnes. Aus dem Englischen von Manfred Allié und Gabriele Kempf-Allié. Zürich: Dörlemann Verlag 2011. Copyright deutschsprachige Ausgabe © 2011 by Dörlemann Verlag AG, Zürich.

GUSTAVE FLAUBERT: Briefe aus dem Orient. Reiseblätter. Hrsg. v. Dr. E. W. Fischer. Deutsch von E. Greve. Minden: J. C. C. Bruns' Verlag 1905 (vom Herausgeber durchgesehen und revidiert nach der Pléiade-Ausgabe, Paris 1973).

THEODOR FONTANE: In den Spreewald. In: Preußische Adler-Zeitung, 31. August bis 13. September 1859. Zitiert nach: Reisebilder von Gerstäcker bis Fontane. Streifzüge und Wanderungen. Herausgegeben von Gotthard Erler. Frankfurt am Main, Berlin, Wien: Ullstein Verlag 1984.

GEORG FORSTER: Johann Reinhold Forster's Reise um die Welt während den Jahren 1772 bis 1775 ... Beschrieben von dessen Sohn und Reisegefährten George Forster. Vom Verfasser selbst aus dem Englischen übersetzt. Berlin: Spener 1778–1780. Zitiert nach der Ausgabe: Reise um die Welt. Frankfurt am Main: Eichborn 2007.

PAUL GAUGUIN: Noa Noa. Aus dem Französischen von Lieselotte Kolanoske. Mit einem Nachwort von Kuno Mittelstädt. Berlin: Henschelverlag 7. Aufl. 1967. © 2003 by E.A. Seemann Verlag, Leipzig.

MARTHA GELLHORN: Wild auf Afrika. In: Reisen mit mir und einem Anderen. Fünf Höllenfahrten. Deutsch von Herwart Rosemann. Zürich: Dörlemann Verlag 2011. © für die deutschsprachige Ausgabe: 2011 by Dörlemann Verlag AG, Zürich.

FRIEDRICH GERSTÄCKER: Reise von Leipzig nach New York. Brieftagebuch einer Überfahrt im Zwischendeck 1837. In: Auf Auswandererseglern. Berichte von Zwischendecks- und Kajüt-Passagieren (Führer des Deutschen Schifffahrtsmuseum Nr. 5). Bremerhaven: Stiftung Deutsches Schifffahrtsmuseum 1976.

JOHANN WOLFGANG VON GOETHE: Italienische Reise (zuerst: 1816/17). Zitiert nach: Werke. Hamburger Ausgabe. Band 11. Autobiographische Schriften III. Textkritisch durchgesehen von Erich Trunz. Kommentiert von Herbert von Einem. München: C. H. Beck 1988.

EDMOND UND JULES DE GONCOURT: Tagebücher. Übertragen und herausgegeben von Justus Franz Wittkop. Frankfurt am Main, Leipzig: Insel Taschenbuch 1996. © Insel Verlag Frankfurt am Main 1983.

IWAN GONTSCHAROW: Für den Zaren um die halbe Welt. Eine Reise in Briefen, ergänzt durch Texte aus der Fregatte Pallas. Aus dem Russischen von Erich Müller-Kamp. Die Andere Bibliothek 168. Frankfurt am Main: Eichborn 1998 (zuerst 1965 Hamburg, München: Heinrich Ellermann 1965).
© AB – Die Andere Bibliothek GmbH & Co. KG Berlin 1998, 2011 (erschienen als Band 237 der Anderen Bibliothek im Eichborn Verlag, Frankfurt am Main, 2004).

HANNO DER SEEFAHRER: Beschreibung seiner Seereise von Karthago zu den jenseits der Säulen des Herakles gelegenen libyschen Teilen der Erde ... In: Antike Entdeckerfahrten. Zwei Reiseberichte. Übertragen und erläutert von Otto Seel. Zürich: Artemis Verlag 1961. © 1961 Artemis Verlags-AG Zürich.

SVEN HEDIN: Durch Asiens Wüsten. Drei Jahre auf neuen Wegen in Pamir, Lop-nor, Tibet und China. Übersetzt von Margarethe Langfeld. Leipzig: F. A. Brockhaus 1919 (zuerst 1899).

HEINRICH HEINE: Dichterische Prosa/Dramatisches. Nach dem Text der Ausgaben letzter Hand. Mit Anmerkungen von Werner Vortriede. München: Winkler Verlag 1969.

MAGNUS HIRSCHFELD: Weltreise eines Sexualforschers im Jahre 1931/32. Brugg: Bözberg Verlag 1933. Zitiert nach der Ausgabe 2006, vorgestellt und mit einem Vorwort versehen von Hans Christoph Buch. Frankfurt am Main: Eichborn 2006.

HERODOT: Das Geschichtswerk des Herodotos von Halikarnarnassos. Übertragen von Theodor Braun. Leipzig: Insel-Verlag 1964 (Neuausgabe Frankfurt am Main: Insel Taschenbuch 2001). © Insel Verlag.

HSÜAN TSANG: Si-yu-ki. Buddhist Records of The Western World. Edited by Samuel Beal. London: Kegan, Paul, Trench, Trubner & Co. 1890 (Deutsch vom Herausgeber).

VICTOR HUGO: Rheinreise. Übersetzt von C. Dräxler-Manfred und Wolfram Schäfer. Frankfurt am Main: Societäts-Verlag 1982. © Frankfurter Societäts-Druckerei GmbH.

ALEXANDER VON HUMBOLDT: Reise in die Äquinoktial-Gegenden des Neuen Kontinents. Herausgegeben von Ottmar Ette. Frankfurt am Main, Leipzig: Insel Verlag 1991 (Übersetzung Therese Heyne-Forster und Herman Hauff).

IBN BATTUTA: Reisen ans Ende der Welt. Das größte Abenteuer des Mittelalters 1925–1353. Neu herausgegeben und übersetzt von Hans D. Leicht. Tübingen, Basel: Erdmann Verlag 1974. Neuausgabe 2013. © Edition Erdmann in der marixverlag GmbH, Wiesbaden.

MARY HENRIETTA KINGSLEY: Reisen in Westafrika. Durch Französisch-Kongo, Corisco und Kamerun. Neu übersetzt von Niels-Arne Münch. Edition Erdmann: Wiesbaden 2013. © by marixverlag GmbH, Wiesbaden 2013.

CHRISTOPH KOLUMBUS: Das Bordbuch. Leben und Fahrten des Entdeckers der Neuen Welt. 1492. Übersetzt von Anton Zahorsky. Mit einer Einführung von Rinaldo Caddeo. Wiesbaden: Edition Erdmann 2013. © by marixverlag GmbH, Wiesbaden 2013.

LAMPERT VON HERSFELD: Annalen. [Lateinisch/Deutsch]. Neu übersetzt von Adolf Schmidt. Erläutert von Dietrich Fitz (Ausgewählte Quellen zur Deutschen Geschichte des Mittelalters. Freiherr vom Stein-Gedächtnisausgabe Bd. 13). Darmstadt: Wissenschaftliche Buchgesellschaft 1957. © 1957 by Wissenschaftliche Buchgesellschaft, Darmstadt.

DAVID LIVINGSTONE: Die Erschließung des dunklen Erdteils. Reisetagebücher aus Zentral-Afrika 1866–1873. Übersetzung von Edmund T. Kauer. Berlin: Deutsche Buch-Gemeinschaft, Berlin 1929.

HERMAN MELVILLE: Ein Leben. Briefe und Tagebücher. Aus dem Englischen von Werner Schmitz und Daniel Göske. Herausgegeben von Daniel Göske. München: Hanser Verlag 2004. © 2004 Carl Hanser Verlag München.

LADY MARY MONTAGU: Briefe aus dem Orient. Bearbeitet von Irma Bühler nach der Ausgabe von 1784 in der Übersetzung von Prof. Eckert. Frankfurt am Main: Societäts Verlag 1982.

MICHEL DE MONTAIGNE: Tagebuch der Reise nach Italien über die Schweiz und Deutschland. Übersetzt, herausgegeben und mit einem Essay versehen von Hans Stilett. Frankfurt am Main: Eichborn 2002 (Neuausgabe Berlin, 2013). © AB – Die Andere Bibliothek GmbH & Co. KG, Berlin 2013.

KARL PHILIPP MORITZ: Reisen eines Deutschen in England im Jahre 1782. In Briefen an Herrn Direktor Gedike. Berlin: Friedrich Maurer 1783. Zitiert nach der Ausgabe mit einem Nachwort von Heide Hollmer. Frankfurt am Main: Insel Taschenbuch 2000.

NEARCHOS: Der Fahrtbericht des Nearchos aus Kreta, Flottenadmiral des Makedonenkönigs Alexander, über seine Reise von der Indusmündung zum Persischen Golf ... In: Antike Entdeckerfahrten. Zwei Reiseberichte. Übertragen und erläutert von Otto Seel. Zürich: Artemis Verlag 1961. © 1961 Artemis Verlags-AG Zürich.

GEORGE ORWELL: Erledigt in Paris. In: Nie wieder! Die schlimmsten Reisen der Welt. Dargeboten von Hans Magnus Enzensberger. Deutsch von Matthias Fienbork. Frankfurt am Main: Eichborn 1995. © Die Andere Biblitothek GmbH & Co. KG Berlin. Copyright für die deutsche Ausgabe von »Erledigt in Paris und London«: © 1978 by Diogenes AG Zürich.

PIER PAOLO PASOLINI: Der Atem Indiens. Reisebericht. Aus dem Italienischen von Toni Kienlechner. Freiburg: Beck & Glückler Verlag, Freiburg 1986. © Deutsche Ausgabe 1986 Beck & Glückler Verlag, Freiburg. Neuausgabe 2014 im Corso Verlag, Wiesbaden 2014. © Corso in der Verlagshaus Römerweg GmbH, Wiesbaden.

PAULUS / APOSTELGESCHICHTE: Die Bibel oder die ganze Heilige Schrift des Alten und Neuen Testaments nach der deutschen Übersetzung D. Martin Luthers. Elberfeld: Bergische Bibelgesellschaft 1906.

PAUSANIAS: Beschreibung Griechenlands. Neu übersetzt und mit einer Einleitung und erklärenden Anmerkungen versehen von Ernst Meyer. Zürich, Stuttgart: Artemis Verlag 1954. © 1954 by Artemis Verlags-AG Zürich.

PETRARCA: Dichtungen, Briefe, Schriften. Deutsch von Hans Nachod und Paul Stern. Auswahl und Einleitung von Hanns W. Eppelsheimer. Frankfurt am Main: Insel Verlag 1980. © Insel Verlag Frankfurt am Main 1980.

IDA PFEIFFER: Reise nach dem skandinavischen Norden und der Insel Island im Jahre 1845. Pest: Verlag von Gustav Heckenast 1855, Bd. 1.

PHILON VON BYZANZ: Die sieben Weltwunder. In: Reiseführer zu den Sieben Weltwundern. Philon von Byzanz und andere antike Texte. Zweisprachige Ausgabe. Eingeleitet, übersetzt und erläutert von Kai Brodersen. Frankfurt am Main: Insel Taschenbuch 1992. © Insel Verlag Frankfurt am Main und Leipzig 1992.

ANTONIO PIGAFETTA: Mit Magellan um die Erde. Ein Augenzeugenbericht der ersten Weltumseglung 1519–1522. Herausgegeben von Robert Grün. Wiesbaden: Edition Erdmann 3. Aufl. 2014. © by Edition Erdmann in der marixverlag GmbH, Wiesbaden.

MARCO POLO: Die Wunder der Welt. Il Milione. Übersetzung aus altfranzösischen und lateinischen Quellen und Nachwort von Elise Guignard. Frankfurt am Main: Insel Taschenbuch 2003. © 1983 by Manesse Verlag, Zürich.

MARCEL PROUST: Tage im Automobil. (»Impressions de route en automobile«), Le Figaro, 19. November 1907. In: Ders., Nachgeahmtes und Vermischtes. Aus dem Französischen von Henriette Beese, Ludwig Harig und Helmut Scheffel (Frankfurter Ausgabe, herausgegeben von Luzius Keller Werke 1, Band 2). Frankfurt am Main: Suhrkamp 1989. © Suhrkamp Verlag Frankfurt am Main 1989.

HERMANN VON PÜCKLER-MUSKAU: Aus Mehemed Alis Reich, 3 Bde., Stuttgart: Hallberger 1844 (Neudruck in einem Band mit Kommentar und Anmerkungen. Zürich: Manesse 1985).

PYTHEAS VON MARSEILLE: Über das Weltmeer. Die Fragmente übersetzt und erläutert von D. Stichtenoth (Die Geschichtsschreiber der Deutschen Vorzeit, in deutscher Bearbeitung herausgegeben von Karl Langosch, Bd. 103). Weimar: Hermann Böhlaus Nachfolger 1959. © Verlag Hermann Böhlaus Nachfolger, Weimar.

JOSEPH ROTH: Die weißen Städte. Das mittägliche Frankreich. In: Ders.: Werke. Herausgegeben von Hermann Kesten. Köln: Kiepenheuer & Witsch 1975/76.

JOHN RUSKIN: Praeterita. Was aus meiner Vergangenheit vielleicht der Erinnerung wert. Erlebtes und Gedachtes im Umriss. Aus dem Englischen von Anna Henschke. Leipzig: Diederichs 1903.

ROBERT FALCON SCOTT: Letzte Fahrt. Scotts Tagebuch. Leipzig: F.A. Brockhaus 1913.

SENECA: Philosophische Schriften, übersetzt von Otto Apelt. Band 3: Briefe an Lucilius 1, Briefe 1–81. Hamburg: Meiner Verlag 1924.

JOHANN GOTTFRIED SEUME: Spaziergang nach Syrakus im Jahre 1802. In: Seumes Werke in zwei Bänden. Aufbau: Berlin, Weimar 1977.

FREYA STARK: Im Tal der Mörder. Eine Europäerin im Persien der dreißiger Jahre. Übersetzt von Forutnat Weigel. Stuttgart: Edition Erdmann 1991. © 1991 by Edition Erdmann in K. Thienemanns Verlag, Stuttgart–Wien.

MARK TWAIN: Post aus Hawaii. Herausgegeben und übersetzt von Alexander Pechmann. Hamburg: Mare Verlag 2010. © 2010 by mareverlag, Hamburg.

DAVID FOSTER WALLACE: Schrecklich amüsant – aber in Zukunft ohne mich. Aus dem Amerikanischen von Marcus Ingendaay. München: Goldmann 2006. © 2002 by mareverlag, Hamburg.

EDWARD WHYMPERs Berg- und Gletscherfahrten in den Alpen in den Jahren 1860 bis 1869. Autorisierte deutsche Bearbeitung von Friedrich Steger. 4. Auflage Braunschweig: Westermann 1922 (zuerst 1872).

XENOPHON: Anabasis. Der Zug der Zehntausend /Kypou Anabasis. Griechisch – Deutsch. Herausgegeben von Walter Müri. Bearbeitet und mit einem Anhang versehen von Bernhard Zimmermann (Sammlung Tusculum). Düsseldorf: Artemis & Winkler 4. Aufl. 2010. © Bibliographisches Institut GmbH, Mannheim 2010.

Wir danken den Rechteinhabern für die Abdruckgenehmigung.
Einige wenige konnten trotz intensiver Recherche nicht ermittelt werden. Wir bitten sie, sich gegebenenfalls mit der Ullstein Buchverlage GmbH in Verbindung zu setzen.

Verzeichnis der Bildquellen

akg: 10–12, 14, 15, 17, 19, 21–28, 33, 34, 37, 40, 42, 51, 52, 54, 57, 58, 60, 61, 63, 65, 66, 68, 74, 76, 77, 82, 84, 86, 88, 89, 94, 95, 98, 101, 103, 105, 106, 108, 110, 114, 115, 117, 119, 123, 125, 127, 128, 130, 131, 135, 139–142, 145, 148, 149, 151, 152, 154, 155, 159, 160, 165, 168, 170, 180, 182, 184, 186, 189, 198, 200–202, 209, 212, 213, 215, 217, 222, 223, 225–227, 229, 237, 239, 240, 250, 261, 262, 266, 271, 272, 274, 277, 280, 285, 286, 288, 292, 294, 295, 301, 305, 311, 314, 315, 317, 319, 321, 327, 333, 335–338, 341, 346, 357, 364, 366, 373, 376, 381, 398, 402, 406, 415–417, 420, 423, 426, 428, 443, 450, 451, 470, 473, 478

Albertina, Wien: 121

bpk: 72, 171, 174 oben, 175, 176, 297, 348, 355

Bridgeman Images: 92 (Private Collection), 263 (Royal Geographical Society, London)

British Library, London: 431–435

dpa: 342, 363 (Mary Evans Picture Library)

Gertrude Bell Archive, Newcastle University: 358, 359, 361, 362

James Ivory: 457

Leo Baeck Institute, New York: 388

Library of Congress: 112 (Geography and Map Division), 249, 251, 329, 334, 371, 372, 374 (Prints and Photographs Division)

Magnum Photos/Agentur Focus: 444, 445 (Werner Bischof), 447 (Robert Capa International Center of Photography)

Maison Alexandra David-Néel/Ville de Digne les Bains: 382, 384, 386

MEC Archive, St Antony's College, Oxford: 408 (Stark Persia Central Alb no99.), 409 (Stark Persia Central Alb no88.)

Photo Archives Gallimard, Paris: 413

Privatarchiv: 161, 268, 282, 283, 324, 330, 407

Rainer Spitzenberger: 438, 439

Rheinisches Bildarchiv, Köln: 96 (rba_c006531, Ausschnitt), 254 (rba_d041441), 255 (rba_d041943), 256 (rba_d041428), 259 (rba_d033125)

Royal Geographic Society: 322, 349 (with IBG)

Stiftung Fürst-Pückler-Museum, Erbengemeinschaft der Grafen Pückler: 216 (O. Schubert)

Stiftung Stadtmuseum Berlin: 174 unten

Suhrkamp Verlag: 462–468 (Julio Cortázar, Carol Dunlop: Die Autonauten auf der Kosmobahn, Berlin 2014)

Sven Hedin Foundation: 351, 352

The Estate of Bruce Chatwin: 459–461

The Estate of Patrick Leigh Fermor: 436

ullstein bild: 31, 36, 45, 47, 49, 75, 81, 164, 191, 193, 210, 276, 298, 300, 303, 308, 391, 392, 394, 395, 405, 421, 442, 469, 475

VG Bild-Kunst: 478

Wikimedia Commons: 41, 70, 79, 91, 102, 116, 133, 156, 178, 179, 195, 196, 204, 230, 234, 247, 304, 310, 397, 453–456

Trotz redlicher Bemühungen seitens Herausgeber und Verlag konnten einige Rechtegeber einzelner Abbildungen nicht ermittelt werden. Falls Rechteinhaber übersehen wurden, so geschah dies nicht absichtsvoll. Wir bitten in diesem Fall um entsprechende Nachricht an den Verlag. Abbildungen, deren Rechteinhaber nicht ermittelt werden konnten, stammen aus folgenden Quellen:

13: Richard Doyle: The Foreign Tours of Messrs Jones and Robinson. London: Bradburg & Evans 1854.
55: Karl-Wilhelm Weeber: Luxus im alten Rom. Darmstadt: Primus Verlag 2006.
206: Robert Hewison: Ruskin, Turner and the Pre-Raffaelites. London: Tate Gallery Publication 2000.
236: Johan de Mylius: H. C. Andersens liv dag for dag. Kopenhagen: Aschehoug 1993.
242, 245: Charles Dickens: Die Pickwickier. Herausgegeben von Karl Martin Schiller. Meersburg: F. W. Hendel 1928.
339: Farid Abdelouahab: Unterwegs! Reisetagebücher aus fünf Jahrhunderten. Kehl: KubiK-RvR-Verlag 2007.
345. Mary Kingsley: Travels in West Africa. London: Macmillan 1897.
365, 369: Ulf Geyersbach: » und so habe ich mir denn ein Auto angeschafft«. Schriftsteller und ihre Automobile. Berlin: Nicolai 2006.
411: Malise Ruthven: Freya Stark in Persia. Reading: Garner Publishing Ltd. 1994.
419: Magnus Hirschfeld: Weltreise eines Sexualforschers im Jahre 1931/32. Brugg: Bözberg Verlag 1933.
430: Robert Byron: Der Weg nach Oxiana. Berlin: Aufbau Verlag, Die Andere Bibliothek 2014.
489: Wilhelm Busch: Plisch und Plum. München: Bassermann 1882.

Vor- und Nachsatz: akg
Weltkarte von Abraham Ortelius. Bestandteil der 1570 in Antwerpen gedruckten Kartensammlung »Theatrum Orbis Terrarum« (Theater der Welt), die als erster moderner Atlas der Welt gilt.
Benozzo Gozzoli, »Zug der Heiligen Drei Könige«, 1459–60. Ausschnitt aus einem Wandgemälde im Palazzo Medici-Riccardi, Florenz.

Wir danken dem Archiv für Kunst und Geschichte
für die freundliche Unterstützung dieses Buchprojektes.
akg images

MIX
Papier aus verantwortungsvollen Quellen
FSC www.fsc.org FSC® C011124

Propyläen ist ein Verlag der Ullstein Buchverlage GmbH
www.propylaeen-verlag.de

ISBN: 978-3-549-07456-5

4. Auflage 2016

Titelbilder: © akg-images / bilwissedition
Vorderseite: Flugmaschine von Goupil
Rückseite: Flugzeug, 1885
Einbandgestaltung: Morian & Bayer-Eynck, Coesfeld
Gesetzt aus Mrs Eaves
Satz: Buchgestaltung+, Berlin
Druck und Bindearbeiten: Mohn Media Mohndruck GmbH, Gütersloh

Printed in Germany